P9-DGH-036

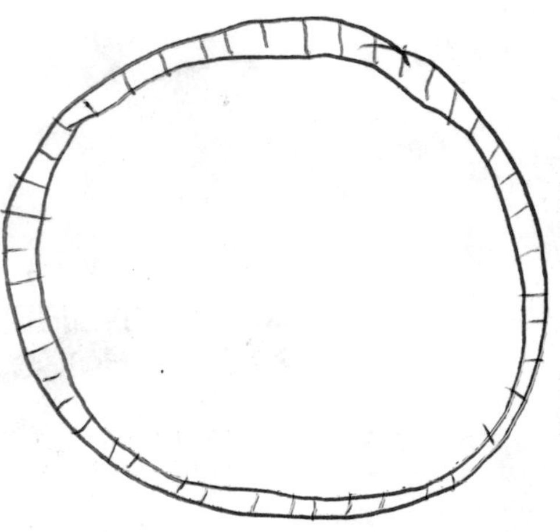

¡Ven conmigo!®

HOLT SPANISH

LEVEL 2

HOLT, RINEHART AND WINSTON

A Harcourt Classroom Education Company

Austin • New York • Orlando • Atlanta • San Francisco • Boston • Dallas • Toronto • London

ASSOCIATE DIRECTOR
Barbara Kristof

SENIOR EDITORS
Lynda Cortez
Janet Welsh Crossley
Jean Miller
Beatriz Malo Pojman
Paul Provence
Douglas Ward

MANAGING EDITOR
Chris Hiltenbrand

EDITORIAL STAFF
Hubert Bays
Nancy Bundy
Jeff Cole
Milagros Escamilla
Catherine Gavin
Martha Lashbrook
Zahydée Minnick
Carmen de la Morena
Jorge Muñoz
Todd Phillips
Brent Turnipseed
Todd Wolf
J. Elisabeth Wright
Mark Eells,
Editorial Coordinator

EDITORIAL PERMISSIONS
Ann B. Farrar,
Senior Permissions Editor
Yuri Muñoz,
Interpreter-Translator

ART, DESIGN, & PHOTO BOOK DESIGN
Richard Metzger,
Design Director
Marta L. Kimball,
Design Manager
Mary Wages,
Senior Designer
Andrew Lankes
Ruth Limon
Alicia Sullivan

IMAGE SERVICES
Joe London,
Director
Jeannie Taylor,
Photo Research Supervisor
Diana Suthard
Michelle Rumpf,
Art Buyer Supervisor
Coco Weir

DESIGN NEW MEDIA
Susan Michael,
Design Director
Amy Shank,
Design Manager
Kimberly Cammerata,
Design Manager
Czeslaw Sornat,
Senior Designer
Grant Davidson

MEDIA DESIGN
Curtis Riker,
Design Director
Richard Chavez

GRAPHIC SERVICES
Kristen Darby,
Manager
Jane Dixon
Linda Wilbourn

COVER DESIGN
Richard Metzger,
Design Director
Candace Moore,
Senior Designer

PRODUCTION
Amber McCormick,
Production Supervisor
Diana Rodriguez,
Production Coordinator

MANUFACTURING
Shirley Cantrell,
Supervisor, Inventory & Manufacturing
Deborah Wisdom,
Senior Inventory Analyst

NEW MEDIA
Jessica Bega,
Senior Project Manager
Elizabeth Kline,
Senior Project Manager

VIDEO PRODUCTION
Video materials produced by
Edge Productions, Inc.,
Aiken, S.C.

COVER PHOTOGRAPHY CREDITS

FRONT COVER: (background), James Blank/Stock Boston; (teens), Steve Ewert/HRW Photo.

BACK COVER: Philip James Corwin/CORBIS; (frame), ©2003 Image Farm, Inc.

Acknowledgments appear on page R86, which is an extension of the copyright page.

Printed in the United States of America

ISBN 0-03-056591-X

3 4 5 6 7 48 06 05 04 03 02

AUTHORS

Nancy A. Humbach
Miami University
Oxford, Ohio

Ms. Humbach collaborated in the development of the scope and sequence and video materials, and created activities and culture features.

Dr. Oscar Ozete
University of Southern Indiana
Evansville, Indiana

Dr. Ozete collaborated in the development of the scope and sequence and wrote grammar explanations.

CONTRIBUTING WRITERS

Dr. Charles J. Bruno
Dr. Bruno wrote several **De antemano** features and videoscripts.

Jean R. Miller
The University of Texas at Austin

Ms. Miller created activities for several chapters.

Susan Peterson
The Ohio State University
Columbus, Ohio

Ms. Peterson was responsible for developing reading activities.

The following people researched and wrote culture features:

Denise Blum
Austin, TX

Mariana Colten
Frankfort, KY

Lisa Contreras
Lexington, KY

Renée Hevia
Cincinnati, OH

Felicia Kongable
Austin, TX

Alison Newby
Austin, TX

Dr. Pennie Nichols-Alem
Baton Rouge, LA

CONSULTANTS

John DeMado
John DeMado Language Seminars, Inc.
Washington, CT

Dr. Ingeborg R. McCoy
Southwest Texas State University
San Marcos, TX

Jo Anne S. Wilson
J. Wilson Associates
Glen Arbor, MI

REVIEWERS

The following educators reviewed one or more chapters of the Pupil's Edition.

Rocío Barajas
Native speaker reviewer
Mexico City, Mexico

Daniel J. Bender
Adlai Stevenson High School
Lincolnshire, IL

Juanita Carfora
Central Regional High School
Bayville, NJ

Dr. Rodolfo J. Cortina
Florida International University
Miami, FL

Lorraine D'Ambruoso
Mt. Pleasant High School
San José, CA

Lucila Dorsett
Native speaker reviewer
Round Rock, TX

Myrtress G. Eddleman
Retired. Carver High School
Birmingham, AL

Rubén Garza
ESC XIII
Austin, TX

Dr. Barbara González-Pino
The University of Texas at San Antonio

Dr. Audrey L. Heining-Boynton
The University of North Carolina
at Chapel Hill

Stephen L. Levy
Roslyn Public Schools
Roslyn, NY

Marcela Malo
Native speaker reviewer
Cuenca, Ecuador

Carmen Reyes
Jonesboro High School
Jonesboro, GA

Dr. Yolanda Russinovich Solé
The University of Texas at Austin

Elena Steele
Foreign Language Specialist
Clark County School District
Las Vegas, NV

Cristina Suárez
Native speaker reviewer
Madrid, Spain

Carol A. Villalobos
Hazelwood Central High School
St. Louis, MO

FIELD TEST PARTICIPANTS

We express our appreciation to the teachers and students who participated in the field test. Their comments were instrumental in the development of this program.

Bill Braden
South Junior High School
Boise, ID

Paula Critchlow
Indian Hills Middle School
Sandy, UT

Frances Cutter
Convent of the Visitation School
St. Paul, MN

Carlos Fernández
Sandy Creek High School
Tyrone, GA

Jan Holland
Lovejoy High School
Lovejoy, GA

Gloria Holmstrom
Emerson Junior High School
Yonkers, NY

K. A. Lagana
Ponus Ridge Middle School
Norwalk, CT

Michelle Mistric
Iowa High School
Iowa, LA

Rubén Moreno
Aycock Middle School
Greensboro, NC

Fred Pratt
San Marcos High School
San Marcos, TX

Regina Salvi
Museum Junior High School
Yonkers, NY

Lorraine Walsh
Lincoln Southeast High School
Lincoln, NE

FIELD TEST REVIEWERS

Maureen Fischer
Marian Catholic High School
Chicago Heights, IL

Nancy Holmes
Marian Catholic High School
Chicago Heights, IL

TO THE STUDENT

Some people have the opportunity to learn a new language by living in another country. Most of us, however, begin learning another language and getting acquainted with a foreign culture in a classroom with the help of a teacher, classmates, and a textbook. To use your book effectively, you need to know how it works.

¡Ven conmigo! *(Come along!)* is organized to help you learn Spanish and become familiar with the cultures of people who speak Spanish. There are six Location Openers and twelve chapters.

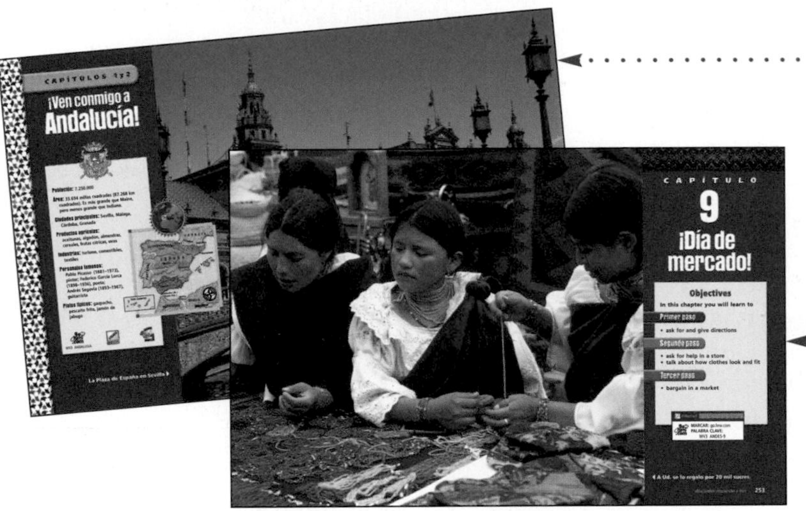

Location Opener Six four-page photo essays called Location Openers introduce different Spanish-speaking places. You can also see these locations on video, the *CD-ROM Tutor*, and the *DVD Tutor.*

Chapter Opener The Chapter Opener pages tell you the chapter theme and goals.

De antemano *(Getting started)* This illustrated story, which is also on video, shows you Spanish-speaking people in real-life situations, using the language you'll learn in the chapter.

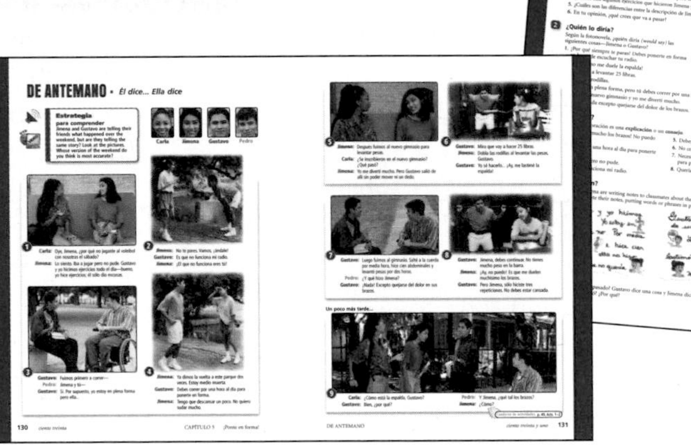

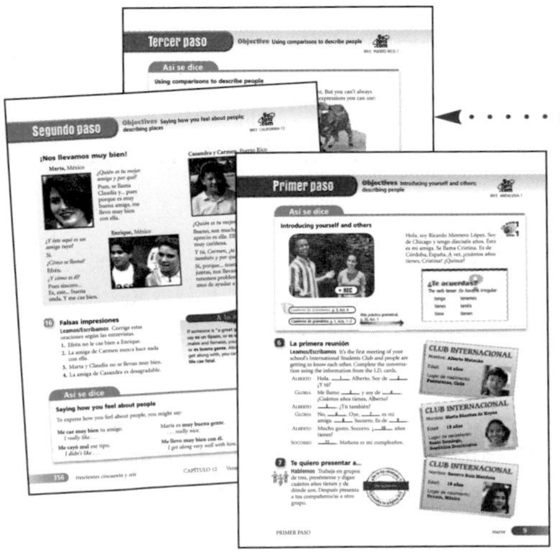

Primer, Segundo, and **Tercer paso** *(First, Second,* and *Third part)* After **De antemano,** the chapter is divided into three sections called **pasos.** Within the **paso** are **Así se dice** *(Here's how you say it)* boxes that contain the Spanish expressions you'll need to communicate and **Vocabulario** and **Gramática/Nota gramatical** boxes that give you the Spanish words and grammatical structures you'll need to know. Activities in each **paso** enable you to develop your skills in listening, reading, speaking, and writing.

Panorama cultural *(Cultural panorama)* On this page are interviews with Spanish-speaking people from around the world. You can watch these interviews on video or listen to them on audio CD. You can also watch them using the *CD-ROM Tutor* and the *DVD Tutor,* then check to see how well you understood by answering some questions about what the people say.

Encuentro cultural *(Cultural encounter)* This section, found in six of the chapters, gives you a firsthand encounter with some aspect of a Spanish-speaking culture.

Nota cultural *(Culture note)* In each chapter, there are notes with more information about the cultures of Spanish-speaking people.

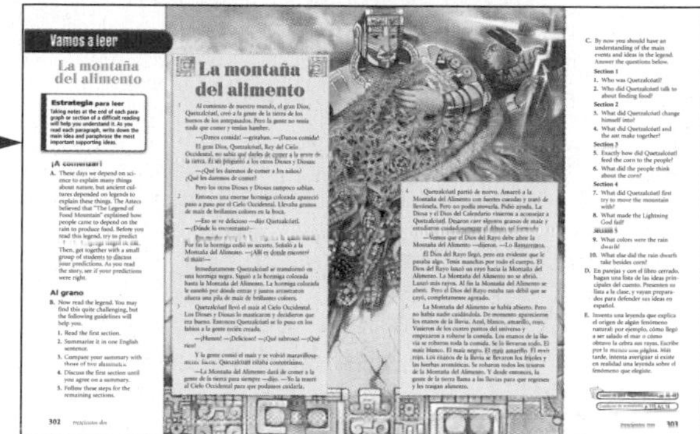

Vamos a leer *(Let's read)* The reading section follows the three **pasos**. The selections are related to the chapter themes and will help you develop your reading skills in Spanish.

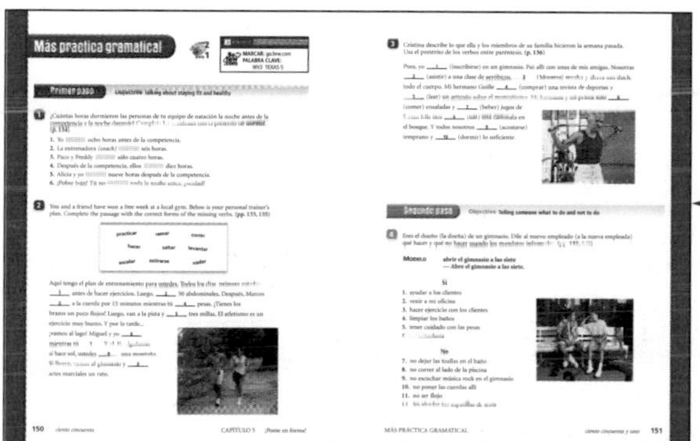

Más práctica gramatical *(Additional grammar practice)* This section begins the chapter review. You will find four pages of activities that provide additional practice with the grammar concepts you learned in the chapter.

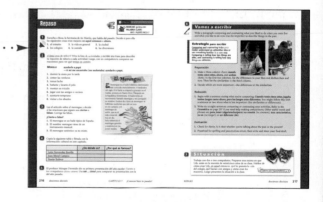

Repaso *(Review)* The activities on these pages practice what you've learned in the chapter and help you improve your listening, reading, and communication skills. You'll also review what you've learned about culture. A section called **Vamos a escribir** *(Let's write)* will develop your writing skills.

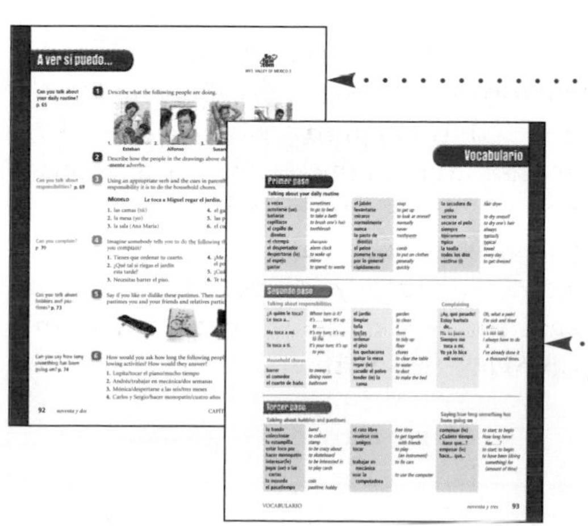

A ver si puedo... *(Let's see if I can . . .)* This page at the end of each chapter contains a series of questions and short activities to help you see if you've achieved the chapter goals.

Vocabulario *(Vocabulary)* In the Spanish-English vocabulary list on the last page of the chapter, the words are grouped by **paso.** These words and expressions will be on the quizzes and tests.

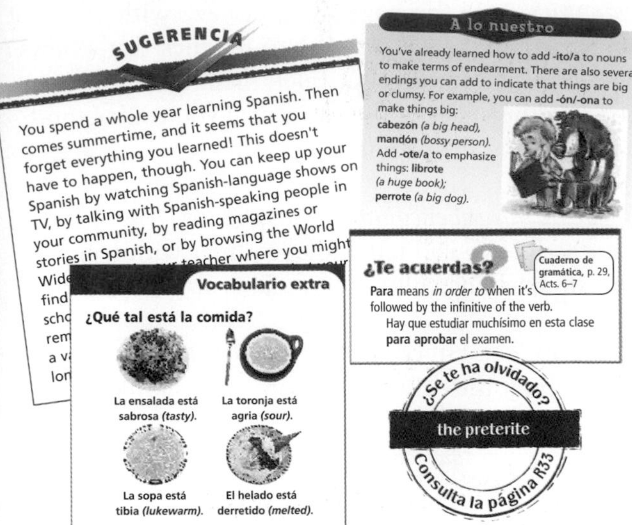

You'll also find special features in each chapter that provide extra tips and reminders.

Sugerencia *(Suggestion)* offers study hints to help you succeed in a foreign language class.
¿Te acuerdas? *(Do you remember?)* and
¿Se te ha olvidado? *(Have you forgotten?)* remind you of expressions, grammar, and vocabulary you may have forgotten.
A lo nuestro *(Our way)* gives you additional expressions to add more color to your speech.
Vocabulario extra *(Extra vocabulary)* lists extra words you might find helpful. These words will not appear on the quizzes and tests unless your teacher chooses to include them.

You'll also find Spanish-English and English-Spanish vocabulary lists at the end of the book. The words you'll need to know for the quizzes and tests are in boldface type.

At the end of your book, you'll find more helpful material, such as:

- a summary of the expressions you'll learn in the **Así se dice** boxes
- a list of review vocabulary
- additional vocabulary words you might want to use
- a summary of the grammar you'll study
- a grammar index to help you find where structures are presented.

¡Ven conmigo! Come along on an exciting trip to new cultures and a new language!

¡Buen viaje!

Explanation of Icons in *¡Ven conmigo!*

Throughout* ¡Ven conmigo!*, you'll see these symbols, or icons, next to activities and presentations. The following key will help you understand them.

Video/DVD Whenever this icon appears, you'll know there is a related segment in the *¡Ven conmigo! Video* and *DVD* Programs.

Listening Activities

Pair Work/Group Work Activities

Writing Activities

Interactive Games and Activities Whenever this icon appears, you'll know there is a related activity on the *¡Ven conmigo! Interactive CD-ROM Tutor* and on the *DVD Tutor.*

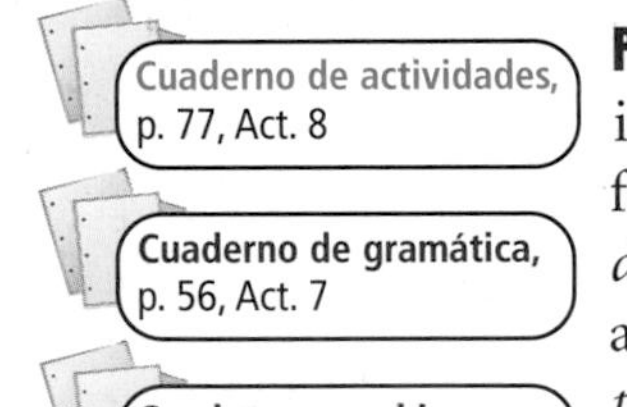

Practice Activities These icons tell you which activities from the *Cuaderno de actividades, Cuaderno de gramática,* and the *Cuaderno para hispanohablantes* practice the material presented.

Más práctica gramatical, p. 117, Act. 4

Más práctica gramatical This reference tells you where you can find additional grammar practice in the review section of the chapter.

Internet Activities This icon provides the keyword you'll need to access related online activities at **go.hrw.com.**

¡Ven conmigo!
Contents

Come along—to a world of new experiences!

¡Ven conmigo! offers you the opportunity to learn the language spoken by millions of people in the many Spanish-speaking countries around the world. Let's find out about the countries, the people, and the Spanish language.

¡VEN CONMIGO A

Andalucía!

CAPÍTULO 1

Mis amigos y yo 4

Capítulo 2
Un viaje al extranjero 34

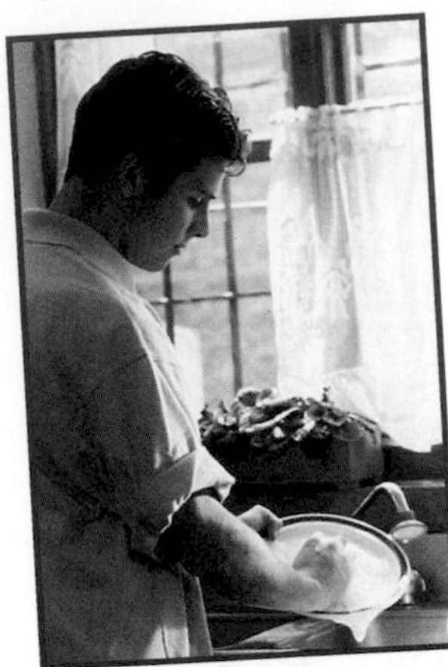

¡VEN CONMIGO AL

Valle de México!

CAPÍTULO 3

La vida cotidiana.....66

Capítulo 4

¡Adelante con los estudios! 94

¡VEN CONMIGO A

Texas!

CAPÍTULO 5

¡Ponte en forma! 128

Capítulo 6
De visita en la ciudad 158

¡VEN CONMIGO AL

Caribe!

CAPÍTULO 7

¿Conoces bien tu pasado? 190

Capítulo 8

Diversiones 220

¡VEN CONMIGO A LOS

Andes!

CAPÍTULO 9

¡Día de mercado!.....252

Capítulo 10
¡Cuéntame! 282

¡VEN CONMIGO A

California!

CAPÍTULO 11

Nuestro medio ambiente 316

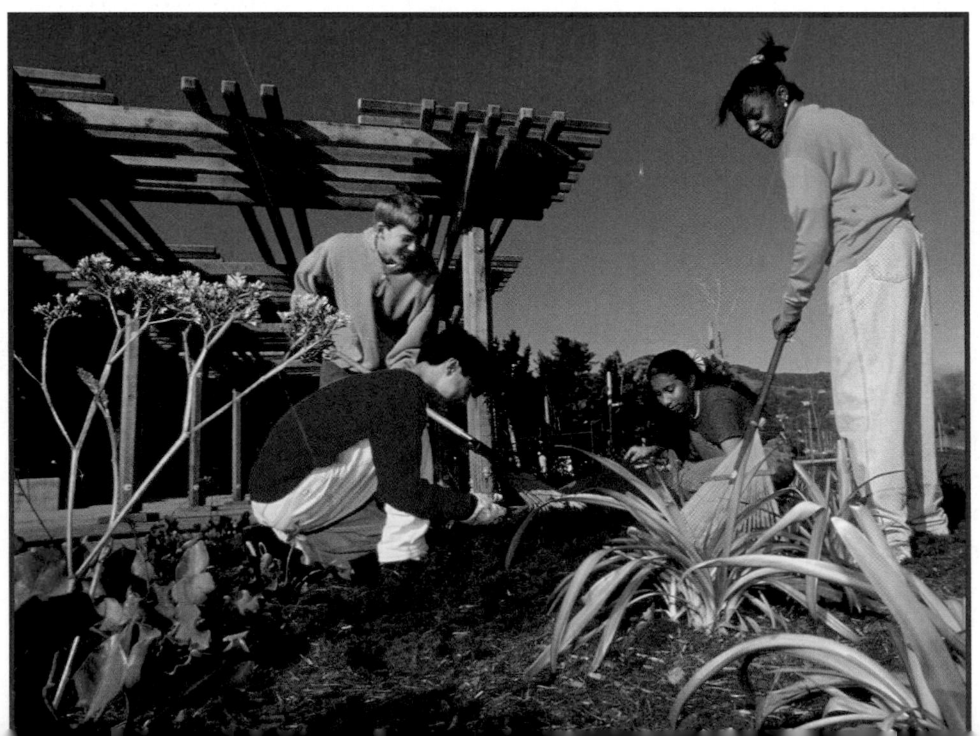

Capítulo 12
Veranos pasados, veranos por venir 346

Reference Section

CULTURAL REFERENCES

FITNESS

FOOD

FRIENDS AND FAMILY

LEGENDS AND FOLKTALES

MAPS

PEOPLE

POEMS AND SHORT STORIES

POINTS OF INTEREST

RESTAURANTS

SCHOOL LIFE

SHOPPING

TEMPERATURE AND WEATHER

TRANSPORTATION

La Península Ibérica

MAR CANTÁBRICO
FRANCIA
ANDORRA
Los Pirineos
Cordillera Cantábrica
Galicia
La Coruña
Asturias
Oviedo
León
Cantabria
Santander
País Vasco
Bilbao
San Sebastián
Navarra
Pamplona
La Rioja
Logroño
Río Ebro
Castilla y León
Valladolid
Salamanca
Río Duero
Aragón
Huesca
Zaragoza
Cataluña
Gerona
Barcelona
Madrid
Sierra de Guadarrama
Río Tajo
Toledo
Castilla-La Mancha
Comunidad Valenciana
Valencia
Alicante
Murcia
Cartagena
Extremadura
Cáceres
Badajoz
Río Guadiana
Andalucía
Río Guadalquivir
Córdoba
Sevilla
Granada
Sierra Nevada
Málaga
Gibraltar (R.U.)
Estrecho de Gibraltar
Ceuta (Esp.)
Melilla (Esp.)
MARRUECOS
ESPAÑA
PORTUGAL
Lisboa
OCÉANO ATLÁNTICO
MAR MEDITERRÁNEO
Islas Baleares
Menorca
Mallorca
Palma
Ibiza
Islas Canarias
La Palma
Tenerife
Santa Cruz de Tenerife
Las Palmas
Gran Canaria
Fuenteventura
N
0 50 100 Kilómetros
0 50 100 Millas

América Central y las Antillas

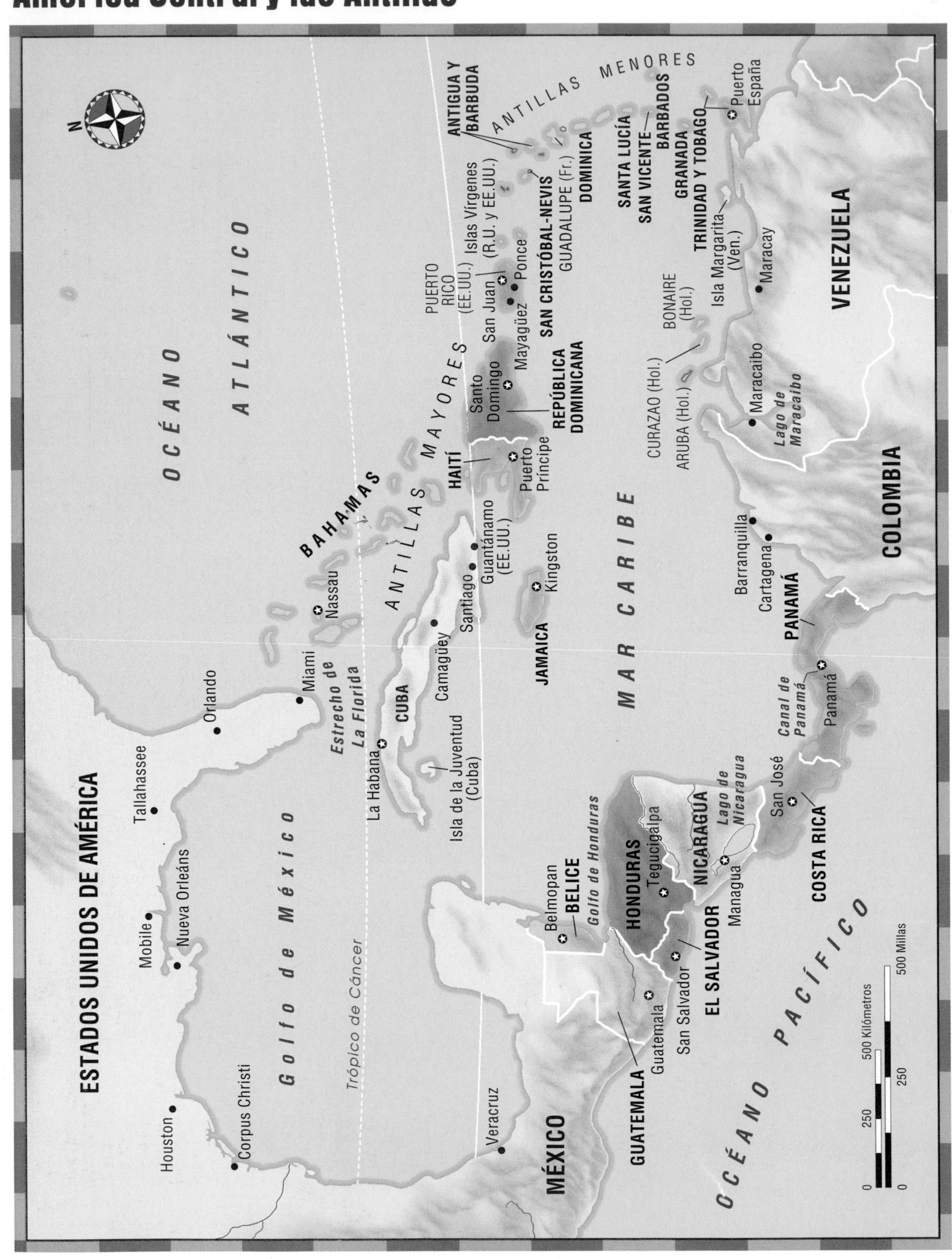

México

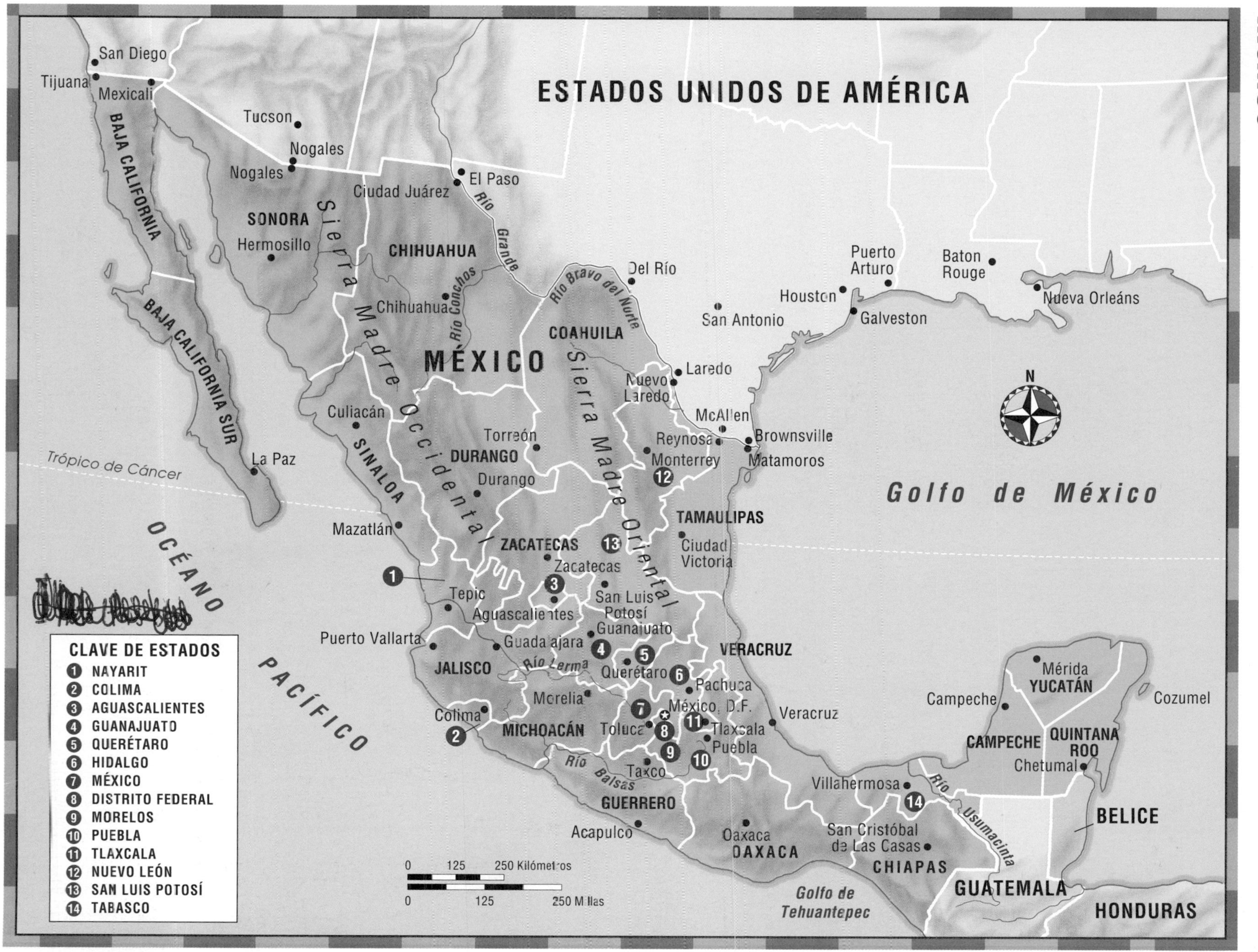

ESTADOS UNIDOS DE AMÉRICA
San Diego
Tijuana
Mexicali
Tucson
Nogales
Nogales
BAJA CALIFORNIA
BAJA CALIFORNIA SUR
SONORA
Hermosillo
Ciudad Juárez
El Paso
Río Grande
CHIHUAHUA
Chihuahua
Río Conchos
Sierra Madre Occidental
MÉXICO
Río Bravo del Norte
Del Río
COAHUILA
Sierra Madre Oriental
Houston
Puerto Arturo
Baton Rouge
Nueva Orleáns
San Antonio
Galveston
Laredo
Nuevo Laredo
McAllen
Brownsville
Matamoros
Reynosa
Monterrey
Culiacán
SINALOA
Torreón
DURANGO
Durango
La Paz
Trópico de Cáncer
N
Golfo de México
Mazatlán
TAMAULIPAS
Ciudad Victoria
ZACATECAS
Zacatecas
OCÉANO PACÍFICO
Tepic
Aguascalientes
San Luis Potosí
Guanajuato
Puerto Vallarta
Guadalajara
JALISCO
Río Lerma
Querétaro
VERACRUZ
Pachuca
Morelia
México, D.F.
Colima
MICHOACÁN
Toluca
Tlaxcala
Puebla
Veracruz
Taxco
Río Balsas
GUERRERO
Acapulco
Oaxaca
OAXACA
Mérida
YUCATÁN
Campeche
CAMPECHE
QUINTANA ROO
Chetumal
Cozumel
Villahermosa
Río Usumacinta
San Cristóbal de Las Casas
CHIAPAS
BELICE
GUATEMALA
HONDURAS
Golfo de Tehuantepec
0 125 250 Kilómetros
0 125 250 Millas
CLAVE DE ESTADOS
1 NAYARIT
2 COLIMA
3 AGUASCALIENTES
4 GUANAJUATO
5 QUERÉTARO
6 HIDALGO
7 MÉXICO
8 DISTRITO FEDERAL
9 MORELOS
10 PUEBLA
11 TLAXCALA
12 NUEVO LEÓN
13 SAN LUIS POTOSÍ
14 TABASCO

América del Sur

MAR DE LAS ANTILLAS
OCÉANO
ATLÁNTICO
América Central
Maracaibo
Caracas
Cartagena
VENEZUELA
Orinoco
Río
Ciudad Bolívar
GUYANA
SURINAM
Georgetown
Paramaribo
Cayena
GUAYANA FRANCESA
Medellín
COLOMBIA
Bogotá
Cordillera
Río Putumayo
Islas Galápagos
(Ecuador)
Quito
ECUADOR
Guayaquil
Cuenca
Ecuador
Río
Manaus
Amazonas
Belén
de los
BRASIL
Recife
PERÚ
Andes
Lima
Cuzco
Salvador
Brasilia
Lago Titicaca
La Paz
BOLIVIA
Sucre
Cordillera de los
OCÉANO
PARAGUAY
Paraná
Asunción
San Pablo
Río de Janeiro
Trópico de Capricornio
CHILE
Tucumán
Río
ARGENTINA
PACÍFICO
Andes
Córdoba
Valparaíso
Mendoza
URUGUAY
Santiago
Montevideo
Buenos Aires
Río de la Plata
N
Cordillera de los
Bariloche
OCÉANO
ATLÁNTICO
0
500
1.000 Kilómetros
0
500
1.000 Millas
Andes
Estrecho de Magallanes
Islas Malvinas (R.U.)
Punta Arenas
Tierra del Fuego
Cabo de Hornos

Estados Unidos de América

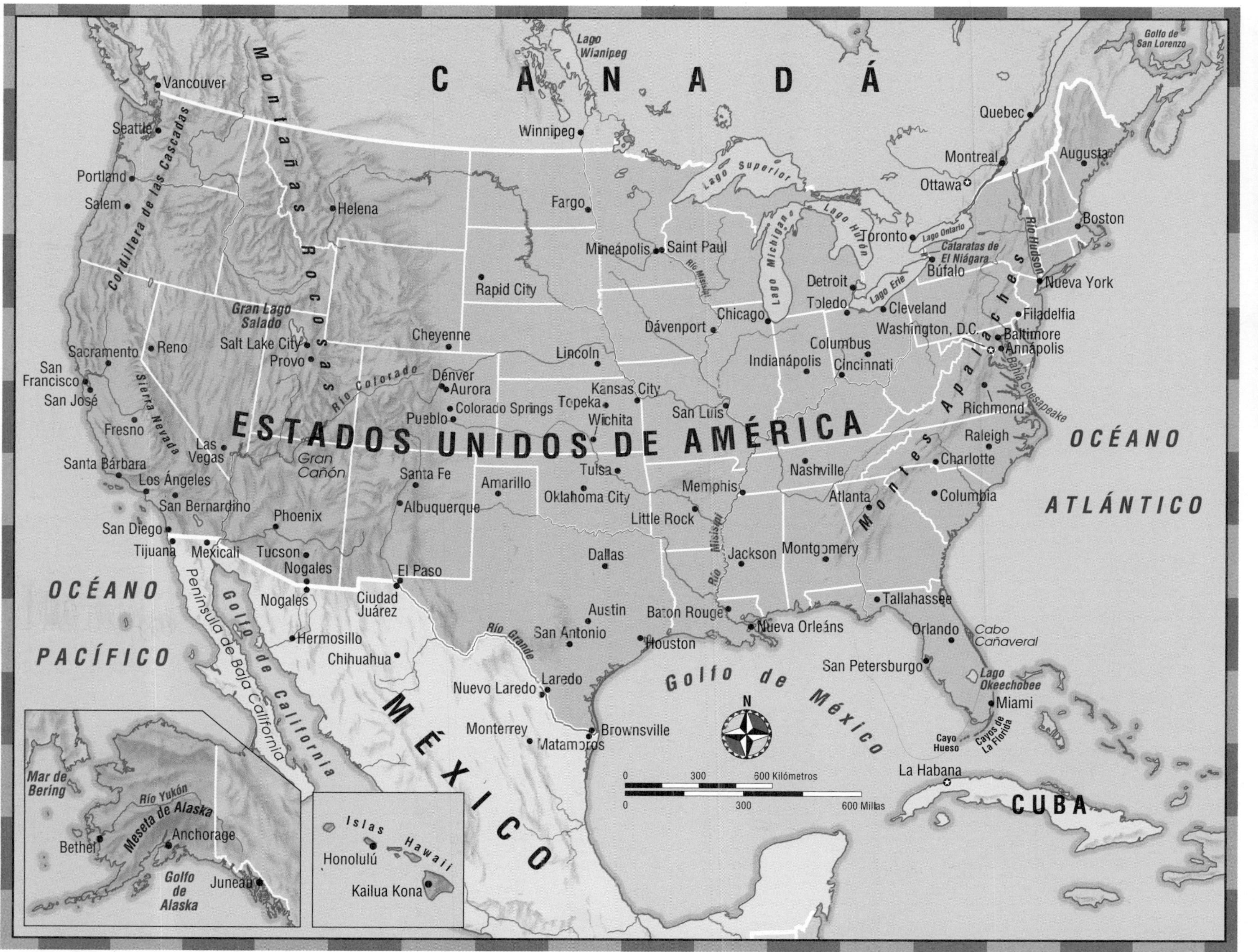

El mundo

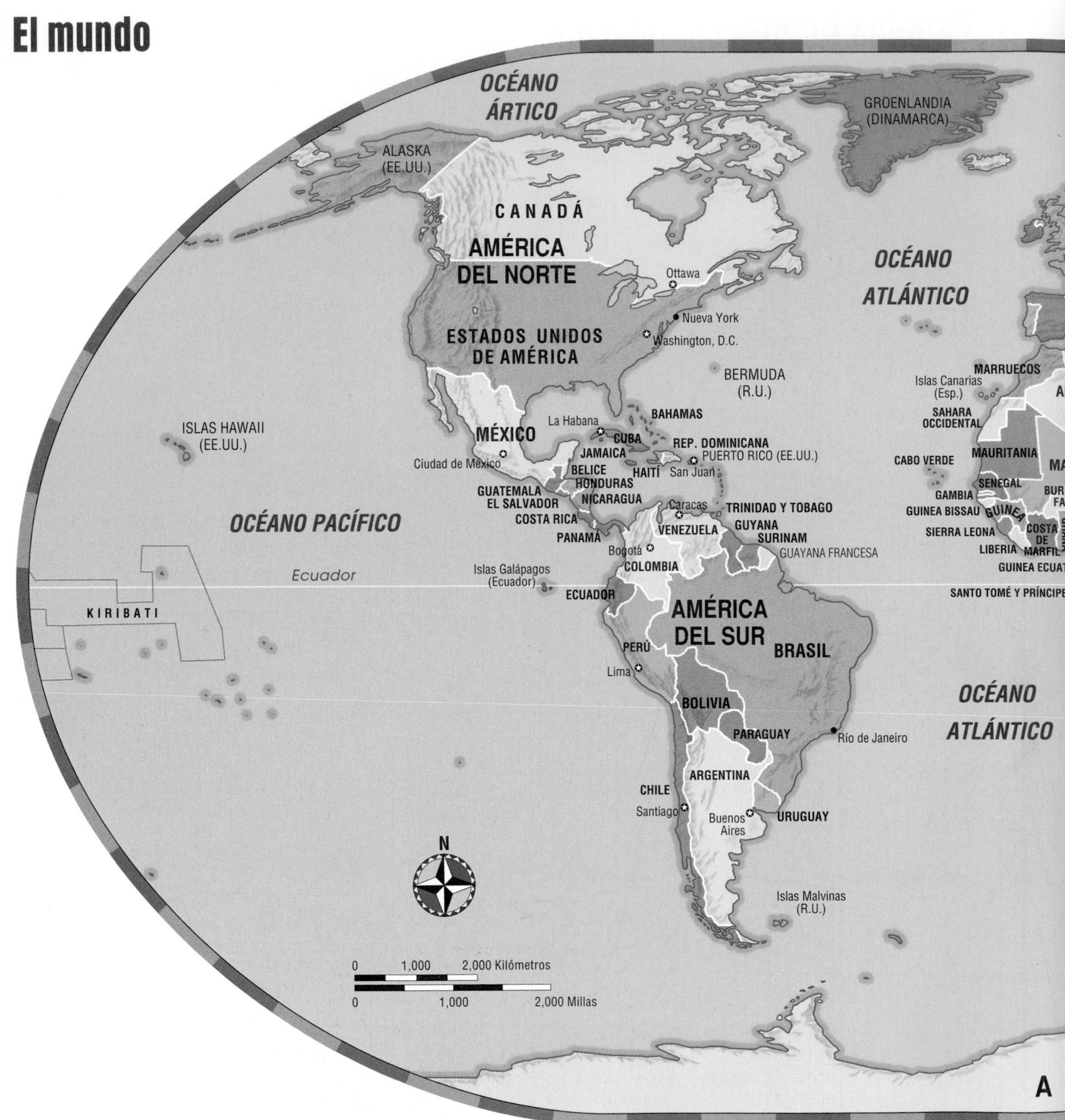

OCÉANO ÁRTICO
GROENLANDIA (DINAMARCA)
ALASKA (EE.UU.)
CANADÁ
AMÉRICA DEL NORTE
Ottawa
OCÉANO ATLÁNTICO
Nueva York
Washington, D.C.
ESTADOS UNIDOS DE AMÉRICA
BERMUDA (R.U.)
MARRUECOS
Islas Canarias (Esp.)
SAHARA OCCIDENTAL
ISLAS HAWAII (EE.UU.)
La Habana
BAHAMAS
MÉXICO
CUBA
REP. DOMINICANA
JAMAICA
PUERTO RICO (EE.UU.)
Ciudad de México
BELICE
HAITÍ
San Juan
CABO VERDE
MAURITANIA
HONDURAS
GUATEMALA
EL SALVADOR
NICARAGUA
SENEGAL
GAMBIA
Caracas
TRINIDAD Y TOBAGO
GUINEA BISSAU
GUINEA
COSTA RICA
OCÉANO PACÍFICO
GUYANA
VENEZUELA
SURINAM
SIERRA LEONA
PANAMÁ
Bogotá
GUAYANA FRANCESA
LIBERIA
COLOMBIA
Ecuador
Islas Galápagos (Ecuador)
ECUADOR
SANTO TOMÉ Y PRÍNCIPE
KIRIBATI
AMÉRICA DEL SUR
BRASIL
PERÚ
Lima
OCÉANO ATLÁNTICO
BOLIVIA
PARAGUAY
Río de Janeiro
ARGENTINA
CHILE
Santiago
Buenos Aires
URUGUAY
N
Islas Malvinas (R.U.)
0 1,000 2,000 Kilómetros
0 1,000 2,000 Millas
A

	PAÍS	CAPITAL
1	REPÚBLICA CHECA	Praga
2	REPÚBLICA ESLOVACA	Bratislava
3	ESLOVENIA	Liubliana
4	CROACIA	Zagreb
5	BOSNIA Y HERZEGOVINA	Sarajevo
6	MACEDONIA	Skopje
7	YUGOSLAVIA	Belgrado
8	LITUANIA	Vilna
9	LETONIA	Riga
10	ESTONIA	Tallin
11	LIECHTENSTEIN	Vaduz
12	LUXEMBURGO	Luxemburgo

¡Ven conmigo a Andalucía!

Población: 7.250.000

Área: 33.694 millas cuadradas (87.268 km^2). Es más grande que Maine, pero menos grande que Indiana.

Ciudades principales: Sevilla, Málaga, Córdoba, Granada

Productos agrícolas: aceitunas, algodón, almendras, cereales, frutas cítricas, uvas

Industrias: turismo, comestibles, textiles

Personajes famosos: Pablo Picasso (1881–1973), pintor; Federico García Lorca (1898–1936), poeta; Andrés Segovia (1893–1987), guitarrista

Platos típicos: gazpacho, pescaíto frito, jamón de jabugo

WV3 ANDALUSIA

La Plaza de España en Sevilla ▶

Andalucía

El sol, la playa, la música flamenca, los toros... Éstas son imágenes asociadas con Andalucía, el sur de España. Es aquí donde más se ve la influencia árabe en la cultura española. Es también de aquí que la mayoría de los españoles emigraron a las Américas a partir del siglo dieciséis. Hoy, muchos turistas visitan esta región y disfrutan de los días cálidos y las noches alegres.

internet

go.hrw.com
MARCAR: go.hrw.com
PALABRA CLAVE: WV3 ANDALUSIA

1 Una vista de Itálica
A unos pocos kilómetros de Sevilla están las ruinas de Itálica. Este sitio arqueológico sirve como recuerdo de la influencia romana en España.

2 La Giralda
Vista de Sevilla con la famosa torre de la Giralda, construida en 1196.

3 El arte ecuestre
Los caballos andaluces son famosos en el mundo entero por su agilidad y disciplina.

4 Un viaje rápido y seguro
El AVE (Alta Velocidad de España) se desplaza a más de 180 millas por hora (288 km/h). Este rapidísimo tren lleva a pasajeros desde Madrid a Sevilla en aproximadamente dos horas y media.

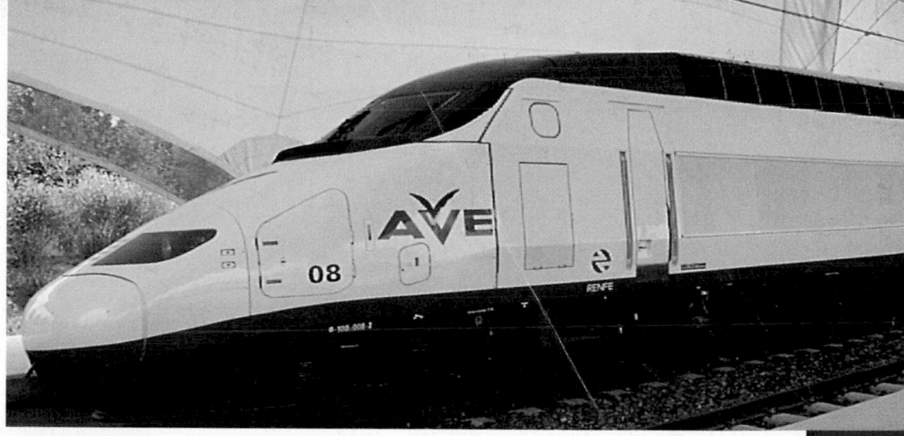

En los capítulos 1 y 2,

vas a conocer a unos estudiantes que viven en Sevilla, la ciudad más grande de Andalucía. El espíritu de Sevilla se encuentra en su arquitectura, sus corridas de toros y en la alegría de su gente. Hay un refrán que dice "Quien no ha visto Sevilla, no ha visto maravilla".

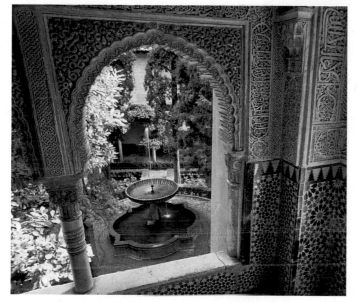

5 El bello arte morisco
La Alhambra, en la ciudad de Granada, es un ejemplo de la arquitectura de la civilización musulmana. Los moros gobernaron Andalucía durante 700 años.

6 A bailar en el "tablao"
La música flamenca, típica de Andalucía, muestra influencias moras y gitanas.

7 Un buen día para comprar flores
Dos hombres compran flores en una calle de Sevilla.

CAPÍTULO

1

Mis amigos y yo

Objectives

In this chapter you will learn to

Primer paso

- introduce yourself and others
- describe people

Segundo paso

- talk about what you and others do

Tercer paso

- say what you like and don't like

internet

MARCAR: go.hrw.com
PALABRA CLAVE:
WV3 ANDALUSIA-1

A mí y a mis amigos nos gusta pasar el tiempo juntos.

DE ANTEMANO • *Escenas de mi ciudad*

Estrategia para comprender
If you were going to another country, what would you want your new friends to know about you? Maribel has decided to make a home video. See how she describes herself and her friends in Seville.

Maribel

Enrique

Verónica

Pablo

1 **Maribel:** Bueno, ¿vamos? Quiero empezar ya el video.

2 **Maribel:** Yo soy Maribel Rojas. Voy a estar pronto en los Estados Unidos y por eso estoy haciendo este video de mi ciudad y de mis amigos.

3 **Maribel:** Soy de Sevilla. Es una ciudad preciosa y me encanta vivir aquí.

4 **Maribel:** Ésta es la Plaza del Triunfo. Allí está la Giralda, que es una torre muy vieja.

5 **Maribel:** Ahora vamos a mi parque favorito. Se llama el Parque de María Luisa. Allí está mi amiga Verónica.

6 **Maribel:** Ésta es Verónica, mi mejor amiga.

7 **Verónica:** Mari y yo hacemos muchas cosas juntas... Vamos de compras, vamos al cine...
Maribel: Jugamos al tenis, estudiamos juntas...
Pablo: ¡Mari! ¡Verónica! ¡Hola, chicas!

8 **Pablo:** ¡Uy!

9 **Verónica:** ¿Estás bien, Pablo?
Pablo: No, no... estoy bien.

10 **Maribel:** Y éste es nuestro amigo Pablo. Cuéntanos, Pablo, ¿cuántos años tienes y de dónde eres?
Pablo: ¡Hola! Tengo dieciséis años y soy de Sevilla, pero mis padres son argentinos.
Maribel: ¿Qué te gusta hacer, Pablo?
Pablo: Pues... me gusta jugar al fútbol... comer... salir con amigos...

11 **Pablo:** Oye, Maribel. Hablé con tu padre. Quiere verte. Está en casa y te espera allí. Dice que es importante.
Maribel: ¿Quiere verme ahora? Qué raro. ¿Por qué?

Cuaderno de actividades, p. 1, Acts. 1–2

1 ¿Comprendes la fotonovela?

1. ¿Quiénes son las personas en el video?
2. ¿En qué ciudad están?
3. ¿Qué lugares aparecen *(appear)* en el video?
4. ¿Quién es Verónica? ¿Por qué son mejores amigas ella y Maribel?
5. Al final, ¿quién quiere ver a Maribel? ¿Está ella preocupada?

2 ¿Cierto o falso?

¿Son las oraciones **ciertas** o **falsas**? Corrige *(Correct)* las que son falsas.

1. Maribel va a hacer un viaje a la Argentina.
2. Maribel cree que la ciudad de Sevilla es fea.
3. Verónica es la mejor amiga de Maribel.
4. A Maribel y a Pablo no les gustan los deportes.
5. Pablo es amigo de las dos chicas.
6. Pablo es español.
7. Maribel tiene que ir a la oficina de su padre ahora.

3 ¿Cómo se dice...?

Find the words and expressions in the **fotonovela** that you might use . . .

1. to introduce yourself
2. to introduce Verónica and Pablo
3. to ask Pablo how old he is and where he's from
4. to talk about what you like to do
5. to talk about what you and a friend do together

4 ¡A escribir!

Maribel le va a mandar una carta a la hija de la familia con la que va a vivir en Estados Unidos. Completa su carta con las palabras y expresiones del cuadro.

introvertida	tiene	soy de
yo soy	ésta es	tengo
me gusta		hacemos
alta	vamos	estudiamos

Querida Emily:

¡Hola! __1__ Maribel Rojas. __2__ Sevilla, España. Soy española y __3__ 15 años. __4__ patinar, escuchar música y jugar al tenis. __5__ mi amiga Verónica. Ella __6__ 14 años. Tenemos mucho en común, ¡pero también somos diferentes! Verónica es __7__; yo soy baja. Yo soy extrovertida; ella es __8__. Verónica y yo __9__ muchas cosas juntas. Por ejemplo, __10__ al cine y __11__ juntas. Por favor, escríbeme pronto.

Maribel

5 Y tú, ¿qué opinas?

Why do you think Maribel's father wants to see her? What do you think will happen next?

Primer paso

Objectives Introducing yourself and others; describing people

WV3 ANDALUSIA-1

Así se dice

Introducing yourself and others

Hola, soy Ricardo Montero López. Soy de Chicago y tengo dieciséis años. Ésta es mi amiga. Se llama Cristina. Es de Córdoba, España. A ver, ¿cuántos años tienes, Cristina? ¿Quince?

¿Te acuerdas?

The verb **tener** *(to have)* is irregular:

tengo	tenemos
tienes	tenéis
tiene	tienen

Cuaderno de actividades, p. 3, Act. 4

Cuaderno de gramática, p. 1, Acts. 1–2

Más práctica gramatical, p. 26, Act. 1

6 La primera reunión

Leamos/Escribamos It's the first meeting of your school's International Students Club and people are getting to know each other. Complete the conversation using the information from the I.D. cards.

ALBERTO	Hola. ___1___ Alberto. Soy de ___2___ ¿Y tú?
GLORIA	Me llamo ___3___ y soy de ___4___. ¿Cuántos años tienes, Alberto?
ALBERTO	___5___. ¿Tú también?
GLORIA	No, ___6___. Oye, ___7___ es mi amiga. ___8___ Socorro. Es de ___9___.
ALBERTO	Mucho gusto, Socorro. ¿___10___ años tienes?
SOCORRO	___11___. Mañana es mi cumpleaños.

CLUB INTERNACIONAL
Nombre: Alberto Matsuko
Edad: 16 años
Lugar de nacimiento: Punta Arenas, Chile
CLUB INTERNACIONAL
Nombre: Gloria Sánchez de Hoyos
Edad: 15 años
Lugar de nacimiento: Santo Domingo, República Dominicana
CLUB INTERNACIONAL
Nombre: Socorro Ruiz Mendoza
Edad: 15 años
Lugar de nacimiento: Oaxaca, México

7 Te quiero presentar a...

Hablemos Trabaja en grupos de tres. Preséntense y digan cuántos años tienen y de dónde son. Después presenta a tus compañeros/as a otro grupo.

Así se dice

Describing people

Cuaderno de actividades, pp. 2, 4, Acts. 3, 6

¿Cómo eres tú?

Me llamo Beatriz. Soy una persona de estatura mediana. Mido 1 metro 63. Tengo ojos de color café y pelo castaño.

¿Cómo son tus amigos?

Lupe y Ana son guapas y rubias. Son inteligentes y también muy artísticas.

Sebastián es rubio. Lleva anteojos. Es muy cariñoso y un poco tímido.

Juanita es pelirroja y tiene pelo rizado. Es alegre y bastante extrovertida.

Simón y Olga son altos y delgados. Son atléticos y muy simpáticos.

Camilo mide 2 metros y es calvo. Es introvertido y muy buena gente.

Doña Violeta es una señora guapa y canosa. Es muy elegante y sofisticada.

8 ¿Quién soy?

A. **Escuchemos** Listen to the following people describe themselves. As you listen, refer to the illustrations in **Así se dice** to identify each person.

Modelo **Soy introvertido, alto y calvo.**
Answer: **Camilo**

B. **Escribamos** Now listen again and write exactly what each person says.

Can you describe a typical Spanish speaker? Not really! Spanish speakers from Spain, Mexico, and Central and South America are very diverse in their appearance. Did you know the U.S. has the fifth largest number of Spanish speakers in the world?

Gramática de repaso

Adjective agreement

CD-ROM 1 DVD 1

Adjectives in Spanish change their forms to match the nouns they describe.

1. Use **-o** with masculine and **-a** with feminine nouns.
   Pablo es bastante alt**o**. Verónica es menos alt**a**.
2. Most adjectives ending in a consonant or an **-e** don't change.
   Pablo es fuerte, leal y joven. Verónica también es fuerte, leal y joven.
3. However, if the adjective ends in **-dor** or if it refers to someone's nationality, add **-a** for feminine nouns.
   Pablo es español y trabajador. Verónica es español**a** también y es más trabajador**a**.
4. To describe more than one person or thing, add **-s** or **-es** to make the adjective plural.
   Pablo y Verónica son jóven**es** y muy simpático**s**.

Más práctica gramatical, pp. 26–27, Acts. 2–3

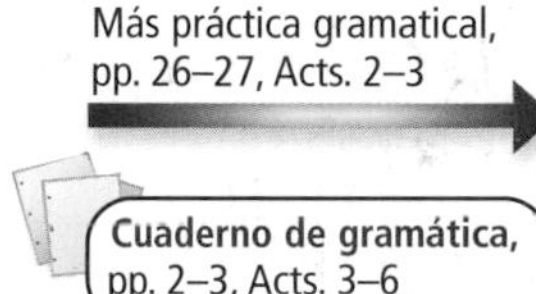

9 Gramática en contexto

Leamos/Escribamos Completa la descripción que Hugo hace de su familia. Escribe la forma correcta de las palabras en el cuadro. No repitas ninguna palabra.

1. Yo no tengo el pelo liso. Tengo el pelo ______.
2. Silvia, mi hermana, es ______. Mide 1 metro 53 (5 pies).
3. Mis primas, Lila y Nora, son introvertidas y ______.
4. Mis padres corren mucho. Son muy ______.
5. Mi tía Berta no es canosa. Es ______.

atlético
tímido
rizado
extrovertido
bajo
rubio

10 Gramática en contexto

Escribamos Escribe dos oraciones para describir a la mamá de Maribel, a su papá y a su hermano menor.

11 ¿Cómo es tu familia?

Hablemos Con tu compañero/a describan a los miembros de sus familias o de una familia imaginaria. Intercambien papeles. Para ver más adjetivos, consulta la página R18.

Nacionalidades

argentino/a
boliviano/a
chileno/a
colombiano/a
costarricense
cubano/a
dominicano/a
ecuatoriano/a
español, -a
estadounidense
guatemalteco/a
hondureño/a
mexicano/a
nicaragüense
panameño/a
paraguayo/a
peruano/a
puertorriqueño/a
salvadoreño/a
uruguayo/a
venezolano/a

ESTADOS UNIDOS
MÉXICO
CUBA
PUERTO RICO
REPÚBLICA DOMINICANA
GUATEMALA
EL SALVADOR
HONDURAS
NICARAGUA
COSTA RICA
PANAMÁ
VENEZUELA
COLOMBIA
ECUADOR
PERÚ
BOLIVIA
PARAGUAY
CHILE
URUGUAY
ARGENTINA

Celia Cruz, cantante

Frida Kahlo y Diego Rivera, artistas

Gabriel García Márquez, escritor

Rigoberta Menchú, ganadora Premio Nóbel 1992

Claudia Poll, campeona de natación

Valeria Mazza, modelo

Cuaderno de actividades, pp. 3–4, 12, Acts. 5, 7, 18

Cuaderno de gramática, p. 4, Acts. 7–8

Más práctica gramatical, p. 27, Act. 3

12 Gente famosa

Leamos/Hablemos Mira el mapa y las fotos de estos famosos personajes latinoamericanos. Indica la nacionalidad de cada uno y describe su aspecto físico.

13 ¿Quién es?

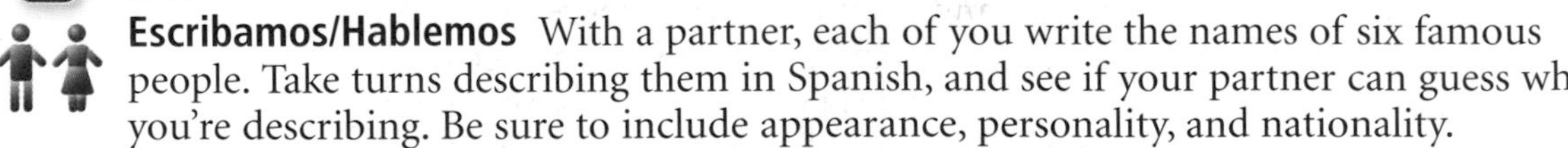

Escribamos/Hablemos With a partner, each of you write the names of six famous people. Take turns describing them in Spanish, and see if your partner can guess who you're describing. Be sure to include appearance, personality, and nationality.

14 La persona a la que más admiro

Escribamos Think of a person you admire, such as a family member, a friend, a celebrity, or a sports figure. Write a paragraph about this person, including details about his or her nationality, age, appearance, personality, and why you like him or her. Turn to page R18 to see some additional nationalities.

¿Qué es el euro?

How would you feel if you traveled to a nearby town and had to change money to be able to buy anything there? Europeans living near international borders have had to do exactly that. The **euro** is a monetary unit that has replaced the individual currencies of the countries in the European Union. Using the **euro** may be easier for travelers and for people doing business in different European countries.

Para discutir...

1. What items are depicted on the bills and coins? What common element do you see on all of them?
2. What are some of the advantages of many countries using the same currency? Are there some disadvantages as well? How are United States businesses affected by the **euro**?
3. Would it be a good idea for the United States to share a common currency with Canada and Mexico? Why or why not?

Vamos a comprenderlo

Euro coins have a common symbol on one side, and unique symbols representing each country in the European Union on the other. The architectural elements depicted on the bills reflect different periods in European history. The design of the **euro** symbolizes the cooperation of the participating countries. Bills are designated as 5, 10, 20, 50, 100, 200, and 500 **euro** denominations.

Objective Talking about what you and others do

WV3 ANDALUSIA-1

15 El fin de semana de Ernesto

Leamos Ernesto le está escribiendo a Martín, su amigo por correspondencia, sobre su próximo fin de semana y los planes que tiene. Completa la carta con la información de los boletos.

Hola Martín,

¿Qué has hecho? Yo me lo paso genial. El viernes por la noche, Roberto y yo vamos al ___1___ para ver la nueva película ___2___. La película empieza a las ___3___. Después, vamos a nuestro café favorito, el Restaurante ___4___. Muchas veces, tomamos algo allí con nuestros amigos. Está cerca del cine, en la Calle ___5___. El sábado, voy a Madrid para visitar a mi amiga Ana. Vamos al museo más famoso de España, el ___6___. Luego, si hace buen tiempo, vamos a nadar en la ___7___ municipal. Sólo cuesta ___8___ euros. Es nueva y muy grande.

Bueno, adiós por ahora. ¡Escríbeme pronto!

Cuídate.

Ernesto

Restaurante Paloma

Mesa Núm. ________
Fecha ________
Camarero ________

Calle Bravo Murillo, 36
Teléfono 457-09-11
Madrid, 18

Cant.	CONCEPTO	IMPORTE
1	jugo	1,25
1	agua	2,25
		3,50
	TOTAL IVA incluido	

Gracias por su visita

Instituto Municipal de Deportes
AYUNTAMIENTO DE MADRID

PISCINA ADULTO 1

• Cuida y conserva la instalación, mañana estará de nuevo a tu servicio.

4 AGO 19

2,00 euros Nº 156304

Así se dice

Talking about what you and others do

CD-ROM 1
DVD 1

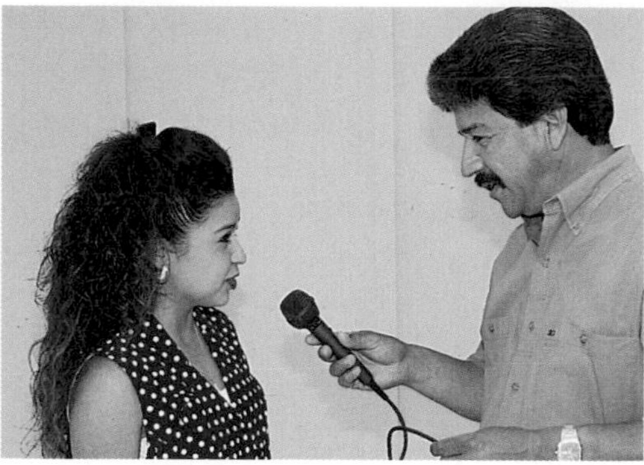

—¿Qué haces los fines de semana?
—Pues, los sábados salgo con mis amigos.

—¿Adónde van? ¿Y a qué hora salen?
—Pues, alrededor de las diez vamos a una discoteca, o simplemente vamos a un café a tomar algo.

Cuaderno de actividades, pp. 5–6, Acts. 8–9

16 La entrevista continúa

Escuchemos Listen to these interviews with Latin American high school students. Match the people being interviewed with what they do.

1. Ivonne 2. Rubén 3. María 4. Bruno

a.

b.

c.

d.

Gramática de repaso

Present tense of regular verbs

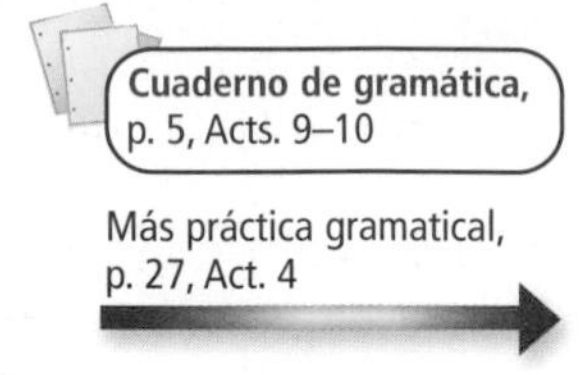
Cuaderno de gramática, p. 5, Acts. 9–10

Más práctica gramatical, p. 27, Act. 4

You already know that Spanish has three types of verbs: **-ar, -er,** and **-ir.** Here is a review of the present tense. The endings on the stem of these verbs show who is doing the action, so you don't usually need to use the subject pronouns.

	NADAR	COMER	ESCRIBIR
yo	nad**o**	com**o**	escrib**o**
tú	nad**as**	com**es**	escrib**es**
él, ella, usted	nad**a**	com**e**	escrib**e**
nosotros/as	nad**amos**	com**emos**	escrib**imos**
vosotros/as	nad**áis**	com**éis**	escrib**ís**
ellos, ellas, ustedes	nad**an**	com**en**	escrib**en**

¿Qué hace el pez?

Answer: Nada.

17 Gramática en contexto

Hablemos Con base en las oraciones, hazle seis preguntas a tu compañero/a. Toma apuntes de sus respuestas.

1. venir al colegio
2. salir con amigos
3. hacer los domingos
4. jugar al (voleibol)
5. ir a un museo
6. ver (una película)

¿Te acuerdas?

Some verbs, such as **salir, venir, hacer, ver,** and **ir,** are irregular. Turn to pages R39–R41 to review their forms.

Cuaderno de gramática, p. 6, Acts. 11–12

Más práctica gramatical, p. 28, Act. 5

18 Gramática en contexto

Hablemos Work with a partner. Take turns being Queta—the babysitter shown in the picture—and the parent who calls to ask what everybody is doing.

MODELO **—¿Qué haces tú? —Miro la televisión con David.**

19 Gramática en contexto

Leamos/Hablemos Explica qué haces tú y qué hacen tus amigos y tu familia en una semana típica. Indica al menos dos actividades para cada respuesta.

Modelo **Los domingos, yo voy al parque con mi familia. Después, comemos en un restaurante.**

1. Los domingos por la tarde, yo...
2. Los lunes, a la una, mis amigos y yo...
3. Los miércoles, a las ocho de la noche, mi familia...
4. Los jueves después de clases, mis amigos...
5. Los viernes por la noche, yo...
6. Los sábados por la mañana, mis padres...
7. Los sábados por la tarde, mi hermano/a...
8. Y tú, ¿qué...?

Nota cultural

Mamá ¿A qué hora vas a salir esta noche?

Luis Después de la cena. Tengo planes de ir a un café con algunos amigos a las diez y media.

Would you normally plan on meeting with friends that late? In Spain, most people don't start going out until 10:00 or 11:00 at night. That's because dinner usually isn't served until about 9:00 P.M. or later.

20 ¿Qué haces los fines de semana?

Hablemos Interview two to four classmates to find out several things each one does on the weekends. Can you find at least one thing they all do? Be prepared to report your findings to the class.

¿Te acuerdas?

To say what someone is going to do in the future use: **ir a** + infinitive.

Maribel **va a jugar** al tenis esta tarde.
¿Y ustedes? ¿Qué **van a hacer**?

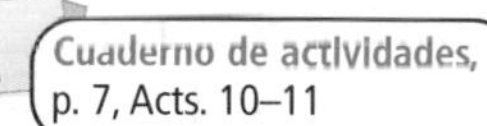
Cuaderno de actividades,
p. 7, Acts. 10–11

Cuaderno de gramática, p. 7, Acts. 13–15

Más práctica gramatical, p. 28, Act. 6

21 Maribel y sus amigos

Hablemos Completa lo que dicen Maribel y sus amigos. Usa las formas correctas de **ir** con un verbo apropiado.

Mi cuarto es
un desastre,
entonces...

1.

Yo tengo un examen de matemáticas, entonces...

2.

Necesito un reloj nuevo. Mañana...

3.

TAQUILLA CIN
A nosotros nos gustan
las películas de acción.
Esta tarde...

4.

22 El fin de semana en Madrid

Leamos/Hablemos The weekend is coming! You and your friend are vacationing in Madrid. With a partner, look over the **Guía del Ocio** for a list of places to visit this weekend. Then, between the two of you, agree on what you will do as well as when and where. Be prepared to present your plans to the class.

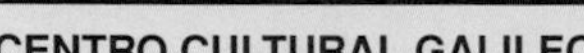

✦ ARTE ✦

CENTRO CULTURAL GALILEO. Fernando el Católico, 35. Jesús Río García, pinturas: Esther Olmeda y Nuria Hernán-Gómez Ponce, esculturas: Lilian Hernán-Gómez, serigrafía en seda.

CASA DE AMÉRICA. Paseo de Recoletos, 2. ☎ 595 48 00. *La imagen histórica de Antigua Guatemala.* Fotografías, planos, dibujos, maquetas...

✦ TEATRO ✦

ALFIL. Pez, 10. ☎521 58 27. Ⓜ Noviciado. Venta anticipada en Caja Cataluña y Telentradas: 902 38 33 33.
III Festival Internacional del humor.

CALDERÓN. Atocha, 18. ☎ 369 14 34. Ⓜ Tirso de Molina. Venta anticipada de localidades y central de reservas 369 14 34 y 369 40 91. Venta de entradas las 24 horas en los Servicaixa de la Caixa y en el teléfono: 902 33 22 11.

✦ MÚSICA ✦

POP-ROCK

EL LIMPIABOTAS QUE QUERÍA SER TORERO. Blues en la sala Caracol (Bernardino Obregón, 18), a las 22.00 horas. Precio sin confirmar.

RUBI. Pop-rock, en el **Honky Tonk** (Covarrubias, 24), a las 24.00 h. Entrada libre.

FLAMENCO

EL MONO DE JEREZ. Cantaor, en la **Peña Chaquetón** (Canarias, 39), a las 23.30 h.
Suplemento actuación.

OTRAS MÚSICAS

IRMA SERRANO. Cantautora, en el **Rincón del Arte Nuevo** (Segovia, 17), a las 23.30 h. Entrada libre.

SWINDER ENSEMBLE. *Primer Encuentro Jazz & Blues Ciudad de Getafé,* en el **Centro Municipal de Cultura** (Madrid, 54), a las 20.00 h. Entrada libre.

✦ COMER ✦

ASADOR LA HONTANILLA. Nacional I, salida 76. Real, 19. ☎ 869 70 65 / 869 71 61. (Montejo de la Sierra). Cocina castellana. Lechazo, carnes rojas, postres caseros. Abierto fines de semana y fiestas.

BISTROT SACONIA. Antonio Machado, 45. ☎ 373 30 31. **Cocina gallega y de mercado.** Pescados y mariscos, jamón de pato, revuelto de piquillos, Postres caseros. Menú diario: 6,00 euros. Parking próximo. Fines de semana, imprescindible reservar.

CASA MINGO. Paseo de la Florida, 2. ☎ 547 79 18. Ⓜ Norte. **Cocina asturiana.** Pollos asados, quesos de cabrales y chorizos a la sidra.

23 Conclusiones lógicas

Leamos/Hablemos Working in small groups, take turns reading the descriptions aloud. Then, using the list of places in Activity 22, say where you think each person will go and what he or she will do this weekend. Be prepared to explain your answers.

1. Ricardo es joven y alegre. Escucha música moderna.
2. A Carmen le gusta la comida española, en especial la comida de Asturias.
3. Lupe es creativa e intelectual. Le gusta pintar.
4. Ana María es conservadora. Le gusta la música española tradicional.
5. Cristóbal es simpático. Le gusta mucho reír.
6. Juan Pablo escucha todo tipo de música. Toca el saxofón y es estudiante. No tiene mucho dinero.

SUGERENCIA

Sometimes it's difficult to remember everything you've learned in Spanish. Here are some helpful tips:

- Use flashcards to review vocabulary. Start by making cards for the words you use frequently.
- If you don't remember a word, use a phrase like **Es una cosa que...** plus a verb that tells what the thing does, how it's used, or where it is. You may also use **Es una persona que...** plus a verb that describes the person.

24 Un fin de semana ideal

Escribamos Imagina que tú y un/a amigo/a pueden hacer lo que quieran este fin de semana en su ciudad. Escribe en un párrafo cinco cosas que van a hacer y explica por qué.

¿Qué es un buen amigo?

We asked these students if they consider themselves good friends and what qualities they look for in their friends. What qualities do you look for?

Claudia
San Antonio, Texas

"Las cualidades de una buena amiga o un buen amigo es que tengan mucha confianza contigo, y tengan amor y felicidad... Mi mejor amiga sería mi mamá, porque ella me entiende y yo le entiendo a ella. Ella siempre ha estado allí por mí, y yo sé que con ella puedo contar cuando yo quiera".

Jorge
Ponce, Puerto Rico

"Lealtad, que estén siempre juntos, siempre se ayuden cuando hay problemas. Yo me considero un buen amigo para él. Siempre lo ayudo cuando tiene problemas...".

Juan José
Buenos Aires, Argentina

"Tiene que ser [una persona] honesta, franca, sincera, que no te falle. Sí me considero buen amigo porque no fallé a nadie".

Para pensar y hablar...

A. ¿Quién de los entrevistados explica mejor lo que es un buen amigo? Para ti, ¿qué es un buen amigo? Explica tu respuesta.

B. In different ways, all three students mention one quality of a good friend which they consider very important. What is it? Do you agree?

Cuaderno de actividades, p. 12, Act. 19

Objective Saying what you like and don't like

WV3 ANDALUSIA-1

25 ¿Qué color te gusta?

A. Leamos/Hablemos Read what the following people like to do. According to the information in the magazine article below, tell your partner what each person's favorite color would be.

1. A Diego le gusta trabajar en la tienda de su tío.
2. A Carmela le encantan las películas de misterio.
3. A Pilar le gusta hablar por teléfono.
4. A Rosario le gusta salir con amigos.
5. A Guillermo le encantan los animales.
6. A Rogelio le gusta mucho la música clásica.

AMARILLO — A

¿Te gusta el amarillo? Entonces, te fascina hablar. Eres una persona alegre, inteligente y expresiva.

MORADO —

El morado es... ¡perfecto! Tú eres una persona creativa. Te gusta el arte y te gusta escuchar música.

NEGRO — N

¿Te encanta el negro? Eres una persona inteligente y sofisticada. Te encanta el misterio y estar en control total de la situación.

VERDE — V

El verde es el color de la energía. Eres una persona estable y generosa. Te gustan los animales y las plantas.

ROJO — R

¡Guau! A ti te encanta ser el centro de atención. Eres una persona alegre y apasionada. Te gustan las películas románticas.

AZUL — A

¿Te fascina el azul? Tienes una personalidad conservadora y seria. Te gusta trabajar y ayudar a tus amigos.

B. Hablemos Now ask your partner what her or his favorite color is and use the article to say what your partner's personality is. Your partner counters by describing what he or she is really like.

Así se dice

Saying what you like and don't like

CD-ROM 1
DVD 1

To find out what someone likes, say:

¿Qué te gusta hacer?

¿Qué color **te gusta?**

¿Te gustan las películas de terror?

To answer, say:

Me gusta jugar al fútbol.

Me fascina el rojo.
I love . . .

Sí, me encantan.
Yes, I like them very much.

No, no me gustan para nada.
No, I don't like them at all.

No, me chocan las películas de terror.
No, I can't stand . . .

Cuaderno de actividades, pp. 8–10, Acts. 12–16

Más práctica gramatical, p. 29, Acts. 7–8

¿Te acuerdas?

To talk about liking one thing, use **gusta**. For more than one thing, use **gustan**.

Cuaderno de gramática, p. 8, Acts. 16–17

26 Una entrevista

Escuchemos Listen to this radio interview with Sonia Golondrina, a singer from Uruguay. Listen to the activities the interviewer mentions and indicate whether Sonia likes or doesn't like the activity by writing **sí** or **no**.

1. viajar a los Estados Unidos
2. viajar en coche
3. escribir cartas a la familia
4. tocar la guitarra
5. mirar la televisión
6. nadar
7. jugar al tenis
8. correr
9. comer en restaurantes chinos

¿Te acuerdas?

Verbs like **gustar, encantar, fascinar,** and **chocar** are preceded by an indirect object pronoun: **me, te, le, nos, os,** or **les.** These pronouns tell you who likes or doesn't like something.

Cuaderno de gramática, p. 9, Acts. 18–19

27 Gustos y aversiones *Likes and dislikes*

Leamos/Hablemos Con las expresiones de abajo, completa las oraciones sobre lo que les gusta y no les gusta hacer a las personas. Usa el pronombre correcto con los verbos **gustar, chocar, fascinar** o **encantar**.

1. A mí y a mis amigos...
2. A mis compañeros de clase...
3. A mi hermano/a...
4. A la profesora de español o al profesor de español...
5. A mis padres...
6. A la directora o al director del colegio...
7. A mi actor o actriz favorito/a...
8. A mi cantante favorito/a...
9. Al presidente de los Estados Unidos...
10. A mí...

28 Mi plato favorito

Leamos/Hablemos Read the letters on the left that were sent to a magazine. What would each person order from the Cafetería La Primera menu on the right? Be prepared to explain your answer to the class.

CARTAS A SIMÓN

¿Qué tipo de comida te gusta?

ROCÍO GUTIÉRREZ (CARACAS, VENEZUELA)

El helado de chocolate me fascina.

DANIEL MARISCAL (PUEBLA, MÉXICO)

Me gustan mucho los tacos de carne. Es mi plato favorito.

ANA MARÍA ROMERO (SANTIAGO, CHILE)

Mmm... ¡Me encantan las tartas de manzana! Pero me chocan los mariscos y los huevos.

RAQUEL BALAGUER (VALENCIA, ESPAÑA)

A mí me gusta la tortilla española, especialmente para la cena.

FEDERICO CHAMORRO (DAVID, PANAMÁ)

Me gusta la comida italiana. ¡Qué rica es!

JAVIER LÓPEZ (SAN JUAN, PUERTO RICO)

La sopa de pollo me encanta, pero la de cebolla... no me gusta para nada.

CAFETERIA LA PRIMERA

PLATO N° 1
Ensalada,
Carne a la plancha,
Patatas fritas,
Tarta de manzana .... **9,00€**

PLATO N° 2
Sopa de pollo,
Tortilla española,
Salchichas,
Tarta de queso .... **8,00€**

PLATO N° 3
Ensaladilla rusa,
Espaguetis,
Legumbres,
Helados variados .... **9,00€**

PLATO N° 4
Sopa de cebolla,
Tacos mexicanos,
Ensalada,
Flan de coco .... **7,00€**

PLATO N° 5
Ensalada,
Pescado al ajillo,
Legumbres,
Budín .... **10,00€**

29 ¿Qué piden?

Hablemos Haz una lista de tres platos que te gustan y no te gustan en el menú de la Cafetería La Primera. Usa **Me gusta..., No me gusta...,** o expresiones con **encantar** y **chocar.** Intercambia papeles con tu compañero/a. Pueden repasar el vocabulario de la comida en las páginas R14–R15.

30 ¿Por qué te gusta eso?

Hablemos Averigua al menos cuatro cosas que le gustan a tu compañero/a y cuatro que no le gustan y por qué. Puedes preguntarle sobre la música, la comida, los deportes, las materias escolares y los programas de televisión. Usa **por eso** (*that's why*) cuando explicas las cosas.

Cafeterias are not common in Spain, especially not in schools. Students usually eat the midday meal at home or at a boarding house. Although in recent years the idea of fast food has been catching on, most Spaniards still prefer the tradition of eating at home.

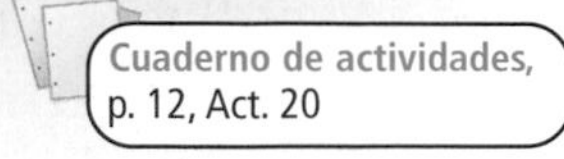

Leamos/Hablemos You work at a study-abroad agency, placing international students with host families. Look at the student profiles below. Choose the best student to place with your partner's family, based on what you learned in Activity 30. Explain your choice. Find out what your partner thinks about the student you chose. Who does he or she think would make the best choice and why?

Soy Andrea Gómez. Soy venezolana. Me gusta correr, pero no me gusta jugar al voleibol. Me gustan muchísimo la comida china y la pizza. No me gusta leer novelas porque son aburridas, pero me encanta mirar la televisión.

Me llamo Alejandro Zarzalejos, tengo dieciséis años y soy de Madrid. Me encantan las matemáticas y las ciencias. Me gusta mucho leer novelas de terror. No me gusta mirar la televisión, pero me encanta ir al cine. Me gusta mucho la comida italiana y me encantan las hamburguesas con queso.

Hola, me llamo Ana Rodríguez. Soy de Panamá. Me gustan todos los deportes. Soy muy activa. Me gusta dar paseos por el parque, montar en bicicleta y correr. No me gusta mirar la televisión y no me gustan los videojuegos. Son tontos.

Soy Miguel Padilla. Soy de Puerto Rico. Me encantan los deportes. Mi deporte favorito es el béisbol. Me gusta salir con mis amigos los sábados y jugar videojuegos. Me gusta leer novelas también. Soy vegetariano porque no me gusta la carne.

En mi cuaderno

Escribamos Imagine you're writing a video "letter" to mail to a high school in Andalucía. Create a script in which you (1) introduce and describe yourself, along with some friends or family members, (2) talk about what you and your friends like and don't like, and (3) explain what activities you do with friends and family.

Vamos a leer

Amigos por correspondencia

Estrategia para leer

Activating your background knowledge is one of the most effective ways of learning new things. Relating new facts to what you already know will help you tremendously as you read in Spanish. For instance, if someone asked you what 43 - 1° D. 03276 Elche meant, you would probably have a hard time guessing. But if that person had first told you to think of what information is generally in an ad for a pen pal, then it would have been easier to conclude that it must be an address. Try to bring up your background knowledge each time you start reading something in Spanish.

¡A comenzar!

A. The items on these pages are ads for pen pals from Spain. Before you look at them, jot down all the things you would expect to find in a pen pal ad. Compare notes with at least two of your classmates. Then take another minute or two and see which of the things that you expected are actually in most of the ads.

Al grano

B. If you're looking for a pen pal, you might want someone close to your own age who has similar interests. The quickest way to find specific information like this is to scan. Scanning is when you hunt for an item quickly, looking for key words, and ignoring information you don't need. Imagine that you're interested in pen pals with the

BUSCANDO AMISTAD

¿Tienes ganas de escribir? Pues, ¿qué esperas? Me llamo José, soy alto, de ojos azules, y busco tu amistad. Tengo 15 años y me encanta pasear en bicicleta y sacar fotos. José Andrino. c/Gadí, 12. 20748 Los Alcázares (Murcia).

Tengo 14 años y me gustaría cartearme con chicas de todas las edades. Me gustan las montañas y la playa. Escríbeme. Nicolás Galdós. 43 - 1º D. 03276 Elche (Alicante).

Hola, me llamo Marta y tengo 15 años. Me gustaría tener unos amigos por correspondencia. Mis pasatiempos son ir de compras y cocinar. Escribidme en inglés o en español pronto. Marta Fornas. c/Manuel Galadíes, 5. 808055 Vic (Barcelona).

SIN FRONTERAS

Soy una chica de 16 años a quien le gustaría escribirse con chicos(as) de todo el mundo y de todas las edades. Soy baja, rubia y muy artística. Sheila. c/Manuel Navarro, bloque 3. 805005 Vic (Barcelona).

SIN FRONTERAS

Soy una chica alegre y me gustaría escribirme con gente de todo el mundo. Tengo 15 años y mis actividades favoritas son ver las películas y comer helado. Verónica Rodríguez López. c/Prim, 242 D. Actur (Zaragoza).

SE BUSCA

Me llamo Mari Carmen, tengo 14 años y soy una chica muy tímida. Me gustaría que me escribieran chicos tímidos. Incluid foto si podéis. Mari Carmen M. P. c/San Gadea, 13. 09070 Burgos.

Somos dos hermanos de 13 y 14 años. Nos gusta leer las tiras cómicas y hacer ejercicios. Si sois de Madrid, escribidnos a: Raúl y Pedro Garzón Lloria. c/Hinojosa del Duque, 23. Torre 4 - 5º D. 28995 Madrid.

Soy un chico de 17 años y me gustaría cartearme con gente de toda España. Soy simpático y atlético. Escribid a: Eduardo Rodríguez Alcorta. D/Cuba, 13.07370 Andraitx (Mallorca).

characteristics listed below. Scan to see who fits each description. Write the first name of each person in the ads who . . .

1. lives in Barcelona
2. is 17 years old
3. speaks Spanish and English
4. likes the mountains
5. is shy
6. likes biking
7. likes movies
8. lives in Madrid

C. Suppose that you're helping your friends choose Spanish pen pals. First read over all the pen pal ads. (Try not to be distracted by words you don't know.) Now see if you can match someone from the ads with each of your friends. Simply scanning won't work because your friends don't have the same interests. Instead, look for similar or related interests. Recommend someone for a friend that . . .

1. likes to paint and work with ceramics
2. loves new clothes and gourmet meals
3. is very interested in protecting the environment
4. likes to rent videos of old movies
5. is looking for more than just one pen pal

D. Con un/a compañero/a, escribe anuncios solicitando amigos por correspondencia. En cada anuncio, tú y tu compañero/a deben incluir nombre, edad, dirección, actividades favoritas y otros datos relevantes. Corrijan sus anuncios juntos.

Cuaderno de actividades, p. 11, Act. 17

Más práctica gramatical

Primer paso

Objectives Introducing yourself and others; describing people

1 Gloria e Iván hablan sobre la edad de las personas en sus familias. Completa su conversación con las formas correctas de **tener** y escribe las edades que están entre paréntesis. (**p. 9**)

GLORIA Iván, ¿cuántos años __1__?
IVÁN __2__ __3__ (15). ¿Y tú?
GLORIA __4__ (16). Y tus hermanos, ¿cuántos años __5__ ellos?
IVÁN Mi hermana mayor, Blanca, __6__ __7__ (21) años. Mi hermano menor, Rafael, __8__ __9__ (11) años. ¿Y tus hermanos?
GLORIA Pues, no __10__ hermanos. Pero nosotros __11__ un perro. Se llama Yoyo y __12__ __13__ (14) años.
IVÁN Mmm... ¿y cuánto es eso para personas?
GLORIA Creo que son __14__ (98). ¡Yoyo es muy viejo!

2 There are a lot of opposites in your school this year. Explain how people and things differ from each other by completing each statement with the correct form of **ser** and the adjective. Remember to make the adjectives match the nouns they describe. (**p. 11**)

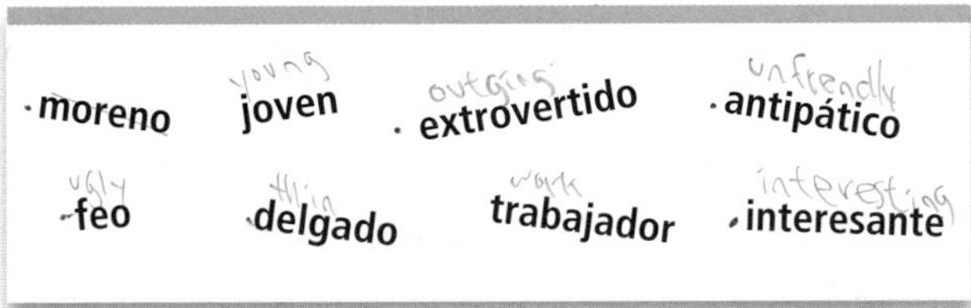

1. Irene es rubia. Paco y Alejandro ______ ______.
2. Nuestro colegio es viejo, pero nosotros ______ ______.
3. Alfonso es bastante tímido, pero su amiga Patricia ______ muy ______.
4. Mi perro es muy bonito. Las perras del profesor ______ ______.
5. Mi amigo Martín es un poco perezoso, pero yo ______ ______.
6. Alicia es simpática, pero Esteban y Julia ______ bastante ______.
7. Chuy es un poco gordo. Sus hermanos ______ ______.
8. ¡Uf! La clase de ciencias es aburrida. Pero mis otras clases ______ ______.

3 You received postcards from the capital cities of several Spanish-speaking countries. Read where the postcards came from, then write a sentence explaining each sender's nationality. Refer to the maps on pages xxiii–xxvi of your book if you need to. (**p. 12**)

MODELO **Alicia es peruana.**

ALICIA	LIMA
1. Gabriel	Bogotá
2. Isabel	Santiago de Chile
3. Jorge Luis	Buenos Aires
4. Miguel Ángel	Guatemala
5. José y Nicolás	La Habana
6. Ana Lydia y Raúl	San José
7. Carmen y Rosalía	Madrid
8. Horacio	Montevideo

Segundo paso

Objective **Talking about what you and others do**

4 Tus amigos y tú hacen diferentes actividades después de la escuela y los fines de semana. Usa la forma correcta de los verbos entre paréntesis para completar las oraciones. (**p. 16**)

1. Miguel ______ (caminar) con su perro, ______ (trabajar) en una tienda y ______ (escribir) muchas cartas.
2. Yo ______ (nadar) en la piscina, ______ (leer) revistas y ______ (hablar) por teléfono.
3. Anita y Beatriz ______ (comer) en la pizzería y ______ (tomar) refrescos.
4. Esteban ______ (jugar) al baloncesto, ______ (cuidar) a su hermanito y ______ (correr) en el parque.
5. Linda y yo ______ (organizar) nuestros cuartos y ______ (mirar) la televisión.
6. Diana, tú ______ (trabajar) mucho en casa, ¿verdad? ¿Siempre ______ (poner) la mesa y ______ (limpiar) la cocina?
7. Débora ______ (asistir) a su clase de baile y ______ (comprar) ropa en el centro comercial.

Más práctica gramatical

WV3 ANDALUSIA-1

5 Indica cuándo los estudiantes salen de la escuela y adónde van. Usa la forma correcta de **salir** en el primer espacio y la forma correcta de **ir** en el segundo. (**p. 16**)

1. Samuel ______ a las tres y media y ______ a casa.
2. Yo ______ a las cuatro menos diez y ______ al gimnasio.
3. Sandra, ¿tú ______ a las cuatro o a las cuatro y media? ¿Y adónde ______ después?
4. Camila y Paulina ______ a las cinco y ______ al parque.

Ahora indica qué hacen las personas y a quién(es) ven o qué ven después de la escuela. Usa la forma correcta de **hacer** en el primer espacio y la forma correcta de **ver** en el segundo.

5. Yo ______ la tarea y todos los días ______ a mis hermanos.
6. Después, Martina y yo ______ ejercicio en el parque. ______ a mucha gente.
7. Javier no ______ nada interesante. ______ una película en la tele en casa.
8. Lourdes y Elena, ustedes ______ aeróbicos en el gimnasio, ¿verdad? ¿A quiénes ______ en la clase?

6 Read what people typically do after class, then write a sentence predicting what each person or group is going to do today. Use subject pronouns and **ir** + **a** + *infinitive*, and choose the most logical infinitive from the box. (**p. 17**)

MODELO **Beto habla por teléfono todos los días por la tarde.**
Él va a llamar a unos amigos.

jugar al voleibol	hacer la tarea	buscar unas novelas en la biblioteca
ver una película	asistir a una clase de piano	
pedir una pizza	llamar a unos amigos	descansar en casa

1. Después de clases, Carlos siempre come algo.
2. Muchas veces Sandra y Luisa van al cine por la tarde.
3. A mí me gusta practicar deportes después de clases.
4. A Leticia le encanta la música. Toca tres instrumentos musicales.
5. Mauricio tiene unas clases muy difíciles este año, y siempre necesita estudiar.
6. Juan Pablo y José leen mucho en su tiempo libre. Prefieren las novelas de ciencia ficción.
7. Muchas veces Diego y yo estamos cansados después de clases, y no tenemos ganas de salir.

Tercer paso

Objective Saying what you like and don't like

7 Everyone has different opinions about the new classes and teachers. Read what you and your classmates wrote in a poll. Then use the correct form of **gustar, chocar, fascinar,** or **encantar** to complete the statements that follow. (**p. 21**)

	LAS CLASES	LA COMIDA DE LA CAFETERÍA	EL NUEVO PROFESOR DE BIOLOGÍA
YO	¡Son fantásticas!	¡Es horrible!	Es simpático.
JUANITA	¡Son terribles!	Es buena.	Es muy interesante.
MIGUEL	Son interesantes.	Está bien.	¡Qué estricto!

1. A mí me ______ el nuevo profesor.
2. A Juanita le ______ las clases.
3. Pero a Miguel le ______ las clases.
4. A Juanita y a Miguel les ______ la comida de la cafetería.
5. Pero a mí me ______ la comida de allí.
6. A Miguel no le ______ el nuevo profesor.
7. Pero a Juanita y a mí nos ______ el profesor.

8 ¿Qué piensa la gente del nuevo restaurante? Completa cada oración con el pronombre de objeto indirecto correcto y la forma correcta del verbo entre paréntesis. (**p. 21**)

1. A todos nosotros ______ ______ (gusta/gustan) las hamburguesas.
2. Pero a mí no ______ ______ (gusta/gustan) los otros sándwiches.
3. A David y a Maricarmen ______ ______ (encanta/encantan) la sopa de pollo.
4. Y a ti ______ ______ (gusta/gustan) mucho la ensalada mixta, ¿verdad?
5. A Felipe ______ ______ (choca/chocan) el camarero. Piensa que es antipático.
6. Y a mí ______ ______ (choca/chocan) los precios. ¡Son muy altos!

Repaso

1 Rebeca and Sylvia are talking on the phone after the first day of class. Listen to their conversation and match the name of the student to the photo that goes with it. One picture will not be used.

1. Cecilia **2.** Martín **3.** Sofía **4.** Andrés **5.** Gloria

a.

b.

c.

d.

e.

f.

2 Lee el pasaje sobre el músico-cantante mexicano Juan Pablo Manzanero y contesta cada oración con **cierto** o **falso**. Corrige las oraciones falsas con base en la información.

¡SOY ASÍ!

"Soy una persona alegre y tranquila que prefiere estar en casa; me gusta mucho la soledad porque es cuando puedo escribir mejor. Me fascina la libertad. Tengo algo de romántico, no lo puedo negar, pero también tengo mucho de idealista, como joven que soy. En una niña busco muchas cosas, pero no espero nada en cambio. A mi chica ideal le gusta el arte y además entiende mi trabajo. Lo material no es importante para mí."

1. Le gusta escribir cuando está solo.
2. Le chocan las chicas artísticas.
3. No le gusta para nada ser romántico.
4. Le fascinan las cosas materiales.
5. Le encanta estar mucho en casa.

3 Corrige las siguientes oraciones sobre la información cultural de este capítulo.

1. You can tell from a photograph if a person is a Spanish speaker.
2. In Spain, dinner is usually served between 6 and 8.
3. Cafeteria-style eating is very popular in Spain.
4. Symbols representing each country in the world are on the **euro** coins.

4 You're attending a party for some new exchange students. In groups of three, introduce yourselves and find out where your partners are from and how old they are. Also find out something about what they like and don't like. Be prepared to report to the class.

5 Vamos a escribir

Imagine that today is the first day of summer vacation. Write a paragraph of 8 to 12 sentences about what you, your family members, and your friends are doing.

Estrategia para escribir

Before you begin writing, the writing task may often seem overwhelming. Making a prewriting list is a good way to make the task more manageable. For example, you might make a list of the topics you want to cover and note a few details related to each topic.

Preparación

1. Make a list that includes several members of your family and friends.
2. Next to each name, write a sentence or two describing what that person likes and doesn't like to do during summer vacation and why.

Redacción

1. Begin your paragraph with a sentence that describes the day. You may want to mention the day of the week, the date, and the weather.
2. Write a few sentences about what the people on your list are doing. Use your prewriting list to remind you what each person likes. You may want to mention people together if they like the same things. For example, **"Juan y Ana nadan mucho. Les encanta la playa."**

6 Situación

You think one of your friends would make a perfect match for your partner. Describe to your partner this person's appearance, personality, likes, and habits. Your partner should then tell you why this person is or isn't perfect for him or her.

A ver si puedo...

WV3 ANDALUSIA-1

Can you introduce yourself and others? p. 9

1 How would you introduce the following people to a classmate?

1. your teacher
2. your best friend
3. your father or guardian
4. Maribel
5. Pablo
6. yourself

Can you describe people? p. 10

2 Maribel is describing herself, her friends, and her parents. How would she say that . . .?

1. she is Spanish
2. Pablo and Enrique are 16 years old
3. her father has white hair and wears glasses
4. her mother is of medium height
5. Verónica and Pilar are very friendly

Can you talk about what you and others do? p. 15

3 Maribel and her friends like to do a lot of different things on the weekend. How would you say that . . .?

1. Maribel runs in the park
2. Pablo plays soccer
3. Verónica plays tennis
4. Pilar and Enrique study in the library
5. Robertín eats pizza
6. Maribel and Robertín swim in the pool
7. Pilar plays video games
8. Mr. Rojas works

4 José Luis and his friends are planning an exciting weekend. What are they going to do in the following places?

MODELO **Roberto/la piscina**
Roberto va a nadar en la piscina.

1. María Inés/la biblioteca
2. Juan y Alejandro/el restaurante
3. Paco y yo/la librería
4. Laura/el parque
5. yo/la playa
6. tú/la casa

Can you say what you like and don't like? p. 21

5 Use **gustar, fascinar, encantar,** or **chocar** to tell how you feel about the following things. Then tell how a friend or relative feels about each thing.

1. jugar al fútbol
2. la comida mexicana
3. los videojuegos
4. visitar museos
5. las películas de terror
6. estudiar los sábados
7. salir con amigos
8. la playa
9. leer novelas
10. las ciencias

Vocabulario

Primer paso

Introducing yourself and others

¿Cómo te llamas?	*What's your name?*
¿Cuántos años tienes?	*How old are you?*
¿De dónde eres?	*Where are you from?*
Ésta es...	*This is . . . (to introduce a female)*
Éste es...	*This is . . . (to introduce a male)*
Me llamo...	*My name is . . .*
Se llama...	*His/Her name is . . .*
ser	*to be*
tener (ie)	*to have*
Tengo... años.	*I'm . . . years old.*
Tiene... años.	*She/He is . . . years old.*

Números del 0 al 100 ***See pages R11–R12.***

Describing people

calvo/a	*bald*
canoso/a	*white-haired*
¿Cómo?	*How?*
la estatura	*height*
mediano/a	*medium*
mide...	*(he/she) is . . . tall*
mido...	*I'm . . . tall*
rizado/a	*curly*

Colores ***See page R11.***

Miembros de la familia ***See pages R12–R13, R17.***

Nationalities

argentino/a	*Argentine*
boliviano/a	*Bolivian*
chileno/a	*Chilean*
colombiano/a	*Colombian*
costarricense	*Costa Rican*
cubano/a	*Cuban*
dominicano/a	*Dominican*
ecuatoriano/a	*Ecuadorean*
español,-a	*Spanish*
estadounidense	*from the United States*
guatemalteco/a	*Guatemalan*
hondureño/a	*Honduran*
mexicano/a	*Mexican*
nicaragüense	*Nicaraguan*
panameño/a	*Panamanian*
paraguayo/a	*Paraguayan*
peruano/a	*Peruvian*
puertorriqueño/a	*Puerto Rican*
salvadoreño/a	*Salvadoran*
uruguayo/a	*Uruguayan*
venezolano/a	*Venezuelan*

Segundo paso

Talking about what you and others do

¿A qué hora?	*At what time?*
¿Adónde?	*Where to?*
¿Cuándo?	*When?*
¿Qué?	*What?*

Verbs for review

cantar	*to sing*
comer	*to eat*
comprar	*to buy*
escribir	*to write*
estudiar	*to study*
hablar	*to talk*
hacer	*to do*
ir	*to go*
jugar (ue)	*to play*
leer	*to read*
limpiar	*to clean*
nadar	*to swim*
poner	*to put or place*
practicar	*to practice*
regresar	*to return*
salir	*to leave*
tocar	*to play (an instrument)*
tomar	*to drink*
venir (ie)	*to come*
ver	*to see*

El calendario ***See page R12.***

Las horas ***See page R12.***

Lugares ***See page R14.***

Tercer paso

Saying what you like and don't like

chocar (le)	*to dislike strongly*
encantar (le)	*to like very much*
fascinar (le)	*to love*
para nada	*at all*
¿Qué te gusta?	*What do you like?*
¿Te gusta/n...?	*Do you like . . .?*

Asignaturas ***See page R21.***

Comidas ***See pages R14–R15.***

Deportes ***See pages R13–R14.***

VIA 6
vias
vias
14·15

CAPÍTULO

2

Un viaje al extranjero

Objectives

In this chapter you will learn to

Primer paso

- talk about how you're feeling
- make suggestions and respond to them

Segundo paso

- say if something has already been done
- ask for and offer help

Tercer paso

- describe your city or town

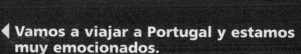

internet

go.hrw.com

MARCAR: go.hrw.com
PALABRA CLAVE:
WV3 ANDALUSIA-2

◀ **Vamos a viajar a Portugal y estamos muy emocionados.**

DE ANTEMANO ▪ *¿Dónde está la carpeta?*

Estrategia
para comprender
Maribel is getting ready for her trip to Chicago. Look at the photos. Who is helping her pack? What things is she taking with her? Why do you think Maribel looks worried at the end?

Maribel

Verónica

Robertín

Sr. Rojas

1

Maribel: Vaqueros... sí... jerseys... sí... calcetines... sí... bañador...

2

Verónica: Hola, Maribel... ¿qué haces?
Maribel: Ay, Vero, estoy volviéndome loca. Hay un millón de detalles. Y todavía tengo mucho por hacer. Oye, ¿quieres ayudarme?
Verónica: Sí, cómo no. ¿Qué quieres que haga?
Maribel: Pues, léeme las cosas en la lista.

3

Robertín: Hola, ¿puedo ayudar?
Maribel: Gracias, Robertín, pero estoy muy ocupada.
Robertín: ¿Por qué llevas estos guantes?
Maribel: Porque voy a Chicago y allí hace frío en invierno.

4

Verónica: Aquí dice "ir al banco".

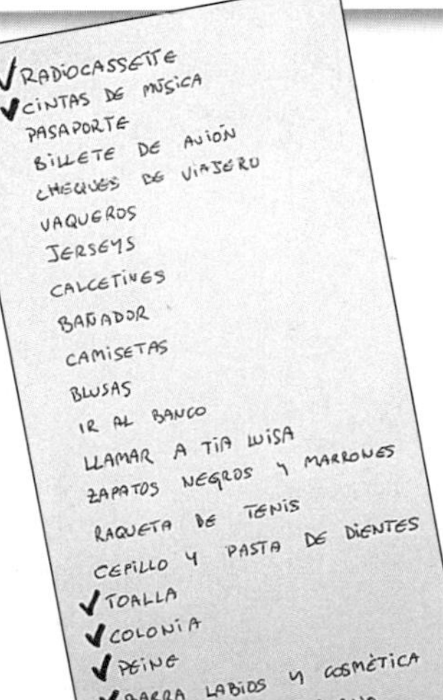

✓ RADIOCASSETTE
✓ CINTAS DE MÚSICA
PASAPORTE
BILLETE DE AVIÓN
CHEQUES DE VIAJERO
VAQUEROS
JERSEYS
CALCETINES
BAÑADOR
CAMISETAS
BLUSAS
IR AL BANCO
LLAMAR A TÍA LUISA
ZAPATOS NEGROS Y MARRONES
RAQUETA DE TENIS
CEPILLO Y PASTA DE DIENTES
✓ TOALLA
✓ COLONIA
✓ PEINE
✓ BARRA LABIOS Y COSMÉTICA
GUANTES DE INVIERNO
✓ NECESER
✓ LIBROS

Maribel: Ah, sí. Pon una marca. Fui ayer al banco... y pon otra en "llamar a tía Luisa". La llamé anoche.

5

Maribel: ¡Ay, Robertín! ¡Molestas mucho! Tengo una idea. ¿Qué tal si me haces un dibujo de la familia?

6

Maribel: ¿Qué más, Vero?

Verónica: ¿Ya tienes la raqueta de tenis?

Maribel: Sí, está aquí. Pienso seguir con las lecciones. La semana pasada jugué muy bien y no quiero olvidar nada.

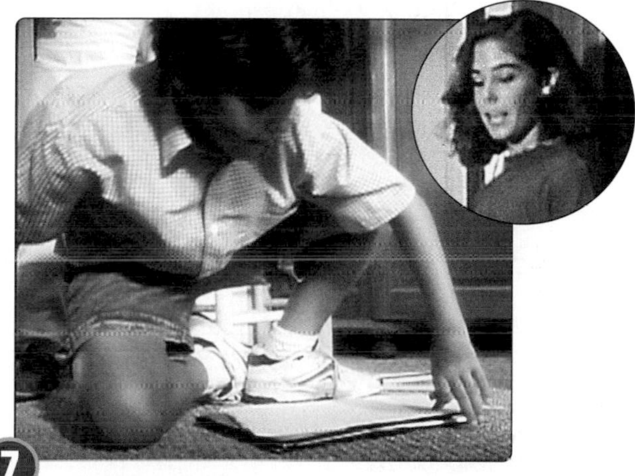

7

Robertín: Mari, Mari, ¿puedo llevar los rotuladores a la sala?

Maribel: Sí, claro, Robertín.

8

Sr. Rojas: Oye, ¿dónde tienes el billete de avión? Quiero ver si tienes ya la tarjeta de embarque.

Maribel: Está allí en la carpeta.

Sr. Rojas: Pero yo no veo aquí ninguna carpeta.

Maribel: ¿Cómo? ¡Tiene que estar aquí!

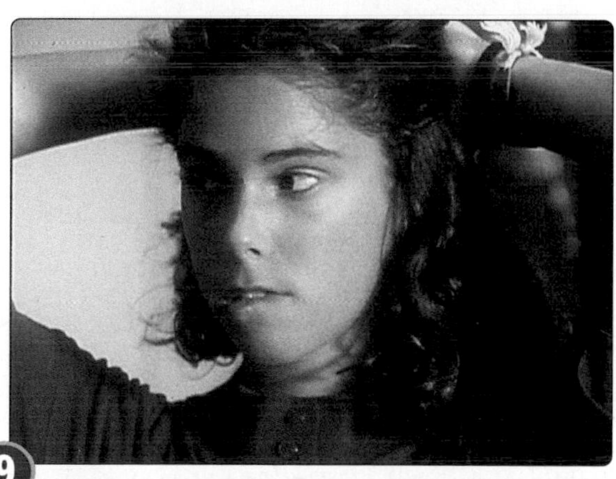

9

Maribel: Verónica, ayúdame a buscarla, por favor... esto no es posible. ¡Qué desastre!

10

Mientras tanto...

También se puede decir...

En España se dice **jersey** en lugar de **suéter**, **vaquero** (o **tejano**) en lugar de **jeans** y **rotulador** en lugar de **marcador**.

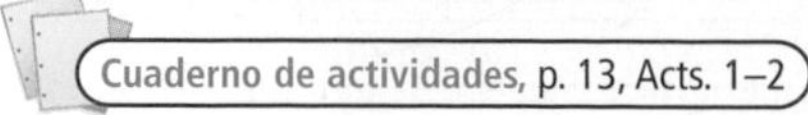

Cuaderno de actividades, p. 13, Acts. 1–2

1 ¿Comprendes la fotonovela?

1. ¿Está Maribel lista para el viaje?
2. ¿Qué hace Verónica para ayudar a Maribel?
3. ¿Ayuda Robertín a su hermana?
4. ¿Qué deporte va a practicar Maribel en los Estados Unidos?
5. ¿Qué problema tiene Maribel al final de la fotonovela?
6. Imagina que tú eres Maribel. ¿Qué haces para resolver *(solve)* el problema?

2 ¿Cierto o falso?

Con base en la fotonovela, responde **cierto** o **falso** a estas oraciones. Corrige *(Correct)* las oraciones falsas.

1. Maribel está lista para viajar a los Estados Unidos.
2. Verónica lee una lista para ayudar a su amiga.
3. Robertín quiere ayudar a su hermana.
4. Maribel no llamó a tía Luisa.
5. Maribel tiene que ir al banco esta tarde.
6. El padre de Maribel quiere ver si ella tiene la tarjeta de embarque.
7. Maribel piensa jugar al tenis en los Estados Unidos.

3 Antes del viaje

Completa la siguiente conversación entre Maribel y Verónica con las palabras del cuadro.

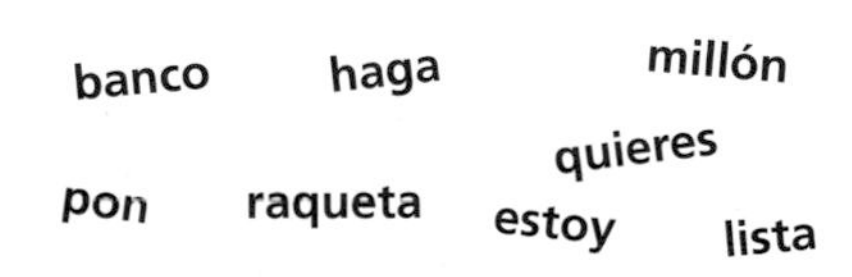

—Hola, Maribel... ¿qué haces?

—Ay, Vero, __1__ volviéndome loca. Hay un __2__ de detalles. Y todavía tengo mucho por hacer. Oye, ¿__3__ ayudarme?

—Sí, cómo no. ¿Qué quieres que __4__?

—Pues, léeme las cosas en la __5__.

—Aquí dice "ir al __6__".

—Ah, sí. __7__ una marca. Fui ayer al banco.

—¿Ya tienes la __8__ de tenis?

—Sí, está aquí.

4 ¿Y tú?

Imagina que te estás preparando para un viaje. ¿Cómo contestas estas preguntas?

1. Hola, ¿cómo estás?
2. ¿Puedo ayudar?
3. ¿Qué vas a llevar?
4. ¿Por qué no llevas una mochila?
5. ¿Ya tienes los calcetines?
6. ¿Te gusta viajar?
7. Oye, ¿dónde tienes el billete de avión?

Primer paso

Objectives Talking about how you're feeling; making suggestions and responding to them

WV3 ANDALUSIA-2

¿Qué te pasa, hija? ¿Estás nerviosa con el viaje? ¿Cómo te puedo ayudar?
¡Ay, mamá! No encuentro la carpeta con el pasaporte, el billete de avión y los cheques de viajero. Papá está muy enfadado conmigo.
Bueno, no te preocupes. ¿Por qué no ayudamos todos a buscar la carpeta?

5 ¿Quién es?

Leamos Read each of the following statements and identify the person from the dialogue above that is being described.

1. Está muy preocupada.
2. No encuentra la carpeta.
3. No está contento.
4. Quiere ayudar a Maribel.
5. Van a buscar la carpeta.

¿Te acuerdas?

Could someone be happy now but unhappy later? Busy today but not busy tomorrow? Remember to use **estar** to describe changing moods and physical conditions.

Estoy contento.	**Estamos** aburridos.
Estás triste.	**Estáis** enfermos.
Está preocupada.	**Están** enfadados.

Cuaderno de gramática, p. 10, Act. 1

In the Spanish-speaking world, three or more generations may live together in the same house. Grandparents or other older relatives who are retired often help around the house and help care for the young children. Also, it's not unusual for young, working adults to live at home with their parents until they get married. How often do you see your grandparents or other extended family members?

Cuaderno de actividades, p. 24, Acts. 20–21

Así se dice

Talking about how you're feeling

—¿Cómo estás?
—Estoy...

—¿Cómo te sientes?
—Me siento...

CD-ROM 1
DVD 1

Cuaderno de actividades, pp. 14, 16, Acts. 3–4, 6–8

Cuaderno de gramática, pp. 10–11, Acts. 2–3

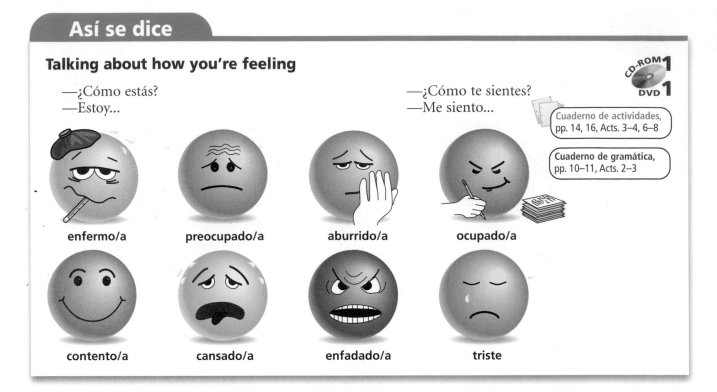

enfermo/a

preocupado/a

aburrido/a

ocupado/a

contento/a

cansado/a

enfadado/a

triste

6 ¿Cómo están todos?

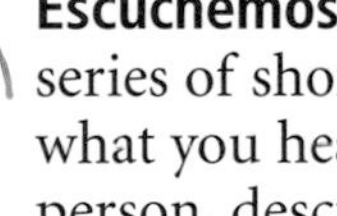

Escuchemos/Escribamos You'll hear a series of short conversations. Based on what you hear, write a sentence for each person, describing how he or she feels. Use adjectives from **Así se dice**.

1. Norma
2. Guillermo
3. Laura
4. Sara
5. Ricardo
6. Martín

7 ¿Cómo estás?

Leamos/Hablemos Pregúntale a tu compañero/a cómo se siente en las siguientes situaciones. Intercambien papeles.

Modelo **sacar una buena nota**
—¿Cómo te sientes cuando sacas una buena nota?
—Me siento muy contento cuando saco una buena nota.

1. estudiar toda la noche
2. estar solo/a en la casa
3. no ir al colegio
4. tomar seis batidos en media hora
5. tener un examen en la clase de español
6. tu mejor amigo/a viaja a España por un año

Vocabulario

de buen/ mal humor	*in a good/ bad mood*
deprimido/a	*depressed; sad*
emocionado/a	*excited*
feliz	*happy*
tranquilo/a	*calm*

Cuaderno de gramática, p. 11, Acts. 4–5

Más práctica gramatical, p. 54, Act. 1

8 Las emociones

Hablemos Explain when you are in the following moods.

Modelo **Estoy... cuando...**

1. deprimido/a
2. feliz
3. emocionado/a
4. cansado/a
5. tranquilo/a
6. aburrido/a
7. de mal humor
8. de buen humor

Así se dice

Making suggestions and responding to them

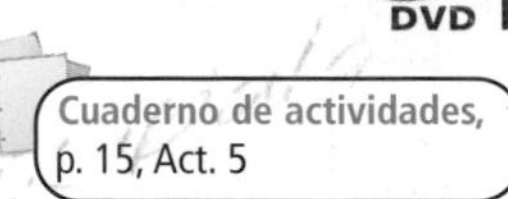

Cuaderno de actividades, p. 15, Act. 5

Más práctica gramatical, p. 54, Act. 2

To make a suggestion, say:

¿Por qué no haces un dibujo de la familia?
Why don't you . . .?

¿Qué tal si vienes conmigo al aeropuerto?
How about if you . . .?

A response might be:

Sí, buena idea.
Yes, good idea.

Me gustaría, pero tengo que estudiar.
I would like to, but I have to . . .

9 Tengo una idea

Escuchemos You'll hear a series of statements. For each one, decide if the suggestion is **lógico** or **ilógico**.

1. ¿Por qué no vamos a la playa?
2. ¿Qué tal si buscamos la tarea juntos?
3. ¿Por qué no caminas con el perro?
4. ¿Qué tal si me ayudas con la tarea?
5. ¿Por qué no vas al aeropuerto?
6. ¿Qué tal si vamos a las nueve?
7. ¿Por qué no vamos a otra tienda?
8. ¿Por qué no toman el autobús?

10 Problemas y soluciones

Leamos/Hablemos With a partner, take turns suggesting possible solutions to the following problems. Use the phrases in the list or make up your own. Be sure to respond to your partner's suggestions.

1. Tengo un examen de matemáticas mañana y estoy preocupado/a.
2. Quiero ir al partido de béisbol a las seis pero tengo que estudiar con Laura a las siete.
3. Quiero ir al cine pero no tengo dinero.
4. Estoy de mal humor porque está lloviendo.
5. Estoy enfermo/a.
6. Tengo mucha hambre.
7. Estoy aburrido/a, no hay buenos programas en la televisión.

ir al cine
preparar un sándwich
estudiar esta noche
lavar el coche de tu padre
llamar al doctor
salir con amigos
estudiar por la mañana

11 Unas cartas para doña Ana

Leamos/Escribamos Below are some letters to **doña Ana's** advice column. Read each letter and write a short response suggesting a solution to each problem.

Querida doña Ana,
Hay una chica muy simpática en mi clase de geometría este año. Es muy simpática, pero es tímida. Me gustaría invitarla a salir, pero no sé qué hacer. Gracias,
Alejandro

Querida doña Ana
Creo que mi mejor amiga, Claudia, está enfadada conmigo. Nunca me llama por teléfono y cuando la veo en el colegio, no me habla. Estoy preocupada y triste, y no sé por qué está enfadada. Gracias por tu ayuda.
Maribel

Segundo paso

Objectives Saying if something has already been done; asking for and offering help

WV3 ANDALUSIA-2

Así se dice

Saying if something has already been done

To ask if something has already been done, say:

¿**Ya** fuiste al banco?
Did you already go to the bank?

¿Y **ya** limpiaste tu cuarto?
And did you already clean your room?

To respond, say:

Sí, **ya** fui al banco.
. . . already . . .

No, **todavía no**.
. . . not yet.

CD-ROM 1 DVD 1

Cuaderno de actividades, p. 17, Act. 9

12 ¿Ya lo hizo o no?

Leamos Lee las oraciones siguientes para indicar si Maribel está o no está preparada para su viaje. Indica si cada oración es **cierta** o **falsa** con base en la lista.

1. Maribel ya lavó la ropa.
2. Ya mandó una carta a la abuela.
3. Ya compró los cheques de viajero.
4. Ya llamó al banco.
5. No llevó la raqueta de tenis.
6. Ya hizo la maleta.
7. No limpió el cuarto.

✔ comprar los cheques de viajero
✔ preguntar cuándo sale el avión
✔ lavar ropa
hacer la maleta
llamar al banco
mandar una carta a abuela
✔ limpiar el cuarto
llevar la raqueta de tenis

Vocabulario

Hoy es domingo. ¿Cuándo lo hiciste?

LUN	MAR	MIE	JUE	VIE	SAB	DOM
		1	2	3	4	5
		La semana pasada				
6	7 el martes pasado	8	9	10 anteayer	ayer 11 anoche	12 esta mañana

Cuaderno de gramática, p. 12, Acts. 6–7

Cuaderno de actividades, p. 17, Act. 10

13 La fiesta de despedida

A. Escuchemos Elena is planning a farewell party for Maribel, and she's checking with several friends to see what preparations have and haven't been made. As you listen to each conversation, decide whether the activity Elena mentions has taken place or not.

1. hacer el pastel
2. mandar las invitaciones
3. llamar a los padres de Maribel
4. limpiar la sala
5. comprar las bebidas
6. hablar con la abuela de Maribel
7. comprar el regalo
8. llevar la música

B. Escuchemos Listen to each conversation a second time. Indicate when the activity took place or will take place.

Before you begin listening, clear your mind and focus your attention on what the speakers say. If you don't hear or understand a word, don't panic or give up. Try to figure out its meaning from the other sentences.

14 ¡Miércoles!

Escribamos Today is Wednesday, and Elena mistakenly threw away her list of the things she already did to get ready for the surprise party. Help her rewrite the list by putting the activities back in the correct order.

La semana pasada compré las invitaciones.

Esta mañana terminé las decoraciones.

El lunes llamé a Pablo.

Ayer preparé el gazpacho.

Anoche pasé la aspiradora.

Gramática de repaso

Preterite of regular *-ar* verbs

Más práctica gramatical, p. 55, Act. 3

Cuaderno de actividades, p. 18, Act. 11

Cuaderno de gramática, pp. 13–14, Acts. 8–10

The preterite tense is used to tell what happened or what you did. To form the preterite tense of **hablar** or any other regular **-ar** verb, take the part of the verb called the stem (**habl-**) and add these endings to it.

Habl**é** Habl**aste** Habl**ó**	con él anoche.	Habl**amos** Habl**asteis** Habl**aron**	por teléfono ayer.

Notice that **habló** has an accent over the **ó,** making it different from the **yo** form in the present. Which form is the same in both the present and the preterite? *

* The **nosotros** form: **Hablamos anoche**. *(We spoke last night.)* **Hablamos ahora**. *(We are speaking now.)*

15 Gramática en contexto

Escribamos Maribel wrote in her diary about a party her friends gave her. Number from 1 to 10 on a separate sheet of paper and rewrite the smeared words with the correct preterite form of the verbs below.

empezar	preparar	
cantar	llegar	hablar
regresar	regalar	sacar
tocar	terminar	

¡Fue una fiesta estupenda!
[illegible] a las diez. Enrique
[illegible] a las diez y media, con
su grabadora de video,
claro... Nosotros [illegible]
fotos de todo el mundo.
Verónica y Manolo [illegible]
la guitarra, y mi abuela
[illegible] unas canciones
andaluzas. Yo [illegible] del
viaje con todo el mundo.
La mamá de Verónica [illegible]
comida típica de Sevilla.
¡Qué rica! Mis amigos me
[illegible] algunas cosas
para el viaje: papel para
escribir cartas y un cassette
de música española. La fiesta
[illegible] a las dos menos
cuarto, y nosotros [illegible]
a casa.

16 Gramática en contexto

Hablemos Francisco, Joaquín, and Luisa helped around the house on Saturday. When Mrs. Montiel got home from work, she asked about the things they had done. With a partner, take turns playing the roles of Mrs. Montiel and her children. Use the notes to make up your responses.

MODELO **—Francisco, ¿ya preparaste la comida?**
—No, mamá, todavía no.

FRANCISCO
~~comprar pan~~
preparar la comida
~~lavar el coche~~

JOAQUÍN
~~lavar los platos~~
llamar a la abuela
pasar la aspiradora

LUISA
~~caminar con el perro~~
~~limpiar la casa~~
mandar las cartas

¿Te acuerdas?

Cuaderno de gramática, p. 14, Act. 11

Ir is an irregular verb. Its conjugation follows its own pattern: **fui, fuiste, fue, fuimos, fuisteis, fueron.**

17 ¿Adónde fueron todos?

Escribamos ¿Adónde fueron estas personas ayer? Escribe oraciones completas para indicar adónde fueron.

nosotros

Sara

la familia García

Gloria y Roberto

Maribel y su familia

Carlos

18 ¿Y ustedes?

Escribamos Completa las oraciones. Indica adónde fuiste y adónde fueron las siguientes personas.

1. Ayer yo...
2. El fin de semana pasado, mi mejor amigo/a y yo...
3. Durante las vacaciones del verano, mi familia...
4. La semana pasada, mi padre/mi madre...
5. El año pasado, el profesor/la profesora de español...
6. El sábado pasado, mis compañeros de clase...
7. Anteayer, yo...

Cuaderno de gramática, pp. 14–15, Acts. 12–13

19 La semana pasada

Hablemos Draw a calendar like the one on page 42. For each day last week, write on the calendar at least two places where you went. Then, with a partner, take turns asking and telling each other where you went. Be prepared to report your findings to the class.

20 Nuevas experiencias

Escribamos/Hablemos Make a list of six things that you have never done before. Then, in a group of three, take turns suggesting the activities on your list. If no one in the group has done an activity before, include it on your group's **nuevas experiencias** list.

MODELO

—¿Qué tal si vamos al Gran Cañón?
—Mi familia y yo ya fuimos el año pasado.
—¿Ya visitaron México?
—No, todavía no.

Así se dice

Asking for and offering help

To ask for help, say:

¿Quieres ayudarme?
Do you want to help me?

¿Puedes ayudarme a hacer la maleta?
Can you help me pack the suitcase?

Ayúdame, por favor.
Please help me.

To offer help, say:

Cuaderno de actividades, p. 19, Acts. 12–13

¿Puedo ayudar?
Can I help?

¿Te ayudo a buscarlo?
Can I help you look for it?

¿Qué quieres que haga?
What do you want me to do?

21 ¿Necesitan ayuda o no?

Escuchemos You'll hear a series of short conversations. As you listen, decide if the person in each conversation is asking for help or offering help.

22 Gramática en contexto

Escribamos Completa las oraciones con las formas correctas de **poder** y **querer**.

PAPÁ ¿Qué pasa? ¿No __1__ cerrar la maleta?

ALMA No. ¿__2__ ayudarme?

MAMÁ ¿No __3__ cerrar la maleta?

PAPÁ Y ALMA No, no __4__.

MAMÁ Yo __5__ ayudar.

MALETERO ¿__6__ Uds. ayuda?

TODOS No. __7__ una maleta nueva.

Nota gramatical

Querer *(to want)* and **poder** *(to be able to, can)* both have a stem change (**e** → **ie** and **o** → **ue**) in every form except **nosotros** and **vosotros**.

quiero	puedo
quieres	puedes
quiere	puede
queremos	podemos
queréis	podéis
quieren	pueden

Cuaderno de actividades, p. 19, Act. 14

Cuaderno de gramática, p. 15, Act. 14

Más práctica gramatical, p. 55, Act. 4

23 ¿Puedes ayudarme?

Escribamos Imagine that you're getting ready for a trip and need to do some shopping. Leave a note on the door for a friend so that she or he can help you get things done while you're out. Tell your friend what you've already done to get ready, and ask for help to finish the rest.

MODELO **Querido Pablo,**
Ayúdame, por favor.
Ya compré..., pero todavía necesito... ¿Puedes ayudarme a...?

¿En dónde te gustaría vivir?

We asked several teenagers from Spanish-speaking countries where they would go if they could live anywhere in the world for one year, and why. How would you answer the question?

Mario
San Rafael de Escazú, Costa Rica

"Bueno, a mí me encanta Costa Rica. Yo creo que... que este país me encanta, y antes de conocer cualquier otro, preferiría conocer lo más que pueda mi país".

Ana María
Quito, Ecuador

"A Francia, porque... me parece que es un país muy lindo, y me encantaría aprender francés, quisiera ir a estudiar allá".

Fernando
Madrid, España

"Me gustaría viajar a cualquier país. Me gusta conocer [a] gente distinta a la mía, a la de mi país, aprender cosas de otros países... cultura, lengua, monumentos, historia".

Para pensar y hablar...

A. En tu opinión, ¿quién tiene la mejor razón para querer vivir en otro país? ¿Por qué? ¿En dónde te gustaría a ti pasar un año, y por qué?

B. Imagine that you are going to spend a year abroad as an exchange student. What might you learn about yourself, the country you would be living in, and the people who live there? What benefit would such an experience have for you?

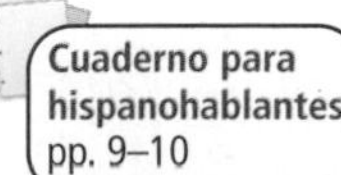
Cuaderno para hispanohablantes, pp. 9–10

Cuaderno de actividades, p. 24, Acts. 20–21

Hola Brandon,

¿Qué tal? Estamos todos muy emocionados. Sé que te va a gustar mucho Sevilla—es bastante grande, y también es muy bonita. La casa de mi familia no está lejos del centro, y también estamos cerca del colegio. En la ciudad hay muchas cosas que hacer. Hay muchos parques bonitos y tiendas.

¿Quieres saber qué tiempo hace aquí? Bueno, en julio y agosto hace mucho calor, por eso necesitas mucha ropa de verano. ¡Y también el traje de baño! Hay unas playas fantásticas aquí en el sur de España. Para el invierno, tienes que traer un abrigo y un impermeable, porque a veces hace frío o llueve.

Bueno, esperamos verte pronto.

Un saludo,

Juan Antonio Guzmán Peña

24 La carta de Juan Antonio

Leamos ¿Cómo describe Juan Antonio su ciudad? Verifica tu comprensión completando las siguientes oraciones.

1. Juan Antonio piensa que Sevilla es
   - **a.** aburrida.
   - **b.** grande.
   - **c.** interesante.
2. Dice que en Sevilla hay muchos
   - **a.** parques.
   - **b.** teatros.
   - **c.** conciertos.
3. La casa de la familia de Juan Antonio está
   - **a.** lejos del centro.
   - **b.** cerca de la universidad.
   - **c.** cerca del centro.
4. Juan Antonio dice que en el invierno
   - **a.** siempre hace frío.
   - **b.** hace mucho calor.
   - **c.** llueve a veces.
5. Cerca de Sevilla hay
   - **a.** playas buenas.
   - **b.** montañas hermosas.
   - **c.** desiertos magníficos.
6. En julio y agosto Brandon necesita traer
   - **a.** un abrigo.
   - **b.** un traje de baño.
   - **c.** un impermeable.

Así se dice

Describing your city or town

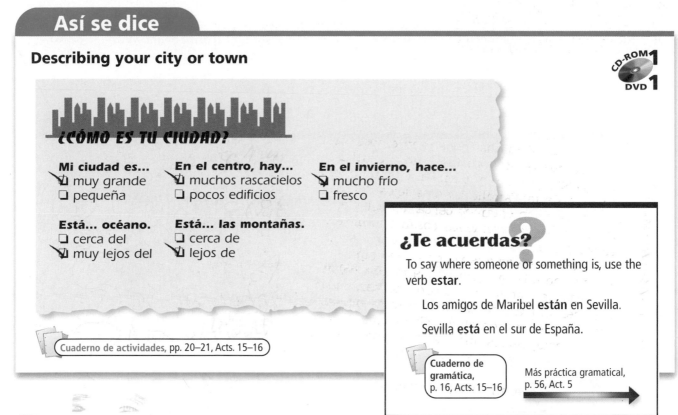

¿CÓMO ES TU CIUDAD?

Mi ciudad es...
- ☑ muy grande
- ☐ pequeña

En el centro, hay...
- ☑ muchos rascacielos
- ☐ pocos edificios

En el invierno, hace...
- ☑ mucho frío
- ☐ fresco

Está... océano.
- ☐ cerca del
- ☑ muy lejos del

Está... las montañas.
- ☐ cerca de
- ☑ lejos de

Cuaderno de actividades, pp. 20–21, Acts. 15–16

¿Te acuerdas?

To say where someone or something is, use the verb **estar**.

Los amigos de Maribel **están** en Sevilla.

Sevilla **está** en el sur de España.

Cuaderno de gramática, p. 16, Acts. 15–16

Más práctica gramatical, p. 56, Act. 5

25 España... el país del sol

Escuchemos A Spanish class is planning a trip around Spain. You'll hear the teacher describe various Spanish cities and regions. As you listen, match the place to its description. You won't use all the descriptions.

1. El País Vasco
2. Santiago de Compostela
3. Salamanca
4. Sevilla
5. Valencia
6. Madrid

a. Está al sur de España.
b. Hay muchos pueblos bonitos.
c. No está lejos de la playa.
d. Hay una universidad muy antigua.
e. Está cerca de Portugal.
f. Es una ciudad muy grande.
g. Está cerca de Francia.

26 ¿Cuál es?

Hablemos Descríbele a tu compañero/a una de las tres ciudades siguientes sin mencionar el nombre. ¿Puede tu compañero/a adivinar qué ciudad describes? Intercambien papeles.

Modelo **—Está cerca de las montañas...**
—¿Es ______?

Cadaqués, España

La Paz, Bolivia

Buenos Aires, Argentina

27 ¿Y cómo es tu ciudad?

Hablemos You're talking with your school's new exchange student from Sevilla. With a partner, have a conversation in which one of you plays the role of the new student and you both talk about where you're from. Describe your hometowns to each other, including size, favorite places, things to do, and nearby places to visit.

Vocabulario

¿Qué tiempo hace?

CD-ROM 1 DVD 1

En el invierno nieva y hace frío.

En el verano hace sol y hace mucho calor.

En la primavera hace fresco.

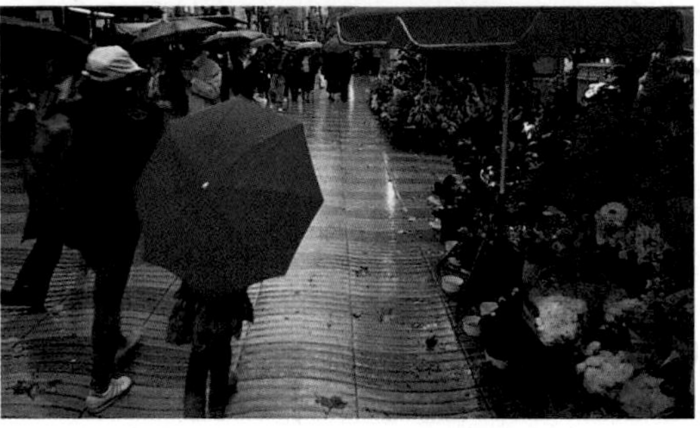

En el otoño llueve y hace viento.

Cuaderno de actividades, p. 22, Acts. 17–18

Cuaderno de gramática, p. 17, Acts. 17–18

Más práctica gramatical, pp. 56–57, Acts. 6–7

28 Una postal de Chicago

Leamos Maribel escribió una tarjeta postal desde Chicago a su familia en España, pero ella no incluyó la fecha. ¿Qué estación del año crees que es? ¿Qué palabras te ayudaron a adivinarla?

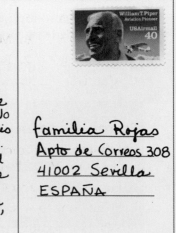

Querida familia:
¿Qué tal? Me gusta mucho mi nuevo colegio, pero no me gusta el frío para nada. Ayer nevó medio metro y hace un viento helado. No puedo jugar al tenis ni salir al parque. ¡Por favor mandad un poco del sol de Sevilla!
Con mucho cariño,
Maribel

Familia Rojas
Apto de Correos 308
41002 Sevilla
ESPAÑA

29 ¿Qué tal el tiempo?

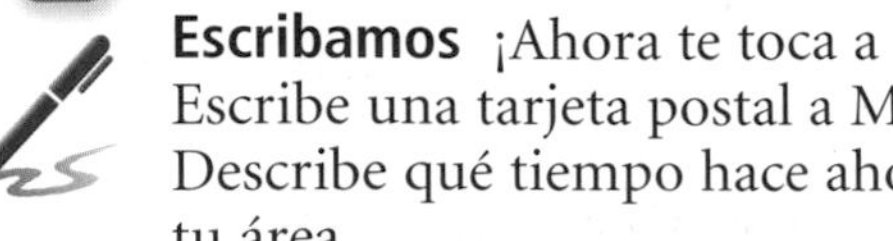

Escribamos ¡Ahora te toca a ti! Escribe una tarjeta postal a Maribel. Describe qué tiempo hace ahora en tu área.

30 ¿Qué tiempo hace en...?

Hablemos Look over the weather map below and pick three cities. Then, in groups of three, describe what the weather is like in those places, without giving away the names of the cities you've chosen. See if anyone in the group can guess which city you're describing.

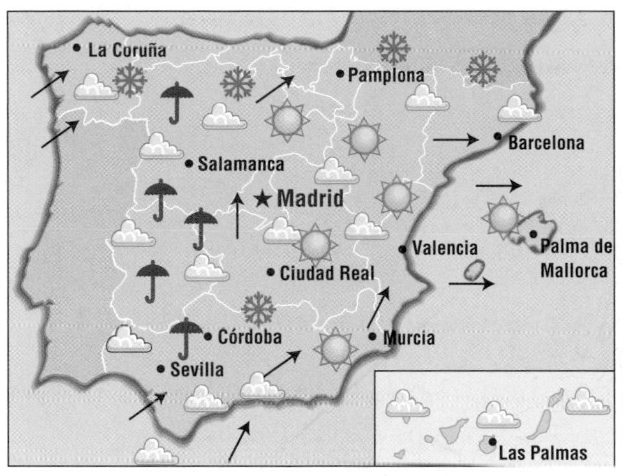

ESPAÑA	MÁX.	MÍN.
Barcelona	15	9
Ciudad Real	14	12
Córdoba	16	15
Coruña, La	16	14
Madrid	17	9
Palma de Mallorca	21	6
Murcia	24	14
Palmas, Las	25	18
Pamplona	9	–1
Salamanca	11	9
Sevilla	15	14
Valencia	22	12

Sol

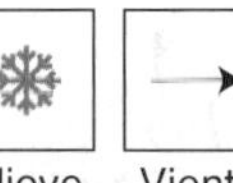
Nubes

Lluvia

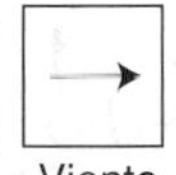
Nieve

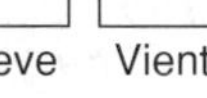
Viento

31 Del colegio al trabajo

Hablemos You work in a travel agency and are giving advice to customers who have never visited Spain. Describe the weather and make suggestions about what to pack for the following places. Use the map above and the **modelo** as a guide. Exchange roles with a partner.

MODELO **Las Palmas**
—Voy a hacer un viaje a Las Palmas. ¿Qué tiempo hace allí?
—Hace calor. ¿Por qué no lleva usted unas camisetas y unos pantalones cortos?
—Buena idea. También voy a llevar un traje de baño.

1. Pamplona
2. Salamanca
3. Barcelona
4. Murcia
5. Valencia
6. Madrid
7. Palma de Mallorca
8. Sevilla

Nota cultural

Spanish-speaking countries measure temperature in degrees Celsius rather than in degrees Fahrenheit. Look at the thermometer. What's a comfortable room temperature in degrees Celsius?

Grado
C F
120 250
110 240 230
100 220 210
90 200 190
80 180 170
70 160 150
60 140
50 130 120
40 110 100
30 90 80
20 70
10 60 50
0 40 30
–10 20 10

Cuaderno de gramática, p. 17, Act. 19

32 En mi cuaderno

Escribamos Next month, your cousin will be arriving to spend six months studying at your school. Write him or her a letter, mentioning the following things:

1. How you feel about her or his visit.
2. What your town is like.
3. What the weather is like.
4. What clothing your cousin should bring.
5. Some suggestions about what you can do together.

Vamos a leer

Estudios en el extranjero

Estrategia para leer

The quickest way to figure out what a reading passage is about is to skim it for the gist. When you skim, you should look at the title, subtitles, words in bold print, and any pictures. Reading the first sentence of each paragraph may also be helpful since it often states the paragraph's main idea.

¡A comenzar!

A. Take a couple of minutes to skim titles, pictures, and words in large print. Then complete the following statements:

1. This is a brochure for . . .
2. Any adult can join in one of these programs, but this ad appeals especially to . . .
3. These programs are for people who want to learn . . .
4. Culture & Language Services doesn't have a program in . . .
5. In its title, the program called . . . advertises living with an American family.

Al grano

B. Imagine that you met four Spanish teenagers, and they want to learn English. Help them choose the program that would be best for them. Choose from the four in the brochure. Read each description thoroughly to decide which program is best for each person.

1. Elena: She's fifteen, wants to live with a family in the USA, and hopes to spend a year in an American school.

Programas Lingüísticos para niños, jóvenes y adultos.

Vallehermoso, 21-23, 1° D
Telf: (91) 447 00 25
Fax: (91) 593 80 70
28015 Madrid

CAUSA: CURSO ACADÉMICO EN USA

Este programa ofrece a los jóvenes españoles de 14 a 19 años la oportunidad de permanecer en los EE.UU. durante 10 meses, conviviendo con una familia que abre voluntariamente su hogar, y asistiendo a un High School americano. Es una experiencia que dura de por vida. La fecha tope de inscripción en este programa es el 23 de abril. Precio: 4.600 euros

ESTUDIOS LINGÜÍSTICOS EN INGLATERRA

Se ofrecen diversos programas en Londres, Cambridge, Brighton, Eastbourne, Bristol y Letchworth; para estudiantes y profesionales de todas las edades, a lo largo de todo el año. En concreto: cursos de inglés general, especiales para la preparación de exámenes, de inglés comercial, especiales de verano para niños y jóvenes.

La acomodación es en familias cuidadosamente seleccionadas o en residencia. Los precios varían según la localidad, duración e intensidad del curso.

INGLÉS EN ESPAÑA

Programa de alojamiento en residencia para que los más pequeños (de 9 a 16 años) inicien el aprendizaje del idioma inglés. Es la mejor manera de prepararse para salir al extranjero. Los niños disfrutan de la amistad, de los deportes y del contacto con la naturaleza.

Se combina un curso de inglés con un atractivo programa de tiempo libre: excursiones, acampada, deportes, visitas culturales, fuego de campamento, juegos, fiestas, etc. Dos o cuatro semanas durante el verano en "La Bañeza" (León). Precio (un mes) 995 euros

EFUSA: ESTANCIA EN FAMILIA EN USA (Con o sin clases)

Ofrece a los estudiantes entre los 10 y 23 años la maravillosa experiencia de descubrir los EE.UU., mejorando su conocimiento de la lengua y cultura americanas, conviviendo con una familia que abre su hogar con un genuino deseo de compartir su vida y cultura.

El programa puede o no combinarse con clases de inglés, y la duración puede ser de 4, 5, 6 u 8 semanas. Tiene lugar durante el verano en California, Massachusetts, Nueva Inglaterra, Nueva York, Maryland, Pennsylvania, Michigan, Grandes Lagos, Colorado, Utah, Montana y Georgia.

Puede comenzar en cualquier época del año, por el número de semanas que desee.

Precio (según programa): desde 625 euros (6 semanas sin clases).

2. Carlos: He's nineteen and wants to study English for business. He hopes to stay in Europe and prefers not to live with a family.
3. Javier: He's sixteen and wants to spend next summer in the United States living with an American family. He's looking for an inexpensive program.
4. Mercedes: She's thirteen and wants to study English and go to summer camp. She doesn't feel ready to travel to a foreign country yet.

C. Now discuss your answers with a classmate. Together, locate three phrases from the text that support each of your answers.

¿Te acuerdas?

Cognates are words that look alike and have similar meanings in Spanish and English. Use cognates to guess meaning.

D. Your friends have almost decided on their favorite programs. By relying on **cognates**, you should be able to answer their questions.

1. *EFUSA:* How long do the programs last?
2. *Inglés en España:* Will we spend any time outdoors?
3. *CAUSA:* If I live with a family, how can I know they really want a foreign student?
4. *Estudios Lingüísticos en Inglaterra:* What does the price depend on? (three things)

E. Imagina que tu colegio tiene un programa de intercambio para estudiantes de España. Tu deber es escribir un párrafo para el folleto comercial. Haz una descripción sobre la vida escolar de tu colegio.

Cuaderno de actividades, p. 23, Act. 19

Cuaderno para hispanohablantes, pp. 6–8

Más práctica gramatical

Primer paso

Objectives Talking about how you're feeling; making suggestions and responding to them

1 Explica cómo se sienten todos el lunes por la mañana. Usa las formas correctas de **sentirse** y de los adjetivos. (**p. 40**)

Modelo **Sara/preocupado**
Sara se siente preocupada.

1. el profesor Vega/contento
2. Cristóbal y yo/deprimido
3. la directora/tranquilo
4. tú/triste
5. Linda y Paloma/feliz
6. Javier y Juan Carlos/emocionado

2 Respond to a friend's suggestions about the following activities. Explain that you would like to participate, but you have something else to do. (**p. 41**)

Modelo **—¿Qué tal si vamos a la fiesta de Kara?**
—Me gustaría, pero tengo que estudiar.

1. ¿Por qué no hacemos la tarea juntos?
2. ¿Qué tal si estudiamos por la mañana?
3. ¿Por qué no vamos al parque?
4. ¿Qué tal si vienes conmigo a la tienda?
5. ¿Por qué no jugamos al fútbol?

Segundo paso

Objectives **Saying if something has already been done; asking for and offering help**

3 Completa las oraciones indicando adónde fueron todos y qué hicieron en las vacaciones del verano. Usa el pretérito de los verbos entre paréntesis. (**pp. 43, 45**)

1. Teresa ______ (ir) a Bogotá. ______ (Explorar) la ciudad y lo ______ (pasar) muy bien.
2. El señor y la señora Mendoza ______ (ir) a Caracas. Allí ______ (sacar) muchas fotos y ______ (comprar) regalos.
3. Adrián, tú ______ (ir) a Quito, ¿verdad? ¿______ (Estudiar) español allí?
4. Yo ______ (ir) a la Ciudad de México. Allí ______ (visitar) muchos museos y ______ (caminar) por la ciudad.
5. También mi familia y yo ______ (ir) al campo. ______ (Acampar) y ______ (pescar).
6. Isa y Héctor ______ (ir) a Costa Rica. ______ (Explorar) la selva y ______ (bajar) el río en canoa.
7. Ernesto ______ (ir) a los Andes. Allí ______ (escalar) montañas y ______ (montar) a caballo.

4 What does everyone want to do this weekend? Complete the sentences about people's plans with the present-tense forms of **poder** and **querer**. (**p. 46**)

1. Yo ______ (querer) ir a la fiesta de Enrique, pero no ______ (poder). Tengo que ir a la casa de mis tíos.
2. Dolores también ______ (querer) ir a la fiesta, pero no ______ (poder). Tiene que cuidar a su hermanito.
3. Pablo, ¿tú y Óscar ______ (querer) ir conmigo al partido? Y nosotros ______ (poder) ir al cine después.
4. Mis amigos y yo ______ (querer) ir a la nueva pizzería, pero hay un problema. Yo no ______ (poder) ir el sábado, y mis amigos no ______ (poder) ir el domingo.
5. Delia, ¿______ (poder) ayudarme el domingo con la tarea de biología? ¿O ______ (querer) estudiar hoy después de clases?
6. Mis padres ______ (querer) descansar un poco, pero no ______ (poder). Tienen que preparar una cena grande para el cumpleaños de mi tío.

Más práctica gramatical

WV3 ANDALUSIA-2

Tercer paso

Objective Describing your city or town

5 Stephen is sending an e-mail to his Chilean pen pal. Complete his letter with the correct forms of **estar** and the correct prepositions from the choices in parentheses. (**p. 49**)

¡Hola, Lupe! ¿Qué tal? Yo, muy bien. En este momento, ___1___ ___2___ (allá/aquí) en el colegio. ¿Y conoces a mis amigos Amy y Brian? Pues, ellos ___3___ conmigo ahora, y te mandan un saludo. Este año, todos nosotros ___4___ en la misma clase de español. Qué bueno, ¿verdad? Me gusta mucho mi colegio. Es grande y moderno, y ___5___ ___6___ (debajo/cerca) de mi casa. Ahora yo ___7___ en el nuevo laboratorio de computadoras. El laboratorio y el teatro ___8___ ___9___ (al lado/aquí) del gimnasio. El gimnasio es enorme. Ahora mismo, mis amigos Andrea y Jesse ___10___ ___11___ (debajo/allá), jugando al voleibol.

6 You prepare the weather bulletins for the morning announcements at your school. Explain what the weather is like in each city, using the information in the chart. Mention whether it's hot, cold, or cool, and describe the other weather conditions in each place. Refer to the weather map on page 51 for help interpreting the symbols. (**p. 50**)

1. Denver	(snow)	41°F
2. Houston	(cloudy)	87°F
3. St. Louis	(windy)	64°F
4. Tampa	(sunny)	95°F
5. Boston	(rain)	45°F
6. Minneapolis	(sunny)	33°F

7 Read what the weather is like, then indicate what clothing each person is probably wearing. (**p. 50**)

1. Hace sol y calor. Elena va a la playa con sus amigos. Todos llevan (traje de baño/traje de lana). También llevan (zapatos/chancletas).
2. Hace buen tiempo. Voy al parque para correr. Llevo (camisa/camiseta), pantalones cortos y (botas/zapatillas de tenis).
3. Está nevando, y Miguelito sale para jugar en la nieve. Lleva una (bufanda/blusa) y unas (botas/zapatillas).
4. Hace frío hoy. Todos llevan (calcetines/cinturones) de lana, suéteres y (camisetas/chaquetas) también.
5. Hace fresco, y la señora Losada va a trabajar en el banco. Ella lleva una (blusa/camiseta) de seda y unos (pantalones/trajes) negros muy elegantes. También lleva (sandalias/zapatos) de cuero.
6. Llueve y hace viento. Mis amigos y yo vamos al centro comercial. Llevamos (camisetas/impermeables) de plástico y unas (sandalias/botas).
7. Hace mucho calor. María tiene una entrevista de trabajo. Ella va a llevar un vestido (de seda/de lana) de rayas y (unas zapatillas de tenis/unos zapatos) muy elegantes.

Repaso

1 Listen to the following conversation and decide where it takes place: **en una fiesta**, **en un avión**, or **en el centro comercial**.

2 Lee el siguiente anuncio sobre un viaje a Barcelona. Con base en la información, completa las siguientes oraciones. Es posible tener más de una respuesta para cada oración.

1. Barcelona está cerca...
   a. de las montañas.
   b. del océano.
   c. de Sevilla.
2. Barcelona es la ciudad ideal si te gusta...
   a. la biología.
   b. el francés.
   c. el arte.
3. Por las Ramblas hay...
   a. casas medievales.
   b. arte de Picasso.
   c. cafés.
4. Probablemente, la ciudad de Barcelona es...
   a. grande.
   b. pequeña.
   c. muy fea.

BARCELONA
Barcelona es una ciudad monumental. Es la capital de Cataluña, un centro importante de cultura, de arte y de historia. ¿Por qué no paseas por las calles del Barrio Gótico?
También puedes ver la famosa Catedral de la Sagrada Familia y el maravilloso Parque Güell. ¿Qué tal si vas a un café en las Ramblas o visitas el Museo Picasso?
FRANCIA
PORTUGAL
ESPAÑA
Barcelona
Barcelona está cerca de las bellas playas de la Costa Brava. También, no está lejos de los excelentes centros de esquí en Andorra.
Con la Agencia de Viajes Hispantur, puedes visitar Barcelona por sólo 126 euros.

3 Imagine you're going to spend the next six weeks studying in Spain. Make a list of seven or eight things you can do or want to do to get ready. Exchange lists with a partner and take turns asking if he or she has already done the things on the list. If not, offer to help.

4

Vamos a escribir

Imagine you spent a month in your ideal vacation spot. Write a paragraph describing the place. Say where you went and what you did. Include some interesting details about the landscape and the weather, the food, the people there, and the fun things you did.

Estrategia para escribir
Finding good details makes writing more exciting. For example, sharp details will grab your reader's interest immediately. Include details of time, place, sight, sound, or smell.

Comida española

Paella - arroz amarillo
con mariscos
- es una mezcla
deliciosa

Preparación

1. Write the name of the location and your activities while you were on vacation.
2. Next to each one, write at least two details that describe the place and what you did there.

Redacción

1. Begin your paragraph with a sentence that describes the location. For example, **Hay un lugar en el sur de España donde la playa es fantástica y siempre hace sol.**
2. Write several sentences about what you did, using descriptive details. For example, **Comimos una paella deliciosa en un café cerca del hotel.**

5

Situación

With a partner, role-play a conversation in which you're going to spend a year studying in Barcelona. Your partner has come over to your house to help you get ready. Use the advertisement on page 58 as you discuss the upcoming trip. Be sure to ask how the person who will travel is feeling, what he or she has already done to prepare for the trip, and how you can help with things that still need to be done. When you're finished, switch roles and start again.

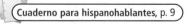

Cuaderno para hispanohablantes, p. 9

A ver si puedo...

WV3 ANDALUSIA-2

Can you talk about how you're feeling? p. 40

1 How would the following people describe how they're feeling?

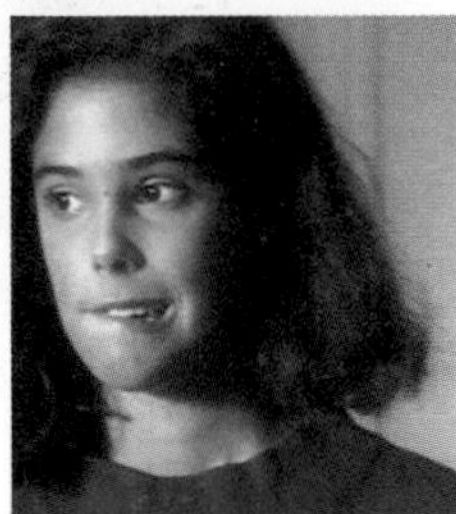

1. Maribel

2. Manuel

3. Félix and Gustavo

4. Norma

Can you make suggestions and respond to them? p. 41

2 Maribel is nervous because she's going to study abroad. Make the following suggestions to help her relax. Then say how she might respond using the cues in parentheses.

1. ir al cine (no, ocupada)
2. salir con amigos (no, cansada)
3. leer una novela (sí, buena idea)
4. escuchar música clásica (sí, buena idea)
5. hacer la maleta (no, nerviosa)
6. escribir una carta a la nueva familia (sí, buena idea)

Can you say if something has already been done? p. 42

3 Look at the list of things to do. How would you ask someone if each thing has already been done? How would that person answer?

✓ *lavar ropa*
✓ *comprar el billete de avión*
limpiar el cuarto
hacer la maleta
✓ *ir al banco*

Can you ask for and offer help? p. 46

4 How would you ask for or offer help in the following situations?

1. Your friend has lost his or her passport.
2. You're running late but you still have to pack.
3. Your aunt has just asked you to help her.
4. You see an elderly lady carrying a heavy suitcase.
5. You need help with your homework.

Can you describe your city or town? p. 49

5 Describe the following places.

1. Sevilla, España
2. tu ciudad en el verano
3. tu ciudad en el invierno
4. la ciudad ideal

Vocabulario

Primer paso

Talking about how you're feeling

cansado/a	*tired*
¿Cómo estás?	*How are you?*
¿Cómo te sientes?	*How are you feeling?*
contento/a	*happy*
de buen humor	*in a good mood*
de mal humor	*in a bad mood*
deprimido/a	*depressed; sad*
emocionado/a	*excited*
enfadado/a	*angry*
enfermo/a	*ill*
estar aburrido/a	*to be bored*
feliz	*happy*
Me siento...	*I feel . . .*
ocupado/a	*busy*
preocupado/a	*worried*
tranquilo/a	*calm*
triste	*sad*

Making suggestions and responding to them

Buena idea.	*Good idea.*
Me gustaría, pero tengo que...	*I'd like to but I have to . . .*
¿Por qué no...?	*Why don't you, we, etc . . .?*
¿Qué tal si...?	*How about if . . .?*

Segundo paso

Saying if something has already been done

anoche	*last night*
anteayer	*day before yesterday*
ayer	*yesterday*
esta mañana	*this morning*
la semana pasada	*last week*
todavía no	*not yet*
ya	*already*

Asking for and offering help

Ayúdame, por favor.	*Please help me.*
hacer la maleta	*to pack a suitcase*
¿Puedes ayudarme a...?	*Can you help me . . .?*
¿Puedo ayudar?	*Can I help?*
¿Qué quieres que haga?	*What do you want me to do?*
¿Quieres ayudarme?	*Do you want to help me?*
¿Te ayudo a...?	*Can I help you . . .?*

Places around town ***See page R14.***

Tercer paso

Describing your city or town

¿Cómo es tu ciudad?	*What is your city like?*
el edificio	*building*
En el centro, hay...	*Downtown, there is/are . . .*
estar cerca de	*to be close to; near*
estar lejos de	*to be far from*
grande	*big*
Mi ciudad es...	*My city is . . .*
las montañas	*mountains*
mucho/a	*a lot; very*
muchos/as	*many; a lot of*
el océano	*ocean*
pocos/as	*few*
el rascacielos	*skyscraper*

Weather expressions

hace calor	*it's hot*
hace fresco	*it's cool*
hace frío	*it's cold*
hace sol	*it's sunny*
hace viento	*it's windy*
el invierno	*winter*
llueve	*it rains; it's raining*
nieva	*it snows; it's snowing*
el otoño	*autumn*
la primavera	*spring*
¿Qué tiempo hace?	*What's the weather like?*
el verano	*summer*

Clothing vocabulary ***See page R14.***

¡Ven conmigo al Valle de México!

Población: más de 20.000.000 (más grande que la del estado de Nueva York)

Área: 110 km de norte a sur por 30 km de este a oeste

Ciudades principales: Ciudad de México, Tlalnepantla, Texcoco, Chalco, Naucalpan, Cuautitlán, Ciudad Netzahualcóyotl

Productos agrícolas: maíz, trigo, frijoles, frutas, flores

Industrias: alimentos, metales, químicos, textiles

Lugares de interés: las pirámides de Teotihuacán, los jardines flotantes de Xochimilco, el antiguo convento de Tepotzotlán

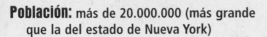

WV3 VALLEY OF MEXICO

Vista panorámica del hermoso Valle de México a fines del siglo XIX. ▶

José María Velasco, *Valle de México,* 1882, oil on canvas. Private collection/Art Resource, N.Y.

El Valle de México

El Valle es el centro de un México moderno, diverso y dinámico. Aquí coexisten ranchos con fábricas, pueblos con suburbios, ruinas con rascacielos. En fin, aquí coexiste el pasado con el presente. ¿Y el futuro de México? Está en manos de una población extraordinariamente joven. Aproximadamente la mitad de los habitantes de México son menores de 20 años de edad.

internet

go.hrw.com
MARCAR: go.hrw.com
PALABRA CLAVE:
WV3 VALLEY OF MEXICO

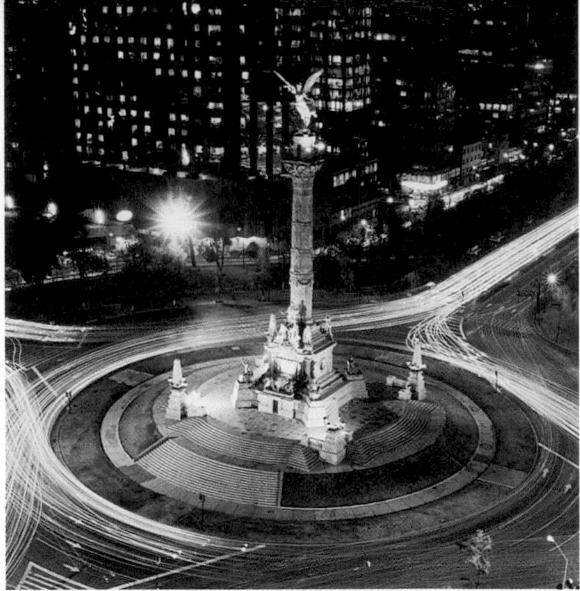

1 Un símbolo patrio de la independencia
El Monumento a la Independencia, conocido popularmente como "el Ángel", fue construido en 1910 para conmemorar el centenario de la independencia de México.

2 Los bailes folklóricos
El Ballet Folklórico de Amalia Hernández es famoso por representar los bailes tradicionales de cada región del país.

3 El Distrito Federal, ciudad de rascacielos
El edificio de la Bolsa de Valores *(stock market)* en el Paseo de la Reforma.

4 Frutas con sal y chile
Vendedor de frutas en el parque de la Alameda, el parque más antiguo de la Ciudad de México.

En los capítulos 3 y 4,

vas a ver las diferentes caras del Valle de México: la ciudad y el campo, lo antiguo y lo moderno. Con varios amigos de un colegio del Distrito Federal vas a recorrer la ciudad más grande del mundo, visitar las pirámides más impresionantes del hemisferio... ¡y entrevistar a una famosa artista de televisión!

5 Las pirámides
La ciudad-estado de Teotihuacán en el Valle de México fue el centro de civilización más importante de Mesoamérica antes del período azteca.

6 Arquitectura del Barroco español
La arquitectura mexicana todavía conserva rasgos de la arquitectura española.

7 El arte de Diego Rivera
Esta vista de Tenochtitlán fue pintada por el famoso muralista mexicano Diego Rivera. Aparece en los muros del Palacio Nacional.

CAPÍTULO

3

La vida cotidiana

Objectives

In this chapter you will learn to

Primer paso

- talk about your daily routine

Segundo paso

- talk about responsibilities
- complain

Tercer paso

- talk about hobbies and pastimes
- say how long something has been going on

internet

MARCAR: go.hrw.com
PALABRA CLAVE:
WV3 VALLEY OF MEXICO-3

◀ —¿Cuánto tiempo hace que estudias inglés?
—Hace dos años que lo estudio.

DE ANTEMANO ▪ *Una entrevista con Lupita Cárdenas*

Estrategia para comprender

Mónica Beltrán, a TV talk show hostess, interviews the famous actress Lupita Cárdenas at her home. What kinds of questions do interviewers usually ask celebrities? Do you ever think the questions are silly? If you had the chance, what would you ask your favorite actor, actress, or musician?

Mónica

Lupita

Andrés

Ana María

Miguel

1

Mónica: ¡Bienvenidos, amigos, a una edición especial de "El Show de Mónica Beltrán"! Nuestra invitada es una persona muy especial, muy conocida y tan popular por sus telenovelas. Es ella, nuestra estrella brillante... ¡Lupita Cárdenas!

Mónica: Bien, amigos, aquí estamos en la casa de Lupita Cárdenas. Cuéntanos cómo es tu vida. ¿Cómo es realmente un día típico en tu vida tan ocupada?

Lupita: Realmente soy una persona muy sencilla. Y de verdad, soy como todo el mundo: todos los días me levanto a las siete y media...

Mónica: ¿Cada mañana a las siete y media?

Lupita: Bueno Mónica... los domingos me despierto un poco más tarde, a las diez, pero los demás días me despierto temprano.

2

3

Lupita: Después de levantarme, me baño, me lavo los dientes, claro, y me peino.

4

Lupita: En realidad, no gasto mucho tiempo en maquillarme. Cinco minutos, máximo.

5

Lupita: Normalmente desayuno después de vestirme. Por lo general, tomo un café con leche...

Mónica: Y en tu casa, ¿haces los quehaceres tú sola?

Lupita: La verdad es que, sí, a veces yo misma los hago. La semana pasada, por ejemplo, lavé los platos y limpié la cocina.

Mónica: Y en tus ratos libres, ¿qué haces?

6

Lupita: Bueno, Mónica, me encanta tocar el piano.

Mónica: ¿El piano? ¿Y cuánto tiempo hace que tocas el piano?

Lupita: Uy, hace veinte años, por lo menos... Es que empecé a tocar el piano muy, muy, muy joven.

7

Mónica: Ahora, Lupita, habla un poco de tu próximo proyecto, el documental en las pirámides.

Lupita: Bueno, voy a estar en las pirámides de Teotihuacán. Comenzamos mañana...

8

Miguel: Mmm. Va a estar en las pirámides. ¿Por qué no vamos allí mañana?

Andrés: Pues a mí me parece padrísimo. Hace dos semanas que vivo aquí en la capital, ¡y tengo muchas ganas de ver las pirámides!

Ana María: Perfecto, entonces, mañana vamos.

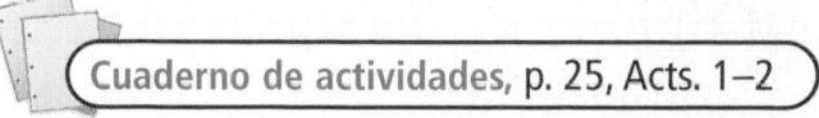
Cuaderno de actividades, p. 25, Acts. 1–2

1 ¿Comprendes la fotonovela?

1. ¿Quién es Lupita Cárdenas?
2. ¿Por qué es popular?
3. ¿De qué habla Lupita?
4. ¿Cómo es una mañana típica en la vida de Lupita?
5. ¿En qué país crees que Lupita y Mónica están?
6. ¿Qué van a hacer Andrés, Miguel y Ana María mañana?

2 ¿Cierto o falso?

Responde con **cierto** o **falso** con base en lo que Lupita Cárdenas dice en la entrevista. Corrige las oraciones falsas.

1. Lupita es una persona famosa.
2. A Lupita le gusta despertarse más tarde los domingos.
3. Lupita pasa horas en el cuarto de baño cuando se maquilla.
4. A veces Lupita hace los quehaceres ella misma.
5. En sus ratos libres, a Lupita le gusta tocar la flauta.
6. Muy pronto Lupita va a hacer un documental sobre las pirámides de Chichén-Itzá.

3 La vida de Lupita

Using the **fotonovela** as a guide, write captions in Spanish to describe the following drawings.

1.

2.

3.

4.

4 Un día típico

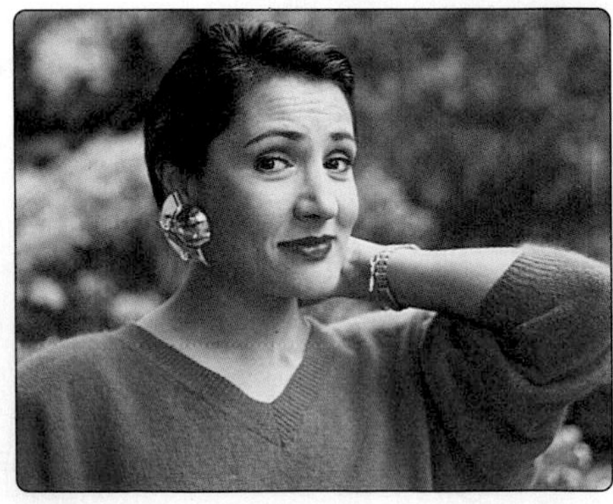

¿Cómo es un día típico en la vida de Lupita? Pon las siguientes oraciones en el orden correcto.

a. Desayuna café con leche.
b. Se levanta a las siete y media.
c. Se maquilla.
d. Se baña y se cepilla los dientes.
e. Se peina.
f. Se viste.

5 ¿Y tú?

¿Cómo es un día típico en tu vida en comparación con la vida de Lupita Cárdenas? Cambia *(change)* las oraciones en la Actividad 4 para describir una mañana típica.

Primer paso

Objective Talking about your daily routine

WV3 VALLEY OF MEXICO-3

Vocabulario

el despertador
despertarse (ie); levantarse

el espejo, el cepillo de dientes, la pasta de dientes, mirarse en el espejo

el jabón, el champú, la toalla, bañarse

la secadora de pelo, el cepillo, el peine, cepillarse y secarse el pelo

vestirse (i); ponerse la ropa

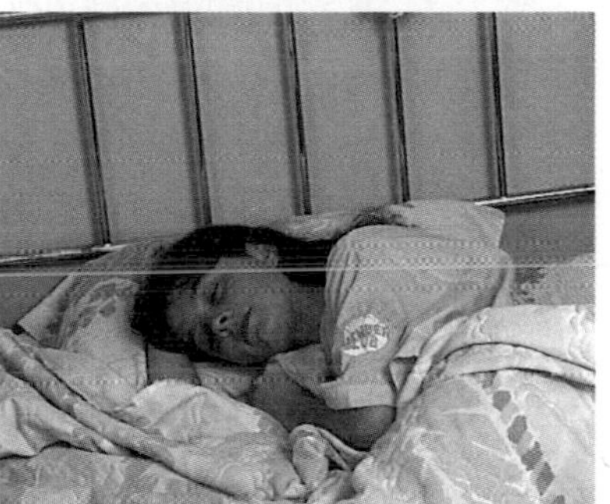

acostarse (ue)

Cuaderno de actividades, pp. 26–27, 31, Acts. 3–6, 13

Cuaderno de gramática, p. 18, Acts. 1–2

¿Te acuerdas?

Cuaderno de gramática, p. 18, Act. 3

afeitarse	*to shave*		
ducharse	*to take a shower*	**maquillarse**	*to put on makeup*
lavarse los dientes	*to brush your teeth*	**peinarse**	*to comb your hair*

También se puede decir...

Puedes decir **lavarse los dientes** o **cepillarse los dientes; afeitarse** o **rasurarse.**

6 ¿Qué necesita Lupita?

Hablemos/Escribamos Usa el vocabulario de esta página para explicar qué necesita Lupita para hacer las siguientes actividades.

MODELO —**cepillarse el pelo**
—**Para cepillarse el pelo Lupita necesita el cepillo.**

1. bañarse
2. lavarse el pelo
3. mirarse
4. secarse el pelo
5. lavarse los dientes
6. peinarse

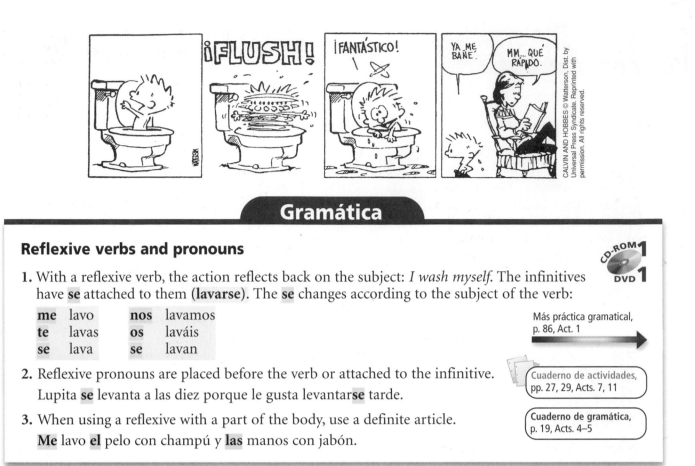

Gramática

Reflexive verbs and pronouns

CD-ROM 1
DVD 1

1. With a reflexive verb, the action reflects back on the subject: *I wash myself.* The infinitives have **se** attached to them **(lavarse)**. The **se** changes according to the subject of the verb:

me	lavo	**nos**	lavamos
te	lavas	**os**	laváis
se	lava	**se**	lavan

Más práctica gramatical, p. 86, Act. 1

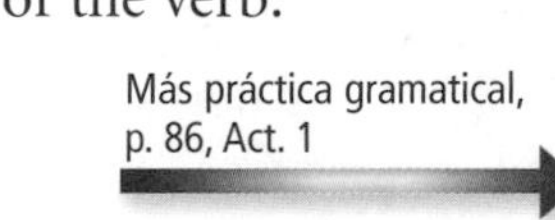

2. Reflexive pronouns are placed before the verb or attached to the infinitive.
   Lupita **se** levanta a las diez porque le gusta levantar**se** tarde.
3. When using a reflexive with a part of the body, use a definite article.
   Me lavo **el** pelo con champú y **las** manos con jabón.

Cuaderno de actividades, pp. 27, 29, Acts. 7, 11

Cuaderno de gramática, p. 19, Acts. 4–5

7 El circo de las estrellas

Escuchemos/Escribamos First locate the labels **a–h** in the drawing below. Then, for each sentence you hear, write the letter of the situation that matches.

8 Gramática en contexto

Leamos/Escribamos Completa este párrafo sobre una mañana típica en la casa de Carolina. Escoge el verbo apropiado y usa la forma correcta con el pronombre correcto.

Mi casa es un desastre por las mañanas. Mi madre __1__ **(despertarse/peinarse)** a las seis. Ella tiene que estar en el trabajo muy temprano. Primero ella __2__ **(ducharse/lavar)** y a veces, canta. Después, ella __3__ **(maquillarse/ponerse)** un vestido muy elegante para ir al trabajo. Siempre tengo mucho sueño pero yo __4__ **(levantar/levantarse)** a las seis y media, más o menos. Si es posible, yo entro en el cuarto de baño y __5__ **(lavarse/bañarse)** el pelo antes que mi hermano Guillermo. Guillermo gasta toda el agua caliente en la ducha y pasa horas cuando __6__ **(lavarse/secarse)** el pelo con la secadora. Bueno... después de bañarme, yo voy a mi cuarto y __7__ **(vestirse/levantarse)**. Después, Guillermo y yo desayunamos con papá. ¡Pobre papá! Somos muchos y hay un solo cuarto de baño. Él casi no tiene tiempo para __8__ **(afeitarse/maquillarse)**.

Nota gramatical

CD-ROM 1 DVD 1

Vestirse has the stem change **e → i** in all its forms except **nosotros** and **vosotros**.

me v**i**sto	nos vestimos
te v**i**stes	os vestís
se v**i**ste	se v**i**sten

Cuaderno de gramática, p. 20, Act. 6

Más práctica gramatical, p. 86, Act. 2

Así se dice

Talking about your daily routine

CD-ROM 1 DVD 1

To ask about somebody's daily routine, say:

¿Cómo es un día **típico?**

¿Cuánto tiempo **gastas en** vestirte?

¿Te afeitas **todos los días?**

To answer, say:

Por lo general, me despierto a las ocho y me acuesto a las once.
Generally, . . .

Normalmente, gasto mucho tiempo en vestirme.
Normally, I spend a lot of time . . .

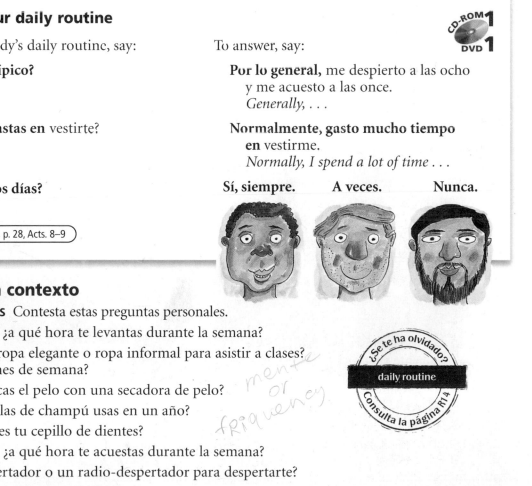

Sí, siempre. **A veces.** **Nunca.**

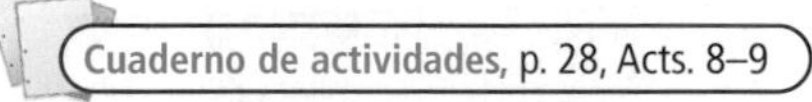
Cuaderno de actividades, p. 28, Acts. 8–9

9 Gramática en contexto

Leamos/Hablemos Contesta estas preguntas personales.

1. Por lo general, ¿a qué hora te levantas durante la semana?
2. ¿Te vistes con ropa elegante o ropa informal para asistir a clases? ¿Qué tal los fines de semana?
3. ¿Siempre te secas el pelo con una secadora de pelo?
4. ¿Cuántas botellas de champú usas en un año?
5. ¿De qué color es tu cepillo de dientes?
6. Normalmente, ¿a qué hora te acuestas durante la semana?
7. ¿Usas un despertador o un radio-despertador para despertarte?
8. ¿Cuánto tiempo gastas en vestirte?

¿Se te ha olvidado? daily routine Consulta la página R14

Nota gramatical

You've already used adverbs like **hoy** and **mañana** to express time, and **aquí, allí,** and others to express place. Adverbs also tell how things are done.

Normalmente me levanto temprano y me visto **rápidamente.**

To form these adverbs, add **-mente** to the feminine forms of adjectives.

típico → típicamente
rápido → rápidamente
elegante → elegantemente

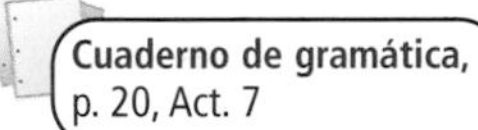

Cuaderno de gramática, p. 20, Act. 7

Más práctica gramatical, p. 87, Act. 3

10 Gramática en contexto

Leamos/Hablemos Compara tu rutina diaria con la de tu compañero/a. Completa las oraciones y pídele que responda a las preguntas. Intercambien papeles.

MODELO **—Me afeito todos los días. ¿Y tú?**
—Yo nunca me afeito.

1. Típicamente, yo me baño ______.
2. Todos los días, yo me levanto a las ______.
3. Yo ______ me acuesto tarde.
4. Diariamente, desayuno ______.
5. A veces me lavo el pelo ______.
6. Para ir al colegio, siempre me ______.
7. Generalmente, yo me visto en menos de ______ minutos.
8. Los sábados, normalmente me despierto ______.

11 Gramática en contexto

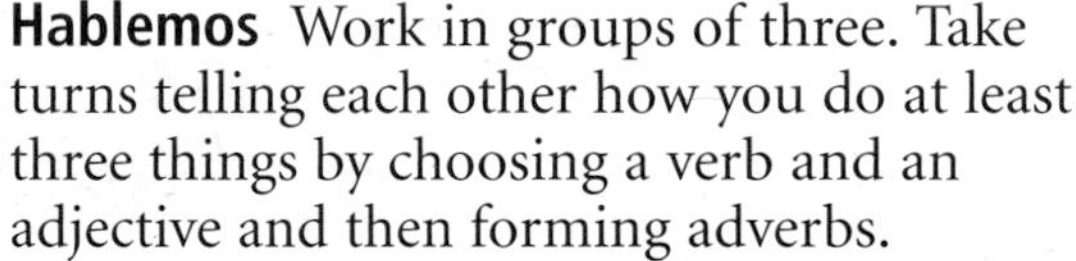

Hablemos Work in groups of three. Take turns telling each other how you do at least three things by choosing a verb and an adjective and then forming adverbs.

MODELO **Canto estupendamente.**

trabajar	hablar	rápido	nervioso
cantar	estudiar	estupendo	responsable
vestirse	bailar	elegante	horrible

12 Un día típico en la vida de...

Escribamos/Hablemos Choose one of the four people in the photos and write a paragraph describing a typical day in that person's life from his or her point of view. Use at least six different reflexive verbs. Then trade papers with a partner, and see if you can guess who your partner described.

el Presidente de los Estados Unidos

Elena Jaramillo

Alfonso Díaz

Patricia González

13 La vida cotidiana

Escribamos Write a paragraph describing your family's weekly routine. Using five reflexive verbs, describe what your family members do on certain days of the week and at what time. Include several different adverbs (**típicamente, rápidamente,** etc.) to describe the actions. For additional vocabulary, see pages R19, R21.

¿Cuál es tu profesión?

We talked to the following people and asked them about their jobs and their daily routines.

Fernando
Taxco, México

"Soy licenciado en sistemas de computación administrativa... De nueve a dos de la tarde estamos en un centro de copiado *(copy center)*... para poder procesar imágenes... Primeramente, conseguimos una imagen, ya sea dibujo... o una fotografía... Nosotros le tomamos la foto, le ponemos el texto, por medio de computadora y copiadora la pasamos a un 'transfer' y la imprimimos por medio de una plancha *(iron)*... en una playera".

Patricia
Miami, Florida

"Me despierto a las diez de la mañana y vengo a vender perfume... Me voy a la casa y como, entonces me voy a dormir y entonces salgo".

Guadalupe
Mérida, Venezuela

"Yo soy abogado... Un día normal comienza muy temprano; llego a mi oficina, mi despacho... y bueno... sé a qué hora llego, no sé a qué hora salgo. El día de hoy me tomé un minuto de vacación porque estaba sumamente *estresada* y decidí salir de paseo con mi esposo y con un amigo".

Para pensar y hablar...

A. En tu opinión, ¿quién tiene el día más difícil? ¿más interesante? ¿más fácil? Explica tu respuesta. ¿Cómo es tu rutina diaria?

B. What job would you like to have in the future, and why? What do you imagine your daily routine would be like? What would be the positive and negative aspects of your chosen job?

Cuaderno para hispanohablantes, p. 15

Segundo paso

Objectives Talking about responsibilities; complaining

WV3 VALLEY OF MEXICO-3

Vocabulario

Los quehaceres

Más práctica gramatical, p. 87, Act. 4

Cuaderno de actividades, pp. 29, 31, Acts. 10, 13

Cuaderno de gramática, p. 21, Act. 9

¿Te acuerdas?

CD-ROM 1 DVD 1

la cocina	*kitchen*
cortar el césped	*to mow the lawn*
dar de comer al gato	*to feed the cat*
pasar la aspiradora	*to vacuum*
poner la mesa	*to set the table*
sacar la basura	*to take out the garbage*
la sala	*living room*

Cuaderno de gramática, p. 21, Act. 8

14 Los distintos quehaceres

Leamos Para cada una de las áreas siguientes, escoge dos quehaceres que se hacen generalmente en esa parte de la casa.

1. En el cuarto, es posible...
   - **a.** tender la cama.
   - **b.** limpiar el armario.
   - **c.** poner la mesa.
2. En la cocina, es posible...
   - **a.** lavar el coche.
   - **b.** lavar los platos.
   - **c.** preparar la comida.
3. En el cuarto de baño, es posible...
   - **a.** limpiar el piso.
   - **b.** quitar la mesa.
   - **c.** sacar la basura.
4. En el patio, es posible...
   - **a.** regar las plantas.
   - **b.** pasar la aspiradora.
   - **c.** sacar al perro.
5. En el comedor, es posible...
   - **a.** poner la mesa.
   - **b.** pasar la aspiradora.
   - **c.** secar la ropa.
6. En el garaje, es posible...
   - **a.** lavar el coche.
   - **b.** tender la cama.
   - **c.** barrer el piso.
7. En el jardín, es posible...
   - **a.** cortar el césped.
   - **b.** sacudir el polvo.
   - **c.** regar las plantas.
8. En la sala, es posible...
   - **a.** sacudir el polvo.
   - **b.** lavar el coche.
   - **c.** barrer el piso.

Así se dice

Talking about responsibilities

To ask whose turn it is, say:

¿**A quién le toca** poner la mesa?
Whose turn is it to . . .?

You might answer:

Me toca a mí.
It's my turn./It's up to me.

Te toca a ti. *It's your turn.*

Le toca a Andrés. *It's . . .'s turn.*

Cuaderno de actividades, p. 30, Act. 12

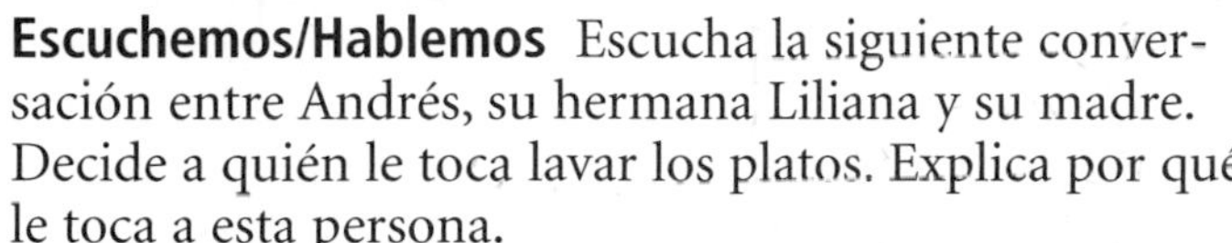

15 ¿A quién le toca?

Escuchemos/Hablemos Escucha la siguiente conversación entre Andrés, su hermana Liliana y su madre. Decide a quién le toca lavar los platos. Explica por qué le toca a esta persona.

16 Obligaciones

Leamos/Escribamos Mira las dos listas. En tu opinión, ¿a quién le toca hacer qué? Escribe tus respuestas.

tender las camas	al hijo
pasar la aspiradora	a la hija
preparar la comida	a la madre
lavar el coche	al padre
sacar la basura	a todo el mundo
dar de comer al gato	
cuidar a los niños	
cortar el césped	
sacudir el polvo	

17 A comparar

Leamos/Hablemos Compare the sentences you wrote in Activity 16 with a partner's. Whenever your opinions differ, justify your choices.

Gramática

lo, la, los, las

Más práctica gramatical, p. 88, Acts. 5–6

Cuaderno de actividades, p. 31, Act. 14

Cuaderno de gramática, p. 22, Acts. 10–11

If somebody asks you **¿Ya ordenaste el cuarto?** you can answer **Sí, ya lo ordené** (which is a lot shorter than saying **Sí, ya ordené el cuarto**). The direct object pronoun **lo** replaces **el cuarto.**

1. In Spanish, the direct object pronoun you use depends on the gender and number of the noun it replaces.

   Barrí **el piso.** → **Lo** barrí. Lavé todos **los platos.** → **Los** lavé.
   Saqué **la basura.** → **La** saqué. Tendí **las camas.** → **Las** tendí.

2. Notice that the direct object pronoun comes right before the conjugated verb. The pronoun may also be attached to the infinitive.

   ¿Vas a limpiar **la cocina?** → ¿**La** vas a limpiar? ¿Vas a limpiar**la**?

18 Gramática en contexto

Hablemos Pregúntale a tu compañero/a qué persona de su familia hace los quehaceres de la lista en la Actividad 16. Incluye el pronombre de objeto directo en tu respuesta. Intercambien papeles.

MODELO —¿**Quién corta el césped?**
—**Por lo general, mi hermanastro lo corta.**

Así se dice

Complaining

If you feel you're being treated unfairly, you might say:

¡No es justo! *It's not fair!*

¡Ay, qué pesado! *Oh, what a pain!*

¡Siempre me toca a mí! *I always have to do it!*

Estoy harto/a de limpiar. *I'm sick and tired of . . .*

Yo ya lo hice mil veces. *I've already done it a thousand times.*

Cuaderno de gramática, p. 23, Acts. 12–13

Quejas *Complaints*

Escuchemos Ana María's family is having company tonight and Ana María's father is asking everyone to help. Listen to the conversation and indicate whether each of the following people complains (**sí**) or doesn't complain (**no**).

1. Ana María **2.** Ernesto **3.** Beatriz **4.** Víctor

20 Todo me toca a mí

Hablemos Does it sometimes feel as if you have to do everything? Here's your chance to complain! Say what you have to do using **Siempre me toca a mí,** an appropriate verb, and a direct object pronoun. Make up a complaint for each.

MODELO el cuarto
—¡No es justo! Siempre me toca a mí ordenarlo.

1. las camas
2. el coche
3. los platos
4. la basura
5. la aspiradora
6. el piso
7. la ropa
8. la mesa

Vocabulario extra

arreglar	*to repair*
fregar	*to wash*
guardar	*to put away*
hacer un mandado	*to run an errand*
planchar	*to iron*
reciclar	*to recycle*
recoger	*to pick up*
trapear	*to mop*

Nota cultural

Even though most Spaniards think that men and women should share household chores equally, women still tend to do most of the work. According to an article in the magazine *Mi familia y yo,* the average working woman in Spain spends over four hours every day doing household chores, as opposed to an hour spent by the men. Of course, roles continue to change.

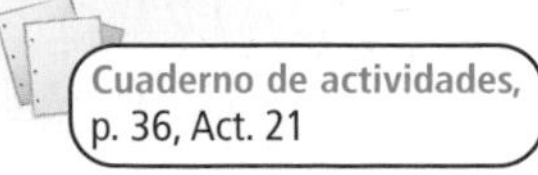

Lo que hacemos nosotras

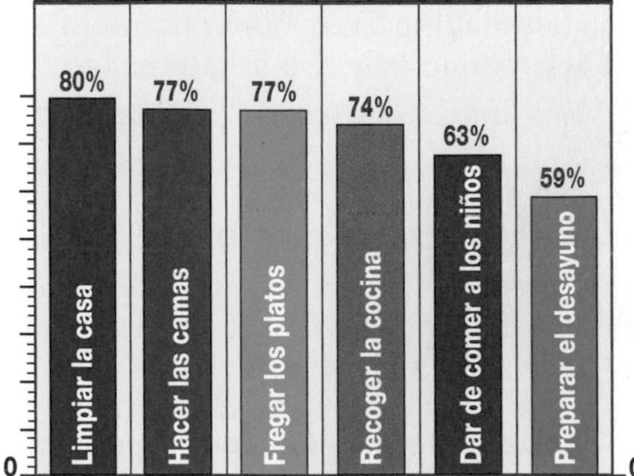

21 ¡No es justo!

Hablemos Work with a partner, who'll play the role of an older adult. Ask for permission to do several things. He or she will refuse and tell you to do a chore instead. Complain.

MODELO —**¿Puedo salir con mis amigos?**
—**No, tienes que limpiar la cocina.**
—**¡No es justo! Ya la limpié mil veces.**

After you work things out with your partner and come to an agreement, say **¡Vale!** *(OK!)* You can also say **¡Chócala!** *(Let's shake on it.)* or **¡Trato hecho!** *(It's a deal.)*.

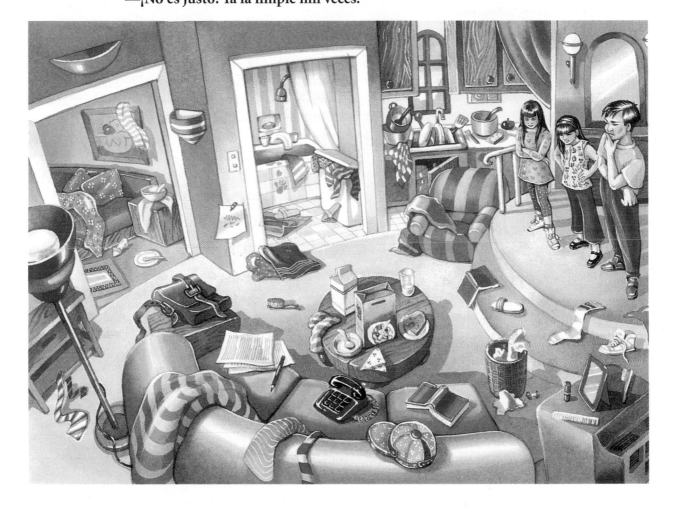

¿Qué tenemos que hacer?

Hablemos Camila, Ana, and Tomás need to clean the house. With two classmates, role-play their conversation. List what you need to do and divide up the work. You may complain, but be sure to reach an agreement. Be prepared to present your conversation to the class.

No puedo ir

Escribamos Tu amigo/a te mandó una invitación para ir a una fiesta este sábado. Desafortunadamente tienes muchos quehaceres y no puedes ir. Escríbele una nota y dile por qué no puedes ir. Puedes incluir las expresiones de **Así se dice** en la página 78.

Tercer paso

Objectives Talking about hobbies and pastimes; saying how long something has been going on

WV3 VALLEY OF MEXICO-3

David

En mis ratos libres, voy al cine. Me gustan mucho las películas francesas y norteamericanas.

Sonia

¡Me encanta reunirme con amigos! Todos los fines de semana vamos a un café.

Micaela

En mis ratos libres, me gusta leer. Me gustaría ser una novelista famosa algún día.

Ricardo

Estoy loco por los deportes. Hace dos años que juego en un equipo de voleibol.

José Luis

Tengo una colección bastante grande de tiras cómicas y otra colección de monedas.

Teresa

Bueno, estoy loca por todo tipo de música. Los fines de semana, me gusta ir a los conciertos.

24 Debe escribir a...

Leamos/Hablemos You're trying to find pen pals for the students pictured above. Read the following descriptions and decide which student would be the best pen pal for each person. Explain why each pair would be a good match.

Pasatiempos de...

1. Luz Ortega: hablar por teléfono, practicar deportes y reunirse con amigos
2. Julio Pacheco: practicar deportes, leer obras literarias, coleccionar pósters
3. Raúl Amado: leer revistas, escuchar música y ver los videos de artistas populares
4. Fabiola Castro: coleccionar llaveros, pasear en bicicleta y escribir largas cartas
5. León Rodríguez: ir al cine, tocar el piano, escribir poemas
6. Inés Montoya: ver la tele, jugar al voleibol

The most popular free-time activities among teenagers in Spanish-speaking countries are group activities. Young people like to get together at parks, cafés, private homes, or social clubs. They may listen to music, talk, watch television, play sports, or just hang out together.

Así se dice

Talking about hobbies and pastimes

To ask about someone's hobbies and pastimes, say:

En tus **ratos libres**, ¿qué te gusta hacer?
. . . free time . . .

Gerardo, ¿cuál es tu **pasatiempo** favorito?
. . . pastime . . .

To answer, say:

Estoy loco/a por los deportes, pero también me gusta leer novelas.
I'm crazy about . . .

Me interesan las computadoras.
I'm interested in . . .

Vocabulario

coleccionar estampillas

la colección de monedas

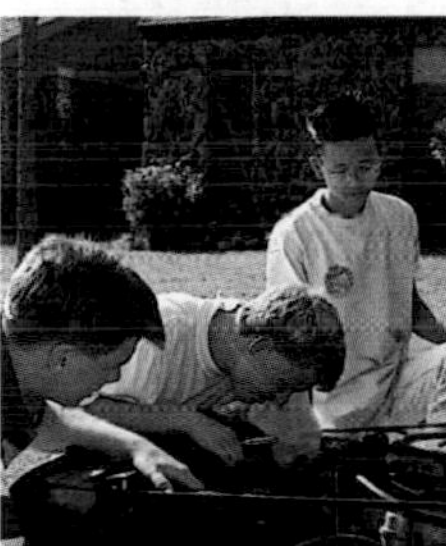
trabajar en mecánica

hacer monopatín

jugar a las cartas

tocar con la banda

reunirse con amigos
to get together with friends

usar la computadora
to use the computer

Cuaderno de actividades, p. 32, Act. 15

Cuaderno de gramática, p. 24, Acts. 14–16

25 Los pasatiempos de una estrella de cine

Escuchemos La revista *Gente* entrevista a la estrella de cine Lidia Quintero. Escucha la entrevista y completa las siguientes oraciones.

1. La semana pasada, Lidia fue...
   - **a.** a las montañas.
   - **b.** a La Paz.
   - **c.** a la playa.
2. En la playa, a Lidia le gusta...
   - **a.** correr.
   - **b.** tomar el sol.
   - **c.** jugar al voleibol.
3. Para hacer ejercicio, Lidia...
   - **a.** hace aeróbicos.
   - **b.** corre.
   - **c.** juega al fútbol.
4. Lidia toca...
   - **a.** el piano.
   - **b.** el violín.
   - **c.** el clarinete.

¿Te acuerdas?

acampar *to camp*
bucear *to scuba dive*
jugar videojuegos *to play videogames*
leer tiras cómicas *to read comic books*
patinar *to skate*
pescar *to fish*

Cuaderno de gramática, p. 25, Acts. 17–18

Más práctica gramatical, p. 89, Acts. 7–8

26 Categorías de pasatiempos

Escribamos Decide qué actividades puedes o no puedes hacer en las siguientes situaciones. Escribe una oración para cada situación.

MODELO **Cuando estás enfermo, puedes usar la computadora en casa, pero no puedes hacer monopatín.**

1. por la noche
2. con amigos
3. en casa
4. fuera de casa
5. en una fiesta
6. con poca práctica
7. en el invierno
8. en el garaje

27 Pasatiempos favoritos

Hablemos Entrevista a cuatro o cinco compañeros/as para saber cuáles son sus tres pasatiempos favoritos.

MODELO **—¿Te interesa coleccionar algo?**
—No, pero estoy loco por la mecánica.

Así se dice

Saying how long something has been going on

CD-ROM 1 DVD 1

To ask how long someone has been doing something, say:

¿Cuánto tiempo hace que tocas el piano, Lupita?

You might answer:

Hace veinte años **que** lo toco.
I've been (playing) for (twenty years).

Empecé* a tocarlo **a los ocho años.**
I began . . .when I was eight.

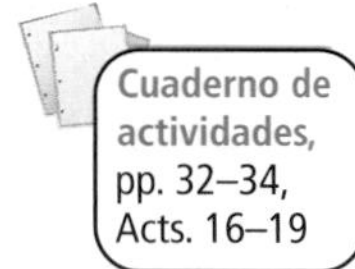

Cuaderno de actividades, pp. 32–34, Acts. 16–19

Nota gramatical

To say how long someone has been doing something, use the following formula: **Hace** + amount of time + **que** + present tense.

Hace seis meses **que** canto en el coro del colegio.

Cuaderno de gramática, p. 26, Acts. 19–20

Más práctica gramatical, p. 89, Act. 8

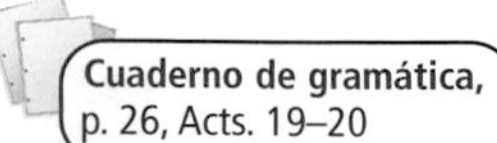

28 Gramática en contexto

Escribamos Escribe unas oraciones sobre cuánto tiempo hace que tú y tu familia hacen estas cosas. Si no hacen estas cosas, ¿qué hacen entonces?

MODELO **Hace tres años que mi hermano colecciona monedas. Empezó a los doce años.**

yo	hacer monopatín	coleccionar...
mi hermano/a	jugar a las cartas	tocar...
mi primo/a	usar la computadora	pintar
mi abuelo/a	escribir poemas	dibujar
mi amigo/a...	leer tiras cómicas	

* In the preterite, the **z** changes to **c** in the **yo** form of verbs ending in **-zar.**

29 Gramática en contexto

Hablemos Here are some photos of famous people and the year they started doing what makes them famous. With a partner, take turns asking and telling each other about each person's career, according to the **modelo**.

MODELO **—¿Cuánto tiempo hace que Carlos Fuentes escribe novelas?**
—Hace... años.

Carlos Fuentes, escritor desde 1954

1. Shakira, cantante desde 1991

2. Steven Spielberg, director de cine desde 1974

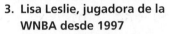

3. Lisa Leslie, jugadora de la WNBA desde 1997

4. Tiger Woods, jugador de golf profesional desde 1996

5. Ricky Martin, cantante desde 1984

6. Soraya Jiménez Mendivil, campeona Olímpica desde el 2000

30

Hablemos You write about hobbies for a magazine. To prepare for an upcoming article, interview two students to find out the following information.

1. name, age, address, and at least three hobbies
2. how much time they spend on their hobbies
3. how long they have had their hobbies, and when they began (Use the verbs **empezar** or **comenzar.**)

31 En mi cuaderno

Escribamos Write a paragraph describing what a perfect day is like. What time do you get up? Do you have any responsibilities around the house? If not, whose turn is it to do the chores? Describe what activities you spend time doing, and mention how long you've been participating in each pastime.

Vamos a leer

Así somos

Estrategia para leer

Before you begin reading a passage, take a moment to see how it's organized. Some clues to look for are titles, headings, numbered lists, and bold-faced words. Doing this makes it a lot easier to guess the meanings of words you don't know, because it will help you see the overall meaning of what you're reading. Also, knowing how the passage is organized saves you time and effort if you're just looking for a certain piece of information.

¡A comenzar!

These are interviews with four typical teenagers from Spanish-speaking countries. Before you read in detail, scan to find out which person matches the descriptions in Activity A.

¿Te acuerdas?

Scan to find specific information. Locate specific information quickly by searching for key words.

A. Of the four young people, who . . .?

1. likes to swim
2. has a best friend named Carla
3. wants to study marine biology
4. plays the flute
5. helps with the chores
6. loves rock music

What key words did you use to find your answers?

¿Cómo te llamas?
Me llamo Rocío Daniela Camacho.

¿De dónde eres?
Nací en Quito, Ecuador, pero he vivido en Lima, Perú, desde hace catorce años. Por eso, me considero limeña.

¿Nos puedes decir un poco sobre tus pasatiempos favoritos?
Cómo no. Me fascina la música. Toco la flauta y paso mucho tiempo escuchando la música clásica.

¿Te gustan los deportes?
Sí, me encantan. Soy deportista. Levanto pesas y juego al voleibol y al tenis.

¿Cuáles son tus planes para el futuro?
Pues, sueño con ser piloto de la Fuerza Aérea e ingeniera aeronáutica.

¿Cómo te llamas y de dónde eres?
Me llamo Daniel Luis Quintana. Nací en Panamá, pero he vivido en todas partes del mundo.

¿Por qué?
Bueno, es que mi papá es diplomático. Cambiamos de casa cada cinco o seis años. Por eso sé hacer y deshacer maletas como experto. Empecé el preescolar en Ecuador, luego seguí con la primaria en Cuba y no sé dónde voy a terminar la preparatoria.

¿Cuáles son tus pasatiempos preferidos?
Me gusta escribir cartas porque tengo amigos en cada sitio, como los marineros. Y... escucho música, el rock y el reggae. Veo la tele, programas como Misión Imposible y Los Simpsons porque se encuentran en cualquier canal del mundo.

¿Y qué planes tienes para el futuro?
Este... quisiera estudiar biología marina.

Hola. ¿Cómo te llamas?
Mi nombre es Saúl Zurita y soy de Venezuela, de Maracaibo.

¿Cómo es tu familia?
Es bastante grande. Somos siete en casa y soy el mayor.

¿Qué significa para ti ser el mayor de la casa?
Pues, esto quiere decir que tengo mucha responsabilidad. Ayudo a mi mamá con los quehaceres de la casa, y cuido a los chiquillos, mis hermanitos. Claro que me toca a mí darles órdenes a ellos.

Es mucho que hacer. ¿Tienes tiempo libre para pasatiempos?
Sí. Leo, hablo con amigos, juego al béisbol, pero no mucho porque hace un calor tremendo aquí. Mi pasatiempo favorito es la natación. Soy miembro de un equipo de natación. El año pasado les ganamos a todos.

Hola. ¿Cómo te llamas?
Soy María de la Luz Ayala García.

¿De dónde vienes?
Nací aquí en San José de Costa Rica. Soy costarricense.

¿Qué haces en tus ratos libres?
Muchas cosas, pero lo que más me gusta es cuidar a mi gatita, Tere. Me la regalaron cuando se me perdió mi oso de peluche. A ver, ¿qué más? Eh, paso bastante tiempo con Carla, mi mejor amiga; ella vive al lado de nosotros.

¿Y en el futuro?
Bueno, no sé. Una cosa que me gustaría hacer es viajar a otros países. Siempre he pensado en ir a Australia, porque me parece interesantísimo.

Al grano

B. Now it's time to read in detail. Read each profile and try to get a feel for what each person is like. Don't worry about unfamiliar words. You may even want to take brief notes. Then match the lettered items with the people they describe.

1. Rocío
2. María de la Luz
3. Daniel
4. Saúl

a. is Costa Rican
b. would like to fly planes and study engineering
c. wants to travel
d. has traveled extensively
e. loves to swim
f. is a child of a diplomat
g. has a kitten
h. plays tennis
i. takes care of younger brothers and sisters

C. By now, you understand how the writing is organized. You also have a good idea of what each of the four teenagers is like. Let's focus on some words you may not know. Try to guess the English meanings of the following words, which are underlined in the text. Be prepared to explain your guesses.

1. oso de peluche
2. deportista
3. el mayor
4. limeña
5. marineros
6. deshacer

D. Ahora puedes entrevistar a un compañero o a una compañera de clase. Sigue estos pasos:

1. Prepara una lista de preguntas para averiguar: el nombre completo de tu compañero/a, dónde y cuándo nació, sus actividades favoritas y cómo es su familia.
2. Toma apuntes *(notes)* durante la entrevista.
3. Escribe un resumen de la entrevista.

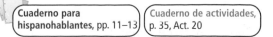

Cuaderno para hispanohablantes, pp. 11–13

Cuaderno de actividades, p. 35, Act. 20

Más práctica gramatical

Primer paso

Objective Talking about your daily routine

1 Complete Adriana's description of a typical day in her family with the correct forms of the verbs in parentheses. Remember that the reflexive pronoun should match the subject of the verb. (**p. 72**)

¡Por las mañanas siempre tenemos prisa en mi familia! Mi hermana y yo ___1___ (despertarse) temprano, a las seis y media. Yo ___2___ (bañarse) primero y ella ___3___ (ducharse) después. A las siete y quince, nuestro hermano Pedro ___4___ (levantarse). Él ___5___ (lavarse) el pelo y ___6___ (afeitarse). Mientras *(While)* él está en el baño, mi hermana y yo ___7___ (vestirse) en nuestro cuarto. Después, ella ___8___ (maquillarse) y yo ___9___ (secarse) el pelo. Antes de salir, yo ___10___ (cepillarse) los dientes y ___11___ (mirarse) en el espejo. Después, ___12___ (ponerse) un abrigo porque hace frío. Finalmente, salgo corriendo para ir al colegio.

2 Completa las oraciones con las formas correctas de **vestirse** y **ponerse**. (**p. 73**)

1. Durante la semana, yo _____ a las ocho menos cuarto. Típicamente _____ unos bluejeans.
2. Los sábados, mis amigos y yo _____ más tarde, a las diez. Para ir al parque, nosotros _____ pantalones cortos.
3. Para ir al trabajo, mi papá _____ a las siete y media. Él _____ un traje y una corbata casi siempre.
4. Mi mamá trabaja por las noches en un hospital. Por eso, ella _____ a las seis de la tarde. Siempre _____ el uniforme blanco.
5. Cuando mis hermanas salen con sus amigos los viernes por la noche, ellas _____ a las siete u ocho. _____ faldas y blusas elegantes.

3 Completa las oraciones sobre la rutina diaria de la familia de Benjamín. Usa los adjetivos entre paréntesis para formar adverbios. (**p. 74**)

1. Mi hermana casi siempre llega tarde a la escuela porque todos los días se viste _______ (lento).
2. Yo, en cambio, nunca llego tarde porque me baño muy _______ (rápido).
3. Otra cosa que hace mi hermana es cantar _______ (constante) mientras se ducha. ¡Canta muy mal!
4. Mis padres _______ (típico) se levantan antes que nosotros.
5. Mi hermanito sólo tiene tres años, pero ya puede ponerse los zapatos _______ (fácil).
6. _______ (Normal) mi papá prepara el desayuno para todos.

Segundo paso

Objectives Talking about responsibilities; complaining

4 Read the statements about different situations at your house, then write a sentence explaining what chore you have to do. Use each chore once. (**p. 76**)

MODELO **Hay mucha basura en la cocina y en tu cuarto.**
Tengo que sacar la basura.

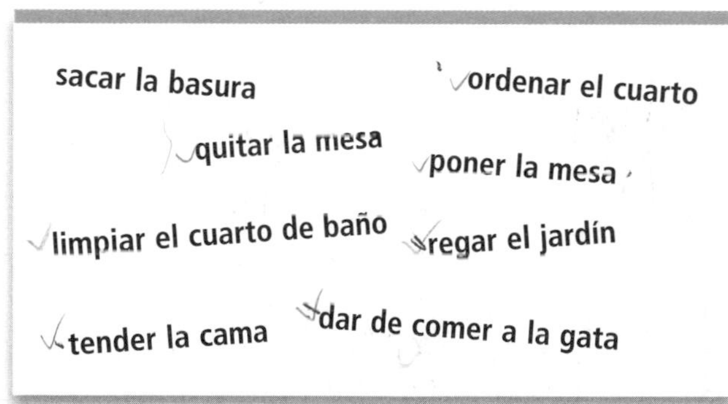

sacar la basura
ordenar el cuarto
quitar la mesa
poner la mesa
limpiar el cuarto de baño
regar el jardín
tender la cama
dar de comer a la gata

1. Hay platos y vasos sucios encima de la mesa.
2. Tu hermanito se bañó, y hay agua y toallas y juguetes en el cuarto de baño.
3. Tu cuarto es un desastre.
4. Hace calor y sol, y las plantas necesitan agua.
5. La gata tiene mucha hambre.
6. Ustedes van a cenar en cinco minutos.
7. Hay revistas, ropa y parte de un sándwich en tu cama.

Más práctica gramatical

WV3 VALLEY OF MEXICO-3

5 Look at the chart and answer the questions about what days Miguel and Lidia do chores around their house. Use direct object pronouns in your answers. They may both do some of the same chores on different days. (**p. 77**)

MODELO **¿Quién riega el jardín?**
Miguel lo riega los sábados. Lidia lo riega los jueves.

	MIGUEL	**LIDIA**
regar el jardín	sábado	jueves
lavar el carro	domingo	
limpiar la sala		sábado
preparar la comida	viernes	martes
lavar la ropa	lunes	miércoles
cuidar a los perros	lunes	martes, jueves
planchar la ropa	jueves	

1. ¿Quién lava el carro?
2. ¿Quién limpia la sala?
3. ¿Quién prepara la comida?
4. ¿Quién lava la ropa?
5. ¿Quién cuida a los perros?
6. ¿Quién plancha la ropa?

6 Indica a quién le toca hacer los siguientes quehaceres. Usa los nombres entre paréntesis y el complemento de objeto directo en tus respuestas. (**p. 77**)

MODELO **¿A quién le toca limpiar la cocina? (a Aitana)**
Le toca a Aitana limpiarla.

1. ¿A quién le toca barrer el piso? (a Juanjo)
2. ¿A quién le toca quitar la mesa? (a ti)
3. ¿A quién le toca limpiar el cuarto de baño? (a Germán)
4. ¿A quién le toca tender las camas? (a mí)
5. ¿A quién le toca poner la mesa? (a ti)
6. ¿A quién le toca ordenar los cuartos? (a Aitana)
7. ¿A quién le toca cortar el césped? (a mí)

Tercer paso

Objectives **Talking about hobbies and pastimes; saying how long something has been going on**

7 Alfonso works for a university, pairing new students with older students who volunteer to advise freshmen. Match the following new students with older students who have similar interests. (**p. 81**)

1. A Sonia le gusta trabajar en mecánica.
2. A Mila le encanta la comida latinoamericana.
3. A Juan le gusta tocar con la banda.
4. A Miriam le gusta acampar.
5. A Fernando le gusta ir a la playa.
6. A María le gusta leer.
7. A Roberto le gusta usar las computadoras.
8. A Lola le gusta bucear.

a. A Rafael le gustan los deportes acuáticos.
b. A Lourdes le gusta tomar el sol.
c. A Jorge le gusta la literatura.
d. A Silvia le gusta tocar el violín.
e. A Miguel le encantan los carros.
f. A Lisa le gusta la informática.
g. A Benjamín le gusta cocinar.
h. A Luis le gusta la naturaleza.

8 Explain how long Daniela has been doing her hobbies and pastimes. Use the information in the chart and the expression **hace... que...** . (**p. 82**)

MODELO **Hace ocho meses que Daniela canta en el coro.**

CANTAR EN EL CORO	**8** MESES
1. coleccionar tiras cómicas	7 anos
2. tocar con la banda	2 años
3. jugar al baloncesto	10 años
4. usar una computadora	1 año
5. practicar el buceo	6 meses
6. tener una colección de monedas	3 años
7. patinar	5 años

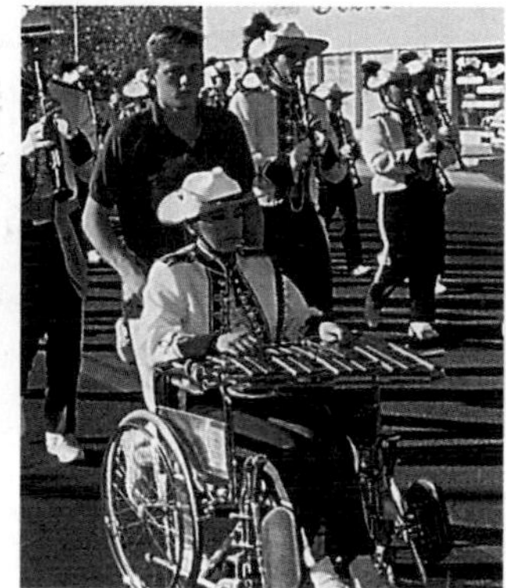

Repaso

1  The day after Mónica Beltrán interviewed Lupita Cárdenas, she interviewed teenage rock star Alejo Sobejano. Listen to their interview and number the activities in the order that Alejo mentions them. Then match the activities you have listed with the pictures, starting with number 2.

Modelo 1. **a—Me ducho y me lavo el pelo.**

a. 

b. 

c. 

d. 

e. 

f. 

2 Lee los siguientes consejos sobre cómo cambiar tu rutina diaria. Después lee las oraciones de abajo e indica si son **ciertas** o **falsas**. Corrige las oraciones falsas.

 **¿ESTÁS ABURRIDO DE TU RUTINA?** 

- Es bueno levantarse más temprano: La vida se ve más fresca y nueva por la mañana.
- ¿Por qué no ser más espontáneo? Puedes hacer un picnic en el parque.
- Practica la conversación. Conversar con un amigo alivia el estrés.
- No veas mucha televisión.
- Haz algo diferente. Si no pescas, invita a un amigo a pescar.
- Hacer actividades nuevas puede despertar nuevos intereses en ti.
- Prueba un deporte diferente. Éste puede ser tu pasaporte fuera del aburrimiento.

1. Es malo levantarse temprano.
2. Hacer actividades nuevas es muy interesante.
3. Comer en casa todos los días alivia el estrés.
4. Es mejor mirar la televisión que conversar.
5. Practicar deportes es una buena idea.

Pregúntale a tu compañero/a cuándo empezó a hacer estas actividades y cuánto tiempo hace que las practica. Después, contesta las preguntas de tu compañero/a.

1. estudiar español
2. hacer tu pasatiempo favorito
3. ir al colegio
4. usar la computadora
5. ser amigo/a de tu mejor amigo/a
6. afeitarte/maquillarte

Vamos a escribir

Write a paragraph describing the best day of your life. What did you do or not do? Include what was different from your routine on other days.

Estrategia para escribir

Arranging your ideas in a sequence makes your writing easier for the reader to understand. When you write about a series of actions or events, it makes sense to arrange them according to the order in which they happened.

Preparación

1. Write your activities for the day in a logical sequence.
2. Next to each activity, note whether this was something you do every day or if it was unusual and why.

Redacción

1. Begin with a sentence that describes what day it was (**Era el lunes...**) and the first thing you did that day. Use your prewriting notes to continue with the next activity, then the next, and so on.
2. Write a few sentences about each activity and what made this day so special. For example, **Cuando tengo clases me levanto a las seis, pero ese día me levanté a las diez.**

Evaluación

1. Check your spelling and proofread for errors.
2. Print a revised copy of your paragraph.
3. Share your writing with your friends and decide who spent the best day.

Situación

Hoy es sábado y quieres ir al partido de fútbol, pero primero ¡tus quehaceres! Imagínate que tu compañero/a es tu hermano/a. Primero describe lo que te toca hacer y luego pídele que te ayude con algunos de ellos. Tu compañero/a te dice que no te puede ayudar porque está muy ocupado/a y te explica todas las cosas divertidas que va a hacer. Termina la conversación con tus quejas.

Cuaderno para hispanohablantes, p. 14

A ver si puedo...

WV3 VALLEY OF MEXICO-3

Can you talk about your daily routine? p. 73

1 Describe what the following people are doing.

1. Esteban

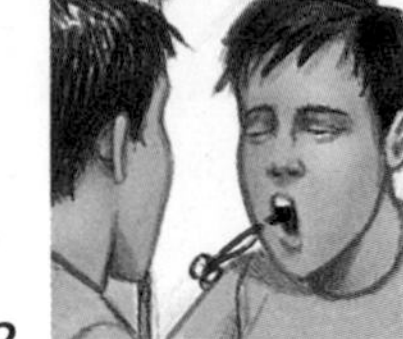
2. Alfonso

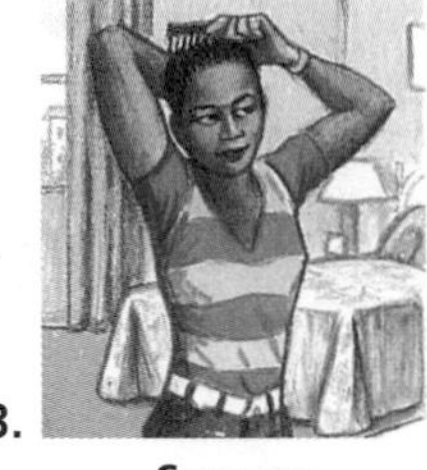
3. Susana

4. Deion

2 Describe how the people in the drawings above do each activity by using **-mente** adverbs.

Can you talk about responsibilities? p. 77

3 Using an appropriate verb and the cues in parentheses, explain whose responsibility it is to do the household chores.

MODELO **Le toca a Miguel regar el jardín.**

1. las camas (tú)
2. la mesa (yo)
3. la sala (Ana María)
4. el gato (Lupita)
5. las plantas (tú)
6. el cuarto de baño (Andrés)

Can you complain? p. 78

4 Imagine somebody tells you to do the following things. How would you complain?

1. Tienes que ordenar tu cuarto.
2. ¿Qué tal si riegas el jardín esta tarde?
3. Necesitas barrer el piso.
4. ¿Me puedes ayudar a sacudir el polvo?
5. ¿Cuándo vas a tender tu cama?
6. Te toca a ti tender las camas.

Can you talk about hobbies and pastimes? p. 81

5 Say if you like or dislike these pastimes. Then name some of your hobbies or pastimes you and your friends and relatives participate in.

Can you say how long something has been going on? p. 82

6 How would you ask how long the following people have been doing the following activities? How would they answer?

1. Lupita/tocar el piano/mucho tiempo
2. Andrés/trabajar en mecánica/dos semanas
3. Mónica/despertarse a las seis/tres meses
4. Carlos y Sergio/hacer monopatín/cuatro años

Vocabulario

Primer paso

Talking about your daily routine

a veces *sometimes*
acostarse (ue) *to go to bed*
bañarse *to take a bath*
cepillarse (el pelo) *to brush (one's hair)*
el cepillo de dientes *toothbrush*
el champú *shampoo*
el despertador *alarm clock*
despertarse (ie) *to wake up*
el espejo *mirror*
gastar *to spend; to waste*
el jabón *soap*
levantarse *to get up*
mirarse *to look at oneself*
normalmente *normally*
nunca *never*
la pasta de dientes *toothpaste*
el peine *comb*
ponerse la ropa *to put on clothes*
por lo general *generally*
rápidamente *quickly*
la secadora de pelo *hair dryer*
secarse *to dry oneself*
secarse el pelo *to dry one's hair*
siempre *always*
típicamente *typically*
típico *typical*
la toalla *towel*
todos los días *every day*
vestirse (i) *to get dressed*

Segundo paso

Talking about responsibilities

¿A quién le toca? *Whose turn is it?*
Le toca a... *It's . . . turn; It's up to . . .*
Me toca a mí. *It's my turn; It's up to me.*
Te toca a ti. *It's your turn; It's up to you.*

Household chores

barrer *to sweep*
el comedor *dining room*
el cuarto de baño *bathroom*
el jardín *garden*
limpiar *to clean*
lo/la *it*
los/las *them*
ordenar *to tidy up*
el piso *floor*
los quehaceres *chores*
quitar la mesa *to clear the table*
regar (ie) *to water*
sacudir el polvo *to dust*
tender (ie) la cama *to make the bed*

Complaining

¡Ay, qué pesado! *Oh, what a pain!*
Estoy harto/a de... *I'm sick and tired of . . .*
No es justo. *It's not fair.*
Siempre me toca a mí. *I always have to do it.*
Yo ya lo hice mil veces. *I've already done it a thousand times.*

Tercer paso

Talking about hobbies and pastimes

la banda *band*
coleccionar *to collect*
la estampilla *stamp*
estar loco por *to be crazy about*
hacer monopatín *to skateboard*
interesar(le) *to be interested in*
jugar (ue) a las cartas *to play cards*
la moneda *coin*
el pasatiempo *pastime; hobby*
el rato libre *free time*
reunirse con amigos *to get together with friends*
tocar *to play (an instrument)*
trabajar en mecánica *to fix cars*
usar la computadora *to use the computer*

Saying how long something has been going on

comenzar (ie) *to start; to begin*
¿Cuánto tiempo hace que...? *How long have/has . . .?*
empezar (ie) *to start; to begin*
hace... que... *to have been (doing something) for (amount of time)*

CAPÍTULO

4

¡Adelante con los estudios!

Objectives

In this chapter you will learn to

Primer paso

- ask for advice and give opinions
- give advice

Segundo paso

- talk about things and people you know
- make comparisons

Tercer paso

- make plans

internet

MARCAR: go.hrw.com
PALABRA CLAVE:
WV3 VALLEY OF MEXICO-4

¿Qué te parece si estudiamos después de clases?

DE ANTEMANO • *Podemos trabajar juntos*

Estrategia para comprender
Andrés is new in Mexico City, but he already has made some friends at school. Look at the pictures. What do you think they're talking about? And what is Miguel worried about?

Miguel **Andrés** **Ana María**

1

Miguel: Bueno, Andrés, hace tres semanas que estás en la capital. ¿Y qué te parece el colegio?
Andrés: Me parece padrísimo, hombre. Hay más gente aquí que en el colegio de León, y los profesores son menos exigentes.

2

Ana María: Deberías tomar historia con el profesor Ramírez. Es un profesor excelente, pero tienes que aplicarte mucho. Mira...
Andrés: ¡Pero sacaste una buena nota! Ocho punto cinco.
Ana María: Sí, saqué una buena nota pero trabajé muchísimo.

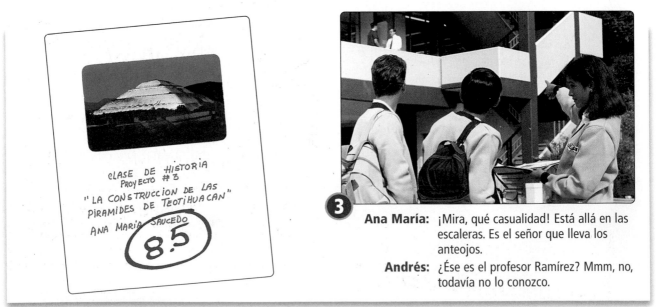

CLASE DE HISTORIA
PROYECTO #3
"LA CONSTRUCCION DE LAS PIRAMIDES DE TEOTIHUACAN"
ANA MARIA SAUCEDO
8.5

3

Ana María: ¡Mira, qué casualidad! Está allá en las escaleras. Es el señor que lleva los anteojos.
Andrés: ¿Ése es el profesor Ramírez? Mmm, no, todavía no lo conozco.

4

Miguel: Oigan, ¿qué tal si vamos a tomar algo? Tengo sed.

Ana María: Sí, buena idea.

5

Ana María: ¿Ya hicieron la tarea para la clase de arte?

Miguel: ¡Ay, los dibujos de los monumentos! No, todavía tengo que hacerlos.

6

Miguel: Saben, estoy algo preocupado por ese proyecto. Me parece complicado, y no soy un artista muy bueno.

Andrés: Miguel, mira, no debes preocuparte tanto.

Ana María: ¡Tengo una idea! ¿Por qué no hacemos los dibujos juntos?

Miguel: Sí, ¿adónde quieren ir para hacerlos?

Ana María: ¿Por qué no vamos al parque de Chapultepec?

Miguel: Muy bien. ¿Qué tal si nos reunimos mañana en la estación del metro?

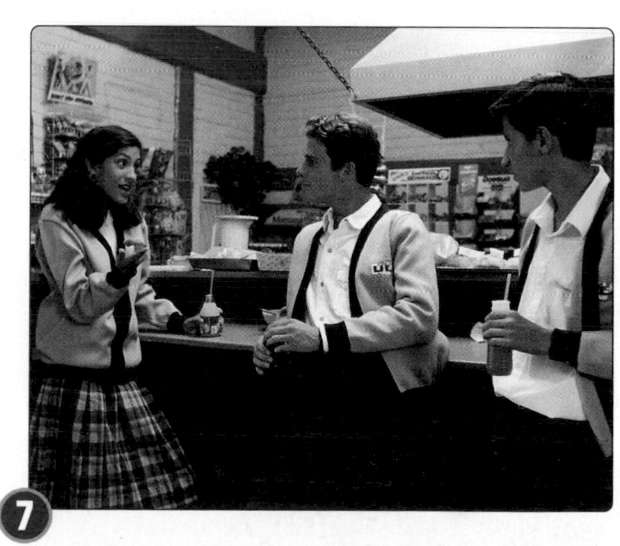

7

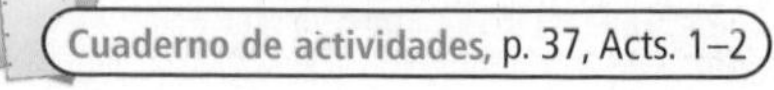
Cuaderno de actividades, p. 37, Acts. 1–2

1 ¿Comprendes la fotonovela?

1. ¿Quién es Andrés? ¿De dónde es?
2. Al principio de la fotonovela, ¿dónde están los muchachos?
3. ¿De qué hablan?
4. ¿Qué deciden hacer después de clases?
5. ¿Qué tarea tienen que hacer?
6. ¿Adónde van para hacer la tarea y cómo van a ir a ese lugar?
7. ¿Crees que el dibujo de Andrés va a ser bueno? ¿Por qué?

2 Para completar

Completa las siguientes oraciones con la información de la fotonovela.

1. Hace... que Andrés está en la capital.
2. Hay más gente en este colegio que...
3. El profesor Ramírez es un profesor...
4. Según Miguel, la tarea es...
5. La idea de Ana María es...
6. Los tres se van a reunir...

3 ¿Quién lo diría? *Who would say it?*

Según la fotonovela, ¿quién diría las siguientes cosas?

Miguel

Ana María

Andrés

1. ¡La Ciudad de México me parece padrísima!
2. Ana María sacó muy buena nota en la clase de historia.
3. ¿Les gustaría ir al parque para dibujar?
4. Me gustaría tomar algo. Hay un café muy bueno cerca de aquí.
5. Todavía no conozco a muchos profesores de este colegio.

4 ¿Qué dirías tú?

Find the words and expressions in the **fotonovela** you could use . . .

1. to say you worked a lot
2. to tell your friends that you don't know Professor Ramírez
3. to say that Professor Ramírez is the man with glasses
4. to suggest going to get something to drink
5. to say the teachers in your new school are not as demanding as those at your old school
6. to suggest doing the drawings together

5 ¿Y tú?

Imagine you have the same art assignment as Andrés, Miguel, and Ana María. How would you suggest to a couple of classmates a place to go and something to draw? How would you suggest that you do the project together or tell them that you like working alone?

Primer paso

Objectives Asking for and giving opinions; giving advice

WV3 VALLEY OF MEXICO-4

Hola, Leticia, ¿qué tal?
Ay, Gabriela, fatal. Mira, saqué un 4.5 en historia. ¿Crees que voy a suspender el año?
No, no creo. Todavía tenemos dos exámenes más. No te preocupes.
Sí, pero, ¿qué hago para salir bien?
Pues, deberías tomar muchos apuntes en clase y estudiar más. Podemos trabajar juntas, si quieres.

6 ¿Cierto o falso?

Leamos/Escribamos Indica si las siguientes oraciones son **ciertas** o **falsas**. Corrige las oraciones falsas.

1. Gabriela sacó 4.5 en historia.
2. Un 4.5 es una buena nota.
3. Gabriela cree que Leticia va a suspender el año.
4. Van a tener dos exámenes más en la clase de historia.
5. Leticia quiere salir bien en la clase.
6. Gabriela dice que Leticia debería hablar con el profesor.

Nota cultural

When students in Mexico graduate from **secundaria**, equivalent to grades 7–9, they must make a decision that will affect them for the rest of their lives. If they want to go to college, they have to spend another three years in an **escuela preparatoria**. If they want a vocational career in business, they'll need to spend three years in an **escuela de comercio**. For a technical career, such as electronics, they have to train for two to three years in an **escuela técnica**. Which kind of **escuela** would you attend if you lived in Mexico?

Cuaderno de actividades, p. 48, Act. 22

INSTITUTO JUVENTUD
INCORPORADO A LA S.E.P. Y A LA U.A.E.M.
INST. JUVENTUD
PRIMER LUGAR EN CALIDAD Y PRESTIGIO
CyP
1987
SECUNDARIA
PREPARATORIA
COMERCIO
DIURNO Y NOCTURNO
AV. MORELOS NTE. NO 402
CENTRO CUERNAVACA, MOR.
12 45-49
78-56

Así se dice

Asking for and giving opinions

CD-ROM 1 DVD 1

To ask for someone's opinion, say:

¿Qué te parece el colegio?
What do you think about . . .?

¿Te parece que los profesores son difíciles?
Do you think that . . .?

¿Crees que la profesora va a llegar tarde?
Do you think that . . .?

¿En tu opinión es buena la nota de 8.5?
In your opinion . . .?

To give an opinion, say:

Me parece estupendo.
It seems . . . to me.

Sí, me parece que son excelentes, pero algunos son difíciles.

No, yo creo que llega pronto.

Sí, para mí es una nota buena.
Creo que voy a **salir bien**.
Yes, for me . . .
. . . to do well.

Cuaderno de actividades, p. 38, Acts. 3–4

7 ¿Opinión o hecho?

Escuchemos Sandra y Enrique hacen un viaje por la Ciudad de México. Escucha su conversación. Indica si cada comentario es una **opinión** o un **hecho** *(fact)*.

SUGERENCIA

When someone else is speaking, ask yourself what that person is saying. Listen for specific words or phrases that either support or don't support your guess. Then, if you need to, make another guess.

8 Una entrevista

Leamos/Hablemos Sara Gandía, una estudiante del Colegio Diego Rivera, está entrevistando al nuevo estudiante estadounidense, John Sanders. Completa la entrevista con las nuevas expresiones en **Así se dice**. Puedes usar las expresiones más de una vez.

SARA Bueno, la primera pregunta: ¿__1__ la vida aquí en la capital de México?

JOHN __2__ estupenda. Me encantan la gente y la ciudad. Pero __3__ la contaminación es un problema muy grave aquí.

SARA Sí, yo también __4__ la contaminación es horrible. ¿__5__ es bueno el Colegio Diego Rivera?

JOHN Sí, __6__ es un colegio excelente. Los profesores son exigentes, pero muy interesantes.

SARA ¿__7__ tus clases son buenas?

JOHN Sí, __8__ son buenas casi todas... pero __9__ la clase de historia mexicana es un poco aburrida.

SARA ¿Aburrida esa clase? ¡Imposible! ¡__10__ es la mejor clase de todo el colegio!

9 ¿Qué te parece?

Hablemos Con otro/a estudiante, expresen sus opiniones sobre lo siguiente.

MODELO **—¿Qué te parece el profesor de física?**
—Me parece simpático. Siempre nos ayuda mucho.

1. nuestro colegio
2. la comida de la cafetería
3. el nuevo estudiante
4. el (la) director/a del colegio
5. el equipo de...
6. la clase de...
7. el club de...
8. el libro de...
9. la amiga de...

10 La opinión de Andrés

Escribamos/Hablemos Usando las expresiones de **Así se dice** en la página 100, escribe seis preguntas para un/a estudiante del extranjero. Pregúntale qué piensa de la escuela, los deportes, los carros y la comida. Intercambia papeles con tu compañero/a.

Nota gramatical

Deberías is a softer way of expressing *you should* than **debes**. Notice that all the forms in **Así se dice** are followed by the infinitive.

Cuaderno de gramática, p. 27, Act. 1

Así se dice

Giving advice

To tell a friend what he or she should do, say:

Deberías tomar historia con el profesor Ramírez.
You should . . .

Hay que trabajar mucho en la clase.
One must . . .

Debes estudiar más para sacar buenas notas.
You should . . .

Es importante hacer toda la tarea.
It's important . . .

Cuaderno de actividades, p. 40, Act. 7

Vocabulario

Cuaderno de actividades, p. 39, Acts. 5–6

Cuaderno de gramática, p. 28, Acts. 2–4

Más práctica gramatical, p. 116, Act. 1

11 Problemas y más problemas

Escuchemos/Leamos Vas a escuchar a varios estudiantes mientras hablan sobre los problemas que tienen en el colegio. Lee los siguientes consejos y escoge *(choose)* el más apropiado para cada problema.

1. **a.** Deberías hacer preguntas.
   b. Es importante aprobar el examen.
2. **a.** Hay que entregar la tarea.
   b. Debes seguir las instrucciones.
3. **a.** No debes preocuparte.
   b. Debes prestar mucha atención.
4. **a.** Deberías repasar tus apuntes.
   b. Debes entregar la tarea.
5. **a.** Es importante llegar a tiempo mañana.
   b. Deberías aprobar el examen final.
6. **a.** Deberías participar en clase.
   b. Debes seguir las instrucciones.
7. **a.** No deberías dejar el libro en casa.
   b. Hay que aprenderlas.
8. **a.** Es importante aprobar el examen.
   b. Es importante sacar buenas notas.

12 Gramática en contexto

Leamos/Escribamos Poor Hipólito had a really bad day today. Use the phrases in the box to write a sentence for each drawing explaining what went wrong. Then tell what Hipólito should or should not do tomorrow to avoid the same problem.

MODELO **Hoy Hipólito no entregó la tarea.**
¡Debería tener cuidado con el perro!

participar en clase	entregar la tarea
prestar atención	
dibujar al profesor	sacar una mala nota
llegar tarde	aprobar el examen

a.

b.

c.

d.

e.

f.

Vocabulario

aprender de memoria	*to memorize*	**navegar por la Red**	*to surf the Net*
apuntar	*to make a note of; to write down; to bookmark*	**olvidar**	*to forget*
copiar	*to copy*	**la página Web**	*Web page*
el correo electrónico	*electronic mail*	**perder (ie)**	*to lose; to miss (a class, an exam, etc.)*
el e-mail	*e-mail*	**la Telaraña Mundial, el Web**	*World Wide Web*
Internet	*Internet*		

CD-ROM 1 DVD 1

Cuaderno de actividades, p. 40, Act. 8

Cuaderno de gramática, p. 29, Act. 5

Más práctica gramatical, p. 116, Act. 2

13 Consejos... ¡al costo!

Leamos/Escribamos Lee las ideas de un estudiante sobre cómo salir bien en las clases. Completa las oraciones con palabras y frases del **Vocabulario.**

No es bueno __1__ la tarea en la casa. No debes __2__ muchas clases. Eso es importante. Debes __3__ tu tarea en un cuaderno porque siempre quieres estar preparado. Estudiar es fácil. Sólo necesitas __4__ todas las definiciones para el examen. Hay que __5__ los apuntes de tu mejor amigo si no estás en clase algún día.

14 ¿Qué debo hacer para...?

Hablemos Con un/a compañero/a pidan y dense consejos. Intercambien papeles y sigan el modelo.

MODELO —**¿Qué debo hacer para ser más organizado/a?**
—**Debes comprar un calendario. Es importante apuntar todas tus actividades.**

1. salir bien en la clase de historia
2. sacar buenas notas
3. llegar a clase a tiempo
4. hablar bien el español
5. aprobar el examen
6. encontrar algo en el Web

¿Te acuerdas?

Para means *in order to* when it's followed by the infinitive of the verb.

Hay que estudiar muchísimo en esta clase **para aprobar** el examen.

Cuaderno de gramática, p. 29, Acts. 6–7

15 El estudiante nuevo

Hablemos Imagina que tu compañero/a no conoce la escuela. Hagan una conversación en que tu compañero/a te hace preguntas sobre la escuela. Contesta al menos seis de las preguntas sobre lo que piensas que él/ella debe o no debe hacer. Usa las expresiones de **Así se dice** en las páginas 100 y 101.

16 Del colegio al trabajo

Your school newspaper's advice editor is ill and needs your help. Read the letter sent to the newspaper by "Sin amigos" and write a response for César.

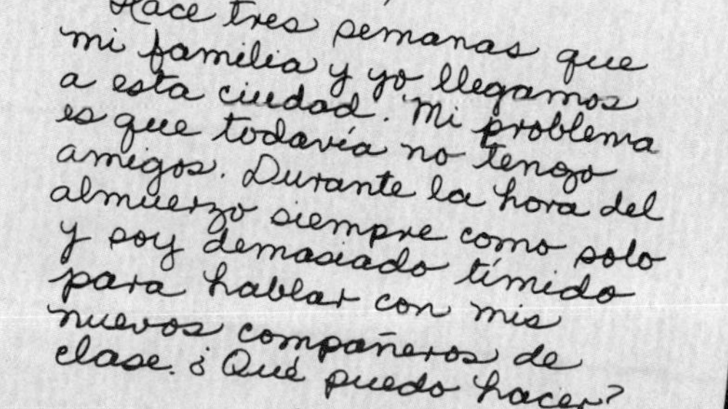

Querido César,
Hace tres semanas que mi familia y yo llegamos a esta ciudad. Mi problema es que todavía no tengo amigos. Durante la hora del almuerzo siempre como solo y soy demasiado tímido para hablar con mis nuevos compañeros de clase. ¿Qué puedo hacer?
Sin amigos

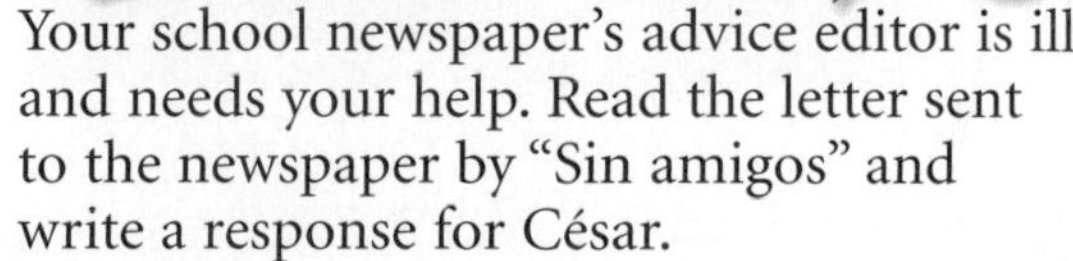

César te responde:

Querido Sin amigos:
No te preocupes...

Segundo paso

Objectives Talking about things and people you know; making comparisons

WV3 VALLEY OF MEXICO-4

COLEGIO	JORNADA
BENITO JUÁREZ	MAÑANA

ESTUDIANTE	GRADO
SALAZAR BLANCO, ANA MARÍA	3

ASIGNATURAS	NOTA	OBSERVACIONES
Ciencias sociales	8.2	Aplicada y responsable. Una magnífica estudiante.
Ciencias naturales	7.5	Es entusiasta en clase, los resultados académicos son buenos.
Matemáticas	7.1	Es una niña inteligente pero no presta atención en clase. Necesita mayor disciplina.
Español	6.9	Necesita estudiar más para sacar buenas notas.
Idioma extranjero	9.2	Excelente en clase de inglés. Felicitaciones.
Dibujo	8.8	Muy artística y creativa. Siempre entrega buen trabajo.

REPROBADO	de 1.0 a 4.9
INSUFICIENTE	de 5.0 a 5.9
ACEPTABLE	de 6.0 a 6.9
BUENO	de 7.0 a 8.4
EXCELENTE	de 8.5 a10.0

Aprobó: SI X / NO

DIRECTOR(A): Leonor Molina

RECTOR(A): Helena Cano

17 Las notas de Ana María

Leamos/Hablemos Completa el siguiente diálogo con la información del boletín de notas *(report card).*

MIGUEL Oye, ¿qué nota tienes en tu clase de ciencias naturales?

ANA MARÍA __1__

MIGUEL ¿Y en tu clase de español?

ANA MARÍA __2__

MIGUEL ¿Pero por qué? ¿Qué crees que debes hacer para sacar mejores notas?

ANA MARÍA __3__

MIGUEL Tienes matemáticas con el profesor Martín, ¿verdad? ¿Es interesante?

ANA MARÍA __4__

MIGUEL ¿Qué nota tienes en su clase?

ANA MARÍA __5__

MIGUEL Esa nota significa "aceptable", ¿no?

ANA MARÍA __6__

MIGUEL ¿En qué clases sacaste un "excelente"?

ANA MARÍA __7__ ¿Y tú? ¿Qué notas sacaste tú?

MIGUEL ¿Por qué no hablamos de otra cosa?

18 ¿Cómo son todos?

Escribamos/Hablemos Describe a las siguientes personas con el nuevo **Vocabulario** de abajo.

José María

Dolores

la señora Benavides

los padres de Elena

Ricardo y Matilde

Alejandro

Margarita

la señora Quintero

Vocabulario

aplicado/a	*studious*	**estricto/a**		**honesto/a**	
creativo/a		**exigente**	*demanding*	**justo/a**	*fair*
distraído/a	*absent-minded*	**flojo/a**	*lazy*	**responsable**	
entusiasta		**generoso/a**		**torpe**	*clumsy*

Cuaderno de actividades, pp. 41–42, Acts. 9–11

Cuaderno de gramática, p. 30, Act. 8

Más práctica gramatical, p. 117, Act. 3

Nota gramatical

1. Use **ser** to talk about qualities that define or characterize people and things (personality, nationality, size, color, etc.)
   Juan Luis Guerra **es** un cantante dominicano. **Es** alto y delgado.
2. Use **estar** to say where something is located, to describe how someone feels, or to describe states or conditions.
   Juan **está** en su cuarto. Después de bailar, **está** muy cansado.
3. Turn to page R42 to learn more about the uses of **ser** and **estar**.

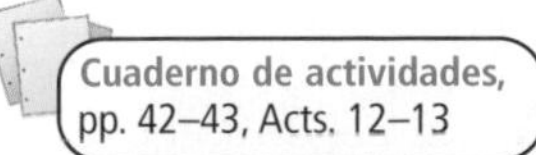

Cuaderno de actividades, pp. 42–43, Acts. 12–13

Más práctica gramatical, p. 117, Act. 4

Cuaderno de gramática, pp. 30–32, Acts. 9–15

19 Gramática en contexto

Hablemos/Escribamos Describe some people you know with the adjectives in the **Vocabulario**. Mention at least five people and explain how they fit your description.

20 Gramática en contexto

Escribamos Identifica a personas u objetos que correspondan a las siguientes descripciones. Para cada una, escribe una oración completa con **ser** o **estar**.

MODELO **al lado del cuaderno**
—Mi lápiz y libro de español están al lado del cuaderno.

1. encima del escritorio
2. aplicado
3. cansado
4. moreno
5. mexicano
6. alto
7. en la mochila
8. aburrido

Así se dice

Talking about things and people you know

To find out if a friend knows someone, ask:

¿Conoces a los profesores Ramírez y Gómez?

¿Conoces a María Luisa?

The response might be:

No, no los conozco. ¿Quiénes son?

Sí, es la nueva estudiante que está en mi clase de química. Es buena gente, pero un poco floja.

To find out if a friend is familiar with something, ask:

¿Conoces el restaurante El Rincón?

The response might be:

Sí, es mi restaurante mexicano favorito.

Nota gramatical

Conocer means *to know (someone)* or *to be familiar with (something)*. The **yo** form is irregular in the present tense. Otherwise, **conocer** is a regular **-er** verb.

cono**zco**	conoc**emos**
conoc**es**	conoc**éis**
conoc**e**	conoc**en**

Conocer is followed by **a** when talking about people.

Nosotros conocemos **a** Mercedes pero no conocemos su casa.

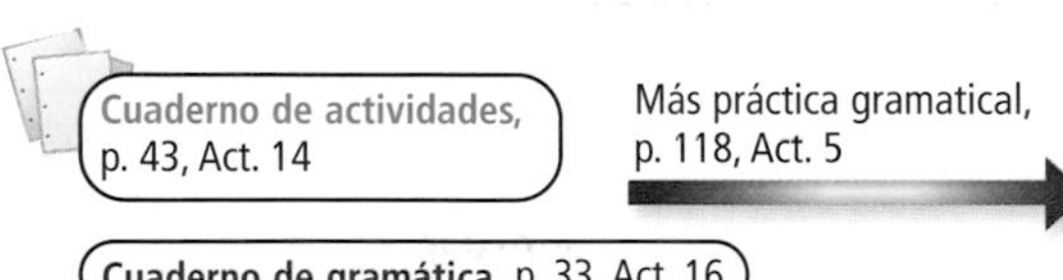

Cuaderno de actividades, p. 43, Act. 14

Más práctica gramatical, p. 118, Act. 5

Cuaderno de gramática, p. 33, Act. 16

21 Gramática en contexto

Hablemos Pregúntale a tu compañero/a si conoce a las siguientes personas o las siguientes cosas y lugares.

Modelo —**¿Conoces a una persona muy alta?**
—**Sí, conozco a dos personas altas. Roberto es muy alto y Laura también.**

1. un restaurante bueno y barato
2. un plato con pocas calorías
3. una persona aplicada
4. una tienda de deportes
5. un equipo excelente de béisbol
6. un parque cerca del colegio
7. un estudiante inteligente
8. una persona estricta
9. una pareja *(couple)* ideal
10. ¿ ?

22 ¡Ahora te toca a ti!

Hablemos Work in small groups. Write the names of five people you know from your school who are not in your Spanish class. Find out if your partners know them. If so, they should say where they know them from and what they think they're like. If nobody knows them, then identify them yourself. For additional descriptive adjectives, refer to page R18.

Modelo —**¿Quién conoce a Robert Wiley?**
—**Yo lo conozco. Es un estudiante que está en mi clase de química. Es muy responsable.**

¿Se te ha olvidado? nationalities Consulta la página 12

Así se dice

Making comparisons

To compare people or things, say:

> Michael es **más** famoso **que** De Shon.
>
> De Shon es **menos** famoso **que** Michael.
>
> Michael es **menor que** De Shon.
> *. . . younger than . . .*
>
> De Shon es **mayor que** Michael.
> *. . . older than . . .*
>
> Mi hermano dice que De Shon toca la guitarra **mejor que** Michael.
> *. . . better than . . .*
>
> Mi hermana dice que De Shon juega al basquetbol **peor que** Michael.
> *. . . worse than . . .*

Más práctica gramatical, p. 118, Act. 6

Cuaderno de actividades, p. 43, Act. 15

¿Te acuerdas?

Cuaderno de gramática, p. 33, Act. 17

Use the following formulas for comparing people or things that are different.

más + adjective/adverb/noun + **que**

menos + adjective/adverb/noun + **que**

¿Qué es peor que encontrar un gusano en una manzana?

Answer: Encontrar medio gusano.

23 Dos campeonas

Escuchemos/Leamos María Unamuno and Sonia Núñez are about to compete in a race. Listen to their classmates talk about who will win. Then decide which of these cards describes Sonia and which one describes María. One of the descriptions doesn't belong.

	a.	b.	c.
Edad	18	17	16
Estatura	165 cm	180 cm	170 cm
Peso	45 kg	43 kg	45 kg

24 Opiniones

Leamos/Hablemos ¿Qué te parecen las personas y las cosas siguientes? Da tu opinión y compara tus opiniones con las de tu compañero/a. Intercambien papeles.

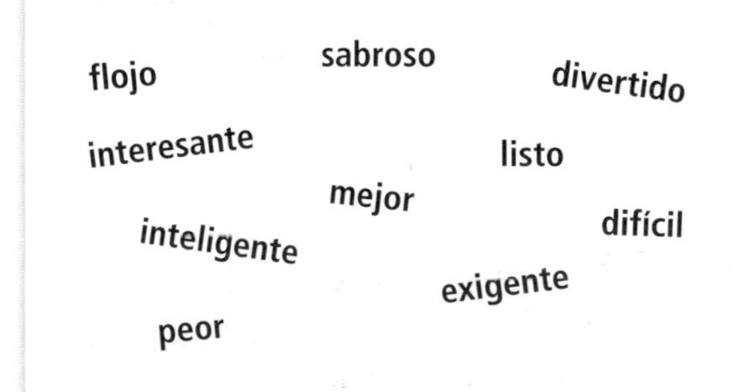

MODELO **mi hermano/a y yo**
—Creo que soy menos flojo/a que mi hermana.

1. la comida italiana y la comida china
2. los perros y los gatos
3. ir a la playa e ir a una fiesta
4. la clase de español y la clase de geometría
5. el verano y el invierno
6. los exámenes y la tarea
7. la comida de la cafetería y la comida de la casa
8. mi mejor amigo o amiga y yo
9. el profesor de español y la profesora de inglés

25 Javier y Julián

Leamos/Escribamos Although Javier and Julián are twins, they are complete opposites. First, read the profile about them in their school newspaper, then write eight sentences comparing the brothers. Use the adjectives given. Explain the reasons for your comparisons using **porque**.

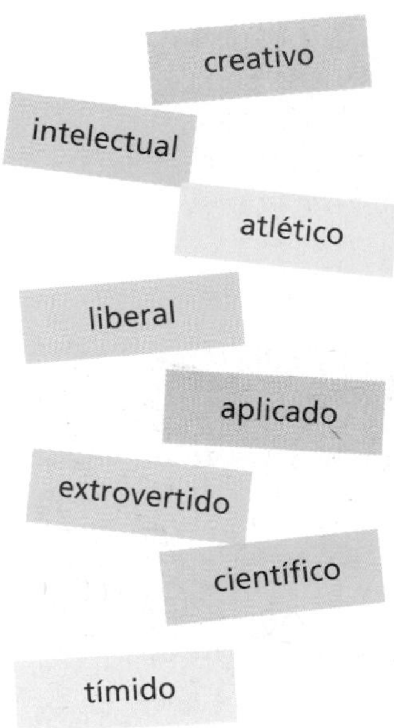

Los Gemelos Opuestos

Aquí en el Colegio Benito Juárez, tenemos dos gemelos que se llaman Javier y Julián Soto. Son dos hermanos que son iguales de apariencia, pero que tienen personalidades completamente diferentes. A Javier le gusta correr y jugar al béisbol. Su grupo musical favorito es Mecano. No le gusta mucho estudiar. Su materia favorita es el arte y le encanta salir con muchos amigos. Julián es un estudiante muy serio. Su clase favorita es la física y le gusta escuchar la música clásica.

En su tiempo libre, Julián lee novelas de ciencia ficción. Prefiere estar solo con sus libros; no le gusta para nada ir a fiestas con mucha gente. La única cosa que estos dos hermanos tienen en común es que los dos son muy simpáticos.

26 ¿Qué piensas?

Hablemos En grupos de tres o cuatro, comparen a las personas y las cosas de las siguientes categorías.

MODELO **clases/interesantes**
—Me parece que las clases de arte son más interesantes que las de historia.

1. profesores/simpáticos
2. películas/cómicas
3. animales/inteligentes
4. cantantes/buenos
5. clases/difíciles
6. pasatiempos/aburridos

SUGERENCIA

Before you write something, organize your ideas. Start by making a list of ideas. Write a sentence that states the main idea. Then choose the details that support it. List them in an order that makes sense to you.

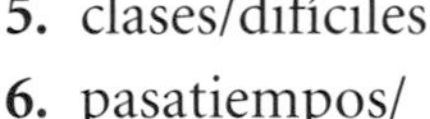

Did you know that university education is free in some Latin American countries? Even so, proportionally fewer young people pursue a higher education than in the United States, because children are sometimes expected to contribute to family income as early as they can. Would your plans after high school change if you could get a college education free?

27 En mi cuaderno

Escribamos In your opinion, is life in high school better or worse than life in junior high? Explain why by making at least six comparisons of students, classes, teachers, and other aspects of both schools.

MODELO **En mi opinión, el colegio ahora es mejor que la escuela secundaria. Los estudiantes son más...**

¿Qué haces después del colegio?

We asked some students what they do after school. What do you think they will say? Do you think their after-school activities will be different from yours?

Victoria

Buenos Aires, Argentina

"Después del colegio me voy a mi casa, espero a que vengan mis hermanas de los otros colegios y nos vamos para la quinta *(country home)*".

Jennifer

Guadalajara, México

"Me quedo aquí un rato con todos mis amigos y me voy a mi casa... voy a bailar, practico jazz".

Marcela

Quito, Ecuador

"Luego del colegio voy a mi casa, recibo clases de francés en la Alianza Francesa, me quedo ahí hasta las cinco de la tarde más o menos, y de ahí vuelvo a mi casa, hago deberes y nada más".

Para pensar y hablar...

A. ¿Con cuál de las jóvenes entrevistadas tienes algo en común? ¿Qué es? En tu opinión, ¿quién pasa la tarde más divertida y por qué?

B. Some after-school activities are common to students from all around the world, and some are not. What activities would a student in Buenos Aires have in common with a student from a small farming community in Kansas? What activities would be different?

Cuaderno para hispanohablantes, pp. 19–20

Tercer paso

Objective Making plans

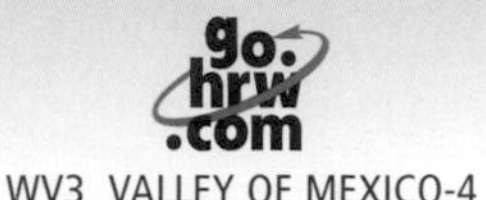

go.hrw.com
WV3 VALLEY OF MEXICO-4

Vocabulario

Hacer planes para...

CD-ROM 1
DVD 1

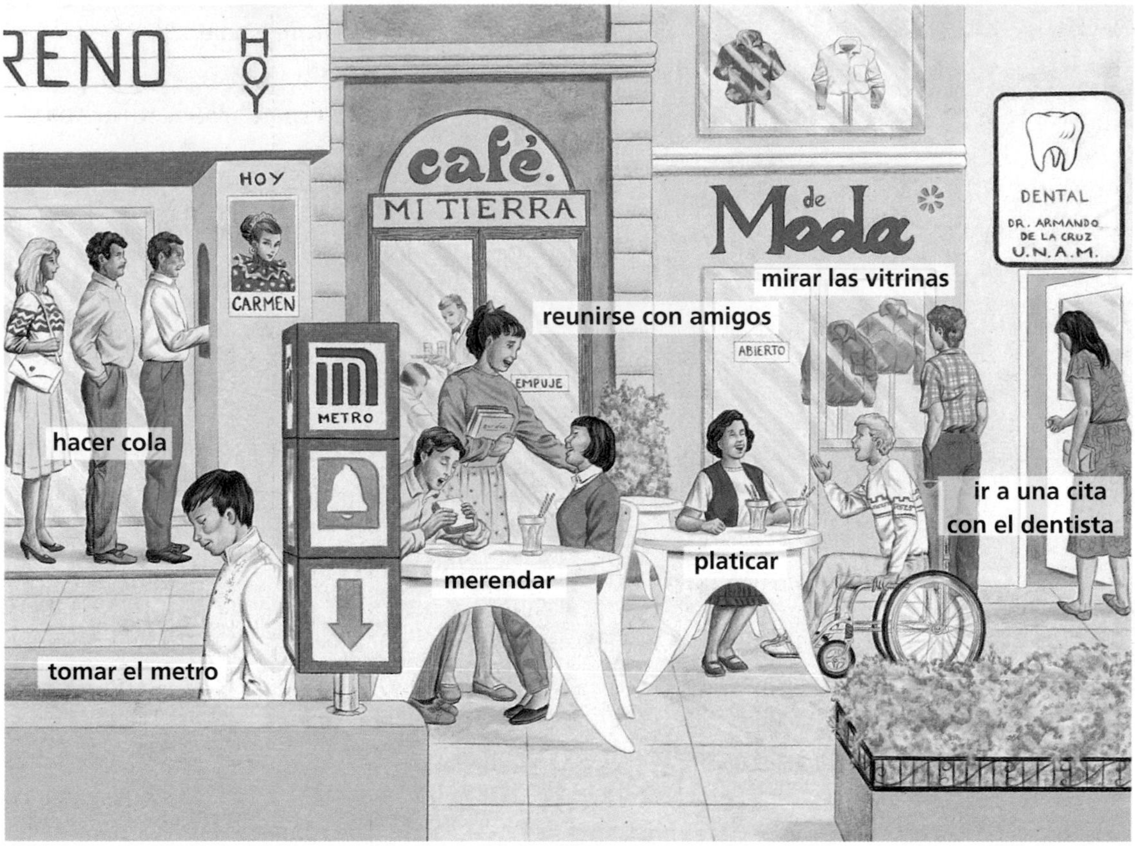

RENO
HOY
HOY
CARMEN
café.
MI TIERRA
Moda
DENTAL
DR. ARMANDO DE LA CRUZ
U.N.A.M.
mirar las vitrinas
reunirse con amigos
ABIERTO
EMPUJE
METRO
hacer cola
ir a una cita con el dentista
platicar
merendar
tomar el metro

Más práctica gramatical, p. 119, Act. 7

Cuaderno de actividades, p. 44, Acts. 16–17

Cuaderno de gramática, p. 34, Act. 18

28 En mi opinión...

Leamos/Escribamos Completa las siguientes oraciones con el nuevo vocabulario.

1. Prefiero tomar el autobús. Es que no me gusta para nada...
2. Siempre hablo por teléfono con Ana, porque uno de nuestros pasatiempos favoritos es...
3. Mi mejor amigo/a y yo siempre vamos al Café Mi Tierra para...
4. Me gusta ir al cine pero no me gusta para nada...
5. Me duele mucho un diente, por eso tengo que...
6. No tengo dinero para ropa nueva pero me encanta...
7. En mi opinión es bueno estar con la familia, pero es más divertido...

Así se dice

Making plans

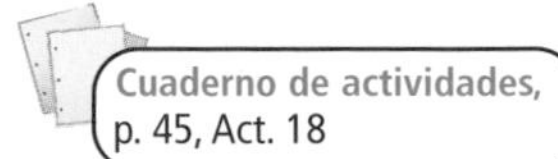
Cuaderno de actividades, p. 45, Act. 18

To make plans with a friend, say:

Pienso ir al cine este sábado.
¿Quieres venir?

De acuerdo. Paso por ti a las seis.
All right. I'll pick you up . . .

Si quieres, nos vemos en el cine a las siete y media.
If you want, we can meet . . .

Sí, me encantaría.
Yes, I'd love to.

Mejor a las siete porque cenamos a las seis.
Better . . .

Muy bien. Entonces quedamos en vernos a las siete y media.
All right. So we agree to meet . . .

29 Después de clases

Escuchemos You'll hear a series of short conversations. As you listen, decide what each person plans to do after school. Match their plans with the appropriate pictures.

a. 

b. 

c. 

d. 

30 Hacer planes para conocer a Cecilia

Leamos/Hablemos Completa y dramatiza la siguiente conversación con un/a compañero/a.

ROGELIO ¿Cuánto tiempo hace que conoces a Cecilia?
ESTELA ___1___
ROGELIO Porque me gustaría conocerla. Me parece una chica estupenda.
ESTELA ___2___
ROGELIO ¿De veras? ¿Cómo?
ESTELA ___3___
ROGELIO ¡Buena idea! ¿A qué hora? ¿A las cuatro?
ESTELA ___4___
ROGELIO Muy bien. Entonces quedamos en vernos en la plaza a las cinco.
ESTELA ___5___

¿Qué tal si vas con nosotros a tomar un refresco después de clases? Cecilia trabaja en el café de la plaza.

Sí, es muy buena gente. Si quieres, te la puedo presentar.

De acuerdo. ¡Hasta luego!

Pues, hace tres años que la conozco. ¿Por qué?

No, mejor un poco más tarde, a las cinco. Tengo la clase de piano a las cuatro.

Gramática

Direct object pronouns

In Chapter 3 you learned how to use the direct object pronouns **lo, los, la,** and **las.** Now notice what the other direct object pronouns are.

Me / **Te** / **Lo** / **La** } llamó a las cinco.

Nos / **Os** / **Los** / **Las** } invitaron al cine, ¿verdad?

Remember that object pronouns go directly before the conjugated verb or can be attached to the infinitive.

Sí, **los voy** a ver después de las clases. Sí, voy a **verlos** después de las clases.

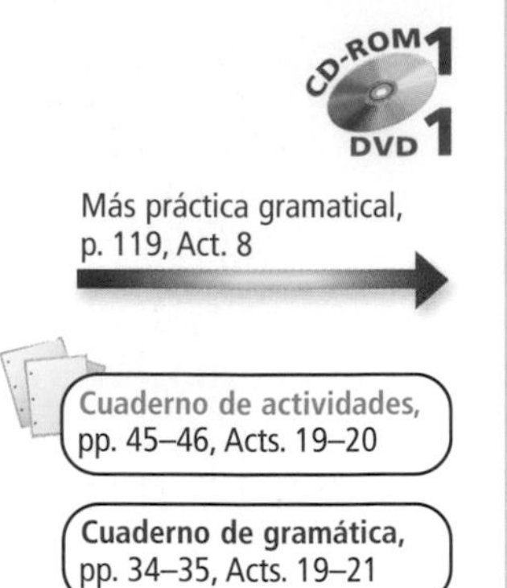

Más práctica gramatical, p. 119, Act. 8

Cuaderno de actividades, pp. 45–46, Acts. 19–20

Cuaderno de gramática, pp. 34–35, Acts. 19–21

31 Gramática en contexto

Leamos/Hablemos Carolina está organizando una fiesta para su clase y necesita hacer preguntas sobre los preparativos. Contesta sus preguntas según la información entre paréntesis. Usa los pronombres de objeto directo.

MODELO **—¿Cuándo invitaste al profesor? (el lunes)**
—Lo invité el lunes.

1. ¿Quién preparó los tacos? (Joaquín)
2. ¿Cuándo debería yo limpiar la sala? (esta tarde)
3. ¿Para qué te mandaron a la tienda? (para comprar tortillas)
4. ¿Dónde debería yo poner las bebidas? (en la mesa)
5. ¿Cuándo llamaste a Patricia y Víctor? (ayer)
6. ¿Quién va a comprar las decoraciones? (Manuel y Rosario)
7. ¿Dónde dejaste los vasos? (en la cocina)
8. ¿Quién va a ayudarnos después? (todos)

32 Conversación dirigida

Hablemos Con un/a compañero/a, dramatiza la siguiente conversación.

A	B
1A. Ask what your partner is going to do after school.	**1B.** Say you're going to the dentist.
2A. Suggest that you see each other afterwards.	**2B.** Say that's fine, and that you'll call at 5:00.
3A. Say that it's better to call you at 6:00, and then say good-bye.	**3B.** Say that 6:00 is fine and you'll call then. Say good-bye.

33 ¿Cuándo podemos reunirnos para estudiar?

Hablemos You and a couple of friends are trying to get together to study for the Spanish test. In groups of three, take turns telling each other your plans for the next two days. Then figure out when would be a good time to study.

¿Quién es americano?

Antes de los años 30, la embajada de los Estados Unidos en México se llamaba "the American Embassy". El embajador Dwight Morrow cambió el nombre a "Embassy of the United States of America". ¿Por qué crees que el nombre se cambió?

Para discutir...

1. Para ti, ¿quiénes son americanos? ¿Qué significa *América?*
2. ¿Por qué consideraron algunas personas ofensivo el primer nombre?

Vamos a comprenderlo

Para los hispanohablantes, **americano** se refiere a una persona de todas las Américas—norte, central o sur. Un americano no es únicamente una persona de los Estados Unidos; es un habitante de este hemisferio. El simple cambio de letrero que hizo el embajador Dwight Morrow resultó en mejores relaciones entre los Estados Unidos y los otros países americanos.

Vamos a leer

Una entrevista

Estrategia para leer
Distinguishing between facts and the author's opinions is important. Here are some expressions that indicate when an author or speaker is giving a personal opinion:

Me parece... *En mi opinión...*
Prefiero... *Creo que...*

¡A comenzar!

This article is taken from the magazine *LISTO*. It's an interview with Mario, a Mexican teenager who's spending the school year in Pennsylvania.

¿Te acuerdas?
Before reading, preview the selection. Look at the title and think about what it might mean. Then read the introduction and look at the subtitles. Set a purpose for reading that will help you focus on important details.

A. To get an overall idea of the interview, scan to find out which interview question asks about

1. stereotypes about Latin Americans
2. how Mario likes U.S. cafeteria food
3. the way Mexican students dress
4. differences between Mexican and U.S. school buildings
5. what surprised Mario about the U.S.

Al grano

B. Now read the whole interview. Don't be too distracted by words

Un mexicano en Pennsylvania

Mario Eduardo Álvarez Díaz, de 18 años, vino de la Ciudad de México para pasar un año con la familia Beard, en Titusville, Pennsylvania. En una entrevista con LISTO, Mario compara la vida estudiantil en los dos países.

1 ¿Hay diferencias entre las escuelas de México y las de los EE.UU.?

Creo que las escuelas mexicanas son demasiado estrictas. En México no se puede escoger las materias. Cada grado tiene un programa establecido que incluye química, matemáticas, civismo, música, etc.

2 ¿Cómo se visten los estudiantes mexicanos para ir a la escuela?

Las escuelas públicas requieren uniforme: zapatos negros, pantalón gris y suéter verde. En las escuelas privadas es menos formal, pero no se permiten shorts ni zapatos de tenis. Prefiero llevar la ropa informal.

3 ¿Cómo es tu escuela en México?

Es totalmente diferente de las escuelas de aquí. Es un edificio rectangular, de dos o tres pisos, con un patio en el centro y los salones de clase alrededor. En el patio hay canchas de voleibol y baloncesto. Me gustan más nuestros edificios en México.

4 ¿Hay una cafetería?

No. Pero hay tiendas en la escuela que venden sándwiches, tacos y comidas empaquetadas. Pienso que nuestro sistema en México es mejor.

5 ¿Te gusta la comida de cafetería aquí?

No. A todos mis amigos aquí les parece mala la comida de la cafetería. En mi opinión, ¡es horrible!

6 ¿Qué es lo que más te gusta de la escuela en los EE.UU.?

Me parece fantástico el programa de deportes aquí. Son muy importantes y las escuelas invierten mucho dinero en proveer todo el equipo. Es de super lujo.

7 ¿Hay estereotipos del latino aquí?

Muchos. Piensan que España y todo Latinoamérica es lo mismo. Me molesta que crean que México es un gran desierto y que no sepan qué idioma se habla.

8 ¿Qué es lo que más te sorprendió cuando llegaste a este país?

Las casas. Yo creía que todas las casas eran como las que se ven en el programa de televisión "Los años maravillosos".

9 ¿Qué es lo que más extrañas de México?

¡La comida!

you don't know; concentrate on what you can understand. Next, compare U.S. and Mexican public high schools by providing two answers for each question below: one based on your own experience, one based on Mario's responses. Give very brief but specific answers.

1. Where do you get your lunch?
2. Do you get to choose your own classes?
3. Where are your school's basketball courts?
4. What do you wear to school?
5. What is your favorite thing about American schools? (In this question, you and Mario are both talking about American schools.)

C. Some of Mario's descriptions of Mexican and American schools are based on fact. Other parts of his answers are opinions. Read each of Mario's answers again and decide which part of his answer expresses an opinion. You don't have to copy the entire sentence; just write the first three or four words.

D. Now compare your answers with a classmate's and talk about how you know that those sentences express Mario's opinion.

E. Mario dice que algunos norteamericanos piensan que España y Latinoamérica son la misma cosa. Haz una lista de las diferencias. Compara tu lista con las listas de dos compañeros y luego hagan una lista conjunta *(a joint list)*.

F. Lee las preguntas 2–5 de la Actividad B otra vez. Contesta las preguntas con base en tus experiencias. Escribe las respuestas en español.

Cuaderno para hispanohablantes, pp. 16–18

Cuaderno de actividades, p. 47, Act. 21

Más práctica gramatical

internet
go.hrw.com
MARCAR: go.hrw.com
PALABRA CLAVE:
WV3 VALLEY OF MEXICO-4

Primer paso

Objectives Asking for and giving opinions; giving advice

1 Diles a tus compañeros/as qué hacer o no hacer según sus situaciones particulares. Usa **(no) deberías** y una de las actividades del cuadro. (**p. 101**)

MODELO **Samuel necesita sacar una nota buena en el examen.**
—Samuel, deberías repasar toda la materia.

repasar toda la materia	llegar a tiempo	hacer preguntas
tomar apuntes	entregar la tarea	dejar el libro en casa
sacar buenas notas	seguir las instrucciones	prestar atención

1. Graciela siempre tiene muchas preguntas en clase, pero es tímida.
2. Enrique siempre está atrasado.
3. Fátima casi nunca trae su libro a clase.
4. Alberto escribe cartas en su cuaderno durante la clase.
5. Muchas veces, Teresa deja la tarea en casa.
6. Jorge quiere asistir a una universidad muy exigente.
7. Maribel nunca le escucha al profesor.

2 Manuela describe cómo estudian sus compañeros de clase. Completa lo que dice con las formas correctas de los verbos. (**pp. 101, 103**)

1. Mi amiga Rosalía es muy buena estudiante. Ella siempre ______ (prestar) atención, ______ (aprender) todo de memoria y ______ (tomar) buenos apuntes.
2. Álvaro siempre ______ (preocuparse) por sus notas. Pero ______ (sacar) notas bastante buenas y nunca ______ (suspender) una clase.
3. Mariano y yo tenemos problemas este año. ______ (Llegar) tarde a clase y a veces ______ (olvidar) la tarea. ¿Qué vamos a hacer si no ______ (aprobar) el examen?
4. Gloria, ¿estás enferma? ¿Por qué ______ (cometer) tantos errores en la clase? Si tú ______ (prestar) atención y ______ (seguir) las instrucciones del profesor, no vas a tener problemas.
5. Ramón ______ (apuntar) todo en sus clases, pero ______ (perder) sus cuadernos con frecuencia. Por eso él ______ (copiar) los apuntes de sus amigos.

Segundo paso

Objectives **Talking about things and people you know; making comparisons**

3 Read the descriptions of classmates and teachers, then summarize each person's personality. Use the correct form of a logical adjective from the box. (**p. 105**)

MODELO **Margarita siempre tiene energía para todo. Le encantan todas sus clases y sus actividades este año.**
—Ella es entusiasta.

flojo	justo	distraído	responsable	honesto
exigente	estricto	creativo	aplicado	generosa

1. Geraldo y Antonio sacan muy buenas notas siempre.
2. Alicia dibuja muy bien, escribe poemas y toca tres instrumentos.
3. ¡Uf! Los profesores siempre dan muchísima tarea.
4. Belisa es muy buena. Siempre ayuda a sus amigos con sus clases y su tarea.
5. No sé qué tienen Ramiro y Elsa. Siempre se despiertan tarde, no quieren estudiar, no trabajan…
6. ¡La directora Molina no nos permite *(doesn't allow)* hacer nada!
7. Mis amigos Alonso y Jaime casi siempre olvidan sus libros o dejan la tarea en casa.

4 Would you use **ser** or **estar** in each of the following situations? Read each one, then complete the Spanish equivalent with the correct verb. (**p. 105**)

1. To ask what the new student Raúl is like.
   ¿Cómo (es/está) Raúl?
2. To say that the math teacher is strict but fair.
   La profesora de matemáticas (es/está) estricta pero justa.
3. To ask where the principal's office is.
   ¿Dónde (es/está) la oficina de la directora?
4. To say where the new student is from.
   Sebastián (es/está) costarricense. (Es/Está) de San José, la capital.
5. To say that your high school is big.
   Nuestro colegio (es/está) grande.
6. To say that the teacher seems absent-minded today.
   Parece que el profesor Maldonado (es/está) distraído hoy.
7. To explain that the computer lab is next to the art room.
   El laboratorio de computadoras (es/está) al lado del salón de arte.
8. To ask a friend if she's in a bad mood.
   ¿(Eres/Estás) de mal humor?

Más práctica gramatical

5 Explain what people and things you and your friends know or know about. Use the correct form of **conocer** and the cues, and include the personal **a** if necessary. (**p. 106**)

1. Yo/todos los estudiantes de mi clase
2. Marcelo/un buen lugar para reunirse con sus amigos
3. Todos nosotros/la profesora de español
4. Mis amigos/mi familia
5. ¿Tú/el nuevo parque de atracciones?
6. Alida/una tienda de ropa excelente
7. Leo y Gerardo/el estudiante nuevo

6 Aunque Andrés y Nacho son amigos, son muy diferentes. Compara cómo son diferentes según la información del cuadro. (**p. 107**)

	Andrés	**Nacho**
edad	15 años	16 años
estatura	200 cm	185 cm
peso	70 kg	71 kg
familia	3 hermanas	1 hermano
deportes	el baloncesto	el fútbol, el voleibol, el béisbol, la natación
notas	excelentes	regulares
clase favorita	arte	historia

1. Andrés tiene 15 años. Nacho es ______ ______ Andrés.
2. Nacho es ______ alto ______ Andrés.
3. Nacho es un poco ______ gordo ______ Andrés.
4. La familia de Nacho es ______ pequeña ______ la de Andrés.
5. Nacho es ______ atlético ______ Andrés.
6. Pero Andrés probablemente juega al baloncesto ______ ______ Nacho.
7. Las notas de Nacho son ______ ______ las de Andrés.
8. Nacho nada ______ ______ Andrés.
9. Probablemente Nacho dibuja ______ ______ Andrés.

Tercer paso

Objective Making plans

7 Completa el párrafo sobre lo que todos están haciendo en el centro esta tarde. Usa las formas correctas de los verbos en el cuadro. No uses ningún verbo más de una vez. (**p. 110**)

hacer cola	platicar	merendar
reunirse con	mirar las vitrinas	
ir a una cita	hacer planes	tomar el metro

Hay muchas personas en el centro esta tarde. Delante del cine, muchos estudiantes ___1___ para ver la nueva película de Tom Hanks. En el Café Imperial, Soledad ___2___ unos amigos. Ellos van allí casi todos los días para ___3___, porque la comida es buena y barata. Mientras comen, ellos ___4___ de sus clases, sus familias y sus actividades, y ___5___ para salir este fin de semana. Después de ver a sus amigos, Soledad camina por el centro y ___6___ de las tiendas. ¿Y qué hace Rodrigo? Pues, ahora él ___7___ para ir a la clínica. Está nervioso porque ___8___ con el dentista esta tarde.

8 Theo's grandmother always has lots of questions about what he's doing these days. Write Theo's answers to her questions, using the cues in parentheses and direct object pronouns. (**p. 112**)

MODELO **¿Cuándo ves a tu amiga Manuela? (todos los días)**
—La veo todos los días.

1. ¿Cuándo tienes tu clase de arte? (los sábados)
2. ¿Cuándo haces la tarea? (después de cenar)
3. ¿Cuándo ves tu programa de televisión favorito? (los domingos por la noche)
4. ¿Cuándo ayudas a tus padres? (todos los días)
5. ¿Cuándo vas a llamar a tu prima Ana? (este fin de semana)
6. ¿Cuándo te llama tu amigo Guillermo? (todas las semanas)
7. ¿Cuándo tienes que cuidar a tu hermanita? (por la tarde)
8. ¿Cuándo me vas a visitar otra vez? (en una semana)

Repaso

1 Charlene es una estudiante en los Estados Unidos y Andrés—a quien ya conoces—es un estudiante en México. Usa lo que sabes sobre el sistema de educación en estos dos países para indicar si las siguientes oraciones se refieren a Charlene o a Andrés.

Andrés

1. Tiene muchas asignaturas facultativas *(elective courses).*
2. Sacó un 9.5 en un examen.
3. No puede escoger sus clases.
4. Trabaja en un restaurante después de clases.
5. Está en el equipo de baloncesto del colegio.
6. Usa uniforme escolar.
7. Todos sus compañeros de clase tienen las mismas clases.

Charlene

2  Escucha una entrevista entre la señora Sarmiento, la consejera *(counselor)* en el Colegio Gabriela Mistral, y John Sanders, el nuevo estudiante de los Estados Unidos. Indica si las siguientes oraciones son **ciertas** o **falsas**. Corrige las falsas.

1. John cree que sus clases en México son mejores que sus clases en los Estados Unidos.
2. John dice que las clases en México son más fáciles que en los Estados Unidos.
3. John aprobó el examen de literatura.
4. La señora Sarmiento cree que John debería prestar atención en la clase de literatura.
5. La profesora Ortega es exigente.
6. John no conoce a muchos alumnos.
7. A John le parece que sus compañeros son aplicados.

3 Do you have any of these symptoms? What advice would your counselor give?

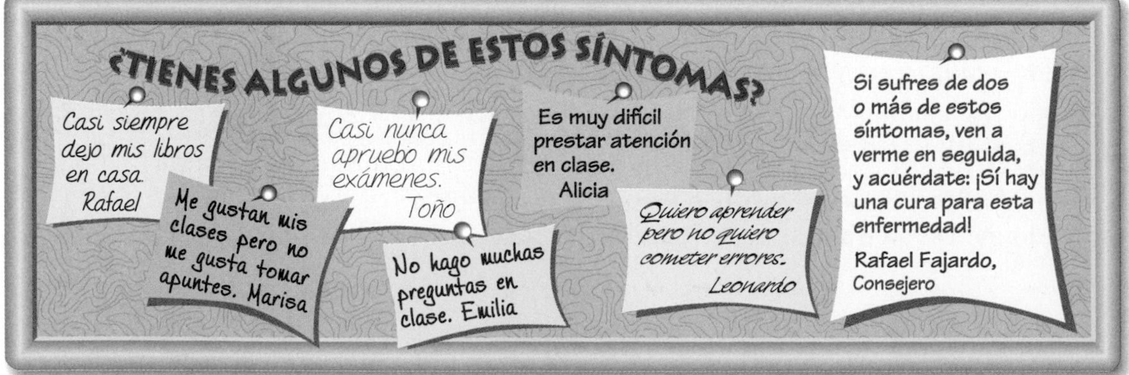

¿TIENES ALGUNOS DE ESTOS SÍNTOMAS?
Casi siempre dejo mis libros en casa. Rafael
Me gustan mis clases pero no me gusta tomar apuntes. Marisa
Casi nunca apruebo mis exámenes. Toño
No hago muchas preguntas en clase. Emilia
Es muy difícil prestar atención en clase. Alicia
Quiero aprender pero no quiero cometer errores. Leonardo
Si sufres de dos o más de estos síntomas, ven a verme en seguida, y acuérdate: ¡Sí hay una cura para esta enfermedad!
Rafael Fajardo, Consejero

Vamos a escribir

Imagine you're making plans with a friend to spend a Saturday afternoon together. Write a paragraph suggesting ideas of where to go and what to do. Give your opinions about each place and activity you suggest. Start by freewriting around some key concepts.

Estrategia para escribir

Freewriting is a good way to come up with many different ideas about a topic. Begin with a word or phrase and then write whatever the word makes you think of.

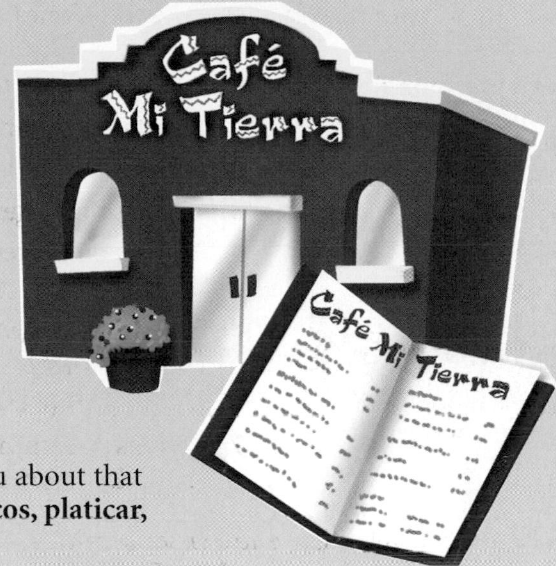

Preparación

1. Write a word or phrase that tells about your favorite weekend activity. For example, **merendar en un café.**
2. Begin writing every idea that occurs to you about that activity: **conozco un restaurante..., refrescos, platicar, la comida italiana, tomar el metro...**

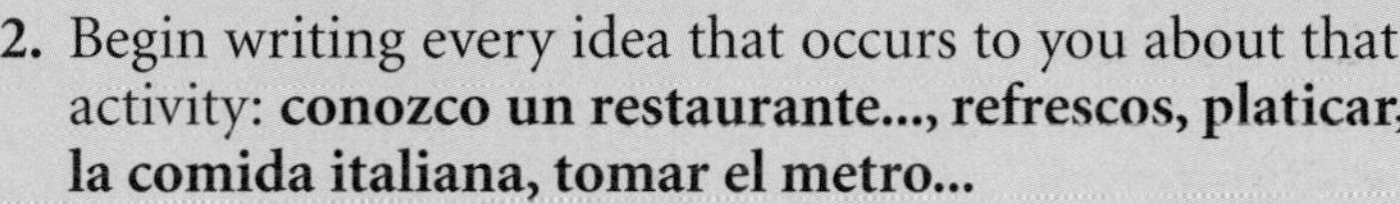

Redacción

1. Write a sentence about the activity you chose in your prewriting: **Me encantaría ir a un restaurante bueno y barato.**
2. Continue by writing sentences that connect your ideas to the activity: **Hay que tomar el metro al centro para llegar al restaurante.**

Evaluación

1. Check to make sure the connections between your ideas and your sentences are logical and clear. Replace any that are not easy to understand. Proofread for errors.
2. Print your paragraph and share it with a friend who might be interested in making plans.

Situación

En el Bosque de Chapultepec Andrés conoce a dos muchachas—Sandra y Rosita. En grupos de tres, hagan los papeles de Andrés, Sandra y Rosita y hagan planes para reunirse. Deben estar de acuerdo en cuanto a la hora, el lugar y la actividad.

Cuaderno para hispanohablantes, p. 20

A ver si puedo...

WV3 VALLEY OF MEXICO-4

Can you ask for and give opinions? p. 100

1 How would you ask for someone's opinion about the following people? How would you give yours?

1. Rosie Pérez
2. Andy García
3. tu mejor amigo o amiga
4. el profesor o la profesora de álgebra
5. el presidente de los Estados Unidos

Can you give advice? p. 101

2 Your younger friend is going to start high school next year. Make five recommendations about what your friend should do if she or he wants to succeed in high school.

Can you talk about things and people you know? p. 106

3 How would you ask someone if he or she knows the following people? How would you identify them? Use the pictures to describe them and tell where they are.

1. Yukari
2. Elena
3. Rafael
4. Javier
5. Roberto
6. Benjamín

Roberto y Elena

Rafael y Juanito

Yukari y Benjamín

Abuelo Miguel y Javier

Can you make comparisons? p. 107

4 Using the pictures above, compare the following people.

1. Roberto y Elena
2. Rafael y Juanito
3. Yukari y Benjamín
4. Abuelo Miguel y Javier

Can you make plans? p. 111

5 Complete the following dialogue.

Tú	**Tu Compañero/a**
—¿...al cine conmigo?	—... No puedo; hoy no tengo tiempo.
—Bueno, entonces, ¿...vamos mañana?	—De acuerdo. ...a las seis.
—... Hasta mañana.	—Sí, ...mañana.

Vocabulario

Primer paso

Asking for and giving opinions

¿Crees que...?	*Do you think that . . .?*
En tu opinión...	*In your opinion . . .*
Me parece...	*It seems . . . to me*
Me parece que...	*I think that . . .*
para mí	*for me*
¿Qué te parece...?	*What do you think about . . .?*
¿Te parece que...?	*Do you think that . . .?*
Yo creo que...	*I think that . . .*

Giving advice

aprender de memoria	*to memorize*
aprobar (ue)	*to pass (an exam)*
apuntar	*to make a note of; to write down; to bookmark*
cometer errores	*to make mistakes*
copiar	*to copy*
el correo electrónico	*electronic mail*
Deberías...	*You should...*
Debes...	*You should/ought to...*
dejar	*to leave (behind)*
el e-mail	*e-mail*
entregar la tarea	*to hand in homework*
Es importante...	*It's important . . .*
hacer preguntas	*to ask questions*
Hay que...	*One must . . .*
Internet	*Internet*
llegar a tiempo	*to get (somewhere) on time*
navegar por la Red	*to surf the Net*
olvidar	*to forget*
la página Web	*Web page*
perder (ie)	*to lose, to miss (a class, an exam, etc.)*
preocuparse	*to worry*
prestar atención	*to pay attention*
repasar	*to review*
sacar buenas notas	*to get good grades*
salir bien	*to do well*
seguir (i) las instrucciones	*to follow directions*
suspender	*to fail (a test, a class)*
la Telaraña Mundial	*World Wide Web*
tomar apuntes	*to take notes*
el Web	*World Wide Web*

Segundo paso

Talking about things and people you know

aplicado/a	*studious*
conocer	*to be familiar with (something)*
conocer a	*to know (a person)*
creativo	*creative*
distraído/a	*absent-minded*
entusiasta	*enthusiastic*
estricto/a	*strict*
exigente	*demanding*
flojo/a	*lazy*
generoso/a	*generous*
honesto/a	*honest*
justo/a	*fair*
responsable	*responsible*
torpe	*clumsy*

Making comparisons

más... que	*more . . . than*
mayor que	*older than*
mejor que	*better than*
menor que	*younger than*
menos... que	*less . . . than*
peor que	*worse than*

Tercer paso

Making plans

la cita	*appointment*
de acuerdo	*all right*
hacer cola	*to stand in line*
hacer planes	*to make plans*
Me encantaría	*I'd love to*
Mejor...	*Better . . .*
merendar (ie)	*to snack*
mirar las vitrinas	*to windowshop*
pasar por	*to drop by and pick someone up*
Pienso...	*I plan to . . .*
platicar	*to chat*
quedar en	*to arrange to (do something)*
reunirse con amigos	*to get together with friends*
si quieres	*if you want*
tomar el metro	*to take the subway*

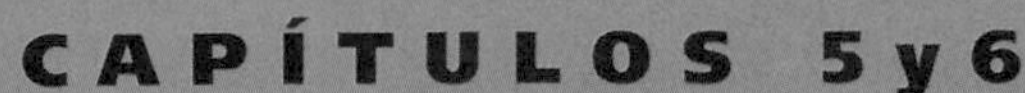

¡Ven conmigo a Texas!

Población: Aproximadamente 20.852.000 habitantes, de los cuales 6,7 millones son hispanos

Área: 691.027 km^2 (266.807 millas cuadradas); aproximadamente un tercio más grande que España

Ciudades principales: Houston, Dallas, San Antonio, El Paso, Austin, Fort Worth

Ciudades con mayor población hispana: Houston, San Antonio, El Paso, Laredo, Brownsville, McAllen, Corpus Christi

Ganadería y agricultura: carne de res, lana, algodón, arroz, maíz, cítricos, nueces

Industrias: equipo de transporte, industria eléctrica y electrónica, químicos, comestibles, ropa, petroquímica

Hispanos famosos: Rolando Hinojosa (1929–), escritor; Selena Quintanilla (1971–1995), cantante; Henry González (1916–2000) político y legislador; Amado Peña (1943–), artista

Platos típicos: barbacoa, chile con carne, huevos rancheros, comida "tex-mex"

WV3 TEXAS

Los azulejos *(bluebonnets)*, flor oficial y símbolo popular de Texas ▶

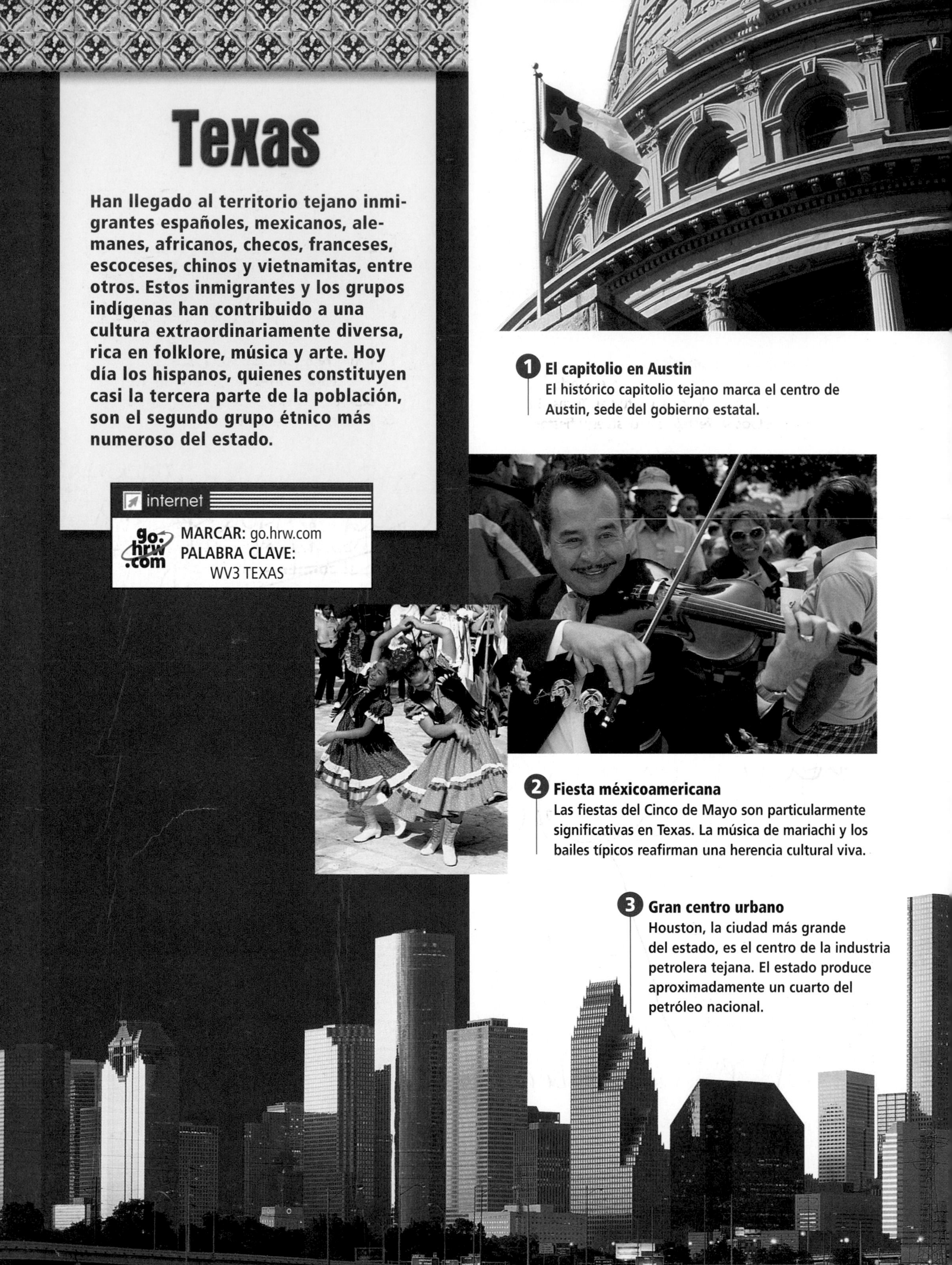

Texas

Han llegado al territorio tejano inmigrantes españoles, mexicanos, alemanes, africanos, checos, franceses, escoceses, chinos y vietnamitas, entre otros. Estos inmigrantes y los grupos indígenas han contribuido a una cultura extraordinariamente diversa, rica en folklore, música y arte. Hoy día los hispanos, quienes constituyen casi la tercera parte de la población, son el segundo grupo étnico más numeroso del estado.

internet

go.hrw.com
MARCAR: go.hrw.com
PALABRA CLAVE:
WV3 TEXAS

1 El capitolio en Austin
El histórico capitolio tejano marca el centro de Austin, sede del gobierno estatal.

2 Fiesta méxicoamericana
Las fiestas del Cinco de Mayo son particularmente significativas en Texas. La música de mariachi y los bailes típicos reafirman una herencia cultural viva.

3 Gran centro urbano
Houston, la ciudad más grande del estado, es el centro de la industria petrolera tejana. El estado produce aproximadamente un cuarto del petróleo nacional.

4 **Celebración afroamericana**
La celebración del 19 de junio *(Juneteenth)* conmemora el fin de la esclavitud en Texas. En todo el estado se festeja con desfiles y fiestas.

5 **La frontera tejana con México**
Las tres cuartas partes de la mercancía que se exporta a México pasan por los puertos fronterizos de Laredo y El Paso.

6 **Naranjas del sur de Texas**
El valle del Río Grande, en el sur de Texas, es un importante centro agrícola nacional donde se cultivan frutas y legumbres.

En los capítulos 5 y 6,

vas a conocer a unos estudiantes hispanohablantes de San Antonio, Texas. Desde el comienzo de su historia, Texas ha mantenido estrechos enlaces con el norte de México. Hoy día las misiones, el Mercado, la comida mexicana y las fiestas hispanas mantienen vivo el carácter hispano de San Antonio.

7 **El parque estatal Palo Duro**
Vista del Cañón Palo Duro. Los grandes espacios abiertos hicieron de Texas un lugar ideal para la cría de ganado. El estado cuenta con casi 150.000 ranchos ganaderos.

8 **Muchos turistas visitan San Antonio**
San Antonio es el corazón hispano de Texas y la tercera ciudad más grande del estado. Aquí llegan más de 10 millones de visitantes cada año, tanto del extranjero como del mismo estado.

C A P Í T U L O

5

¡Ponte en forma!

Objectives

In this chapter you will learn to

Primer paso

- talk about staying fit and healthy

Segundo paso

- tell someone what to do and not to do

Tercer paso

- give explanations

internet

MARCAR: go.hrw.com
PALABRA CLAVE:
WV3 TEXAS-5

◀ ¿Qué haces para estar en plena forma?

DE ANTEMANO ▪ *Él dice... Ella dice*

Estrategia
para comprender
Jimena and Gustavo are telling their friends what happened over the weekend, but are they telling the same story? Look at the pictures. Whose version of the weekend do you think is most accurate?

Carla

Jimena

Gustavo

Pedro

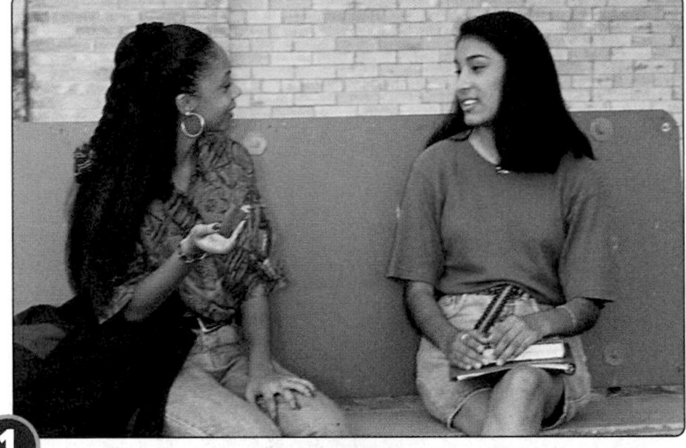

1

Carla: Oye, Jimena, ¿por qué no jugaste al voleibol con nosotras el sábado?
Jimena: Lo siento. Iba a jugar pero no pude. Gustavo y yo hicimos ejercicios todo el día—bueno, yo hice ejercicios; él sólo dio excusas.

2

Jimena: No te pares. Vamos, ¡ándale!
Gustavo: Es que no funciona mi radio.
Jimena: ¡El que no funciona eres tú!

3

Gustavo: Fuimos primero a correr—
Pedro: Jimena y tú—
Gustavo: Sí. Por supuesto, yo estoy en plena forma pero ella...

4

Jimena: Ya dimos la vuelta a este parque dos veces. Estoy medio muerta.
Gustavo: Debes correr por una hora al día para ponerte en forma.
Jimena: Tengo que descansar un poco. No quiero sudar mucho.

5

Jimena: Después fuimos al nuevo gimnasio para levantar pesas.

Carla: ¿Se inscribieron en el nuevo gimnasio? ¿Qué pasó?

Jimena: Yo me divertí mucho. Pero Gustavo salió de allí sin poder mover ni un dedo.

6

Gustavo: Mira que voy a hacer 25 libras.

Jimena: Dobla las rodillas al levantar las pesas, Gustavo.

Gustavo: Yo sé hacerlo... ¡Ay, me lastimé la espalda!

7

Gustavo: Luego fuimos al gimnasio. Salté a la cuerda por media hora, hice cien abdominales y levanté pesas por dos horas.

Pedro: ¿Y qué hizo Jimena?

Gustavo: ¡Nada! Excepto quejarse del dolor en sus brazos.

8

Gustavo: Jimena, debes continuar. No tienes mucho peso en la barra.

Jimena: ¡Ay, no puedo! Es que me duelen muchísimo los brazos.

Gustavo: Pero Jimena, sólo hiciste tres repeticiones. No debes estar cansada.

Un poco más tarde...

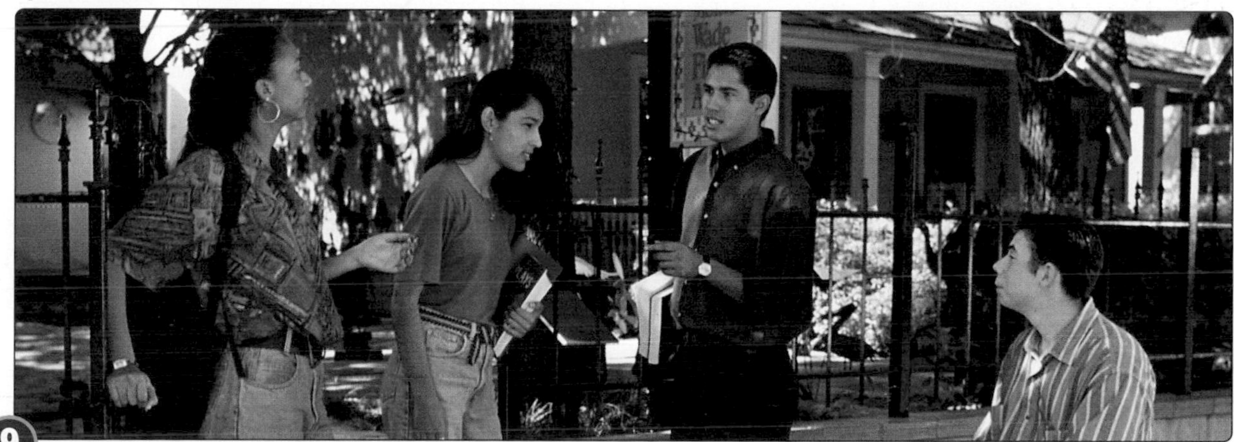

9

Carla: ¿Cómo está la espalda, Gustavo?

Gustavo: Bien, ¿por qué?

Pedro: Y Jimena, ¿qué tal los brazos?

Jimena: ¿Cómo?

Cuaderno de actividades, p. 49, Acts. 1–2

1 ¿Comprendes la fotonovela?

1. ¿Por qué no jugó al voleibol Jimena?
2. Según Jimena, ¿qué explicación dio Gustavo para no hacer ejercicio?
3. Según Gustavo, ¿qué explicación dio Jimena para no hacer ejercicio?
4. ¿Cuáles son algunos ejercicios que hicieron Jimena y Gustavo?
5. ¿Cuáles son las diferencias entre la descripción de Jimena y la descripción de Gustavo?
6. En tu opinión, ¿qué crees que va a pasar?

2 ¿Quién lo diría?

Según la fotonovela, ¿quién diría *(would say)* las siguientes cosas—Jimena o Gustavo?

Jimena

Gustavo

1. ¿Por qué siempre te paras? Debes ponerte en forma en lugar de escuchar tu radio.
2. ¡Ay! ¡Cómo me duele la espalda!
3. Mira, voy a levantar 25 libras.
4. Dobla las rodillas.
5. Yo estoy en plena forma, pero tú debes correr por una hora.
6. Fuimos al nuevo gimnasio y yo me divertí mucho.
7. No hizo nada excepto quejarse del dolor de los brazos.

3 ¿Qué dices?

Indica si cada oración es una **explicación** o un **consejo**.

1. ¡Me duelen mucho los brazos! No puedo continuar.
2. Debes correr una hora al día para ponerte en forma.
3. Iba a jugar pero no pude.
4. Es que no funciona mi radio.
5. Debes saltar a la cuerda por media hora.
6. No corro porque no quiero sudar mucho.
7. Necesitamos dar la vuelta al parque dos veces para ponernos en forma.
8. Quería ir al nuevo gimnasio pero no pude.

4 ¿Qué hicieron?

Gustavo and Jimena are writing notes to classmates about their exercise session on Saturday. Complete their notes, putting words or phrases in place of the drawings.

Jimena y yo hicimos ejercicio. Yo estoy en ___ pero ella no. Por media hora yo ___ e hice cien ___ pero ella no hizo nada porque no quería ___.

Gustavo siempre da un millón de ___ (NO PUEDO PORQUE). Levantó ___ (25 lbs) y se lastimó ___. Pero yo ___ mucho.

5 ¿Qué crees tú?

¿Qué pasó el sábado pasado? Gustavo dice una cosa y Jimena dice otra. ¿Qué crees tú que realmente pasó? ¿Por qué?

Primer paso

Objective Talking about staying fit and healthy

WV3 TEXAS-5

Vocabulario

¿Qué deporte te gustaría practicar?

Cuaderno de actividades, p. 50, Act. 3

Cuaderno de gramática, p. 36, Acts. 1–2

6 La buena salud

Leamos/Escribamos Usa las palabras del **Vocabulario** para completar el siguiente artículo de revista.

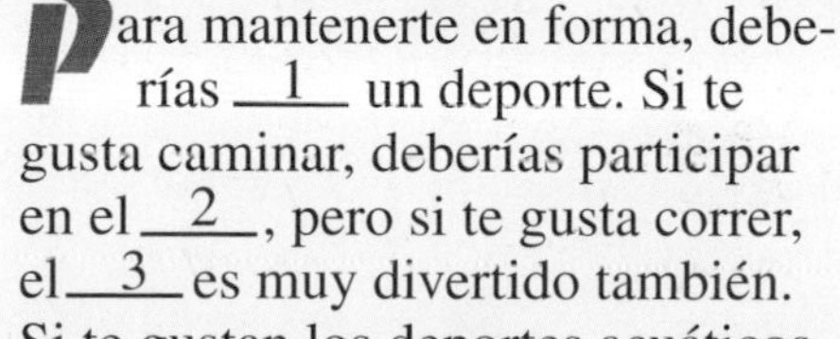

Para mantenerte en forma, deberías __1__ un deporte. Si te gusta caminar, deberías participar en el __2__, pero si te gusta correr, el __3__ es muy divertido también. Si te gustan los deportes acuáticos, puedes practicar la __4__ o el __5__.

Si vives en las montañas, puedes participar en el __6__. Si tienes bicicleta, puedes practicar el __7__, pero siempre debes usar un casco *(helmet)* para proteger la cabeza. Antes de hacer ejercicio, hay que __8__ y calentar *(warm up)* los músculos.

Así se dice

Talking about staying fit and healthy

CD-ROM 2 DVD 1

To talk about staying fit and healthy, you could say:

¿Qué haces para estar en plena forma?
What do you do to stay in good shape?

¿Duermes lo suficiente?
Do you get enough sleep?

Es preciso comer muchas verduras.
It's necessary . . .

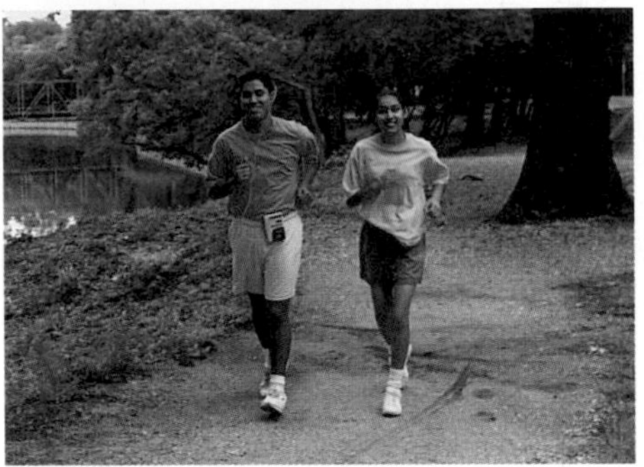

The response might be:

Sigo una dieta sana y balanceada y hago ejercicio todos los días.
I follow a healthy and well-balanced diet . . .

Sí. Ayer, por ejemplo, **dormí por ocho horas.**
. . . I slept for eight hours.

Sí, ya lo sé. También es importante beber mucha agua.
Yes, I already know. It's also important . . .

Nota gramatical

Take a look at the preterite tense of **dormir** *(to sleep)*. Notice that the **o** changes to **u** in the **él/ella/Ud.** and **ellos/ellas/Uds.** forms.

dormí	dormimos
dormiste	dormisteis
d**u**rmió	d**u**rmieron

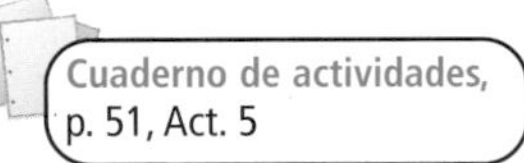

Cuaderno de actividades, p. 51, Act. 5

Más práctica gramatical, p. 150, Act. 1

Cuaderno de gramática, p. 37, Act. 3

7 ¿Sanos o no?

Escuchemos Escucha a los estudiantes que describen sus rutinas diarias. Con base en sus hábitos, indica quién es **el más sano** *(the healthiest)* y quién es **el menos sano** *(the least healthy)*.

8 Gramática en contexto

Escribamos Look at each of the pictures and write a caption for it with advice about good habits for a healthy lifestyle. Begin each piece of advice with a phrase from the box.

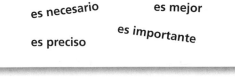

es necesario	es mejor
es preciso	es importante

1.

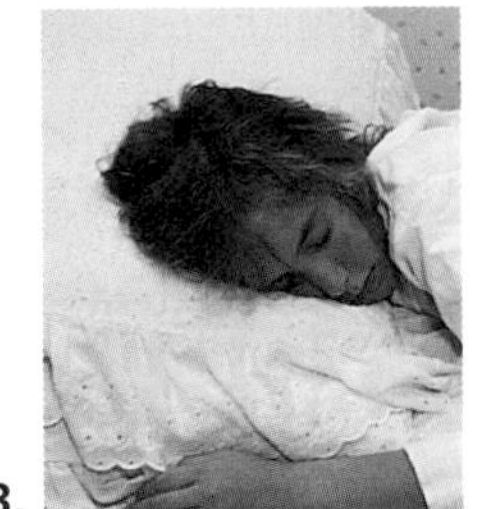

2.

3.

4.

9 ¿Eres sano?

Escribamos Escribe seis preguntas que puedes usar para preguntarle a un/a estudiante sobre lo que hace para mantenerse en forma. Pregúntale sobre la dieta, el ejercicio y la rutina diaria.

10 ¿Quién lleva una vida sana?

Hablemos/Escribamos En grupos de tres, usa las preguntas de la Actividad 9 y entrevista a tus compañeros. Toma apuntes y decide quién es el más sano del grupo.

Vocabulario

CD-ROM 2 DVD 1

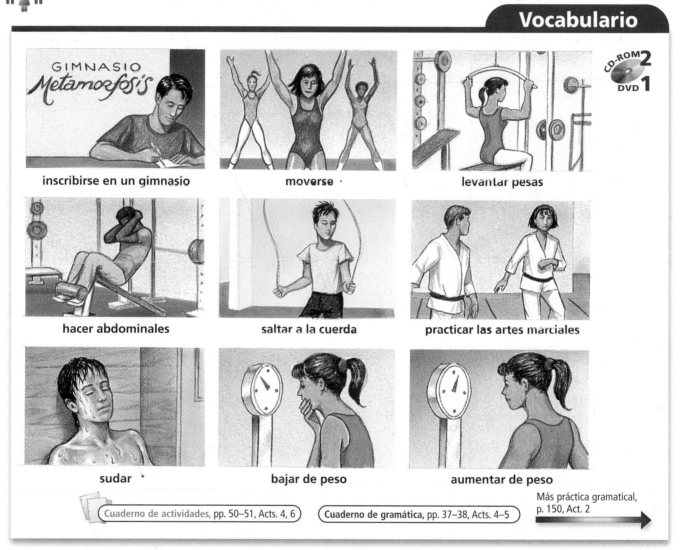

GIMNASIO Metamorfosis

inscribirse en un gimnasio

moverse

levantar pesas

hacer abdominales

saltar a la cuerda

practicar las artes marciales

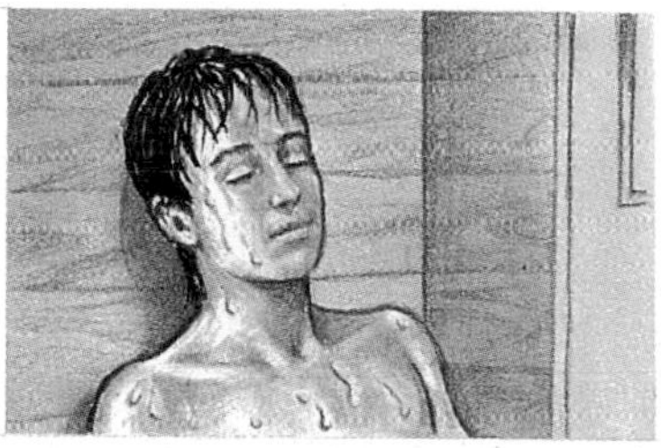

sudar

bajar de peso

aumentar de peso

Cuaderno de actividades, pp. 50–51, Acts. 4, 6

Cuaderno de gramática, pp. 37–38, Acts. 4–5

Más práctica gramatical, p. 150, Act. 2

11 Para todos los gustos

Leamos/Hablemos Recomienda un deporte según cada comentario.

1. Quiero bajar de peso pero no me gusta sudar. Me gusta el agua.
2. Me gusta mucho correr por el parque y me encanta la competencia.
3. Prefiero jugar a un deporte de equipo, pero también me gustan los deportes acuáticos.
4. Es importante saber defenderse, pero también me gusta la disciplina mental.
5. Me gustaría aumentar de peso y tener más músculos.
6. Me gusta moverme y saltar. Me encanta escuchar la música y estar con otras personas.

Gramática

Preterite of *-er* and *-ir* verbs

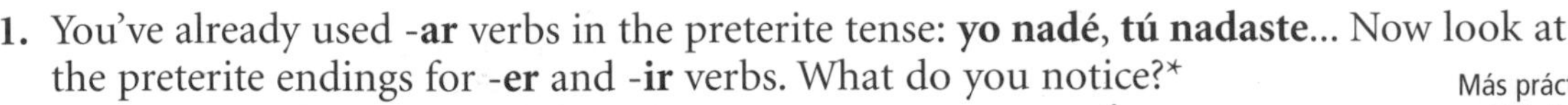

1. You've already used **-ar** verbs in the preterite tense: **yo nadé, tú nadaste**... Now look at the preterite endings for **-er** and **-ir** verbs. What do you notice?*

-er		-ir	
corrí	corr**imos**	asistí	asist**imos**
corr**iste**	corr**isteis**	asist**iste**	asist**isteis**
corr**ió**	corr**ieron**	asist**ió**	asist**ieron**

2. The **nosotros** form is the same in both the present and the preterite for regular **-ir** verbs. Meaning is clear from context.
   Asistimos a la clase de judo todos los días. *We go to judo class every day.*
   Bueno, ayer no **asistimos**. *Well, yesterday we didn't go.*
3. In the preterite, **dar** *(to give)* takes **-er**/**-ir** endings but without the written accent marks: **di, diste, dio, dimos, disteis, dieron**.

CD-ROM 2
DVD 1

Más práctica gramatical, p. 151, Act. 3

Cuaderno de actividades, p. 52, Act. 7

Cuaderno de gramática, p. 38, Acts. 6–7

12 Gramática en contexto

Leamos/Escribamos Completa la siguiente carta con las formas correctas de estos verbos en el pretérito.

¿Se te ha olvidado?
preterite of -ar verbs
Consulta la página R33

Cuaderno de gramática, p. 39, Acts. 8–9

comer	ganar	dar	sorprender
asistir	correr	salir	inscribirse

¡Hola!
El domingo pasado __1__ a la competencia de remo en el lago. El equipo del Club del Mar San Amaro __2__ el trofeo. Después, mis amigos y yo __3__ un paseo y por la tarde __4__ en mi restaurante favorito. Daniel no fue porque __5__ en un maratón. Antonio nos __6__ con una noticia. Todos sabemos que no le gustan los deportes, pero Antonio __7__ en el gimnasio nuevo. Increíble, ¿no? ¿Y tú? ¿__8__ el domingo pasado?
Tu amiga,
Leticia

13 Un día loco

Leamos/Escribamos ¿Qué hizo Jimena el sábado pasado? Mira la agenda y escribe una oración para describir cada actividad.

5 **sábado noviembre**

8:00 desayunar con la tía Julia
9:00 asistir a la clase de artes marciales
10:00 ir al dentista
11:00 correr con Gustavo
12:00
1:00 comer con Elisa y Pedro
2:00
3:00 salir para la práctica de drama
4:00
5:00 inscribirme en el nuevo gimnasio

* Regular **-er** and **-ir** verbs have the same endings in the preterite tense.

14 Entrevista con Luis Manuel

Leamos/Escribamos Lee la siguiente entrevista entre Luis Manuel, un actor joven, y Estrella, una reportera. Después, contesta las preguntas.

ESTRELLA Gracias, Luis Manuel, por la entrevista. Sabemos que estás muy ocupado con tu nueva película de acción. Pero, ¿qué haces para mantenerte en forma?

LUIS MANUEL Pues, la verdad es que normalmente corro todos los días y levanto pesas. También nado por la tarde.

ESTRELLA ¿Qué te gusta hacer los fines de semana?

LUIS MANUEL Casi siempre trabajo los fines de semana, pero me gusta practicar el ciclismo. Cuando estoy cerca del océano, me gusta bucear. Hace tres años que practico el buceo. Me fascina.

ESTRELLA Y, con respecto a la comida, ¿sigues una dieta?

LUIS MANUEL Claro que sí. Como mucha fruta y verduras pero poca carne. Tengo que comer bien para tener la energía necesaria.

1. ¿Qué ejercicio hizo Luis Manuel ayer?
2. ¿Cuánto tiempo hace que practica su deporte favorito?
3. ¿Cuándo tiene la oportunidad de practicar el buceo?
4. ¿Qué crees que hizo el fin de semana?
5. ¿Qué come para mantenerse en forma?
6. ¿Comió verduras la semana pasada?
7. ¿Por qué crees que no le gusta comer mucha carne?

15 Mi rutina

Hablemos/Escribamos Working with a partner, take turns asking each other the same questions that Estrella asked Luis Manuel in Activity 14. Take notes in order to report to the class about your partner's routine.

16  Del colegio al trabajo 

Hablemos/Escribamos You are a trainer for a triathlon team in your area. Working in groups of three, tell what your team did to train for the last competition. Make a chart showing what your athletes did to stay healthy and in shape. Use the phrases in **Así se dice** on page 134 and the **Vocabulario** on page 135, and be sure to use the preterite tense of the verbs.

17 En plena forma

Escribamos Usa la información en la tabla que preparaste en la Actividad 16 y escribe un párrafo sobre lo que hicieron los atletas para mantenerse en forma.

Segundo paso

Objective Telling someone what to do and not to do

WV3 TEXAS-5

18 ¿Cierto o falso?

Leamos/Escribamos Con base en el artículo "5 Buenos Hábitos", responde a cada oración con **cierto** o **falso**. Corrige las oraciones falsas.

1. Comer fibras es bueno para controlar el colesterol.
2. Es mejor comer las frutas sin las cáscaras.
3. Es importante relajarte 20 minutos cada día.
4. Es mejor levantarte más tarde y no hacer ejercicio.
5. Si añades granos y cereales a tu menú diario, puedes eliminar el estrés.
6. Las verduras de colores más amarillos y transparentes contienen más vitaminas.
7. Los guisantes y el maíz te ayudan a mantener el peso.

5 BUENOS HÁBITOS

- Verduras: Come muchas verduras verdes. Mientras más verde y oscuro el color de los vegetales, más vitaminas y minerales tienen.
- Frutas: Come las peras, manzanas, uvas, etc., completas (sin pelar). Las cáscaras de las frutas son muy nutritivas.
- Fibras: Añade a tu menú diario granos (guisantes, maíz, etc.) y cereales. Las fibras te ayudan a mantener tu peso así como tu colesterol en un bajo nivel.
- Camina regularmente: este hábito es fundamental. Levántate un poquito más temprano y hazlo cada vez que puedas.
- Dile adiós al estrés: dedica a ti mismo(a) 20 minutos diarios. No hagas nada, excepto relajarte.

Así se dice

Telling someone what to do and not to do

To tell someone what to do, say:

Ponte en forma.
Get into shape.

Deja de fumar.
Stop smoking.

Ten cuidado.
Be careful.

To tell someone what not to do, say:

No seas flojo/a.
Don't be . . .

No fumes más.
Don't smoke anymore.

No añadas sal a la comida.
Don't add salt . . .

19 En la oficina del doctor

Escuchemos/Leamos Escucha a las siguientes personas que hablan con el doctor sobre sus problemas. Escoge el consejo más apropiado para cada problema.

a. Trabaja menos y duerme lo suficiente.
b. No comas tantos chocolates ni helado. También haz ejercicio.
c. No fumes más.
d. Pues, es necesario ponerte en forma. Camina por lo menos veinte minutos al día.
e. Come menos carne y más verduras.

Vocabulario

el bienestar	*well-being*
dedicar	*to dedicate*
entrenarse para la competencia	*to train for a competition*
el estrés	*stress*
evitar la grasa	*to avoid fats*
el hábito	*habit*
hacer régimen	*to be on a diet*
mantenerse en forma	*to keep in shape*
relajarse	*to relax*
respirar profundamente	*to breathe deeply*
la salud	*health*

SE LO HIZO PARA NO OLVIDARSE DE RESPIRAR.
MARCAS

Cuaderno de actividades, pp. 53–54, Acts. 8, 10
Cuaderno de gramática, p. 40, Acts. 10–11

20 El bienestar

Leamos/Escribamos Completa el siguiente artículo con las palabras del **Vocabulario.**

Para ___1___ en forma, es necesario ___2___ por lo menos 30 minutos al día al ejercicio. Puedes dar un paseo, montar en bicicleta o nadar. No necesitas ___3___ para una competencia para hacer ejercicio. Si corres o caminas, debes ___4___ profundamente y debes ___5___ cuando estás cansado. También es importante comer una dieta sana. Es bueno ___6___ la grasa y comer verduras. Pero recuerda, no puedes comer bien y hacer ejercicio sólo una vez a la semana, porque el ___7___ depende mucho de los buenos ___8___.

Gramática

Informal commands

To tell a friend to do something, use informal **(tú)** commands. What is familiar about these endings? *

¡**Pasea** en bicicleta! ¡**Come** más verduras! ¡**Duerme** nueve horas!

1. Commands include dos and don'ts. To state the dos (positive **tú** commands) of most verbs, drop the **-s** ending of the verb.

Statement		Command
(tú) caminas	→	¡Camina! *Walk!*
(tú) comes	→	¡Come! *Eat!*
(tú) duermes	→	¡Duerme! *Sleep!*

2. To state the don'ts (negative **tú** commands), switch the **-as** ending to **-es** and the **-es** ending to **-as**.

Statement		Command
(tú) fumas	→	¡No fumes! *Don't smoke!*
(tú) corres	→	¡No corras! *Don't run!*

Cuaderno de actividades, p. 55, Act. 12
Cuaderno de gramática, p. 41, Act. 12

* They're the same endings as the **él, ella, Ud.** form of the present tense.

21 Gramática en contexto

Leamos/Hablemos You're taking your little brother with you to the gym. He's into everything and you have to keep him in line so he doesn't get hurt. Answer his questions negatively.

MODELO **—¿Puedo invitar a mis amigos al gimnasio?**
—No, no invites a tus amigos al gimnasio.

1. ¿Puedo montar en bicicleta?
2. ¿Puedo correr cerca de la piscina?
3. ¿Puedo practicar el boxeo con ellos?
4. ¿Puedo levantar pesas?
5. ¿Puedo jugar al baloncesto?
6. ¿Puedo abrir la ventana?
7. ¿Puedo nadar en la piscina?
8. ¿Puedo saltar a la cuerda?

Nota gramatical

The negative **tú** command of **jugar** is **no juegues**. It's spelled with **gu** instead of **g** to keep the hard *g* sound. Verbs ending in **-car**, such as **practicar**, also have a spelling change. The **c** changes to **qu** to maintain the *k* sound: **No practiques un deporte peligroso.** For a summary of spelling-change verbs, see pp. R37–38.

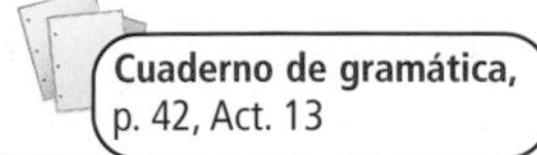

Más práctica gramatical, p. 152, Act. 5

22 Gramática en contexto

Leamos/Hablemos A tu amigo/a le encantan los deportes y hace planes para ir a México. Mira el mapa y dile qué actividad debe hacer en cada lugar.

MODELO **Guadalajara**
—Juega al fútbol en Guadalajara.

Gramática

Irregular informal commands

The following verbs have irregular **tú** commands.

INFINITIVE	POSITIVE COMMAND	NEGATIVE COMMAND
hacer	haz	no hagas
poner	pon	no pongas
tener	ten	no tengas
ir	ve	no vayas
ser	sé	no seas
venir	ven	no vengas
salir	sal	no salgas
decir	di	no digas

Más práctica gramatical, p. 151, Act. 4

Cuaderno de actividades, p. 54, Act. 11

Cuaderno de gramática, p. 42, Act. 14

23 Gramática en contexto

Leamos/Escribamos Completa cada oración con el mandato correcto de los siguientes verbos: **comer, decir, evitar, hacer, ir, poner, saltar, ser, tener.**

1. ______ al gimnasio todos los días.
2. ______ cuidado al levantar las pesas.
3. ______ cien abdominales y ______ a la cuerda doscientas veces cada día.
4. No ______ flojo/a.
5. ______ una dieta sana y balanceada.
6. No ______ sal en la comida.
7. ______ las grasas.
8. ______ adiós a los malos hábitos porque tu bienestar es muy importante.

24 Los buenos hábitos

Leamos/Hablemos Berta no tiene un modo de vivir muy sano. No tiene una dieta muy balanceada y casi no hace ejercicio. Dile lo que tiene y no tiene que hacer.

MODELO **—Yo siempre desayuno galletas de chocolate.**
—No desayunes galletas de chocolate. Desayuna pan tostado o cereal.

1. Siempre voy a la escuela en coche.
2. Miro los deportes en la televisión.
3. Como mucha comida con grasa.
4. Tengo mucho estrés en mi vida.
5. Sólo bebo refrescos.
6. Duermo doce horas al día.
7. No corro, excepto entre el sofá y el refrigerador.
8. Para la cena no me gusta comer más que carne.

25 Una dieta balanceada

Hablemos How does your favorite food rank in the food pyramid? Take turns advising your partner about good eating habits. Use these verbs to give each other commands: **evitar, comer, desayunar, beber, consumir, comprar.**

MODELO **—Bebe dos o tres vasos de leche todos los días.**
—No comas muchas grasas.

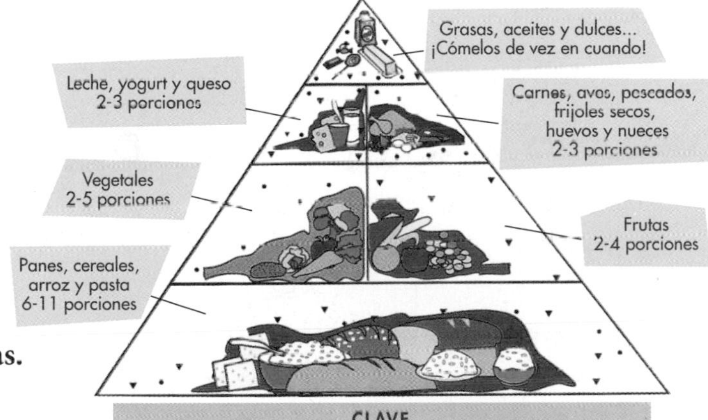

Fuente: Departamento de Agricultura y Departamento de Salud y Servicios Humanos de los Estados Unidos

Nota cultural

Many teenagers in Spanish-speaking countries generally eat a snack between 3:00 and 5:00 p.m. In places like Puerto Rico, Argentina, and Ecuador, **la merienda** consists of juice with bread and fresh fruits. In Venezuela a snack can be **arepas** (corn bread rolls filled with cheese or meat); in Colombia teens might snack on cheese and **parva** (rolls) with hot chocolate. What are your favorite snack foods? How do they compare with snacks of Spanish-speaking teens?

Cuaderno de actividades, p. 60, Act. 19

26 En mi cuaderno

Escribamos Now's the time to decide to start leading a healthier lifestyle! Write a list of everything you eat and the kinds of exercise you do during a typical day. Then, using commands and the expressions you've learned, write a journal entry telling yourself what to do and not to do to improve your diet and exercise habits.

Garnachas, antojitos y bocadillos

Imagínate que estás de visita en un país hispanohablante. No puedes cocinar en casa, así que comes con más frecuencia en la calle. ¿Cómo puedes asegurar que tu dieta sea sana y equilibrada?

Para discutir...

1. Para ti, ¿qué significa el término "comida rápida"? ¿Crees que la comida rápida es necesariamente malsana *(unhealthy)*? ¿Por qué sí o por qué no?
2. Con base en las fotografías y en lo que sabes, ¿crees que la comida rápida en las áreas hispanohablantes es más sana, menos sana, o casi igual? Explica tus conclusiones.

Vamos a comprenderlo

Todas las culturas tienen antojitos, garnachas y bocadillos—comida rápida que se come cuando uno tiene prisa o cuando uno anda de excursión. Pueden ser tacos en México, churros en España, cocadas (dulces de coco) en Colombia o empanadas en Argentina.

Muchos de estos antojitos son similares a los *"junk foods"* de los Estados Unidos, pero algunos son muy sanos y nutritivos también. Por ejemplo, los jugos frescos y licuados son una buena alternativa a los refrescos. Las frutas frescas, los pepinos y jícamas con limón y chile y los cocteles de mariscos pueden ser otra opción. En el mundo hispano, así como en los Estados Unidos, ¡es posible comer bien y divertirse al mismo tiempo!

Tercer paso

Objective Giving explanations

WV3 TEXAS-5

EL AÑO PASADO GANÉ PRIMER LUGAR EN NATACIÓN. EMPECÉ A NADAR ANTES DE APRENDER A CAMINAR.

¿QUIERES NADAR CON NOSOTROS?
¿NADAR? ES QUE NO ME ACORDÉ DE TRAER MI TOALLA.
NO IMPORTA. TE SECAS CON EL SOL.

ES QUE EL AGUA ESTÁ MUY FRIA.
¡QUE VA! HOY HACE MUCHO CALOR.

¿POR QUÉ NO VIENES?
ES QUE ME DUELE EL HOMBRO.

27 El único problema es que...

Leamos/Hablemos Lee la conversación y busca las explicaciones que da el joven para no entrar en el agua. ¿Por qué crees tú que no quiere nadar?

Así se dice

Giving explanations

To give an explanation, you might say:

Bueno, es que estudié con María anoche. *Well, it's just that . . .*

Iba a asistir **pero no pude**. *I was going to . . . but I wasn't able.*

Mis padres **no me dieron permiso**. *. . . didn't give me permission.*

Cuaderno de actividades, p. 56, Act. 13

28 La competencia

A. Escuchemos None of Carolina's friends came to watch her judo match. Listen to the messages left on her answering machine, and match the name of each person to an explanation.

- **a.** ayudar en casa
- **b.** estudiar para un examen
- **c.** visitar con los abuelos
- **d.** bañar al perro
- **e.** trabajar tarde
- **f.** estar enfermo
- **g.** dormir muy tarde

B. Escuchemos/Escribamos Now listen again and write down each message.

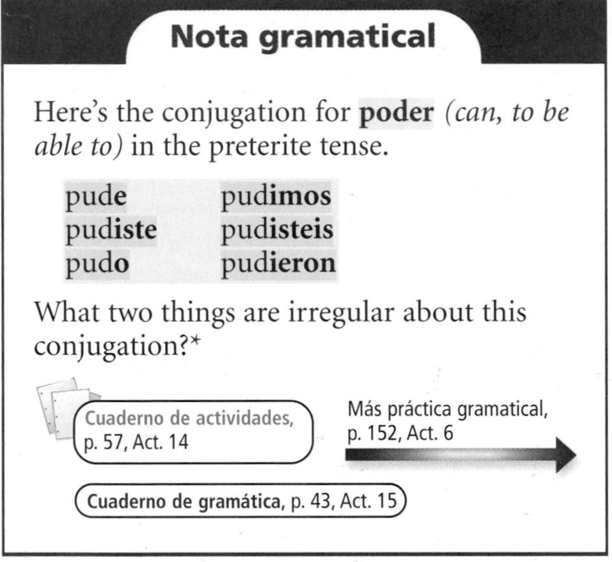

Nota gramatical

Here's the conjugation for **poder** *(can, to be able to)* in the preterite tense.

pud**e**	pud**imos**
pud**iste**	pud**isteis**
pud**o**	pud**ieron**

What two things are irregular about this conjugation?*

Cuaderno de actividades, p. 57, Act. 14

Más práctica gramatical, p. 152, Act. 6

Cuaderno de gramática, p. 43, Act. 15

29 Gramática en contexto

Leamos/Escribamos Explica por qué las siguientes personas no pudieron ir a la competencia de natación.

MODELO **Elena y Sergio no pudieron asistir porque fueron al cine.**

1. Elisa/trabajar hasta tarde
2. Yo/salir para la casa de mis tíos
3. Carlos y Lupe/estudiar para un examen
4. Mi hermano/ir al dentista
5. Mamá/enfermarse
6. Leti y Jimena/asistir a un concierto
7. Mateo y Ramón/perder las llaves del carro

30 Gramática en contexto

Hablemos Pregúntale a un/a compañero/a cinco cosas que pudo o no pudo hacer la semana pasada. Para las cosas que no pudo hacer, tiene que decir por qué no pudo, usando las siguientes frases.

MODELO **—¿Pudiste ir a la fiesta el sábado pasado?**
—No. Es que no pude porque los sábados trabajo.

- perdí mi uniforme
- no me gusta el agua fría
- no tengo una bicicleta
- me levanté muy tarde
- me lavé el pelo
- necesito nuevos zapatos de tenis
- tengo un examen mañana
- no tengo dinero

A lo nuestro

When a friend doesn't want to do something, you may try to talk him or her into it with one of the following expressions: **No seas aguafiestas.** *(Don't be a spoilsport.)*; **No seas un plomo.** *(Don't be a drag.)*; **No seas pesado.** *(Don't be a bore.)*; **¡Anímate!** *(Come on!)*

---

* The preterite stem (**pud-**) is irregular; there are no accent marks on **pude** or **pudo.**

Vocabulario

Cuaderno de actividades, pp. 57–58, Acts. 15–17

Cuaderno de gramática, p. 43, Acts. 16–17

tener calambre *to have a cramp*
torcerse (ue) el tobillo *to sprain one's ankle*
doler (ue) *to ache, to hurt*
lastimarse *to injure (oneself)*
hacerse daño *to hurt (oneself)*

31 ¡Ay, me lastimé!

Hablemos ¿Por qué no pueden participar en la competencia? Mira cada dibujo y di por qué cada persona no puede participar.

Ana

Raúl

Javier y Luisa

Alex

Natasia

Raimundo y Marco

32 Es que...

Hablemos With a partner, take turns asking each other why you can't do the following activities. Give a non-verbal clue and your partner will guess the reason you can't participate.

Modelo —**No puedo correr.** ***(Puts hand over calf.)***
—**Ya lo sé. Tienes calambre en la pantorrilla.**

1. ir al gimnasio
2. practicar el montañismo
3. jugar al fútbol americano
4. sacar la basura
5. hacer ciclismo
6. levantar pesas
7. saltar a la cuerda
8. nadar
9. hacer abdominales

Vocabulario

acordarse (de)	*to remember*
cansarse	*to get tired*
divertirse	*to have fun*
enfermarse	*to become ill*
olvidarse (de)	*to forget (about, to)*
quejarse (de)	*to complain*

Cuaderno de gramática, p. 44, Act. 18

Nota gramatical

In Chapter 3, you learned to use reflexive verbs to talk about things you do to yourself, such as **peinarse** *(to comb your hair)*. Other verbs that use reflexive pronouns are those that express feelings.

Me divertí mucho en el parque.

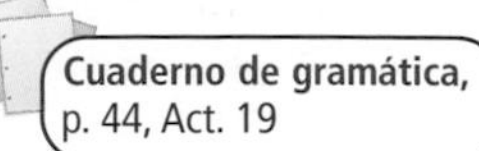

Cuaderno de gramática, p. 44, Act. 19

Más práctica gramatical, p. 153, Act. 7

33 Gramática en contexto

Leamos/Hablemos A reporter from the school newspaper recorded the following comments after the basketball game. Complete each comment with an appropriate verb in the preterite from the **Vocabulario**. Can you guess the result of the game from the comments?

1. Es que ______. No dormí lo suficiente anoche y estoy muy cansada.
2. Yasmín no ______ de traer sus zapatos de tenis. Qué mala suerte.
3. Nosotras no ______ porque jugamos muy mal.
4. Yoli y Vero iban a jugar pero ______ y no pudieron ir a la competencia.
5. Alejandra ______ del partido por completo. ¡Qué distraída!
6. Yo ______ porque no me dieron permiso para jugar.

34 La clase de educación física

Hablemos ¿Qué le dirías a tu maestro o maestra de educación física? Con un/a compañero/a, dramaticen la conversación usando los verbos reflexivos.

MODELO **—¿Por qué no participas en el partido?**
—Es que necesito relajarme un poco.

1. ¿Por qué no tienes tus zapatos de tenis?
2. ¿Qué haces si la competencia no es justa?
3. ¿Qué te pasa? ¿Estás enfermo/a?
4. ¿Qué tal el partido de béisbol?
5. ¿Por qué no pudiste venir ayer?
6. ¿Por qué no puedes continuar corriendo?
7. ¿Por qué no estudiaste para el examen?
8. ¿Por qué estás tan cansado/a?

35 Las buenas explicaciones

Hablemos/Escribamos Con un/a compañero/a, escribe por lo menos dos explicaciones para no tener que hacer cada una de las siguientes actividades. ¡Sé creativo/a y usa tu imaginación!

a. inscribirse en un gimnasio

b. participar en la competencia de ciclismo

c. levantarse temprano para correr

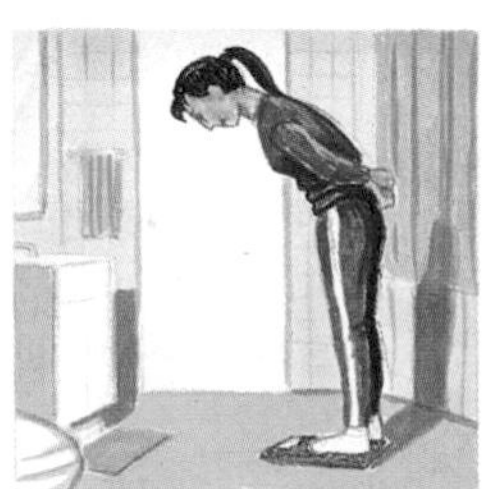

d. bajar de peso

¿Qué haces para mantenerte en forma?

Although schools in Spanish-speaking countries usually don't sponsor extensive sports programs, many students do take advantage of government-sponsored sports activities and neighborhood sports organizations. Here is what some students said they do to keep fit.

Minerva
San Diego, California

"Hago ejercicios como aerobics. Aparte de que me gusta, me siento saludable, me siento con energía. Además, es importante porque... te sientes bien con tu cuerpo y no te enfermas tan rápido y no te cansas".

Alberto
Quito, Ecuador

"Para mantenerme en forma juego fútbol, hago un poco de gimnasia, pero no mucho".

Jeannette
Río Piedras, Puerto Rico

"Para mantenerme en forma evito comer carnes rojas; [como] bastantes fibras, ensaladas".

Eduardo
San Antonio, Texas

"Voy al gimnasio, juego basquetbol y hago ejercicios... es casi todo lo que hago, casi todos los días voy a jugar basquetbol".

Para pensar y hablar...

A. Explica lo que haces tú para mantenerte en forma. ¿Tienes algo en común con los entrevistados? ¿Qué es? De todo lo que dicen arriba, ¿qué te parece lo más importante y por qué?

B. Minerva gives some good reasons for staying in shape. In your opinion, why is it important? With a classmate, come up with as many reasons as you can to stay in shape.

Cuaderno para hispanohablantes, pp. 24–25

Vamos a leer

¡En forma!

Estrategia para leer

Take notes to remember what you've read. There are different kinds of notes and different reasons for taking them. One way of taking notes is by summarizing the content of an article or book. You can use this strategy in all of your classes. When you take notes to summarize what you've read, you'll remember the content better. You can also use those same notes when you study for a test.

¡A comenzar!

The article on these pages is from the magazine *Eres.* Look over the article for about a minute to get an idea of what it's about.

¿Te acuerdas?

Skim to get the gist. Remember that skimming is looking at titles, pictures, and—if you have time—the first sentence of each paragraph.

A. Choose the phrase that best describes the gist of this article.

1. Basic sports for beginners.
2. How to avoid drugs and alcohol.
3. Things you can do to keep in shape.
4. How to lose weight safely.

Al grano

B. Now it's time to read the article. You'll find many words you know and some unfamiliar words whose meaning you can guess. Be sure to use your knowledge of cognates! To see if you

Básicos para estar en forma

- Antes que nada, una alimentación sana y balanceada. Inclínate por los productos naturales y no te saltes ninguna de las tres comidas. Ten en cuenta que el desayuno es vital, pues todo lo que comas antes del mediodía se transforma en energía, mientras que lo que ingieras por la tarde tiende a transformarse en grasas (por eso llévatela leve con la cena).
- El punto de partida son los ejercicios aeróbicos, que te permiten quemar grasas, aumentan tu capacidad cardiovascular, te ayudan a eliminar toxinas, y te llenan de energía; en pocas palabras: son los que te dan condición. Tienes varias opciones, desde los típicos aeróbicos que haces en un gimnasio, hasta cosas tan divertidas y relajantes como caminar a paso veloz, correr, subir y bajar escaleras, andar en bici, patinar, nadar, bailar, saltar la cuerda, etc.
- Para que tu plan esté completo, debes combinar los ejercicios aeróbicos con los de fortalecimiento, que son los que le dan volumen y definición a tus músculos. Los hay con pesas y aparatos, y también sin ellos, pero lo importante es que ejercites todo tu cuerpo: brazos, pecho y espalda, abdomen, pompas y piernas. Un buen programa consiste en hacer estos ejercicios de fortalecimiento tres veces a la semana, es decir,

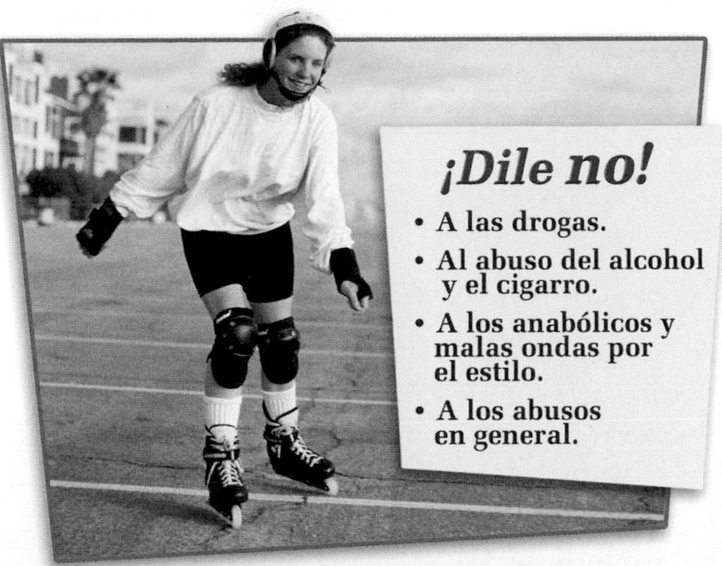

cada tercer día. Claro que si tu condición te lo permite, puedes hacerlo los mismos días que tu entrenamiento aeróbico.

¡Dile no!
• A las drogas.
• Al abuso del alcohol y el cigarro.
• A los anabólicos y malas ondas por el estilo.
• A los abusos en general.

- Tus opciones de lugares para hacer ejercicio son variadas: además del típico gimnasio, puedes hacerlo en tu casa, en el parque, en el jardín, en el campo, en la playa. Lo importante es que sea en un lugar bien ventilado. Si estás en la ciudad, no olvides que para hacer ejercicio al aire libre, hay que evitar las horas de mayor contaminación, y si se trata de un parque o jardín público, que no esté cerca de las vías de mucho tráfico.
- Ojo: nunca te lances a hacer ejercicio sin antes haber cumplido con la etapa de calentamiento. Y al terminar, el relajamiento también es indispensable. Lo primero para evitar lastimaduras al forzar tus músculos fríos; lo segundo para que no te quedes acelerado, y tu respiración y pulsaciones recobren su nivel normal.
- Una recomendación: la ropa que uses para ejercitarte, debe ser lo más cómoda posible.
- Todos los deportes son excelentes para complementar la labor del gimnasio: fútbol, basquetbol, deportes acuáticos, tenis, béisbol, voleibol, softbol, artes marciales, etcétera. Siempre hay uno que vaya con tus preferencias, tu estilo de vida, el tiempo del que dispongas y tu personalidad. En chorcha o por tu cuenta, lo importante es que ¡no te cuajes!

understand the reading, respond to the following statements with **cierto** or **falso** according to the information in the article.

1. Una dieta sana y balanceada es muy importante.
2. No desayunes.
3. Los ejercicios aeróbicos queman grasas.
4. Un buen ejercicio aeróbico es caminar rápidamente.
5. Debes hacer ejercicio de fortalecimiento siete veces a la semana.
6. Un ejercicio de fortalecimiento es correr.
7. No hagas ejercicio cerca de una calle con mucho tráfico.
8. No hay que relajarse al terminar de hacer ejercicio.
9. Siempre puedes encontrar un deporte que vaya con tu personalidad.
10. Es importante no quedarse sin hacer nada.

C. Take brief notes to summarize each paragraph. Try to keep your notes to five words or fewer. Then go ahead and summarize each of the paragraphs. (You may need to do some rereading.)

D. Now get into groups of three and compare your summaries.

E. El artículo da consejos sobre varios aspectos de la dieta y el ejercicio. Ahora considera otros temas. Escoge uno de estos tres temas y escribe un párrafo en español con buenos consejos al público.

1. el hábito de fumar
2. los beneficios de llevar una vida sana
3. los deportes peligrosos *(dangerous)*

Cuaderno para hispanohablantes, pp. 21–23
Cuaderno de actividades, p. 59, Act. 18

Más práctica gramatical

Primer paso

Objective Talking about staying fit and healthy

1 ¿Cuántas horas durmieron las personas de tu equipo de natación la noche antes de la competencia y la noche después? Completa las oraciones con el pretérito de **dormir.** **(p. 134)**

1. Yo ______ ocho horas antes de la competencia.
2. La entrenadora *(coach)* ______ seis horas.
3. Paco y Freddy ______ sólo cuatro horas.
4. Después de la competencia, ellos ______ diez horas.
5. Alicia y yo ______ nueve horas después de la competencia.
6. ¡Pobre Iván! Tú no ______ nada la noche antes, ¿verdad?

2 You and a friend have won a free week at a local gym. Below is your personal trainer's plan. Complete the passage with the correct forms of the missing verbs. **(pp. 133, 135)**

practicar	remar	correr
hacer	saltar	levantar
escalar	estirarse	nadar

Aquí tengo el plan de entrenamiento para ustedes. Todos los días, primero ustedes __1__ antes de hacer ejercicios. Luego, __2__ 50 abdominales. Después, Marcos __3__ a la cuerda por 15 minutos mientras tú __4__ pesas. ¡Tienes los brazos un poco flojos! Luego, van a la pista y __5__ tres millas. El atletismo es un ejercicio muy bueno. Y por la tarde... ¡vamos al lago! Miguel y yo __6__ mientras tú __7__. Y al día siguiente, si hace sol, ustedes __8__ una montaña. Si llueve, vamos al gimnasio y __9__ artes marciales un rato.

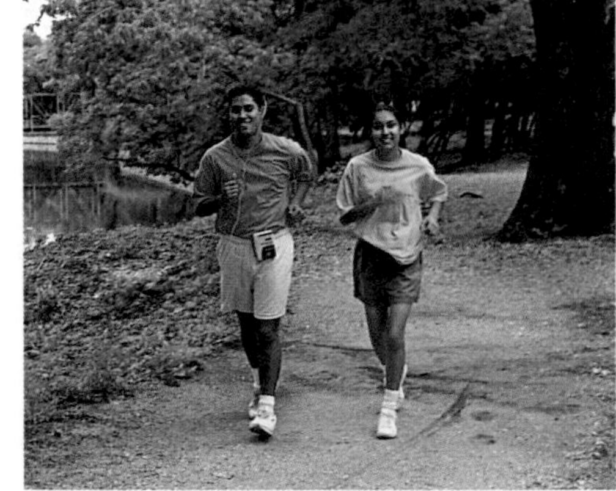

3 Cristina describe lo que ella y los miembros de su familia hicieron la semana pasada. Usa el pretérito de los verbos entre paréntesis. (**p. 136**)

Pues, yo ___1___ (inscribirse) en un gimnasio. Fui allí con unas de mis amigas. Nosotras ___2___ (asistir) a una clase de acróbicos. ___3___ (Moverse) mucho y ahora nos duele todo el cuerpo. Mi hermano Guille ___4___ (salir) para el correo y ___5___ (comprar) unas estampillas. Mi hermana y mi prima sólo ___6___ (comer) ensaladas y ___7___ (beber) jugos de frutas. Mis tíos ___8___ (dar) una caminata en el bosque. Y todos nosotros ___9___ (acostarse) temprano y ___10___ (dormir) lo suficiente.

Segundo paso

Objective Telling someone what to do and not to do

4 Eres el dueño (la dueña) de un gimnasio. Dile al nuevo empleado (a la nueva empleada) qué hacer y qué no hacer usando los mandatos informales. (**pp. 139, 140**)

MODELO **abrir el gimnasio a las siete**
— Abre el gimnasio a las siete.

Sí

1. ayudar a los clientes
2. venir a mi oficina
3. hacer ejercicio con los clientes
4. limpiar los baños
5. tener cuidado con las pesas
6. ser entusiasta

No

7. no dejar las toallas en el baño
8. no correr al lado de la piscina
9. no escuchar música rock en el gimnasio
10. no poner las cuerdas allí
11. no ser flojo
12. no olvidar tus zapatillas de tenis

Más práctica gramatical

WV3 TEXAS-5

5 Susi is ten years old, and all day long people tell her what not to do. Complete what she hears from family and teachers with the missing informal commands. **(p. 140)**

1. Susi, no ______ (jugar) con los juguetes de Juanito.
2. Es hora de ir a tu clase de natación; no ______ (llegar) tarde.
3. Por favor, no ______ (practicar) el baloncesto en la casa.
4. Susi, no ______ (entregar) la tarea tarde.
5. Susi, no ______ (tocar) el violín ahora, por favor. Estoy estudiando.
6. Por favor, ya no ______ (regar) más las flores. No necesitan más agua.
7. Oye, no ______ (sacar) mis cosas de mi cuarto, o voy a hablar con mamá.
8. Susi, por favor no ______ (platicar) con tu hermana toda la noche; es hora de dormir.
9. Susi, no ______ (buscar) el suéter ahora; ponte el abrigo. Tenemos mucha prisa.
10. Susi, no ______ (navegar) por la Red porque necesito usar el teléfono.

Tercer paso

Objective Giving explanations

6 Las siguientes personas no pudieron asistir al partido de voleibol ayer. Completa las oraciones con el pretérito de **poder. (p. 144)**

1. ¿Por qué no ______ ir Margarita?
2. Dámaso, ¿por qué no ______ asistir tú?
3. Yo no ______ ir por el examen de historia.
4. Álvaro y Juan Luis no ______ ir porque sus padres no les dieron permiso.
5. Roberto y Sara, ¿por qué no ______ ir ustedes?
6. Nosotros no ______ ir porque salimos con Andrés ayer.

7 Complete the statements about Soledad's trip to the amusement park with the correct preterite form of the verbs in the box. Some verbs will be used more than once. Remember to make the reflexive pronoun match the subject. (**p. 146**)

divertirse	**olvidarse**	**enfermarse**
quejarse	**cansarse**	**acordarse**

1. Me encanta el parque de atracciones. Emilia y yo ______ muchísimo allí el sábado.
2. ¡Pobre Julio! Comió tres hamburguesas y dos perros calientes, y después ______.
3. Después de tres horas en el parque, mis primitos ______ y se durmieron en el carro.
4. A Fátima no le gustó nada la excursión. Ella ______ todo el día.
5. Lucía y Javier ______ de traer el dinero. Lo dejaron en casa.
6. Y yo no ______ de invitar a mi prima Imelda.
7. Carmela iba a ir con nosotros, pero no pudo. A último momento, ______ de una cita que tenía *(she had)* con el médico.
8. Lila y Berta ______ porque las entradas al parque eran bastante caras.
9. Jorge, tú ______ de hacer cola en todas partes, ¿verdad? ¿Todavía te duelen los pies?
10. Casi todos lo pasaron bien, pero creo que yo ______ más que nadie.

Repaso

1 Mira los volantes *(flyers)* y luego escucha un anuncio de radio. Decide cuál de los dos volantes corresponde al anuncio que oyes.

Usted puede aprender a nadar en sólo dos semanas
Cursos de natación y buceo
BURBUJAS
Escuela acuática
Instructores profesionales con mucha experiencia ya están listos para que Ud. aprenda a nadar.
San Sebastián de la Plaza Mayor,
45-43-29-01
Parada Pirámides Ruta #4 azul

a.

b.

VEN A CONOCERNOS Y DISFRUTA DE LA NATURALEZA CON NOSOTROS
Practicamos las siguientes actividades:
MONTAÑISMO
ESPELEOLOGIA
ESQUI
SENDERISMO
ACTIVIDADES DE AIRE LIBRE E INFANTILES
CARRERAS DE ORIENTACION
TRAVESIAS Y EXCURSIONISMO
ESCALADA DEPORTIVA Y TRADICIONAL
Disponemos, entre otros, de los siguientes servicios a disposición del socio:
SECCION DE FOTOGRAFIA
SERVICIO DE PRESTAMO DE MATERIAL
SERVICIO DE BIBLIOTECA Y CARTOGRAFIA

2 Lee el siguiente artículo sobre los ejercicios. Completa el párrafo con los mandatos de los verbos indicados.

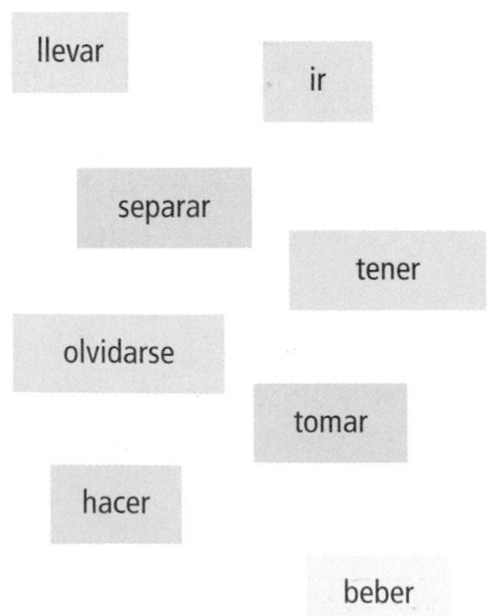

Es importante hacer algunas cosas antes de empezar. Primero, no __1__ de estirarte. __2__ cuidado y __3__ agua para no estar deshidratada. Posición inicial: De pie, __4__ las piernas al ancho *(width)* de los hombros. __5__ una pesa en cada mano y extiende los brazos hacia los lados—a la altura de los hombros. __6__ el brazo izquierdo al frente, tratando de mantenerlo recto y a la altura del hombro. __7__ el ejercicio despacio primero y si no te sientes bien, __8__ al médico para un examen físico.

Vamos a escribir

You're writing a brief article for your school newspaper. Give your readers advice on at least ten ways to lead a healthy life. Use commands in your article, but keep the tone friendly so your readers will want to follow your advice.

Estrategia para escribir
Tone and word choice can influence the effect of your writing on your readers. The tone might be serious, formal, humorous, or cheerful. Decide on the tone that will make your readers most interested.

Preparación

1. Think about the general feeling you want your readers to have about your article.
2. Ask yourself, "What reasons for leading a healthy life will appeal to them? How can I get them to feel the same as I do? What can I say to persuade them to follow my advice?"

Redacción

1. Begin with a question about what your readers do to stay in good shape.
2. Continue with a sentence about why it's important to stay fit and healthy. Tell what to do and not to do.

Evaluación

1. Read your article to see if the main ideas are clear and if it will hold your readers' interest. Change any words or phrases that need improvement. Correct any errors in spelling, punctuation, and grammar.
2. Print a final copy and then ask your teacher if you might share your article with the class.

Situación

With a partner, take the roles of Jimena and Gustavo. Take turns telling each other how to have a balanced diet, and what exercises and activities to do. Respond by explaining why you can't do the things you were told to do.

Cuaderno para hispanohablantes, p. 25

A ver si puedo...

WV3 TEXAS-5

Can you talk about staying fit and healthy? p. 134

1 How would you ask the following people how they stay in shape? How would they answer?

Maribel Carla Pedro

Gustavo Jimena José

2 Say what the following people did during Health Week.

1. yo/ir al gimnasio
2. Fernando/correr cinco kilómetros
3. los profesores/dar un paseo en bicicleta
4. nosotros/inscribirse en una clase de remo
5. Laura/escalar una montaña
6. Luis y Norma/hacer ejercicios aeróbicos
7. tú/comer una dieta sana y balanceada

Can you tell someone what to do and not to do? p. 138

3 How would you tell your friend to do the following things?

1. hacer ejercicio
2. practicar el ciclismo
3. ir al gimnasio
4. evitar el estrés
5. beber ocho vasos de agua
6. tener buenos hábitos

4 How would you tell your friend *not* to do the following things?

1. fumar
2. salir todas las noches
3. ser flojo/a
4. dormir sólo tres horas
5. comer grasas
6. llegar tarde

Can you give explanations? p. 143

5 What would each person give as an explanation for not playing soccer?

Mónica

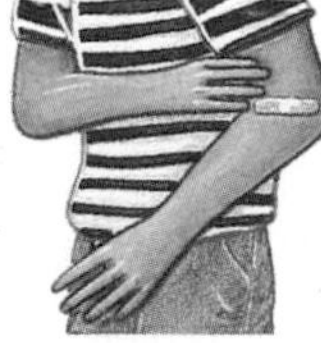

Rubén

Víctor

Sandra

Vocabulario

Primer paso

Talking about staying fit and healthy

las artes marciales	*martial arts*
el atletismo	*track and field*
aumentar de peso	*to put on weight*
bajar de peso	*to lose weight*
balanceado/a	*balanced*
el ciclismo	*cycling*
la dieta	*diet*
es preciso	*it's necessary*
escalar montañas	*to go mountain climbing*
estar en plena forma	*to be in good shape*
estirarse	*to stretch*
hacer abdominales	*to do sit-ups*
inscribirse	*to enroll*
levantar pesas	*to lift weights*
lo suficiente	*enough*
el montañismo	*mountain climbing*
moverse (ue)	*to move*
la natación	*swimming*
por	*for (a period of time)*
remar	*to row*
el remo	*rowing*
saltar a la cuerda	*to jump rope*
sano/a	*healthy*
el senderismo	*hiking*
sudar	*to sweat*
Ya lo sé.	*I already know.*

Segundo paso

Telling someone what to do and not to do

el bienestar	*well-being*
la competencia	*competition*
dedicar	*to dedicate*
Deja de fumar.	*Stop smoking.*
entrenarse	*to train*
el estrés	*stress*
evitar	*to avoid*
la grasa	*fat*
el hábito	*habit*
hacer régimen	*to be on a diet*
mantenerse en forma	*to stay in shape*
No añadas sal.	*Don't add salt.*
No fumes más.	*Don't smoke anymore.*
No seas...	*Don't be . . .*
Ponte en forma.	*Get into shape.*
profundamente	*deeply*
relajarse	*to relax*
respirar	*to breathe*
la salud	*health*
Ten cuidado.	*Be careful.*

Tercer paso

Giving explanations

acordarse (ue) de	*to remember*
cansarse	*to get tired*
dar permiso	*to give permission*
divertirse (ie)	*to have fun*
doler (ue)	*to ache; to hurt*
enfermarse	*to become ill*
Es que...	*It's just that . . .*
hacerse daño	*to hurt (oneself)*
Iba a... pero no pude.	*I was going to . . . but I wasn't able.*
lastimarse	*to injure (oneself)*
olvidarse (de)	*to forget (about); to forget (to)*
quejarse (de)	*to complain*
tener calambre	*to have a cramp*
torcerse (ue)	*to sprain*

Parts of the body

el codo	*elbow*
el cuello	*neck*
el hombro	*shoulder*
la muñeca	*wrist*
el muslo	*thigh*
la pantorrilla	*calf (of the leg)*
la rodilla	*knee*
el tobillo	*ankle*

CAPÍTULO

6

De visita en la ciudad

Objectives

In this chapter you will learn to

Primer paso

- ask for and give information

Segundo paso

- relate a series of events

Tercer paso

- order in a restaurant

internet

MARCAR: go.hrw.com
PALABRA CLAVE:
WV3 TEXAS-6

Después de ir a La Villita, hicimos el recorrido por el Paseo del Río.

DE ANTEMANO • *En el restaurante*

Estrategia para comprender
Guadalupe, Pedro's cousin from Mexico, is visiting her family in San Antonio, Texas. If you were visiting San Antonio, what would you want to do and see there?

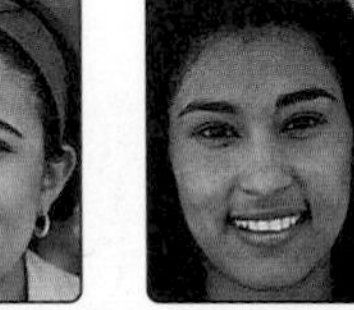

Pedro **Guadalupe** **Jimena** **Carla**

1

Carla: ¿Quién es la nueva mesera? ¿La conocen?
Pedro: No, no la conozco. ¿Saben dónde está Isabela?
Jimena: No sé. No la veo. Ella trabaja los domingos, por lo general.

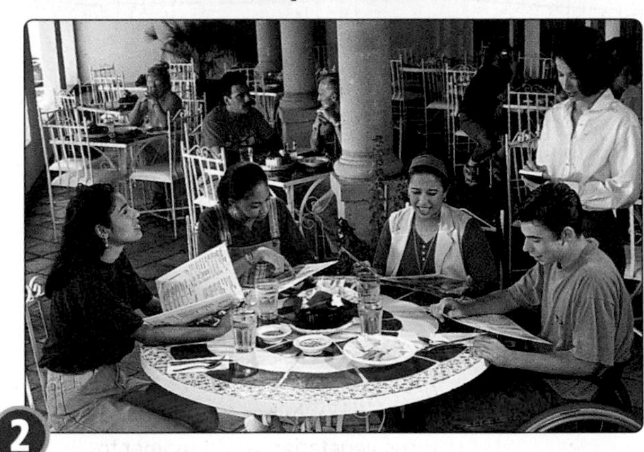

2

Marisa: Hola, buenas tardes. ¿Ya saben qué van a pedir?
Jimena: Sí, pero perdón. Comemos aquí con frecuencia y no te conocemos.
Marisa: Hoy es mi primer día. Me llamo Marisa.
Carla: Mucho gusto, Marisa.
Jimena: Bueno, para mí, los tacos vegetarianos.
Pedro: Enchiladas de mole, por favor.
Guadalupe: Saben, no quiero comida mexicana. Por favor, tráeme una hamburguesa con queso.

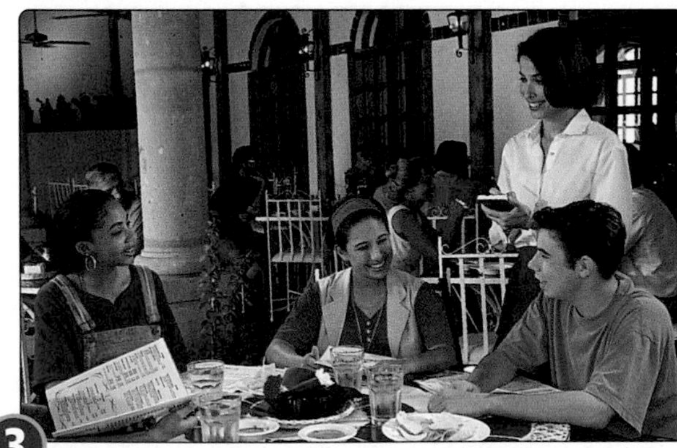

3

Marisa: ¿Y tú?
Carla: No sé... ¿qué me recomiendas, Pedro?
Pedro: Las enchiladas de mole.
Carla: Este, sí. Están muy ricas aquí. Enchiladas de mole para mí también.

4

Carla: Entonces, Guadalupe, ya conoces San Antonio un poco. ¿Te gusta? ¿Es muy diferente de México?
Guadalupe: Pues, sí, es muy bonita. Y claro, es diferente de México, aunque en este barrio hay mucha gente que habla español.

5

Jimena: Bueno, Pedro, cuéntanos qué le enseñaste a tu prima. ¿Fueron al centro? ¿Qué hicieron?

Pedro: Bueno, el sábado por la mañana, nos levantamos como a las ocho y...

Pedro: ...tomamos el autobús al centro. Primero paseamos por todo el centro. Fuimos a las calles Commerce y Main.

Pedro: Después vimos la misión San José.

6

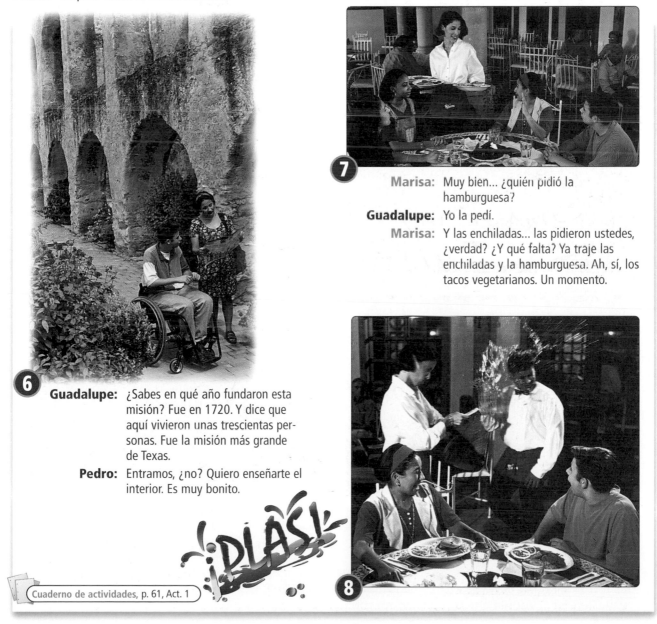

Guadalupe: ¿Sabes en qué año fundaron esta misión? Fue en 1720. Y dice que aquí vivieron unas trescientas personas. Fue la misión más grande de Texas.

Pedro: Entramos, ¿no? Quiero enseñarte el interior. Es muy bonito.

7

Marisa: Muy bien... ¿quién pidió la hamburguesa?

Guadalupe: Yo la pedí.

Marisa: Y las enchiladas... las pidieron ustedes, ¿verdad? ¿Y qué falta? Ya traje las enchiladas y la hamburguesa. Ah, sí, los tacos vegetarianos. Un momento.

8

¡PLAS!

Cuaderno de actividades, p. 61, Act. 1

1 ¿Comprendes la fotonovela?

1. ¿Quién es la prima de Pedro?
2. ¿Qué pidió Jimena? ¿Guadalupe? ¿Pedro?
3. ¿Por qué Guadalupe no quiere comer comida mexicana?
4. ¿Qué lugares visitaron Pedro y su prima?
5. ¿Quién es Marisa? ¿Por qué no la conocen los chicos?
6. ¿Qué plato no trajo la mesera?

2 ¿Cierto o falso?

Decide si cada oración es **cierta** o **falsa**. Corrige las falsas.

1. Pedro y su prima Jimena visitaron las misiones.
2. Para llegar al centro tomaron el metro.
3. Los chicos no conocen a la mesera aunque comen con frecuencia en el restaurante.
4. La comida mexicana en este restaurante no es muy buena.
5. Marisa es nueva; tiene problemas para servir la comida.

3 En secuencia

Con base en la fotonovela, pon los siguientes dibujos en orden. Luego escribe una oración para describir cada dibujo.

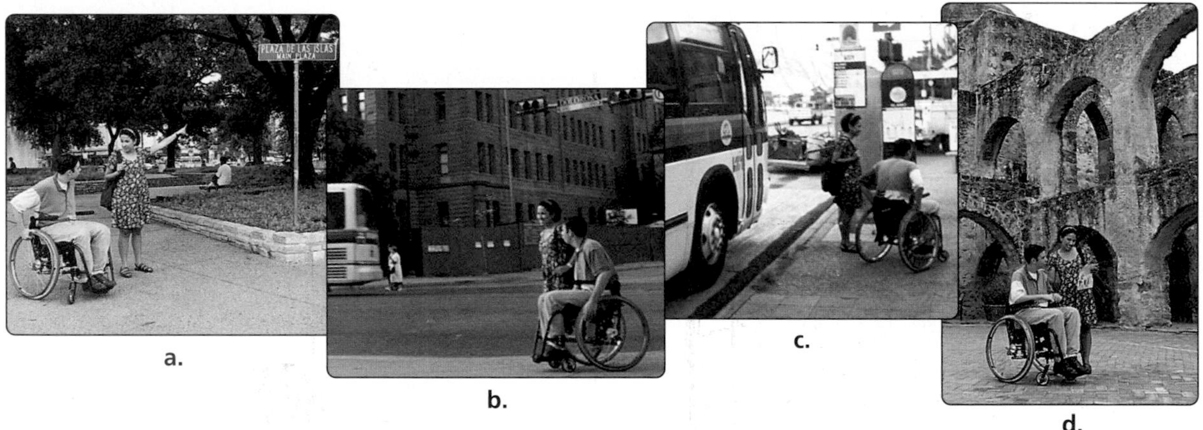

a. b. c. d.

4 ¿Qué dicen?

¿Cómo contestan los muchachos las preguntas? Busca la respuesta correcta en la segunda columna.

1. ¿Qué van a pedir?
2. ¿Conoces a Marisa?
3. ¿Sabes dónde está Isabela?
4. ¿Qué hicieron?
5. ¿Qué recomiendas?

a. Pues, las enchiladas de mole están muy ricas.
b. No sé, trabaja los domingos.
c. Para mí, los tacos vegetarianos.
d. Vimos la misión.
e. No, no la conozco.

5 Y tú, ¿qué harías?

Fuiste a San Antonio de vacaciones. Escribe una postal a un amigo o a una amiga. Usa las fotos de las páginas 158 a 161 y la fotonovela como guía. Describe dos lugares que visitaste y una comida que comiste en un restaurante mexicano.

Primer paso

Objective Asking for and giving information

WV3 TEXAS-6

Vocabulario

CD-ROM 2
DVD 1

Más práctica gramatical, p. 178, Act. 1

Cuaderno de actividades, p. 62, Act. 2

Cuaderno de gramática, p. 45, Acts. 1–2

También se puede decir...

La palabra **estacionamiento** tiene variaciones en el mundo hispanohablante: **el parqueadero** en Colombia, **el parqueo** en Costa Rica, **el parking** en España.

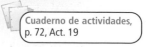

Nota cultural

Approximately half of San Antonians are Mexican American, making San Antonio an important center of Mexican American culture with its own music, cooking, and customs. Favorite foods include **fajitas, burritos,** and **nachos**. **Tejano**, a kind of dance music with a polka beat, has become popular all over the world. Have you noticed the influence of Mexican American culture on music or food where you live?

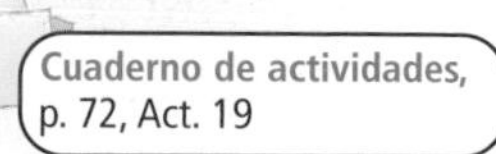
Cuaderno de actividades, p. 72, Act. 19

6 Categorías

Escribamos/Hablemos Get into groups of four or five. Allowing one minute per category, each person must list as many items as possible in each of the following categories. After each minute, compare lists. See who has the most items not listed by anyone else in that category.

1. cosas relacionadas con el agua
2. gente relacionada con el transporte
3. cosas relacionadas con el transporte
4. cosas que ves cuando vas al colegio

Así se dice

Asking for and giving information

Cuaderno de actividades, pp. 62–63, Acts. 3–4

To get information about a city, ask:

¿**Sabe Ud.** si hay un banco por aquí?
Do you know (formal) . . .?

¿**Me podría decir** cuánto cuesta la entrada?
Could you tell me . . .?

¿**Sabes** cuándo abren los museos?
Do you know (informal) . . .?

Disculpe, ¿sabe Ud. dónde está la misión San José? *Excuse me*, . . .?

If you know the answer, say:

Sí, claro, hay uno muy cerca.
Yes, of course, . . .

Por supuesto, es gratis.
Of course, . . .

If you don't know the answer, say:

No estoy seguro/a. Lo puedes averiguar allá.
I'm not sure. You can find out . . .

Lo siento, pero no tengo ni idea.
Sorry, but I have no idea.

Nota gramatical

Here are all the forms of **saber** in the present tense:

sé	sab**emos**
sab**es**	sab**éis**
sab**e**	sab**en**

Cuaderno de actividades, p. 63, Act. 5

Más práctica gramatical, p. 178, Act. 2

Cuaderno de gramática, p. 46, Acts. 3–5

7 En el centro

A. **Escuchemos** Escucha las siguientes conversaciones. Indica qué foto corresponde a cada conversación.

B. **Escuchemos** Escucha las conversaciones otra vez. Indica si las personas saben la respuesta.

a. 

b. 

c. 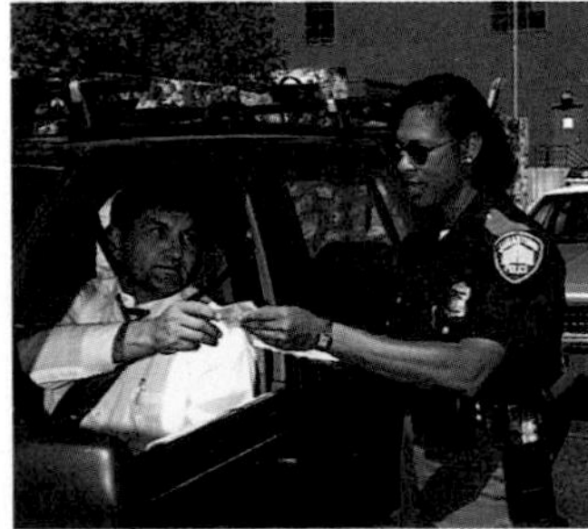

d. 

e. 

f. 

8 Gramática en contexto

Escribamos/Leamos Completa la conversación con las frases de **Así se dice** o la forma correcta de **saber**. Luego, léelo en voz alta *(aloud)*.

LUPE Oiga señor, ¿ __1__ cuándo construyeron esta misión?
HOMBRE __2__
LUPE ¿No sabe? Bueno, entonces, ¿ __3__ quién construyó la primera iglesia?
HOMBRE __4__ pero probablemente fue una persona religiosa.
LUPE Trabaja Ud. aquí como guía, ¿verdad?
HOMBRE No, soy conductor. Trabajo para la ciudad.
LUPE Ah. Bueno, necesito __5__ a qué hora sale el próximo autobús para el centro. ¿Me puede ayudar?
HOMBRE __6__ Eso sí que lo __7__.

9 Del colegio al trabajo

Leamos/Hablemos You work in a tourism office in San Antonio and your partner is a tourist. Use the information in the brochure to answer your partner's questions about the city. Switch roles after three or four questions.

1. ¿Me podría decir cuál es la mejor manera de ver el río?
2. ¿Sabe Ud. qué puedo hacer en el mercado?
3. ¿Qué es La Villita?
4. ¿Cuántas misiones hay en el parque nacional?
5. Quiero averiguar dónde puedo comprar un boleto para las lanchas. ¿Me puede ayudar?
6. Disculpe, ¿dónde venden comida mexicana?
7. ¿Sabe cuál es la misión más grande?

El Mercado. Un centro de actividad, lleno de gente, comida, productos, compras y restaurantes.

La Villita. Lugar de uno de los primeros poblados de San Antonio, muy cerca del Paseo del Río. Hoy, las casas de adobe sirven de galerías, restaurantes y tiendas.

Parque Histórico Nacional de las Misiones de San Antonio. Visitar las misiones es como volver a los tiempos coloniales cuando España gobernaba Texas hace más de 250 años. Empieza el recorrido con la misión de Concepción. Continúa con la misión de San José—la más grande de las misiones. Por último, visita las misiones de San Juan y Espada.

El Río San Antonio. Las aguas tranquilas y verdes de este río recorren la ciudad, uniendo museos, parques y rascacielos. En el centro, en el Paseo del Río, se encuentran tiendas, cafés y restaurantes. Boletos para ir en lancha están a la venta enfrente de la laguna.

Gramática

saber vs. *conocer*

Saber and **conocer** each mean *to know*, but in a different sense.

1. **Saber** means *to know facts or information:*
   Patricia **sabe** la dirección. — *Patricia knows the address.*
   When followed by an infinitive, **saber** means *to know how to do something.*
   ¿Sabes bailar? — *Do you know how to dance?*
2. **Conocer** means *to know* or *to be acquainted with* (a person or a place). After **conocer**, use the personal **a** with people.
   Conocemos a Laura. — *We know Laura.*
   ¿Conoces ese restaurante? — *Do you know that restaurant?*

Más práctica gramatical, p. 179, Acts. 3–4

Cuaderno de gramática, p. 47, Acts. 6–7

Cuaderno de actividades, p. 64, Acts. 6–7

10 Gramática en contexto

Leamos/Escribamos Completa la carta de Elisa con las formas correctas de **saber** y **conocer**.

¡Hola, Jimena!
Aquí estoy en la Argentina. Todavía no ___1___ Buenos Aires muy bien pero ___2___ que es una ciudad enorme. Aquí casi no hay estacionamiento. Por eso tengo que ___3___ la ciudad en metro y autobús. Ya ___4___ a Luisa y somos buenas amigas. Mañana vamos al museo. Ella ___5___ a una persona que trabaja allí y que ___6___ muchísimo de los artistas argentinos. ¿___7___ tú que voy a regresar a San Antonio el 29 de noviembre? Bueno, sólo te escribo una nota porque tengo que ir a comprar muchos regalos. Ya me ___8___, me encanta ir al centro comercial. Hasta muy pronto.

Abrazos,
Elisa

11 Gramática en contexto

Hablemos Entrevista a un/a compañero/a para averiguar si sabe o conoce las siguientes cosas. Usa el verbo **saber** o **conocer** en cada pregunta.

MODELO **cuál es la capital de Texas**
—¿Sabes cuál es la capital de Texas?
—Sí, por supuesto. Es Austin.

1. los nombres de tres ciudades mexicanas
2. la ciudad de Nueva York
3. cuáles son los tres colores de un semáforo
4. un conductor de autobuses
5. una persona famosa
6. el nombre del río en San Antonio
7. cuál es el edificio más alto de los Estados Unidos
8. qué dice el letrero de este colegio

12 Gramática en contexto

Hablemos With a partner, create a dialogue based on the following series of pictures. Use either **saber** or **conocer** in each situation illustrated. Be prepared to role-play your dialogues for the class.

a.

b.

c.

13 De visita

Escribamos What have you learned about San Antonio? Write three things you know about it in your personal journal. Also tell about three things you'd like to do or see (**me gustaría...**) if you had the chance. If you're already familiar with San Antonio, tell about three places you know very well in San Antonio and three that you've never been to.

Segundo paso

Objective Relating a series of events

WV3 TEXAS-6

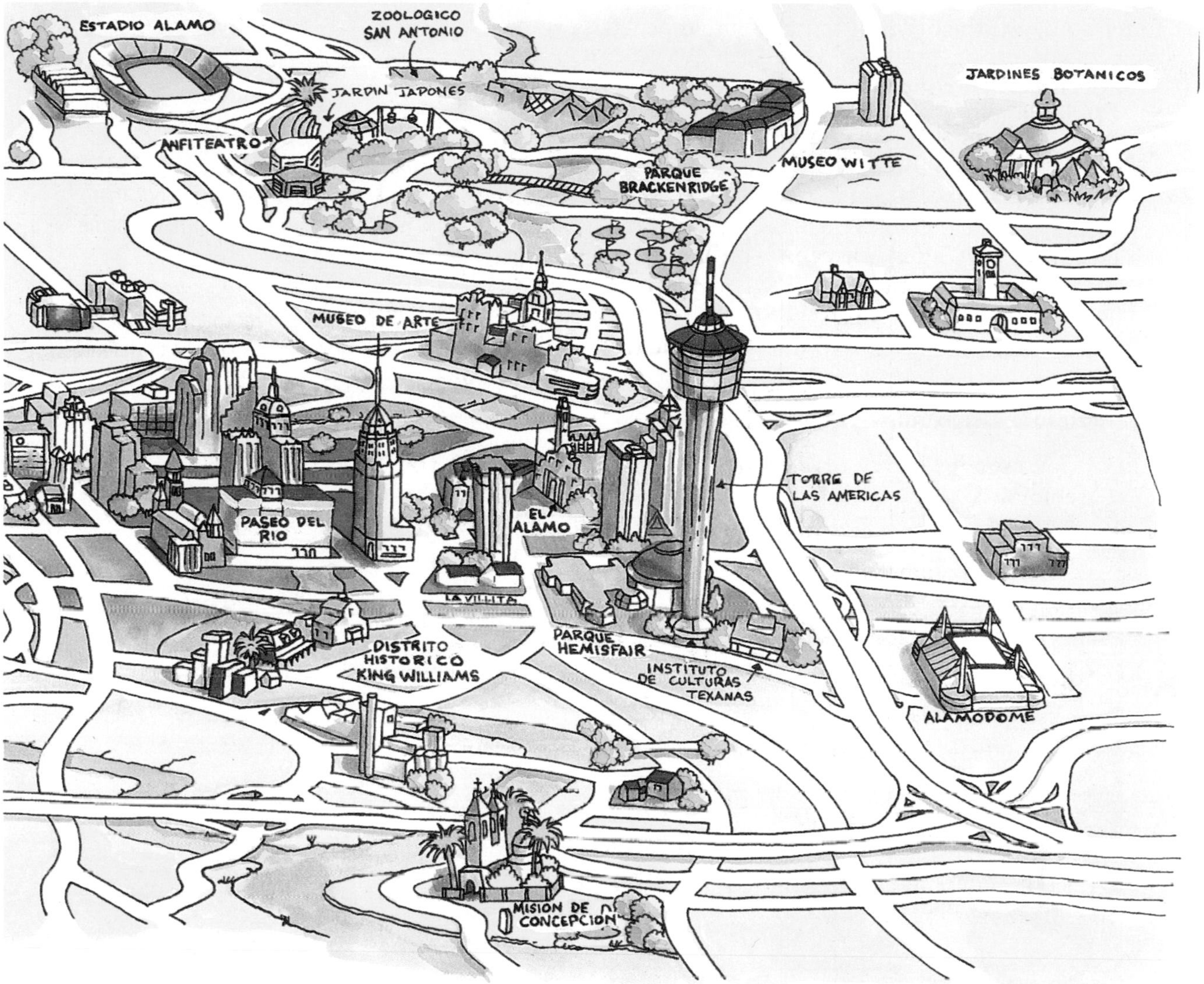

14 El recorrido

Escribamos Observa el mapa del centro de San Antonio. Planea el recorrido más eficiente para visitar cada uno de los siguientes lugares y numera *(number)* tus visitas.

la Torre de las Américas
la Misión de Concepción
el Alamodome
el Instituto de Culturas Texanas
los Jardines Botánicos
el Museo de Arte

Vocabulario

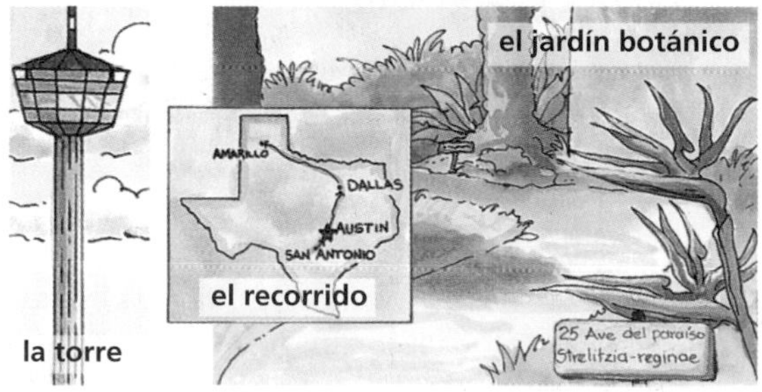

la torre

el jardín botánico

el recorrido

Cuaderno de actividades, p. 65, Acts. 8–9

Así se dice

Relating a series of events

To tell someone the order of things that happened, say:

Para empezar/Primero hicimos un recorrido de La Villita.
To begin with/First . . .

A continuación compramos tarjetas postales.
Next . . .

Después sacamos fotos desde la torre.
Afterwards . . .

Luego recorrimos el Paseo del Río.
Later . . .

Por último comimos en un restaurante mexicano.
Finally . . .

Más práctica gramatical, p. 180, Act. 5

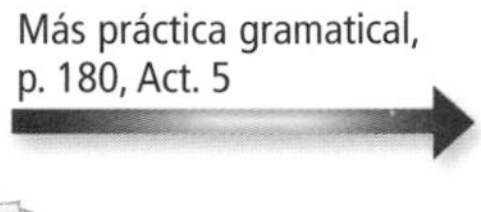

Cuaderno de actividades, pp. 66–67, Acts. 10–12

Cuaderno de gramática, pp. 49–50, Acts. 10, 12–13

¿Te acuerdas?

Remember to use the preterite when you're listing a series of things that happened one after another at some time in the past:

Después de regresar de la ciudad, Juan **dejó** la mochila en la mesa, **se quitó** los zapatos y **se durmió** en el sofá.

Cuaderno de gramática, p. 49, Act. 11

15 ¿Qué hiciste, Guadalupe?

Escuchemos Primero mira las fotos. Luego escucha a Guadalupe que habla de su fin de semana en San Antonio. Numera *(Number)* las fotos en el orden correcto. ¿Es el recorrido de Guadalupe el mismo *(the same one)* que el tuyo en la Actividad 14? Explica las diferencias.

a. Misión de Concepción

b. Torre de las Américas

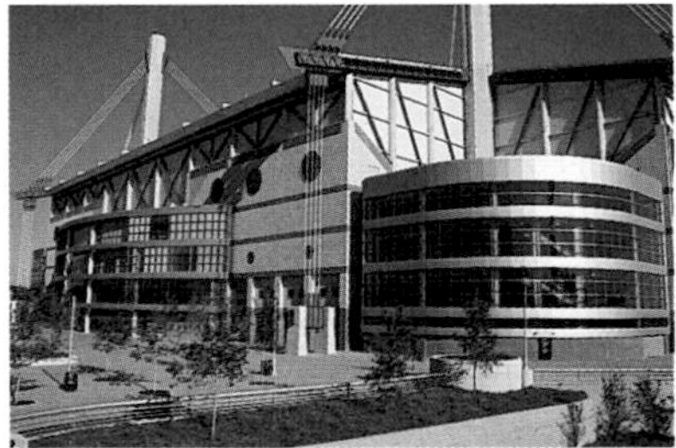

c. El Alamodome

d. Museo de Arte

e. Jardines Botánicos

f. Instituto de Culturas Texanas

16 Un día de turismo

Escribamos Escoge una palabra o frase de cada columna y escribe un párrafo de cinco oraciones sobre lo que Guadalupe hizo en San Antonio.

A continuación	visitar	en un restaurante mexicano
Luego	subir	una tarjeta postal para su amigo
Después	comprar	ir al Mercado
Por último	decidir	la torre
Para empezar	comer	el centro de la ciudad

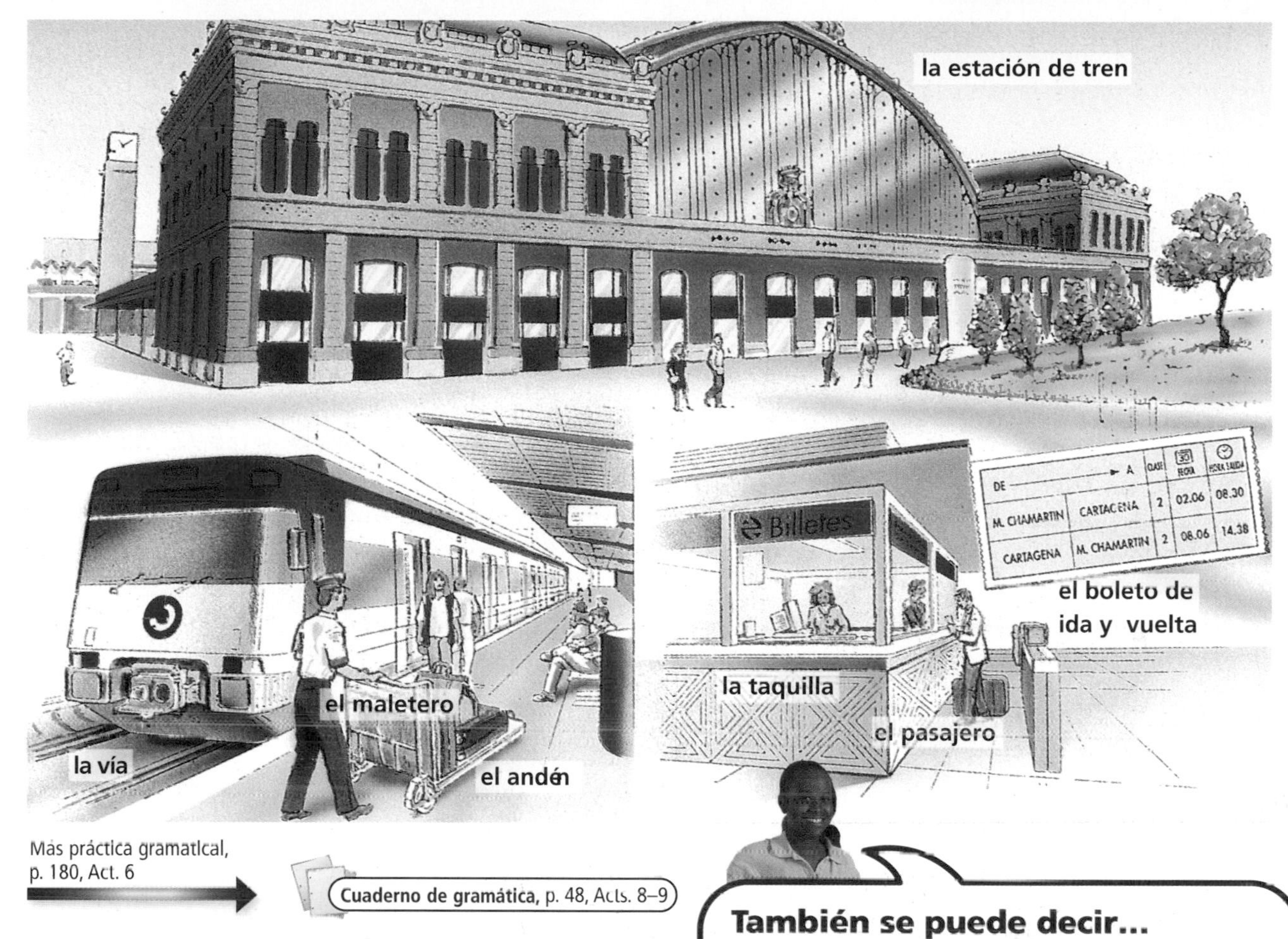

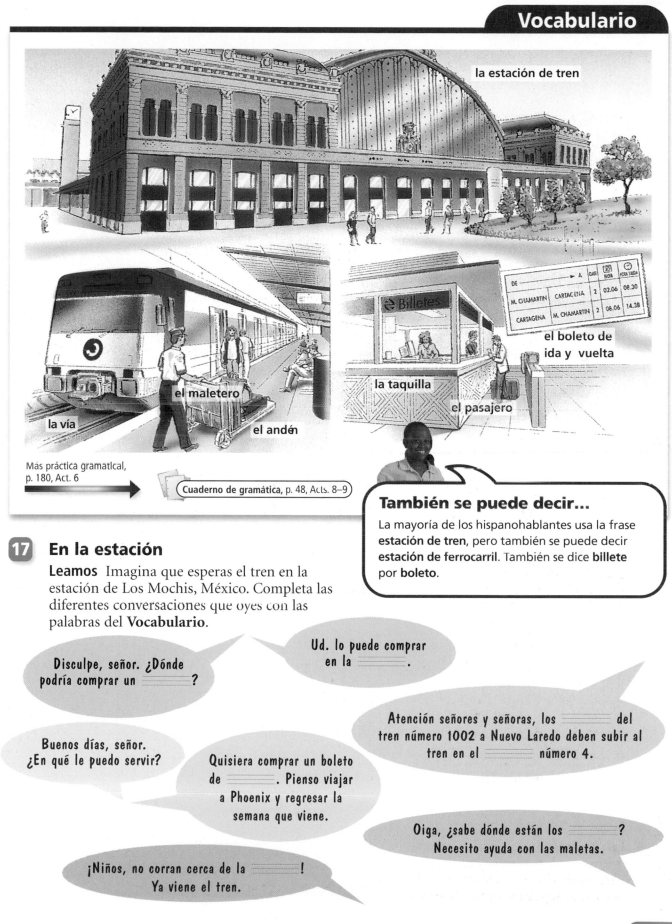

Más práctica gramatical, p. 180, Act. 6

Cuaderno de gramática, p. 48, Acts. 8–9

También se puede decir...

La mayoría de los hispanohablantes usa la frase **estación de tren**, pero también se puede decir **estación de ferrocarril**. También se dice **billete** por **boleto**.

17 En la estación

Leamos Imagina que esperas el tren en la estación de Los Mochis, México. Completa las diferentes conversaciones que oyes con las palabras del **Vocabulario**.

Disculpe, señor. ¿Dónde podría comprar un ______?

Ud. lo puede comprar en la ______.

Atención señores y señoras, los ______ del tren número 1002 a Nuevo Laredo deben subir al tren en el ______ número 4.

Buenos días, señor. ¿En qué le puedo servir?

Quisiera comprar un boleto de ______. Pienso viajar a Phoenix y regresar la semana que viene.

Oiga, ¿sabe dónde están los ______? Necesito ayuda con las maletas.

¡Niños, no corran cerca de la ______! Ya viene el tren.

18 ¿Cómo se dice?

Hablemos Do you ever forget a word? Working with a partner, take turns describing one of the words or phrases below and asking your partner to name it.

MODELO **—¿Cuál es la palabra para el boleto que compras si quieres ir de Houston a Los Ángeles y regresar a Houston?**
—de ida y vuelta

Have you ever tried to say something in English, but then you forgot a certain word? Chances are, you didn't let that stop you. You simply thought of another way of saying the same thing. Use that same trick when speaking Spanish! If you can't remember the word **lavadora**, for example, then just say **"la máquina que lava la ropa."**

pasajero | conductor | estación de tren | estacionamiento | de ida y vuelta | andén | boleto | maletero | taquilla | autobús

19 ¿Qué haces primero?

Hablemos ¿Qué tienes que hacer cuando viajas por tren? En parejas, completen las siguientes frases y pónganlas en el orden correcto. Usen expresiones como **para empezar** y **luego**.

a. tomar un taxi a...
b. esperar el tren en...
c. decirle adiós a...
d. hacer cola en...
e. subirse a...
f. comprar un boleto de...

20 El pasajero misterioso

Escribamos/Leamos Get together with three classmates and complete the story started below. Take turns adding one sentence at a time to tell about a mysterious man who took a train ride on the famous Orient Express.

MODELO **Primero el hombre misterioso compró un boleto de primera clase y pagó con monedas de oro...**

21 Saludos

Leamos/Escribamos Imagina que acabas de visitar tu ciudad favorita. Completa la siguiente carta a tu amigo/a. Sigue las instrucciones entre paréntesis para describir la ciudad y lo que hiciste allí.

Hola (name of your best friend),
Estoy en (name of the city). (Write one sentence explaining how you got there.) *Hoy hice muchísimas cosas.* (Write three sentences about tourist spots you visited.) *Después de ir allí, fui a comer.* (Write two sentences about going to your favorite restaurant in the city and what you ate.) *Fui con unos amigos de aquí.* (Write one sentence about the people you know there.) *Un día tienes que ir conmigo.* (Write one sentence about a place where you and your best friend can go together.) *Bueno, voy a regresar el martes por la tarde.*

Hasta muy pronto,
(your name)

¿Cómo llegas al colegio?

Public transportation is highly developed in most Spanish-speaking countries, with taxis, shared cars or minivans (**colectivos**), buses, and subway systems, or **metros**. And, like residents of New York City and San Francisco, people walk a lot! Here is how some students get to school.

Perla
Taxco, México

"Al colegio llegamos caminando o en combi *(minivan)*, que normalmente aquí en Taxco les decimos burritas *(little donkeys)*... [Burritas] porque [en] las subidas de Taxco, las calles, al subir se detienen y... le hacen así como los burros, por eso les llamamos burritas".

Mario
Lagunilla de Heredia, Costa Rica

"Cuando me toca por las mañanas, yo me voy con un compañero en carro del papá, a veces me voy en bus, y a veces me voy a pie".

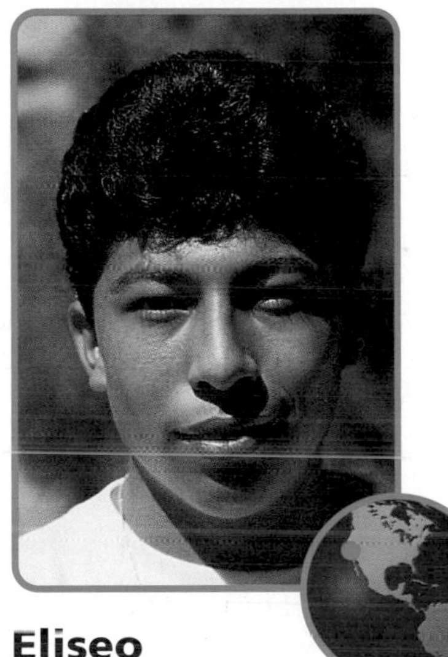

Eliseo
San Diego, California

"Yo uso el *trolley* y el bus... porque a veces no tienen tiempo mis papás para que me vengan a dejar aquí a la escuela, y tengo que venirme en el bus... El bus es más rápido a veces que el *trolley* porque el *trolley* pasa cada quince minutos y el bus, puedo agarrar cualquiera".

Para pensar y hablar

A. Haz una lista de los medios de transporte mencionados en esta página. ¿Existen en tu comunidad? ¿Los utilizas? ¿Por qué?

B. Taxco is a small town in the mountains with steep cobblestone streets. Lagunilla de Heredia is also small, but close to the city of San José. In your opinion, what effect could these factors have on the local transportation systems?

Cuaderno de actividades, p. 72, Act. 20

Tercer paso

Objective Ordering in a restaurant

22 ¿A quién describe?

Leamos/Hablemos Cada una de las siguientes oraciones describe a una de las personas en el restaurante. ¿A quién se refiere cada oración: **al señor** o **a la mesera**?

1. Dice que el helado es buenísimo.
2. Esta persona tiene dificultades para decidir.
3. Recomienda la tarta de manzana.
4. Esta persona pide un flan.
5. No come su postre.

¿Se te ha olvidado?
paying the bill
Consulta la página R5

Así se dice

Ordering in a restaurant

CD-ROM 2 DVD 1

In a restaurant, you might hear the waitperson say:

¿Ya sabe(n) qué va(n) a pedir?

Recomiendo la especialidad de la casa.

¿Qué le(s) traigo de tomar?
What may I bring you to drink?

¿Qué desea(n) de postre?

¿Se le(s) ofrece algo más?
Would you care for anything else?

You could answer:

No. ¿Qué me recomienda?
What do you recommend?

Está bien, pero no está muy picante, ¿verdad?

Para mí, un agua mineral.
I'll have . . .

Por favor, me trae un flan.

No, gracias, sólo la cuenta.

Cuaderno de actividades, p. 68, Act. 13

23 ¿Qué desea?

Leamos/Hablemos Completa el siguiente diálogo entre el mesero y el cliente.

MESERO	CLIENTE
Buenas tardes. ¿ 1 ?	Sí, me gustaría 2 .
¿Y para tomar?	Una limonada, por favor.
¿ 3 ?	Yo quiero el helado de fresa.
¿Algo más?	4 .
Aquí la tiene. Muchísimas gracias.	

Vocabulario

Cuaderno de gramática, p. 51, Act. 14

24 En el restaurante

Escuchemos/Leamos Imagina que sales a comer con dos amigos. Escucha sus preguntas y escoge la respuesta más apropiada para cada una de las preguntas.

a. Aquí somos famosos por las enchiladas suizas.
b. Creo que es Marisa, la nueva mesera.
c. Todavía no, pero ya sabemos qué queremos.
d. Es lo máximo. Todos los viernes hay mariachis.
e. A Casa Pepe. La comida ahí siempre es buenísima.
f. Dos dólares está bien.
g. Me trae enchiladas de mole, por favor.
h. Para mí, la tarta de manzana.

Gramática

Preterite forms of *pedir* and *servir*

In the preterite tense, some Spanish **-ir** verbs have vowel changes in their stems. Look at the following verbs. Can you identify in which forms the vowel change occurs?*

pedí	ped**imos**	serví	serv**imos**
ped**iste**	ped**isteis**	serv**iste**	serv**isteis**
pid**ió**	pid**ieron**	sirv**ió**	sirv**ieron**

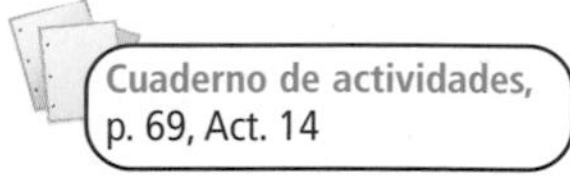

Cuaderno de actividades, p. 69, Act. 14

Más práctica gramatical, p. 181, Act. 7

Cuaderno de gramática, p. 51, Act. 15

25 **Gramática en contexto**

Hablemos Tulio, el dueño del café, pide que el nuevo mesero explique los problemas de ciertos clientes. Tú haces las preguntas de Tulio, y tu compañero/a contesta por el mesero.

1. ¿qué/pedir/los señores? (enchiladas)
2. ¿qué/servirles (tú)? (tacos)
3. ¿y qué/pedir/la hija? (ensalada)
4. ¿qué/servirle/tú? (sopa)
5. ¿y tú/qué/pedirme/ayer? (¡un aumento *[a raise]*!)

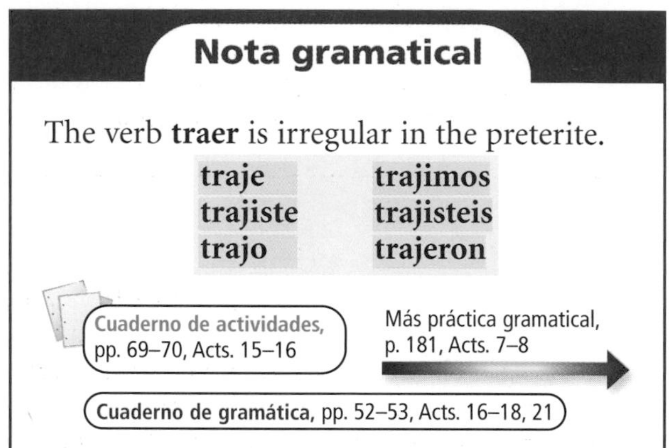

Nota gramatical

The verb **traer** is irregular in the preterite.

traje	**trajimos**
trajiste	**trajisteis**
trajo	**trajeron**

Cuaderno de actividades, pp. 69–70, Acts. 15–16

Más práctica gramatical, p. 181, Acts. 7–8

Cuaderno de gramática, pp. 52–53, Acts. 16–18, 21

26 **Gramática en contexto**

Hablemos What's wrong with this picture? Working with a partner, use the preterite forms of the verbs **traer, pedir,** and **servir** to describe at least five things you see wrong with the restaurant scene.

* The vowel change in **pedir** and **servir** occurs only in the **usted, él, ella** forms and their plurals.

Vocabulario extra

¿Qué tal está la comida?

La ensalada está sabrosa *(tasty)*.

La toronja está agria *(sour)*.

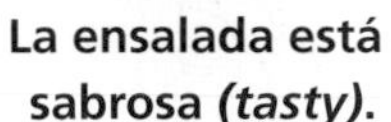

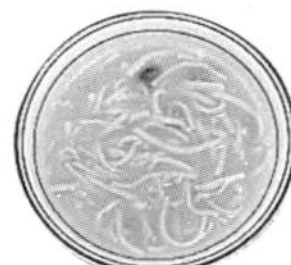

La sopa está tibia *(lukewarm)*.

El helado está derretido *(melted)*.

Nota cultural

On their birthdays, people in Spanish-speaking countries often ask their friends to go out to a restaurant to help celebrate. It's customary for the person having the birthday to offer to pay his or her friends' way, usually by saying **Te invito**. That means not only *I'm inviting you,* but also *I'd like to pay your way.*

27 ¿Me lo recomiendas?

Hablemos Working in a group of three, play the roles of two friends who are constantly asking the server if he or she recommends the following foods. The person who plays the role of the server should explain the recommendation using the clues provided.

MODELO **la limonada/no tiene azúcar**
—¿Me recomiendas la limonada?
—No, está agria.

1. el guacamole/mucho chile
2. el pollo/sabroso
3. el flan de coco/mucha azúcar
4. la ensalada/deliciosa
5. los frijoles/mucha sal
6. la sopa de tomate/no está caliente

¿Te acuerdas?

caliente	*hot*
dulce	*sweet*
frío/a	*cold*
picante	*spicy hot*
rico/a	*delicious*
salado/a	*salty*

Cuaderno de actividades, p. 70, Act. 17

Cuaderno de gramática, p. 53, Acts. 19–20

28 En orden

Leamos/Escribamos Describe lo que hicieron Guadalupe, Pedro y la camarera en el restaurante en San Antonio. Usa las expresiones de los cuadros en el orden más lógico para escribir oraciones.

MODELO **Primero, Guadalupe y Pedro se sentaron a la mesa.**

sentarse a la mesa | hablar después del postre | servir la cena | dejar la propina | pagar la cuenta | traer el menú | recomendar las enchiladas | pedir la comida

29 En mi cuaderno

Escribamos You're a reporter working for a gourmet magazine. Write a report about two of the restaurants in your city. Tell about the last time you went to each restaurant. Describe some of their specialties, what the prices were like, and whether the service was good or bad. Tell where the restaurant is and whether you recommend it.

Vamos a leer

Guía para visitantes

Estrategia para leer

Before reading a passage, take a moment to try to guess what new things it will tell you. You'll be surprised how often you'll be right, just basing your guesses on your background knowledge and common sense. Making predictions helps to prepare you. It's a way to mentally get on your mark, get set, and go!

¡A comenzar!

This chapter's reading is taken from a tourist brochure about San Antonio, Texas. Before you actually look at the text, think about what attractions and events are often described in tourist brochures.

¿Te acuerdas?

Use your background knowledge. Think about what you already know about a topic before you read in depth.

A. Get into a group of three or four students. On the basis of your background knowledge, predict the types of attractions that are likely to be found in this travel brochure.

B. Now, skim over the brochure and see which types of attractions are actually included. Check off the ones that you had on your list.

Al grano

C. Imagine that you work for the San Antonio Chamber of Commerce. Below is some information that tourists ask you

San Antonio

EL ARTE DE VACACIONAR

¡Amigos!

Deseamos brindarles nuestra más cordial bienvenida a todos ustedes. Sentimos orgullo en compartir más que una larga frontera común con México. Nosotros, los texanos, participamos en la riqueza de la cultura mexicana, la cual se encuentra desde las comidas y bebidas que nos deleitan hasta nuestra música, arte y literatura. Es debido a los fuertes lazos familiares, históricos y económicos que tenemos con México, que tantos texanos – más de uno en cada cinco – hablan español.

Los Parques

En San Antonio, cuatro misiones franciscanas del siglo dieciocho también forman un parque nacional, el San Antonio Missions National Park. Son las misiones de Nuestra Señora de la Purísima Concepción, de San Francisco de la Espada, de San José y San Miguel de Aguayo, y la de San Juan Capistrano. Todas sirven como eslabones concretos con el rico pasado hispánico de Texas.

Los Museos

El Instituto de Culturas Texanas presenta las 28 culturas étnicas que formaron el estado de Texas. Usted comprobará la gran influencia que tuvieron México y España, y cómo sigue hasta nuestros días.

Los Deportes

San Antonio tiene un equipo profesional deportivo, los Spurs, que juegan basket entre octubre y abril en HemisFair Plaza en el centro de la ciudad. El principal diario, el *San Antonio Express-News*, publica los horarios detallados.

Restaurantes

Texas le ofrece comida para el paladar refinado, desde la cocina francesa, italiana o china, hasta la comida para gente que tiene prisa, comida como hamburguesas, perros calientes o pollo frito. En las grandes ciudades encontrará usted todos los sabores del mundo, cocina de Tailandia, la India, Etiopía y Grecia, así como la comida regional estadounidense, ya sea del Sudoeste o bien de Nueva York. En cualquier poblado de Texas podrá usted encontrar barbacoa, filetes, el siluro frito y esa mezcla singular de la cocina mexicana norteña y la cocina de Texas, una creación que por aquí llamamos Tex-Mex.

Parques de atracciones

El más nuevo parque de atracciones, el Fiesta Texas de San Antonio, celebra las culturas que crearon nuestro estado. En el parque se han recreado un pueblo fronterizo del viejo oeste, una ciudad estadounidense de los años cincuenta, un lugarejo texano-alemán, y un pueblo típico texano-mexicano. Además, el parque incluye siete teatros con una variedad enorme de música, una de las montañas rusas más grandes y rápidas del mundo (con velocidades que exceden los 115 kilómetros por hora), todo eso sin contar con las cuantiosas diversiones acuáticas. El parque está ubicado en el nordeste de San Antonio en el entronque del Loop 1604 y la vía expresa I-10. Abierto sólo los fines de semana durante la primavera y otoño. En el verano abre todos los días.

Parques zoológicos

Ya el San Antonio Zoo exhibe unos 3.000 animales de 700 especies y es el tercero de América del Norte en tamaño. Abierto diariamente. Cerca del centro de la ciudad, 3903 St. Mary's, en Brackenridge Park.

about. To answer, read the whole brochure at least once, and don't worry too much about the words you don't know. Then scan to find the answers.

1. where the Spurs play
2. a big attraction near downtown, in Brackenridge Park
3. where to go to learn about the influence that Mexico and Spain had on Texas history
4. old Spanish missions which you could visit

D. Sometimes people ask a lot of questions about one particular attraction. To answer, you will need to read in detail.

1. About Fiesta Texas:
   - **a.** Is the park open every day this summer?
   - **b.** How fast does the roller-coaster go?
2. About the San Antonio Missions National Park:
   - **a.** How many missions are there?
   - **b.** In what century were they built?
3. About restaurants in Texas:
   - **a.** What is Tex-Mex?
   - **b.** Where would I go to find uncommon food, like Ethiopian or Thai?
4. About Texans:
   - **a.** In what areas of Texas life can you see the influence of Mexican culture?
   - **b.** What percentage of Texans speak Spanish?

E. Crea un folleto informativo de tu comunidad o de la ciudad grande más cercana. Debes incluir descripciones de por lo menos cinco atracciones.

Cuaderno para hispanohablantes, pp. 26–28

Cuaderno de actividades, p. 71, Act. 18

Más práctica gramatical

Primer paso

Objective Asking for and giving information

1 Muchas cosas pasan hoy en el centro. Completa el párrafo con las palabras del cuadro. Usa la forma correcta del presente si es un verbo. (**p. 163**)

conductor	edificios	lancha	río
estacionamiento	semáforos	subirse	guía
iglesia	parada	letrero	turistas	bajarse

¿Qué pasa hoy en el centro? Pues, a las cuatro hay una boda grande en la ___1___ de San Pedro. Hay muchos carros en el ___2___ que está al lado de la iglesia. También hay unos ___3___ que sacan fotos, porque la iglesia es vieja y muy bonita. El ___4___ que está con ellos les explica todo sobre los ___5___ históricos del centro. Más tarde, el grupo va a ir al ___6___ y hacer una excursión en ___7___.

Al otro lado de la plaza, unas personas hacen cola en la ___8___ de autobuses. Dos muchachos leen el ___9___ para ver cuándo llega el autobús 17. Cuando por fin llega ese autobús, los muchachos ___10___. Otras personas ___11___ del bus para ir de compras en el centro. El ___12___ del autobús 17 está de mal humor porque hay muchos ___13___ en la ciudad y parece que hoy todos están en rojo.

2 Todos los estudiantes en la clase de español saben algo sobre San Antonio. Completa las oraciones y preguntas con la forma correcta de **saber**. (**p. 164**)

1. Nando ______ cuántas misiones hay.
2. Yoli y Marcos ______ dónde está el museo de arte.
3. Vivián y yo ______ cuántas personas viven en San Antonio.
4. La profesora ______ mucho de la historia de la ciudad.
5. Yo ______ dónde está el Álamo.
6. Luz, ¿tú ______ cuántos turistas visitan San Antonio cada año?

3 ¿Cuál se usa: **saber** o **conocer?** Completa las oraciones y preguntas con las formas correctas de los verbos. (**p. 165**)

1. To ask a bus driver where the park is
   ¿_______ usted dónde queda el parque?
2. To ask a passerby when the church opens
   Disculpe, ¿_______ usted a qué hora abren la iglesia?
3. To ask Maite, the tour guide, if she knows a good restaurant nearby
   Oye, Maite… ¿_______ un buen restaurante cerca de aquí?
4. To say that you know a little about the history of the missions
   _______ un poco sobre la historia de las misiones.
5. To ask a policeman if he knows where a parking lot is
   ¿_______ usted dónde hay un estacionamiento?
6. To say that you don't know the other tourists in the group
   No _______ a los otros turistas del grupo.
7. To ask another tourist if he is already familiar with San Antonio
   ¿Usted ya _______ San Antonio?

4 Lucila is a tour guide in San Antonio and she gets asked a lot of questions. Write out her answers, using the cues in parentheses and direct object pronouns. (**p. 165**)

MODELO **—Lucila, ¿conoces la misión de San José? (sí)**
—Sí, la conozco.

1. Señorita, ¿conoce usted bien la ciudad? (sí)
2. Lucila, ¿conoces el zoológico? (sí)
3. ¿Conoce usted los jardines botánicos? (no)
4. ¿Conoces al chofer de nuestro autobús? (sí)
5. ¿Conoce usted a los otros guías? (sí)
6. Lucila, ¿conoces las tiendas en el Paseo del Río? (sí)
7. ¿Conoces el restaurante "Mi Casa"? (no)
8. ¿Conoces a la directora del Parque Histórico? (sí)

Más práctica gramatical

WV3 TEXAS-6

Segundo paso

Objective Relating a series of events

5 Esteban y sus compañeros de clase hicieron una excursión. Completa el párrafo con la forma correcta del pretérito de los verbos entre paréntesis. (**p. 168**)

Primero, todos nosotros ___1___ (reunirse) en el colegio a las ocho en punto. Nosotros ___2___ (subirse) al autobús y ___3___ (salir) para la ciudad a las ocho y media. A continuación, cuando el autobús ___4___ (llegar), todos ___5___ (bajarse). Primero nosotros ___6___ (pasear) por el centro. ___7___ (Ver) muchos edificios históricos y el profesor ___8___ (sacar) unas fotos.

Después, yo ___9___ (merendar) con Alonso y Clara en un café. Unos estudiantes ___10___ (tomar) el autobús para ver el Museo Witte. Otros ___11___ (asistir a) una obra de teatro. Luego, nosotros ___12___ (dar) un paseo por el parque. Allí yo ___13___ (conocer) a unos turistas italianos.

Por último, nosotros ___14___ (hacer) una excursión en lancha por el río. El río es muy bonito y nosotros ___15___ (divertirse) mucho.

6 Carlota is three years old and is going on her first train trip soon. Explain to her what she'll find in the train station by completing the statements with the missing words. (**p. 169**)

los pasajeros | la estación | la taquilla | la vía | el maletero | el andén | el boleto

1. Las personas que hacen un viaje son ______.
2. El lugar de donde salen los trenes es ______.
3. El lugar en la estación donde las personas se suben al tren es ______.
4. Los trenes corren encima de ______.
5. Si tienes muchas maletas, la persona que te puede ayudar es ______.
6. El papel que necesitas comprar para subirte al tren es ______.
7. Los pasajeros hacen cola para comprar los boletos en ______.

Tercer paso

Objective Ordering in a restaurant

7 Blanquita's is an excellent Mexican restaurant, but today the waiters are mixing up everyone's orders. Complete the statements made by waiters and diners with the correct preterite forms of the verbs in parentheses. (**p. 174**)

1. Camarero, yo ______ (pedir) las enchiladas de mole, pero usted me ______ (traer) las enchiladas de queso.
2. Genaro y Mario ______ (pedir) sopa de tortilla, pero la mesera les ______ (servir) sopa de pollo.
3. Laura, ¿qué ______ (pedir) tú? Los burritos, ¿verdad? Y por qué te ______ (servir/ellos) tacos?
4. Señor, ¿qué ______ (pedir) usted? Ay, perdón. Yo le ______ (traer) té frío, y no té caliente.
5. Camarera, nosotros ______ (pedir) flan, pero usted nos ______ (traer) helado.
6. Y mi amigo ______ (pedir) limonada, pero usted le ______ (servir) un vaso de leche.
7. Mis amigos ______ (pedir) tacos de carne de res, pero los meseros les ______ (traer) tacos vegetarianos.

8 Con la información del cuadro, indica qué trajeron todos a la fiesta. Usa el pretérito de **traer.** Incluye el artículo definido. (**p. 174**)

Modelo **Alberto trajo el helado.**

Alberto	helado
1. Sonia y Rita	enchiladas
2. yo	tamales
3. los profesores	tacos
4. Óscar	guacamole
5. Isabel y yo	arroz
6. Delia	flan
7. la directora	tortillas

Repaso

1 Escucha las siguientes conversaciones e indica qué diálogo corresponde a cada pareja que habla.

a. turista/policía
b. madre/hijo
c. mesera/cliente
d. turista/turista
e. pasajero/conductor de autobús
f. cliente/vendedor de boletos

2 Los amigos de Guadalupe le hacen muchas preguntas sobre la ciudad de San Antonio. Ayúdale a contestar sus preguntas con base en la información cultural de este capítulo.

1. ¿Qué idiomas habla la gente de San Antonio?
2. ¿Dónde se puede ver la influencia española?
3. ¿Qué tipo de música es típica de la región?
4. ¿Y la comida? (Nombra dos platos "Tex-Mex".)
5. Entiendo que no tienen un metro como el nuestro. ¿Qué tipo de transporte público existe?

3 Lee el artículo sobre los Premios de la Música Tejana. Con tu compañero/a averigua lo siguiente:

1. el lugar del evento
2. el precio de los boletos
3. los nombres de algunos artistas
4. en qué año es el festival
5. el tipo de música
6. cuántas personas van al festival

El Festival de la Música Tejana llega a su 17° año.

San Antonio—Desde la capital de la música tejana, el Festival de Premios de la Música Tejana ha llegado a ser un evento reconocido internacionalmente. El primer festival sólo atrajo 1.300 personas y ahora atrae una audiencia de casi 40.000 anualmente.

La popularidad de la música tejana—que tiene elementos de la música mexicana y de "country" con un ritmo bailable y un son divertido—se refleja en la cantidad de gente que va a ver el programa en vivo y en la televisión. El festival, en su 17° año, se transmitirá en vivo desde el Alamodome y entre los participantes de esta edición van a estar Joe López y el Grupo Mazz, Jennifer y los Jetz y muchos más. Boletos $60.

4

Vamos a escribir

Write a paragraph about your first week in your new school. You should choose the most important events and arrange them in the order they happened.

Estrategia para escribir
Arranging ideas chronologically is a good way to organize your ideas and narrate events or actions in the order they occurred. Tell what happened first, second, and so on.

Preparación

1. What do you remember that happened during the first week of school? Think about the events you want to highlight, and list them in order. You may even want to make a calendar.
2. List the preterite forms of the verbs you will need to describe each event.

Redacción

1. Begin with the first event on your list and tell what happened. Add your thoughts and feelings to help readers share your experience.
2. Continue describing the events of the week according to your list. Use phrases from **Así se dice** on page 168.

Evaluación

1. Reread your paper carefully. Check your use of the preterite and look for mistakes in spelling and punctuation.
2. Are the events organized in the best order? Be sure to reorder any that are not clear.

5

Situación

Sopa de tortilla	$3.50
Nachos	$5.50
Chile con queso	$4.75
Chalupas	$5.50
Burritos	$6.50
Enchiladas verdes	$7.25
Fajitas (carne o pollo)	$9.25
Chimichanga de pollo	$7.50
Bebidas	$0.95

A. Working in a group of three, role-play a restaurant scene in which one of you is the server and the other two are customers. Place your orders and recommend the house specialties. Mention a problem with the food.

B. After the meal, one customer got sick and the other didn't. You ask for the server's help in remembering who ordered what, but the server has you confused with other customers. Keep talking until you get the orders straight. Use the preterite of **pedir, traer,** and **servir.**

Cuaderno para hispanohablantes, p. 30

A ver si puedo...

WV3 TEXAS-6

Can you ask for and give information? p. 164

1 How would you ask an older person the following things? How would you ask someone who is your own age? How would you answer if you weren't sure or had no idea . . .?

1. what time it is
2. if he knows the waitperson
3. where to get off the bus
4. where the museum is
5. how much the tickets cost
6. if she knows the café Tacos Paco

2 Tell someone what your favorite restaurant is and explain why.

Can you relate a series of events? p. 168

3 Say you went to the following places and tell what you did there. Establish a sequence: first . . . , then . . . .

1. 

2. 

3. 

4. 

Can you order in a restaurant? p. 172

4 Say that these people asked for the following items.

1. Miguel—agua mineral
2. Lupe y Carla—la especialidad de la casa
3. nosotros—para el postre, flan
4. Jimena—¿?
5. tú—la cuenta

5 If you were the host or hostess at a dinner in a restaurant, how would you ask your guests the following? How might your guests respond?

1. if they know what they want to order
2. what they want to drink
3. what they would like for dessert
4. if they want anything else

Vocabulario

Primer paso

Asking for and giving information

averiguar	*to find out*
claro	*of course*
disculpe	*excuse me*
lo siento	*I'm sorry*
¿Me podría decir...?	*Could you tell me . . .?*
No estoy seguro/a.	*I'm not sure.*
No tengo ni idea.	*I've no idea.*
por supuesto	*of course*
¿Sabe Ud. ...?	*Do you know (formal) . . .?*
¿Sabes...?	*Do you know (informal) . . .?*

In the city

bajarse del autobús	*to get off the bus*
el/la conductor/a	*driver*
el edificio	*building*
el estacionamiento	*parking (space)*
el/la guía	*guide*
la iglesia	*church*
la lancha	*boat*
el letrero	*sign*
la parada del autobús	*bus stop*
el puente	*bridge*
el río	*river*
el semáforo	*traffic light*
subirse al autobús	*to get on the bus*
el/la turista	*tourist*

Segundo paso

Relating a series of events

a continuación	*next*
después	*afterwards*
el jardín botánico	*botanical garden*
luego	*later*
para empezar	*to begin with*
por último	*finally*
primero	*first*
el recorrido	*journey*
la torre	*tower*

In the train station

el andén	*platform*
el boleto	*ticket*
la estación de tren	*train station*
ida y vuelta	*round trip*
el/la maletero/a	*baggage carrier*
el/la pasajero/a	*passenger*
la taquilla	*ticket booth*
la vía	*rail*

Tercer paso

Ordering in a restaurant

cenar	*to have dinner/supper*
dejar la propina	*to leave a tip*
la especialidad de la casa	*the specialty of the house*
el/la mesero/a	*food server*
No, gracias, sólo la cuenta.	*No thanks, just the check.*
Para mí...	*I'll have . . .*
pedir (i) la comida	*to order food*
Por favor, me trae...	*Please bring me . . .*
¿Qué desea(n) de...?	*What would you like for . . .?*
¿Qué le(s) traigo de...?	*What shall I bring you for . . .?*
¿Qué me recomienda?	*What do you recommend?*
Recomiendo...	*I recommend . . .*
¿Se le(s) ofrece algo más?	*Would you care for anything else?*
servir (i) el postre	*to serve dessert*
traer la comida	*to bring the meal*
¿Ya sabe(n) qué va(n) a pedir?	*Do you know what you're going to order?*

¡Ven conmigo al Caribe!

Países y territorios caribeños de habla hispana: Estado Libre Asociado de Puerto Rico (EE.UU.), República Dominicana, Cuba

Población: 3.836.000 en Puerto Rico, 8.142.000 en la República Dominicana, 11.201.000 en Cuba

Área: 9.104 km² en Puerto Rico, 48.730 km² en la República Dominicana, 110.860 km² en Cuba

Capitales: San Juan, Santo Domingo, La Habana

Economía: café, azúcar, plátanos, cacao, fármacos y químicos, textiles, turismo

Personajes famosos: Alicia Alonso (Cuba), bailarina; José Martí (Cuba), escritor; Antonia Novello (Puerto Rico), médico; Luis Muñoz Marín (Puerto Rico), político; Raúl Julia (Puerto Rico), actor; Tony Fernández (República Dominicana), beisbolista

Platos típicos: pasta de guayava, tembleque, plátanos fritos, mondongo, arroz con habichuelas

ESTADOS UNIDOS
San Juan
PUERTO RICO
Ponce
La Habana
CUBA
REP. DOMINICANA
Santo Domingo
Mar Caribe
N
0 500 Kilómetros
0 250 Millas

WV3 CARIBBEAN

Vista de San Juan, Puerto Rico, desde la playa Condado ▶

El Caribe

La imagen popular del Caribe es la de bellos paisajes, largas playas soleadas y un clima delicioso; pero las islas del Caribe son mucho más que un paraíso turístico. El Caribe fue el primer sitio de encuentro entre Europa y América en el siglo XV, y hoy en día es un verdadero mosaico de culturas con una fuerte influencia africana. Además de las islas de habla hispana, el Caribe abarca islas donde se habla el inglés, el francés y el holandés, entre otros idiomas.

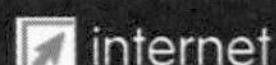

MARCAR: go.hrw.com
PALABRA CLAVE:
WV3 CARIBBEAN

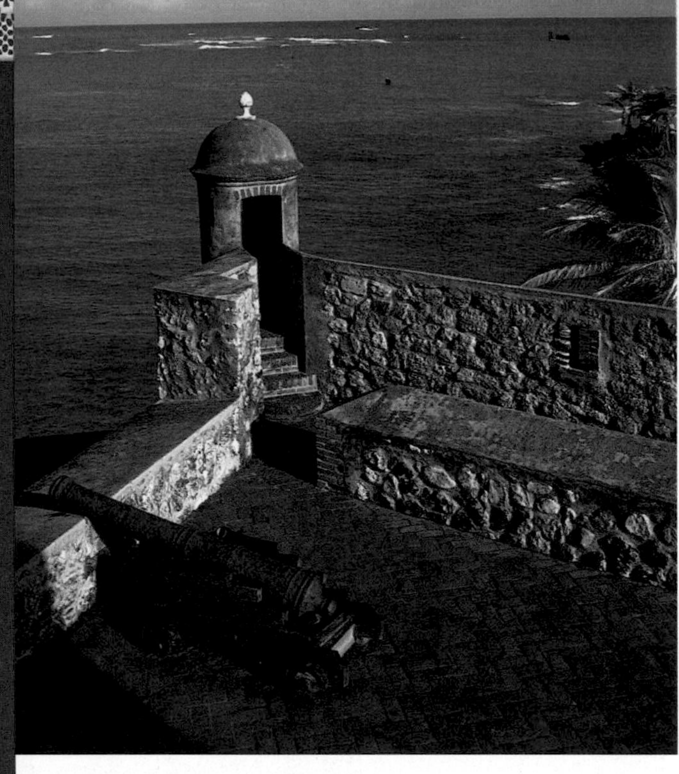

1 Una fortaleza española
En 1502, los españoles construyeron la fortaleza de San Felipe en Puerto Plata, República Dominicana. Las islas del Caribe servían de primera defensa a una gran parte del Imperio Español.

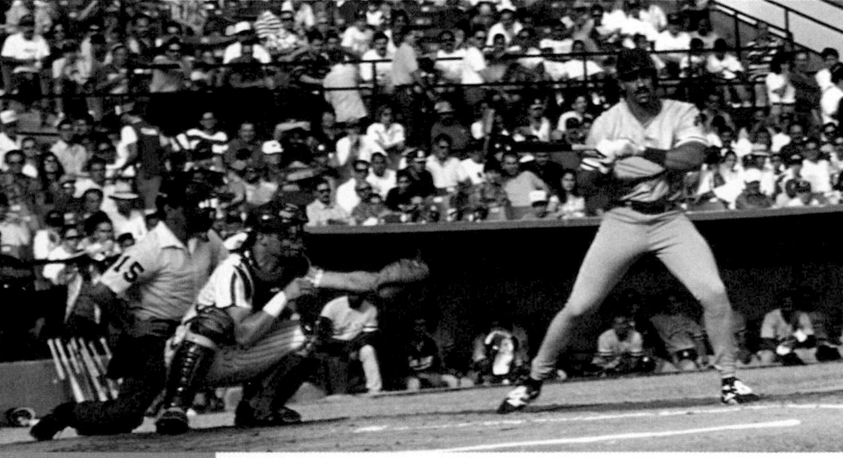

2 Beisbolistas caribeños
El béisbol es el deporte nacional de las islas hispanas del Caribe. Muchos jugadores de la República Dominicana y Puerto Rico han tenido gran éxito en las ligas mayores.

3 Diversidad cultural y lingüística
La cultura del Caribe tiene sus raíces en Europa, África y Asia. Se hablan más de ocho lenguas, entre ellas el papiamento, una mezcla de holandés, portugués, inglés y español.

4 El museo Parque de las Bombas
El pintoresco Parque de las Bombas en Ponce, abierto desde 1883.

En los capítulos 7 y 8,

vas a conocer a unos estudiantes puertorriqueños de la ciudad de Ponce. A pesar de que cuenta con más de 200.000 habitantes, Ponce tiene el ambiente íntimo de un pueblo pequeño. Con tus nuevos amigos, vas a conocer esta ciudad con sus antiguas pistas de pelota indígenas, sus auténticas danzas puertorriqueñas y sus inimitables vistas.

5 Herencia musical africana
La música rítmica del Caribe muestra una fuerte influencia africana. Esta música forma una parte indispensable de los festivales de máscaras y disfraces.

6 La playa Varadero
Cuba tiene más de 2.000 millas de costa y atrae a muchos turistas cada año, especialmente de Canadá, España y México.

7 Chicos dominicanos de paseo
Para muchos habitantes de las islas del Caribe, como estos chicos dominicanos, los barcos y el mar forman una parte de la vida diaria.

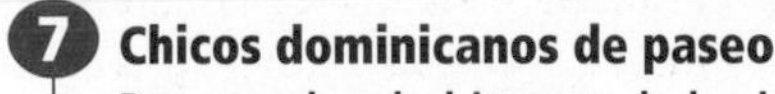

CAPÍTULO

7

¿Conoces bien tu pasado?

Objectives

In this chapter you will learn to

Primer paso

- talk about what you used to do
- say what you used to like and dislike

Segundo paso

- describe what people and things were like

Tercer paso

- use comparisons to describe people

MARCAR: go.hrw.com
PALABRA CLAVE:
WV3 CARIBBEAN-7

◀ **Todos los veranos pasaba las tardes con mi abuelo.**

DE ANTEMANO ▪ *En aquellos días*

Estrategia para comprender

Rogelio is interviewing his great-uncle Martín for a homework assignment. He wants to find out about life in Puerto Rico in the 1940s. Read the **fotonovela** to see what tío Martín says. What exciting thing does Rogelio find out?

Tío Martín

Tía Lucila

Rogelio

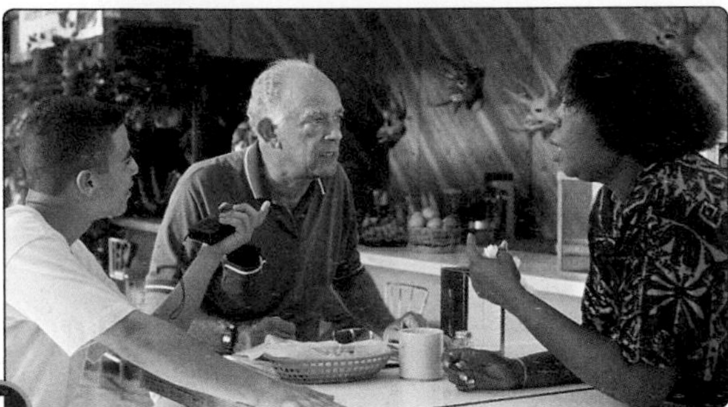

1

Rogelio: Tío Martín, quiero saber cómo era la familia, cómo eran tus amigos, y qué hacían aquí en Ponce cuando tú eras un niño.

Tía Lucila: ¿Cuándo Martín era un niño? Muchacho, para comenzar, ¡tu tío abuelo era muy travieso!

Tío Martín: Tú no estabas allí, no sabes cómo era yo.

Tía Lucila: ¡Yo sí que sé! Porque cuando tu mamá y yo hablábamos, hablábamos mucho de ti... y ella me lo contaba todo...

2

Tío Martín: Bueno, Rogelio, ¿dónde comenzamos?

Rogelio: Pues, tío Martín, cuéntame... ¿cómo era la familia?

Tío Martín: ¿Cómo era mi familia? Pues, para comenzar, nuestra familia era grande....

3

Tío Martín:

Éramos ocho en casa. Vivíamos en una casa sencilla, pero vivíamos muy felices todos juntos. Mi mamá era tan buena como un ángel. Era una persona muy cariñosa. Siempre tenía tiempo para nosotros a pesar de trabajar mucho en la casa y en el jardín.

4

Tío Martín:

Mi hermano Rogelio—sí, se llamaba Rogelio, como tú—era mi mejor amigo. Él nació en 1927. Tenía dos años menos que yo. Era muy alto para su edad, más alto que yo, y él y yo siempre competíamos... corríamos, luchábamos. A veces ganaba él y a veces ganaba yo.

Tío Martín:

Hacíamos muchas cosas juntos. Todos los domingos, después de misa, íbamos a la playa. Allí comíamos—plátanos, arroz, habichuelas. Ay, ¡cómo me encantaban esas comidas! Y después de comer, nadábamos o jugábamos en la arena. Y hablábamos. Hablábamos mucho más que la gente hoy en día. Como no había televisión, nos divertíamos hablando.

5

6

Tía Lucila: Martín, cuéntale a Rogelio lo que pasó en la playa ese domingo de agosto de 1948.

Tío Martín: Era un día precioso. Hacía mucho sol y yo estaba solo. Estaba muy contento. Si no recuerdo mal, pescaba. Y en el agua, había algo que no veía bien... parecía una niña... pero no se movía... Y yo, yo me lancé al agua para ayudar a la niña.

Tío Martín: Pensaba que era una niña que no sabía nadar...

Rogelio: ¿Y? ¿Y? ¿Qué era? ¿Qué había en el agua? Tío Martín, por favor, ¡cuéntame!

7

Cuaderno de actividades, p. 73, Acts. 1–2

1 ¿Comprendes la fotonovela?

1. ¿Cuántas personas había en la familia de tío Martín?
2. ¿Cómo era la mamá de tío Martín?
3. ¿Quién era Rogelio? ¿Cómo era?
4. ¿Qué hacía la familia los domingos?
5. ¿Qué clase de comida llevaban a la playa?
6. ¿Qué vio tío Martín un domingo de agosto en 1948?
7. ¿Qué crees tú que tío Martín va a hacer al final de la fotonovela?

2 ¿Cierto o falso?

Indica si las siguientes oraciones son **ciertas** o **falsas** según la fotonovela. Corrige las falsas.

1. Tía Lucila sabe que tío Martín era travieso porque era una vecina de él.
2. Rogelio era el hermano mayor de tío Martín.
3. Los domingos iban primero a la playa y luego a misa por la tarde.
4. La mamá de tío Martín trabajaba mucho.
5. Tío Martín se lanzó al agua para ayudar a la niña.
6. La familia de tío Martín era pequeña.
7. De niño, tío Martín se divertía viendo la televisión.

3 ¿Quién es?

Lee cada descripción y decide a quién o a quiénes se refiere.

1. Nació en 1927.
2. Era una persona muy cariñosa.
3. Corrían y luchaban.
4. Era muy alto para su edad.
5. Eran ocho.
6. Comían plátanos, arroz y habichuelas.
7. Pescaba por la tarde.

4 La familia de tío Martín

Trabaja con un/a compañero/a para describir a la familia de tío Martín. Indica cuántos eran, dónde vivían y qué hacían.

5 Mi familia

Usa frases de la fotonovela para preparar una descripción verdadera o imaginaria de cómo era la familia de tu abuelo/a. Describe a cuatro o más miembros de su familia. Practica tu descripción con un/a compañero/a antes de presentarla a la clase.

Primer paso

Objectives Talking about what you used to do; saying what you used to like and dislike

WV3 CARIBBEAN-7

¿Conoces bien tu pasado?

Esta pequeña prueba *(test)* te dice si conoces bien tu pasado.

1. ¿En qué día de la semana naciste?

2. ¿Cuántos años tenías cuando fuiste a la escuela por primera vez? ¿Quién te llevó?

3. ¿Cómo se llamaba tu primer maestro o tu primera maestra?

4. ¿Tenías un apodo? ¿Cuál era?

5. ¿Dónde vivías cuando tenías cinco años?

6. ¿Qué personajes de los dibujos animados te gustaban?

Número de respuestas que pudiste contestar:
0–2: ¡Qué mala memoria tienes! Tu pasado no te interesa.
3–4: Tienes buena memoria, pero no te acuerdas de los detalles.
5–6: Tienes una memoria excelente. Tu pasado te fascina.

6 ¿Entendiste?

Hablemos Después de hacer la prueba, compara los resultados con los de un/a compañero/a.

Así se dice

Talking about what you used to do

Cuaderno de actividades, p. 74, Act. 3

To talk about what you used to do as a child, say:

De niña, veía mucho la televisión.

De pequeños, mis hermanos y yo íbamos a la cama temprano.

De chiquito, no me gustaban las verduras.

Cuando era niña, leía muchas historias.

Cuando era joven, mi familia y yo íbamos a la playa.

Cuando tenía trece años, quería ser ingeniera.

7 ¿Ahora o antes?

Escuchemos/Escribamos Escucha las siguientes narraciones y escribe la frase **de niño** si la acción ocurrió en el pasado. Escribe **ahora** si ocurre en el presente.

Gramática

The imperfect tense

You've already used the preterite tense to talk about the past. The preterite is used to talk about completed actions in the past:

Ayer **vi** una película muy buena.

To talk about what you used to do or what you were like in the past, use the imperfect. It may also be used to tell how old you were and what time it was.

Yo **tenía** muchos juguetes. — *I used to have many toys.*
Escribíamos cartas largas. — *We used to write long letters.*

All **-ar** verbs are regular in the imperfect tense.

The **-er** and **-ir** verbs share the same endings.

All verbs have a written accent in the **nosotros** form of the imperfect.

JUGAR		TENER		ESCRIBIR	
jug**aba**	jug**ábamos**	ten**ía**	ten**íamos**	escrib**ía**	escrib**íamos**
jug**abas**	jug**abais**	ten**ías**	ten**íais**	escrib**ías**	escrib**íais**
jug**aba**	jug**aban**	ten**ía**	ten**ían**	escrib**ía**	escrib**ían**

Más práctica gramatical, p. 212, Act. 1

Cuaderno de gramática, pp. 54–55, Acts. 1–5

Cuaderno de actividades, p. 74, Acts. 4–5

8 Gramática en contexto

Leamos/Escribamos Usa palabras de cada cuadro para escribir ocho oraciones que describen cómo era tu familia.

cuando tenía 7 años de niño/a de pequeño/a cuando era niño/a de chiquito/a	yo mi mamá mis hermanos mis maestros mi abuelo papá nuestros vecinos	trabajar jugar dar vivir preparar correr abrir escribir ¿?	béisbol en el colegio en casa todos los días muy cerca mucha tarea con mis/sus amigos mis comidas favoritas ¿ ?

9 De niño, ¿qué hacías?

Hablemos Mira los siguientes dibujos e indica lo que hacía cada persona cuando era joven.

MODELO **De niña, Ana comía muchas verduras.**

Ana

José

Alejandra

Susana

Marco

Laura

Beatriz

Pablo

María

10 ¿Tocabas el piano también?

Hablemos Trabaja con un/a compañero/a. Pregúntense si Uds. hacían las actividades del número 9.

MODELO **—De pequeña, ¿comías verduras?**
—Sí, comía verduras todos los días. (No, no comía verduras nunca.)

Nota gramatical

Ir and **ver** are irregular verbs in the imperfect.

CD-ROM 2
DVD 2

IR	VER
iba	**veía**
ibas	**veías**
iba	**veía**
íbamos	**veíamos**
ibais	**veíais**
iban	**veían**

Más práctica gramatical, p. 212, Act. 2

Cuaderno de gramática, p. 56, Act. 6

11 Gramática en contexto

Leamos/Hablemos Combina las frases de los cuadros para explicar adónde iban y qué veían estas personas los fines de semana. Usa el imperfecto de los verbos **ir** o **ver**.

MODELO **tú/museo**
Ibas al museo y veías arte de España.

1. María/partido de fútbol americano
2. yo/zoológico
3. mis amigos/cine
4. el maestro/biblioteca
5. Paco y Elena/clase de aeróbicos
6. mis hermanas/de compras
7. mi amigo y yo/de vacaciones

la playa
películas de aventura
a los amigos del colegio
los elefantes
arte de España
a los estudiantes buenos
buenos precios
al equipo favorito

Vocabulario

CD-ROM 2
DVD 2

Más práctica gramatical, p. 213, Act. 3

Cuaderno de gramática, p. 56, Act. 7

12 ¿Qué hacían?

Leamos/Escribamos Lee las descripciones de las siguientes personas. Usa las palabras del **Vocabulario** para describir lo que hacían cuando eran jóvenes.

1. Alberto es un fanático del montañismo. Una vez escaló la montaña Everest.
2. Alejandro es cómico. Ahora vive en Los Ángeles y trabaja en un club famoso. Un día quiere ser actor.
3. Marta es una de las mejores escritoras de México. Ella escribe poesía y cuentos de fantasía. Tiene una imaginación maravillosa.
4. Carolina no tiene mucho dinero pero siempre ayuda a otras personas. Ella es una voluntaria de un programa que ayuda a familias pobres.
5. David es arquitecto en Guatemala. Tiene su propia compañía y ahora trabaja en un proyecto para el gobierno.

Así se dice

Saying what you used to like and dislike

Cuaderno de actividades, pp. 75–76, Acts. 6–7

To ask what someone used to like and dislike, say:

¿**Odiabas** ir al colegio?
Did you hate . . .?

¿**Te molestaba** hacer los quehaceres?
Did . . . used to bother you?

¿**Te parecía pesado** el fútbol?
Did . . . seem boring to you?

¿**Te caía bien** Roberto?
Did you like . . .?

To answer, say:

No, lo encontraba genial.
No, I thought it was great.

Sí, siempre **me fastidiaba** mucho.
. . . it used to annoy me . . .

No, me fascinaba.
No, I loved it.

No, **me caía mal.**
. . . I didn't like him.

13 ¿Qué le gustaba de niño?

Escuchemos Escucha a los padres de Joaquín mientras hablan de cómo era él de pequeño. Para cada actividad, escribe **le gustaba** o **no le gustaba** para indicar los gustos de Joaquín.

1. jugar con el perro
2. ir a la escuela
3. hacer la tarea
4. ayudar en casa
5. organizar el cuarto
6. ir a la cama temprano
7. cepillarse los dientes
8. levantarse temprano
9. compartir con su hermano

14 Memorias de la niñez

Hablemos/Escribamos Todos tenemos buenas y malas memorias de la niñez. Describe lo que les gustaba o no les gustaba a las personas en los siguientes dibujos. Luego, di si estas actividades te gustaban a ti cuando eras niño/a.

Nano odiaba trepar a los árboles.

Nano

Andrés

Esteban y Geraldo

Patricia

Marisa y Marco

Lola, Lupita y Luisa

Iván

15 Y a ti, ¿qué te gustaba?

Hablemos/Escribamos Describe las cosas en las Actividades 13 y 14 que te gustaban o no te gustaban de niño/a. Usa las expresiones de **Así se dice** en la página 198.

16 Encuesta

A. **Escribamos** Prepara una prueba de memoria similar a la prueba en la página 195. Escribe seis preguntas que utilizan el nuevo vocabulario. Incluye tres preguntas sobre lo que le gustaba o no le gustaba.

B. **Hablemos/Escribamos** Con tu prueba de memoria, entrevista a cuatro o cinco estudiantes de tu clase para averiguar qué hacían de niños/as. Prepara un reportaje para la clase.

Lo mejor de lo antiguo

If you walk through the downtown area of many cities in Spain or in Latin America, you'll notice that the city looks different somehow. It's more than the fact that all the signs are in Spanish, of course! Look at the following photos and see what looks familiar and what doesn't.

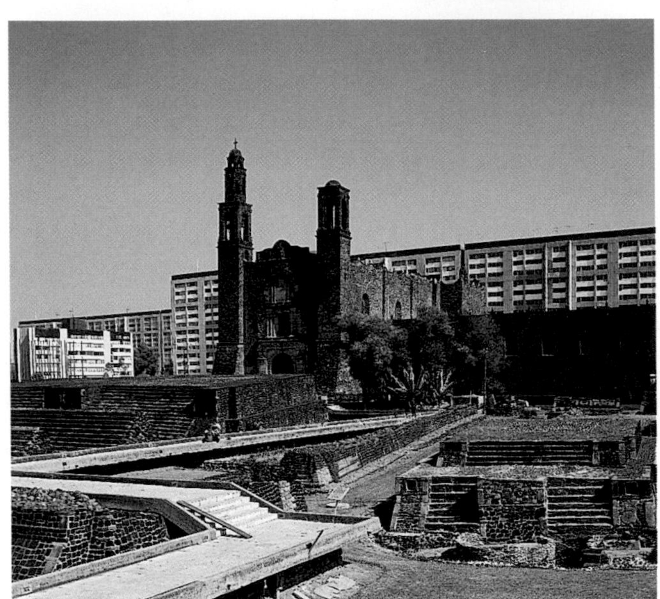

Para discutir...

1. How old would you say that the oldest part of your city is? How old would you say this city is?
2. Does your downtown have businesses with apartments above them?
3. What are some of the differences between living downtown and living in the suburbs?

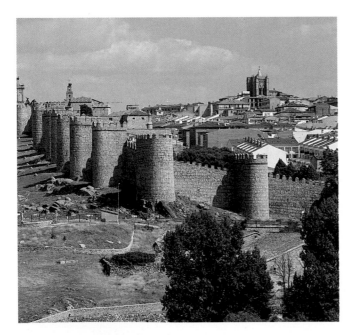

Vamos a comprenderlo

In cities in Latin America and Spain, some buildings may be several hundred or even thousands of years old. For instance, the **Plaza de las Tres Culturas** in Mexico City contains an Aztec pyramid, a colonial church, and modern buildings. In Puerto Rico, the **Palacio de Santa Catalina**, which was finished in 1540, is now the governor's residence. In Spain, the medieval walls that still encircle the city of Ávila are a reminder of the eleventh century, when the safest place to live was inside the city walls.

Cuaderno de actividades, p. 84, Acts. 19–20

Segundo paso

Objective Describing what people and things were like

WV3 CARIBBEAN-7

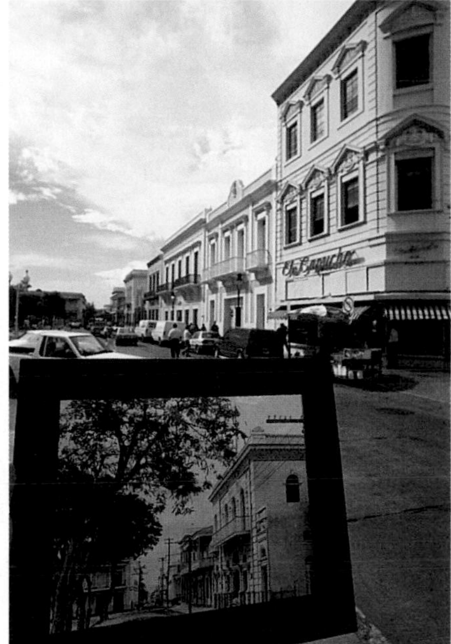

Ponce en los días de mi abuelo
escrito por Rogelio A. Martínez

La ciudad de Ponce no fue siempre la ciudad que es hoy. Durante los años 40, la vida era más sencilla. En la plaza central, no había ni coches ni autobuses modernos. De todas maneras, había gente que andaba por las aceras. Jugaban a los juegos de mesa, como el dominó, u otros juegos como el béisbol. En aquel entonces no había televisión, así que uno se divertía en hablar con amigos y parientes. En las playas se podía ver a la gente jugar, nadar y comer. También se contaban chistes o se jugaban juegos de palabras.

Nota gramatical

The word **o** changes to **u** before **o-** or **ho-**, and the word **y** changes to **e** before **i-** or **hi-**, in order to avoid repeating the same vowel sound.

No sé si el perro tiene siete **u o**cho años.
Pero todavía es alegre **e i**nteligente.

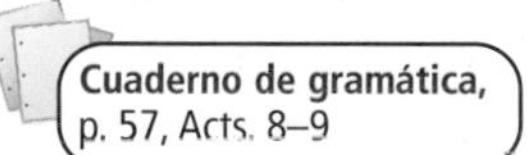

Cuaderno de gramática, p. 57, Acts. 8–9

Más práctica gramatical, p. 213, Act. 4

17 ¿Cómo era la ciudad?

Leamos/Escribamos Lee el reportaje de Rogelio en voz alta *(aloud)* y luego contesta las siguientes preguntas.

1. ¿Cómo era la vida en Ponce durante los años 40?
2. ¿Qué tipo de juegos jugaban en aquel entonces?
3. ¿Por cuántas horas se miraba la televisión en esa época?
4. ¿Cómo se divertía la gente en aquellos tiempos?
5. ¿Adónde iba la gente para divertirse?

A lo nuestro

To refer to the "good old days" in Spanish, you can say **en los buenos tiempos**. If the old days were not so good, you can say **en la edad de las tinieblas** (in the Dark Ages). Some other expressions you can use to talk about the distant past are:

del año uno	*from the year one*
más viejo que Matusalén	*as old as Methuselah*
en la época de las cavernas	*in the days of the cavemen*

Así se dice

Describing what people and things were like

Cuaderno de actividades, p. 78, Act. 9

To ask someone what people and things were like, say:

¿**Cómo era** Iris **en aquel entonces?**
What was . . . like back then?

¿**Cómo era** esta ciudad **en aquellos tiempos?**
What was . . . like in those times?

To answer, say:

En aquella época Iris **era** muy tímida.
In those days . . . was . . .

En mis tiempos era mucho más pequeña.
In my time it was (used to be) . . .

18 El álbum fotográfico

Escuchemos Escucha mientras Rosa, la hermana de tío Martín, describe las antiguas fotos de su familia. Escoge la foto correcta para cada descripción. Hay una descripción que no corresponde a ninguna foto.

a.

b.

c.

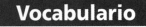

Vocabulario

CD-ROM 2 DVD 2

aventurero

conversadora

solitario

impaciente

consentida

egoísta

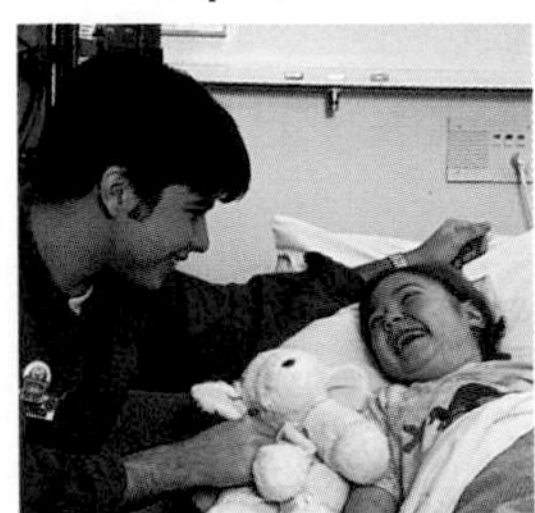
bondadoso

También se puede decir...

Muchos hispanohablantes usan la palabra **consentido/a**, pero también se puede decir **mimado/a**.

Cuaderno de gramática, p. 59, Acts. 12–13

Cuaderno de actividades, p. 77, Act. 8

19 ¿Cómo eran?

Hablemos Con las palabras nuevas del **Vocabulario**, describe cómo eran las siguientes personas. Con el número siete, describe la personalidad de una persona a quien tú conocías.

1. A Miguel le fascinaba viajar. Una vez hizo un viaje a África.
2. Carolina pasaba toda la tarde pintando. Prefería estar sola con su arte a salir con amigos.
3. David siempre tenía problemas en el colegio porque no podía dejar de hablar.
4. Los padres de Raúl siempre le compraban lo que quería. Ese año él recibió un coche nuevo para su cumpleaños.
5. A Violeta le fastidiaba compartir sus cosas con otras personas.
6. Carmen era una persona muy generosa. Siempre le gustaba ayudar a la gente.
7. ¿?

Nota gramatical

Use the verb **ser** *(to be)* to describe people and things in the past. Notice it is irregular:

era	**éramos**
eras	**erais**
era	**eran**

Cuando era niña, me gustaba pintar.

Cuaderno de gramática, pp. 58, 61, Acts. 10–11, 19

Más práctica gramatical, p. 214, Act. 5

Cuaderno de actividades, p. 78, Act. 10

20 Gramática en contexto

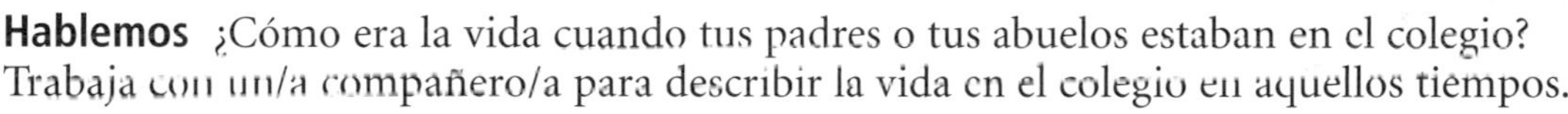

Hablemos ¿Cómo era la vida cuando tus padres o tus abuelos estaban en el colegio? Trabaja con un/a compañero/a para describir la vida en el colegio en aquellos tiempos.

MODELO **los maestros**
—Dicen que en aquellos tiempos, los maestros eran mucho más estrictos que hoy.

1. la tarea
2. las clases
3. los deportes
4. la ropa de los estudiantes
5. los libros
6. los exámenes
7. las responsabilidades
8. los problemas de los estudiantes

21 ¿Quiénes son así?

Hablemos En grupos de tres, describan a sus amigos y hermanos cuando eran niños. Usen las palabras del **Vocabulario** y mencionen a cinco o más personas. Expliquen por qué eran así.

MODELO **—De chiquita, mi hermana era muy egoísta. Nunca compartía sus juguetes conmigo.**

22 Al hablar del pasado

Escribamos/Hablemos ¿Te acuerdas de la escuela primaria? Prepara una descripción de lo que hacías y de las personas a quienes conocías. Al terminar, conversa con dos o tres compañeros sobre tus años en la primaria. Compartan sus descripciones con los otros grupos.

Vocabulario

el aire puro	*fresh air*
la contaminación	*pollution*
la fábrica	*factory*
gigantesco/a	*gigantic*
peligroso/a	*dangerous*
el ruido	*noise*
ruidoso/a	*noisy*
sencillo/a	*simple*
el tránsito	*traffic*

CD-ROM 2
DVD 2

Cuaderno de actividades, p. 79, Act. 11

Cuaderno de gramática, p. 60, Acts. 14–15

SUGERENCIA

You've already learned how cognates, words that are similar in both Spanish and English, can help you understand Spanish better. But you need to be careful of false cognates! False cognates are Spanish words that look like English words, but don't have the same meaning. For example, **fábrica** looks like the English word *fabric,* but it actually means *factory.* The Spanish word for *fabric* is **tela.**

23 El señor Calderón

Leamos/Escribamos El señor Calderón cree que todo era mejor en su época. Termina sus quejas con una descripción de cómo era su vida cuando era joven. Usa el artículo si es necesario.

1. No entiendo a los jóvenes de hoy. Nosotros éramos menos ______.
2. Hoy no hay aire puro en ninguna parte. En aquellos tiempos no teníamos tanta ______.
3. Ya no se puede caminar por las calles de noche. Antes eran menos ______.
4. Hoy día es difícil encontrar un buen trabajo pero en aquel entonces era más ______.
5. ¡Hay tantos coches en las calles hoy! ______ es más complicado.
6. No me gustan los supermercados tan grandes. ¡Son ______!
7. Hoy todos quieren trabajar en una oficina, pero en esa época yo trabajaba en ______.

Nota gramatical

The imperfect of **hay** is **había** *(there used to be)*. The plural form is the same as the singular.

Hay una tienda aquí.
Antes **había** una iglesia allí, y **había** tres tiendas allá.

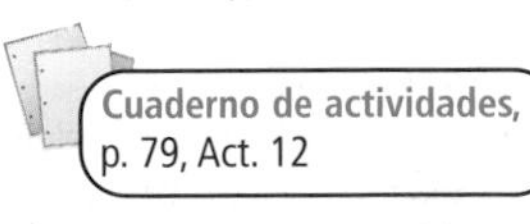

Cuaderno de actividades, p. 79, Act. 12

Más práctica gramatical, p. 214, Act. 6

Cuaderno de gramática, p. 61, Acts. 17–18

24 Del colegio al trabajo

Escribamos You work at the local history museum and are preparing an exhibit about your city's history, 60 years ago and now. Write five sentences to accompany the two exhibit photos. Use the words from **Vocabulario** to explain five differences in your city between then and now.

MODELO **En aquel entonces, había menos coches.**

En aquel entonces

Hoy

25 Gramática en contexto

Escribamos Es el año 2050 y tus nietos quieren saber cómo era la vida en tus tiempos. Escríbeles una carta para describir cómo era y qué había en tu colegio, cómo era y qué había en tu ciudad, cómo eran tus amigos, tus clases, la ropa... Escribe por lo menos diez oraciones.

Vocabulario

el agua corriente*	*running water*	**la estufa**	*stove*
el aire acondicionado	*air conditioning*	**la lámpara de la calle**	*streetlight*
la calefacción	*heat*	**la leña**	*firewood*
la electricidad	*electricity*	**el pozo**	*well*

Cuaderno de gramática, p. 60, Act. 16

Cuaderno de actividades, p. 81, Act. 16

26 ¡Qué cosa más rara!

Escribamos ¿Cuál de las cosas no existía en el año mencionado?

MODELO **1736: agua corriente, estufa de leña, pozo de agua, rayos X**

1. 1800: lámparas de gas en la calle, baños dentro de la casa, calefacción
2. 1920: electricidad, televisión, radio
3. 1941: avión, coche, nave espacial *(spaceship)*
4. 1875: tren, telégrafo, computadora, pozos de agua
5. 1950: teléfono, aire acondicionado, computadora personal
6. 1965: disco compacto, calefacción, estufa eléctrica

Nota cultural

Today, running water, electricity, and streetlights are common in all major cities. Subways and highways are an essential element in the life of major Latin American cities. Public services used to be provided by state-owned companies, but recently they are being sold to private firms.

27 ¿Entendiste?

Leamos/Escribamos Lee el artículo de una revista argentina. Luego contesta las preguntas para ver si entendiste bien el artículo.

1. ¿Qué época describe el artículo?
2. ¿Cómo cocinaba la gente durante esa época?
3. Para recoger la basura, ¿qué hacían?
4. ¿Cuáles son algunas diferencias entre los teléfonos de aquel entonces y los de hoy?
5. ¿Cómo conseguían el agua?
6. ¿Qué servicios públicos existían?
7. Describe las lámparas de las calles.

CIENCIAS SOCIALES

LOS SERVICIOS PÚBLICOS

Sirven para que la vida de los hombres sea más fácil y confortable. A medida que pasa el tiempo van mejorando cada vez más. ¿Te pusiste a pensar cómo pueden ser en el futuro?

Hace 60 años, cuando tus abuelos eran chicos como vos, la gente no vivía con tantas comodidades como nosotros. Ya había algunos servicios públicos, como el teléfono, la electricidad y la recolección de basura. Pero claro, había teléfonos, pesados e incómodos, en muy pocas casas. Las lámparas de las calles alumbraban bastante poco, y los que recogían la basura andaban en carros tirados por caballos. Además, no existían el agua corriente ni el gas natural: el agua se sacaba de un pozo con una bomba y las cocinas funcionaban a leña, no más.

28 En mi cuaderno

Escribamos/Hablemos Imagínate que vivías hace cien años. ¿Cómo era tu casa? ¿la ciudad en donde vivías? ¿Cómo eran tus amigos? ¿Qué te gustaba hacer? Luego, compara tu descripción con la de otro/a estudiante.

* Although **agua** is a feminine noun, it takes the definite article **el** in the singular: **el agua clara y pura.**

Tercer paso

Objective Using comparisons to describe people

WV3 CARIBBEAN-7

Así se dice

Using comparisons to describe people

One way to describe people is to compare them to an animal or a plant. But you can't always translate such comparisons literally! Here are some common Spanish expressions you can use:

Ella era **tan buena como un ángel.**
. . . (as good as) a saint.

Yo era **tan fuerte como un toro.**
. . . as strong as an ox.

José era **tan feliz como una lombriz.**
. . . as happy as a lark.

Miguel era **tan aburrido como un pato.**
. . . a terrible bore.

Mi abuelo era **tan noble como un perro.**
. . . as noble as a lion.

Silvia **dormía tan bien como un lirón.**
. . . used to sleep like a baby.

Cuaderno de actividades, pp. 80–81, Acts. 13, 15

29 **¿Cómo era?**

Escuchemos/Leamos Escucha las siguientes descripciones. Escoge la expresión de **Así se dice** que representa la descripción.

30 ¿Cómo son?

Escribamos Mira las fotos y escribe una oración para describir a la persona. Luego, descríbete a ti mismo/a.

1. el señor Obregón

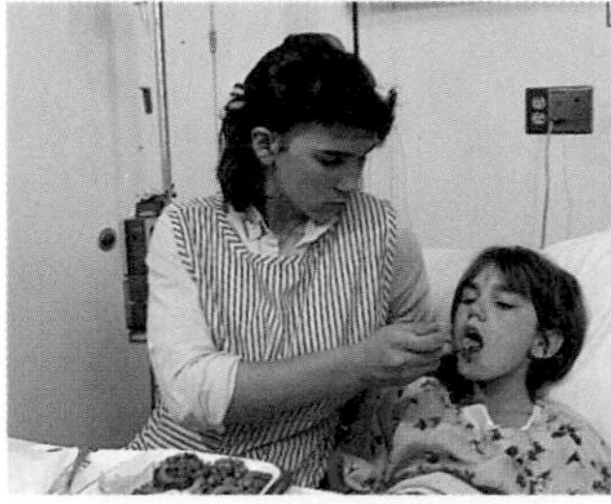

2. la señorita Ruiz

3. Carmen

4. el señor Tan

5. Eduardo

6. la profesora Smith

Gramática

Comparisons of equality

To compare qualities of people or things that are the same or equal, use the following formula:

tan + adjective or adverb + **como**

Mi mamá era **tan** buena **como** un ángel.
El coche era **tan** rápido **como** la motocicleta.

To compare quantities that are the same or equal, use the formula:

tanto/tantos + noun + **como**
tanta/tantas + noun + **como**

Yo tenía **tanto** dinero **como** mi hermano.
María tenía **tantas** amigas **como** amigos.

CD-ROM 2
DVD 2

Más práctica gramatical, p. 215, Acts. 7–8

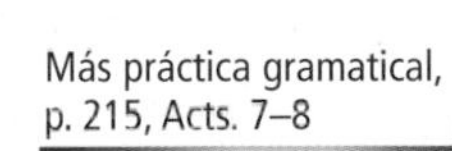

Cuaderno de gramática, pp. 62–63, Acts. 20–23

Cuaderno de actividades, pp. 80, 82, Acts. 14, 17

31 Gramática en contexto

Leamos/Escribamos Son exactamente iguales, pero Marta siempre cree que María es mejor. Dile a Marta que María no es mejor.

MODELO **—María es más artística.**
—No, Marta, tú eres tan artística como María.

1. María es más simpática.
2. María es más inteligente.
3. María tiene más amigos.
4. María tiene menos problemas.
5. De niña, María era más traviesa.
6. María recibe más invitaciones a fiestas.
7. María es más atlética.
8. María es más conversadora.

32 Gramática en contexto

Hablemos Trabaja con un/a compañero/a. Miren el siguiente dibujo a ver quién puede encontrar más de ocho comparaciones de igualdad *(equality)*.

33 Quejas, siempre quejas

Leamos/Hablemos El señor Machado viene a cenar con tu familia. Trata de convencerle *(convince him)* que las cosas de hoy no son tan diferentes de las de antes. Dramatiza el diálogo con un/a compañero/a.

MODELO **—Antes la gente era más amable.**
—Pero señor, no es cierto. La gente hoy es tan amable como antes.

1. Antes la vida era más sencilla.
2. Había menos contaminación.
3. Antes no había tanto tránsito.
4. Y los colegios eran mejores.
5. Antes la gente era muy trabajadora.
6. Y los carros eran menos ruidosos.
7. Y en las películas había menos violencia.
8. Los jugadores de béisbol eran mejores.

34 Dichos *Sayings*

Hablemos/Escribamos Trabaja con otros dos estudiantes y preparen tres dichos originales como los de **Así se dice** en la página 206.

¿De quién es esta estatua?

Here is what some people had to say about the statues and monuments of their region.

Guillermo
Alajuela, Costa Rica

"Corresponde al licenciado León Fernández Bonilla. Fue el primer historiador que investigó en archivos en Europa y en América la historia de Costa Rica. Fue también Ministro de Hacienda, fue Diputado de la Asamblea Constituyente, fue embajador en España y en Francia, defendiendo los derechos de Costa Rica...".

Annie
Isla Verde, Puerto Rico

"[Es] del compositor de danza Juan Morel Campos... porque él fue un gran compositor de danza y estamos en la ciudad de Ponce... donde se originó la danza puertorriqueña".

María Eugenia
Caracas, Venezuela

"Este monumento es importante porque nos recuerda quiénes fueron las personas que nos libertaron en la lucha contra los españoles cuando queríamos independizarnos como nación... El más importante es nuestro libertador Simón Bolívar, quien liberó no solamente a Venezuela sino a cuatro países latinoamericanos más".

Para pensar y hablar...

A. Escoge la categoría que corresponde a cada una de estas estatuas: política, historia, música, danza, deportes. ¿Hay alguna(s) que no corresponda(n)?

B. Do you think statues play an important role in keeping alive a country's cultural heritage? Can you describe any statues or monuments in your area and explain why they are important?

Vamos a leer

Pasado y presente

Remember marbles? spinning tops? This article may jog some childhood memories for you . . . or for your grandparents!

Estrategia para leer

Sometimes you will encounter words that you simply cannot figure out. When this happens, you can do the next best thing: guess the most general meaning of the word, or its category. For instance, you may not know the actual meaning of girando trompos (*spinning tops*). But if you rely on the words and sentences around it, you may be able to determine that it is a kind of game.

¡A comenzar!

¿Te acuerdas?

Remember, *skimming* is looking at titles, pictures and—if you have time—the first sentence of each paragraph.

A. Skim the text and pictures quickly. Then, in one short sentence, write what this article seems to be about. Finally, compare your sentence with those of two or three classmates.

B. Another strategy that will help you understand the selection is to recognize the way it is organized. Take one or two minutes to figure out how this selection is organized. Rely on the pictures and the first few words of each paragraph. Now compare ideas with a classmate.

La familia

Cosas de ayer, Cosas de hoy

Con el paso del tiempo todo va cambiando. Hoy vamos a hacer un viaje rapidito desde la época de la abuela hasta la tuya.

En la infancia de la abuela, los juegos eran muy divertidos. Los chicos hacían competencias de balero o de bolitas. También se divertían saltando al rango, girando trompos.

Gira para un lado, gira para el otro, y la ronda sigue. Éste era uno de los juegos de infancia de nuestros papás. La escondida, el salto al elástico y el poliladro siempre estaban en los recreos.

El tiempo pasó y las cosas fueron cambiando. Hoy nuestros juegos preferidos están conectados a la computadora. Pero también nos encanta jugar con la pelota y andar en bicis y *skates*.

Un cumpleaños es un cumpleaños en todas las épocas. Los de la abuela se celebraban con todo; eran extraordinarios. Las tazas de chocolate espeso y bien caliente iban de boca en boca. No faltaban los pasteles.

Bonetes, pitos y cornetas para todos. Y por supuesto, todas las cosas que les gustaban a los chicos: canapés, papitas saladas, gaseosas. Lo que se dice un cumpleaños de fines de los años 50. No faltaban los globos y las guirnaldas.

Ahora los cumpleaños se pasan entre hamburguesas, panchos y, por supuesto, gaseosas. Siempre con amigos y al ritmo de la música todos—abuelos, padres y chicos—mueven la cintura y se divierten como locos.

En la década del 30 no había tele. Los chicos pasaban horas leyendo libros de aventuras o escuchando la radio. Tarzán era uno de los personajes favoritos y los radioteatros fascinaban a las románticas.

La tecnología avanzó y la tele llegó. Nuestros papás pudieron sentarse frente a un aparato grande que simultáneamente emitía imagen y sonido. ¡Fue la revolución!

Además de conectarnos con el mundo entero a través de supertelevisores con superantenas, ahora podemos elegir una película—vieja o nueva—que nos guste y pasarla por la videocasetera.

Al grano

C. As you begin to read in more detail, you will encounter unfamiliar words. Don't panic. You will see that you can often guess their general meaning by identifying the category they belong to.

1. Read the first paragraph. You probably don't know these phrases: **de balero, de bolitas** and **saltando al rango.** They all belong to the same general category. What do you think it is? Now read the paragraph again to be sure that your guess makes sense.
2. Read the top paragraph of this page. **Bonetes, pitos,** and **cornetas** all belong to one category, and **canapés, papitas saladas,** and **gaseosas** belong to another. Which three are foods and which three are party favors?

D. Ahora lee todo el texto. Contesta las siguientes preguntas.

1. Hoy día, ¿qué comen los chicos en las fiestas?
2. ¿Quién era un héroe de la radio en los años 30?
3. ¿Qué fue la revolución?
4. ¿Cuáles son dos cosas que les gustan hacer a los chicos de hoy?

E. Escoge uno de los siguientes temas y describe cómo era la vida en los años 30, 50, y cómo es ahora. Escribe dos o más oraciones en español para cada época. Usa el imperfecto y el pretérito.

1. la música
2. el transporte
3. los medios de comunicación
4. la moda

Cuaderno para hispanohablantes, pp. 31–33

Cuaderno de actividades, p. 83, Act. 18

Más práctica gramatical

Primer paso

Objectives Talking about what you used to do; saying what you used to like and dislike

1 Laura está describiendo la niñez de las personas en su familia. Completa lo que dice con el imperfecto del verbo entre paréntesis. (**p. 196**)

1. Cuando eran jóvenes, mis abuelos _____ a las cartas. Yo _____ al béisbol. Y mi hermana y yo _____ mucho al tenis. (jugar)
2. Mi abuelo _____ un perro cuando era joven. Yo _____ un gato. Y mi hermana y yo _____ también unos peces. (tener)
3. De pequeños, mis abuelos _____ novelas. Yo _____ las tiras cómicas. Y mis hermanos _____ novelas de ciencia ficción. (leer)
4. Mi abuela _____ en Puerto Rico cuando era niña, pero mi padre y mis tíos _____ en Nueva York. Y yo _____ en Nueva Jersey cuando era chiquito. (vivir)
5. Mi mamá _____ el piano cuando era niña. Mi hermano y yo _____ el violín. Y mis primos _____ la guitarra. (tocar)
6. Cuando era joven, mi padre no _____ mucho, pero mis tías _____ todos los días. Y mi hermana y yo también _____ cuando éramos chiquitos. (estudiar)

2 ¿Adónde iban las siguientes personas y qué veían? Completa las oraciones con el imperfecto de **ir** en el primer espacio y de **ver** en el segundo espacio. (**p. 197**)

1. Los sábados, yo _____ mucho al cine. _____ más que nada películas de aventuras.
2. Mis hermanos _____ al parque todas las tardes. Allí _____ a sus amigos.
3. Nadia, tú _____ a la casa de tus abuelos todos los domingos, ¿verdad? ¿Y _____ a tus primos allí?
4. Después de clases, mis amigos y yo _____ a tomar un helado. Casi siempre _____ a nuestros compañeros de la escuela en la heladería.
5. Todos los días Esteban _____ a casa a las cuatro. Allí _____ una película en la televisión y hacía la tarea.
6. Ricardo y sus hermanos _____ al zoológico cuando eran niños. Allí _____ leones, elefantes, gorilas y muchos otros animales.

3 Read what different people were like as children, then complete the statements about what each one used to do. Use the correct imperfect forms of the missing verbs. (**p. 198**)

asustarse	compartir	pelear	hacer travesuras
trepar a los árboles	soñar con	contar chistes	construir

1. A Feliciano le encantaba ir al cine y al teatro. Él ______ ser actor famoso.
2. Ramón y Victoria eran muy buenos y generosos. Ellos ______ sus juguetes con sus amigos.
3. ¡Qué travieso era Danielito! Siempre ______ en casa y en la escuela.
4. De jóvenes, mi hermano y yo no éramos buenos amigos. Nosotros ______ mucho.
5. A Miguel le gustaba subirse a todo y escalar cosas. Él ______ en el parque.
6. Suso y Eduardo eran muy cómicos. Siempre ______ durante el descanso.
7. A Isabel le gustaba ir al centro y ver los edificios altos y modernos. De niña, ella ______ casas y edificios de madera *(wooden)*.
8. De niño, a mí no me gustaban nada los perros grandes. Yo ______ siempre cuando veía uno.

Segundo paso

Objective **Describing what people and things were like**

4 Patricia quiere saber cómo eran las cosas cuando su abuelo era joven. Completa la conversación con las palabras **y, e, o** o **u.** (**p. 201**)

PATRICIA Abuelo, ¿cómo era tu escuela? ¿Era grande ___1___ pequeña?

ABUELO Era pequeña. En total, para todos los grados, éramos sólo setenta ___2___ ochenta estudiantes.

PATRICIA ¿Y te gustaban tus maestros?

ABUELO Sí, claro que sí. Eran simpáticos ___3___ inteligentes. Me gustaba mucho la maestra de literatura. Ella hablaba español, alemán ___4___ inglés. ¡Era muy exigente con nosotros!

PATRICIA ¿Cómo era el director?

ABUELO ¡Uf! No me gustaba nada. Era muy estricto ___5___ impaciente.

PATRICIA ¿Y cómo ibas a la escuela? ¿Ibas en autobús ___6___ en bicicleta?

ABUELO Pues, tenía que caminar a la escuela. Estaba lejos, y tenía que salir de casa a las siete ___7___ ocho de la mañana. Y como las clases empezaban en septiembre ___8___ octubre, ya hacía fresco por las mañanas.

PATRICIA ¿Y a veces llegabas tarde ___9___ olvidabas la tarea en casa?

ABUELO A veces llegaba tarde. Era un chico aplicado ___10___ responsable, y sacaba buenas notas.

Más práctica gramatical

WV3 CARIBBEAN-7

5 At a high-school reunion, some classmates are remembering what everyone did in elementary school. Read the statements, then write a sentence summarizing each person or group's personality. Use the correct imperfect form of **ser** and correct form of the most logical adjective. (**p. 203**)

Modelo **A Marcia le gustaba todo. Siempre se divertía y nunca se cansaba. —Ella era entusiasta.**

distraído · impaciente · conversador · aplicado · aventurero · exigente · generoso

1. Alicia estudiaba mucho.
2. Los maestros siempre nos daban mucha tarea.
3. Yo dejaba la tarea en casa con frecuencia.
4. Durante el descanso, a Enrique y Felipe les encantaba trepar a los árboles.
5. Al maestro le molestaba todo. Siempre estaba enojado con nosotros.
6. Mauricio y Dorotea hablaban todo el día.
7. Y tú, Clarita… siempre me ayudabas y compartías tus galletas conmigo, ¿verdad?

6 Estás investigando cómo era tu ciudad cuando tus abuelos eran jóvenes. Compara la ciudad de aquel entonces con la de hoy. Usa la información del cuadro y los verbos **hay** o **había.** (**p. 204**)

Modelo **Entonces, había cuatro escuelas. Hoy hay veintiuna.**

	Entonces…	**Hoy…**
escuelas	4	21
1. fábricas	3	11
2. hospitales	1	3
3. casas con electricidad	75	8.437
4. carros	18	10.516
5. lámparas de la calle	50	1.940
6. edificios con aire acondicionado	0	67

Tercer paso

Objective Using comparisons to describe people

7 Mrs. Ramos likes to compare the way her three children were when they were young. Write what she says, using the cues provided. Remember to use the correct form of the adjective. (**p. 207**)

MODELO **Miguel y Berta (+ traviesos)**
Antonio
Miguel y Berta eran más traviesos que Antonio.

1. Antonio (= extrovertido)
   Miguel
2. Berta (= atlético)
   sus hermanos
3. Miguel (- responsable)
   Antonio
4. Antonio y Berta (= flojo)
   Miguel
5. Berta (- aventurero)
   Miguel
6. Berta (+ solitario)
   sus hermanos
7. Antonio y Miguel (= conversador)
   Berta
8. Miguel (= distraído)
   Antonio

8 Alejandra y Juanito acaban de descubrir que tenían mucho en común cuando eran niños. Explica lo que tenían en común usando la fórmula **tanto/a/os/as** + nombre + **como.** (**p. 207**)

MODELO **De niña, Alejandra tenía tres peces. Juanito también tenía tres.**
Alejandra tenía tantos peces como Juanito.

1. Juanito tenía dos gatas cuando era joven. Alejandra también tenía dos.
2. Alejandra tenía muchos juguetes, y Juanito también.
3. Juanito tocaba dos instrumentos. Alejandra también tocaba dos.
4. Alejandra era muy cariñosa y tenía muchos amigos. Juanito también tenía muchos amigos.
5. A los dos les gustaban los deportes. Alejandra jugaba al voleibol y al baloncesto, y Juanito jugaba al fútbol y al béisbol.
6. Juanito leía mucho, y tenía muchos libros. Alejandra también tenía muchos libros.
7. Alejandra siempre tenía mucha tarea. Juanito también tenía tarea todos los días.
8. Alejandra tomaba clases de baile y de arte. Juanito también tomaba dos clases, de artes marciales y de piano.

Repaso

1 Escucha a Rosa, la hermana de tío Martín, que habla del pasado. Decide si para ella las siguientes cosas eran mejores **en aquel entonces** o **ahora.**

1. el tránsito
2. los colegios
3. la vida en general
4. la comida
5. la ciudad
6. las diversiones

2 ¿Cómo eras de niño/a? Mira la lista de actividades y escribe una frase para describir tu reacción de niño/a a cada actividad. Luego, con un/a compañero/a comparen sus reacciones para ver qué tenían en común.

Modelo **ayudarle a papá**
—A mí me encantaba (me molestaba) ayudarle a papá.

1. dormir la siesta por la tarde
2. comer las verduras
3. tomar leche
4. bañarte y lavarte el pelo
5. montar en triciclo
6. jugar con tus amigos o vecinos
7. acostarte temprano
8. visitar a los abuelos

El Merengue

El merengue es el baile folklórico dominicano más conocido mundialmente. A mediados del siglo 19 el baile se empezó a conocer en el Caribe, primero en Puerto Rico y después en la República Dominicana. El baile tenía un movimiento llamado merengue y así consiguió su nombre. Existen dos tipos de merengue: el folklórico auténtico que aún se toca en los campos, y el merengue de salón, que es el más conocido hoy en día. Sólo sobrevive el merengue genuino y auténtico en las zonas rurales.

3 Lee el artículo sobre el merengue y decide si las oraciones que siguen son **ciertas** o **falsas**. Corrige las falsas.

¿Cierto o falso?

1. El merengue es un baile típico de España.
2. El nombre *merengue* viene de un instrumento musical.
3. El merengue auténtico ya no existe.

4 Copia la siguiente tabla y llénala con la información cultural en este capítulo.

	¿De dónde es?	¿Por qué es famoso?
León Fernández Bonilla		
Juan Morel Campos		
Simón Bolívar		

5 El profesor Máxque Dormido dio su primera presentación del año escolar. Cuenta a tus compañeros cómo estuvo. Usa **tan ... como** para comparar su presentación con la del año pasado.

Vamos a escribir

Write a paragraph comparing and contrasting what you liked to do when you were five and what you like to do now. Use the imperfect to describe things in the past.

Estrategia para escribir
Comparing and contrasting helps your reader understand an unfamiliar idea or see something familiar in a new way. Comparing is telling how two things are alike, and contrasting is telling how two things are different.

Preparación

1. Make a three-column chart: **cuando tenía cinco años, ahora,** and **ambos** *(both)*. In the first two columns, list the differences in your likes and dislikes then and now. Then list the similarities in the third column.
2. Decide which are more important—the differences or the similarities.

Redacción

1. Begin with a sentence stating what you're comparing: **Cuando tenía cinco años, jugaba tantos juegos como ahora, pero los juegos eran diferentes.** You might follow this with a sentence or two about what is less important (the similarities or differences).
2. Write six to eight sentences comparing or contrasting your activities. Refer to the **Gramática** on page 207 if you need help making comparisons. Other useful words and phrases are **pero, tener (algo/mucho/poco) en común** *(in common),* **una característica, ya no** *(no longer),* or **ser diferente (de).**

Evaluación

1. Check for clarity. Is it clear whether you're talking about the past or the present?
2. Proofread for spelling and punctuation errors, then write and share your final draft.

7

Situación

Trabaja con dos o tres compañeros. Preparen una escena en que Uds. están en la reunión de veinticinco años de su clase. Hablen de cómo eran Uds. en aquel entonces, qué les parecía la vida del colegio, qué hacían con amigos y cómo eran los maestros. Luego presenten la situación a la clase.

Cuaderno para hispanohablantes, p. 35

A ver si puedo...

WV3 CARIBBEAN-7

Can you talk about what you used to do? **p. 196**

1 Complete each of the following sentences, saying what you used to do when you were little.

1. El primer día de vacaciones siempre...
2. El día cuatro de julio, mi familia y yo generalmente...
3. Después de las clases, mis amistades y yo...
4. Los sábados por la mañana, muchas veces yo...
5. El día de mi cumpleaños, yo...
6. Los días cuando llovía, a veces yo...

Can you say what you used to like and dislike? **p. 198**

2 Think back to what you liked and didn't like when you were little. How did you feel about the following things?

1. las películas de ciencia ficción
2. el helado de chocolate
3. bañarte todas las noches
4. ir al parque

Can you describe what people and things were like? **p. 202**

3 How much do you remember from your childhood? Describe why you liked or didn't like the following people and places, giving as many details as you can.

1. tu cuarto
2. el centro comercial
3. tu escuela
4. tu casa
5. tu maestro/a de primer grado
6. el supermercado
7. un personaje de televisión
8. el niño o la niña vecino/a

4 You and a new friend are looking at some of your photos of friends and classmates from a few years ago. Tell your friend what the people in the photos were like.

Marco

Inés y Margarita

Graciela

Pablo y Pedro

Can you use comparisons to describe people? **p. 206**

5 Looking at the pictures in Activity 4, compare the following people.

1. Pablo y Pedro
2. Graciela e Inés
3. Marco y Margarita
4. Inés y Margarita
5. Pedro y Marco
6. Pablo y Graciela

Vocabulario

Primer paso

Talking about what you used to do

asustarse	*to get scared*
compartir	*to share*
construir	*to build*
contar (ue) chistes	*to tell jokes*
cuando era joven	*when I was young*
cuando era niño/a	*when I was a child*
cuando tenía trece años	*when I was thirteen years old*
de chiquito/a	*as a small child*
de niño/a	*as a child*
de pequeño/a	*as a child*
hacer travesuras	*to play tricks*
pelear	*to fight*
soñar (ue) con	*to dream about*
trepar a los árboles	*to climb trees*

Saying what you used to like and dislike

caer(le) bien/mal	*to like (dislike) someone*
encontrar (ue)... genial	*to think (something) was great*
fastidiar	*to annoy*
molestar	*to bother*
odiar	*to hate*
parecer pesado	*to seem boring*

Segundo paso

Describing what people and things were like

el aire puro	*fresh air*
aventurero/a	*adventurous*
bondadoso/a	*kind*
consentido/a	*spoiled*
la contaminación	*pollution*
conversador, -a	*talkative*
egoísta	*selfish*
en aquel entonces	*back then*
en aquella época	*in those days*
en aquellos tiempos	*in those times*
en mis tiempos	*in my time*
la fábrica	*factory*
gigantesco/a	*gigantic*
impaciente	*impatient*
peligroso/a	*dangerous*
el ruido	*noise*
ruidoso/a	*noisy*
sencillo/a	*simple*
solitario/a	*lonely*
el tránsito	*traffic*

Conveniences

el agua corriente	*running water*
el aire acondicionado	*air conditioning*
la calefacción	*heat*
la electricidad	*electricity*
la estufa	*stove*
la lámpara de la calle	*streetlight*
la leña	*firewood*
el pozo	*well*

Tercer paso

Using comparisons to describe people

dormir (ue) tan bien como un lirón	*to sleep like a baby*
ser tan aburrido/a como un pato	*to be a terrible bore*
ser tan bueno/a como un ángel	*to be as good as a saint*
ser tan feliz como una lombriz	*to be as happy as a lark*
ser tan fuerte como un toro	*to be as strong as an ox*
ser tan noble como un perro	*to be as noble as a lion*

CAPÍTULO

8 Diversiones

Objectives

In this chapter you will learn to

Primer paso

- describe a past event

Segundo paso

- say why you couldn't do something

Tercer paso

- report what someone said

internet

MARCAR: go.hrw.com
PALABRA CLAVE:
WV3 CARIBBEAN-8

◀ **El festival de Ponce estuvo divertidísimo.**

DE ANTEMANO ▪ *Pasarlo bien en Ponce*

Estrategia para comprender
Luis, Rogelio, and Norma spent a fun-filled weekend together. Look at the pictures in the fotonovela. What do you think they did?

Tío Martín

Luis

Rogelio

Norma

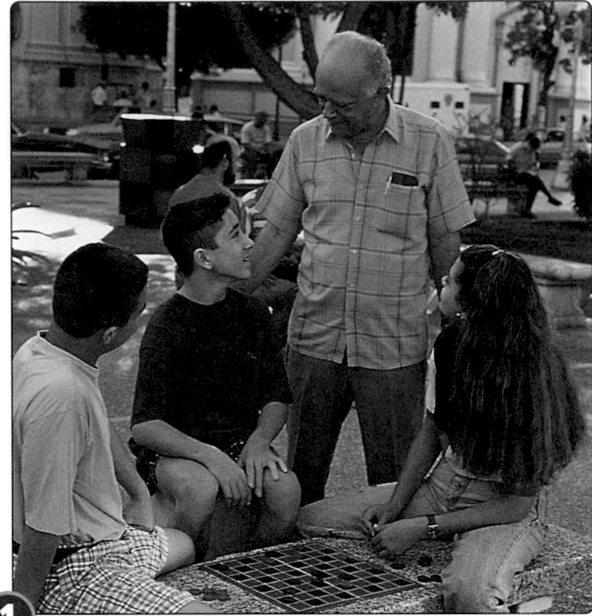

1

Tío Martín: ¡Luis! ¿Cómo te va? Veo que todavía estás aquí. ¿Cuándo regresas a Nueva York?

Luis: Regreso mañana por la mañana.

2

Tío Martín: No los vi a ustedes durante el fin de semana. Lucila dice que hicieron muchas cosas. ¿Qué tal lo pasaron?

Luis: Lo pasamos de maravilla.

Tío Martín: Pues... cuéntenme... ¿qué hicieron?

Luis: Bueno, el viernes salimos...

Rogelio: Sí... ¡fuimos al cine!

Norma: Sí, y vimos una película buenísima.

3

Luis: Después, queríamos comer algo, pero...

Rogelio: Pero vimos a unos amigos, y...

Norma: Y nos invitaron a su casa. Y comimos algo allí en su casa.

4

Luis: El sábado, como decía, fue el mejor día del fin de semana.

Luis:
El viernes, me acosté tarde, y por eso estaba muy cansado y dormí hasta las nueve y media. Me levanté y fui a la plaza. Norma sólo durmió hasta las nueve y ya nos esperaba en la plaza. Leía una revista...

5

Luis: ¿Sabes dónde está Rogelio?
Norma: No lo sé. Debe estar en casa todavía.

6

Rogelio: Yo esperaba estar aquí a las diez, pero primero tenía que lavar los platos... tenía que limpiar la cocina y también tenía que sacar la basura... Se me rompió la bolsa. ¡Qué lío!
Norma: Ay, pobrecito...
Luis: Está bien, Rogelio... ¡No te preocupes! Bueno, ¿vamos?

7

Rogelio: ¡Uf! Estoy casi muerto.
Norma: ¡Yo también!
Luis: Sí, yo igual... ¡pero mira! ¡Ponce es la ciudad más bonita de Puerto Rico!
Rogelio: ¡Tengo hambre! ¿Por qué no vamos al café de mi tío Martín para comer?
Norma: ¡Perfecto!

8

Tío Martín: Sí, me parece que fue un día maravilloso.
Rogelio: ¡Eso no es nada! Hicimos mucho más después del café. ¿Quieres saber lo que hicimos? ¿Sigo?
Tío Martín: ¡Claro que sí! ¡Cuéntame!

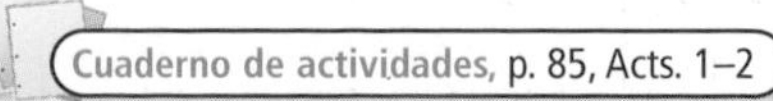
Cuaderno de actividades, p. 85, Acts. 1–2

1 ¿Comprendes la fotonovela?

1. ¿Cuándo regresa Luis a Nueva York?
2. ¿Cuáles son tres cosas que hicieron Luis y sus amigos durante el fin de semana?
3. ¿Cuándo pasearon en bicicleta?
4. ¿Por qué llegó tarde Rogelio?
5. ¿Qué opina Luis de Ponce?
6. ¿Dónde comieron?
7. ¿Qué crees que hicieron después de estar en el café?

2 ¡Qué fin de semana!

Pon en orden las actividades que hicieron Luis y sus amigos el pasado fin de semana. Usa el tiempo pretérito y palabras tales como **luego, después, entonces** para conectar las siete frases.

pasear en bicicleta | ir a casa de unos amigos | ver una película buenísima

llegar tarde | ver a unos amigos | comer en el café del tío Martín | ir al cine

3 ¿Cómo se dice?

Lee la fotonovela otra vez y completa las oraciones con las expresiones apropiadas.

1. Lucila ______ hicieron muchas cosas.
2. El viernes vimos una película ______.
3. Vimos a unos amigos y lo pasamos ______.
4. El sábado fue ______ día de la semana.
5. Dimos una vuelta en bicicleta por Ponce, la ciudad ______ de Puerto Rico.
6. Rogelio no podía llegar a las diez porque ______ lavar los platos.

tenía que
el mejor
de maravilla
dice que
medio muerto
buenísima
más bonita

4 Dramatización

Norma, Luis y Rogelio están en el café contándole a tía Lucila todas las cosas que hicieron ese día. Júntate con tres compañeros para dramatizar la conversación.

5 ¿Y tú?

¿Tienes que ayudar en casa los fines de semana? Compara tus quehaceres con los de Rogelio. Primero, cuenta lo que tenía que hacer Rogelio y después di lo que haces tú.

MODELO **Rogelio tenía que sacar la basura. Yo tengo que sacar la basura los lunes y los jueves.**

Primer paso

Objective Describing a past event

WV3 CARIBBEAN-8

6 ¿Entendiste?

Leamos Lee la tira cómica. ¿Adónde fueron Calvin y su mamá? ¿Cómo estuvo según Calvin? ¿según la mamá? ¿Qué crees que pasó?

Así se dice

Describing a past event

To ask how an event was, say:

¿Qué tal lo pasaste?

¿Qué tal estuvieron las vacaciones?

¿Cómo estuvo la reunión?

¿Cómo te fue?

To answer, say:

Lo pasé de maravilla.
I had a great time.

Estuvieron **de película.**
. . . extraordinary.

Estuvo **aburridísima.**

Estuvo **más o menos bien.**

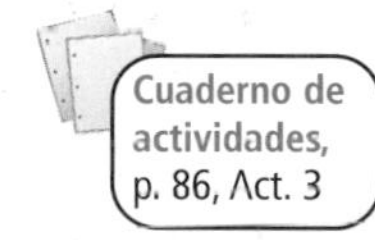
Cuaderno de actividades, p. 86, Act. 3

Nota gramatical

To express that something is *really* or *extremely* one way or another, drop the vowel ending of an adjective and add **-ísimo/a.**

El partido estuvo divertid**ísimo.**

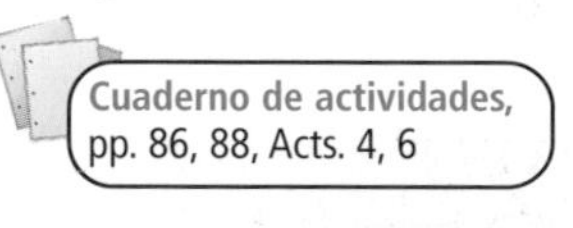
Cuaderno de actividades, pp. 86, 88, Acts. 4, 6

Más práctica gramatical, p. 240, Act. 1

Cuaderno de gramática, p. 64, Acts. 1–2

7 ¿Qué tal lo pasaron?

Escuchemos Escucha a tres personas que hablan de su fin de semana. Decide si lo pasaron **de maravilla, más o menos bien** o **malísimo.**

8 Gramática en contexto

Hablemos Luis se divirtió mucho en Ponce. Combina elementos de cada lista para describir seis diversiones. Usa expresiones enfáticas.

MODELO **La fiesta estuvo buenísima.**

el partido de béisbol
el paseo en bicicleta
la película
el almuerzo en el café
la fiesta
el día en la playa

divertido
bueno
emocionante
interesante
sabroso
tranquilo

9 ¿Qué tal el fin de semana?

Hablemos/Escribamos En parejas, dramaticen la siguiente conversación. Tomen apuntes para presentarla a la clase.

A1. Pregunta cómo pasó el fin de semana.	**B1.** Contesta con una expresión de **Así se dice.**
A2. Pregunta qué hizo.	**B2.** Describe las actividades de tu fin de semana.
A3. Pregunta qué tal estuvo una de las actividades que mencionó.	**B3.** Contesta y explica por qué.

También se puede decir...

Muchos hispanohablantes dicen **la culebra** en lugar de **la serpiente**.

Vocabulario

Cuaderno de actividades, p. 87, Act. 5

Cuaderno de gramática, p. 65, Acts. 3–4

En el zoológico...

el cocodrilo

el tigre

el mono

la serpiente

el loro

la tortuga

En el parque de atracciones...

la montaña rusa

la rueda de Chicago

los carros chocones

En el cine...

la estrella de cine

el estreno

los efectos especiales

10 ¿Dónde lo encuentras?

Leamos ¿Qué es y dónde lo encuentras? Lee cada descripción y decide qué es y dónde lo puedes encontrar: en el zoológico, en el cine o en el parque de atracciones.

1. Es un reptil muy largo y delgado. No tiene pies.
2. Es la primera noche de una película nueva.
3. Son automóviles pequeños que manejas.
4. Es un pájaro *(bird)* tropical de muchos colores.
5. Es una atracción en que subes y luego bajas muy rápido.
6. Es una actriz o un actor muy famoso.

A lo nuestro

Another informal way of expressing the idea of *really* or *extremely* is by adding the prefixes **archi-** or **requete-**.

La banda Son del Caribe es **archi**buena.
Celia canta **requete**bién.

11 Charlemos

Hablemos Júntate con dos compañeros para contar lo que hicieron. Cada persona escoge un lugar (el zoológico, el parque de atracciones o el cine) y describe lo que vio o lo que hizo. También cuenta cómo lo pasó la última vez que estuvo en ese lugar.

MODELO **El mes pasado fui al parque de atracciones con mi amiga Shawna y montamos en la rueda de Chicago...**

Gramática

Superlatives

Más práctica gramatical, p. 240, Act. 2

Cuaderno de actividades, p. 88, Act. 7

Cuaderno de gramática, pp. 65–66, Acts. 5–7

1. To single out something as *the most* or *the least*, use the following formula:

   el/la/los/las + noun + **más/menos** + an adjective

   El animal **más** divertido es el loro.

2. **Bueno** and **malo** have the irregular forms **mejor** and **peor**. Notice that you don't need the word **más** with **mejor** and **peor**.

   Este estreno tiene los **mejores** efectos especiales del mundo.
   En tu opinión, ¿qué actor es el **peor**?

3. When you're expressing superlatives, always use **de** to mean *in* or *of*.

   Ésta es la montaña rusa más rápida **del** mundo.

¿Cuál es el animal más ágil del mundo?

El pato... ¡porque sabe andar con una pata!

12 Gramática en contexto

Leamos/Hablemos Luis piensa que todo en Puerto Rico es lo mejor. Cambia las oraciones según el modelo. Luego, expresa tus propias opiniones sobre la ciudad más bella, la playa más bonita, etc.

MODELO **La comida de Puerto Rico es buena.**
La comida de Puerto Rico es la mejor del mundo.

1. Ponce es una bella ciudad.
2. Puerto Rico tiene buenos actores y actrices.
3. Tío Martín es un buen jugador de cartas.
4. Los estrenos del cine son interesantes.
5. El zoológico de Mayagüez es increíble.

13 Gramática en contexto

Leamos Mira el siguiente dibujo e indica qué animal es...

a. el más grande
b. el más peligroso
c. el más rápido
d. el más feo
e. el más fuerte
f. el más bonito
g. el más inteligente

14 ¡Vamos al cine!

Leamos/Escribamos ¿Qué película vamos a ver? Mira la lista y decide qué película corresponde a cada categoría. Prepara una lista. Después, indica qué película te gustaría ver y por qué.

1. la mejor película de aventura
2. la mejor y la peor comedia
3. la película más larga
4. la más corta
5. el mejor drama
6. la menos interesante

Las películas

◆	★	**Aventuras de un estudiante**	82 m.
◆	★★★	**Paco, Paco**	96 m.
◆	★★	**Puerta cerrada**	114 m.
◆	★★	**Las amistades peligrosas**	91 m.
◆	★★★★	**La señora Manirol**	130 m.
◆	★★★	**La máscara de acero**	90 m.

◆ Comedia ◆ Drama ◆ Aventura ◆ Musical

★★★★★ Obra maestra ★★★★ Muy buena
★★★ Buena ★★ Interesante ★ Mala

Nota cultural

In spite of Puerto Rico's relatively small size, it provides habitat for over 300 unique species of plants and animals. Most of these species can be found in **El Bosque Nacional del Caribe,** popularly known as **El Yunque**. One of the most interesting is the tiny frog, **el coquí**. It lives exclusively in Puerto Rico and is the only frog not born as a tadpole.

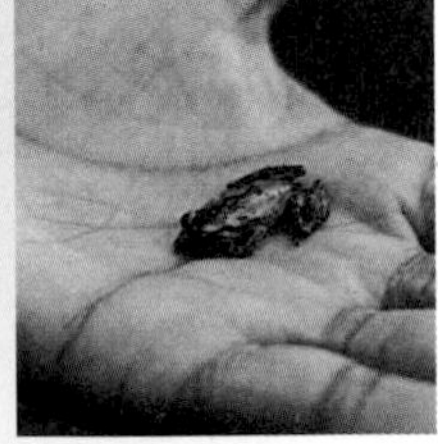

Cuaderno de actividades, p. 96, Act. 18

15 Los premios Óscar

Hablemos En tu opinión, ¿cuál es la mejor y la peor película del año? ¿Quiénes son los mejores y peores actores y actrices? En grupos de tres o cuatro personas, decidan los premios y expliquen sus selecciones.

16 Mi peor fin de semana

Escribamos ¿Cuál fue *(was)* la peor experiencia de tu vida en el zoológico, en el parque de atracciones o en el cine? Escribe un párrafo sobre lo que hiciste y cómo lo pasaste. Tu experiencia puede ser imaginaria. Para una lista de animales, consulta las páginas R21–R22.

Segundo paso

Objective Saying why you couldn't do something

WV3 CARIBBEAN-8

Vocabulario

Hacer un mandado

pasar por el correo

pasar por el banco

pasar por la farmacia

llevar el carro al taller

llevar el carro a la gasolinera y poner gasolina al carro

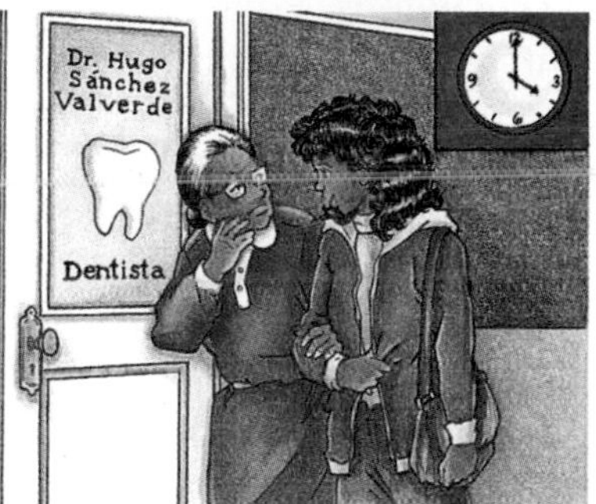

acompañar a mamá al dentista

Cuaderno de gramática, p. 67, Acts. 8–9

Más práctica gramatical, p. 241, Act. 3

17 ¿Adónde voy?

Leamos Tienes que hacer varios mandados para tu familia. Mira la lista y decide adónde tienes que ir para cada mandado.

1. comprar medicina
2. llenar el tanque del carro de papá
3. mandar cartas
4. comprar leche y pan
5. sacar dinero
6. Pepito — dentista (11:30)
7. Marcela — zapatos nuevos
8. comprar estampillas

Así se dice

Saying why you couldn't do something

A friend might ask you:	To say why you couldn't, answer:
¿Fuiste al café?	**Quería** ir **pero no pude.** **Tenía que** ayudar en casa. *I wanted to . . . but I couldn't.* *I had to . . .*
¿No viste el estreno?	**Esperaba** verlo pero no pude. *I planned to . . .*
¿Por qué no jugaste al fútbol el domingo?	**Pensaba** jugar pero tenía que llevar el carro al taller. *I planned to . . .*

Cuaderno de actividades, pp. 89–91, Acts. 8–10

18 ¿Es cierto?

Escuchemos Escucha las siguientes conversaciones entre Marta, la chica del **Vocabulario** en la página 229, y sus amigos. Con base en los dibujos de la misma página, decide si el diálogo es **lógico** o **ilógico.**

19 ¡Qué problema!

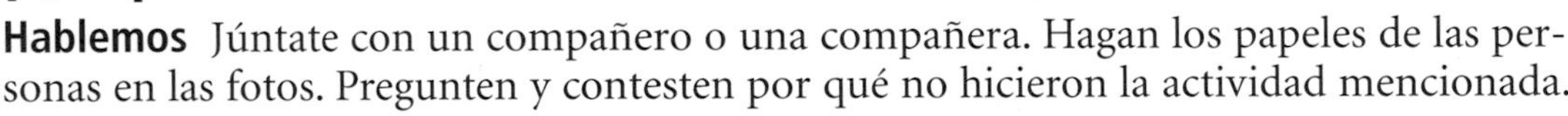

Hablemos Júntate con un compañero o una compañera. Hagan los papeles de las personas en las fotos. Pregunten y contesten por qué no hicieron la actividad mencionada.

MODELO —**¿Por qué no jugaste al fútbol, Javier?**
—**Pensaba jugar pero tenía que limpiar mi cuarto.**

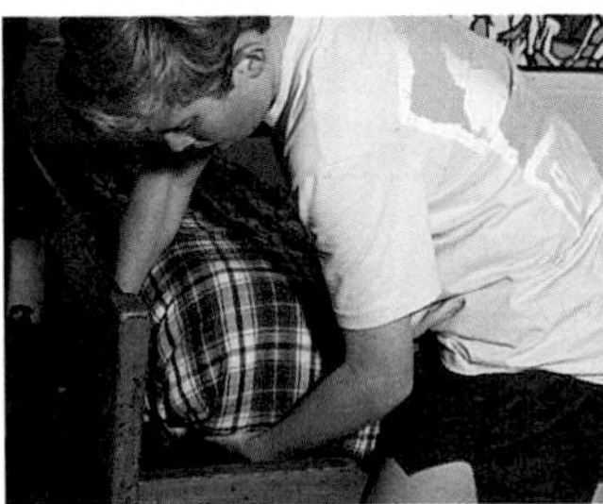

Javier

Juan Carlos

Malena

Graciela y Ana

Alejandro

Patricia

1. ir al cine (Juan Carlos)
2. jugar al tenis (Alejandro)
3. ir de compras (Malena)
4. ir a la casa de Jorge para ver el video (Graciela y Ana)
5. salir con Alejandro (Patricia)
6. dar un paseo en bicicleta (Javier)

20 ¿Por qué no pudiste?

Escribamos/Hablemos A veces tú también debes dar una razón por no hacer algo. Trabaja con un compañero o una compañera. Prepara conversaciones en las cuales uno dice por qué no podía hacer algo. Trata de dar una explicación original.

MODELO **salir con...**
—¿Por qué no saliste con Roberto anoche?
—Pues, quería salir pero tenía que lavarme el pelo.

1. jugar al... con...
2. ir al cine con...
3. trabajar
4. pasear en bicicleta
5. salir a comer con...
6. estudiar con nosotros
7. lavar la ropa
8. limpiar el cuarto

Nota gramatical

Some verbs are followed by a preposition.

Norma no **asistió a** la reunión porque tenía que **pasar por** la tienda.

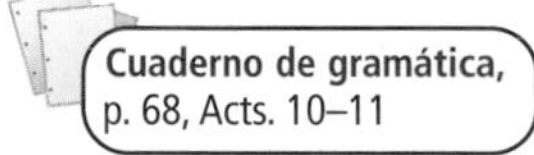

Más práctica gramatical, p. 241, Act. 4

21 Gramática en contexto

Escribamos Todos estaban muy ocupados la semana pasada. Mira los dibujos y escribe una oración sobre lo que hizo cada persona. No te olvides de usar las preposiciones apropiadas.

Pepe

Carla

Victoria

Alex y Agustín

Cristina

Marcos

22 Gramática en contexto

Escribamos/Hablemos ¿Qué haces los sábados a estas horas? Termina cada oración de una manera original para describir lo que haces.

1. A las 10:00 voy...
2. Al mediodía dejo...
3. A la 1:30 comienzo...
4. A las 3:00 invito...
5. A las 4:15 paso...
6. A las 6:00 acabo...
7. A las 7:00 asisto...
8. A las 9:30 regreso...

23 Gramática en contexto

Leamos/Escribamos ¿Qué hacían Luis y sus amigos el fin de semana a las siguientes horas? Mira el calendario de eventos que está abajo y escribe una oración completa.

Modelo **A las 4:00 Rogelio estaba en Cidra y Luis en Mayagüez. —Rogelio asistía a un maratón mientras Luis visitaba el zoológico.**

1. A las 11:30 A.M. Rogelio estaba en el Barrio Belén y tío Martín en el museo.
2. A la 1:00 P.M. tía Lucila estaba en el Estadio Montaner y Norma en el Barrio Belén.
3. A las 9:00 A.M. Norma estaba en el Polideportivo y Luis en el museo.
4. A las 4:00 P.M. tía Lucila estaba en el Estadio Montaner y tío Martín en Cidra.
5. A las 6:00 P.M. Luis estaba en la Casa de la Cultura y Rogelio en la Plaza Casals.
6. A las 11:00 A.M. tía Lucila estaba en el Polideportivo y Norma en Mayagüez.

Nota gramatical

To talk about two things that were happening at the same time in the past, use **mientras** and the imperfect tense.

Nosotros **jugábamos** a las cartas **mientras** Rogelio **visitaba** el zoológico.

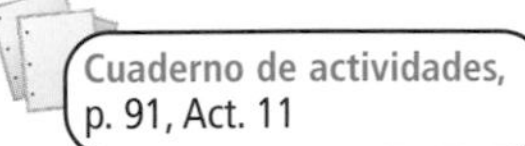

Cuaderno de actividades, p. 91, Act. 11

Más práctica gramatical, p. 242, Act. 5

Cuaderno de gramática, p. 69, Acts. 12–13

EVENTOS

Deportes

Maratón Juanito Cabello
Ocho kilómetros
Lugar: Cidra
Hora: sábado 8, 4:00 p.m.

Primer Torneo de Bici-cross
Lugar: Pista de Bici-cross, Barrio Belén
Hora: sábado 8, 11:00 a.m., domingo 9, 1:00 p.m.

Torneo de Tenis "Copa de la Amistad"
Lugar: Polideportivo Frankie Colón
Hora: sábado 8, 9:00 a.m.

Semifinal de béisbol
Arecibo vs. Hatillo
Estadio Montaner,
Hora: domingo 9, 1:00 p.m.

Espectáculos

Concierto Isabel Pandora
Lugar: El Centro de Cultura Borinquén
Hora: sábado 8, 8:00 p.m.

Festival de Cine japonés
Organiza Casa de la Cultura
Gran estreno de "Samurai de Shogun"
Hora: sábado 8, 6:00 p.m.
"Te esperamos Akira"
Hora: domingo 9, 6:00 p.m.

Concierto de jazz
Lugar: Plaza Casals
Hora: domingo 9, 6:00 p.m.

Exposiciones

Exposición de Fotografía
Lugar: Museo Universitario
Hora: sábado y domingo, de 9:00 a.m. a 5:00 p.m.

Exposición de reptiles
Lugar: Zoológico de Mayagüez
Hora: sábados y domingos, abierto de 9:00 a.m. a 6:00 p.m.

24 ¿Por qué no fuiste?

Hablemos En parejas, pregúntense por qué no fueron a los eventos en el calendario. Túrnense para dar una explicación original.

Modelo **—¿Por qué no fuiste al Festival de Cine Japonés? —Pues, quería ir pero tenía que trabajar.**

25 Querido diario

Escribamos Querías hacer muchas cosas pero no pudiste porque tenías que hacer mandados y quehaceres en casa. Escribe un párrafo de diez oraciones en tu diario. Describe los eventos a los que ibas a asistir y explica por qué no pudiste ir.

¿Te acuerdas?

You can use the imperfect of **ir a** + infinitive to talk about what you were going to do.

Iba a limpiar mi cuarto pero me dormí.

¿Cuáles son las fiestas más importantes de tu ciudad o país?

Festivals provide an opportunity to socialize, maintain traditions, and strengthen community spirit. These Spanish speakers told us about their favorite festivals.

Juan René
Quito, Ecuador

"La fiesta de la fundación de Quito... es el cinco de diciembre y... se hacen desfiles por las calles y fiestas… en los barrios con toda la gente... Comidas especiales no mucho, pero la música, se oye más toda la música de aquí, del Ecuador".

Jaime
Miami, Florida

"La fiesta de la Calle Ocho es una fiesta para los hispanos y para los cubanos que vienen de Cuba, para la libertad, celebrar la libertad de Cuba".

Daniel
Ciudad Real, España

"Hay una fiesta muy bonita que es la Virgen del Castillo, que está en una montaña... Se sube allí con los coches, antiguamente se subía en mulo o en caballo, se lleva comida, el cerdo, el cordero *(lamb)*, el pollo... gaseosas, de todo. Se forma ahí una fiesta, llevan guitarras, bandurrias, saxofones, trompetas... hay un gran salón donde se hace el baile... Por la tarde, se baja la Virgen del Castillo al pueblo...".

Para pensar y hablar...

A. ¿Cuál de las fiestas mencionadas te parece la más divertida? ¿Por qué? ¿Celebras tú alguna fiesta parecida?

B. There are many different types of holidays: religious, cultural, political. Think of the holidays that you celebrate. What purpose do the different celebrations have? Do they have any purpose in common?

Cuaderno para hispanohablantes, pp. 39–40

Cuaderno de actividades, p. 96, Act. 19

Tercer paso

Objective Reporting what someone said

WV3 CARIBBEAN-8

DÍA DE LAS MÁSCARAS

Puerto Rico tiene más celebraciones que cualquier otra isla caribeña. Uno de los festivales más interesantes es el Día de las Máscaras. Este festival alegre y colorido se celebra cada 28 de diciembre en el pequeño pueblo de Hatillo. Los adultos se ponen disfraces y marchan por todo el pueblo. Por la tarde, todos se reúnen en la plaza para celebrar, escuchar la música y ver los desfiles. Gente de todas partes de Puerto Rico llega a Hatillo para participar en esta fiesta ruidosa. Definitivamente, el lugar adonde se debe ir el 28 de diciembre es Hatillo.

26 ¿Qué dice el artículo?

Leamos Lee la descripción del Día de las Máscaras y contesta las preguntas.

1. ¿Cuándo es el festival?
2. ¿En qué ciudad puertorriqueña se celebra?
3. ¿Dónde se reúne la gente para la celebración?
4. ¿Quiénes participan?
5. Escribe dos cosas que hace la gente en este festival.
6. Escribe tres adjetivos que describen el festival.
7. ¿Hay un festival similar en los Estados Unidos? Explica.

Nota cultural

En los países hispanos los festivales son muy importantes. Además de los días de fiesta que conmemoran eventos históricos, como la independencia nacional, también se celebran muchas fiestas religiosas. Debido a las tradiciones de la Iglesia católica romana, cada ciudad o pueblo celebra el día de su santo patrón. En algunos países los festivales combinan las celebraciones católicas con las tradiciones indígenas. Un ejemplo es el Día de los Muertos en México, una mezcla de Todos los Santos *(All Saints' Day)* y un festival indígena en honor a los difuntos *(deceased).*

Así se dice

Reporting what someone said

Cuaderno de actividades, pp. 92–93, Acts. 12, 15

To find out what someone said, ask:

¿Qué dijo?
What did he (she) say?

¿Qué te dijeron?
What did they tell you?

To report what someone said, say:

Luis **dijo que** el sábado era el mejor día de la semana.

Norma y Rogelio **me dijeron que** estaban en la fiesta de Hatillo.

27 Festival de las Máscaras

Escuchemos Escucha los comentarios sobre el Día de las Máscaras. Decide si es información **directa** *(first-hand information)* o **indirecta** *(second-hand information).*

Vocabulario

En el festival...

desfilar *to parade; to march* **diseñar** *to design* **disfrutar** *to enjoy*

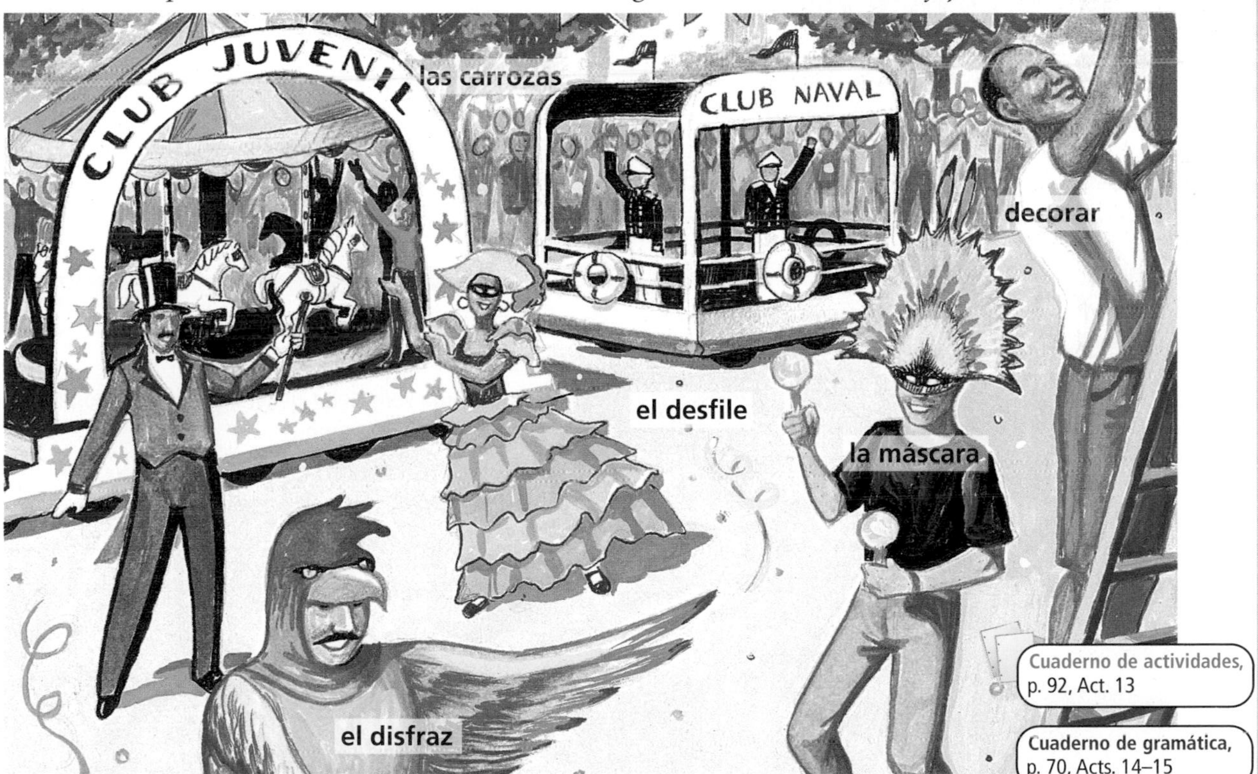

Cuaderno de actividades, p. 92, Act. 13

Cuaderno de gramática, p. 70, Acts. 14–15

28 ¡Vamos al festival!

Leamos Imagina que tu clase va a participar en el festival. ¿Qué tienen que hacer para prepararse? Mira la lista y pon en orden las actividades.

comprar materiales
reunirse en casa de los amigos
desfilar con disfraz
ponerse la máscara
regresar a casa

disfrutar del festival
preparar el disfraz
diseñar el disfraz
ir a la plaza
ver un desfile
ponerse el disfraz

Gramática

Decir in the preterite

CD-ROM 2 DVD 2

1. **Decir** *(to say; to tell)* is irregular in the preterite. Notice that the **ustedes/ellos/ellas** ending is **-eron**, not **-ieron**.

Dije **Dijiste** **Dijo**	que sí.	**Dijimos** **Dijisteis** **Dijeron**	que no.

2. When reporting how someone felt in the past, use **decir** in the preterite followed by the imperfect of a verb that expresses emotions or opinions.

   Tío Martín les dijo que le **interesaban** los festivales.
   Pero a mí me dijo que le **fastidiaba** ponerse un disfraz.

¿Qué le dijo la cuchara al azúcar?

Answer: Nos encontramos en el café.

Cuaderno de actividades, pp. 93–94, Acts. 14, 16

Cuaderno de gramática, p. 71, Acts. 16–17

Más práctica gramatical, pp. 242–243, Acts. 6–7

29 Gramática en contexto

Hablemos Mira el dibujo del festival en el **Vocabulario**. En tu opinión, ¿cuál es la mejor carroza? ¿el mejor disfraz? ¿la mejor máscara? Explica tu decisión a dos o tres compañeros/as. Luego, una persona del grupo va a reportar las opiniones a los otros grupos.

MODELO **—Creo que la carroza del Club Juvenil es la mejor porque es original.**
—Diego dijo que la carroza del Club Juvenil era la mejor del festival.

30 Gramática en contexto

Hablemos Tú le dijiste un secreto a Héctor, ¡y después escuchaste a Marta contar tu secreto! Sigue el camino que tu secreto tomó, según el modelo.

MODELO **yo → Héctor**
Yo le dije el secreto a Héctor.

¿Te acuerdas?

The verb **decir** generally takes an indirect object pronoun.

¿Qué **te** dijo Lucila?
Me dijo que los tres se divirtieron mucho.

Escribamos You're a reporter, interviewing some students about the carnival for the newspaper. Based on your notes, write what you and other people said. Follow the model.

MODELO GABRIEL: **Pues, está buenísimo.**
—Gabriel dijo que estaba buenísimo.

1. ALEJANDRO: Me gusta mucho la música.
2. GRACIELA: Definitivamente, hay más gente este año.
3. RICARDO Y LUCÍA: Eh... pues, las máscaras nos interesan mucho.
4. TÚ: ¡Hombre! ¡Me encantan los festivales!
5. MARIANA Y PILAR: Vamos a bailar toda la noche.
6. PACO Y GLORIA: Nos parece que no hay tantos disfraces este año.
7. HUGO: La música me fascina pero los disfraces no son muy originales.
8. NOSOTROS: ¡No queremos regresar a casa!

32 El concierto de música

Hablemos Enrique y sus amigos fueron al mismo concierto de música. ¿Qué dijo cada uno del concierto? En parejas, miren el dibujo y, por turnos, imaginen lo que dijo cada uno.

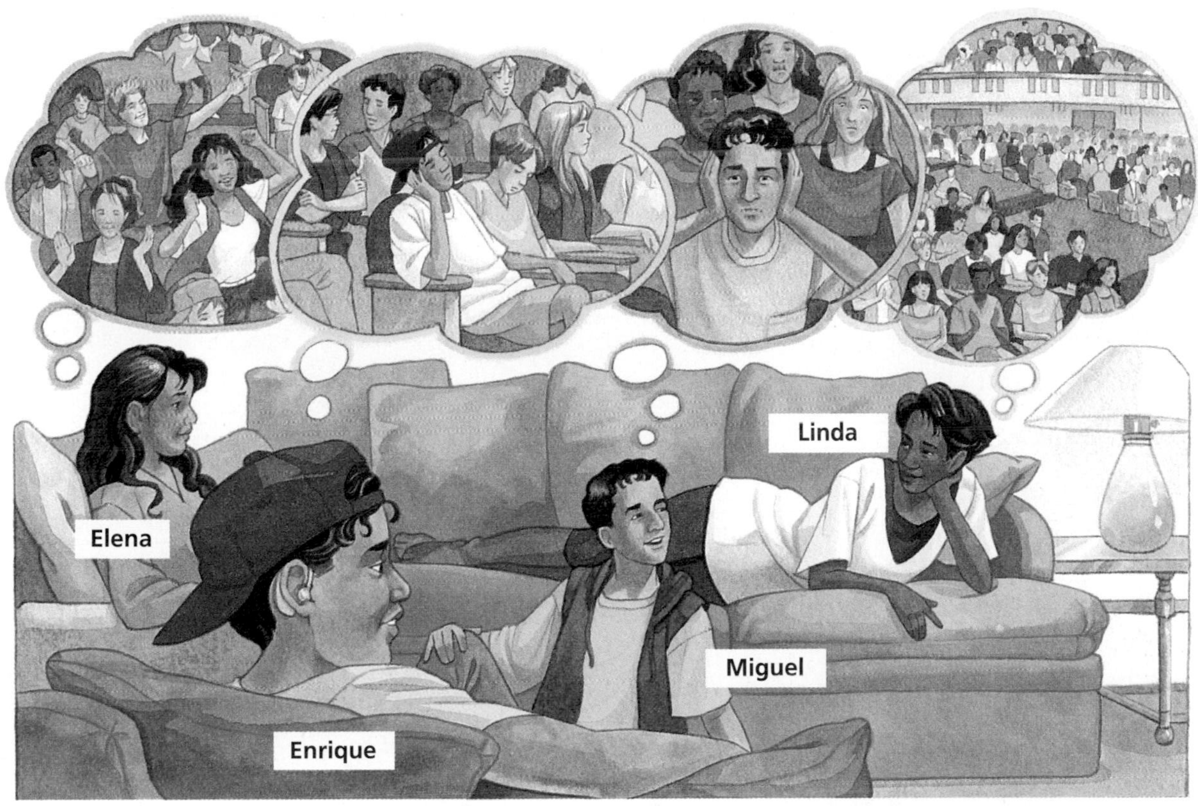

33 En mi cuaderno

Escribamos Escribe un párrafo sobre un festival—verdadero o imaginario—que tuvo tu colegio o ciudad. Describe cómo estuvo el festival. También incluye lo que dijeron tus amigos sobre el festival.

Vamos a leer

Cuando era puertorriqueña

Estrategia para leer
Inferring is drawing conclusions based on evidence that is only hinted at, or implied, in what you read. To make inferences while you read, pause after each main idea to think about what details the author includes and why.

¡A comenzar!

The reading is from a novel by Esmeralda Santiago. To find out what the selection is about, read the first two paragraphs, then skim the rest.

¿Te acuerdas?
Skim to get the gist. Remember to use the title, dialogue, and first sentences of paragraphs.

A. Choose the correct word or phrase to complete each statement.

1. The narrator of the reading is (a young girl/an old woman).
2. She's traveling (alone/with other members of her family).
3. She's (in a waiting room/aboard a plane).
4. She's from (Puerto Rico/New York).

Al grano

B. Now reread the passage for details. Then answer the following questions.

1. Look at the first paragraph.

Mujeres vestidas en uniformes, tacos altos y faldas apretadas, sus peinados tiesos con espray, nos señalaban que debíamos amarrarnos los cinturones de seguridad, poner todos los paquetes debajo de los asientos y sentarnos derechos.

—Azafatas —dijo Mami, admirando sus uniformes bien planchados, sus blusas almidonadas, las cintas azul marino amarradas en lazos en peinados que parecían cascos. Ni una hablaba español...

—Algún día —meditó Mami en voz alta —quizás te gustaría a ti ser azafata. Así puedes viajar gratis por todo el mundo.

Las azafatas caminaban melindrosamente arriba y abajo por el pasillo formado por los asientos, mirando de lado a lado como si fueran reinas saludando al gentío. Yo traté de leer en sus caras si sus viajes las habían llevado a sitios como Mongolia, Singapur, Tombuctú. Allí es donde me gustaría ir a mí si yo fuera azafata. No a Nueva York, París, Roma. Yo iría a sitios tan lejos que ni siquiera podría pronunciar sus nombres.

Quería ver cosas tan raras, que se vería en mi cara. Ninguna de las azafatas parecía haber visto nada muy exótico...

Estábamos sobre nubes espesas, el cielo sobre nosotros tan claro que me dolían los ojos. En el asiento de la ventana, Edna pegó su cara contra el vidrio. Me miró, ojos relucientes.

—¡No hay ná' allá afuera! —estiró su mano sobre mi falda, hacia Mami—. Tengo hambre.

—Ya pronto nos van a servir. Espera un ratito.

Las azafatas nos trajeron bandejas con platos cuadrados llenos de salsa sobre pollo, arroz amogollado y habas hervidas. Todo me sabía a sal.

El cielo oscureció, pero nosotros flotábamos como si en leche que parecía aguantar el avión suspendido en el aire sobre Puerto Rico. No me parecía que nos estábamos moviendo; me imaginé que el avión estaba parado sobre las nubes mientras la tierra volaba bajo nosotros. El zumbido monótono del motor del avión nos adormeció en los asientos duros con los pañitos blancos en el espaldar.

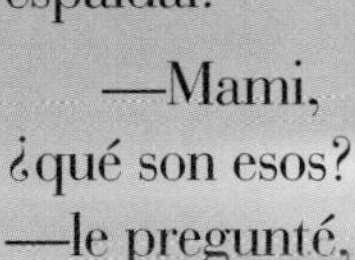

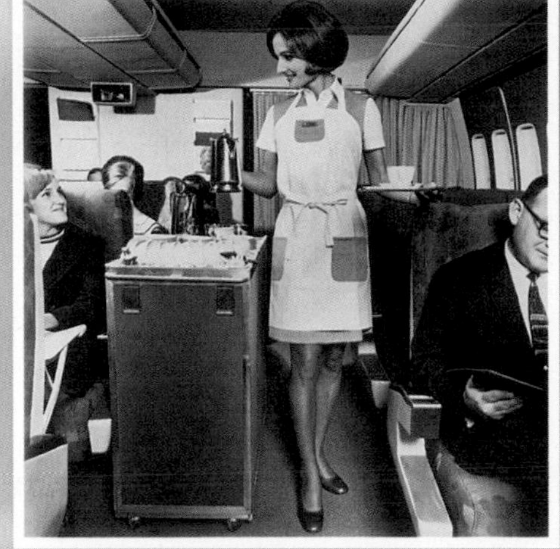

—Mami, ¿qué son esos? —le pregunté, tocando la tela almidonada, texturada como piqué.

—Para que las pomadas que la gente se pone en el pelo no manchen el espaldar del asiento.

Un hombre, su pelo embarrado con brillantina, ajustó su pañito, jalándolo hasta la nuca.

Dormí, desperté de repente, asustada al no reconocer dónde estaba, me acordé hacia dónde íbamos, y dormí otra vez, repitiendo el ciclo, dentro y fuera del sueño, entre la tierra y el cielo, entre Puerto Rico y Nueva York.

What details tell you how the narrator is traveling?

2. List three things that help you infer who is telling the story.
3. How does the mother feel about the flight attendants? Does the narrator feel the same way? How can you tell?

C. Get together in groups of three or four and compare your answers to Activity B on pages 238–239. Keep working until you all agree on the correct answers.

D. Answer the following questions based on the story.

1. Where would the narrator like to travel, and why?
2. How did the narrator feel about the food provided on the airplane?
3. The author uses sensory images that appeal to the reader's sense of sight, hearing, touch, taste, or smell. Write at least four examples from the text.
4. How does the narrator describe the weather that day?
5. The flight attendants have a symbolic meaning for the little girl. Can you infer what they represent to her?

E. Imagine you're only 10 and you've just arrived in a foreign country where you don't speak the language. Are you excited? scared? Write a paragraph explaining how you feel.

F. La autora describe el viaje entre Puerto Rico y Nueva York como un "ciclo, dentro y fuera del sueño, entre la tierra y el cielo". ¿Por qué? Escribe dos o tres oraciones para explicar tu respuesta, basadas en lo que leíste.

Cuaderno para hispanohablantes, pp. 36–38

Cuaderno de actividades, p. 95, Act. 17

Más práctica gramatical

Primer paso

Objective Describing a past event

1 Mónica tiene ocho años y le encanta ir al parque de atracciones, al zoológico y al cine. Escribe sus opiniones de lo que se ve en esos lugares usando la terminación **-ísimo/a/os/as** con los adjetivos entre paréntesis. (**pp. 225, 226**)

MODELO **el loro (listo)**
El loro es listísimo.

1. el parque de atracciones (grande)
2. la montaña rusa (divertido)
3. los carros chocones (rápido)
4. los cocodrilos (peligroso)
5. los monos (ruidoso)
6. las serpientes (feo)
7. la estrella (famoso)
8. los actores (bueno)
9. los efectos especiales (interesante)

2 Tu amigo Leo siempre lo exagera todo. Escribe sus reacciones a tus comentarios sobre una fiesta. Usa la forma superlativa de los adjetivos subrayados. (**p. 227**)

MODELO **—Isa es muy <u>simpática</u>, ¿no?**
—Es la chica más simpática del mundo.

1. La comida está <u>rica</u>, ¿verdad?
2. La música es <u>buena</u>, ¿no crees?
3. Esta sala es muy <u>grande</u>, ¿no?
4. Vicente no es muy <u>conversador</u>, ¿verdad?
5. Esa chica allí es muy <u>guapa</u>, ¿no te parece?
6. Los invitados son muy <u>amables</u>, ¿verdad?
7. El pastel está <u>dulce</u>, ¿no?
8. Las decoraciones son muy <u>bonitas</u>, ¿no crees?

Segundo paso

Objective Saying why you couldn't do something

3 Lee las oraciones, y luego di qué tiene que hacer cada persona. Usa cada infinitivo sólo una vez. (**p. 229**)

MODELO **Necesitamos comida para la fiesta mañana. Tenemos que pasar por el supermercado.**

pasar por el supermercado
llevar el carro al taller
poner gasolina al carro
acompañar a su mamá al dentista
pasar por el banco
pasar por la farmacia
pasar por el correo

1. Hay un problema con nuestro carro.
2. La mamá de Paula no quiere ir sola a su cita con el dentista.
3. Sebastián y Bárbara están enfermos.
4. Esta tarde el señor Ybarra va a hacer un viaje en carro.
5. Necesito mandar unas cartas y comprar unas estampillas para mi colección.
6. Félix quiere ir de compras, pero antes necesita sacar dinero.

4 Todos tus compañeros de clase tienen razones por no hacer algo esta semana. Completa lo que dice cada persona con la palabra correcta. (**p. 231**)

que a de por

1. No pude reunirme con mis amigos el lunes, porque tuve ______ cuidar a mi hermanito.
2. No pude asistir ______ la clase de baile el sábado porque estaba ocupado.
3. Quería ir al centro comercial, pero tuve que pasar ______ la farmacia y por el correo.
4. No fui a la biblioteca porque no tenía ganas ______ estudiar.
5. Me olvidé ______ ir al supermercado esta tarde porque estaba distraída.
6. No pude salir el sábado porque ayudé a mi hermanita a aprender ______ montar en bicicleta.
7. El domingo, mis hermanos y yo ayudamos ______ limpiar el garaje.
8. Quería ir al parque para correr, pero comenzó ______ llover.
9. Yo iba ______ llamar a un amigo después de cenar, pero tuve que lavar los platos.

Más práctica gramatical

WV3 CARIBBEAN-8

5 Explica lo que hacían ayer tú y tus compañeros de clase a ciertas horas. Usa el imperfecto de los verbos entre paréntesis. (**p. 232**)

MODELO **A las siete, Diego y yo desayunábamos mientras Carolina se duchaba.**

1. A las doce y media, yo ______ (ir) a clase mientras Carolina y Diego ______ (almorzar).
2. A las cuatro de la tarde, Diego y yo ______ (hacer) la tarea mientras Carolina ______ (correr) en el parque.
3. A las seis de la tarde, Diego ______ (poner) la mesa mientras yo ______ (preparar) la cena. Y mientras nosotros ayudábamos en casa, Carolina ______ (cenar).
4. A las ocho y media de la noche, Diego ______ (ver) una película mientras Carolina ______ (estudiar) y yo ______ (lavar) los platos.
5. A las diez y cuarto, Carolina y yo ______ (dormir) mientras Diego ______ (leer).

Tercer paso

Objective Reporting what someone said

6 Everyone responded differently when asked if they would be going to the Caribbean carnival. Explain or ask how people responded, using the correct preterite form of **decir (que)** and the cues given. (**p. 236**)

MODELO **Mariana/no**
Mariana dijo que no.

1. yo/sí
2. ¿tú/no?
3. el profesor de español/por supuesto
4. mi amiga Carla/tal vez

5. ustedes/sí, ¿verdad?
6. todos nosotros de la clase de español/sí
7. los estudiantes de la clase de francés/posiblemente

7 A group of friends is giving a surprise party for a classmate. Explain what different people said to guests about when the party starts. Use the correct indirect object pronoun and preterite form of **decir**. (**p. 236**)

MODELO **Marisa/a Pati/8:30**
Marisa le dijo a Pati que era a las ocho y media.

1. yo/a Marcos/9:00
2. Marcos/a mí/9:30
3. Tania/a nosotros/9:15
4. Roberto y Ana/a Blanca/8:30
5. tú/a Rubén y a Alicia/8:45
6. Carmen/a ti/8:20
7. nosotros/a Felicia/9:00
8. Eduardo/a Diana y a ti/9:30
9. Diego/a Pablo/8:00
10. Fernando y Ernesto/a todos/9:15
11. Fabiola/a Teresa y a mí/9:45
12. tú y Sergio/a mí/8:15

Repaso

1 ¿Te gustan las películas? Primero, escribe los números del uno al ocho en un papel. Luego, escucha varias veces una descripción por radio de un festival de cine. Mientras escuchas, escribe la información necesaria.

1. la fecha del festival
2. el tema del festival
3. los países de donde vienen las películas
4. el número de semanas que dura
5. el nombre de una película mexicana famosa
6. el número aproximado de películas que presentan
7. el significado del 14 de julio
8. el nombre del teatro

2 Ponce es una de las ciudades más bellas e históricas de la isla de Puerto Rico. Lee el artículo turístico y contesta las preguntas.

PONCE ES PONCE

Ponce, la principal atracción turística en la costa del sur de la Isla, es hoy un destino turístico de primera que ofrece múltiples alternativas e interesantes atracciones, así como pintorescos paisajes y bellas playas. Fundada hace más de trescientos años, con un poco más de 200 mil habitantes, arquitectura neoclásica y sabor boricua, Ponce cuenta con diversos programas promocionales tanto locales como internacionales, que permiten dar a conocer sus recursos culturales e históricos a las personas que a diario lo visitan.

Conocida como la Perla del Sur, Ponce tiene mucho que ofrecer, tanto en su centro urbano, como en los suburbios. La ciudad, que se distingue por las restauraciones y la conservación de antiguas edificaciones de principios de siglo, ha creado un paseo en el llamado casco de la ciudad, que puede ser visitado a pie, en coche (calesa) o en los pintorescos trolleys.

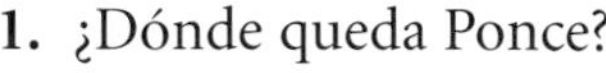

1. ¿Dónde queda Ponce?
2. ¿Qué tipo de arquitectura hay en Ponce?
3. ¿Cuántos habitantes hay en Ponce?
4. ¿Cómo se distingue la ciudad?
5. ¿Se puede visitar el paseo de la ciudad en coche?
6. ¿Por qué es Ponce un destino turístico de primera categoría?

3 Con base en la información cultural de este capítulo, completa las siguientes oraciones.

1. Puerto Rico es ecológicamente importante porque...
2. En algunos festivales latinoamericanos se combinan celebraciones católicas con...
3. En México, el Día de los Muertos es una mezcla de...
4. El **coquí**, una rana *(frog)* muy pequeña, vive exclusivamente en...

4 Vamos a escribir

Write a paragraph describing the last celebration or special event you attended. The paragraph must answer the five "W" questions: *Who? What? When? Where? Why?* and the question *How?*

Estrategia para escribir

The fact questions are *¿quién? ¿qué? ¿cuándo? ¿dónde? ¿por qué?* and *¿cómo?* Reporters often use these questions to make sure they have all the relevant information for a story. The focus of these questions is usually a concrete fact rather than opinion.

Preparación

1. Make a three-column chart. In the first column write the fact questions. In the second write one or two questions a reporter might ask. In the third write the answer to each question. (These do not have to be complete sentences.)
2. Think about what answers might be combined into one sentence. Which questions may require more than one sentence to answer?

Redacción

1. Begin your first paragraph with the answer to Who? or What?
2. Answer the remaining questions as clearly as possible.

Evaluación

1. Is there anything that's a judgment or opinion? If there is, either take it out or, if it's important to the story, tell whose judgment it was: **Marisol dijo/creía que...**
2. Working with a partner, read each other's paper and identify the answers to the fact questions. If your partner can't find the answers easily, determine if the information is missing or simply unclear. Make the necessary corrections.
3. Proofread for errors and then write and share a final draft.

5 Situación

Imagina que tu clase de ciencias fue al zoológico este fin de semana pero tú no fuiste porque tenías muchos mandados que hacer. Explícale a un compañero o una compañera qué tenías que hacer y pregúntale qué tal estuvo. Él o ella describe lo que vieron e hicieron, y cuenta lo que los otros estudiantes dijeron sobre el zoológico.

Cuaderno para hispanohablantes, p. 40

A ver si puedo...

WV3 CARIBBEAN-8

Can you describe a past event? **p. 225**

1 Using the following adjectives and the ending **-ísimo,** describe various events of last weekend to a friend.

aburrido | bueno | malo | corto | interesante | alegre

2 What did you see at the following places? Use the clues to describe what you saw using superlatives.

MODELO **teatro/una actriz famosa**
—Fui al teatro y vi a la actriz más famosa del mundo.

1. cine/una película mala
2. parque de atracciones/una montaña rusa grande
3. zoológico/un mono cómico
4. estadio/un partido emocionante
5. concierto/un cantante bueno

Can you say why you couldn't do something? **p. 230**

3 How would you tell a friend that you wanted or planned to do the following activities but couldn't because you had errands to run? Use the pictures as clues.

1. ir al parque de atracciones
2. ver el estreno
3. reunirse con amigos
4. ir al partido de béisbol

1.

2.

3.

4.

4 Look at the activities and pictures in Activity 3 again. Use **mientras** and the imperfect tense to say what errands you were running while your friends were having fun.

Can you report what someone said? **p. 235**

5 How would you report what the following people said?

1. ROGELIO: Estoy casi muerto.
2. NORMA Y LUIS: Nosotros también.
3. LUIS: ¡Ponce es la ciudad más bonita de Puerto Rico!
4. ROGELIO: ¡Tengo hambre!
5. NORMA: Vamos a comer en el café de tío Martín.

Vocabulario

Primer paso

Describing a past event

aburridísimo/a	*extremely boring*
¿Cómo estuvo?	*How was it?*
¿Cómo te fue?	*How did it go?*
de maravilla	*great*
de película	*extraordinary*
más o menos bien	*so-so*
¿Qué tal estuvieron?	*What were they like?*
¿Qué tal lo pasaste?	*Did you have a good time?*

At the amusement park

los carros chocones	*bumper cars*
la montaña rusa	*roller coaster*
el parque de atracciones	*amusement park*
la rueda de Chicago	*Ferris wheel*

At the zoo

el cocodrilo	*crocodile*
el loro	*parrot*
el mono	*monkey*
la serpiente	*snake*
el tigre	*tiger*
la tortuga	*turtle*
el zoológico	*zoo*

At the movies

los efectos especiales	*special effects*
la estrella de cine	*movie star*
el estreno	*premiere*

Segundo paso

Saying why you couldn't do something

Esperaba...	*I hoped to . . .*
Pensaba...	*I planned to . . .*
Quería pero no pude.	*I wanted to but couldn't.*
Tenía que...	*I had to . . .*

Errands

acompañar a	*to go with*
hacer un mandado	*to run an errand*
llevar el carro a la gasolinera	*to take the car to the gas station*
llevar el carro al taller	*to take the car to the shop*
pasar por el banco	*to go by the bank*
pasar por el correo	*to go by the post office*
pasar por la farmacia	*to go by the pharmacy*
poner gasolina al carro	*to put gas in the car*

Tercer paso

Reporting what someone said

dijo que	*he/she said that*
me dijeron que	*they told me that*
¿Qué dijo?	*What did he/she say?*
¿Qué te dijeron?	*What did they tell you?*

At a festival

la carroza	*float*
decorar	*to decorate*
desfilar	*to parade; to march*
el desfile	*parade*
diseñar	*to design*
el disfraz	*costume*
disfrutar	*to enjoy*
el festival	*festival*
la máscara	*mask*

CAPÍTULOS 9 y 10

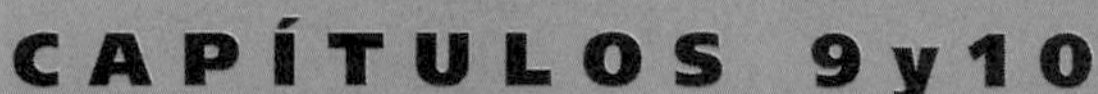

¡Ven conmigo a los Andes!

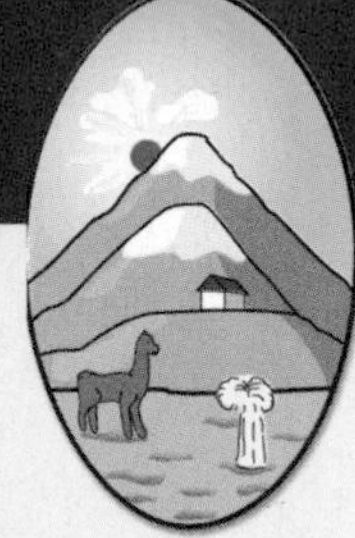

Países andinos:
Bolivia, Colombia, Ecuador, Perú, Chile

Población combinada: 102.925.063

Principales ciudades andinas: Bogotá, Quito, Lima, Cuzco, Arequipa, La Paz, Santiago

Lenguas indígenas: quechua/quichua (10.000.000 a 13.000.000, incluyendo Argentina), aimara (2.000.000 a 2.500.000), jívaro (80.000, aproximadamente)

Productos agrícolas: papas, maíz, frijoles, café, plátanos, ñames, quinoa, cebada, avena

Industrias: productos de madera, alimentos procesados, metales, industria vitivinícola, textiles

Platos típicos: humitas, lechón al horno, salteñas (plato nacional de Bolivia), llapingacho, locro, empanaditas, sancocho

Personajes famosos: Isabel Allende (1942–), novelista chilena; Teófilo Cubillas (1949–), futbolista peruano; Oswaldo Guayasamín (1919–1999), pintor ecuatoriano; Gabriel García Márquez (1928–), escritor

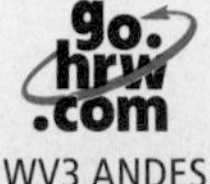

go.hrw.com
WV3 ANDES

VIDEO

CD-ROM 3
DVD 2

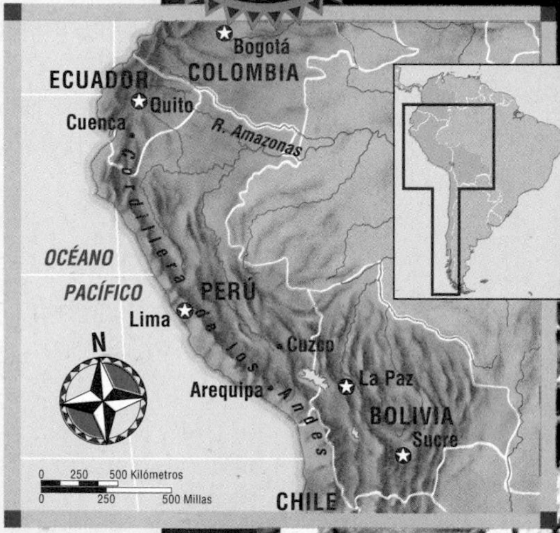

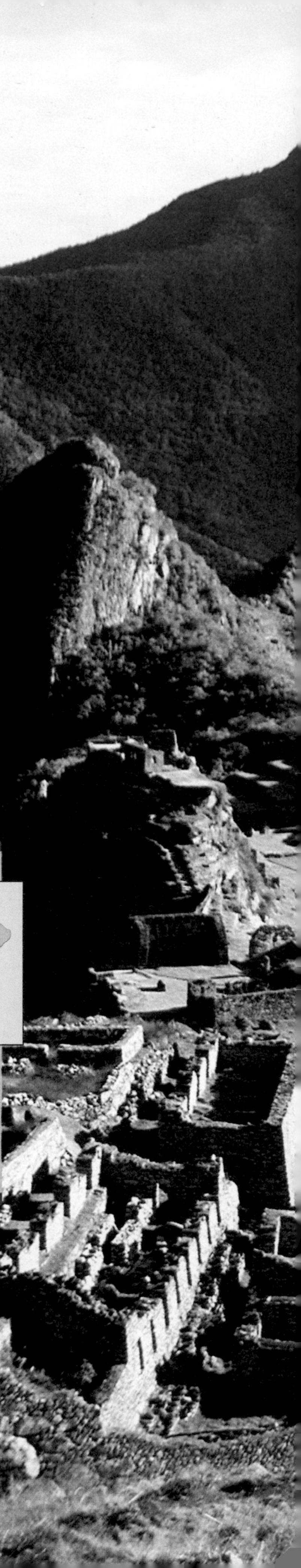

Las ruinas incas de Machu Picchu, cerca de Cuzco, Perú

Los Andes

¿Te gustaría navegar por el lago más alto del mundo, montar en llama y conocer magníficas ruinas prehispánicas? La alta sierra de los Andes te ofrece eso y más. Allí puedes disfrutar del ritmo acelerado de la vida santiagueña en la capital de Chile, acampar al pie del volcán activo más alto del mundo, Cotopaxi, y recorrer las ruinas de Machu Picchu. Viajar por los Andes es siempre una aventura porque ahí se encuentra una variedad sorprendente de artesanías, paisajes y culturas.

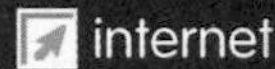

go.hrw.com MARCAR: go.hrw.com
PALABRA CLAVE:
WV3 ANDES

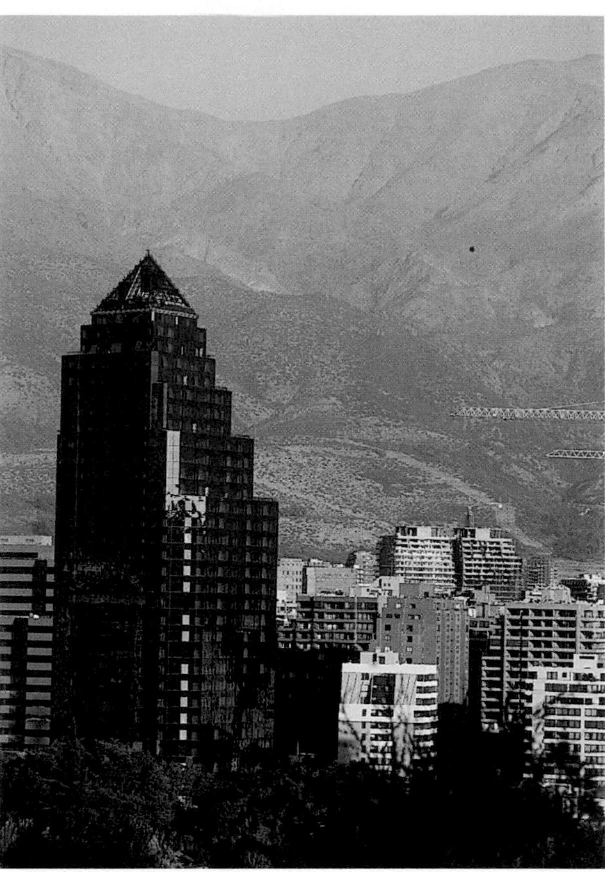

1 Vista de Santiago
El distrito Las Condes de Santiago de Chile es donde se localiza el centro comercial más grande de América Latina. La capital chilena se encuentra a los pies de la Cordillera Sur de los Andes.

2 El estilo de Botero
Fernando Botero, *Santa Rosa de Lima Según Vázquez,* 1966, óleo, 49 9/16" x 55 5/8". Archer M. Huntington Gallery, The University of Texas at Austin, Donación de John y Barbara Duncan, 1971.

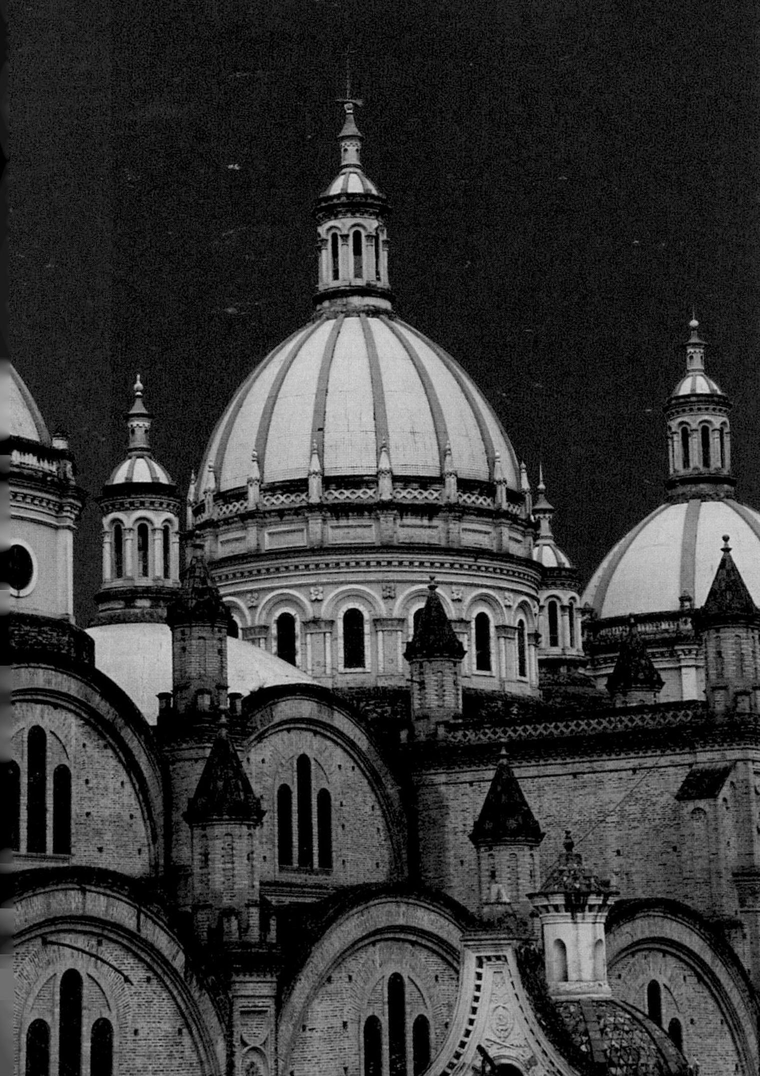

3 Las cúpulas en Cuenca
La Catedral Nueva de Cuenca es un distinguido ejemplo de la arquitectura neo-gótica.

En los capítulos 9 y 10, vas a conocer a dos jóvenes ecuatorianos. Con ellos vas a descubrir un misterio en Cuenca. De paso vas a conocer las calles empedradas, la plaza histórica y el mercado al aire libre de esta linda ciudad. También vas a leer una hermosa leyenda sobre el origen de los varios idiomas indígenas de Ecuador.

4 Mujeres indígenas en la sierra
En la sierra andina, un grupo de indígenas regresa del mercado. Más de diez millones de habitantes de los Andes hablan un idioma indígena (principalmente quechua y aimara) como su primera lengua.

6 Una totora sobre el lago
El Lago Titicaca entre Perú y Bolivia es el lago navegable más alto del mundo, a 12.500 pies sobre el nivel del mar. Los indígenas aquí fabrican barcos de cáñamo para navegar el lago y pescar.

5 De compras en Otavalo
El mercado de Otavalo, Ecuador es famoso entre los turistas del mundo por sus hermosos tejidos.

7 Los sombreros en los Andes
Esta mujer lleva un sombrero típico de los que hace y lleva la gente indígena de los países andinos. El estilo de un sombrero identifica su pueblo de origen.

8 Un pueblo de Ecuador
Vista aérea del pueblo andino de Baños. Las fuentes de aguas termales que se encuentran al lado del cercano volcán Tunugurahua son una gran atracción turística.

CAPÍTULO

9

¡Día de mercado!

Objectives

In this chapter you will learn to

Primer paso

- ask for and give directions

Segundo paso

- ask for help in a store
- talk about how clothes look and fit

Tercer paso

- bargain in a market

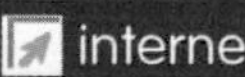

MARCAR: go.hrw.com
PALABRA CLAVE:
WV3 ANDES-9

◀ **Ese collar es hermoso. ¿En cuánto me lo deja?**

DE ANTEMANO • *Un misterio en Cuenca*

Estrategia
para comprender
Adriana and Rafael were shopping in Cuenca when something very mysterious happened. Look at the pictures in the **fotonovela.** What do you think happened?

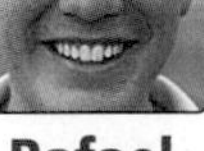

Rafael **Adriana** **la dependiente**

1
Adriana:
El primer día que pasamos en Cuenca estuvo muy interesante. Mientras Tía Carolina trabajaba en la excavación, Rafael y yo explorábamos la ciudad y mirábamos las vitrinas. Primero fuimos al parque central... Y después, ¡pasó algo increíble!

2
Adriana: ¡Mira! ¡Desaparecieron piezas de arte del museo donde trabaja Tía Carolina!
Rafael: ¡Ay, qué lástima!

3
Rafael: ¿Entramos?
Adriana: Ay, no sé. Esta tienda no tiene tantas chompas como la otra.
Rafael: Pero, mira... aquí son más baratas.

4
la dependiente: Buenos días. ¿En qué les puedo atender?
Rafael: Quisiéramos ver unas chompas de lana, por favor.
la dependiente: ¿De qué talla...? No. Ésa le va a quedar pequeña. Un momento. Pruébese ésta... es talla 40.

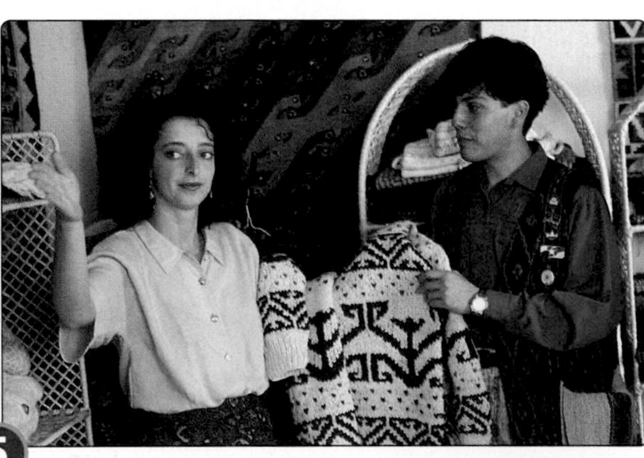

5
Rafael: Gracias. ¿Me puede decir dónde está el probador?
la dependiente: Cómo no. Al fondo a la derecha.

6

Rafael: Me gusta, pero me queda un poco grande.

Adriana: No, Rafa... no estoy de acuerdo. Llévatela... así está de moda.

la dependiente: ¿Se la quiere llevar?

Rafael: No sé. ¿Por qué no volvemos más tarde, Adriana?

7

Adriana: ¿Puede decirnos cómo se llega al mercado de artesanías?

la dependiente: Claro que sí... al salir de esta tienda, doblen a la derecha, caminen dos cuadras... en esa esquina, doblen a la izquierda y sigan recto. El mercado está allá a media cuadra.

8

Adriana: Mientras íbamos para el mercado, hablábamos de Tía Carolina; queríamos comprarle un regalo mientras estábamos en Cuenca.

9

Adriana: Mira, Rafael. ¿Te gusta ese sombrero? A Tía Carolina le hace falta uno. Está todo el día bajo el sol. ¿Se lo compramos?

Rafael: No sé, ¿por qué no miramos un poco más? Ay, no tengo la bolsa...

10

11

12

Rafael: ¡Mira, Adriana! ¡Es la pieza del museo!

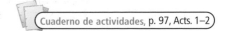

Cuaderno de actividades, p. 97, Acts. 1–2

1 ¿Comprendes la fotonovela?

1. ¿Por qué están en Cuenca Rafael y Adriana?
2. ¿Qué hacían Adriana y Rafael mientras Tía Carolina trabajaba?
3. ¿Qué desapareció del museo de Cuenca?
4. En la tienda, ¿qué artículo de ropa se prueba Rafael?
5. ¿Por qué está tan sorprendido Rafael al final?
6. ¿Quién crees que es el señor misterioso y por qué tiene el artefacto?

2 Oraciones falsas

Todas las siguientes oraciones son falsas. Corrígelas según la historia de la fotonovela.

1. Adriana piensa que la visita a Cuenca es un poco aburrida.
2. Rafael quiere entrar en la tienda porque dice que tiene más chompas que las otras tiendas.
3. Rafael se prueba una chompa de talla 50.
4. A Rafael le queda perfecta la chompa y decide comprarla.
5. El mercado de artesanías queda al lado de la tienda de chompas.
6. Los muchachos van al mercado de artesanías para vender lo que llevan en la bolsa.
7. Los muchachos piensan comprar una pieza de arte para Tía Carolina.

3 Preguntas y respuestas

Escoge la mejor respuesta para las siguientes preguntas.

1. Buenos días. ¿En qué les puedo atender?
2. ¿Te gusta la chompa?
3. ¿Me puede decir dónde está el museo?
4. ¿Entramos en esa tienda?
5. Adriana, Rafa... ¿qué van a hacer Uds. mientras trabajo hoy?
6. ¿Compramos el sombrero para Tía Carolina?

a. Cómo no. El museo está a media cuadra.
b. Pues, hoy pensábamos explorar el mercado.
c. No sé... me parece que esa tienda no tiene tantos sombreros como la otra.
d. Quisiera ver algunas chompas, por favor.
e. Me gusta, pero me queda un poco grande.
f. No sé, ¿por qué no miramos un poco más?

4 En el mercado

En grupos de tres, usen frases de la fotonovela para preparar un diálogo entre un vendedor de chompas y dos clientes. Indica qué talla necesitan, pregunta dónde está el probador, y finalmente di qué otros artículos de ropa quieren mirar.

5 Y tú, ¿qué harías?

¿Qué piensas que Adriana y Rafael deberían hacer con el artefacto que encontraron? ¿Qué harías tú?

Primer paso

Objective Asking for and giving directions

WV3 ANDES-9

1. Oficina de Turismo
2. Catedral de la Inmaculada Concepción
3. Plaza Calderón
4. Plaza Cívica
5. Plaza de San Sebastián
6. Museo de Arte Moderno
7. Museo de Artes Populares
8. Museo y Biblioteca Casa de Cultura
9. Instituto y Museo Folklórico
10. Ruinas de Todos los Santos
11. Planetario
12. Estadio

1. Aeropuerto Mariscal Lama
2. El Banco de la Vivienda
3. El Correo
4. Hospital Cruz Roja

1. El Hotel Crespo
2. El Hotel Presidente
3. El Restaurante Capulíes
4. El Restaurante Claro de Luna
5. El Restaurante Che Pibe

Plano turístico de Cuenca

6 El plano de Cuenca

Leamos/Escribamos Mira el plano de Cuenca y di en qué calles están los siguientes lugares.

1. la oficina de turismo
2. el aeropuerto Mariscal Lama
3. la plaza Calderón
4. el Hotel Crespo
5. el correo
6. el Restaurante Capulíes
7. el Hospital Cruz Roja
8. el planetario
9. un banco

Así se dice

Asking for and giving directions

To ask for directions, say:

Disculpe, ¿vamos bien para el museo?
Excuse me, are we going the right way to . . .?

Perdón, ¿dónde queda el centro comercial?
Excuse me, where is . . .?

¿Cómo se va al Hotel Cotopaxi?
How do you get to . . .?

To give directions, say:

No, van mal. Hay que seguir derecho hasta la plaza y el museo está allí. **No se puede perder.**
No, you're going the wrong way. You have to continue straight until . . . You can't miss it.

El centro comercial **queda a la izquierda, junto al** Colegio Valbuena.
. . . it's to the left, next to . . .

Tome esta calle hasta llegar al semáforo y **doble a la derecha.** Allí **se encuentra** el hotel.
Take this street until you get to . . . turn right. . . . is located . . .

También se puede decir...
Muchos hispanohablantes usan la palabra **derecho** pero también se puede decir **recto**. En España dicen **la manzana** por **la cuadra**.

7 ¿Dónde se encuentra?

Escuchemos José Luis trabaja en la oficina de turismo de Cuenca y hoy es su primer día de trabajo. Escucha las instrucciones que les da a los turistas. Mira el plano en la página 257 e indica si sus instrucciones son correctas o incorrectas.

1. para el Museo de Artes Populares
2. para la plaza Calderón
3. para el planetario
4. para el aeropuerto

Vocabulario

CD-ROM 3
DVD 2

Más práctica gramatical, p. 274, Act. 1

Cuaderno de actividades, pp. 98–100, Acts. 3–6

Cuaderno de gramática, p. 72, Acts. 1–2

8 Andar por Cuenca

Leamos/Escuchemos Lee la primera descripción a tu compañero/a en voz alta. Él o ella revisa el plano de Cuenca en la página 257 para determinar adónde fue cada persona. Entonces escucha mientras tu compañero/a lee la segunda descripción y sigue las direcciones en el plano.

1. Mi casa está en la calle Larga: Salí de mi casa y subí por la calle Benigno Malo. En la plaza Calderón, me reuní con unos amigos. Tomamos algo en un café en la plaza y después subimos por la calle Luis Cordero. Seguimos hasta la calle Mariscal Lamar, doblamos a la derecha y llegamos después de caminar dos cuadras.
2. Salí de mi casa en la calle Presidente Córdova, al lado del Museo de Arte Moderno. Fui al centro a visitar la catedral. Cuando salí de la catedral, seguí por la calle Simón Bolívar. Doblé a la derecha en la calle Presidente Borrero y bajé tres cuadras. Doblé a la izquierda y caminé dos cuadras hasta el lugar donde trabajo como voluntaria.

9 ¿Dónde están y adónde van?

Escribamos Usa el dibujo y el **Vocabulario** en la página 258 para describir dónde está y adónde va cada persona.

MODELO **Esteban está cruzando la calle Gran Vía y va hacia el sur.**

10 ¿Cómo se va?

Hablemos Mira el dibujo y usa las frases de **Así se dice** para dar direcciones a las siguientes personas. Dramatiza la conversación con un/a compañero/a.

1. Carlos quiere ir al cine Rex.
2. Raúl necesita ir al restaurante La Parrilla Argentina.
3. Patricia busca una tienda de ropa.
4. Ana María juega muchos deportes. Hoy necesita comprar nuevos zapatos de fútbol en la tienda Deporte Máximo.
5. Alejandra quiere tomar el autobús en la calle Leñeros para ir hacia el oeste.

Gramática

Formal commands (singular and plural)

Formal commands are used with people you would address as **usted** and **ustedes**. Here's how to form these commands:

Más práctica gramatical, p. 275, Acts. 2–3

Cuaderno de actividades, p. 100, Act. 7

Cuaderno de gramática, pp. 73–75, Acts. 3–8

1. Using the present-tense **yo** form, drop the **-o** ending and . . .
   a. for **-ar** verbs add **-e** or **-en**:
      Estudio → ¡Estudi**e** (Ud.)! ¡Estudi**en** (Uds.)!
   b. for **-er** and **-ir** verbs add **-a** or **-an**:
      Leo → ¡No le**a** (Ud.)! ¡No le**an** (Uds.)!
      Escribo → ¡Escrib**a**! ¡Escrib**an**!
2. Stem-changing verbs and verbs with irregular **yo** forms follow the same rule.
   cerrar: cierro → ¡No **cierre** la puerta!
   seguir: sigo → ¡**Siga** Ud. todo derecho!
3. Verbs ending in **-car**, **-gar**, and **-zar** have spelling changes.
   buscar (**c** → **qu**) busco → ¡Bus**qu**e Ud.! ¡Bus**qu**en Uds.!
   jugar (**g** → **gu**) juego → ¡Jue**gu**e! ¡Jue**gu**en!
   empezar (**z** → **c**) empiezo → ¡Empie**c**e! ¡Empie**c**en!
4. These five verbs have irregular formal commands:
   dar → **dé, den** saber → **sepa, sepan** ir → **vaya, vayan**
   estar → **esté, estén** ser → **sea, sean**
5. Reflexive pronouns come before negative commands or are attached to affirmative commands.
   No **se** sienten allí, por favor. Siénten**se** aquí.

11 Gramática en contexto

Leamos/Escribamos La señora Carrasco está de compras con sus dos hijitos, Laura y Toño. Lee lo que les dice a sus hijos y cambia cada frase para que sea un mandato.

MODELO **Laura, Toño, no deben cruzar las calles solos.**
—Laura, Toño, no crucen las calles solos.

1. Niños, no deben tocar nada en la joyería.
2. Chicos, no deben gritar en el almacén.
3. Hijos, por favor, deben decir "Gracias" a la señora.
4. Niños, no deben correr en el supermercado.
5. Hijitos, deben ser buenos y esperar su turno en la cola.
6. Niños, no deben comer en el autobús.
7. Muchachos, deben bajarse conmigo en la próxima parada.
8. Chicos, deben escuchar a su mamá.

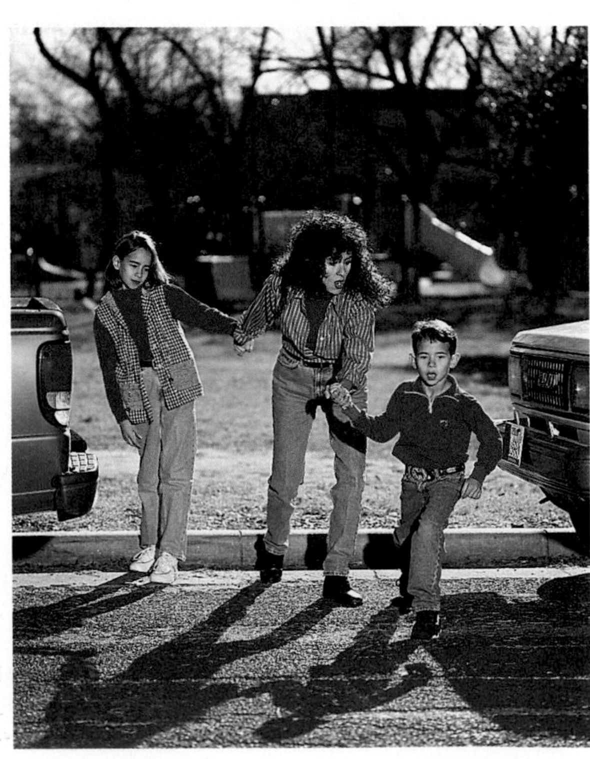

12 Gramática en contexto

Escribamos Rafael y Luisa te visitan durante sus vacaciones. Usa los mandatos formales para contestar sus preguntas. Dales una sugerencia para resolver cada problema.

MODELO —**¿Podemos andar en bici aquí?**
— **No, no anden en bici aquí. Anden en bici en el parque.**

andar en bici aquí

¿Podemos...?

sentarnos aquí

sacar una foto

comer en el autobús

nadar en el río

13 Los anuncios de la radio

Escuchemos Escucha el anuncio de la radio y corrige las siguientes frases si son falsas.

1. Si compras un vestido o chaqueta y pantalones en los almacenes Zar, Dynastía y Everfit, te regalan una camisa.
2. El almacén Zar se encuentra lejos del Estadio Olímpico.
3. El almacén Dynastía está en el cruce con la avenida 12 de Octubre.
4. Si tomas la avenida Colón, vas a llegar a la tienda Dynastía.
5. El almacén Everfit está detrás del Cine Coloso.

14 ¡A escribir!

Leamos/Escribamos Lee los anuncios y úsalos como modelos para escribir un anuncio de radio para tu tienda favorita. En el anuncio, explica qué venden en esa tienda, y usa mandatos formales para indicar cómo llegar a la tienda. Debes estar preparado/a para leer tu anuncio en clase. Puedes consultar el **Vocabulario adicional** que comienza en la página R16.

En la ventanilla tres, por favor

If you were in a small or medium-sized store in a Spanish-speaking country, you might have to stand in line more than once to make your purchases. Can you imagine why?

Para discutir

1. When you go to a clothing store or a neighborhood grocery, do you expect to select your own goods from a self-service counter?
2. Ask a partner if he or she has ever experienced a situation where you pay for your goods at one station and pick them up at another. Ask him or her to describe exactly what happened.

Vamos a comprenderlo

Self-service is much more common now in Spanish-speaking countries, but some traditional stores still keep their stock behind a closed counter. At such stores you ask the salesperson to find what you need. The clerk locates the goods and gives you a ticket, which you pay at the cashier's window. Then you take your receipt back to the salesperson or to a third station and pick up your purchases all packaged and ready to go. Sounds complicated? It takes a little getting used to, but the system works!

Segundo paso

Objectives Asking for help in a store; talking about how clothes look and fit

WV3 ANDES-9

Vocabulario

CD-ROM 3 DVD 2

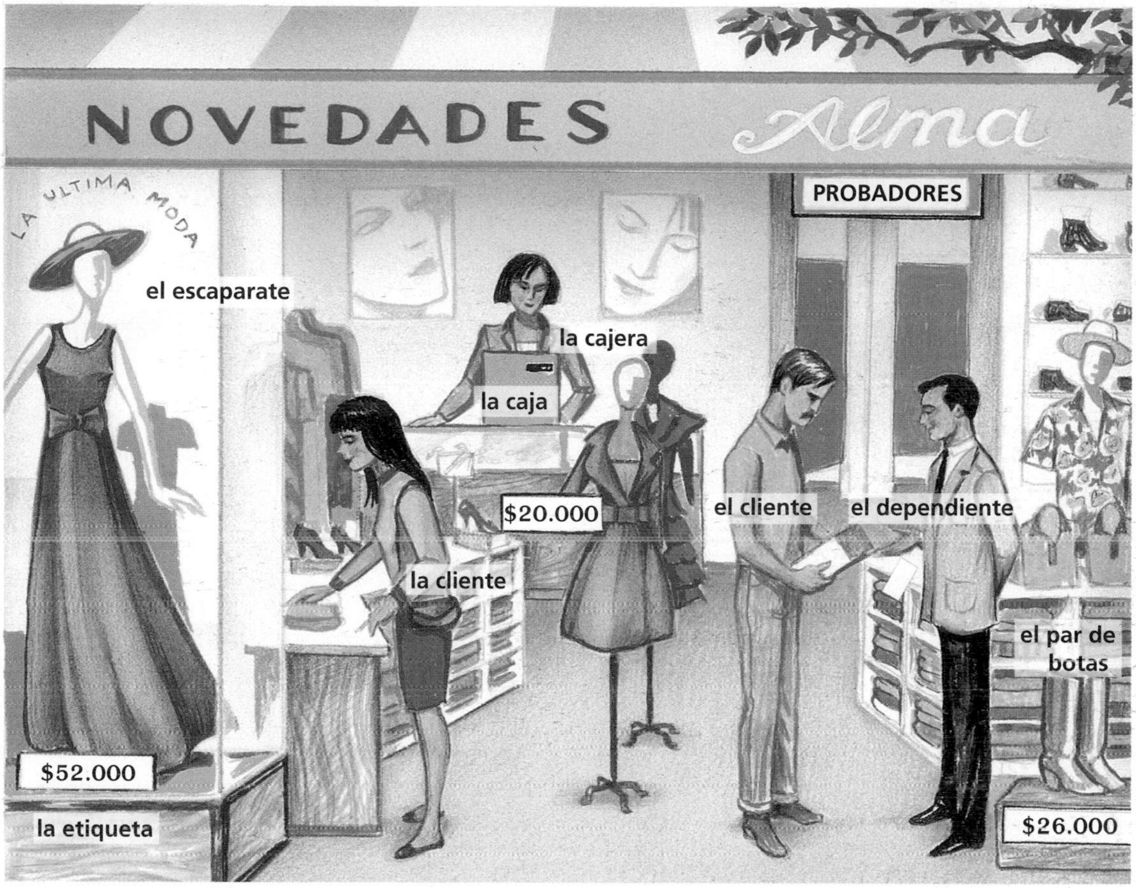

Cuaderno de actividades, p. 101, Act. 8
Cuaderno de gramática, p. 76, Acts. 9–10

15 El dependiente confundido

Escribamos Es el primer día que Esteban trabaja en la tienda Novedades Alma y hace muchos errores. Mira el dibujo y corrige las oraciones de Esteban.

1. Bueno, el par de botas de color café cuesta 20.000 pesos según la etiqueta.
2. Claro, soy el dependiente. Mi trabajo es poner el dinero en la caja.
3. Marisa es la cajera, por eso ella les ayuda a los clientes a encontrar la ropa que necesitan.
4. El vestido rojo que está en el escaparate cuesta 75.000 pesos.
5. Los probadores están a la izquierda de la caja.

Así se dice

Asking for help in a store

To ask for help in a store, you can say:

Con permiso, ¿me puede atender, por favor?
Excuse me, can you help me, please?

Uso el número 38 en zapatos.
I wear a size 38 . . .

¿Tienen esta blusa en azul? **Uso talla** 42.
I wear size . . .

¿Me la puedo probar?
Can I try it on?

A salesperson might respond:

Sí, **¿en qué le puedo servir?**
. . . how can I help you?

Lo siento, ya **no nos quedan.**
. . . we're out of them.

Claro, **la tenemos en** azul o negro.
. . . we have it in . . .

Cómo no. Los probadores están a la izquierda.

Cuaderno de actividades, p. 101, Act. 9

16 En la tienda

Escuchemos Vas a escuchar seis conversaciones breves. Mientras escuchas, encuentra el dibujo que mejor corresponda a cada situación.

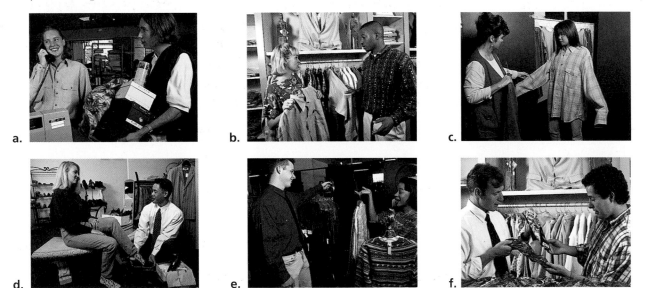

a.

b.

c.

d.

e.

f.

17 ¿Qué dices?

Hablemos Imagínate que estás de compras en Santiago de Chile. ¿Qué le dices a la dependiente en las siguientes situaciones? Dramatiza la conversación con un/a compañero/a.

1. Buscas un sombrero para tu tío Ernesto. Su color favorito es el azul.
2. No sabes si la camiseta es demasiado grande o no. Quieres probarla.
3. Necesitas hacerle una pregunta al dependiente, pero él no pone atención.
4. Quieres comprar unas sandalias. La dependiente te pregunta qué número necesitas.
5. La dependiente te mostró una camisa azul, pero la prefieres de otro color.

Before you go shopping in a Spanish-speaking country, you need to know that clothing and shoe sizes are not the same as in the United States. In Spanish-speaking countries clothing sizes are given using the metric system. Look at the chart and find the sizes you need for clothing and shoes. If you can't remember what size you need, you can always get help by asking the clerk: **¿Qué talla/número necesito?** If you are buying a gift for someone else and don't know the correct size, you might try describing the person to the clerk: **Es más alto y más delgado que yo...**

Cuaderno de actividades, p. 108, Act. 19

Tallas para hombres	USA	EUR	Tallas para mujeres	USA	EUR
Camisas	13	36	Blusas	8	36
	15	38		10	38
	16	40		12	40
	17	42		14	42
Trajes	34	44	Vestidos	8	38
	36	46		10	40
	40	50		12	42
	44	54		14	44
Zapatos	7	40	Zapatos	5	36
	8	41		6	37
	9	43		7	38
	10	44		8	39
	12	45		9	40

18 ¿Qué talla necesitas?

Leamos Antes de salir de Ecuador, quieres hacer algunas compras. Usa la gráfica de la **Nota cultural** para determinar las tallas y los números correctos.

1. Quieres comprar unas sandalias para ti y otras para tu mejor amigo que usa el número 10 en los Estados Unidos.
2. Piensas regalarle una camisa a tu hermano que usa talla 15 en los Estados Unidos.
3. Ves un traje muy de moda. Usas talla 44 en los Estados Unidos.
4. Quieres regalarle un vestido a tu hermana en los Estados Unidos. Ella usa talla 8.
5. A tu mamá le gustaría una blusa de seda. Ella usa talla 12.

Así se dice

Talking about how clothes look and fit

CD-ROM 3 DVD 2

To ask how clothes look, say:

¿**Cómo me veo** en este vestido?
How do I look . . .?

¿Te gusta la camisa verde?

To describe how clothes look, say:

Te ves guapísima. El vestido **está muy de moda.**
You look really pretty . . . is very stylish.

De verdad, no hace juego con tus pantalones.
To tell you the truth, it doesn't match . . .

To ask how clothes fit, say:

¿**Cómo te queda** la camisa?
How does . . . fit you?

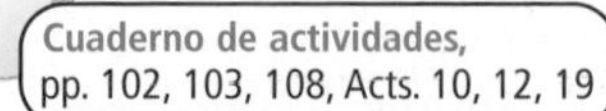

Cuaderno de actividades, pp. 102, 103, 108, Acts. 10, 12, 19

Más práctica gramatical, p. 276, Act. 4

To describe how clothes fit, say:

Bueno, **me queda un poco estrecha.**
. . . it's a little tight.

Los pantalones me quedan **largos/anchos.**
. . . long/loose.

19 Escenas del probador

Escuchemos Hoy es sábado, y todos están de compras. Vas a escuchar seis conversaciones breves. Escoge la frase que mejor describa la situación en cada conversación.

1. a) Lola quiere comprar el vestido, pero es caro.
   b) Lola dice que el vestido le queda muy mal.
2. a) Martín piensa que se ve ridículo en su traje nuevo.
   b) La mamá de Martín dice que necesita algo más de moda.
3. a) La señora necesita una blusa del mismo color, pero más grande.
   b) La señora quiere una blusa de la misma talla, pero de otro color.
4. a) Al señor le quedan bien los pantalones pero no le gustan.
   b) Al señor le quedan grandes los pantalones, y necesita una talla más pequeña.
5. a) Roberto quiere comprar la camisa, pero necesita también una corbata.
   b) A Roberto le gusta la camisa verde, pero no la compra en este momento.

20 ¿Cómo me queda?

Escribamos Imagínate que estás de compras y ves a las siguientes personas. Compara las dos escenas en cada dibujo.

1. José Luis

2. Ana María

3. Esteban

4. Melisa

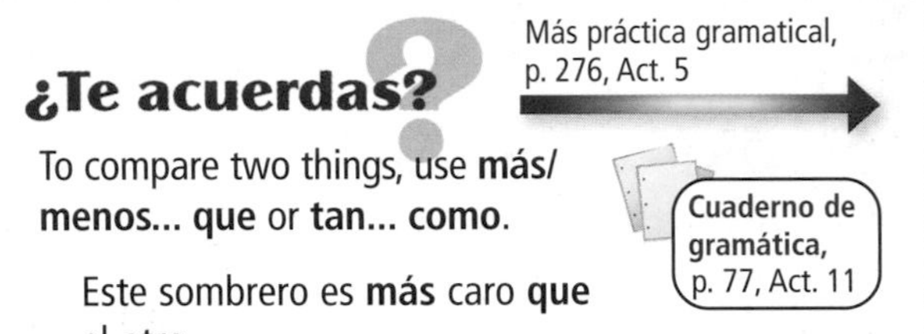

¿Te acuerdas?

Más práctica gramatical, p. 276, Act. 5

To compare two things, use **más/ menos... que** or **tan... como**.

Cuaderno de gramática, p. 77, Act. 11

Este sombrero es **más** caro **que** el otro.

Me parece que esta falda es **menos** bonita **que** ésa.

Estas botas son **tan** grandes **como** las otras.

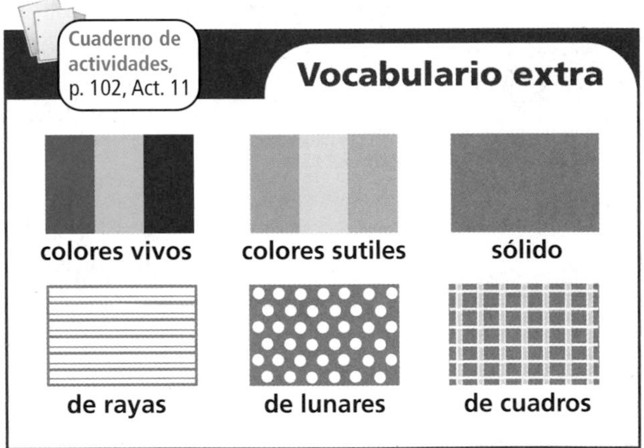

Cuaderno de actividades, p. 102, Act. 11

Vocabulario extra

21 Del colegio al trabajo

Hablemos Today there's a big sale in your favorite clothing store. With a partner, play the roles of store clerk and customer and create a dialogue in which the customer . . .

1. explains what he or she wants and the clerk helps with size and color.
2. tries on the item of clothing and talks about the fit with the clerk.
3. decides whether or not to buy it.

22 La última moda

Escribamos Escribe un artículo para el periódico de tu colegio. Describe la ropa de moda hoy día. ¿Cómo se viste la gente de tu colegio? ¿Cómo te vistes tú? ¿Cuáles son los colores de moda? Explica por qué te gusta o no te gusta la moda de hoy.

¿Dónde compras tu comida?

In this chapter, we asked some people where they usually go to buy their food and groceries.

Ricardo

Heredia, Costa Rica

"Para comprar verduras y frutas frescas vengo al mercado de Heredia. Para comprar comida en lata *(canned food)* y otras cosas de ese tipo voy al supermercado. Aquí compré un aguacate, compré naranjas… limones dulces... Ésta es una fruta que sólo hay en Costa Rica... Compré una papaya y un tomate".

Delany

Caracas, Venezuela

"Para comprar frutas y verduras se va a supermercados grandes... En un mercado al aire libre se compra más que todo [productos] como cartones de leche, de jugo, huevos, cosas sencillas".

Mariana

Buenos Aires, Argentina

"Normalmente (voy) a los supermercados porque además tienen sistemas de entrega a domicilio... Yo viviendo sola voy al mercado que me lo traen porque si no, no puedo cargar tantas botellas y demás, y me es mucho más rápido... Hay una gran proliferación de supermercados pero mercados también hay al aire libre donde se pueden conseguir verduras, frutas y cosas antiguas. Los hay".

Para pensar y hablar...

A. Compara las respuestas de Ricardo y de Delany. ¿Cuál podría ser la razón por las diferencias entre ellas? ¿Dónde compra tu familia las verduras y las frutas? ¿la leche y los huevos? ¿Por qué?

B. Mariana lives in Buenos Aires, a big city. Why do you think she needs a home delivery service? Think of a logical reason for this need.

Cuaderno de actividades, p. 108, Act. 20

Cuaderno para hispanohablantes, pp. 44–45

Objective Bargaining in a market

WV3 ANDES-9

CONSEJOS PARA REGATEAR

En los mercados al aire libre nunca hay precios fijos. Por eso es necesario aprender a regatear. Éstas son algunas sugerencias.

- Hay que preguntar cuál es el precio de lo que quiere comprar. El vendedor le va a decir a Ud. un precio bastante caro.
- Es necesario preguntarle a cuánto lo deja para indicarle que quiere regatear. Así es posible que el vendedor rebaje el precio.
- Si Ud. no está de acuerdo con el precio nuevo puede ofrecer menos de lo que ofreció el vendedor. Es normal ofrecer dos tercios (2/3) del precio original y casi nunca menos del 50%. ¡No hay que ser muy exigente! Tampoco es bueno ofenderle al vendedor.

Sobre todo regatear debe ser una experiencia divertida. Si sigue estas sugerencias lo va a pasar bien y con un poco de suerte va a encontrar muchas gangas.

23 ¿Sabes regatear?

Leamos Completa las oraciones según los consejos para regatear.

1. Para regatear, debes ir...
   a. a un mercado al aire libre.
   b. a una tienda exclusiva.
2. Si quieres regatear, tienes que...
   a. preguntarle al vendedor en cuánto lo deja.
   b. ser muy exigente con el vendedor.
3. Antes de comprar algo, primero hay que...
   a. mostrarle al vendedor tu dinero.
   b. preguntar el precio.
4. El precio que le ofreces al vendedor debe ser...
   a. menos del 50% del precio original.
   b. 2/3 del precio original.
5. Regatear debe ser...
   a. divertido.
   b. difícil.
6. En los Estados Unidos se puede regatear en...
   a. un centro comercial.
   b. un baratillo *(secondhand sale)*.

Así se dice

Bargaining in a market

To bargain you might ask:

¿Qué precio tiene el sombrero?
What is the price of . . .?

¿Cuánto vale la camisa roja?
How much is . . .?

¿Me puede rebajar el precio?
Can you lower the price for me?

¿En cuánto lo deja?
How much will you let it go for?

A vendor might answer:

Cuesta cinco dólares.

Bueno, **se lo regalo por** 15 dólares pero es **mi última oferta.**
. . . I'll let you have it for . . .
. . . my last offer.

No, **aquí no se puede regatear;** tenemos **precios fijos.**
. . . you can't bargain here;
. . . fixed prices.

A Ud. se lo doy por 20 dólares.
I'll give it to you for . . .

Cuaderno de actividades, pp. 104–106, Acts. 13–14, 16

24 ¡A escuchar!

Escuchemos Cuando estaba en Miami, Cecilia fue a una venta de segunda mano *(garage sale).* Escucha las siguientes conversaciones e indica si la persona compró algo o no.

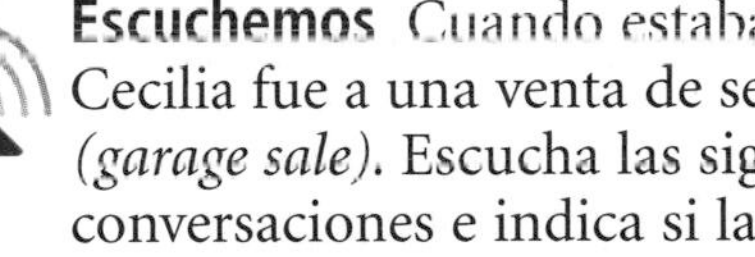

When something really costs a lot, you can say:

Ay, señor, esto **cuesta una fortuna.**
El reloj **costó un montón.**

If you're only browsing and a salesperson or vendor in a market offers help, say:

Estoy mirando, nada más.

Cuaderno de actividades, p. 106, Act. 17

Vocabulario

el descuento	*discount*
en barata	*on sale*
dos por uno	*two for one*
una ganga	*a bargain*
gratis	*free*
el mercado al aire libre	*open-air market*
la oferta	*sale*
por ciento	*percent*

Cuaderno de actividades, p. 105, Act. 15
Más práctica gramatical, p. 277, Act. 6
Cuaderno de gramática, pp. 78–79, Acts. 12–13

25 ¿Se puede regatear?

Leamos/Escribamos Completa el diálogo con las palabras del **Vocabulario.**

ALEJO Señor, ¿cuánto vale la camiseta azul?

VENDEDOR Vale 40 pero se la doy por 20. Eso es un __1__ del 50 __2__.

ALEJO Pero en la tienda de al lado, las camisetas están __3__. Sólo cuestan 12. Rebajaron el precio a casi el 70 por ciento.

VENDEDOR Eso no es nada. Yo se las doy dos por uno. Si compra una camiseta al precio normal de 40, la segunda camiseta es __4__.

ALEJO ¡Qué __5__! Las compro. Me encanta regatear en __6__ porque siempre recibo los mejores precios.

VENDEDOR Sí, hombre, sí.

26 En el mercado

Escuchemos/Leamos Joe, un estadounidense, y Jaime, un mexicano, están en el mercado de la Lagunilla, en la Ciudad de México. Escucha las conversaciones que tienen con los vendedores. Luego decide si cada oración es **cierta** o **falsa**. Corrige las falsas.

1. El mercado de la Lagunilla es un mercado grande al aire libre.
2. Los precios en este mercado son fijos.
3. Joe sabe regatear muy bien.
4. La vendedora de aretes le da a Joe un descuento.
5. Jaime compra una guitarra por 500 pesos.
6. Jaime ofrece 250 pesos por la guitarra.
7. La última oferta de la vendedora es 450 pesos.

27 ¿Qué precio tiene?

Hablemos Con un compañero o una compañera, dramaticen varios diálogos entre un/a vendedor/a y un/a cliente. Decidan primero si se puede regatear. Después regateen para ver si pueden conseguir una ganga al comprar las cosas en las fotos.

1. 

2. 

3. 

4. 

5. 

6. 

28 Es mi última oferta

Escribamos/Hablemos Piensas tener una venta de segunda mano porque necesitas dinero para un coche. Escribe una lista de seis cosas que quieres vender y los precios que tienen. Luego júntate con un/a compañero/a y traten de venderse algunas de las cosas en sus listas.

Ventajas y desventajas *Advantages and disadvantages*

Hablemos Imagínate que tienes la oportunidad de hacer todas tus compras en un mercado al aire libre. En grupos de tres, hablen de las ventajas y desventajas de regatear en un mercado. ¿Prefieren las tiendas con precios fijos o los mercados? ¿Por qué?

¿Se te ha olvidado?
direct objects
Consulta la página 112

Cuaderno de gramática, p. 79, Acts. 14–15

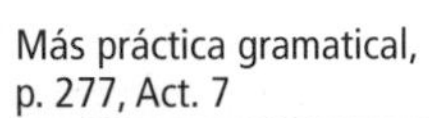
Más práctica gramatical, p. 277, Act. 7

En mi cuaderno

Escribamos Imagina que estás en el "tianguis" *(flea market)* en la Ciudad de México, donde se encuentra de todo. El vendedor en este tipo de mercado siempre dice un precio pero puedes regatear. En un párrafo describe cómo es el mercado y qué quieres comprar. Termina el párrafo mencionando las ventajas y desventajas de comprar en un "tianguis".

Diego Rivera. Detalle de *El Tianguis*, 1923–1924. Mural en la Secretaría de Educación Pública, México, D.F.

Nota cultural

En el mural de la izquierda, el pintor mexicano Diego Rivera (1886–1957) presenta la escena de uno de los mercados al aire libre conocidos en México como "tianguis". Diego Rivera, David Siqueiros y José Clemente Orozco, conocidos como los tres grandes muralistas mexicanos, han tenido una influencia importante en el arte moderno de las Américas. El pintor ecuatoriano Oswaldo Guayasamín, por ejemplo, trabajó con José Clemente Orozco en México. Al volver a Ecuador, se convirtió en el pintor del indigenismo en su país. Como Diego Rivera, Oswaldo Guayasamín y otros pintores han encontrado una gran fuente de inspiración en los mercados, que reflejan la vida del pueblo en toda su abundante variedad y colorido.

Hoy en día el muralismo continúa desarrollándose en casi todo el continente americano. En los Estados Unidos, es común ver el arte mural en los muros de escuelas, edificios públicos y plazas de ciudades como Los Ángeles, Chicago, Washington, Nueva York y San Antonio.

Este mural fue hecho por el Centro de la Juventud Latinoamericana en Washington D.C.

Compro, luego existo

Estrategia para leer

Make use of your background knowledge, which is everything that you can remember about a particular topic. It will help you with unfamiliar vocabulary and with making predictions about what you read. Whenever you come across what seems like an important idea or topic while reading, pause for just a few seconds and think of what you know about that topic.

¡A comenzar!

A. Before you begin reading, take a minute to consider the title. (Hint: in this context, **luego** means *therefore.*) Based on the title, what is the main character probably like?

Al grano

B. Begin reading, stopping as directed below. Do the reading by yourself, but discuss the related questions with a partner.

1. Stop after the first paragraph. Make a mental picture of what is being described and what you think Sofía is like.
2. Continue, and stop after **A veces nada más dejaba como depósito diez por ciento del costo...**
   a. What is being described?
   b. What is the normal procedure in this activity?
3. Continue, and stop after **Por la noche le comunicó que el huipil estaba apartado y que no lo podían vender.**
   a. Have you ever had a similar experience?

Compro, luego existo

por Guadalupe Loaeza

A Sofía le encantaba ir al mercado de Valle vestida con sus huipiles guatemaltecos todos bordados a mano. Por lo general los combinaba con faldas de algodón largas hasta el tobillo. A lo largo de muchos años, se había hecho de una colección muy original de cinturones, collares y rebozos.

Sofía era de las que dejaban la mercancía apartada durante meses. No iba a buscarla hasta que de las tiendas le hablaban por teléfono con insistencia. A veces nada más dejaba como depósito diez por ciento del costo, con tal de asegurarse su compra. En una ocasión descubrió en una boutique de Valle un viejo huipil precioso que venía de Michoacán. Lo apartó con un cheque de $200 000 (N$200), sobre $1 500 000 (N$1 500) que costaba. Pasaron muchos meses y Sofía se olvidó por completo del huipil. Una tarde su hija entró a la misma boutique y lo vio. "Sabes, mamá, hoy vi un huipil ¡de pelos! igualito a los que te gustan. ¿Quieres que pregunte cuánto cuesta?", inquirió Ita. Por la noche le comunicó que el huipil estaba apartado y que no lo podían vender. Al otro día, Sofía fue a la tienda y allí la atendió una vendedora nueva. "Ayer vino mi hija y vio un huipil precioso, pero le dijeron que estaba apartado. ¿Podría verlo por favor?" Se lo mostraron, pero Sofía era tan olvidadiza y distraída que no lo reconoció. Lo miró. Le encantó.

– Ay, señorita, ¿seguro está apartado?

– Mire, aquí en el papelito dice "apartado".

– Pero, ¿usted cree que van a venir por él?

– No sé, señora. Yo creo que lo más seguro es que sí.

– ¿Por qué no le habla por teléfono a la persona para cerciorarse?

– No sé cómo se llama. Si quiere, pase usted mañana y le pregunto al dueño.

Veinticuatro horas después, se presentó Sofía.

– Dice el señor que la persona del huipil no dejó

teléfono. Que es una señora que se llama Sofía no sé qué, que tiene casa en Valle de Bravo y que lo apartó con un cheque.

– Ay, señorita, yo también me llamo Sofía y tengo casa en Valle. ¿No se acuerda cómo se apellida? ¿Por qué no ve su nombre en el cheque, a lo mejor hasta la conozco?

Muy obediente, la empleada abrió un cajón del escritorio, y entre muchos papeles y recibos que estaban en el interior de una caja de latón, sacó el cheque del Banco del Atlántico. Cuando Sofía identificó el rasgo de su firma, no lo podía creer.

– Ay, señorita, qué pena, pero fíjese que ese cheque es mío. Híjole, yo fui la que aparté el huipil y ya ni me acordaba, ¿usted cree?

No, la señorita no lo podía creer. Mirándola con absoluta desconfianza, le preguntó:

– ¿Cómo sé que es usted?

En esos momentos Sofía no llevaba la chequera, ni licencia, ni otro documento que la identificara.

– Ay, señorita, ¿por qué la engañaría? Si quiere le reproduzco la firma.

Pero la empleada parecía no creerle.

– Mejor venga mañana y hable con el señor.

Al día siguiente, Sofía regresó con su chequera y su licencia (vencida). Cuando salió de la tienda, estaba feliz; nada más había hecho otro cheque por $1 300 000 (N$1 300). De alguna manera sentía que se había ahorrado doscientos mil pesos. Ésta era una de las anécdotas predilectas de Sofía. Cada vez que podía, la contaba muerta de la risa...

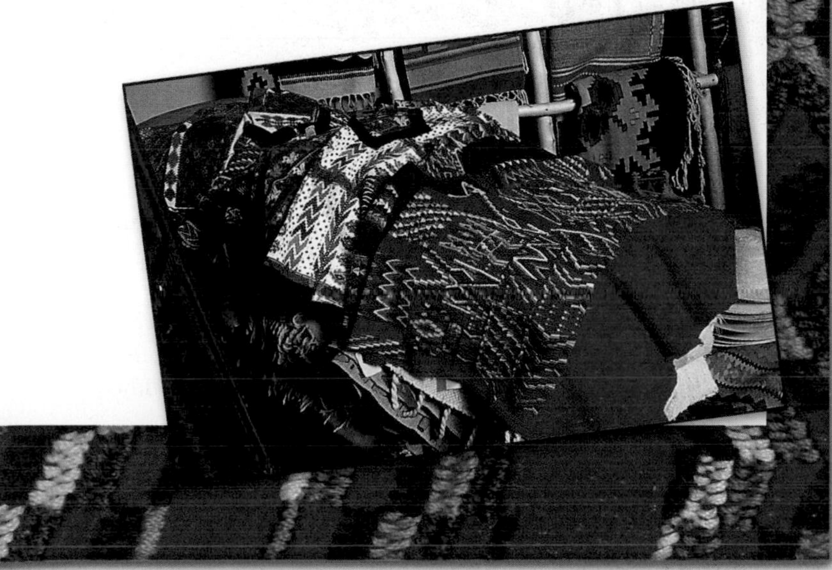

- **b.** What would you do if you were Sofía and you really wanted that **huipil**?

4. Continue, and stop after **Cuando Sofía identificó el rasgo de su firma, no lo podía creer**. What do you think will happen next?
5. Continue, and stop after **Sofía no llevaba la chequera, ni licencia, ni otro documento que la identificara**.
   - **a.** Have you or someone you know ever been without money or I.D.?
   - **b.** What would you do if you were Sofía?
6. Read the rest of the story and discuss the ending with your partner.

¿Te acuerdas?

Scan to find specific information by searching for key words.

C. Scan to find the answers to the following questions.

1. What kind of clothing does Sofía love?
2. How much of a deposit does Sofía leave when putting clothes on layaway?
3. How much does the item in this story cost?
4. What does the note on the **huipil** say?
5. Why doesn't the clerk simply telephone the person who put the **huipil** on layaway?

D. Cambia de compañero/a y hagan el papel de Sofía y la vendedora. Dramaticen algunas escenas sin escribir lo que van a decir.

Cuaderno para hispanohablantes, pp. 41–44

Cuaderno de actividades, p. 107, Act. 18

Más práctica gramatical

Primer paso

Objective Asking for and giving directions

1 Mira el mapa de Cuenca que sigue. Luego completa las siguientes oraciones con la palabra o la frase que explica dónde están los lugares. (**p. 258**)

1. El Museo de Arte Moderno está en (el cruce/la cuadra) de las calles Coronel Talbot y Presidente Córdova.
2. Estás en el hospital. El Restaurante Capulíes está (delante del/detrás del) Instituto Folklórico.
3. Para ir del Museo de Arte Moderno al Museo de Artes Populares, hay que (encontrarse con/bajar por) la calle Larga.
4. El planetario está (a la derecha del/a la izquierda del) estadio.
5. El correo está (a la derecha del/a la izquierda del) Restaurante Che Pibe.
6. Para ir a la Oficina de Turismo del Hotel Crespo, hay que (quedar/cruzar) en las calles Vásquez y Jaramillo.
7. Estás en el Museo de Artes Populares. El Museo y la Biblioteca Casa de Cultura quedan (delante de/detrás de) las ruinas.
8. El Banco de la Vivienda está en la (calle/esquina) de Simón Bolívar y la Avenida 12 de abril.

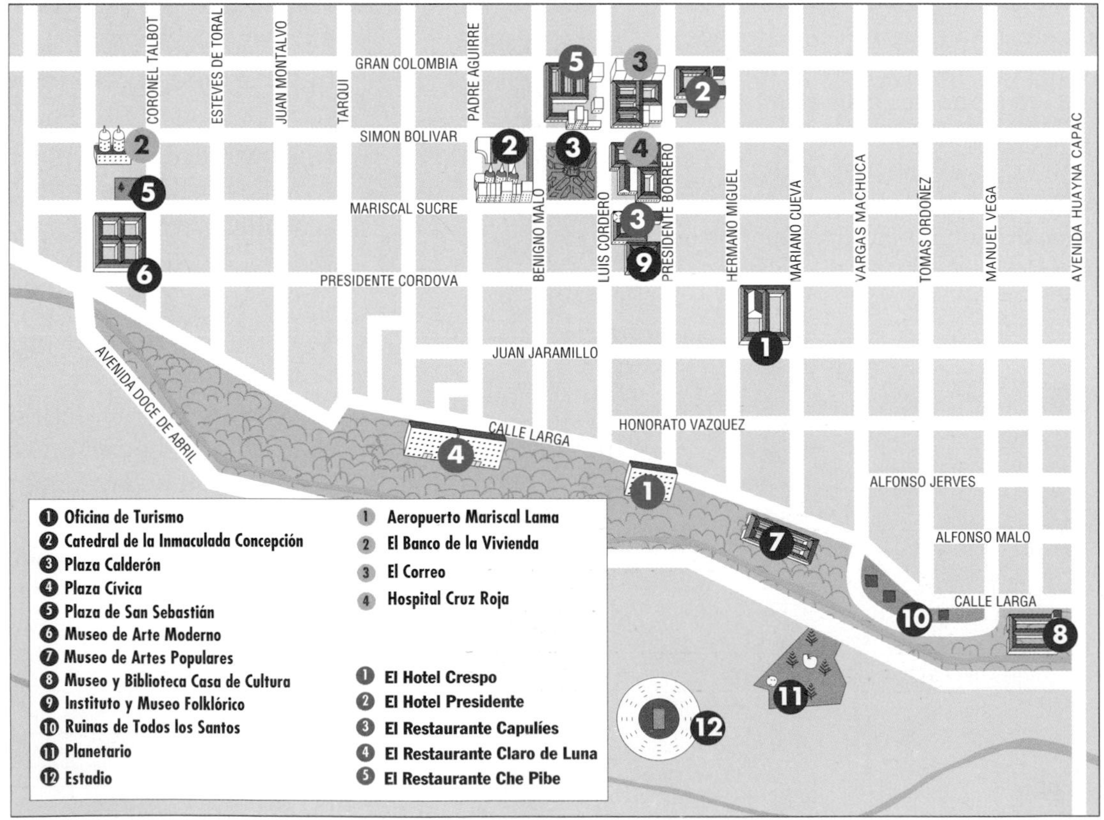

2 Un turista de Ecuador piensa visitar tu pueblo y tú le recomiendas lo que debe hacer o no hacer. Completa cada recomendación con un mandato formal. Usa cada verbo una vez. (**p. 260**)

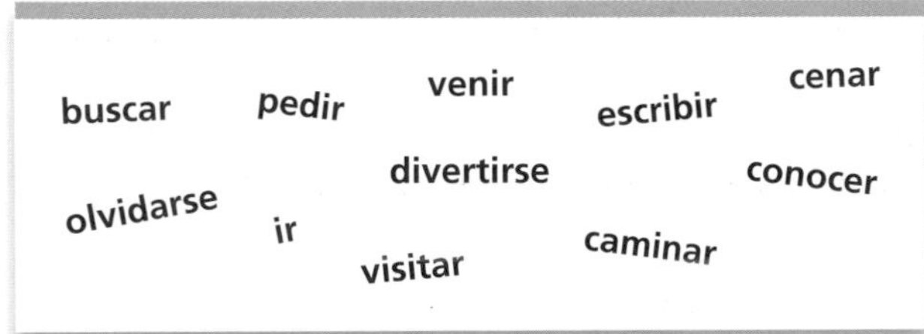

1. ______ regalos para su familia en el centro comercial.
2. ______ al Museo de Arte.
3. ______ en mi restaurante italiano favorito.
4. ______ la especialidad de la casa, la pizza.
5. No ______ de sacar fotos.
6. ______ por el parque.
7. ______ tarjetas postales.
8. ______ a nuevos amigos.
9. ______ a mi casa.
10. No ______ el acuario, porque es aburrido.
11. ______ en el parque de atracciones.

3 You're babysitting Tomasito and Sarita Méndez for a whole day. Their parents have left a list of what the children should and shouldn't do. Give the children instructions, using formal commands and the information in the chart. (**p. 260**)

MODELO **Salgan temprano para la escuela.**

	Sí	No
salir temprano para la escuela	✔	
1. hacer la tarea	✔	
2. ir al parque solos		✔
3. mirar la televisión		✔
4. comer muchas galletas		✔
5. venir a casa después de clases	✔	
6. acostarse temprano	✔	
7. tocar el estéreo		✔
8. practicar el piano	✔	
9. jugar con el perro	✔	
10. cruzar la calle		✔
11. ser buenos	✔	
12. dormirse en la sala		✔

Más práctica gramatical

WV3 ANDES-9

Segundo paso

Objectives Asking for help in a store; talking about how clothes look and fit

4 Completa la descripción de lo que está pasando en Almacenes Preciados con las palabras apropiadas. (**pp. 263, 264, 265**)

etiquetas	número	par de	estrechas
dependientes	escaparate	probarse	probadores
talla	clientes	cajera	quedan	caja

Hoy hay una gran venta en Almacenes Preciados, y hay muchos __1__ en el almacén que buscan ropa de verano. Todos los __2__ llegaron temprano hoy para abrir el almacén y atender a la gente. En el __3__ del almacén, hay una gran variedad de ropa de verano: trajes de baño, sombreros, pantalones cortos y sandalias. La gente en la calle mira la ropa y las __4__. Todos piensan que los precios son buenos. En la tienda, Fernanda quiere __5__ unos trajes de baño, y va a los __6__. A ella le quedan un poco grandes los trajes de baño, y busca una __7__ más pequeña.

Por fin decide comprar un traje de baño azul, y hace cola en la __8__ para comprarlo. La __9__ está cansada porque hay tantas personas que compran ropa hoy. Al mismo tiempo, Roque busca un nuevo __10__ sandalias. Él es alto, y usa el __11__ 45 en zapatos. Pero ya no __12__ sandalias de ese número en el almacén. Entonces, se prueba unas sandalias más pequeñas, pero le quedan __13__. Por eso, no compra nada.

5 Ayúdale a tu amigo a decidir qué ropa comprar. En cada oración, usa la forma correcta de los adjetivos entre paréntesis. (**p. 266**)

1. Los pantalones negros son _____ *(longer than)* los bluejeans.
2. La corbata de rayas es _____ *(as inexpensive as)* la de cuadros.
3. La chaqueta de cuero es _____ *(less expensive than)* la de lana.
4. El traje azul es _____ *(as pretty as)* el negro.
5. La camisa de cuadros es _____ *(as ugly as)* la parda.
6. Los suéteres de lana son _____ *(looser than)* los de algodón.
7. Las botas de cuero son _____ *(less comfortable than)* las sandalias.

Tercer paso

Objective Bargaining in a market

6 Es el día de hacer compras y todo el mundo está comprando algo. Combina cada pregunta o comentario con la respuesta correcta. (**p. 269**)

1. ¿Qué precio tienen las chompas?
2. ¿Dónde queda el mercado al aire libre?
3. ¿Dos pares de sandalias por sólo 14 dólares? ¡Qué ganga!
4. ¿Me puede rebajar el precio un poco más?
5. Mira. Esas camisas están a dos por uno.
6. ¿Quince dólares por una cartera? ¡Qué caro!

a. No, lo siento. Es mi última oferta.
b. Sí, es un descuento de 50 por ciento.
c. Pues, es de cuero. Pero a usted se la doy por 12 dólares.
d. Siga derecho hasta la plaza. No se puede perder.
e. Cuestan 25 dólares cada una. A usted se las doy por 18 dólares.
f. ¡Qué bueno! Si compro una camisa, me dan la otra gratis.

7 You were in charge of running the recent flea market at your school. Answer the questions about who brought which items to sell and who purchased them, using the information in the chart. Use the correct direct object pronouns in your answers. (**p. 271**)

MODELO **—¿Quién trajo los libros viejos?**
—El profesor Sastre los trajo.

	VENDEDOR	COMPRADOR
libros viejos	el profesor Sastre	Guillermo
carteles	Diego y Juanita	Pati
radio	Eduardo	Sonia
bicicleta	Manola	Mónica
pesas	Luis y yo	Victoria
corbatas	el director	el profesor Sastre
acuario	yo	Irene
discos compactos	Micaela	yo
revistas viejas	la profesora Benítez	Manolo y Diego
esquís	Sergio y Sonia	Guillermo y yo
tienda de camping	Juan Luis	Sonia y Pati

1. ¿Quiénes compraron las revistas viejas?
2. ¿Quién trajo la radio?
3. ¿Quiénes trajeron los carteles?
4. ¿Quiénes compraron la tienda de camping?
5. ¿Quién compró la bicicleta?
6. ¿Quiénes trajeron las pesas?
7. ¿Quiénes compraron los esquís?
8. ¿Quién trajo las corbatas?
9. ¿Quién compró los discos compactos?
10. ¿Quién trajo el acuario?

Repaso

1  Alicia y Ricardo están en la plaza Calderón en Cuenca y piden direcciones para llegar a los siguientes lugares. Escucha la conversación y usa el plano en la página 257 para decidir si ellos van a llegar bien con las direcciones que reciben. Si no, ¿adónde van a llegar?

1. Hotel Presidente **2.** Restaurante Claro de Luna **3.** Banco de la Vivienda

2  Dos amigos quieren comprar unos pantalones y un par de zapatos pero hay un problema—la zapatería está en otra parte de la ciudad. En grupos de tres dramaticen una conversación entre los amigos y un(a) dependiente. Incluyan las tallas que necesitan, los colores y los estilos que quieren y discutan cómo llegar a la zapatería.

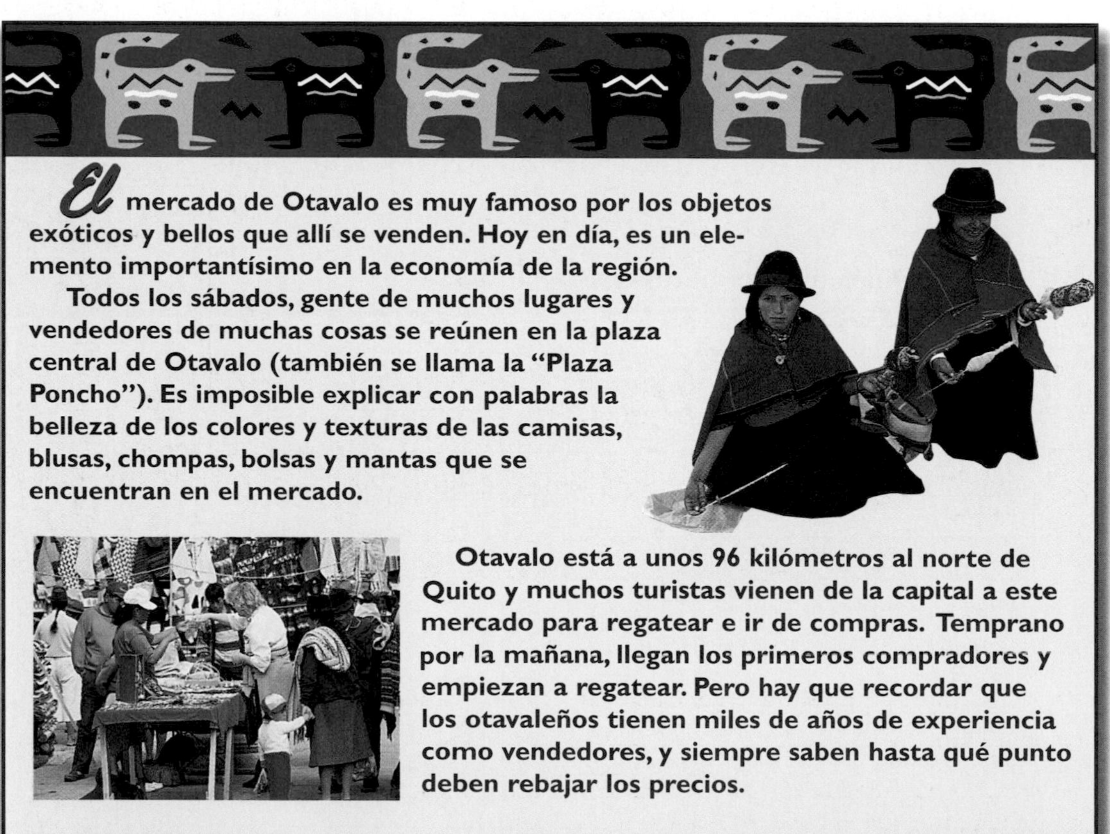

El mercado de Otavalo es muy famoso por los objetos exóticos y bellos que allí se venden. Hoy en día, es un elemento importantísimo en la economía de la región.

Todos los sábados, gente de muchos lugares y vendedores de muchas cosas se reúnen en la plaza central de Otavalo (también se llama la "Plaza Poncho"). Es imposible explicar con palabras la belleza de los colores y texturas de las camisas, blusas, chompas, bolsas y mantas que se encuentran en el mercado.

Otavalo está a unos 96 kilómetros al norte de Quito y muchos turistas vienen de la capital a este mercado para regatear e ir de compras. Temprano por la mañana, llegan los primeros compradores y empiezan a regatear. Pero hay que recordar que los otavaleños tienen miles de años de experiencia como vendedores, y siempre saben hasta qué punto deben rebajar los precios.

3  ¿Entendiste bien la información del mercado de Otavalo? Completa las siguientes frases.

1. El mercado de Otavalo es muy famoso por _____.
2. No es posible visitar el mercado de Otavalo todos los días, sólo _____.
3. Otavalo está _____ de Quito.
4. _____ tiene mucha importancia económica.
5. _____ del mercado de Otavalo saben regatear muy bien.

Vamos a escribir

Write a paragraph giving directions from your house to your school, and then from school to your favorite restaurant.

Estrategia para escribir

Transitional words and phrases show how ideas are related and help keep the ideas in order. They may connect one sentence to another or one paragraph to another. Transitional words like *first, next,* and *then* signal a new step to help your readers follow along.

Preparación

1. To make sure you don't forget any important steps in your directions, plan carefully. Which details will make your directions clearer? Which will just get in the way?
2. Make an outline, a chart, or a list of steps in your directions. Identify the steps in the order your reader needs to follow them.

Redacción

1. Begin your paragraph with the first step of the directions from your house. Add helpful details.
2. Remember to use transitional words and phrases as you continue giving directions. Refer to the **Vocabulario** and **Así se dice** on page 258 for help.

Evaluación

1. Is there anything that's confusing? If there is, either take it out or make it clearer.
2. Working with a partner, read your paper aloud and see if your partner can easily understand your directions. You might even sketch a map and have your partner trace the path as you read. Rewrite anything that is unclear and add any details that are missing.
3. Proofread for errors and make the necessary corrections.

5 Contesta las siguientes preguntas según las secciones culturales de este capítulo.

1. ¿Adónde irías *(would you go)* para comprar leche en Costa Rica? ¿en Venezuela?
2. En las tiendas pequeñas de los países hispanohablantes, ¿cómo se selecciona la mercancía, cómo se paga y cómo se recoge el paquete?

Situación

En parejas, dramaticen la siguiente situación. Estás de compras y buscas una chompa en el mercado de Otavalo. Explica el color y la talla que quieres. Él o ella te dice qué colores y tallas tiene. Regatea para conseguir el mejor precio.

Cuaderno para hispanohablantes, p. 44

A ver si puedo...

WV3 ANDES-9

Can you ask for and give directions? p. 258

1 How would you give someone directions if they wanted to go to the following places from your school?

1. a un cine
2. a tu restaurante favorito
3. a un supermercado
4. a una tienda de ropa

Can you ask for help in a store? p. 264

2 What would you say to the sales clerk in the following situations?

1. Piensas comprarle una blusa a tu hermana. A ella le queda muy bien el verde.
2. Estás de compras y quieres probarte un par de pantalones.
3. El dependiente te pregunta qué talla usas.
4. Necesitas hacerle una pregunta a la dependiente, pero parece estar ocupada en este momento.
5. Perdiste tu chaqueta. El dependiente te pregunta de qué estilo y color quieres la nueva y también qué talla usas.

Can you talk about how clothes look and fit? p. 265

3 Ricardo and Carolina are trying on new clothes. Use the photos below to describe how they look and comment on the sizes.

1.

2.

3.

4.

4 Your best friend wants to know how he or she looks in these clothes. Use comparisons to give your opinion.

MODELO **la camisa azul/conservador**
—Prefiero la camisa azul. Te ves menos conservador/a.

1. el sombrero rojo/intelectual
2. la camisa blanca/elegante
3. los bluejeans/cómodo
4. los zapatos negros/alto
5. la camiseta de rayas/de moda
6. el pantalón gris/delgado

Can you bargain in a market? p. 269

5 If you were trying to buy a hat at an open-air market, how would you complete the following dialogue?

TÚ	**VENDEDOR**
________	Este sombrero cuesta 25 dólares.
________	Bueno, a Ud. se lo regalo por veinte.
________	Se lo puedo dar por 18 dólares pero es mi última oferta.
________	

Vocabulario

Primer paso

Asking for and giving directions

a la derecha	*to the right*	**cruzar (en...)**	*to cross (at . . .)*	**hasta**	*until*
a la izquierda	*to the left*	**la cuadra**	*city block*	**hay que**	*you have to*
al este	*to the east*	**delante de**	*in front of*	**junto a**	*next to*
al lado de	*next to, alongside*	**derecho**	*straight*	**No se puede perder.**	*You* (formal) *can't miss it.*
al norte	*to the north*	**detrás de**	*behind*	**seguir (i)**	*to continue*
al oeste	*to the west*	**Disculpe.**	*Excuse me.* (formal)	**subir por**	*to go up (a street or road)*
al sur	*to the south*	**doblar**	*to turn*	**¿Vamos bien para...?**	*Are we going the right way to . . .?*
bajar por	*to go down (a street or road)*	**¿Dónde queda?**	*Where is it?*	**Van mal.**	*You* (pl.) *are going the wrong way.*
¿Cómo se va a...?	*How do you get to . . .?*	**encontrarse (ue)**	*to be located*		
el cruce	*intersection*	**encontrarse (ue) (con)**	*to meet up (with)*		
		la esquina	*corner*		

Segundo paso

Asking for help in a store

la caja	*cash register*	**No nos quedan.**	*We don't have any more.*
el/la cajero/a	*cashier*	**el número**	*size (shoe)*
el/la cliente	*customer*	**el par de**	*pair of*
con permiso	*excuse me*	**el probador**	*dressing room*
el/la dependiente	*store clerk*	**probarse (ue)**	*to try on*
¿En qué le puedo servir?	*How can I help you?*	**la talla**	*size*
el escaparate	*show window*	**La tenemos en...**	*We have it in . . .*
la etiqueta	*price tag*	**usar**	*to wear (a size)*
¿Me puede atender?	*Can you help me?*	**Uso talla...**	*I wear . . .*

Talking about how clothes look and fit

ancho/a	*loose (clothes)*
¿Cómo me veo?	*How do I look?*
¿Cómo te queda?	*How does it fit you?*
de verdad	*to tell you the truth, truthfully*
está de moda	*it's stylish*
estrecho/a	*tight (clothes)*
hacer juego con	*to match*
largo/a	*long*
Te ves guapísima.	*You look very pretty.*

Tercer paso

Bargaining in a market

¿Cuánto vale?	*How much is it?*	**¿Me puede rebajar el precio?**	*Can you lower the price for me?*	**¿Qué precio tiene?**	*What is the price?*
el descuento	*discount*	**el mercado al aire libre**	*open-air market*	**regatear**	*to bargain*
dos por uno	*two for one*	**mi última oferta**	*my last offer*	**Se lo doy por...**	*I'll give it to you for . . .*
en barata	*on sale*	**la oferta**	*sale*	**Se lo regalo por...**	*I'll let you have it for . . .*
¿En cuánto lo deja?	*How much will you let it go for?*	**por ciento**	*percent*		
una ganga	*a bargain*	**precios fijos**	*fixed prices*		
gratis	*free*				

CAPÍTULO

10

¡Cuéntame!

Objectives

In this chapter you will learn to

Primer paso

- set the scene for a story

Segundo paso

- continue and end a story

Tercer paso

- talk about the latest news
- react to news

MARCAR: go.hrw.com
PALABRA CLAVE:
WV3 ANDES-10

◀ **De repente, apareció una mujer misteriosa...**

DE ANTEMANO ▪ *Pacha y sus hijos*

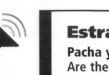

Estrategia para comprender

Pacha y sus hijos is a myth that explains the origin of people, culture, and language. Are there parts of the story of Pacha and his children that remind you of stories you've heard in English? Why do you think they are similar?

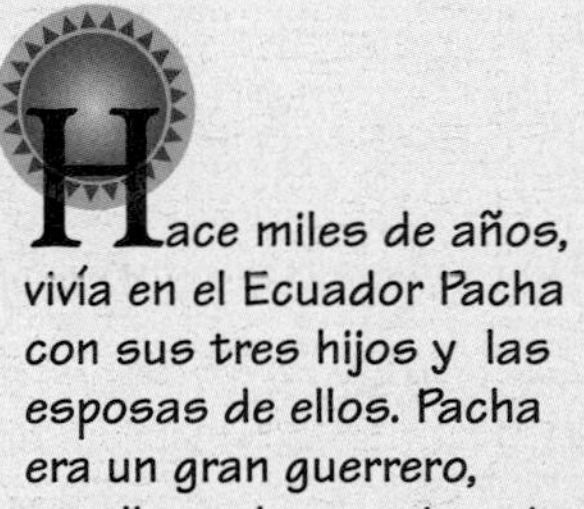

Hace miles de años, vivía en el Ecuador Pacha con sus tres hijos y las esposas de ellos. Pacha era un gran guerrero, orgulloso de sus victorias.

Un día en que había mucha niebla, Pacha y sus hijos caminaban por la selva cuando vieron una enorme serpiente. Los hombres la atacaron y lucharon ferozmente pero sólo pudieron herir a la serpiente, que abrió la boca y empezó a vomitar agua.

El agua no dejaba de subir. Entonces Pacha, sus hijos y las esposas de ellos fueron a la cumbre del Pichincha, que era el único lugar adonde el agua no llegaba. Los días pasaban. Pacha y sus hijos, solos en la montaña, con hambre y frío, estaban tan tristes que ya no se hablaban.

Una tarde, Pacha vio un cuervo con una rama en el pico. Pacha comprendió la señal. En silencio, comenzó a bajar y todos lo siguieron. Así fue que llegaron adonde hoy está la ciudad de Quito.

A Pacha le gustó ese lugar y pensó hacer una gran casa para todos. Pero cuando trató de contar su idea, nadie lo comprendía, ya que después de tanto tiempo todos sus hijos hablaban de forma diferente.

Pacha quedó muy triste y sus hijos y las esposas de ellos se fueron. Pero no se fueron muy lejos. A ellos también les gustó el lugar y construyeron sus casas cerca. Allí nacieron los descendientes de los hijos de Pacha, que aprendieron los idiomas de sus padres. De esta manera dieron origen a los diferentes idiomas indígenas que se hablaban en el Ecuador cuando llegaron los europeos.

Cuaderno de actividades, p. 109, Acts. 1–2

1 ¿Cómo ocurrió?

Pon las oraciones en orden según la fotonovela.

a. Nadie le comprendió a Pacha porque todos hablaban idiomas distintos.

b. Un día, Pacha vio un cuervo con una rama en el pico.

c. La serpiente vomitó agua.

d. Pacha y su familia huyeron *(fled)* a la cumbre de Pichincha.

e. De repente vieron una serpiente enorme.

f. Pacha y sus hijos pasaban hambre y no se hablaban.

g. Un día Pacha y su familia caminaban por la selva.

h. Bajó el agua y Pacha y su familia se bajaron de la cumbre.

2 ¿Comprendes la fotonovela?

1. Describe a la familia de Pacha. ¿Cuántos hijos tenía?
2. ¿Dónde estaban cuando vieron la serpiente?
3. ¿Cómo empezó la inundación *(flood)?*
4. ¿Dónde se escondieron Pacha y su familia?
5. ¿Qué es Pichincha?
6. ¿Por qué no comprendieron la idea de Pacha de construir una casa para todos?
7. ¿Cuál fue el resultado de la catástrofe?

3 Busca pareja *Find a match*

Con base en la fotonovela, combina los siguientes elementos para formar oraciones completas.

1. Pacha
2. La serpiente
3. Los hombres
4. Pacha y su familia
5. Cuando comenzó a bajar el agua
6. Los hijos de Pacha
7. Los descendientes de Pacha

a. hablaban diferentes idiomas

b. vieron un cuervo con una rama en el pico

c. era un guerrero orgulloso

d. aprendieron los idiomas de sus padres

e. subieron a la cumbre de Pichincha

f. empezó a vomitar agua

g. lucharon ferozmente contra la serpiente

4 Descripción

Mira los dibujos de la leyenda. Júntate con un compañero o una compañera para encontrar la oración en la fotonovela que describe el evento de cada dibujo.

5 ¿Y tú?

¿Conoces otro cuento similar a esta leyenda? ¿Cuáles son los elementos o conceptos que los dos cuentos tienen en común? ¿Por qué crees que existen cuentos similares en diferentes culturas?

Primer paso

Objective Setting the scene for a story

WV3 ANDES-10

CORDILLERA

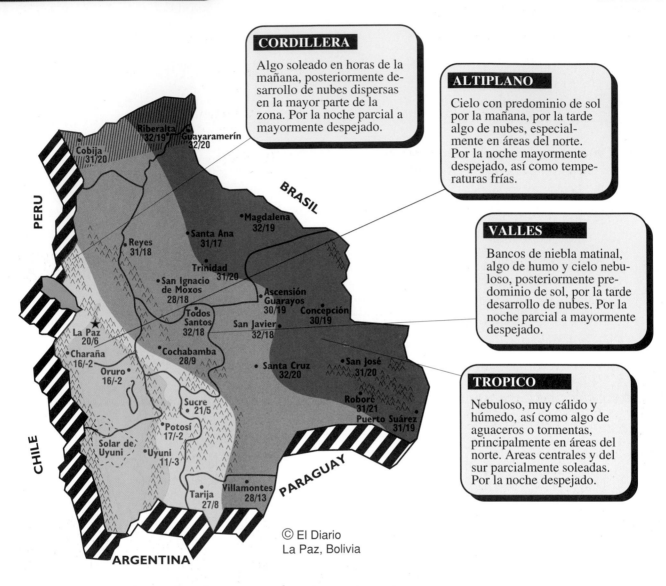

Algo soleado en horas de la mañana, posteriormente desarrollo de nubes dispersas en la mayor parte de la zona. Por la noche parcial a mayormente despejado.

ALTIPLANO

Cielo con predominio de sol por la mañana, por la tarde algo de nubes, especialmente en áreas del norte. Por la noche mayormente despejado, así como temperaturas frías.

VALLES

Bancos de niebla matinal, algo de humo y cielo nebuloso, posteriormente predominio de sol, por la tarde desarrollo de nubes. Por la noche parcial a mayormente despejado.

TROPICO

Nebuloso, muy cálido y húmedo, así como algo de aguaceros o tormentas, principalmente en áreas del norte. Areas centrales y del sur parcialmente soleadas. Por la noche despejado.

PERU
BRASIL
CHILE
PARAGUAY
ARGENTINA
Cobija 31/20
Riberalta 32/19
Guayaramerín 32/20
Magdalena 32/19
Santa Ana 31/17
Reyes 31/18
Trinidad 31/20
San Ignacio de Moxos 28/18
Ascensión Guarayos 30/19
Concepción 30/19
Todos Santos 32/18
San Javier 32/18
La Paz 20/6
Charaña 16/-2
Cochabamba 28/9
Santa Cruz 32/20
San José 31/20
Oruro 16/-2
Roboré 31/21
Puerto Suárez 31/19
Sucre 21/5
Potosí 17/-2
Solar de Uyuni
Uyuni 11/-3
Tarija 27/8
Villamontes 28/13

6 ¿Cómo estaba el tiempo?

Leamos/Hablemos Acabas de regresar de un viaje a Bolivia. Tus amigos quieren saber qué tal estuvo el viaje. Antes de decirles qué hiciste, diles cómo estaba el tiempo según el mapa.

MODELO **mañana/cordillera**
—¿Cómo estaba el tiempo por las mañanas en la cordillera?
—Estaba soleado por las mañanas.

1. mañana/valles
2. noche/cordillera
3. noche/trópico
4. tarde/cordillera
5. tarde/valles
6. noche/valles
7. mañana/trópico
8. tarde/altiplano

Así se dice

Setting the scene for a story

To set the scene for a story, you could say:

Estaba soleado en el valle.
It was sunny in the valley.

Eran las cinco de la tarde.
It was . . .

Los niños **jugaban** y los pájaros **cantaban**, pero Luisa **estaba enferma. Se sentía muy mal.**

To begin a story, use:

Érase una vez...
Once upon a time . . .

Hace mucho tiempo...
A long time ago . . .

Se cuenta que...
The story goes that . . .

Cuaderno de actividades, pp. 110–111, Acts. 3–4

7 El cuento empieza así

Escuchemos Escucha la primera parte de los siguientes cuentos. Mira las fotos y escribe la letra de la foto que corresponda a cada cuento.

a.

Vocabulario

el aguacero	*downpour*
despejado	*clear*
húmedo	*humid*
la niebla	*fog*
nublado	*cloudy*
el rayo	*lightning*
la tormenta	*storm*
el trueno	*thunder*

Más práctica gramatical, p. 304, Act. 1

Cuaderno de gramática, p. 80, Acts. 1–2

b.

c.

d.

8 Primeras escenas

Escribamos Ahora te toca a ti crear las primeras escenas de varios cuentos o relatos. Describe el tiempo, la hora, lo que la gente hacía y cómo se sentía.

1. húmedo/el mediodía/Ana/correr/cansado
2. nublado/las diez/los estudiantes/estudiar/nervioso
3. frío/noche/nosotros/esquiar/contento
4. despejado/mañana/yo/leer/perezoso
5. ¿?

¿Se te ha olvidado?
irregular imperfect
Consulta la página 203

Cuaderno de gramática, p. 81, Act. 3

Gramática

Preterite and imperfect contrasted

1. When talking about the past, an action in progress can often be interrupted by some event. In that situation the **imperfect** expresses the action in progress and the **preterite** expresses the interrupting event.

   Regresábamos a casa cuando empezó a llover.
   We were returning home when it began to rain.

2. The imperfect also describes the conditions surrounding a particular event: the way things were, what was going on, and the way people felt.

   Hacía frío y había niebla cuando el accidente ocurrió.
   It was cold and it was foggy when the accident occurred.

Más práctica gramatical, p. 305, Acts. 2–3

Cuaderno de actividades, p. 112, Acts. 5–6

Cuaderno de gramática, pp. 81–82, Acts. 4–7

9 Gramática en contexto

Leamos/Escribamos Indica lo que te interrumpió. Usa tu imaginación para terminar las frases de una manera original.

1. Yo dormía cuando...
2. Mis padres estaban en la Argentina cuando...
3. Mis amigos y yo caminábamos por el parque cuando...
4. Mi amigo y yo mirábamos la televisión cuando...
5. Mi familia y yo estábamos de vacaciones en la playa cuando...
6. Yo practicaba el piano cuando...

10 ¿Se ponchó una llanta?

Escribamos Con base en los dibujos, escribe un párrafo para comenzar un cuento de misterio.

Vocabulario extra

el castillo	*castle*
llamar a la puerta	*to knock on the door*
se ponchó la llanta	*the tire went flat*
la telaraña	*spiderweb*

Vocabulario

CD-ROM 3 DVD 2

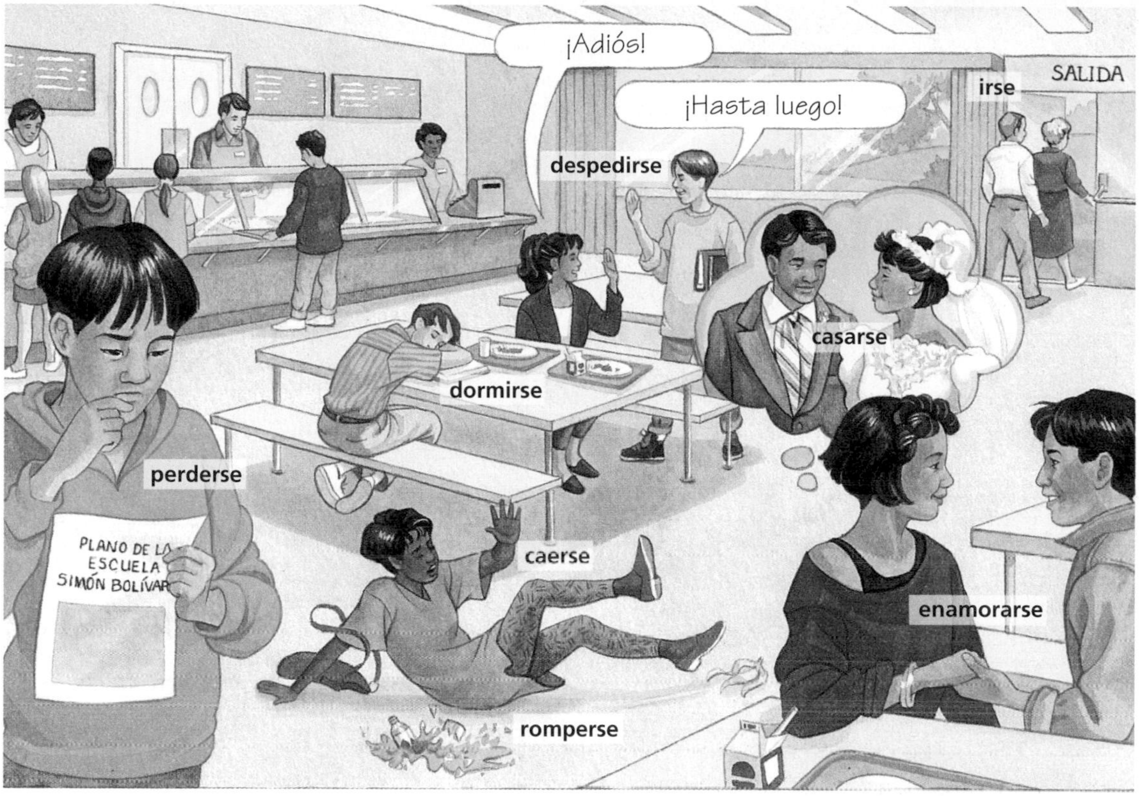

Cuaderno de gramática, p. 83, Act. 8

¡Adiós!
¡Hasta luego!
despedirse
irse
SALIDA
casarse
dormirse
perderse
PLANO DE LA ESCUELA SIMÓN BOLÍVAR
caerse
enamorarse
romperse

11 En la cafetería

Escribamos Describe las acciones en la cafetería. Consulta la **Gramática** en la página 290 y el **Vocabulario** en esta página.

MODELO casarse
—Alicia pensaba en casarse con Mario.

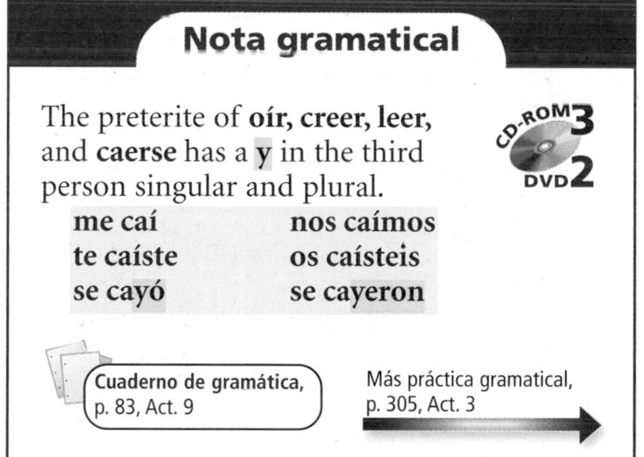

Nota gramatical

The preterite of **oír, creer, leer,** and **caerse** has a **y** in the third person singular and plural.

me caí	**nos caímos**
te caíste	**os caísteis**
se cayó	**se cayeron**

CD-ROM 3 DVD 2

Cuaderno de gramática, p. 83, Act. 9

Más práctica gramatical, p. 305, Act. 3

12 Gramática en contexto

Hablemos Descríbele a tu compañero/a las siguientes situaciones.

MODELO nacer mi hermano/a
—Yo tenía seis años cuando nació mi hermano.

1. comenzar la escuela
2. enamorarse por primera vez
3. perderse
4. romperse el brazo/la pierna/¿?
5. dormirse en clase

¿Se te ha olvidado?
reflexive verbs
Consulta la página 72

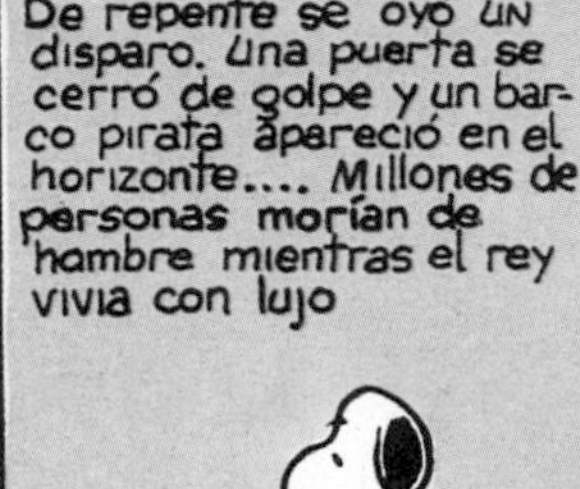

13 En mi cuaderno: Primera parte

Escribamos ¡Escribe tu propio cuento! Escoge uno de los siguientes temas: un crimen, un misterio, un cuento de amor, un cuento de ciencia ficción o una aventura. Después prepara la primera escena. Describe cómo estaba el tiempo y cómo era la situación. Inventa unos personajes y describe cómo eran. Conserva este cuento porque luego lo vas a continuar.

¿Te sabes algún cuento?

Telling stories is an age-old way to pass on traditions and entertain at the same time. Here are two stories you'll find interesting.

José
San Diego, California

"Se llama 'las momias *(mummies)* de Guanajuato' y existió hace como 200 años... [había] un luchador que era campeón, que nadie le podía ganar, pero... una vez hubo un luchador que lo retó y... le quitó el campeonato... Cuando se lo quitó, el otro luchador [el ex-campeón] prometió que cuando él muriera, a los cien años iba a regresar... Entonces, cuando él regresó, los demás luchadores y personas que vivieron en su tiempo se convirtieron en momias".

Alonso y María Teresa
Taxco, México

"Se supone que Quetzalcóatl era una persona alta, blanca, barbada, que venía del otro lado del mar, totalmente diferente... al físico de los pobladores... ayudó en su construcción del lugar donde nece sitaban venir... y prometió regresar después, y él se fue otra vez por donde vino. Y de allí se cree que cuando llegó Hernán Cortés se lo confundieron con Quetzalcóatl porque era igual... [Quetzalcóatl] para ellos fue un dios... se representa como una serpiente emplumada".

"Con respecto a para qué sirven todas esas tradiciones antiguas, eso le da una personalidad al pueblo mexicano... Nos da una identidad como pueblo".

Para pensar y hablar...

A. ¿Cuál de los cuentos te interesa más? ¿Por qué? ¿Te parece que partes de estos cuentos son ficticias *(fictitious)* y partes son verdaderas? ¿Cuáles, y por qué?

B. There are many different kinds of stories—myths, fairy tales, and legends, among others. What purposes do these types of stories have? What can you learn from them? Can a story contain truths even if it's not factual?

Cuaderno para hispanohablantes, pp. 49–50

Segundo paso

Objective Continuing and ending a story

WV3 ANDES-10

Antonio y el ladrón

Aquí tienes la primera parte de un cuento del folklore chileno. El narrador cuenta cómo un niño usa su inteligencia para evitar un robo. ¿Puedes imaginarte cómo continúa el cuento?

Érase una vez un niño llamado Antonio que estaba jugando en el patio de su casa cuando vino su mamá y le dijo:

—¡Oye, Toño!, anda al pueblo a comprar harina y manteca que ya no hay —y le pasó un montón de monedas.

Antonio guardó las monedas, se puso el sombrero y salió para Toconce, un pueblo que quedaba justo al otro lado del cerro. Mientras caminaba, apretaba el dinero con la mano.

Iba muy alegre por el camino cuando de repente vio que un hombre lo seguía. El hombre presentaba un aspecto sospechoso, así que Antonio, aprovechando una curva del camino, se paró, se quitó el sombrero y lo puso en el suelo con una piedra por debajo.

Cuando el hombre se asomó por la curva, vio que el niño sujetaba el sombrero en el suelo bien, pero bien firme. Entonces le preguntó qué hacía, y Antonio le contestó que guardaba una gallina bien gorda. —Necesito ir a casa por una jaula —dijo Antonio—, pero no puedo irme porque la gallina se me escapa.

El ladrón empezó a sentir hambre, por eso...

14 Secuencia lógica

Leamos Las siguientes oraciones narran la segunda parte del cuento de Antonio y el ladrón. Representan un mini-cuento con su propio comienzo, continuación y fin. Ponlas en el orden correcto.

a. Entonces Antonio se paró y puso el hombro contra una enorme piedra al lado del camino. Parecía que hacía mucho esfuerzo.

b. —¡Cuidado! —contestó el muchacho—. Esta piedra se va a caer y nos va a matar a todos. ¿Por qué no la sostienes un ratito? Yo voy a buscar ayuda.

c. Antonio seguía caminando por el camino, feliz porque había dejado al ladrón sujetando el sombrero.

d. —¿Qué estás haciendo con esa piedra? —le preguntó el hombre.

e. De repente Antonio vio que el ladrón lo seguía otra vez.

f. Un largo rato después, cansado de esperar, el ladrón se apartó de la piedra y vio que ésta no se movió nada. —¡Reflautas! —exclamó—. Este niño me engañó otra vez.

Así se dice

Continuing and ending a story

CD-ROM 3 DVD 2

To continue a story, say:

En seguida comenzaron los problemas.
Right away . . .

De repente entró una mujer.
All of a sudden . . .

Fue cuando murió su padre.
It was when . . .

Entonces se casó la pareja. *So then . . .*

Por eso no respondió. *That's why . . .*

To end the story, say:

Al final todos vivieron felices.
Finally . . .

Así que Pacha y sus hijos llegaron a Quito.
So, that's how . . .

En fin, todo salió bien.
In short, everything turned out well.

Cuaderno de actividades, p. 113, Acts. 7–8

15 Érase una vez...

Escuchemos Escucha las siguientes frases y decide si representan **el principio, la continuación** o **el fin** de un cuento.

Vocabulario

Ciencia ficción y cuentos de hadas

CD-ROM 3 DVD 2

la estrella

la galaxia

la nave espacial

el planeta

el OVNI

el enano, la enana

el hada madrina

el ladrón, la ladrona

la princesa

el príncipe

Más práctica gramatical, p. 306, Act. 4

Cuaderno de actividades, p. 114, Act. 10

Cuaderno de gramática, p. 84, Acts. 10–11

16 Se cuenta que...

Hablemos Con un compañero o una compañera, escojan uno de los dos temas. Continúen y terminen el cuento de una manera original. Usen las palabras de **Así se dice** y del **Vocabulario.**

1. Érase una vez en una galaxia muy lejos de aquí...
2. Érase una vez una princesa que vivía en un castillo...

Gramática

Preterite and imperfect to tell a story

When telling a story, use both the preterite and imperfect tenses.

1. Use the **imperfect** tense to set the scene by telling what was going on and to describe people, places, moods, and situations: **Un día en que había mucha niebla...**
2. When you're ready to tell something that happened in the story, use an expression such as **un día, de repente,** or **fue cuando** plus a verb in the preterite.
3. Continue your story with expressions like **entonces, luego,** and **después** plus the preterite.
4. End the story with the **preterite** to tell how things came out: ...**y todos vivieron felizmente.**

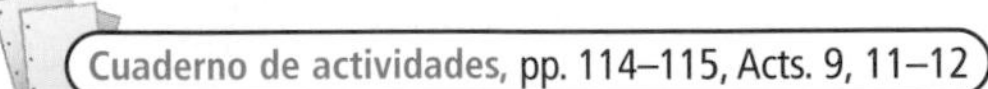

Cuaderno de actividades, pp. 114–115, Acts. 9, 11–12

Cuaderno de gramática, pp. 85–86, Acts. 12–15

Más práctica gramatical, p. 306, Act. 5

17 Gramática en contexto

Hablemos/Escribamos Trabaja con dos compañeros. Usen cualquiera de los dos grupos de dibujos para inventar un cuento. Uno de Uds. usa el dibujo **a**. Otro continúa el cuento con el dibujo **b**. El tercero usa el dibujo **c** para terminar el cuento.

1a

1b

1c

2a

2b

2c

18 Gramática en contexto

Hablemos No todos los cuentos son de aventuras y fantasías. A veces son de la vida cotidiana. Cuéntale a tu compañero/a algo que te pasó la semana pasada. Cada relato debe tener principio y fin. Después, intercambien papeles.

MODELO **La semana pasada pasó una cosa muy rara. El lunes tenía mucha prisa para llegar a clase y...**

19 Nuestra leyenda

Hablemos/Escribamos En grupos de tres, inventen una leyenda sobre el origen de uno de los siguientes fenómenos.

el rayo

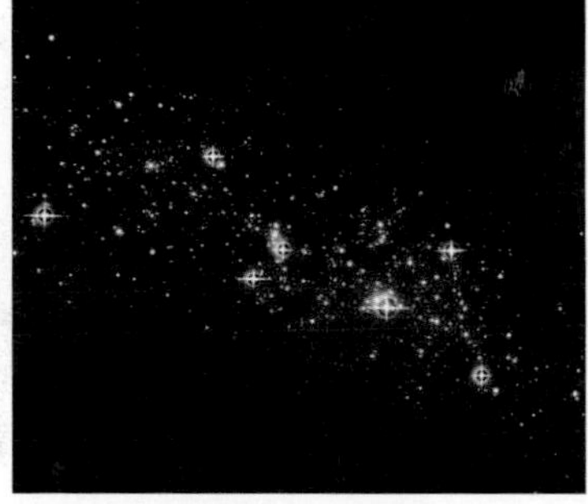
las estrellas

la niebla

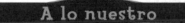

A lo nuestro

You've already learned how to add **-ito/a** to nouns to make terms of endearment. There are also several endings you can add to indicate that things are big or clumsy. For example, you can add **-ón/-ona** to make things big: **cabezón** *(a big head)*, **mandón** *(bossy person)*. Add **-ote/a** to emphasize things: **librote** *(a huge book)*; **perrote** *(a big dog)*.

Nota cultural

Legends are sometimes based on historical facts, and we often see traces of these facts in the culture that created the legend. According to one Ecuadorean legend, a poncho-weaving contest was held among young women in order to pay homage to the sun god. The woman who won the competition wove a red poncho representing the sun at dawn and dusk, with fringes to represent the sunbeams. Throughout the Andes, indigenous peoples still wear red ponchos with fringes. Do you know of a legend that exists about your area of the country?

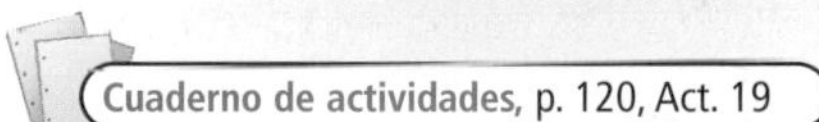
Cuaderno de actividades, p. 120, Act. 19

20 En mi cuaderno: Segunda parte

Escribamos ¿Tienes un cuento favorito? Escribe un breve cuento de hadas o un cuento de ciencia ficción. También puedes continuar y terminar el cuento que ya empezaste en la Actividad 13 del **Primer paso.**

Tercer paso

Objectives Talking about the latest news; reacting to news

go.hrw.com

WV3 ANDES-10

Vocabulario

Muy buenas noches. Éstas son las últimas noticias del día.

las noticias *(news)*

Oye, ¿has oído que Alejandra ya no sale con Juan?
¡No me digas! A ver, cuéntamelo todo.

el chisme *(gossip)*

¿Te enteraste de lo que pasó el fin de semana?
No, dime.

el chismoso/la chismosa *(gossipy person)*

Diana peleó con Tony, ¿verdad?
Sí, oí que casi rompió con él.
¿Cómo? ¿De qué hablan? ¡Cuéntenme!

el/la metiche *(busybody)*

estar furioso/a	*to be furious*
hacer las paces	*to make up*
romper con	*to break up*

Cuaderno de actividades, pp. 116–117, Acts. 13–14

Cuaderno de gramática, p. 87, Acts. 16–17

Más práctica gramatical, p. 307, Act. 6

21 A ver, cuéntame

Leamos Decide si las oraciones son **lógicas** o **ilógicas.** Si son ilógicas, corrígelas.

1. Mi hermanito es buena gente, pero cuando pierde o rompe mis cosas estoy muy contento con él.
2. Por la noche me gusta ver las noticias para informarme de lo que pasa en el mundo.
3. Una persona que cuenta todo lo que pasa en el barrio es chismosa.
4. Después de pelear tanto con Mauricio, Cristina decidió casarse con él.
5. Hay que hacer las paces si no quieres perder a un amigo.
6. Quiero saber todo lo que pasó. No me digas nada.

Así se dice

Talking about the latest news

To tell someone the latest news, say:

Oye, ¿has oído hablar de lo que pasó en la fiesta de Manolo?
Listen, have you heard about . . .?

Fíjate, leí que U2 venía a Quito.
Imagine, I read that . . .

¿Te enteraste del accidente?
Did you find out about . . .?

To answer, you might say:

No, dime.
No, tell me.

¡Qué va!
No way!

No, cuéntamelo todo.
No, tell me all about it.

Cuaderno de actividades, pp. 117–118, Acts. 15–16

Cuaderno de gramática, p. 88, Act. 19

22 Las últimas noticias

Leamos Lee esta nota de Carla a su amiga Elisa. Escoge la palabra que mejor complete cada frase.

Elisa,

¡No vas a creer lo que le pasó a Julio! Sabes que él es un __1__ que quiere saber los asuntos de todos. Pues, el __2__ que me contó Héctor, es que Julio perdió su trabajo. Según Héctor, el __3__, lo perdió porque siempre __4__ con su jefe. ¡Pobre Julio! __5__ siempre son malas para él. Te veo más tarde,

Carla

metiche
chisme
las noticias
chismoso
peleaba

23 Charlemos

Hablemos Júntate con un compañero o una compañera para hablar de las últimas noticias. Comienza con una expresión de **Así se dice.**

MODELO **En la cafetería se acabó la comida.**
—Oye, ¿te enteraste de lo que pasó en la cafetería?
—No, cuéntamelo todo.
—Pues, se acabó la comida.
—¡Qué va!

1. La clase de español va a hacer un viaje a España.
2. Oprah Winfrey va a visitar nuestro colegio.
3. Nuestro equipo de fútbol ganó el campeonato.
4. Voy a comprar un carro nuevo.
5. Vamos a tener un baile de fin de año.
6. Cristina Aguilera va a dar un concierto aquí.
7. Cancelaron el baile de fin de año.

Así se dice

Reacting to news

To react to news, say:

¡No me digas! *You don't say!*

¡N'hombre! *No way!*

¿De veras? *Really?*

¿Tú crees? *Do you think so?*

¡No lo puedo creer! *I can't believe it!*

Lo dudo. *I doubt it.*

No puede ser. *It can't be.*

Bueno, no me extraña. *Well, I'm not surprised.*

Y eso, ¿qué? *So what?*

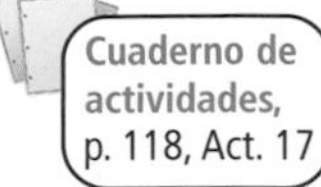
Cuaderno de actividades, p. 118, Act. 17

24 ¿Tiene sentido?

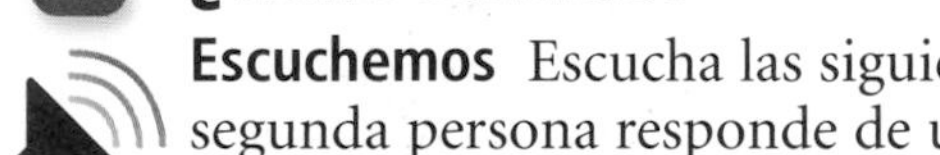

Escuchemos Escucha las siguientes conversaciones. Si la segunda persona responde de una manera lógica, escribe **sí**. Si no responde de una manera lógica, escribe **no.**

25 Los titulares

Leamos/Escribamos Siempre hay cosas interesantes en el periódico. Lee los siguientes titulares y reacciona a cada uno.

HOMBRE DE DOS CABEZAS VISITA CIUDAD

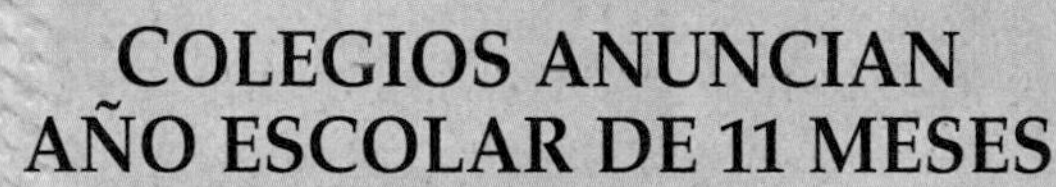
COLEGIOS ANUNCIAN AÑO ESCOLAR DE 11 MESES

PRESIDENTE ANUNCIA NUEVOS IMPUESTOS

SERPIENTE ENORME VOMITA AGUA

26 El cuento de Pacha

Hablemos Trabaja con un compañero o una compañera. En turnos, hagan el papel de Pacha y cuéntense la leyenda de Pacha y sus hijos con los siguientes elementos. Reaccionen a cada evento.

1. caminar por la selva
2. ver una serpiente enorme
3. empezar a vomitar agua
4. tener que subir hasta la cumbre del Pichincha
5. no comer por muchos días
6. los hijos no comprender
7. todos hablar idiomas distintos

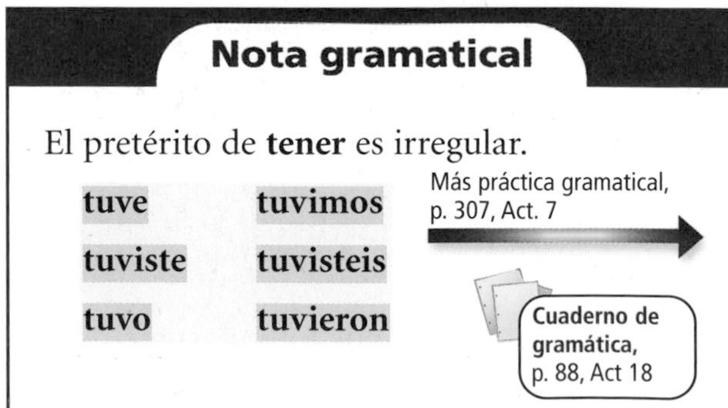

Nota gramatical

El pretérito de **tener** es irregular.

tuve	**tuvimos**
tuviste	**tuvisteis**
tuvo	**tuvieron**

Más práctica gramatical, p. 307, Act. 7

Cuaderno de gramática, p. 88, Act 18

27 Gramática en contexto

Hablemos Escoge dos de estos temas y trabaja con un compañero o una compañera. En turnos, cuenten lo que pasó en una situación real o imaginaria. Luego reaccionen a las noticias.

la cafetería
una fiesta
tus vacaciones
una cita
tu trabajo
un concierto

Nota cultural

Many legends from Latin America bear a striking resemblance to those of the United States. One example is **La Llorona**. This legend exists in many parts of the United States. It has many versions, but the basic theme is always the same—a woman crying and walking through the night looking for her lost children or seeking a lost love. There are examples of legends like **La Llorona** in Ohio, Oregon, Chicago, and Texas. Have you heard a version of **La Llorona** where you live? **¡Cuéntala!**

28 Del colegio al trabajo

Hablemos You are an investigator trying to determine the truth about a bank robbery committed in your city. Interview two classmates who will play the roles of witnesses trying to recollect what they saw. Using the imperfect and the preterite, ask what they were doing and where they were, as well as the details of what they saw. Report your findings to the class.

MODELO **—¿Dónde estabas cuando entró el ladrón?**
—Yo estaba en...

¿Qué hacías cuando...?
Iba al colegio cuando...
¿Adónde ibas cuando...?
Mientras caminaba, de repente...

29 Querido Luis...

Escribamos Tu mejor amigo Luis estudia en Ecuador y quieres escribirle una carta para contarle las noticias más interesantes del colegio. Termina la carta y cuéntale por lo menos cinco cosas interesantes, cómicas, terribles o fantásticas que pasaron desde que se fue a Cuenca. Luego, intercambia cartas con un compañero o una compañera. Uno/a de ustedes hace el papel de Luis y reacciona a las noticias del colegio.

Querido Luis,
Espero que te vaya bien en Cuenca. Nosotros te echamos de menos, aunque estamos muy ocupados. Hay mucho que contarte...

Vamos a leer

La montaña del alimento

Estrategia para leer
Taking notes at the end of each paragraph or section of a difficult reading will help you understand it. As you read each paragraph, write down the main idea and paraphrase the most important supporting ideas.

¡A comenzar!

A. These days we depend on science to explain many things about nature, but ancient cultures depended on legends to explain these things. The Aztecs believed that "The Legend of Food Mountain" explained how people came to depend on the rain to produce food. Before you read this legend, try to predict what its language might be like. Then, get together with a small group of students to discuss your predictions. As you read the story, see if your predictions were right.

Al grano

B. Now read the legend. You may find this quite challenging, but the following guidelines will help you.

1. Read the first section.
2. Summarize it in one English sentence.
3. Compare your summary with those of two classmates.
4. Discuss the first section until you agree on a summary.
5. Follow these steps for the remaining sections.

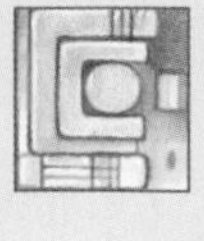

La montaña del alimento

1 Al comienzo de nuestro mundo, el gran Dios, Quetzalcóatl, creó a la gente de la tierra de los huesos de los antepasados. Pero la gente no tenía nada que comer y tenían hambre.

—¡Danos comida! —gritaban. —¡Danos comida!

El gran Dios, Quetzalcóatl, Rey del Cielo Occidental, no sabía qué darles de comer a la gente de la tierra. Él les preguntó a los otros Dioses y Diosas:

—¿Qué les daremos de comer a los niños? ¿Qué les daremos de comer?

Pero los otros Dioses y Diosas tampoco sabían.

2 Entonces una enorme hormiga colorada apareció paso a paso por el Cielo Occidental. Llevaba granos de maíz de brillantes colores en la boca.

—Eso se ve delicioso —dijo Quetzalcóatl. —¿Dónde lo encontraste?—

Por mucho tiempo la hormiga no lo quiso decir. Por fin la hormiga cedió su secreto. Señaló a la Montaña del Alimento. —¡Allí es donde encontré el maíz!—

Inmediatamente Quetzalcóatl se transformó en una hormiga negra. Siguió a la hormiga colorada hasta la Montaña del Alimento. La hormiga colorada le enseñó por dónde entrar y juntos arrastraron afuera una pila de maíz de brillantes colores.

3 Quetzalcóatl llevó el maíz al Cielo Occidental. Los Dioses y Diosas lo masticaron y decidieron que era bueno. Entonces Quetzalcóatl se lo puso en los labios a la gente recién creada.

—¡Humm! —¡Delicioso! —¡Qué sabroso! —¡Qué rico!

Y la gente comió el maíz y se volvió maravillosamente fuerte. Quetzalcóatl estaba contentísimo.

—La Montaña del Alimento dará de comer a la gente de la tierra para siempre —dijo. —Yo la traeré al Cielo Occidental para que podamos cuidarla.

4 Quetzalcóatl partió de nuevo. Amarró a la Montaña del Alimento con fuertes cuerdas y trató de llevársela. Pero no podia moverla. Pidió ayuda. La Diosa y el Dios del Calendario vinieron a aconsejar a Quetzalcóatl. Dejaron caer algunos granos de maíz y estudiaron cuidadosamente el dibujo así formado.

—Vemos que el Dios del Rayo debe abrir la Montaña del Alimento —dijeron. —Lo llamaremos.

El Dios del Rayo llegó, pero era evidente que le pasaba algo. Tenía manchas por todo el cuerpo. El Dios del Rayo lanzó un rayo hacia la Montaña del Alimento. La Montaña del Alimento no se abrió. Lanzó más rayos. Al fin la Montaña del Alimento se abrió. Pero el Dios del Rayo estaba tan débil que se cayó, completamente agotado.

5 La Montaña del Alimento se había abierto. Pero no había nadie cuidándola. De momento aparecieron los enanos de la lluvia. Azul, blanco, amarillo, rojo. Vinieron de los cuatro puntos del universo y empezaron a robarse la comida. Los enanos de la lluvia se robaron toda la comida. Se lo llevaron todo. El maíz blanco. El maíz negro. El maíz amarillo. El maíz rojo. Los enanos de la lluvia se llevaron los frijoles y las hierbas aromáticas. Se robaron todos los tesoros de la Montaña del Alimento. Y desde entonces, la gente de la tierra llama a las lluvias para que regresen y les traigan alimento.

C. By now you should have an understanding of the main events and ideas in the legend. Answer the questions below.

Section 1

1. Who was Quetzalcóatl?
2. Who did Quetzalcóatl talk to about finding food?

Section 2

3. What did Quetzalcóatl change himself into?
4. What did Quetzalcóatl and the ant make together?

Section 3

5. Exactly how did Quetzalcóatl feed the corn to the people?
6. What did the people think about the corn?

Section 4

7. What did Quetzalcóatl first try to move the mountain with?
8. What made the Lightning God fail?

Section 5

9. What colors were the rain dwarfs?
10. What else did the rain dwarfs take besides corn?

D. En grupos y con el libro cerrado, hagan una lista de las ideas principales del cuento. Presenten su lista a la clase, y vayan preparados para defender sus ideas en español.

E. Inventa una leyenda que explica el origen de algún fenómeno natural: por ejemplo, cómo llegó a ser salado el mar o cómo obtuvo la cebra sus rayas. Escribe por lo menos una página. Más tarde, intenta averiguar si existe en realidad una leyenda sobre el fenómeno que elegiste.

Cuaderno para hispanohablantes, pp. 46–48

Cuaderno de actividades, p. 119, Act. 18

Más práctica gramatical

Primer paso

Objective Setting the scene for a story

1 Estos comienzos de cuentos están basados en las siguientes fotos. Completa cada uno con las palabras apropiadas y con el imperfecto de los verbos entre paréntesis. (**p. 289**)

aguacero	rayos	niebla	nublado
tormenta	truenos	despejado	húmedo

Foto A: ___1___ (Ser) una noche muy oscura. Había una ___2___ terrible y violenta. Sonaban los ___3___ —¡CRAC!— y los ___4___ iluminaban *(lit up)* el cielo.

Foto B: En la playa, ___5___ (hacer) muy buen tiempo. ___6___ (Ser) las dos de la tarde, y hacía sol. El cielo estaba ___7___. La gente ___8___ (jugar) al voleibol y ___9___ (nadar).

Foto C: ___10___ (Llover) mucho. El ___11___ era horrible. El señor Pérez ___12___ (esperar) pacientemente mientras ___13___ (buscar) un taxi.

Foto D: ___14___ (Ser) las siete de la mañana. Había mucha ___15___ y el cielo todavía estaba ___16___. No llovía, pero sí estaba muy ___17___.

2 Claudia está contando el viaje que hizo a unas ruinas. ¿Debe ella usar el imperfecto o el pretérito? Completa las oraciones con los verbos apropiados. (**p. 290**)

1. It was still dark when we left on the bus.
   (Estuvo/Estaba) todavía oscuro cuando (salimos/salíamos) en autobús.
2. Some students slept while others listened to music or read.
   Unos estudiantes (durmieron/dormían) mientras otros (escucharon/escuchaban) música o (leyeron/leían).
3. It was 9:30 when we arrived at the ruins.
   (Fueron/Eran) las nueve y media cuando (llegamos/llegábamos) a las ruinas.
4. It was cold and clear when the tour began.
   (Hizo/Hacía) frío y (estuvo/estaba) despejado cuando (empezó/empezaba) la visita.
5. I was taking pictures when Bernardo saw the pyramid.
   (Saqué/Sacaba) fotos cuando Bernardo (vio/veía) la pirámide.
6. We were climbing it when Bernardo sprained his ankle.
   La (subimos/subíamos) cuando Bernardo (se torció/se torcía) el tobillo.
7. We were with Bernardo when the doctor arrived.
   (Estuvimos/Estábamos) con Bernardo cuando (llegó/llegaba) el médico.
8. Everyone was tired when the bus returned to the school.
   Todos (estuvieron/estaban) cansados cuando (volvió/volvía) el autobús a la escuela.

3 Anoche Marta leía una novela de misterio muy buena. Completa la descripción de lo que le pasó a Marta con el pretérito de los verbos. Usa cada verbo sólo una vez. (**p. 291**)

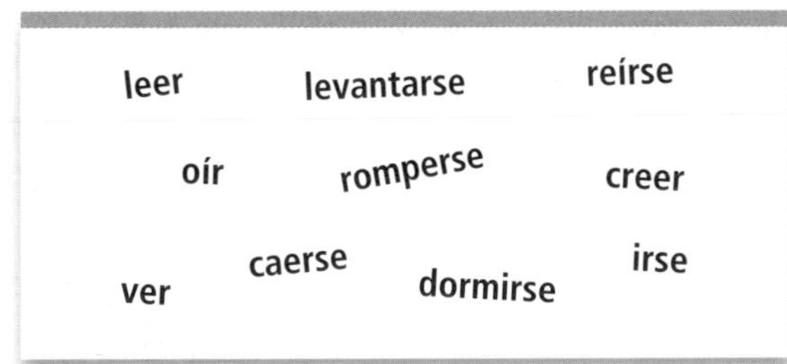

leer levantarse reírse
oír romperse creer
ver caerse dormirse irse

Anoche, Marta ___1___ una novela de misterio muy buena. Leía en la sala cuando ___2___ un ruido en la cocina: ¡Bum! ¡Bum! y después ¡Plas! Un vaso ___3___ al piso y ___4___. ¡Qué susto! Marta ___5___ que alguien estaba en la casa. Ella ___6___ del sofá y fue a la cocina. Y allí ___7___ a su gato Tigre, que jugaba con un juguete. Cuando Tigre la vio, ___8___ corriendo de la cocina. Marta ___9___, pero todavía tenía miedo. Se acostó temprano, pero no ___10___ hasta las dos de la mañana.

Más práctica gramatical

WV3 ANDES-10

Segundo paso

Objective Continuing and ending a story

4 Completa las oraciones con las palabras apropiadas del **Vocabulario.** Usa cada palabra sólo una vez. (**p. 295**)

planetas, nave espacial, ladrón, hada madrina, enano, príncipe, galaxia, ciencia ficción, princesa, OVNI

1. Hay nueve ______ en nuestro sistema solar.
2. Hay millones y millones de estrellas en una ______.
3. Para viajar a la Luna *(moon)*, hay que ir en una ______.
4. *Star Wars* es una película de ______.
5. Hay muchas personas que creen que un ______ va a llegar de otro mundo.
6. En un cuento de hadas, el ______ es el personaje *(character)* bajo y cómico.
7. El ______ es el personaje que ayuda a todos.
8. El ______ no es honesto.
9. En muchos cuentos de hadas, hay una boda entre la ______ y el ______.

5 Mira los dibujos 2a, 2b y 2c en la página 296 del texto. Después completa el cuento sobre los dibujos con la forma correcta de los verbos entre paréntesis. Usa el pretérito o el imperfecto. (**p. 296**)

Érase una vez una familia que __1__ (vivir) en un castillo grande y bonito. El rey *(king)* __2__ (ser) un hombre bondadoso pero un poco distraído. Su hija, la princesa, __3__ (ser) lista y aventurera. Un día de verano, un ladrón __4__ (subir) la muralla *(wall)* y __5__ (entrar) en el castillo. El rey __6__ (estar) en la torre del castillo, mirando las montañas y pensando en el almuerzo, y no vio al ladrón. Pero la princesita, que __7__ (trepar) a los árboles delante del castillo cuando __8__ (llegar) el ladrón, sí lo vio. Entonces ella y los enanos __9__ (pensar) en una idea para capturar al ladrón. Mientras el ladrón __10__ (buscar) dinero y joyas en el castillo, ellos __11__ (esperar) detrás de la puerta grande. Luego, cuando __12__ (salir) el ladrón, la princesa y los enanos __13__ (correr) rápidamente hacia él y lo capturaron con una red *(net)*. En seguida, ellos lo __14__ (traer) al rey. El rey __15__ (decir) que tenía la hija más inteligente de todo el país. A los enanos el rey les __16__ (dar) parte del dinero, y a su hija le __17__ (regalar) un collar precioso. Y todos __18__ (vivir) felizmente, menos el ladrón.

Tercer paso

Objectives Talking about the latest news; reacting to news

6 Todo el mundo está chismeando *(gossiping)* en la cafetería. Completa cada comentario con la frase o palabra apropiada. (**p. 298**)

1. ¿Sabes qué me dijo Antonio? Que Felicia e Iván tienen una cita esta noche. Antonio es un (chismoso/metiche).
2. Estoy muy enfadado con Yoli. Ella no me llamó el sábado. Yo estoy (furioso/emocionado).
3. Roberto me cae muy mal. Siempre quiere saber las noticias de todo el mundo. Roberto es un (enano/metiche).
4. ¿Ya hablaste con Rebeca? Parece que ella sabe todo lo que pasó en la fiesta el viernes. Rebeca (se entera de/se olvida de) todo.
5. Parece que Nuria está muy enojada con Víctor. Creo que quiere salir con otro chico. Nuria va a (hacer las paces/romper) con Víctor.
6. No sé qué le pasa a Hugo. Siempre está de mal humor, y tiene problemas con su familia y sus amigos. Hugo (pelea con/se enamora de) todo el mundo.
7. ¿Te enteraste de que Violeta y Ramón salen otra vez? Violeta y Ramón (rompieron/hicieron las paces).

7 Ana es una metiche y quiere saber dónde estaba todo el mundo ayer por la tarde. Explica lo que tuvo que hacer todo el mundo y luego pregúntale qué tuvo que hacer ella. Usa el pretérito de **tener** y sigue el modelo. (**p. 300**)

MODELO **Lorena y Marcos/hacer unos mandados**
Lorena y Marcos tuvieron que hacer unos mandados.

1. Beto/ir a la clase de artes marciales
2. yo/cuidar a mi hermanito
3. Sonia y yo/estudiar para el examen
4. Ernesto/trabajar
5. Yazmín y Celia/ir al partido de voleibol
6. ¿tú/organizar tu cuarto?

Repaso

1 Lee la siguiente lista de cuentos y trata de imaginarte cómo van a ser. Luego, escucha el primer párrafo de cada cuento y selecciona el título que corresponda.

2 Tu amiga Lorena te cuenta lo que pasó en el baile de fin de año. Lee el cuento y luego decide si cada oración es **cierta** o **falsa**. Corrige las falsas.

¡No vas a creer lo que pasó en el baile! Eran las nueve de la noche y todo el mundo empezó a llegar. Todos se veían lindísimos en sus vestidos y trajes. La banda tocaba música rock y un grupo de chicos hablaba mientras los demás bailaban. Pilar bailaba con Ernesto cuando yo le enseñé mi collar a Juan. En seguida comenzaron los problemas. José se cayó porque tropezó con la pierna de Raúl y Ricardo se durmió en la mesa. ¡Y eso sólo fue el principio! Pero al final todo salió bien y todos terminaron disfrutando una noche inolvidable.

1. Eran las siete de la noche cuando llegaron.
2. Todo el mundo se veía feísimo.
3. La banda tocaba música rock.
4. Pilar bailaba con Juan.
5. Raúl se cayó.
6. Ricardo se durmió.

3 Vamos a escribir

Write a story that "updates" a fairy tale or legend. The prince or princess could be an architect, the fairy godmother could be a judge, etc.

Estrategia para escribir

Narration, or telling a story, answers the question "what happened?" Good narrations set the scene (beginning), continue the story (middle), and tell how the characters solve their problem (end). Narrations generally stimulate the reader's imagination through dialogue and sensory imagery. (What did the characters see, hear, smell, taste, and feel?)

Preparación

1. List as many fairy tales as you can in three minutes.
2. Choose one of these to write about, and list the characters.
3. Decide who should play the modern version of each character.
4. Briefly outline the story's *beginning, middle,* and *end.*

Redacción

1. Begin your story with **"Érase una vez..."** Introduce the characters and their problems.
2. Retell the rest of the story, putting as much as possible in modern terms.
3. Include dialogue and details that make your scenes come alive.

Evaluación

1. With a partner, trade papers and read each other's story. See if you can guess what story your partner modernized. Suggest where he or she might add dialogue or sensory detail.
2. Make changes if you liked your partner's suggestions. Proofread for spelling and punctuation errors. Rewrite and share your final draft.

4 Situación

Hace meses que no ves a tu amigo/a cuando se encuentran en la calle y tu amigo/a quiere saber las últimas noticias. Con tu compañero/a crea un diálogo y cuéntale todo. Tu compañero/a debe reaccionar a tus noticias con duda o sorpresa. No te olvides de describir tus noticias en detalle, y no tengas miedo de exagerar un poco.

Cuaderno para hispanohablantes, p. 49

A ver si puedo...

WV3 ANDES-10

Can you set the scene for a story? **p. 289**

1 Combine the following elements to set the scene for a story.

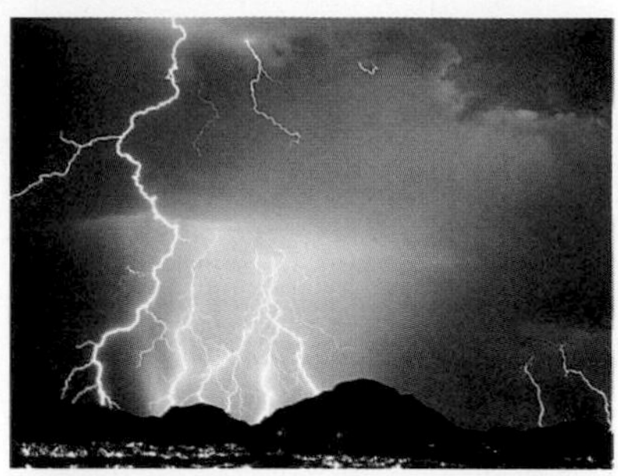

Marisa y Armando

Pepe

Can you continue and end a story? **p. 295**

2 Continue the story from Activity 1. Use some of the following words.

la estrella	la nave espacial	el OVNI	entonces
la galaxia	el planeta	de repente	al final

Can you talk about the latest news? **p. 299**

3 How would you tell someone about the following? How might that person respond?

1. un amigo que bailó toda la noche
2. una estrella de cine famosa que conociste
3. unos amigos que se pelearon
4. un concierto de música

Can you react to news? **p. 300**

4 React to the following news flashes.

1. Descubren vida en otro planeta.
2. Tu mejor amigo rompió con su novia.
3. No hay clases el viernes.
4. Sacaste una A en el examen de español.

Vocabulario

Primer paso

Setting the scene for a story

el aguacero	*downpour*	Hace mucho tiempo...	*A long time ago . . .*	Se cuenta que...	*The story goes that . . .*
caerse	*to fall down*	húmedo	*humid*	soleado	*sunny*
casarse	*to get married*	irse	*to go away*	la tormenta	*storm*
despedirse (i)	*to say goodbye*	la niebla	*fog*	el trueno	*thunder*
despejado	*clear*	nublado	*cloudy*	el valle	*valley*
dormirse (ue)	*to fall asleep*	perderse (ie)	*to get lost*		
enamorarse de	*to fall in love with*	el rayo	*bolt of lightning*		
Érase una vez...	*Once upon a time . . .*	romperse	*to break*		

Segundo paso

Continuing and ending a story

Al final...	*Finally . . .*
Así (fue) que...	*So that's how . . .*
De repente...	*All of a sudden . . .*
De todos modos...	*Anyway . . .*
En fin...	*In short . . .*
En seguida...	*Right away . . .*
Entonces,...	*So then, . . .*
Fue cuando...	*It was when . . .*
Por eso...	*That's why . . .*
Todo salió bien.	*Everything turned out well.*

In science fiction

ciencia ficción	*science fiction*
la estrella	*star*
la galaxia	*galaxy*
la nave espacial	*spaceship*
el OVNI	*UFO*
el planeta	*planet*

In fairy tales

el cuento de hadas	*fairy tale*
el enano, la enana	*dwarf*
el hada madrina*	*fairy godmother*
el ladrón, la ladrona	*thief*
la princesa	*princess*
el príncipe	*prince*

Tercer paso

Talking about the latest news

el chisme	*gossip*	las noticias	*the news*
chismoso/a	*gossipy* (adj.)	Oye, ¿has oído hablar de...?	*Listen, have you heard about . . .?*
el/la chismoso/a	*a gossip (the person)*	pelear	*to fight*
¡Cuéntamelo!	*Tell me about it!*	romper con	*to break up with*
Dime.	*Tell me.*	¿Te enteraste de...?	*Did you find out about . . .?*
estar furioso/a	*to be furious*		
¡Fíjate!	*Imagine!*		
hacer las paces	*to make up*		
leí que...	*I read that . . .*		
el/la metiche	*busybody*		

Reacting to news

Bueno, no me extraña.	*Well, I'm not surprised.*
¿De veras?	*Really?*
Lo dudo.	*I doubt it.*
¡No lo puedo creer!	*I can't believe it!*
¡N'hombre!	*No way!*
¡No me digas!	*You don't say!*
No puede ser.	*It can't be.*
¡Qué va!	*No way!*
¿Tú crees?	*You think so?*
¿Y eso, qué?	*So what?*

* Although **hada,** like **agua,** takes the definite article **el,** it is a feminine noun: **El hada** era muy **tímida.**

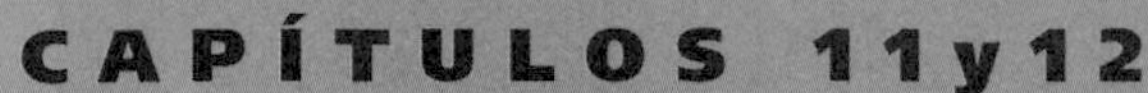

¡Ven conmigo a California!

Población: 33.871.648, de los cuales 10.966.556 son hispanos

Área: 158.706 millas cuadradas. Sólo Alaska y Texas son más grandes.

Ciudades principales: Los Ángeles, San Diego, San José, San Francisco, Long Beach, Oakland

Productos agrícolas: leche, ganado, uvas, almendras, naranjas, fresas, tomates, lechuga, algodón, heno, flores

Industrias: equipo de transporte, maquinaria, comestibles, equipo eléctrico, petróleo, gas natural, industria cinematográfica

Hispanos famosos: César Chávez (1927–1993), organizador laboral; Ellen Ochoa (1958–), astronauta y primera mujer hispana en el espacio; Edward James Olmos (1947–), actor; Luis Valdez (1940–), dramaturgo

WV3 CALIFORNIA

San Diego es la segunda ciudad más grande de California.

Burnham & Co.
SAN DIEGO NATIONAL BANK
HOME SAVINGS

California

Desde los prospectores del siglo diecinueve hasta los actores aspirantes de hoy, los estadounidenses se han dirigido hacia California para realizar sus sueños. Muchos inmigrantes también se han trasladado al "estado dorado". Hoy en día hay grandes comunidades de asiáticos, centroamericanos, y sobre todo, mexicanos en ciudades fundadas y nombradas por los españoles hace más de dos siglos. El 25% de los habitantes de San Diego son hispanos y en Los Ángeles los hispanos constituyen el 47% de la población.

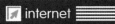

internet

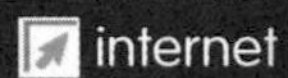

MARCAR: go.hrw.com
PALABRA CLAVE:
WV3 CALIFORNIA

1 Cultura y diversión en California
Estos chicos practican el deporte más asociado con California, el de tabla hawaiana, o "surfing".

2 El muralismo en Los Ángeles
Pintura mural en la calle Olvera. En 1932 el famoso pintor mexicano David Alfaro Siqueiros inició el muralismo en Los Ángeles en la calle Olvera.

3 La costa del *Big Sur*
A unos kilómetros del Valle de Silicio se encuentra la costa rocosa del *Big Sur*, un lugar tranquilo donde las aguas frías del Pacífico lindan con las montañas costeras.

4 Un parque en San Diego
El Parque Balboa en San Diego tiene galerías de arte, cinco teatros, 15 museos, uno de los planetarios más grandes del mundo y, por supuesto, el famoso parque zoológico.

5 Comunidad méxicoamericana
Bautizo en la calle Olvera. Esta calle es el corazón de la comunidad méxicoamericana de Los Ángeles.

6 La bahía de San Francisco
San Francisco, fundada en 1776, es la ciudad estadounidense que más refleja la influencia del oriente, con más de un cuarto de su población de origen asiático.

7 Clima excelente para el cultivo
El clima mediterráneo hace de California una de las principales fuentes de frutas y legumbres para todo el país.

En los capítulos 11 y 12,

vas a conocer a unos estudiantes de la histórica ciudad de San Diego. Hoy en día San Diego, hermana de la cercana ciudad mexicana de Tijuana, es un centro comercial y turístico con un puerto activo y muchas atracciones. Ven a San Diego a visitar el conocidísimo zoológico, el parque Mission Bay ¡y mucho más!

8 Población diversa
El californiano típico no existe. Gracias a la inmigración, la población californiana es muy diversa.

9 El campanario de una misión franciscana
El monje español Fray Junípero Serra fundó las primeras misiones franciscanas en California en el siglo XVIII, incluidas las de San Diego de Alcalá, Santa Bárbara y San Juan Capistrano.

CAPÍTULO

11

Nuestro medio ambiente

Objectives

In this chapter you will learn to

Primer paso

- describe a problem

Segundo paso

- talk about consequences
- express agreement and disagreement

Tercer paso

- talk about obligations and solutions

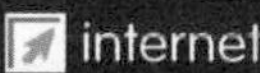

MARCAR: go.hrw.com
PALABRA CLAVE: WV3 CALIFORNIA-11

◀ **Podemos resolver los problemas ambientales si trabajamos juntos.**

DE ANTEMANO ▪ *Para el club de ecología*

Estrategia para comprender
Takashi is visiting his friend Ignacio in San Diego during his summer vacation. What kind of video does he send to his friends? What does Ignacio's little sister do?

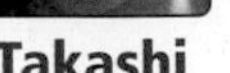

Takashi Ignacio Gabriela María

1 Margarita y Roberto... Gracias por el video del club de ecología. Me interesó mucho. Les hice uno también, durante mis vacaciones en San Diego. ¡Saludos a todos! Takashi

2
Takashi: ¡Hola, Ignacio! ¿Estás listo para la entrevista?
Ignacio: Sí, claro... Diana, ¿qué haces?
Diana: ¿Yo? Nada... ¡adiós!

3
Ignacio: ¡Hola! ¿Qué quieres preguntarme, Takashi?
Takashi: Bueno, ¿qué hace tu familia para proteger el medio ambiente?
Ignacio: Pues, nos preocupa mucho el desperdicio de los recursos naturales como el petróleo. Es un problema muy grave. Por eso yo voy en bicicleta al colegio.

4
Ignacio: Desde hace cinco años, comenzamos a reciclar el vidrio, el aluminio, las latas, el plástico y los periódicos. Así tiramos menos a la basura.

5
Takashi: Oye, Ignacio, ¿quieres ayudarme con el video? Voy a continuar con entrevistas en el zoológico.
Ignacio: Me gustaría, pero no puedo. Tengo una cita con Carmen. ¡Es nuestra primera cita!
Takashi: Sí, ya sé...
Ignacio: ¿Cómo?
Takashi: Nada, nada... ¡que lo pasen bien!

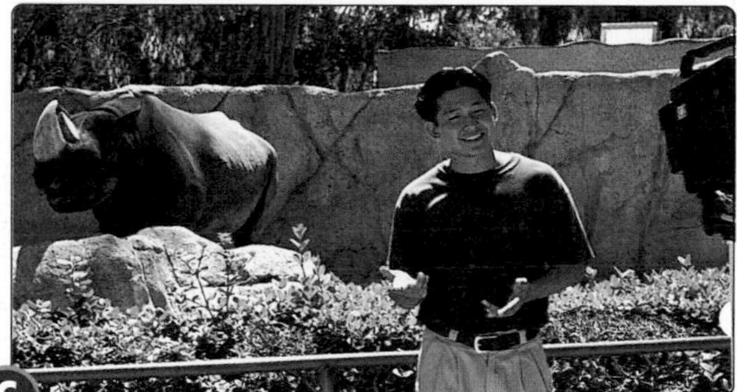

6

Takashi: Aquí estamos frente a los rinocerontes negros. La destrucción de su ambiente natural es un gran problema y por consiguiente es una especie en peligro de extinción.

7

Takashi: Les quiero presentar a María y Gabriela. ¿Cuáles, en su opinión, son los más graves problemas ambientales?

Gabriela: Pues, creo que la contaminación del aire es el peor problema, ¿verdad, María?

María: No, Gabi, no estoy de acuerdo. A mí me parece que lo más grave es la destrucción de las selvas tropicales. Hay que proteger el medio ambiente de las plantas y los animales de la selva.

Takashi: ¿Qué deberíamos hacer para proteger el medio ambiente?

Gabriela: Pues, es preciso aprobar leyes más estrictas para mantener más limpio el aire.

María: Y nosotros mismos deberíamos conservar mejor los recursos, reciclando y gastando menos gasolina...

8

Gabriela: Sí, y apagando las luces... Todos tenemos que cambiar nuestro estilo de vida para cuidar mejor la Tierra.

Takashi: Pues, muchísimas gracias por hablar con nosotros...

María: De nada... pero una pregunta para ti...

9

Gabriela: ¿Por qué tienes esa cosa en la espalda?

Takashi: ¿Cómo? ¿Qué cosa? ¿Tengo algo en la espalda?

Cuaderno de actividades, p. 121, Acts. 1–2

1 ¿Comprendes la fotonovela?

1. ¿Cuáles son cuatro problemas del medio ambiente que se mencionan en la fotonovela?
2. ¿Qué hace Ignacio para conservar combustible?
3. ¿Puedes nombrar cinco cosas que reciclan los jóvenes?
4. Según Gabriela, ¿cuál es el problema más grave?
5. ¿Por qué no está de acuerdo María?
6. ¿Por qué se preocupa Takashi por los animales?
7. Según los estudiantes de la fotonovela, ¿cuáles son algunas maneras de conservar los recursos naturales?

2 ¿Quién lo diría?

Lee cada comentario y decide quién lo diría.

1. Creo que desperdiciamos demasiada gasolina.
2. La destrucción del medio ambiente de estos animales puede causar su extinción.
3. Para mí el problema más grave es la contaminación del aire.
4. Es necesario aprobar leyes más estrictas para proteger el medio ambiente.
5. Debemos apagar las luces.
6. Es importante reciclar todo—el vidrio, los periódicos, el aluminio.

3 Oraciones completas

¿Qué frases en la columna B corresponden a las de la columna A?

A	B
1. Ignacio ahorra combustible si...	a. las latas, los periódicos y el plástico.
2. Gabriela dice que el problema más grave es...	b. aprobar leyes más estrictas para proteger el medio ambiente.
3. Si destruimos su medio ambiente, los animales...	c. la contaminación del aire.
4. Podemos reciclar...	d. puede dañar la salud de todos.
5. Podemos ahorrar los recursos naturales...	e. que tienes algo en la espalda.
6. Una manera de mejorar la situación es...	f. monta en bici en vez de manejar el coche.
7. La contaminación del aire...	g. están en peligro de extinción.
	h. si conservamos el petróleo.

4 Busca las palabras

Completa las siguientes oraciones con la información de la fotonovela.

1. Hay que conservar el ______, un recurso natural.
2. El ______ es un tipo de animal en peligro de extinción.
3. María cree que el peor problema ambiental es la ______.

5 Nuestro medio ambiente

Form a group of four and take the roles of Takashi, Ignacio, María, and Gabriela. Create a scene to show what happens after the episode in the **fotonovela.** What are you going to talk about? What problems will you present to the rest of the class?

Primer paso

Objective Describing a problem

WV3 CALIFORNIA-11

Vocabulario

Para evitar los problemas del medio ambiente como...

la contaminación del mar y del aire

la destrucción de las selvas tropicales y la capa de ozono

el desperdicio de los recursos naturales de la tierra

el smog

el desperdiciar petróleo y otros combustibles

el tirar plástico o químicos en la basura

...hay que encontrar la solución—¡en el espejo!

Cuaderno de actividades, pp. 122–123, Acts. 3–4

Cuaderno de gramática, p. 89, Acts. 1–2

6 Problemas ecológicos

Leamos Identifica el problema ecológico que implica cada una de las siguientes situaciones.

1. Hay menos árboles ahora y eso tiene un efecto profundo sobre la cantidad de oxígeno, la temperatura y las lluvias.
2. En realidad nadie presta atención a los termostatos *(thermostats)*, por consiguiente usamos demasiado la calefacción y el aire acondicionado.
3. Las grandes ciudades ya no encuentran en dónde depositar sus desperdicios industriales.
4. En algunos países tiramos comida a la basura mientras que en otros países hay muchas personas que tienen hambre.
5. Los coches son ineficientes y las grandes fábricas usan procesos que contaminan.
6. Más que nada tenemos que protegernos de los rayos del sol.
7. Cada vez hay más derrames *(spills)* de petróleo en el océano.

Así se dice

Describing a problem

To describe a problem, you might say:

Hay demasiado ruido en la ciudad.

Es uno de los problemas más graves.
It's one of the most serious problems.

Lo malo es que la solución no es fácil.
The bad thing is that . . .

Cada vez hay más gente **y menos** espacio.
There are more and more . . . and less and less . . .

A veces, creo que **el sistema no funciona.**
. . . the system isn't working.

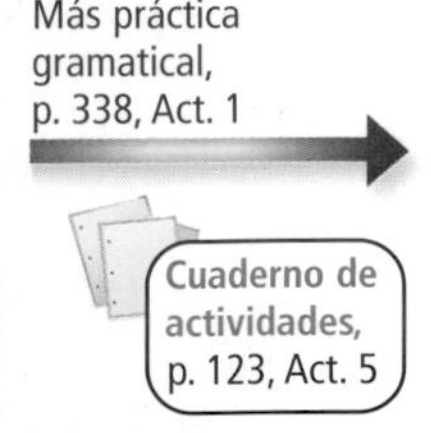

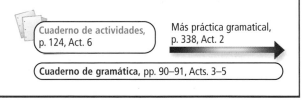

Más práctica gramatical, p. 338, Act. 1

Cuaderno de actividades, p. 123, Act. 5

¿No podemos hacer nada para mejorar la situación?
Can't we do something to improve the situation?

Estoy preocupado por la Tierra.
I'm worried about . . .

7 ¿Crisis o no?

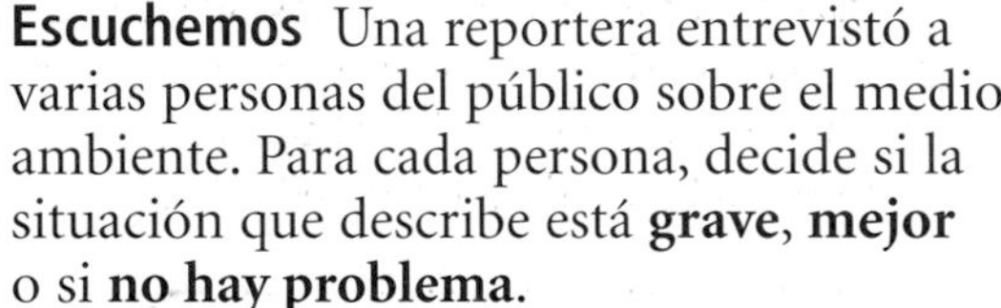

Escuchemos Una reportera entrevistó a varias personas del público sobre el medio ambiente. Para cada persona, decide si la situación que describe está **grave**, **mejor** o si **no hay problema.**

a. la contaminación del aire
b. la contaminación del agua
c. la conservación de energía
d. la destrucción de la capa de ozono
e. la colaboración de la gente

¿Te acuerdas?

nunca nada nadie ni

Some other negative words you can use are:
ninguno/a *(none)* **tampoco** *(neither)*

Nota gramatical

CD-ROM 3 DVD 2

Unlike English, Spanish may use more than one negative word or expression in a sentence. When the negative word precedes the verb, **no** is left out.

—**¿No** sabe **nadie** la solución?
—**Nadie** sabe qué hacer.

Some other negative words you can use are **nunca, ninguno** *(none)*, and **tampoco** *(neither)*.

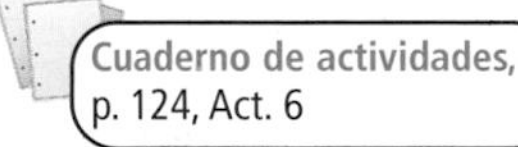

Cuaderno de actividades, p. 124, Act. 6

Más práctica gramatical, p. 338, Act. 2

Cuaderno de gramática, pp. 90–91, Acts. 3–5

8 Gramática en contexto

Leamos/Escribamos Marisol es muy pesimista. Cambia las siguientes frases a la forma negativa para expresar sus opiniones.

MODELO **Todos están preocupados por el medio ambiente.**
—Nadie está preocupado por el medio ambiente.

1. Siempre está puro el aire en esta ciudad.
2. Separar la basura es muy fácil también.
3. En todas las ciudades, conservan el combustible.
4. Los jóvenes quieren hacer algo para ayudar.
5. Alguien va a encontrar la solución.
6. Todos pueden hacer algo para mejorar la situación.

9 ¿Cuál es el problema?

Escribamos Combina los elementos para determinar por qué existen tantos problemas ambientales.

MODELO **Yo/nunca/pensar en/contaminación del aire**
—Nunca pienso en la contaminación del aire.

Yo El presidente Mis amigos Las fábricas Nadie	nunca tampoco no siempre	preocuparse por conservar (no) tener interés en pensar en	la contaminación del aire el ruido y el smog la destrucción de la capa de ozono el desperdicio de los recursos naturales

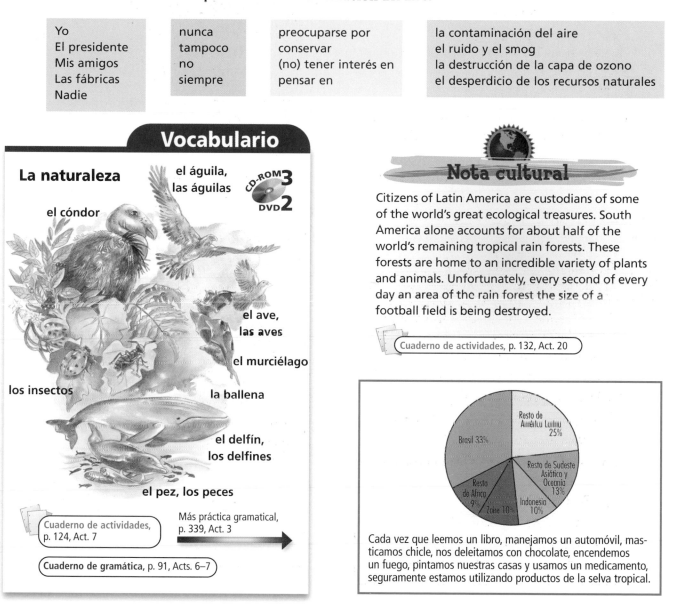

Cuaderno de actividades, p. 124, Act. 7

Más práctica gramatical, p. 339, Act. 3

Cuaderno de gramática, p. 91, Acts. 6–7

Nota cultural

Citizens of Latin America are custodians of some of the world's great ecological treasures. South America alone accounts for about half of the world's remaining tropical rain forests. These forests are home to an incredible variety of plants and animals. Unfortunately, every second of every day an area of the rain forest the size of a football field is being destroyed.

Cuaderno de actividades, p. 132, Act. 20

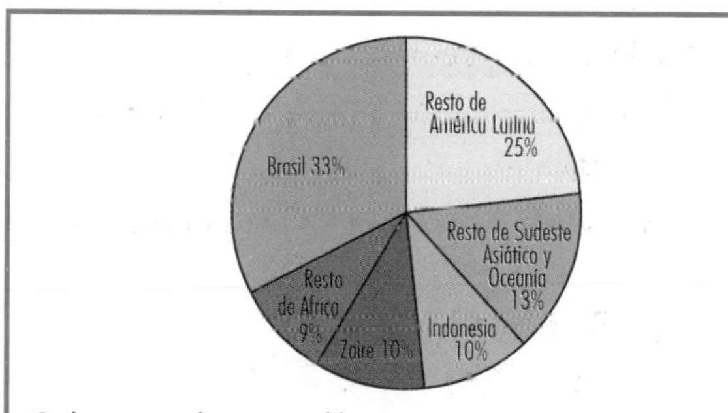

Cada vez que leemos un libro, manejamos un automóvil, masticamos chicle, nos deleitamos con chocolate, encendemos un fuego, pintamos nuestras casas y usamos un medicamento, seguramente estamos utilizando productos de la selva tropical.

10 En peligro de extinción

Escribamos ¿Puedes identificar algunos de los animales que están en peligro de extinción? Mira el **Vocabulario** en la página 321. ¿Qué problemas están contribuyendo a esta situación?

11 Trabajamos en comité

Hablemos Júntate con un compañero o una compañera para preparar una lista de cuatro problemas ecológicos de tu colegio o en tu comunidad. Usen como modelo las frases del **Vocabulario** en la página 321 y **Así se dice** en la página 322.

12 El Día de la Tierra

Hablemos/Escribamos Va a haber una celebración del Día de la Tierra en tu ciudad. Con un compañero o una compañera, preparen cinco carteles que expresen sus opiniones sobre algunos de los problemas del medio ambiente. Pueden usar las siguientes frases para empezar:

Me parece | Para mí | Creo que | No es justo | En mi opinión | Es importante

13 Titulares *Headlines*

Leamos/Hablemos En grupos, lean los titulares y contemplen estos problemas y los que hay en su colegio y su comunidad. Después de pensar un poco, contesten estas preguntas. Compartan sus ideas con el resto de la clase.

1. ¿Por qué existen los problemas de la contaminación, del medio ambiente y del desperdicio de recursos naturales?
2. ¿Cuáles son algunos problemas que son difíciles de corregir?

SANTIAGO de CHILE

El smog llegó el viernes al nivel peligroso

El índice de partículas la semana pasada fue el peor de los últimos 4 años

LOS ÁNGELES, CALIFORNIA

Descubren cinco cóndores muertos debido a efectos de insecticida

Cd. Juárez, Chih., México

Detectan montones de basura acumulados en el fin de semana

Caracas, Venezuela

Un programa creado por jóvenes vecinos de Santa Rosa de Lima asume el reto del reciclaje

14 Del colegio al trabajo

Hablemos En grupos de tres o cuatro personas, hagan los papeles de delegados al Congreso Internacional del Medio Ambiente. Este año, va a tener lugar *(take place)* en Caracas, Venezuela. Como delegados, necesitan presentar, en orden de importancia, una serie de problemas al comité. Cada delegado va a comentar sobre ciertos aspectos de los problemas que están afectándolos para darle al comité una idea más clara de la situación.

¿Qué haces para el medio ambiente?

Protecting the environment is an important contemporary issue for all societies. Everyone—despite nationality—may do something to protect the Earth's natural resources. We asked several Spanish-speaking students what they do to protect the environment.

Wendy
Alajuela, Costa Rica

"No botando basura en los ríos, no talando los árboles... Sí debe haber [un programa], pero no sé, no nos han dicho, como todavía estamos empezando el año".

Ana María
Quito, Ecuador

"Yo no hago mucho... Yo quiero ayudar, pero si me pongo a pensar, no hago mucho, porque uso aerosoles y muchas cosas así...".

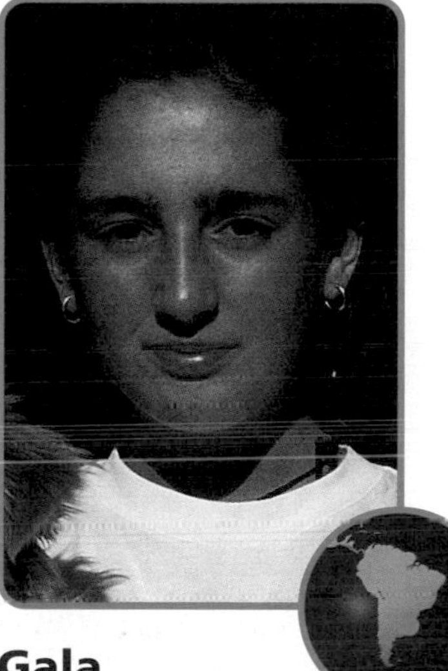

Gala
Buenos Aires, Argentina

"No tiro basura al piso en la calle... El año pasado estudiamos ecología, hacíamos afiches y los pegábamos en las paredes del colegio: 'No tirar basura a la calle'; 'No dejar las canillas *(faucets)* abiertas mucho tiempo', o cosas así".

Para pensar y hablar...

A. ¿Con cuál de las jóvenes te identificas más? ¿Por qué? ¿Qué puede hacer Ana María para proteger mejor el medio ambiente?

B. Environmental issues go beyond national boundaries. What concerns do you have that you think Ana María, Gala, and Wendy might share? What can people of all nationalities do to protect the environment?

Cuaderno para hispanohablantes, pp. 54–55

Cuaderno de actividades, p. 132, Act. 21

Segundo paso

Objectives Talking about consequences; expressing agreement and disagreement

WV3 CALIFORNIA-11

Animales en peligro

Los osos pardos
Por mucho tiempo habitaron la Península Ibérica de norte a sur. Hoy, apenas quedan cien osos pardos en la península. Por eso, la especie está en peligro de extinción pese a los esfuerzos por salvarla.

Las aves
Bellas y coloridas, habitan la Tierra desde antes de que aparecieran los seres humanos. La avaricia y la falta de interés del hombre son los culpables de que muchas aves estén en peligro de desaparecer.

Los delfines
En las costas peruanas, se pesca indiscriminadamente a estos animales. La pobreza es la causa de ello: la pesca del delfín es un modo de asegurar el bienestar familiar. Por lo tanto es urgente hacer algo acerca de la pobreza.

15 En mi cuaderno

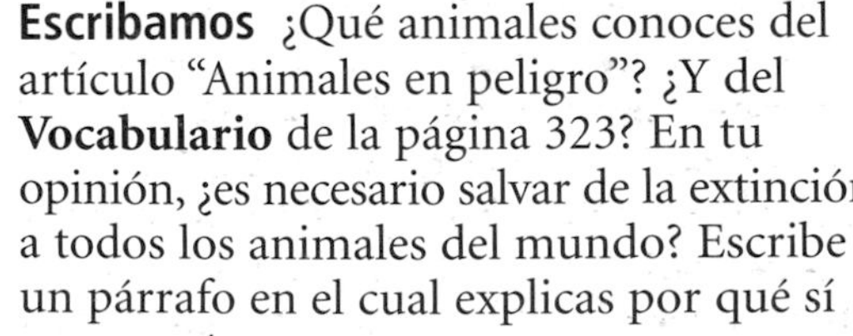

Escribamos ¿Qué animales conoces del artículo "Animales en peligro"? ¿Y del **Vocabulario** de la página 323? En tu opinión, ¿es necesario salvar de la extinción a todos los animales del mundo? Escribe un párrafo en el cual explicas por qué sí o por qué no.

Vocabulario extra

apenas	*barely*
calvo/a	*bald*
culpable	*guilty*
descuido	*carelessness*
en peligro de desaparecer	*in danger of disappearing*
pesca	*fishing*
pese a	*in spite of*

Las tortugas marinas
Este hermoso animal marino puede desaparecer de la Tierra. El hombre es el culpable de esta tragedia ya que las compañías industriales de comida están destruyendo su medio ambiente.

El águila calva
Ella es el símbolo nacional de los Estados Unidos. Por un tiempo, estuvo a punto de desaparecer, pero hoy continúa habitando los cielos y los bosques de este país.

El manatí
Es otra especie en peligro de desaparecer. Por eso se han establecido reservas ecológicas para cuidarlo, como la de "Río Dulce", en Guatemala.

16 Es nuestra responsabilidad

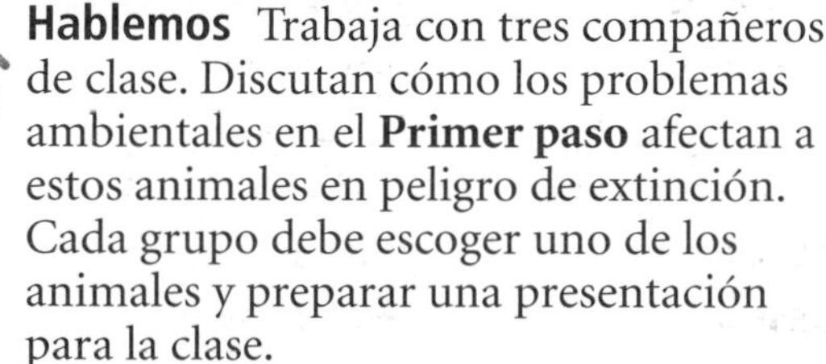

Hablemos Trabaja con tres compañeros de clase. Discutan cómo los problemas ambientales en el **Primer paso** afectan a estos animales en peligro de extinción. Cada grupo debe escoger uno de los animales y preparar una presentación para la clase.

Nota cultural

Throughout Latin America, there are programs designed to educate the public about environmental problems. One such program is sponsored by the **Fundación Vida Silvestre Argentina**. Their main goal is to provide awareness of the growing number of species that are becoming extinct throughout Argentina. Their hope is that by discussing the consequences that human impact has on nature and proposing solutions, more people will be better prepared to help save the planet.

Así se dice

Talking about consequences

To talk about the consequences of actions and situations, you could say:

Hay muchas especies en peligro de extinción, **por lo tanto es urgente** hacer algo.
. . . therefore it's urgent . . .

Por eso creo que es necesario cuidar las selvas tropicales.

Cada vez hay más automóviles, **por consiguiente** hay más contaminación del aire.
. . . consequently . . .

Si no **dejamos de** desperdiciar los recursos, **podemos enfrentar una crisis.**
If we don't stop . . . we may face a crisis.

Más práctica gramatical, p. 339, Act.4

Cuaderno de actividades, pp. 125–126, Acts. 9–10

Cuaderno de gramática, p. 92, Act. 8

17 El Club de Ecología

Escuchemos Escucha mientras cuatro expertos hablan con los miembros del Club de Ecología sobre los problemas ambientales. Escoge el dibujo que corresponde a las consecuencias que describe cada persona.

a.

b.

c.

d.

18 Mi ciudad

Escribamos Escoge tres de estos temas y comenta sobre cada uno con dos o tres frases. Usa **por lo tanto, por consiguiente, por eso** y **si** para relacionar tus ideas.

la basura el ruido el combustible	el agua el aire los químicos

las selvas tropicales
los animales en peligro
los recursos naturales

MODELO —**Mi ciudad es muy grande y hay muchos coches. Por lo tanto hay mucha contaminación del aire. La situación está grave.**

19 Una carta al editor

Escribamos Escoge uno de los problemas de la Actividad 18 y escribe una carta al editor del periódico local. Explícale el problema y las posibles consecuencias si nadie reacciona ahora y dale tu opinión. Escribe por lo menos dos párrafos y un mínimo de ocho frases.

Así se dice

Expressing agreement and disagreement

To agree with someone, say:

Así es la cosa.

¡Claro que sí!

¡Eso es!

Estoy de acuerdo.

Hasta cierto punto...
Up to a certain point . . .

Sin duda (alguna).
Without a doubt.

Sí, tienes razón.

To disagree with someone, say:

¡Al contrario!

Lo siento, pero no es así.

Me parece que no tienes razón.

Mira...

No estoy de acuerdo.

No lo creo.

No me parece.
It doesn't seem right to me.

¡Te equivocas! *You're wrong!*

Más práctica gramatical, p. 340, Act. 5

Cuaderno de actividades, pp. 126–127, Acts. 11–12

Cuaderno de gramática, pp. 92–93, Acts. 9–11

20 ¿Están de acuerdo?

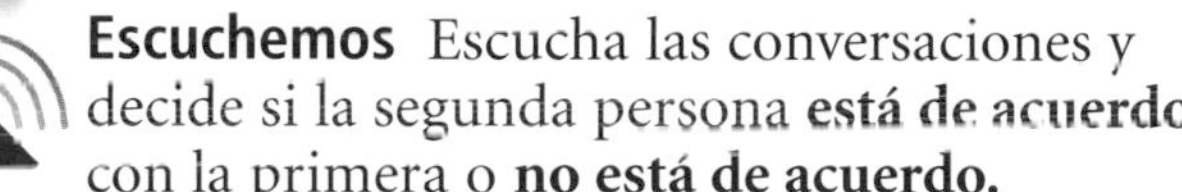

Escuchemos Escucha las conversaciones y decide si la segunda persona **está de acuerdo** con la primera o **no está de acuerdo.**

21 ¿Estás de acuerdo o no?

Hablemos Con un compañero o una compañera, sostengan un debate sobre las siguientes opiniones. Uno debe estar de acuerdo y el otro en contra.

A lo nuestro

In Spanish there are many ways to express agreement. In Mexico two common expressions are **¡Ándale!** and **¡Chócalas!** In Spain a common expression, equivalent to *OK*, is **Vale**. Throughout the Spanish-speaking world, common ways to express disagreement are: **¡De ninguna manera! ¡N'hombre!** and **¡Qué va!**

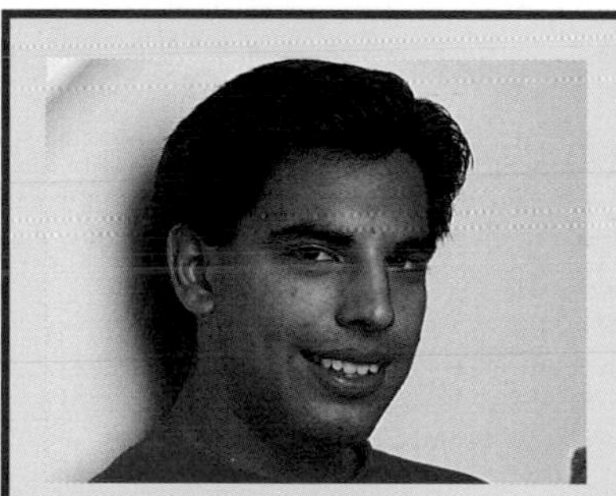

Creo que todos debemos aceptar la responsabilidad de mejorar el medio ambiente.

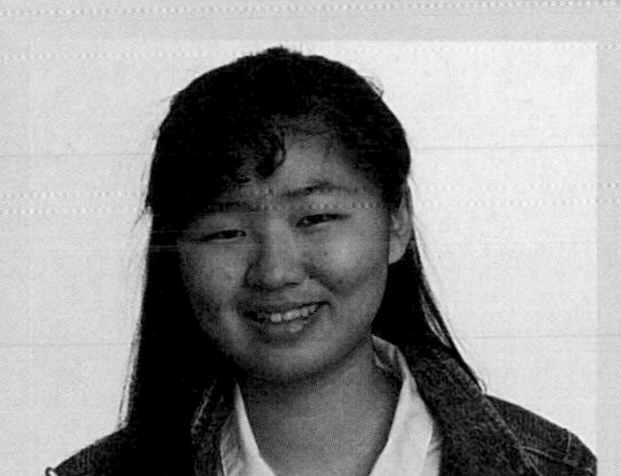

Yo necesito mi coche porque no hay suficiente transporte público. No trabajo, pero quiero pasear con mis amigos.

No me parece tan grave el problema de las selvas tropicales. Allí las cosas crecen rápidamente.

22 Bien organizados

Hablemos/Escribamos Formen grupos de tres o cuatro. Preparen un plan para resolver un problema local. Sigan estos pasos. Después presenten sus ideas a la clase.

1. Definan el problema y lleguen a un acuerdo.
2. Expliquen las consecuencias del problema.
3. Escojan varias maneras de informar al público.
4. Escriban un artículo para presentar el problema al público.

El medio ambiente

¿Cuántos productos empacados ves en estas fotos? ¿Cuál de las fotos crees que fue tomada en California y cuál en México? ¿Por qué lo crees?

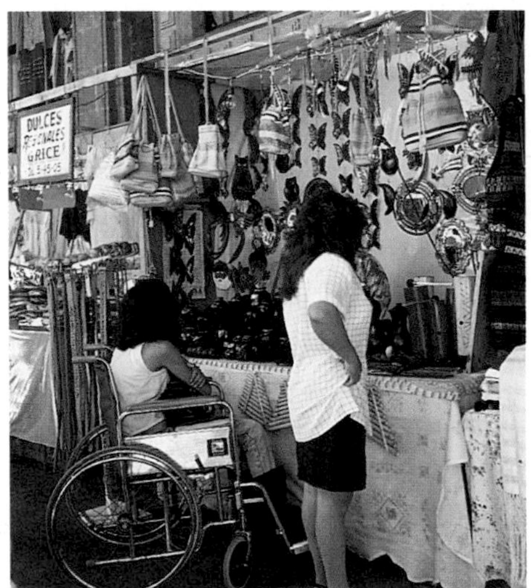

Para discutir

1. ¿Cuáles son algunas ventajas o desventajas de los productos empacados? Menciona por lo menos dos efectos que estos productos tienen sobre el medio ambiente.
2. Imagínate que vas a visitar un almacén o supermercado en un país hispanohablante. ¿Crees que vas a encontrar tantos productos empacados como hay en los Estados Unidos? ¿Por qué sí o por qué no?
3. En grupos de tres o cuatro, hagan una lista de lo que pueden hacer los consumidores para reducir la cantidad de productos empacados.

Vamos a comprenderlo

In many open-air markets and shops in Spanish-speaking countries, goods are sold with little or no packaging. This applies to toys, school supplies, and other dry goods as well as fruits and vegetables. This generates a lot less trash and reduces energy costs. Shoppers in Spanish-speaking countries often have reusable nylon or straw bags to carry their purchases home in, instead of using disposable paper or plastic bags.

Tercer paso

Objective Talking about obligations and solutions

go.
hrw
.com

WV3 CALIFORNIA-11

CONTAMINACIÓN Y SALUD

Nuestro planeta cada vez acusa más los estragos que el exceso de población le está provocando; pronto, a menos que se actúe de inmediato, el mal será irreversible para la salud de las generaciones del futuro.

Por si fuera poco, la contaminación atmosférica de las urbes daña edificios y obras de arte, tiene impacto severo en la vegetación de la zona y contribuye de manera significativa al agravamiento de los grandes problemas ecológicos del planeta: el "efecto invernadero", la lluvia ácida, la deforestación de los suelos, la muerte de las aguas y el adelgazamiento de la capa de ozono. Cierto, el esfuerzo necesario, incluso a nivel personal, es enorme; pero vale la pena si recordamos que la meta real no es alcanzar niveles de contaminación menores que reduzcan los efectos adversos sobre la salud, sino encontrar un modelo de desarrollo que nos garantice a todos una mejor calidad de vida, sin poner en peligro el equilibrio ecológico del planeta.

23 Claves

Escribamos/Hablemos Primero busca por lo menos seis cognados en "Contaminación y salud". Para cada cognado, escribe una clave *(clue)*. Luego tu compañero o compañera va a tratar de identificar el cognado.

Modelo **—Se refiere a las plantas y los árboles.**
—¿La vegetación?
—Sí.

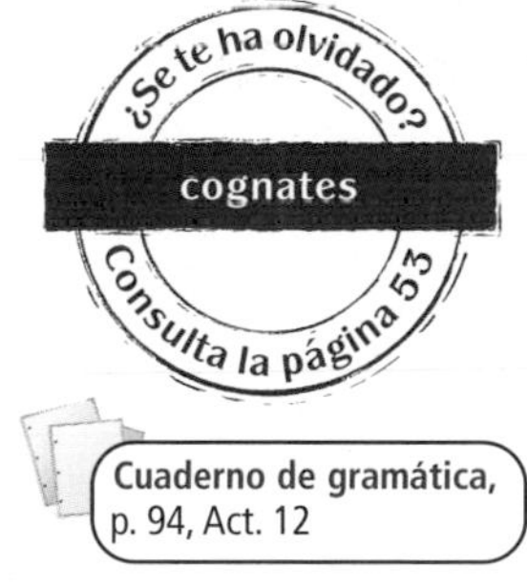
¿Se te ha olvidado?
cognates
Consulta la página 53

Cuaderno de gramática, p. 94, Act. 12

24 Problemas y soluciones

Escribamos Contesta las siguientes preguntas sobre el artículo.

1. ¿Qué efectos negativos tiene la contaminación atmosférica?
2. Según el artículo, ¿cuáles son cinco de los grandes problemas ecológicos del planeta?
3. ¿Cuál será el efecto si no actuamos inmediatamente para resolver los problemas?
4. Según la lectura, ¿cuál es la meta real?
5. ¿Va a ser fácil la solución?
6. ¿Qué haces tú para proteger el planeta?

Así se dice

Talking about obligations and solutions

To talk about obligations and what one can do to solve a problem, you could say:

Es importante conservar energía y recursos naturales.

También **es necesario cambiar nuestro estilo de vida.**
. . . it's necessary to change our lifestyle.

Todos deberíamos ser más responsables.
We should all . . .

Hay que pensar siempre en **los efectos** sobre el medio ambiente.

Pero **no hay que desesperarse.** *. . . despair.*

Cuaderno de actividades, p. 128, Acts. 13–14

Podemos resolver los problemas si trabajamos juntos. *We can solve . . .*

¡A todos nos toca hacer algo!
It's up to all of us to do something!

25 ¿Qué dijo?

Escuchemos Listen to these remarks from a program on the environment, and choose which phrase in each case is the correct beginning of the speaker's sentence.

1. **a.** No hay que...
   b. Deberíamos...
2. **a.** No es necesario...
   b. Hay que...
3. **a.** Deberíamos...
   b. No es importante...
4. **a.** No hay que...
   b. A todos nos toca...
5. **a.** Es necesario...
   b. No hay que...
6. **a.** No deberíamos...
   b. Sí, podemos...

26 Sí, podemos...

Escribamos Gustavo tiene una actitud muy negativa en cuanto a los problemas ambientales. Convéncele que sí se puede mejorar la situación.

MODELO **—No se puede hacer nada.**
—Sí, se puede hacer algo.

1. Nadie tiene interés en el problema.
2. Los políticos nunca hacen nada.
3. Los estudiantes no hacen nada tampoco.
4. Nunca vamos a encontrar lugar para toda la basura.
5. Tampoco ayudan los maestros.
6. No vamos a mejorar la situación si nadie se interesa.

Si estás pensando en un año adelante,
siembra una semilla.
Si estás pensando en diez años adelante,
planta un árbol.
Si estás pensando en cien años adelante,
educa a la gente.

Poeta anónimo chino, 400 A.C.

¿Te acuerdas?

These are some affirmative words you've seen.

algo *something*
siempre *always*
alguien *someone*
también *also, too*

Remember that **alguien**, like **nadie**, takes the personal **a** when used as a direct object.

—¿Esperas **a alguien?**
—No, no espero **a nadie.**

Cuaderno de gramática, p. 94, Act. 13

CD-ROM 3
DVD 2

Cuaderno de actividades, p. 129, Acts. 15–16

Cuaderno de gramática, p. 95, Acts. 14–15

Nota gramatical

The word **si** means *if*. It's often used with a present-tense verb to explain what will or may happen under certain conditions.

Si no apagas la luz cuando sales, gastas energía.
Todos podemos vivir mejor **si** mantenemos limpia la ciudad.

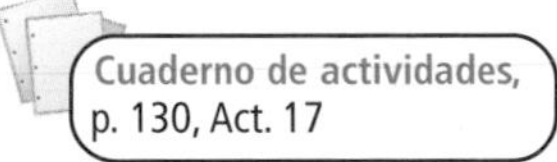

Cuaderno de actividades, p. 130, Act. 17

Más práctica gramatical, p. 340, Act. 6

Cuaderno de gramática, pp. 95–96, Acts. 16–17

Nota cultural

San Diego and Tijuana are practically a single city with a population of more than four million. The cities are so closely connected that a pollution problem in one city is also a problem for the other. Working together, people on both sides of the border have built a new wastewater treatment plant to prevent sewage from draining into the Pacific Ocean during heavy rains. How can cooperation help reduce or eliminate an environmental problem in your city or town?

27 Gramática en contexto

Leamos/Escribamos ¿Cómo se pueden corregir los problemas mencionados? Usa las expresiones de este capítulo para completar cada frase.

1. Puedo ayudar a eliminar la destrucción de las selvas tropicales si...
2. Podemos reducir la contaminación del aire si...
3. Podemos proteger los animales silvestres si...
4. Puedo gastar menos dinero en gasolina si...
5. Mi familia puede conservar más energía si...
6. Puedo ayudar a mantener limpia mi ciudad si...

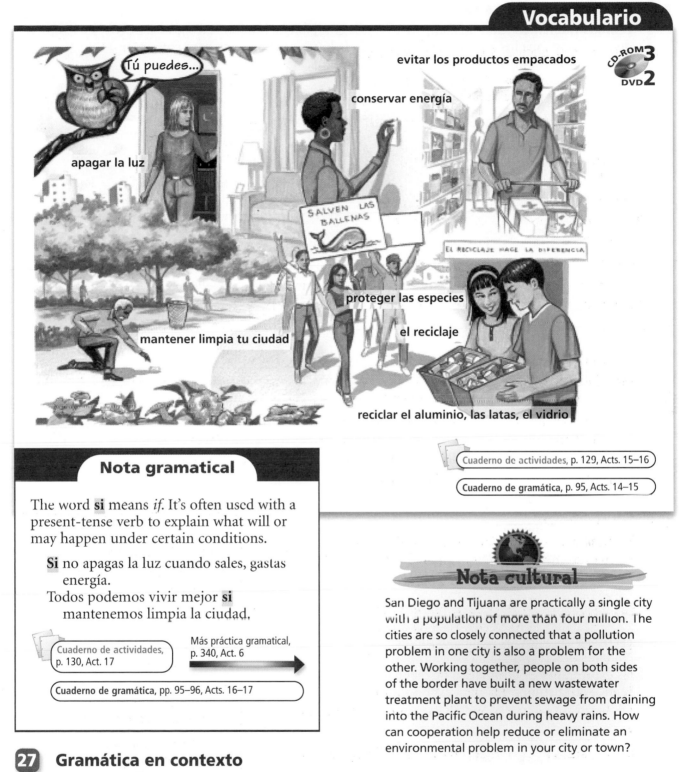

28 Ahorrar no cuesta nada

Leamos/Hablemos Con un compañero o una compañera, mira los dibujos y lee las descripciones que los acompañan. ¿Qué debería hacer cada persona para conservar energía? Haz cuatro sugerencias para cada situación.

A Norma le encanta escuchar música. Cada vez que pone su disco compacto favorito baila como loca. Pasa largos ratos frente al televisor mientras lee las tiras cómicas.

A Marco le encanta el agua. Se baña cuatro veces al día y deja correr el agua mientras él se está cepillando los dientes. Él se cree el más limpio de la casa.

María y Gonzalo salieron a comer: Como no tenían muchas ganas de comer, pidieron unas hamburguesas, papas fritas y unos refrescos. Sólo que al final dejaron un montón de comida.

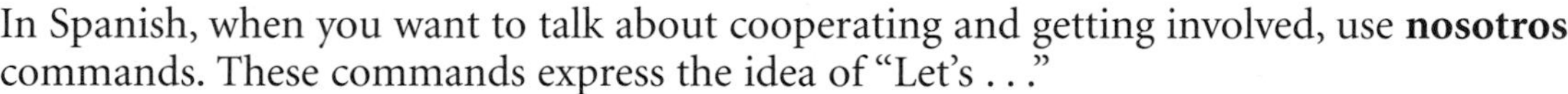

Gramática

Nosotros commands

CD-ROM 3 DVD 2

In Spanish, when you want to talk about cooperating and getting involved, use **nosotros** commands. These commands express the idea of "Let's . . ."
To form **nosotros** commands, simply add **-mos** to the **Ud.** command forms.
Here are a few commands you should recognize. Can you guess what they mean?*

¡Trabajemos juntos! **¡Ayudemos a preservar las selvas tropicales!**
¡Conservemos energía! **¡Cuidemos el medio ambiente!**

Cuaderno de actividades, p. 130, Act. 18 Cuaderno de gramática, pp. 96–97, Acts. 18–20
Más práctica gramatical, p. 341, Act. 7

29 Gramática en contexto

Escribamos Mira los siguientes dibujos con mucho cuidado y escribe un lema *(slogan)* para cada uno. Usa las expresiones de **Gramática** de esta página y de **Así se dice** en la página 332 para expresar tus ideas.

¿Se te ha olvidado?
formal commands
Consulta la página 260

BRUMM
BRUMM
GUAUU

a.

b.

c.

d.

* *Let's work together!, Let's help to preserve the rain forests!, Let's conserve energy!, Let's take care of the environment!*

30 ¡Manos a la obra!

Leamos/Escribamos Los problemas ambientales existen en todas partes del mundo. Lee estos artículos sobre lo que están haciendo grupos de jóvenes costarricenses y mexicanos para proteger el medio ambiente. Luego contesta las preguntas que siguen.

1. ¿En qué aspectos son similares estos programas?
2. ¿Hay programas como éstos en tu colegio o comunidad?
3. ¿Participas en algún programa como éstos?

¡A REFORESTAR! AMIGOS DE SANTA ANA

El Grupo Juvenil Bahá'í realizó un proyecto de reforestación el pasado 4 de julio en el Instituto Juvenil Charles Wolcott, situado en Lagos de Lindora en Santa Ana, Costa Rica.

La actividad contó con la asistencia de 28 jóvenes, quienes estuvieron bajo la supervisión del Biólogo Javier Sánchez de la Asociación CODECE (Conservación y el desarrollo de los cerros de Escazú). El Sr. Sánchez dio una explicación de la importancia de conservar los recursos naturales.

Posteriormente se procedió a sembrar los árboles, trabajo que los participantes realizaron con mucho entusiasmo.

En total se sembraron aproximadamente 50 árboles y se piensan sembrar cerca de cincuenta árboles más.

ORGANÍZATE CON TUS VECINOS

Bien dicen que la unión hace la fuerza, lo que es totalmente cierto, y un claro ejemplo de lo que te digo, es lo que está llevando a cabo un grupo de ecologistas voluntarios de Tecamachalco en combinación con sus vecinos. Imagínate, crearon un lugar donde depositan sus desperdicios limpios y separados, para después venderlos a personas que se dedican a reciclar los diferentes desperdicios. A este lugar le llaman "Centro de Acopio", tiene un horario y reglas como las de entregar las cosas limpias y clasificadas. ¿Te das cuenta? El problema de basura tiene solución si nos organizamos y cooperamos.

¿Se te ha olvidado?
informal commands
Consulta la página 139

Cuaderno de gramática, p. 97, Act. 21

31 ¡Nos toca hacer algo!

Hablemos/Escribamos En un grupo de tres, escojan uno de los problemas ambientales que los afecta en su vida diaria y escriban un pequeño artículo. Expliquen por qué les importa, las posibles consecuencias si no hacen nada para resolver el problema y lo que piensan hacer para mejorar la situación. Escriban por lo menos tres párrafos o doce frases. También hagan un cartel para promover sus ideas.

Vamos a leer

Oda al aire

Estrategia para leer
Be familiar with the genre of your text. Genre means "type," and some examples of genre are short story, poem, novel, essay, and play. Each genre is somewhat predictable. For example, in a short story there is a plot, there are characters, and it is probably just a few pages long.

¡A comenzar!

Today you will be reading a portion of "Ode to the Air," a poem by the Chilean Pablo Neruda. Poems can be hard to interpret—even in English. To make things a bit easier, think about the genre of poetry and what you can expect in a poem: for example, metaphors and comparisons.

¿Te acuerdas?
Use your background knowledge. Before you read in detail, take about a minute and remember what you already know about the language in poetry.

A. In groups of three or four, make a list of some of the common characteristics of poems. Then glance over the poem and see which things on your list are true for this particular poem.

Al grano

B. Read sections 1–3 and try to understand the individual words and the relationships between them. In each section, identify the subject. Write *poet, air,* or *both.*

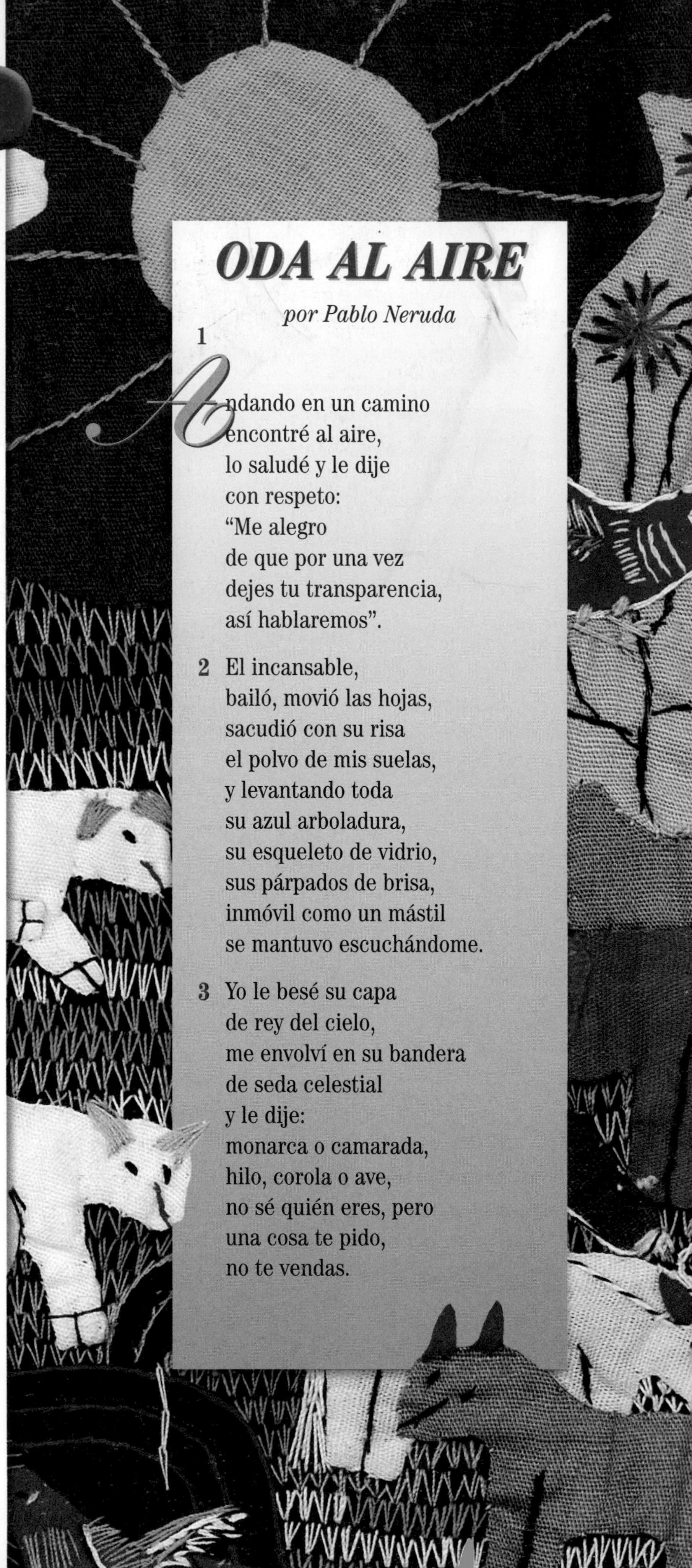

ODA AL AIRE

por Pablo Neruda

1
Andando en un camino
encontré al aire,
lo saludé y le dije
con respeto:
"Me alegro
de que por una vez
dejes tu transparencia,
así hablaremos".

2 El incansable,
bailó, movió las hojas,
sacudió con su risa
el polvo de mis suelas,
y levantando toda
su azul arboladura,
su esqueleto de vidrio,
sus párpados de brisa,
inmóvil como un mástil
se mantuvo escuchándome.

3 Yo le besé su capa
de rey del cielo,
me envolví en su bandera
de seda celestial
y le dije:
monarca o camarada,
hilo, corola o ave,
no sé quién eres, pero
una cosa te pido,
no te vendas.

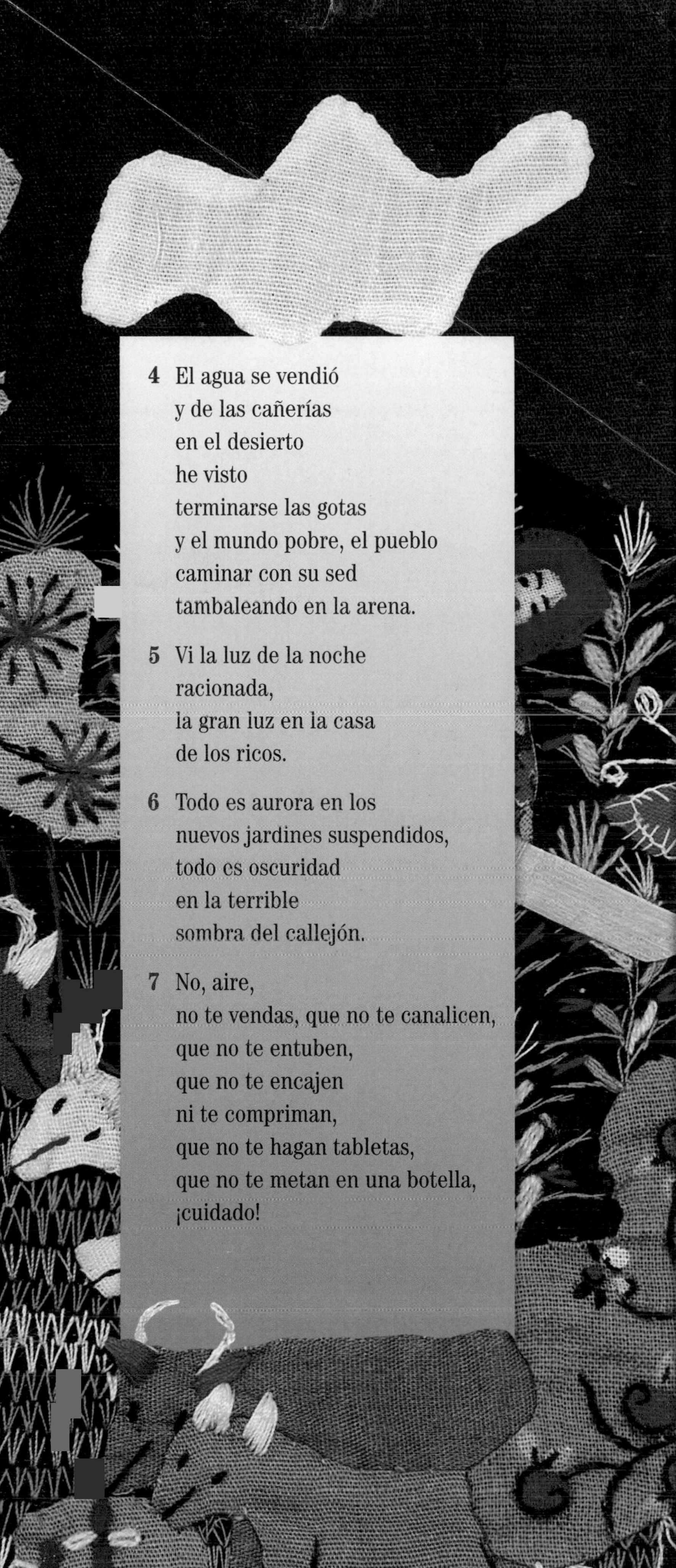

4 El agua se vendió
y de las cañerías
en el desierto
he visto
terminarse las gotas
y el mundo pobre, el pueblo
caminar con su sed
tambaleando en la arena.

5 Vi la luz de la noche
racionada,
la gran luz en la casa
de los ricos.

6 Todo es aurora en los
nuevos jardines suspendidos,
todo es oscuridad
en la terrible
sombra del callejón.

7 No, aire,
no te vendas, que no te canalicen,
que no te entuben,
que no te encajen
ni te compriman,
que no te hagan tabletas,
que no te metan en una botella,
¡cuidado!

C. Read sections 4–7 and answer the questions.

4. a. What new subject is introduced?

5. a. What new element of nature is mentioned?

b. Who is the subject of the verb **vi**?

c. If **racionada** is a cognate, what does it mean?

6. a. What is an English synonym for **aurora?**

b. What Spanish word looks like **callejón?**

7. a. Which three lines are part of commands or advice directed to the air?

b. The subjunctive phrase **que no te...** is used several times. Does it most nearly mean *don't let them, let it not,* or *you don't?*

D. You are ready to begin interpreting the poem.

1. What three elements in nature are featured in the poem?
2. Why are so many words used to describe the air?
3. What is the author's plea/advice to the air?
4. What is the purpose of mentioning water and light?
5. How are water and light related to economic status?
6. In the last sentence, what are the six ways the author envisions that air could be packaged for sale?

E. Escribe un poema que exprese básicamente las mismas ideas que "Oda al aire", pero desde el punto de vista del aire, el agua o la luz. Tu poema no tiene que ser muy extenso o complicado. Sólo asegúrate de expresar las ideas principales.

Cuaderno para hispanohablantes, pp. 51–53

Cuaderno de actividades, p. 131, Act. 19

Más práctica gramatical

Primer paso

Objective Describing a problem

1 Los estudiantes en el Club de Conservación del Medio Ambiente tienen unas preocupaciones *(concerns)*. De las palabras que están entre paréntesis, escoge la más correcta para completar las siguientes oraciones. (**pp. 321, 322**)

Dos cosas que nos preocupan son el medio ambiente y los problemas ecológicos. Hay que __1__ (desperdiciar/reciclar) más los recursos naturales. También es importante __2__ (cuidar/encontrar) las selvas tropicales. La __3__ (destrucción/contaminación) del aire es un problema grave __4__ (también/tampoco). Cada vez hay __5__ (más/menos) coches e industrias que contaminan. La contaminación puede dañar la salud de __6__ (todos/ningunos) y contribuye a la destrucción de __7__ (la capa de ozono/los combustibles). Pero con la __8__ (colaboración/contaminación) de todos nosotros, podemos encontrar unas soluciones.

2 Completa las oraciones con la palabra negativa apropiada. Puedes usar algunas palabras más de una vez. (**p. 322**)

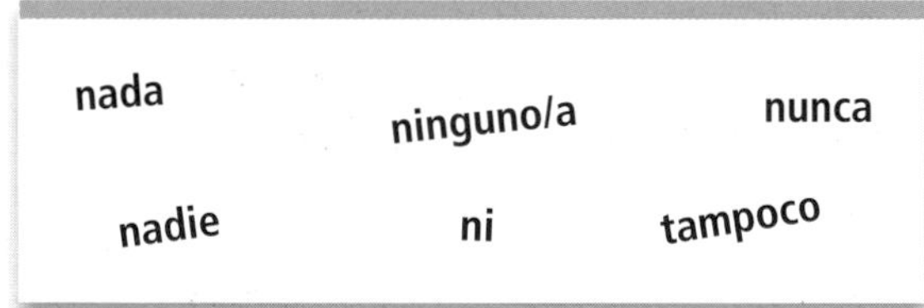

1. Elena es muy pesimista. A ella _____ le gusta nada.
2. _____ de mis amigos sabe nadar.
3. No conozco a _____ en mi escuela nueva.
4. No va _____ de mis amigas a la fiesta esta noche.
5. No voy _____ a los partidos porque no me gusta el fútbol.
6. No me gusta la música clásica. No me gusta el jazz _____.
7. ¿No sabe _____ la respuesta?
8. No debemos tirar _____ plástico _____ químicos en la basura.
9. Hay personas que no hacen _____ para proteger el medio ambiente.

3 José escribió un resumen de lo que aprendió acerca de algunos animales. Completa el resumen con las palabras de la lista. (**p. 323**)

peces	**ballena**	**delfín**
cóndor		**aves**
águila	**murciélago**	

Los animales son muy importantes en nuestras vidas. El ___1___, que se encuentra principalmente en Sudamérica y California, y el ___2___, que es el símbolo nacional de los Estados Unidos, son dos tipos de ___3___. Otro animal que sabe volar, pero que no es ave, es el ___4___. Este animal sale por la noche.

Muchos animales viven en los océanos también, como las muchas especies de ___5___ y mamíferos (*mammals*). La ___6___ azul es el animal más grande del mundo. Otro mamífero acuático, conocido por su inteligencia, es el ___7___. Tenemos que ayudar a proteger estos animales.

Segundo paso

Objectives Talking about consequences; expressing agreement and disagreement

4 Alberto escribió un editorial para el periódico de la escuela sobre la contaminación. Completa el editorial con palabras de la lista. (**pp. 322, 328**)

más graves	**crisis**	**Lo malo**
mejorar		**Por lo tanto**
reciclar	**urgente**	**el sistema**

Uno de los problemas ___1___ de mi ciudad es la basura. Creo que enfrentamos una ___2___. ___3___ es que hay más y más basura. Nadie quiere ___4___ los periódicos y el plástico. ___5___, las calles siempre están sucias y cada vez hay más plástico y papel. ¿Por qué no funciona ___6___? Pero algunos de los jóvenes quieren hacer algo para ___7___ la situación. Dicen que es ___8___ hacer algo.

Más práctica gramatical

WV3 CALIFORNIA-11

5 Violeta y Mateo están discutiendo el editorial de Alberto. Violeta tiene el mismo punto de vista de Alberto mientras que Mateo no está de acuerdo. Completa la conversación con la frase correcta. (**p. 329**)

Al contrario	**No estoy de acuerdo**
sin duda	**pero no es así**
Así es la cosa	**me parece**

VIOLETA Estoy de acuerdo con Alberto. ___1___ con la basura en nuestra ciudad.

MATEO Lo siento, ___2___. ___3___ con la opinión de Alberto. A mí ___4___ que el sistema no es el problema. ¡___5___! Todos tenemos que trabajar juntos. Lo más importante es reciclar más.

VIOLETA ___6___, ésa es una de las soluciones.

Tercer paso

Objective Talking about obligations and solutions

6 El señor Córdova tiene buenas sugerencias para conservar el medio ambiente. Usa las frases en el cuadro de abajo para completar las oraciones en la siguiente página. (**p. 333**)

a. no vamos a tener tanto smog.
b. todos deberíamos ser más responsables y trabajar juntos.
c. deberíamos comprar menos productos empacados y tirar menos basura en la calle.
d. entonces vamos a tener menos plástico y papel en la basura.
e. todos apagan la luz y usan menos agua.
f. podemos protegerlos mejor y no van a desaparecer.

1. Cada familia puede conservar más energía si...
2. Si todos reciclamos...
3. Si usamos menos los coches...
4. Si prestamos más atención a los animales en peligro...
5. Si queremos mantener limpia la ciudad...
6. Si queremos mejorar la calidad de vida...

7 Your school's ecology club is making plans for the upcoming "Save our Planet" week. Explain what your club wants everyone at school to do by writing **nosotros** commands from the infinitives. (**p. 334**)

MODELO **trabajar juntos**
¡Trabajemos juntos!

1. limpiar las calles cerca del colegio
2. reciclar los periódicos y las revistas
3. llevar el vidrio al centro de reciclaje
4. pedir la ayuda de todos
5. no usar carros por una semana
6. ir en autobús o en bicicleta al colegio
7. poner bolsas *(bags)* para las latas en la cafetería
8. hacer carteles para poner en las clases

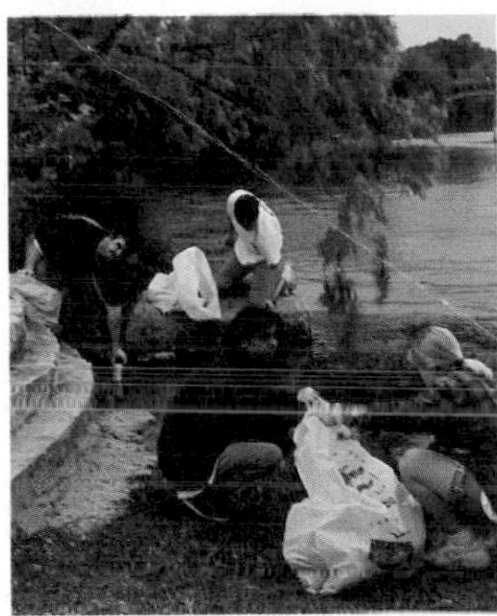

Repaso

1  El Club Ecológico invitó a un científico famoso a su reunión. Escucha un reportaje de lo que dijo y escribe la información pedida.

1. Nombre del científico
2. Su área de especialización
3. El problema que menciona
4. Posibles soluciones

2  Júntate con un compañero o una compañera para hablar de los siguientes problemas. ¿Cómo pueden ayudar los estudiantes? Para cada problema, escriban dos estrategias para colaborar y compartan las ideas con la clase.

a. 

b. 

c. 

d. 

3  ¿Creen que el gobierno debería limitar el uso de coches? Formen grupos de cuatro personas. Dos personas van a tomar la oposición y dos van a estar de acuerdo. Tomen apuntes sobre las ideas, las opiniones y los problemas. Lleguen a un acuerdo y presenten la solución a la clase.

BOSQUE EL YUNQUE

A escasos 56 km al este de San Juan está el bosque tropical El Yunque, que cubre 11,328 hectáreas de las montañas Luquillo. Oficialmente llamado Bosque Nacional del Caribe, es hoy el único bosque tropical en el Sistema de Bosques Nacionales de los Estados Unidos y contiene más de 240 variedades de árboles y especies de flores.

El Yunque recibe una precipitación anual de 304 cm de lluvia. El suelo está saturado de agua. Hay pocas plantas en el piso del bosque, porque la mayoría no puede vivir sin la energía directa del sol.

Aún habitan en el bosque raros papagayos, la boa de Puerto Rico de 2.13 metros de largo, y otras 26 especies animales que no existen en ningún otro lugar del mundo.

4 Usa la información en el artículo de El Yunque para determinar si cada declaración es **cierta** o **falsa**. Corrige las oraciones falsas.

1. El Yunque es uno de los dos bosques tropicales en Puerto Rico.
2. El piso del bosque no recibe los rayos del sol directamente.
3. En El Yunque se encuentran más de veinte especies raras de animales.

5

Vamos a escribir

You're helping to build a Web site on health and fitness. Write a one-paragraph summary of "Básicos para estar en forma," on pages 148–149, to let the clients know what to expect if they download the article.

Estrategia para escribir

Summarizing is condensing a piece of writing to its essential content while remaining faithful to the author's intent. Summarizing helps your reader focus on what is most important by eliminating unnecessary detail.

Preparación

1. Skim the selection. Identify and write down the main idea of the article. This will usually be found in the title or first paragraph.
2. List the supporting ideas for the main idea. These are often the first or last sentences of body paragraphs. Don't include examples, details, or your own opinion about the topic.

Redacción

1. Express the main idea as a topic sentence for your summary.
2. Develop your paragraph with sentences based on the supporting ideas. Some ideas may be combined into one sentence. When necessary, provide transitional words and phrases to show how the ideas are related.

Evaluación

1. Reread your paragraph. For each sentence, ask yourself if the author would agree with your statement.
2. Read the original passage again to make sure you have not left out anything important; then make any necessary changes.
3. Proofread for spelling and punctuation errors; then write and share your final draft.

6

Situación

You have been asked to participate in a panel in a televised debate about environmental issues affecting your school, community, and the world. One of you will take the role of the moderator and the others will take the roles of the panelists. As the discussion heats up, be sure to agree and disagree with other panelists when responding to the moderator's questions. Working together, come up with possible solutions to what the panel decides is the most important issue.

Cuaderno para hispanohablantes, pp. 53–54

A ver si puedo...

WV3 CALIFORNIA-11

Can you describe a problem? p. 322

1 Can you identify and describe three environmental or ecological problems from this list that are affecting your city, state, or region?

1. la basura
2. el smog
3. la contaminación del agua
4. el ruido
5. el desperdicio de recursos naturales
6. el uso de muchos químicos

Can you talk about consequences? **p. 328**

2 How would you tell the Secretary General of the United Nations what some of the consequences of the following situations might be?

1. Si no cuidamos las selvas tropicales...
2. Si desperdiciamos los recursos naturales...
3. Si usamos muchos químicos...
4. Si destruimos la capa de ozono...
5. Si no protegemos los animales en peligro de extinción...

Can you express agreement and disagreement? **p. 329**

3 How would you tell someone whether or not you agree or disagree with the following statements?

1. El gobierno nunca hace nada. Por eso el sistema no funciona.
2. Nos toca a todos hacer algo para mantener limpia la ciudad.
3. La destrucción de las selvas tropicales no es un problema muy grave.
4. Los problemas del medio ambiente sólo afectan a las personas que viven en las grandes ciudades.
5. Si queremos mejorar la situación, tenemos que comenzar a cambiar nuestro estilo de vida.

Can you talk about obligations and solutions? p. 332

4 How would you tell your friends about some creative ways to solve these problems?

a. 

b. 

c. 

d. 

5 Under what conditions would the following situations take place?

MODELO **Siempre vamos a tener bastantes recursos naturales... si no desperdiciamos el petróleo.**

1. Las grandes ciudades no van a tener problemas con el smog...
2. Las selvas tropicales ya no van a estar en peligro...
3. Ya no va a haber contaminación en las playas...
4. Las calles no van a estar sucias...
5. Nuestros hijos van a vivir mejor...

Vocabulario

Primer paso

Describing a problem

Cada vez hay más... y menos...	*There are more and more . . . and less and less . . .*
desperdiciar	*to waste*
el desperdicio	*waste*
la destrucción	*destruction*
grave	*serious*
Lo malo es que...	*The bad thing is that . . .*
mejorar	*to improve*
ninguno	*none*
el problema	*problem*
el sistema no funciona	*the system isn't working, doesn't work*
la situación	*situation*
tampoco	*neither*
tirar	*to throw out*

The environment

la basura	*trash*
la capa de ozono	*ozone layer*
el combustible	*fuel*
el mar	*sea*
el medio ambiente	*environment*
el petróleo	*petroleum*
el plástico	*plastic*
los químicos	*chemicals*
los recursos naturales	*natural resources*
la selva tropical	*rain forest*
el smog	*smog*
la tierra	*earth*

Animals

el águila, las águilas	*eagle*
el ave, las aves	*bird*
la ballena	*whale*
el cóndor	*condor*
el delfín, los delfines	*dolphin*
los insectos	*insects*
el murciélago	*bat*
la naturaleza	*nature*
el pez, los peces	*fish*

Segundo paso

Talking about consequences

la crisis	*crisis*
dejar de	*to stop*
enfrentar	*to face*
es urgente...	*it's urgent . . .*
por consiguiente	*consequently*
por lo tanto	*therefore*
si	*if*

Expressing agreement and disagreement

¡Al contrario!	*On the contrary!*
Así es la cosa.	*That's it.*
¡Claro que sí!	*Of course!*
¡Eso es!	*That's it!*
Estoy de acuerdo.	*I agree.*
Hasta cierto punto...	*Up to a certain point . . .*
Me parece que no tienes razón.	*I think you're wrong.*
Mira...	*Look . . .*
No es así.	*That's not so.*
No estoy de acuerdo.	*I disagree.*
No lo creo.	*I don't believe it.*
No me parece.	*It doesn't seem right to me.*
Sin duda (alguna).	*Without a doubt.*
¡Te equivocas!	*You're wrong!*
Sí, tienes razón.	*Yes, you're right.*

Tercer paso

Talking about obligations and solutions

A todos nos toca...	*It's up to all of us . . .*
apagar	*to turn off*
cambiar	*to change*
conservar	*to conserve*
desesperarse	*to despair*
los efectos	*effects*
Es necesario...	*It's necessary . . .*
estilo de vida	*lifestyle*
hacer algo	*to do something*
mantener (ie) limpio/a	*to keep clean*
proteger las especies	*to protect species*
el reciclaje	*recycling*
reciclar	*to recycle*
resolver (ue)	*to solve*
Todos deberíamos...	*We should all . . .*

Materials and resources

el aluminio	*aluminum*
la energía	*energy*
las latas	*cans*
la luz	*light*
los productos empacados	*packaged goods*
el vidrio	*glass*

CAPÍTULO

12

Veranos pasados, veranos por venir

Objectives

In this chapter you will learn to

Primer paso

- exchange the latest news
- talk about where you went and what you did
- tell when something happened

Segundo paso

- say how you feel about people
- describe places

Tercer paso

- say when you're going to do something

internet

MARCAR: go.hrw.com
PALABRA CLAVE:
WV3 CALIFORNIA-12

Quedamos muy impresionados con las playas de Santa Cruz.

DE ANTEMANO ▪ *Un verano en San Diego*

Estrategia para comprender
Takashi is having a great time sightseeing in San Diego, and now he's writing a letter to some friends in Mexico telling them about it. What has he been doing? Is there someone special in his future?

Takashi

Ignacio

Queridos Jaime y Luz,

Hace tres semanas que estoy de vacaciones aquí en San Diego. Estoy en casa de mi amigo Ignacio Rivera. Es un tipazo, y la persona más graciosa que conozco. Los dos éramos muy buenos amigos en mi colegio en San Antonio. El año pasado su familia se mudó a San Diego y claro, ya no nos vemos casi nunca. Por eso estoy muy contento de pasar las vacaciones aquí con él. Me llevo muy bien con su familia también.

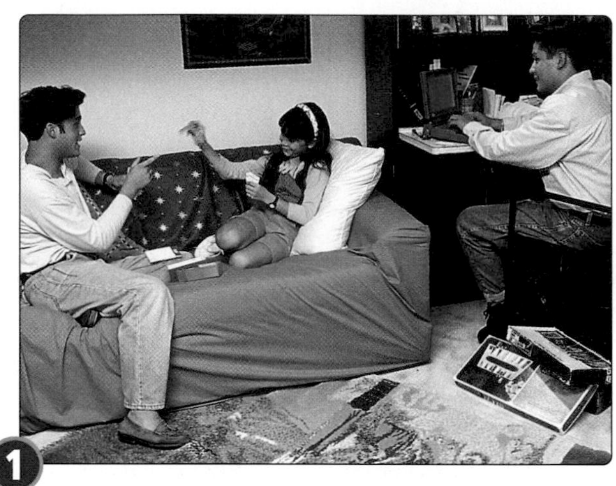
1

2

De verdad, San Diego es una ciudad lindísima. El viernes pasado, fuimos al parque más grande de San Diego, Mission Bay Park. Allí se puede nadar, esquiar en el agua, pescar, todo. Nosotros sólo nadamos, pero me gustaría mucho aprender a montar en tabla de vela.

3

Al día siguiente, fuimos al zoológico y quedé muy impresionado. El zoo es enorme, con un montón de animales de todas partes del mundo. Pensé en ti, Luz, porque sé que te fascinan tanto los animales.

¿Y saben qué? Después de graduarme, creo que voy a asistir a la Universidad de California en San Diego. Visité el campus dos días después de ir al zoológico y resulta que tiene programas de idiomas que me interesan mucho.

4

5

Además, los estudiantes parecen ser buena onda, muy amables... Hoy, por ejemplo, conocí a una chica muy simpática...

6

Ignacio: ¡Takashi! ¡Takashi! ¿Me escuchas?
Takashi: ¿Eh?
Ignacio: Tienes una visita.
Takashi: ¿Una visita?
Ignacio: Sí, una chica. Dice que te conoció hoy en la universidad.
Takashi: ¿Una chica? ¿De la universidad? ¿Cómo...?

Cuaderno de actividades, p. 133, Act. 1

1 ¿Comprendes la fotonovela?

1. ¿Cómo conoce Takashi a Ignacio?
2. ¿En qué deporte participó durante su visita? ¿Qué deporte quiere aprender?
3. ¿Cómo es el zoológico de San Diego?
4. ¿Por qué quiere Takashi asistir a la Universidad de California en San Diego?
5. ¿A quién conoció durante su visita a la universidad?
6. ¿Quién llega a su casa? ¿Cómo reacciona Takashi?

2 ¿Qué dice Takashi?

¿Qué dice Takashi en su carta sobre los siguientes temas?

1. el Parque de Mission Bay
2. la ciudad de San Diego
3. lo que hicieron él e Ignacio el viernes
4. el zoológico de San Diego
5. sus planes para el futuro
6. la chica que conoció

3 Comentarios

¿A qué o a quién se refiere cada una de estas oraciones?

1. Era su amigo en el colegio.
2. Le interesa el francés, el español, el japonés...
3. Es muy linda e interesante.
4. Es el parque más grande de San Diego.
5. Tiene una gran variedad de animales.
6. Sus programas de idiomas parecen buenos.

4 No sé si te entendí.

¿Qué diría Takashi para corregir las impresiones falsas que tienen sus amigos sobre su viaje a San Diego?

1. El zoológico tiene animales de todas partes de los Estados Unidos, ¿verdad?
2. Takashi, conociste a Ignacio en México, ¿no?
3. San Diego es muy seco, así que no puedes practicar los deportes acuáticos allí, ¿verdad?
4. Entonces, Takashi, ¿decidiste estudiar zoología?
5. Quieres aprender a montar a caballo, ¿no?

5 ¿Y tu ciudad?

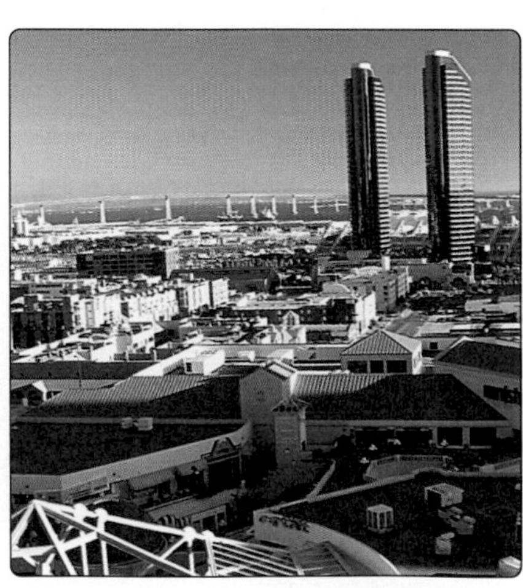

Ahora te toca hablar de tu propia ciudad. Completa las siguientes expresiones de una manera original. Puedes cambiar las frases al negativo si prefieres.

1. Hay un montón de lugares...
2. Es una ciudad/un pueblo...
3. El sábado pasado visité...
4. El mejor sitio para comer es...
5. Se puede nadar en...
6. La gente de aquí es...
7. Te va a gustar mucho...
8. El paisaje es...

Primer paso

Objectives Exchanging the latest news; talking about where you went and what you did; telling when something happened

WV3 CALIFORNIA-12

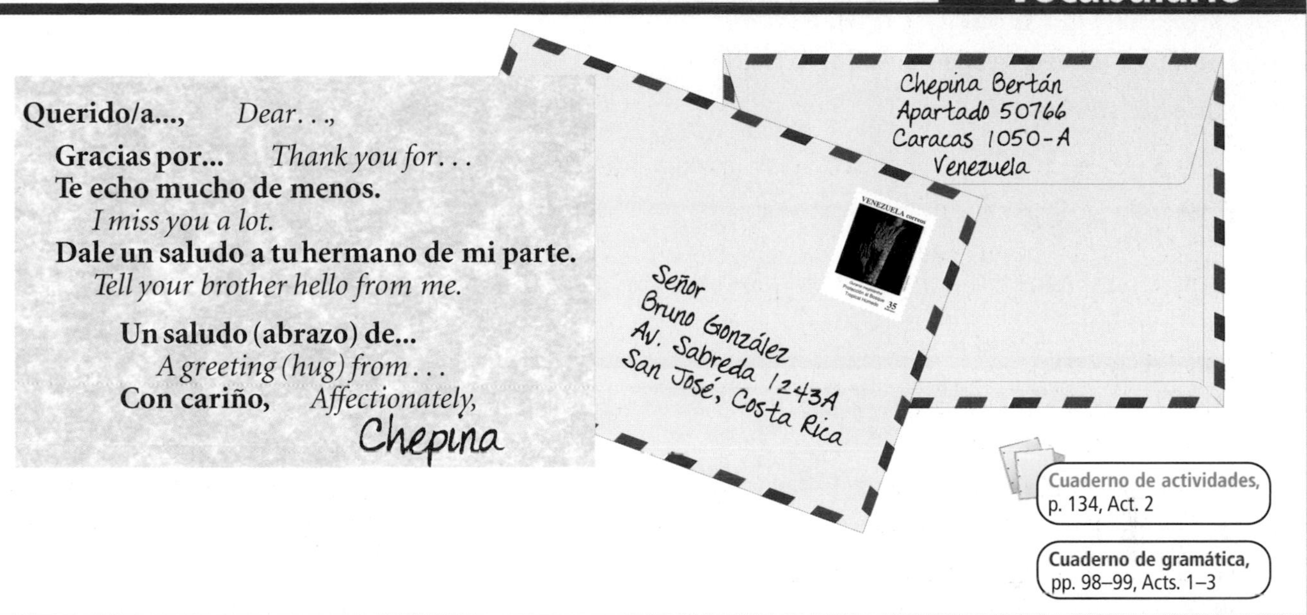

Querido/a..., Dear...,
Gracias por... Thank you for...
Te echo mucho de menos. I miss you a lot.
Dale un saludo a tu hermano de mi parte. Tell your brother hello from me.
Un saludo (abrazo) de... A greeting (hug) from...
Con cariño, Affectionately,
Chepina
Chepina Bertán
Apartado 50766
Caracas 1050-A
Venezuela
VENEZUELA correos
35
Señor
Bruno González
Av. Sabreda 1243A
San José, Costa Rica
Cuaderno de actividades, p. 134, Act. 2
Cuaderno de gramática, pp. 98–99, Acts. 1–3

Así se dice

Exchanging the latest news

To find out the latest news, ask:

¿Sabes si Silvia rompió con Rogelio?

¿Qué noticias tienes de Juan?

¿Sigues trabajando en la biblioteca?
Are you still working in the library?

To tell someone the latest news, say:

¿Ya sabías que Pablo se va a casar?

No lo vas a creer, pero una amiga me invitó a Bolivia.

CD-ROM 3 DVD 2

6 Una carta de Ignacio

Leamos/Escribamos Completa esta carta que Ignacio escribió con frases de **Así se dice** y del **Vocabulario**.

7 Querido Ignacio

Escribamos ¿Cómo contestaría *(would answer)* Chepina la carta de Ignacio en la Actividad 6? Usa las expresiones nuevas para escribirle una carta a Ignacio.

__1__ Chepina:

Gracias __2__ tu carta. ¿Cómo te va? ¿__3__ Takashi me visitó aquí en San Diego? Lo pasamos de maravilla.

Oye Chepina, te __4__ mucho de menos. Pero nos vamos a ver pronto, ¿verdad?

Bueno, sin más por el momento. Dales un __5__ a todos. También un saludo a tus papás de mi __6__ .

Con __7__,

Ignacio

Así se dice

Talking about where you went and what you did

CD-ROM 3 DVD 2

To find out where a friend went and what he or she did, you could ask:

¿Adónde fuiste el verano pasado?

¿Qué hiciste?

To answer, you might say:

Fui **a la costa.** *. . . to the coast.*

No hice nada.

Bueno, **me hice amigo de** un ecuatoriano. *. . . I became friends with . . .*

Más práctica gramatical, p. 364, Act. 1

Vocabulario

CD-ROM 3 DVD 2

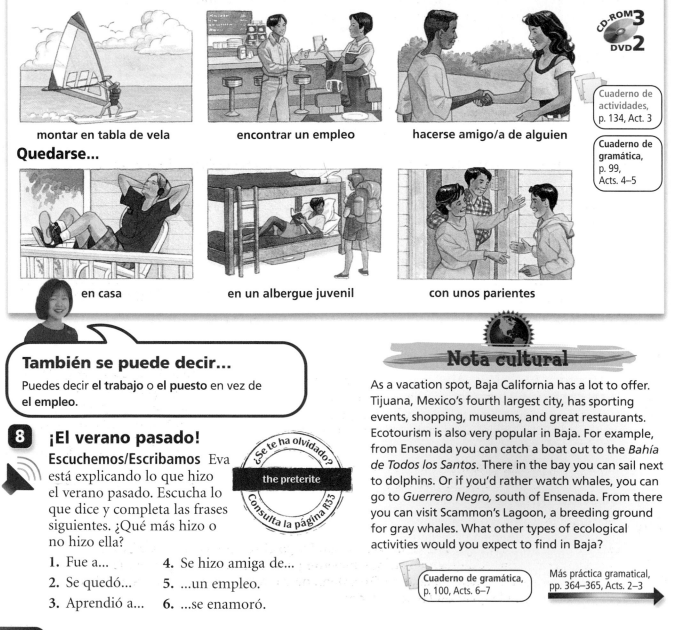

montar en tabla de vela

encontrar un empleo

hacerse amigo/a de alguien

Cuaderno de actividades, p. 134, Act. 3

Cuaderno de gramática, p. 99, Acts. 4–5

Quedarse...

en casa

en un albergue juvenil

con unos parientes

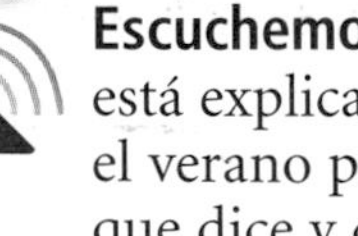

También se puede decir...

Puedes decir **el trabajo** o **el puesto** en vez de **el empleo.**

8 ¡El verano pasado!

Escuchemos/Escribamos Eva está explicando lo que hizo el verano pasado. Escucha lo que dice y completa las frases siguientes. ¿Qué más hizo o no hizo ella?

¿Se te ha olvidado?
the preterite
Consulta la página R33

1. Fue a...
2. Se quedó...
3. Aprendió a...
4. Se hizo amiga de...
5. ...un empleo.
6. ...se enamoró.

Nota cultural

As a vacation spot, Baja California has a lot to offer. Tijuana, Mexico's fourth largest city, has sporting events, shopping, museums, and great restaurants. Ecotourism is also very popular in Baja. For example, from Ensenada you can catch a boat out to the *Bahía de Todos los Santos*. There in the bay you can sail next to dolphins. Or if you'd rather watch whales, you can go to *Guerrero Negro,* south of Ensenada. From there you can visit Scammon's Lagoon, a breeding ground for gray whales. What other types of ecological activities would you expect to find in Baja?

Cuaderno de gramática, p. 100, Acts. 6–7

Más práctica gramatical, pp. 364–365, Acts. 2–3

9 El verano pasado

Hablemos Tu compañero/a te pregunta lo que hiciste el verano pasado. Explica lo que hiciste con frases del **Vocabulario** y **Así se dice** en la página 352.

MODELO **—¿Adónde fuiste el verano pasado?**
—Fui a Puerto Rico.
—¿Qué hiciste?
—Asistí a un festival en Ponce.

1. Texas / quedarse con unos parientes
2. Hawaii / montar en tabla de vela
3. ninguna parte / hacerse amigo/a de Gloria
4. la fábrica de mi padre / encontrar un empleo
5. Europa / quedarse en un albergue juvenil
6. ningún lugar / quedarse en casa

10 Correspondencia entre amigos

Escribamos Imagínate que eres una persona famosa. Escribe una carta a otra persona famosa y pregúntale lo que hizo el verano pasado. Ahora intercambia *(exchange)* cartas con otra persona. Contesta la carta que recibiste.

Así se dice

Telling when something happened

To tell when something happened, you could say:

El viernes pasado nos quedamos en un albergue juvenil.

Pero **al día siguiente** dormimos en un hotel.
. . . the next day . . .

Y **el día anterior** dormimos en una tienda de camping.
. . . the day before . . .

Dos días después nos fuimos para Los Ángeles.

En mayo pasé **una semana entera** en San Diego.
. . . a whole week . . .

Cuaderno de actividades, p. 136, Act. 6

11 El viaje de Matilde

A. Leamos/Escuchemos Mira la lista de actividades que Matilde hizo cuando fue de vacaciones a San Diego. Con base en lo que ella dice, pon las actividades en orden. Si el viaje de Mati comenzó el 17 de julio, ¿qué día terminó?

B. Escuchemos/Escribamos Ahora escucha de nuevo y escribe lo que dice Matilde.

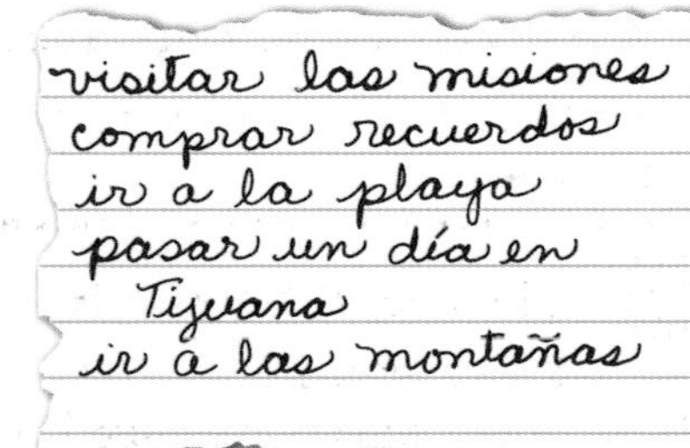

visitar las misiones
comprar recuerdos
ir a la playa
pasar un día en Tijuana
ir a las montañas

12 ¡Qué viaje!

Escribamos Imagínate que hiciste un viaje a San Diego el verano pasado. Escribe un párrafo que describe con quién fuiste, qué hicieron y qué vieron. Escoge por lo menos dos de las atracciones mencionadas en **De antemano** y usa las expresiones de **Así se dice** para explicar cuándo hicieron las actividades.

¿Qué y cuándo?

Hablemos Mira las fechas apuntadas para cada foto. Con las siguientes frases haz preguntas a tu compañero/a sobre el orden en que hicieron estas actividades con sus amigos. Tu compañero/a va a contestar tus preguntas.

MODELO **—¿Qué hiciste el primer día?**
—El 18 fui a...

al día siguiente	(dos, tres...) días después	el primer día	el día anterior	entero/a

el 18

el 19

el 20

el 21

el 24

del 25 al 27

¿Te acuerdas del verano pasado?

Hablemos ¿Te acuerdas de lo que hiciste el verano pasado? ¿Te quedaste en casa, encontraste un empleo o viajaste a alguna parte? Usa expresiones de este **paso** para hacerle preguntas a tu compañero/a sobre lo que hizo. Prepárate para contestar preguntas de la clase sobre lo que hizo tu compañero/a.

15 ¡Qué chisme!

Hablemos/Escribamos Trabaja con dos compañeros—una persona será responsable de tomar apuntes, otra de corregir el trabajo y otra de presentar el trabajo en voz alta a la clase. Escojan uno de los siguientes temas y escriban un mínimo de diez frases.

1. Dos personas famosas pasaron una semana entera en un balneario *(resort)* exclusivo. Escriban una columna de noticias sociales sobre lo que hicieron cada día.
2. Roberto y Ana se conocieron y se enamoraron—en una semana. Cuenten la historia de ese amor: dónde se conocieron, qué les pareció el uno al otro la primera vez que salieron, cuántas veces salieron durante la semana y adónde fueron.

¿Cómo celebran el fin de cursos?

In this chapter, we asked some Spanish-speaking people how they celebrate their graduation. How would you answer this question?

Sergio
Miami, Florida

"Al momento que terminan de hacer ese bachillerato, van a cenar con sus padres, salen a cenar o a bailar o a almorzar, porque por lo general termina... alrededor del mediodía... Pero anteriormente se van a lo que le dicen 'grad night', que es un viaje que le dan a Orlando a ir a Disney World®... allí pasan toda la noche... oyendo música y subiéndose a los... paseos".

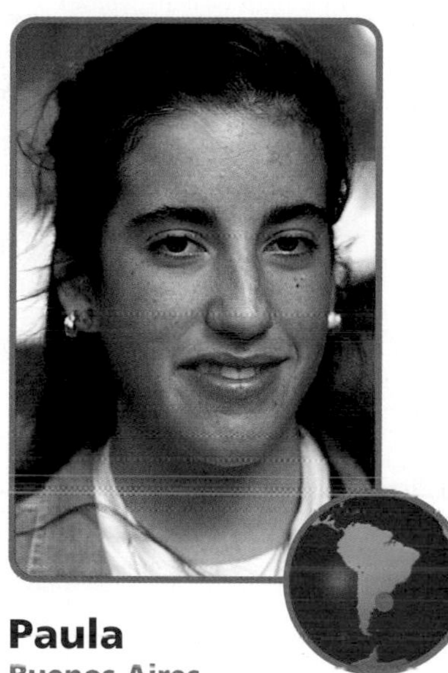

Paula
Buenos Aires, Argentina

"Tenemos una despedida... y hasta los profesores, por ejemplo, nos hacen una obra de teatro o algo lindo para que nos llevemos nosotros de recuerdo..."

Edson
Caracas, Venezuela

"Una fiesta con música, bailes, comidas, juegos... Cuando le van a dar el diploma, le dicen unas palabras y entonces uno le... agradece a los profesores por haberle enseñado... y entonces le entregan el diploma, saluda a los profesores, al que se lo entrega".

Para pensar y hablar...

A. ¿Quién o quiénes mencionan una cena? ¿un almuerzo? ¿un baile? ¿una fiesta? ¿un parque de atracciones? ¿Cuál de las actividades mencionadas te parece más divertida? Explica.

B. If you were describing high school graduation customs in the United States, what activities might you describe that are not mentioned by the interviewees?

Cuaderno para hispanohablantes, pp. 59–60

Cuaderno de actividades, p. 144, Act. 18

Segundo paso

Objectives Saying how you feel about people; describing places

WV3 CALIFORNIA-12

¡Nos llevamos muy bien!

Marta, México

¿Quién es tu mejor amiga y por qué?

Pues, se llama Claudia y... pues porque es muy buena amiga, me llevo muy bien con ella.

Enrique, México

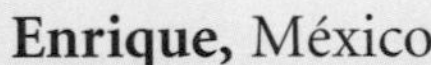

¿Y éste aquí es un amigo tuyo?

Sí.

¿Cómo se llama?

Efrén.

¿Y cómo es él?

Pues sincero... Es, este... buena onda. Y me cae bien.

Casandra y Carmen, Puerto Rico

¿Quién es tu mejor amiga, Casandra?

Bueno, son muchas, pero la que más aprecio es ella. Ella es sencilla, amable y muy cariñosa.

Y tú, Carmen, ¿te consideras buena amiga también y por qué?

Sí, porque... nosotras hacemos las cosas juntas, nos llevamos mucho y, este, [si] tenemos problemas, ayudamos... tratamos de ayudar a las personas juntas.

16 Falsas impresiones

Leamos/Escribamos Corrige estas oraciones según las entrevistas.

1. Efrén no le cae bien a Enrique.
2. La amiga de Carmen nunca hace nada con ella.
3. Marta y Claudia no se llevan muy bien.
4. La amiga de Casandra es desagradable.

A lo nuestro

If someone is "a great guy" in Mexico, you can say **es un tipazo**, or **es un gran tipo**. For both males and females, you can say **es buena onda** or **es buena gente**. About someone you can't get along with, you can say **me cae gordo** or **me cae fatal**.

Así se dice

Saying how you feel about people

Más práctica gramatical, p. 365, Act. 4

Cuaderno de actividades, pp. 137–139, Acts. 7–10

To express how you feel about people, you might say:

Me cae muy bien tu amigo.
I really like . . .

Me cayó mal ese tipo.
I didn't like . . .

María es **muy buena gente**.
. . . really nice.

Me llevo muy bien con él.
I get along very well with him.

17 Primeras impresiones

Escuchemos Escucha mientras Yasmín describe a unas personas que conoció en un viaje reciente. Decide si cada persona **le cayó bien** o **mal**.

la directora del colegio | el señor Montemayor | el vecino de Consuelo | Guadalupe | los padres de Consuelo

Vocabulario extra

gracioso/a	*funny, witty*
maleducado/a	*rude, ill-mannered*
sensible	*sensitive*
terco/a	*stubborn*

18 Sin pelos en la lengua *Without mincing words*

Escribamos/Hablemos Haz una lista de personas famosas y tu compañero/a va a hacer otra. Después expresa tu impresión de las personas en la lista de tu compañero/a, y viceversa.

MODELO —**Tab Ramos me cae bien porque no es egoísta. Siempre piensa en el equipo.**

CD-ROM 3 DVD 2

19 ¿Cómo eran hace diez años?

Escribamos Ana saca fotos de sus parientes en Tucsón cada vez que los visita. Mira las fotos que sacó hace diez años *(ten years ago)*. Describe cómo era cada persona, qué le gustaba y qué hacía. Puedes usar los verbos indicados, o puedes usar tu imaginación y pensar en otros.

¿Se te ha olvidado?
the imperfect
Consulta la página 196

Más práctica gramatical, p. 366, Act. 5

Cuaderno de gramática, p. 101, Acts. 8–9

mi abuela / cuidar

mi tío / jugar

mi prima / tener

mi primo / construir

Así se dice

Describing places

To describe a place, you might say:

Quedé muy impresionado/a con San Diego.
I thought . . . was great.

Me pareció lindísima la ciudad.

Está rodeada de colinas.
It's surrounded by hills.

El clima es muy seco y hace bastante calor.
The climate is very dry and it's quite hot.

Cuaderno de actividades, p. 139, Act. 11

Más práctica gramatical, p. 366, Act. 6

20 Paisajes

Escuchemos Escucha mientras varias personas describen los lugares donde viven. Decide qué foto corresponde a cada descripción.

Vocabulario extra

la colina	*hill*	**los llanos**	*the plains*
el desierto	*desert*	**el pueblo**	*small town*

a. Ecuador

b. Texas

c. Puerto Rico

d. España

21 ¿Adónde fuiste?

Hablemos Júntate con dos o tres compañeros para hacer el juego de diez preguntas. Una persona escoge un lugar y los otros tratan de identificarlo con diez preguntas o menos.

¿Cómo era el clima?

¿Está rodeado de colinas?

¿Está cerca de un desierto?

¿Hay montañas?

¿Qué hiciste allí?

¿Cómo te cayeron las personas?

22 En aquel entonces

Hablemos Entrevista a tu compañero/a sobre su vida cuando tenía diez años. Averigua dónde vivía, si era rancho, pueblo o ciudad, y cómo era el lugar. Luego contesta las mismas preguntas de tu compañero/a.

23 Mi compañero/a

Escribamos Escribe un resumen *(summary)* de lo que tu compañero/a dijo en la Actividad 22. Escribe también una conclusión que dice si te gustaría ir al lugar donde él o ella vivía y por qué.

Tercer paso

Objective Saying when you're going to do something

WV3 CALFORNIA-12

Ana acaba de hacer una visita al rancho de sus abuelos en Parral, Chihuahua. Ahora está hablando con sus amigos antes de salir del rancho para decirles sus planes.

Sí, sí, la semana que viene voy a estar en Tucsón. Salgo mañana.

Sí, después de visitar a mis tíos, todos vamos al Gran Cañón.

Hombre, lo pasé de película aquí. ¿Y sabes? Espero volver el año que viene.

No, dentro de dos semanas pensamos volver a San Diego.

¡Ay, qué lástima!, no puedo. Cuando vuelva a casa tengo que prepararme para las clases. ¡Pero gracias!

24 ¿Comprendes?

Leamos/Escribamos Contesta las preguntas según la conversación de Ana.

1. ¿Dónde va a estar la semana que viene?
2. ¿A quiénes va a visitar allí?
3. ¿Adónde van después y cuándo vuelven a San Diego?
4. ¿Cómo estuvo el verano en Chihuahua?
5. ¿Cuándo se va Ana?
6. ¿Qué piensa hacer Ana cuando vuelva a casa?

25 La otra parte

Leamos/Hablemos Júntate con un compañero o una compañera para recrear *(re-create)* la otra mitad de la conversación de Ana. Vuelvan a leer las respuestas de Ana para saber cómo formar estas preguntas.

1. ¿entonces/estar/Tucsón?
2. ¿ir a/visitar/lugares/cerca de Tucsón?
3. ¿ustedes/quedarse/un mes entero?
4. ¿cómo/pasarlo/en Parral?
5. ¿por qué no/ir con nosotros/a Nuevo México/agosto?

Nota cultural

What does the term "class trip" mean to you? In Spain, it translates as **viaje de curso**, but instead of seniors it is third-year students who do the traveling. At the end of every school year (the end of June) the junior class takes a two-week trip to another part of Spain or to another European country. The excursion is an educational as well as a vacation trip.

Así se dice

Saying when you're going to do something

To say when you're going to do something, use these expressions:

La semana **que viene** pensamos ir a Santa Bárbara. *Next . . .*

Voy a acabar este libro **para fines de** agosto. *. . . by the end of . . .*

Pronto vamos a salir para Baja California. *Soon . . .*

Algún día quiero ver el Gran Cañón.

Vamos a estar en el Parque de Yosémite **dentro de** un mes. *. . . within . . .*

Cuando vuelva a casa, te llamo, ¿está bien? *When I get back (to). . .*

Sí, pero llama **inmediatamente**, ¿eh?

Cuaderno de actividades, pp. 140, 142, Acts. 12,16

Cuaderno de gramática, p. 104, Acts. 15–16

Vocabulario

Cuaderno de actividades, pp. 140–141, Acts. 13–15

Cuaderno de gramática, p. 106, Acts. 20–21

Nota gramatical

In the phrase **cuando vuelva a casa, vuelva** is in a form called the subjunctive mood. The subjunctive is common in Spanish, and your Spanish will sound more "native" when you use it properly. You'll learn about it next year. For now, you can memorize these few expressions commonly used when talking about events in the indefinite future.

Más práctica gramatical, p. 367, Act. 7

26 Carmiña conversa

Escuchemos/Escribamos Escucha la conversación de Carmiña mientras cuenta lo que tiene planeado para el mes de agosto. Escribe cuándo va a hacer cada actividad.

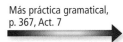

1. volver a la Florida
2. ir a la playa
3. contarles todo a sus amigos
4. tomar una clase de buceo
5. prepararse para volver a clases

a. cuando tenga dinero
b. mañana
c. cuando llegue Gloria
d. el mes que viene
e. para fines de agosto

Cuaderno de gramática, p. 105, Acts. 17–19

27 Gramática en contexto

Hablemos/Escribamos Imagínate que estás en camino a casa después de un viaje o después del colegio. Con un/a compañero/a hablen de lo que van a hacer. Cada uno debe tomar apuntes para poder contar después lo que va a hacer su compañero/a.

MODELO **Cuando vuelva a casa, voy a llamar a mis amigos para saber qué pasa.**

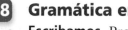

28 Gramática en contexto

Escribamos Probablemente tu año escolar va a terminar pronto. Mira los dibujos y decide cuándo tú crees que vas a hacer estas actividades u otras similares. Usa las expresiones que aprendiste en **Así se dice** y **Vocabulario** en la página 360.

MODELO **Cuando terminen las clases, voy a salir de viaje inmediatamente.**

29 Del colegio al trabajo

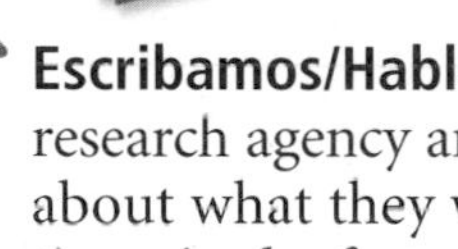

Escribamos/Hablemos You work for a marketing research agency and your job is to poll people about what they want to do or see at different times in the future. Develop a poll using the time frames below and interview at least two classmates. Report the results of your poll to the class.

MODELO **—¿Qué quieres hacer el año que viene?**
—El año que viene pienso...

1. para fines del verano
2. inmediatamente
3. pronto
4. cuando tengas un buen empleo
5. el año que viene
6. antes de tener 25 años
7. algún día

You spend a whole year learning Spanish. Then comes summertime, and it seems that you forget everything you learned! This doesn't have to happen, though. You can keep up your Spanish by watching Spanish-language shows on TV, by talking with Spanish-speaking people in your community, by reading magazines or stories in Spanish, or by browsing the World Wide Web. Ask your teacher where you might find interesting things to read and what your school rules are for using the Internet. And remember . . . knowing another language is a valuable asset, and you've already come a long way. Keep up your Spanish!

30 En mi cuaderno

Escribamos Imagínate que estás en el avión al final de unas vacaciones ideales en tu lugar favorito. En dos párrafos breves describe los lugares que visitaste y por lo menos una persona a quien conociste. Luego escribe otro párrafo sobre cinco cosas que quieres hacer cuando vuelvas a casa. ¿Quieres comer algo especial? ¿hablar con tus padres? ¿llamar a los amigos? Explica también cuándo piensas hacer estas cosas.

Vamos a leer

El qué dirán

This folktale is retold by Miguel Méndez, a well-known Hispanic American writer from New Mexico.

Estrategia para leer

Predicting what will happen in a story is a helpful, easy-to-use strategy. To make predictions while you read, pause after each main idea to think about what you have just read and about what might happen next.

¡A comenzar!

Like many folktales, "Historia de un campesino y su hijo" has a moral. In this case, it has to do with the value of public opinion, or **el qué dirán**. Have you heard or read a story in English that has a moral?

¿Te acuerdas?

Use context to figure out meaning. Rely on the words and sentences around the unknown phrase.

A. Before you read the selection in depth, be sure you can understand the following phrases, which are underlined in the text. Use their context to help you.

1. iremos en el burro
2. decidieron subirse
3. se bajaron
4. en vez de ir montados en el burro

Al grano

B. Now read each numbered section and answer the questions that follow. They will guide you as you use the strategy of predicting.

Historia de un campesino y su hijo

por Miguel Méndez

1 Ésta era una familia que vivía en el campo. Un día, el padre le dijo al hijo:

— Vamos al pueblo grande a comprar mandado.

— Sí, papá.

— <u>Iremos en el burro</u>. Hace demasiado calor para ir a pie.

2 Pues sí, salieron rumbo al pueblo grande. Como el papá estaba algo viejo iba montado en el burro, mientras que el jovencito iba a pie. Al pasar por un pueblito vieron que dos viejos y cuatro viejas los señalaban enojados.

— ¡Qué papá tan malo! Fíjense compadres y comadritas, el hombrón montadote en el burro y el pobre muchachito a pie, como los gatos.

3 Cuando el papá oyó esto, dijo:

— Móntate tú, mi'jito, yo iré andando.

Así lo hicieron. Al pasar frente a otra aldea vieron que una vieja con mucho cabello sin peinar y cuerpo de cono se paró con los brazos en jarras y empezó a vociferar.

— ¡Qué hijo tan remalo! Válgame el Señor. Él arriba del burro como un emperador y el pobre padre con la lengua de corbata.

4 Al oír a la vieja <u>decidieron subirse</u> los dos al burro. Al pasar por otro pueblito oyeron a un viejo barbón que arrastraba una pierna al caminar, que decía:

— Qué va, apenas se puede creer, qué desalmados esos dos. Van montados en ese burro flaco con lo gordos que están. ¡Qué abusones!

5 El papá y el hijo <u>se bajaron</u> colorados de vergüenza y caminaron a pie seguidos del burro. Al entrar al pueblo donde comprarían alimentos, notaron que una docena de personas se morían de la risa, señalándolos.

— Mira, tú, ¿quién sería más burro de esos tres? Ahí va ese par de tontos sudando la gota gorda <u>en vez de ir montados en el burro</u>, muy a gusto.

6 Entonces el papá le dijo al hijo:

— Haz siempre lo que creas que está bien hecho, mi'jito, aunque te critiquen. Ya te diste cuenta que a la gente nunca se le da gusto.

1. **a.** What kinds of people and places do you think they'll pass along the way?
   b. Who will ride on the donkey, one or both of them?
2. **a.** Do you agree with what the old people yelled?
   b. What do you think the father will do in response?
3. **a.** Do you agree that the father should ride?
   b. What do you think the father and son will do now?
4. **a.** Do you agree that two people riding a donkey may constitute animal abuse?
   b. What one option have the father and son not tried yet?
5. **a.** Of the four possible ways the father and son rode (or walked), which do you think was the most sensible?
   b. What do you think is the moral of this story?
6. **a.** Did the father put his advice into practice on the trip?
   b. Think of an experience or situation in your own life that illustrates the truth of the story's last sentence.

C. En parejas, piensen en otros títulos para este cuento. Escojan por lo menos tres títulos que expresen el tema o la moraleja del cuento (pueden ser dichos o refranes apropiados).

D. Trabajen en un grupo de tres o cuatro compañeros para escribir un cuento similar a éste. Asegúrense que su cuento ilustre una moraleja.

Cuaderno para hispanohablantes, pp. 56–58

Cuaderno de actividades, p. 143, Act. 17

Más práctica gramatical

Primer paso

Objectives Exchanging the latest news; talking about where you went and what you did; telling when something happened

1 Completa el correo electrónico que Chela le mandó a su abuela con la frase más apropiada. Usa cada frase sólo una vez. (**pp. 351, 352**)

Querida · me hice amiga · gracias por · Con cariño · dale un saludo · Los echo mucho de menos · un abrazo de · El primer día · No lo vas a creer

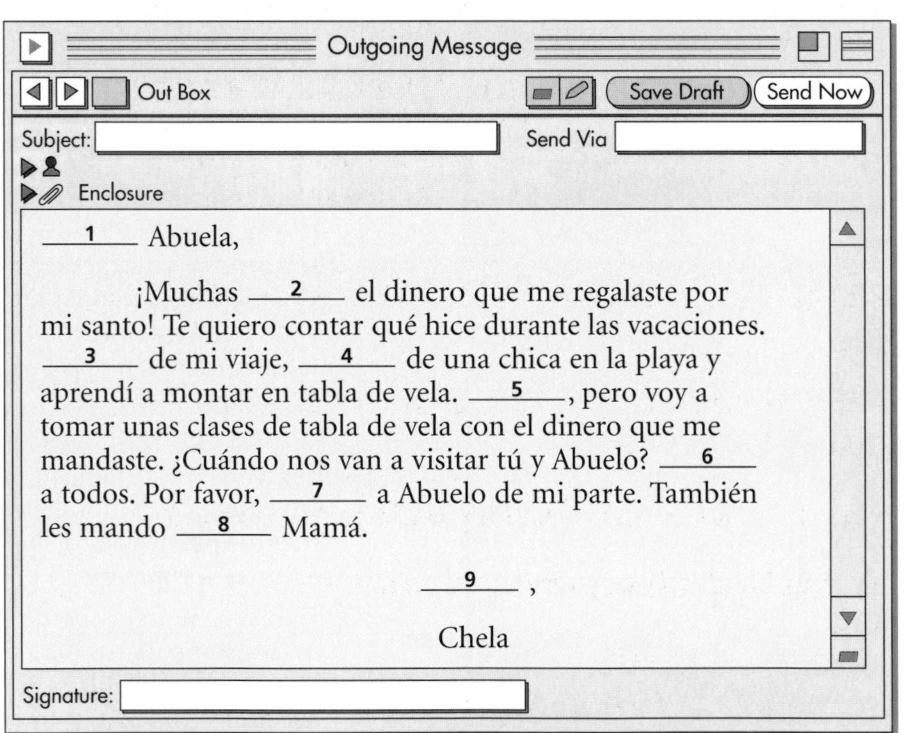

__1__ Abuela,

¡Muchas __2__ el dinero que me regalaste por mi santo! Te quiero contar qué hice durante las vacaciones. __3__ de mi viaje, __4__ de una chica en la playa y aprendí a montar en tabla de vela. __5__, pero voy a tomar unas clases de tabla de vela con el dinero que me mandaste. ¿Cuándo nos van a visitar tú y Abuelo? __6__ a todos. Por favor, __7__ a Abuelo de mi parte. También les mando __8__ Mamá.

__9__,

Chela

2 Es el primer día de clases y algunos amigos están hablando de lo que hicieron durante las vacaciones de verano. Usa el pretérito de los verbos entre paréntesis para completar la conversación. (**p. 352**)

ADELA ¿Qué tal las vacaciones? Miriam, ¿adónde __1__ (ir) tú?

MIRIAM Pues, __2__ (ir) a visitar a unos parientes que viven en la costa. Nosotros __3__ (pasar) mucho tiempo en la playa. __4__ (Montar) en tabla de vela casi todos los días.

MATILDE ¡Qué divertido! Mi hermana ___5___ (aprender) a montar en tabla de vela este verano también. Y yo ___6___ (tomar) unas clases de esquí acuático. Y tú, Efrén, ¿qué ___7___ (hacer)?

EFRÉN ¡No ___8___ (hacer) nada interesante! ___9___ (Buscar) un trabajo, pero no ___10___ (encontrar) ninguno. ¿Y tú, Sergio?

SERGIO Pues, no ___11___ (poder) encontrar trabajo tampoco. Pero mis hermanos y yo ___12___ (hacer) camping por dos semanas enteras. ___13___ (Visitar) dos parques nacionales y ___14___ (quedarse) en unos albergues juveniles.

3 José Luis le está contando a Carmen cómo sus amigos pasaron sus vacaciones de verano. Combina los comentarios y preguntas de José Luis con las reacciones de Carmen. (**p. 352**)

José Luis	Carmen
1. Julio se quedó en casa.	**a.** Sí, y ahora son amigas inseparables.
2. Gabriela se hizo amiga de la estudiante nueva.	**b.** Creo que sigue trabajando en la oficina de su tío.
3. Sara se quedó en un albergue juvenil en su viaje.	**c.** ¡Pobre! Seguramente se sintió muy solitario.
4. Rafael y Rosa María se conocieron y dos días después se enamoraron.	**d.** Sí, ella dijo que los hoteles costaban demasiado.
5. ¿Qué noticias tienes de Manolo?	**e.** Parece que se divirtió mucho con sus tíos y primos.
6. Alonso pasó sus vacaciones con unos parientes.	**f.** ¡No me digas! Entonces, ¿cuándo rompió ella con Édgar?

Segundo paso

Objectives Saying how you feel about people; describing places

4 Lee lo que dice Raquel de diferentes personas y completa sus opiniones con la palabra o frase correcta. (**p. 356**)

MODELO **Los padres de mi amiga Gloria son muy estrictos. Ella no puede salir mucho.**
Me caen (muy bien/<u>mal</u>) los padres de Gloria.

1. ¡Qué amable es Juanita!
   Juanita es (muy buena onda/maleducada).
2. Héctor es un gran tipo, ¿verdad? Siempre cuenta chistes y hace cosas divertidas.
   Héctor es un chico muy (sensible/gracioso).
3. ¡Uf! Creo que el nuevo estudiante es maleducado. También es un metiche.
   El nuevo estudiante (me cae gordo/es buena gente).
4. ¡Ese Mauricio es tan egoísta! Nunca quiere aceptar las ideas de sus amigos.
   Mauricio es muy (sencillo/terco).
5. Me hice amiga de Laura el año pasado. Es mi mejor amiga, y pasamos mucho tiempo juntas. (Me llevo muy bien con/Me molesta) Laura.
6. Conocí a una chica muy simpática en la fiesta. Se llama Olivia.
   Me cayó (pesado/muy bien) Olivia.

Más práctica gramatical

WV3 CALIFORNIA-12

5 La abuela de Alicia le está contando lo que ella hacía cuando era niña. Para completar la descripción, cambia los verbos entre paréntesis al imperfecto. (**p. 357**)

Cuando yo era chiquilla, __1__ (vivir) en San Diego. En aquel entonces, la ciudad no __2__ (ser) tan grande como ahora. Durante las vacaciones, yo __3__ (jugar) con mis amigos o __4__ (trepar) a los árboles detrás de nuestra casa. Nosotros no __5__ (tener) televisión, pero __6__ (escuchar) la radio todos los días. ¡Nunca __7__ (estar) aburridos! Mi hermano y yo __8__ (ir) al cine todos los sábados. A mí me __9__ (encantar) las películas de amor. También durante los veranos, nosotros siempre __10__ (ir) a la playa a pasar unas semanas con los primos. Nosotros __11__ (divertirse) muchísimo en la playa. __12__ (Nadar) todos los días y __13__ (almorzar) en la playa. Por las noches, mi tío Rubén __14__ (contar) cuentos de fantasmas. Él __15__ (tener) mucha imaginación y yo siempre __16__ (asustarse) al escuchar sus cuentos. ¡Qué bien lo pasábamos todos!

6 Ramón vive en San Francisco y viajó al sur de California el verano pasado. Completa la descripción de lo que él vio allí con las palabras y frases apropiadas. Usa cada frase sólo una vez. (**p. 358**)

desierto | **clima** | **está rodeado de** | **colinas** | **rancho** | **pueblo** | **seco** | **llanos** | **me pareció**

El verano pasado visité el __1__ pequeño donde viven mis tíos en el sur de California. Ellos tienen un __2__ de caballos allí. El lugar __3__ montañas. Quedé impresionado con las diferencias entre las __4__ y los __5__. Por ejemplo, el __6__ es muy diferente en el sur. Casi nunca llueve en el __7__. Hace mucho calor y por lo tanto todo está muy __8__. Me gustó mucho pero __9__ muy diferente de San Francisco.

Tercer paso

Objective Saying when you're going to do something

7 Todos tienen planes para el futuro. Completa las oraciones con la frase que falta. Puedes usar una frase más de una vez, pero debes usar por lo menos cinco frases diferentes. (**p. 360**)

MODELO **_____ después de clases hoy, Carlota tiene que cuidar a su hermano y hacer unos mandados.**
Cuando vuelva a casa después de clases hoy, Carlota tiene que cuidar a su hermano y hacer unos mandados.

Cuando vuelva a casa... | Cuando terminen las clases... | Cuando llegue a España... | Cuando encuentre un empleo... | Cuando vuelva al colegio... | Cuando lleguen sus primos...

1. _____ esta tarde, Natalia tiene que ayudar a preparar la cena.
2. _____ en el otoño, Enrique piensa jugar en los equipos de baloncesto y béisbol.
3. _____ en junio, a Verónica le gustaría viajar a México y visitar a sus abuelos.
4. _____ después de estudiar en la universidad, a Marisa le gustaría comprar una casa grande.
5. Jaime tiene gripe y no puede asistir a clases. _____, va a tener que estudiar mucho.
6. Al señor Cárdenas no le gusta el trabajo que tiene ahora. _____ nuevo, se va a sentir mucho más feliz.
7. _____, Diana va a quedarse con unos parientes en Madrid y visitar otras ciudades.
8. _____ de Venezuela, Lourdes les va a enseñar toda la ciudad y hacer recorridos con ellos.

Repaso

1 Takashi llegó a San Diego el 15 de julio para pasar dos semanas con Ignacio. Escucha mientras describe el viaje para decir cuándo hizo las siguientes actividades.

1. planear las actividades
2. nadar en Mission Bay Park
3. empezar a conocer San Diego
4. volver a San Antonio
5. ir al zoológico
6. visitar la Universidad de California en San Diego
7. ir a la isla de Coronado

2 Consulta las **Notas culturales** y el **Panorama cultural** para responder a las siguientes preguntas.

1. Nombra dos o tres costumbres entre los hispanohablantes para celebrar la graduación del colegio.
2. ¿Qué actividades turísticas puedes hacer en Baja California?
3. En España, ¿quiénes van en el viaje de curso?

3 Acabas de regresar de vacaciones. Visitaste un montón de lugares. Indica tus opiniones de cada uno de éstos. Luego compara tus opiniones con las de tu compañero o compañera, y escojan dos para presentarlas a la clase.

MODELO **Quedé muy impresionado/a con el estado de Hawaii. Me encantaron las playas y los paisajes eran hermosos.**

1. el Gran Cañón del Colorado
2. la ciudad de Miami
3. las montañas de Ecuador
4. el estado de Texas
5. la isla de Puerto Rico
6. el río Amazonas
7. las pirámides de México
8. ¿?

4 Imagínate que eres Calvin. En cinco oraciones describe tus horribles vacaciones y qué vas a hacer cuando vuelvas a casa. Prepárate para presentar tu trabajo a la clase.

5 Vamos a escribir

Write a letter describing your most memorable vacation. Write at least three paragraphs about the funniest, the most exciting, or the most frustrating vacation of your life.

Estrategia para escribir

Peer evaluation is reading and commenting on someone else's writing. It trains you to read critically and helps you see your writing from someone else's point of view.

Preparación

Use a cluster diagram to help you come up with ideas about vacations. Some sub-topics might be *getting ready, destinations, people, activities, surprises (good and bad)*, etc.

Redacción

Using the letter-writing vocabulary on page 351, tell what happened on your vacation, who was there, how you felt—everything you can remember. Be sure to include the date, the person you're writing to, and some personal comments.

Evaluación

1. Make two copies of an evaluation page with these questions, leaving space for comments: 1) Do I have any unanswered questions about the vacation? 2) Are ideas and details arranged in the best possible order? 3) Are the connections between ideas and sentences clear? 4) What is this letter's greatest strength? 5) What could make the letter stronger?
2. In groups of three, exchange letters and carefully read those of the other group members. Write a separate evaluation for each, making specific comments and suggestions. Read over the other members' evaluations and discuss their comments.
3. Make changes based on the best of your partners' suggestions. Proofread for spelling and punctuation errors, and then write and share your final draft.

Situación

A. Acabas de volver de unas vacaciones fenomenales y un amigo o una amiga pasa a recogerte al aeropuerto. Tú le cuentas todo lo que hiciste y viste y describes los lugares que visitaste. Tu amigo/a quiere contarte todas las noticias de tu pueblo o ciudad.

B. Formen un grupo de tres o cuatro personas para hablar de los planes que tienen para el verano. Usen **esperar, pensar** o **ir** y expliquen cuándo van a hacer cada cosa. Tomen apuntes para poder informar a la clase de lo que tienen planeado.

Cuaderno para hispanohablantes, p. 59

A ver si puedo...

WV3 CALIFORNIA-12

Can you exchange the latest news? p. 351

1 If you were writing a personal letter, how would you . . .?

1. greet your friend
2. ask for some news about him or her
3. tell your friend the latest news
4. send greetings to your friend's family
5. close your letter

Can you talk about where you went and what you did? p. 352

2 Work with a partner and take turns interviewing each other. Find out where your partner went and what he or she did on vacation. Then switch roles. If you prefer, you can describe an imaginary vacation.

Can you tell when something happened? p. 353

3 Imagine that you attended a Mexican Day of the Dead celebration last year. Tell your friend about something that happened at the following times.

1. el 1 de noviembre
2. al día siguiente
3. el día anterior
4. dos días después del 2
5. la semana entera

Celebración del Día de los Muertos	
octubre 31	*Mercado*, venta de flores, pan de muerto y recuerdos
noviembre 1	*Teatro de muñecos*, diversión para toda la familia
2	*Recital*, lectura de poemas indígenas de los náhuatl
3	*Desfile*, coches decorados y disfraces
4	*Exhibición de arte*, incluye esculturas de papel maché hechos por artistas locales

Can you say how you feel about people? p. 356

4 Your school paper is putting together a survey on the students' favorite and least favorite people. Say how you feel about . . .

1. your best friend
2. a member of a TV family
3. your next-door neighbors
4. your favorite band
5. a dangerous driver
6. a strict teacher

Can you describe places? p. 358

5 Your best friend just won a free trip for two to anywhere in the world and wants to take you along. Help him or her decide where to go by describing the following places.

1. San Antonio, Texas
2. San Diego, California
3. Ponce, Puerto Rico
4. Seville, Spain
5. Mexico City, Mexico
6. Cuenca, Ecuador

Can you say when you're going to do something? p. 360

6 Say when these people are going to do the activities pictured. Use these expressions and others you know.

antes de
cuando termine
después de
cuando vuelva a
para fines
de pronto

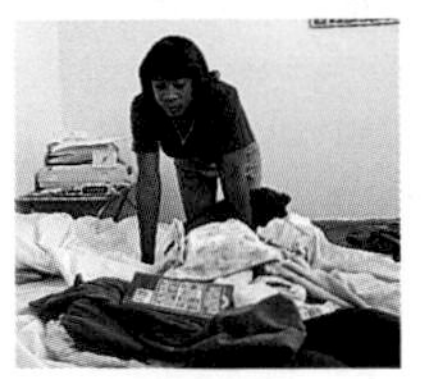

Marisol

Natalia

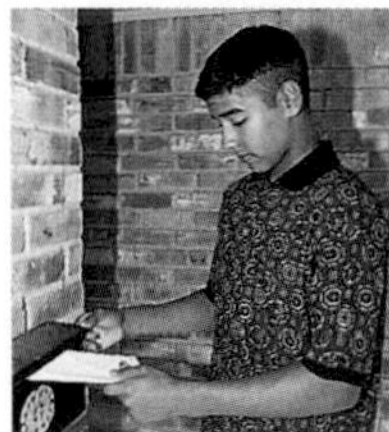

Beto

Vocabulario

Primer paso

Exchanging the latest news

el abrazo	*hug*
el cariño	*affection*
con cariño	*affectionately*
dar un saludo a	*to give one's regards to; to tell someone you said "hello"*
de mi parte	*from me; on my behalf*
echar de menos (a algulen)	*to miss (someone)*
gracias por	*thank you for*
querido/a	*dear*
el saludo	*greeting*
seguir (i)	*to continue*
¿Sigues trabajando?	*Are you still working?*

Talking about where you went and what you did

a la costa	*to the coast*
el albergue juvenil	*youth hostel*
en casa	*at home*
encontrar (ue) un empleo	*to find a job*
hacerse amigo/a de alguien	*to make friends with someone*
montar en tabla de vela	*to go windsurfing*
los parientes	*relatives*
quedarse	*to stay*

Telling when something happened

al... siguiente	*the next (day, year . . .)*
el día anterior	*the day before*
...días después	*(two, three . . .) days later*
entero/a	*entire; whole*

Places around town ***See page R21.***

Segundo paso

Saying how you feel about people

buena gente	*really nice (person)*
Me cae bien/mal...	*I really like/don't like . . .*
Me llevo muy bien con...	*I get along very well with . . .*

Describing people ***See page 10.***

Describing places

el clima	*climate*
lindísimo/a	*really beautiful*
Quedé muy impresionado/a con...	*I thought . . . was great.*
rodeado/a de	*surrounded by*
seco/a	*dry*

Weather expressions ***See pages 50, 289, and R16.***

Tercer paso

Saying when you're going to do something

algún día	*someday*
cuando encuentre un empleo	*when (I) get a job*
cuando llegue...	*when . . . arrives*
cuando tenga más dinero	*when (I) have more money*
cuando terminen las clases	*when classes finish*
cuando vuelva a...	*when (I) get back to . . .*
dentro de...	*within (a day, month, . . .)*
el (la)... que viene	*next (year, week, . . .)*
inmediatamente	*immediately*
para fines de...	*by the end of . . .*
pronto	*soon*

Leisure-time activities ***See pages 110 and R19.***

Reference Section

Summary of Functions

Functions are probably best defined as the ways in which you use a language for particular purposes. When you find yourself in specific situations, such as in a restaurant, in a grocery store, or at a school, you will want to communicate with those around you. In order to do that, you have to "function" in Spanish: you place an order, make a purchase, or talk about your class schedule.

Such functions form the core of this book. They are easily identified by the boxes in each chapter that are labeled **Así se dice**. These functional phrases are the building blocks you need to become a speaker of Spanish. All the other features in the chapter—the grammar, the vocabulary, even the culture notes—are there to support the functions you are learning.

Here is a list of the functions and the Spanish expressions you'll need in order to communicate in a wide range of situations. Following each function is a Roman numeral I or II to indicate Levels 1 or 2, along with the chapter and page where it was introduced.

Socializing

Saying hello
I, Ch. 1, p. 21

Buenos días.
Buenas tardes.
Buenas noches.
Hola.

Saying goodbye
I, Ch. 1, p. 21

Adiós.
Bueno, tengo clase.
Chao.
Hasta luego.
Hasta mañana.
Tengo que irme.

Introducing people and responding to an introduction
I, Ch. 1, p. 22

Me llamo...
Soy...
¿Cómo te llamas?
Éste es mi amigo...
Ésta es mi amiga...
Se llama...
¡Mucho gusto!
Encantado/a.
Igualmente.

Introducing yourself and others
II, Ch. 1, p. 9

Éste es...
Ésta es...
Me llamo...
Se llama...
Soy...
Tengo... años.
Tiene... años.

Asking how someone is and saying how you are
I, Ch. 1, p. 24

¿Cómo estás?
¿Y tú?
¿Qué tal?
Estoy (bastante) bien, gracias.
Yo también.
Estupendo/a.
Excelente.
Regular.
Más o menos.
(Muy) mal.
¡Horrible!

Talking on the telephone
I, Ch. 7, p. 207

Aló.
Diga.
¿Quién habla?
¿Está..., por favor?
¿De parte de quién?
La línea está ocupada.
¿Puedo dejar un recado?
Un momento...
Llamo más tarde.

Extending and accepting invitations
I, Ch. 7, p. 208

¿Te gustaría...?
Sí, me gustaría...
Nos gustan...
¿Quieres...?
Te invito.
¡Claro que sí!

Making plans
I, Ch. 7, p. 212

¿Qué piensas hacer hoy?
Pienso...
¿Piensas...?

II, Ch. 4, p. 111

Pienso...
De acuerdo. Paso por ti...
Si quieres...
Sí, me encantaría.
Mejor...
Muy bien. Entonces quedamos en vernos...

Talking about getting ready
I, Ch. 7, p. 214

¿Estás listo/a?
No, todavía necesito...
No, porque necesito...

Turning down an invitation and explaining why
I, Ch. 7, p. 217

¡Qué lástima!
Ya tengo planes.
Tal vez otro día.
Lo siento, pero no.
Estoy ocupado/a.
Tengo una cita.
Tengo que...
Me gustaría, pero no puedo.
Estoy cansado/a y un poco enfermo/a.

Giving an explanation
II, Ch. 5, p. 143

Bueno, es que... / No me dieron permiso.
Iba a... pero no pude.

Saying why you couldn't do something
II, Ch. 8, p. 230

Quería... pero no pude. Tenía que...
Esperaba... pero no pude.
Pensaba...

Bargaining in a market
II, Ch. 9, p. 269

¿Qué precio tiene...?
¿Cuánto vale...?
¿Me puede rebajar el precio?
¿En cuánto lo deja?
Se lo regalo por 15 dólares pero es mi última oferta.
Aquí no se puede regatear; tenemos precios fijos.
A Ud. se lo doy por 20 dólares.

Exchanging Information

Asking and saying how old someone is
I, Ch. 1, p. 27

¿Cuántos años tienes?
Tengo... años.
¿Cuántos años tiene?
Tiene... años.

Asking where someone is from and saying where you're from
I, Ch. 1, p. 28

¿De dónde eres?
Soy de...
¿De dónde es...?
Es de...

Talking about what you want and need
I, Ch. 2, p. 52

¿Qué quieres?
Quiero...
Quiere...
¿Qué necesitas?
¿Qué necesita?
¿Necesitas...?
Necesito...
Necesita...
Ya tengo...

Describing the contents of your room
I, Ch. 2, p. 57

¿Qué hay en tu cuarto?
(No) tengo... en mi cuarto.
¿Qué hay en el cuarto de...?
Hay... en su cuarto.
¿Tienes...?
¿Qué tiene... en su cuarto?
Tiene... en su cuarto.

Talking about what you need and want to do
I, Ch. 2, p. 60

¿Qué necesitas hacer?
Necesito...
¿Qué necesita hacer...?
Necesita...
¿Qué quieres hacer?
Quiero hacer...
¿Qué quiere hacer...?
No sé, pero no quiero...
Quiere...

Talking about classes and sequencing events
I, Ch. 3, p. 84

¿Qué clases tienes este semestre?
Tengo...
¿Qué clases tienes hoy?
Primero tengo..., después... y luego...
¿Y cuándo tienes un día libre?
Mañana, por fin...

Telling time
I, Ch. 3, p. 85

¿Qué hora es?
Es la una.
Es la una y cuarto.
Es la una y media.
Son las...
Son las... y cuarto.
Son las... y media.
¿Ya son las...?
Es tarde.

Telling at what time something happens
I, Ch. 3, p. 88

¿A qué hora es...?
(Es) a las... de la tarde.
¡Es ahora!
Es a las... en punto.

Talking about being late or in a hurry
I, Ch. 3, p. 90

Estoy atrasado/a.
Está atrasado/a.
Tengo prisa.
¡Date prisa!

Describing people and things
I, Ch. 3, p. 92

¿Cómo es...?
Es...
No es...
¿Cómo son...?
Son...
No son...

I, Ch. 6, p. 178

¿Cómo es...?
Tiene...
¿De qué color es...?
¿De qué color son...?

II, Ch. 1, p. 10

Mido...
Mide...
Tengo ojos de color...
Tiene pelo...

Talking about what you and others do during free time
I, Ch. 4, p. 114

¿Qué haces después de clases?
Antes de regresar a casa...
En el tiempo libre...
¡Descanso!
Toco la guitarra.
Jugamos al...

I, Ch. 4, p. 123

¿Adónde vas? ¿Adónde va...?
Voy a... Va a/al/a la...

II, Ch. 1, p. 15

¿Qué haces los fines de semana? ¿Adónde van?
¿A qué hora salen?

Telling where people and things are

I, Ch. 4, p. 118

¿Dónde estás? ¿No está en...?
Estoy en... No, no está aquí. Está en...

Discussing how often you do things

I, Ch. 5, p. 145

¿Con qué frecuencia...? ¿Todavía...?
Durante la semana...
Todos los días... A veces...
Siempre... Muchas veces...
Nunca... Sólo cuando...

Talking about your daily routine

I, Ch. 5, p. 151

¿Qué haces típicamente durante el día?
¿Qué hace... por la mañana?
¿Qué hacen... por la tarde?
¿Qué hacen... por la noche?

II, Ch. 3, p. 73

¿Cómo es un día típico? Por lo general,...
Normalmente, gasto mucho tiempo en...
¿Cuánto tiempo gastas en...? Sí, siempre.
¿... todos los días? A veces.
Nunca.

Giving today's date

I, Ch. 5, p. 154

¿Cuál es la fecha? Hoy es el primero de...
¿Qué fecha es hoy? Hoy es el... de...
El cuatro de este mes hay...

Talking about the weather

I, Ch. 5, p. 156

¿Qué tiempo hace? Hace muy mal tiempo hoy.
Hace buen tiempo.

Describing a family

I, Ch. 6, p. 174

¿Cuántas personas hay en tu familia? ¿Cómo es tu familia?
Somos cinco. Somos muy unidos.
Hay... en mi familia. Tenemos...

Discussing things a family does together

I, Ch. 6, p. 180

¿Qué hacen ustedes los fines de semana?
¿Hacen ustedes algo durante el verano?

Talking about meals and food

I, Ch. 8, p. 235

¿Qué tomas para el desayuno? No me gusta... para nada.
¿Qué tomas para el almuerzo? Tengo sed. ¿Qué hay para tomar?
A veces tomo... ¿Qué prefieres?

Ordering dinner in a restaurant

I, Ch. 8, p. 246

¿Qué vas a pedir? ¿Qué le puedo traer?
Voy a pedir... Yo quisiera...

II, Ch. 6, p. 172

¿Ya sabe(n) qué va(n) a pedir?
Recomiendo la especialidad de la casa.
¿Qué le(s) traigo de tomar?
¿Qué desea(n) de postre?
¿Se le(s) ofrece algo más?
No. ¿Qué me recomienda?
Está bien, pero no está muy picante, ¿verdad?
Para mí,...
Por favor, me trae...
No, gracias, sólo la cuenta.

Asking for and paying the bill in a restaurant

I, Ch. 8, p. 246

¿Nos puede traer la cuenta? ¿Desean algo más?
¿Cuánto es?
La cuenta, por favor. ¿Está incluida la propina?
No, no está incluida. Es aparte.

Discussing gift suggestions

I, Ch. 9, p. 269

¿Qué piensas regalarle a...? El regalo es para...
¿Qué tipo de regalo buscas?
Le voy a dar... Busco...
¿Para quién es el regalo?

Asking for and giving directions

I, Ch. 9, p. 271

Perdón, ¿dónde está...? ¿Me puede decir dónde queda...?
Está a... cuadras de aquí. Queda al lado de...

II, Ch. 9, p. 258

Disculpe, ¿vamos bien para...?
No, van mal. Hay que seguir derecho hasta... No se puede perder.
Perdón, ¿dónde queda...?
Queda a la izquierda, junto al...
¿Cómo se va...?
Tome esta calle hasta llegar al... y doble a la derecha. Allí se encuentra...

Making comparisons
I, Ch. 9, p. 277
¿Cuál es más barato/a?
El... cuesta menos.
El...es más caro.
¿Son los... tan caros como el...?
Son del mismo precio.

II, Ch. 4, p. 107
más... que...
menos... que...
... mayor que...
... mejor que...
... menor que...
... peor que...

Asking about prices and paying for something
I, Ch. 9, p. 280
¿Cuánto cuesta...?
Cuesta...
¿Cuánto cuestan...?
Cuestan...

Talking about what you are doing right now
I, Ch. 10, p. 298
¿Qué estás haciendo?
Estoy colgando las decoraciones.
Él está limpiando la sala.
¿Todos están decorando la casa?
Sí, estamos decorando la casa.

Talking about past events
I, Ch. 10, p. 307
¿Qué hiciste anoche?
Bailé y hablé con...
¿Qué hizo... ayer?
¿Lo pasaron bien la semana pasada?
Sí, lo pasamos bien.

Saying what you did
I, Ch. 11, p. 340
¿Qué hiciste anoche?
Jugué...
¿Ganaste?
Jugó...

Talking about where you went and when
I, Ch. 11, p. 342
¿Adónde fuiste anteayer?
¿Adónde fuiste anteanoche?
Anoche fui...

Talking about what you do and like to do every day
I, Ch. 12, p. 361
¿Qué haces todos los días?
Primero...
Después...
Y luego...
¿Con qué frecuencia...?
¿Qué te gusta hacer después de clases?
Me gusta...

Making future plans
I, Ch. 12, p. 362
¿Adónde piensas viajar algún día?
¿Quieres viajar a...?
No, pero espero hacer un viaje a...
¿Qué vas a hacer este verano?

Saying where you went and what you did on vacation
I, Ch. 12, p. 371
¿Adónde viajaste el verano pasado?
No fui a ningún lugar.
¿Adónde fueron durante las vacaciones?
Fuimos a...
¿Qué hiciste cuando fuiste a...?

Saying if something has already been done
II, Ch. 2, p. 42
¿Ya...?
Sí, ya...
No, todavía no.

Describing your city or town
II, Ch. 2, p. 49
Mi ciudad es...
Está... océano.
En el centro, hay...
Está... las montañas.
En el invierno, hace...

Talking about responsibilities
II, Ch. 3, p. 77
¿A quién le toca?
Le toca a...
Me toca a mí.
Te toca a ti.

Talking about hobbies and pastimes
II, Ch. 3, p. 81
En tus ratos libres, ¿qué te gusta hacer?
¿Cuál es tu pasatiempo favorito?
Estoy loco/a por...
Me interesan...

Saying how long something has been going on
II, Ch. 3, p. 82
¿Cuánto tiempo hace que...?
Hace... que...
Empecé...

Talking about things and people you know
II, Ch. 4, p. 106
¿Conoces a...?
¿Conoces...?
No, no los conozco.

Talking about staying fit and healthy
II, Ch. 5, p. 134
¿Qué haces para estar en plena forma?
¿Duermes lo suficiente?
Es preciso...
Sigo una dieta sana y balanceada.
Dormí por ocho horas.
Sí, ya lo sé. También es importante...

Asking for and giving information
II, Ch. 6, p. 164
¿Sabe Ud....?
¿Me podría decir...?
¿Sabes...?
Disculpe,...
Sí, claro.
Por supuesto.
No estoy seguro/a. Lo puedes averiguar...
Lo siento, pero no tengo ni idea.

Relating a series of events
II, Ch. 6, p. 168

Para empezar/ Primero...	Después...
A continuación...	Luego...
	Por último...

Talking about what you used to do
II, Ch. 7, p. 196

Cuando era niño/a,...	De chiquito/a,...
De niño/a,...	Cuando era joven,...
De pequeño/a,...	Cuando tenía trece años,...

Describing what people and things were like
II, Ch. 7, p. 202
¿Cómo era... en aquel entonces?
¿Cómo era... en aquellos tiempos?
En aquella época... era...
En mis tiempos era...

Using comparisons to describe people
II, Ch. 7, p. 206
Tan bueno/a como un ángel.
Tan feliz como una lombriz.
Tan noble como un perro.
Tan fuerte como un toro.
Tan aburrido/a como un pato.
Dormía tan bien como un lirón.

Describing a past event
II, Ch. 8, p. 225

¿Qué tal lo pasaste?	Lo pasé de maravilla.
¿Qué tal estuvo/ estuvieron...?	De película.
¿Cómo estuvo...?	Aburridísimo/a.
¿Cómo te fue?	Más o menos bien.

Reporting what someone said
II, Ch. 8, p. 235

¿Qué dijo?	Dijo que...
¿Qué te dijeron?	Me dijeron que...

Talking about how clothes look and fit
II, Ch. 9, p. 265

¿Cómo te queda...?	Te ves guapísima. ... está muy de moda.
¿Cómo me veo...?	De verdad, no hace juego con...
Me queda un poco estrecho/a.	

Setting the scene for a story
II, Ch. 10, p. 289
Estaba soleado en el valle.
Eran... (with time)
... jugaban... cantaban... estaba enfermo/a.
Se sentía muy mal.
Érase una vez...
Hace mucho tiempo...
Se cuenta que...

Continuing and ending a story
II, Ch. 10, p. 295

En seguida...	Por eso...
De repente...	Al final...
Fue cuando...	Así que...
Entonces...	En fin, todo salió bien.

Talking about the latest news
II, Ch. 10, p. 299

Oye, ¿has oído hablar de...?	No, dime.
Fíjate, leí que...	¡Qué va!
¿Te enteraste de...?	No, cuéntamelo todo.

Describing a problem
II, Ch. 11, p. 322
Hay demasiado ruido.
Es uno de los problemas más graves.
Lo malo es que...
Cada vez hay más... y menos...
El sistema no funciona.
¿No podemos hacer nada para mejorar la situación?
Estoy preocupado/a por...

Exchanging the latest news
II, Ch. 12, p. 351

¿Sabes si...?	¿Sigues trabajando en la biblioteca?
¿Qué noticias tienes de...?	¿Ya sabías que...?
	No lo vas a creer, pero...

Talking about where you went and what you did
II, Ch. 12, p. 352

¿Adónde fuiste el verano pasado?	Fui a la costa.
¿Qué hiciste?	No hice nada.
	Me hice amigo de...

Telling when something happened
II, Ch. 12, p. 353

El viernes...	Dos días después...
Al día siguiente...	Una semana entera...
El día anterior...	

Describing places
II, Ch. 12, p. 358
Quedé muy impresionado/a con...
Me pareció lindísimo/a...
Está rodeado/a de colinas.
El clima es muy seco y hace bastante calor.

Saying when you're going to do something
II, Ch. 12, p. 360

(La semana/El mes) que viene...
Para fines de...
Pronto...
Algún día...
Dentro de...
Cuando vuelva a...
Inmediatamente.

Expressing Attitudes and Opinions

Talking about likes and dislikes
I, Ch. 1, p. 32

¿Qué te gusta?
¿Te gusta...?
Me gusta (más)...
No me gusta...

I, Ch. 3, p. 95

¿Te gustan...?
Sí, me gustan.
¿Cuál es...?
¿A ella le gustan...?
Sí, a ella le gustan mucho.
¿Por qué?
Porque...

II, Ch. 1, p. 21

Me fascina...
Sí, me encantan.
No me gustan para nada.
Me chocan...

Talking about what you like to do
I, Ch. 4, p. 113

¿Qué te gusta hacer?
¿A él le gusta...?
¿A quién le gusta...?
A mí me gusta...
Me gusta...
No, no le gusta..., pero le gusta...
Por eso me gustan...

Talking about what you and your friends like to do together
I, Ch. 5, p. 148

¿Qué les gusta hacer?
¿Les gusta... juntos?
Nos gusta...
Especialmente durante las vacaciones...

Discussing problems and giving advice
I, Ch. 6, p. 184

Tengo un problema.
¿Qué debo hacer?
Dice que... pero no es cierto.
Debes... menos.
Debes... más.

II, Ch. 4, p. 101

Deberías...
Hay que...
Debes...
Es importante...

Commenting on food
I, Ch. 8, p. 240

¿Cómo está...?
Está...
¿Cómo están...?
Están...

Commenting on clothes
I, Ch. 9, p. 274

¿Qué ropa vas a llevar?
¡Lo de siempre!
¿No tienes algo más formal?
Prefiero llevar ropa cómoda.

Expressing preferences
I, Ch. 9, p. 279

¿Cuál de estos... prefieres?
Prefiero el azul.
¿Qué camisa te gusta más? ¿La verde o la amarilla?
La verde. Además, te queda muy bien.

Asking for and giving an opinion
I, Ch. 10, p. 300

¿Crees que...?
Creo que sí.
¿Qué te parece si...?
Me parece bien.
Perfecto.
Buena idea.

II, Ch. 4, p. 100

¿Qué te parece...?
¿Te parece que...?
¿Crees que...?
¿En tu opinión...?
Me parece...
Sí, me parece que...
No, yo creo que...
Sí, para mí...

Discussing what you would like to do on vacation
I, Ch. 12, p. 367

¿Qué te gustaría hacer este verano?
A mí me gustaría...
¿Adónde te gustaría ir este verano?
¿Qué tienes ganas de hacer?
Tengo ganas de...

Saying what you used to like and dislike
II, Ch. 7, p. 198

¿Odiabas...?
¿Te molestaba...?
¿Te parecía pesado/a...?
¿Te caía bien...?
Lo encontraba genial.
Me fastidiaba.
No, me fascinaba.
No, me caía mal.

Reacting to news
II, Ch. 10, p. 300

¡No me digas!
¿De veras?
¡No lo puedo creer!
¿Tú crees?
¡N'hombre!
Bueno, no me extraña.
Lo dudo.
No puede ser.
Y eso, ¿qué?

Expressing agreement and disagreement
II, Ch. 11, p. 329

Así es la cosa.
¡Claro que sí!
¡Eso es!
Estoy de acuerdo.
Hasta cierto punto...
Lo siento, pero no es así.
Me parece que no tienes razón.
Mira...
No estoy de acuerdo.

Sin duda (alguna). No lo creo.
Sí, tienes razón. No me parece.
¡Al contrario! ¡Te equivocas!

Expressing Feelings

Making suggestions and expressing feelings
I, Ch. 11, p. 331
¿Qué tal si...? Gracias, pero no quiero. En realidad no tengo ganas.
¿Qué tienes? ¿Te sientes mal? No me siento bien. Estoy un poco cansado/a, nada más. Entonces, ¿por qué no...?

II, Ch. 2, p. 41
¿Por qué no...? ¿Qué tal si...?
Buena idea. Me gustaría, pero tengo que...

Talking about moods and physical condition
I, Ch. 11, p. 334
¿Cómo estás? Estoy... ¿Cómo te sientes?
Tengo gripe. ¿Qué le pasa a...? Está preocupado/a por algo.

Talking about how you're feeling
II, Ch. 2, p. 40
¿Cómo estás? Estoy contento/a.
¿Cómo te sientes? Me siento enfermo/a.

Complaining
II, Ch. 3, p. 78
¡No es justo! ¡Ay, qué pesado! ¡Siempre me toca a mí!
Estoy harto/a de... Yo ya lo hice mil veces.

Saying how you feel about people
II, Ch. 12, p. 356
Me cae muy bien. Me cayó mal.
Es muy buena gente. Me llevo muy bien con él.

Persuading

Making polite requests
I, Ch. 8, p. 244
Camarero/a, ¿nos puede traer..., por favor?
¿Me puede traer..., por favor?

Asking for and offering help
I, Ch. 10, p. 302
¿Me haces el favor de...? Claro que sí. ¿Me ayudas a...? Cómo no. ¿Me traes...? ¡Con mucho gusto!
Un momentito. Me pasas... Lo siento, pero en este momento estoy ocupado/a. Perdóname, pero...

II, Ch. 2, p. 46
¿Quieres ayudarme? ¿Puedes ayudarme a...?
Ayúdame, por favor. ¿Puedo ayudar? ¿Te ayudo a...? ¿Qué quieres que haga?

Telling a friend what to do
I, Ch. 10, p. 304
Prepara... y limpia..., ¿quieres?
De acuerdo.
Por favor, decora... y llama...
Está bien.

II, Ch. 5, p. 138
Ponte en forma. Deja de fumar. Ten cuidado.
No seas flojo/a. No fumes más. No añadas sal.

Asking for help in a store
II, Ch. 9, p. 264
Con permiso, ¿me puede atender, por favor?
Uso el número 38...
Uso talla...
¿Me la puedo probar?
¿En qué le puedo servir?
No nos quedan.
La tenemos en...
Los probadores...

Talking about consequences
II, Ch. 11, p. 328
Por lo tanto es urgente... Por eso... Por consiguiente...
Si no dejamos de desperdiciar los recursos, podemos enfrentar una crisis.

Talking about obligations and solutions
II, Ch. 11, p. 332
Es importante conservar energía...
Es necesario cambiar nuestro estilo de vida.
Todos deberíamos...
Hay que...
No hay que desesperarse.
Podemos resolver...
¡A todos nos toca hacer algo!

Review Vocabulary

This list includes words introduced in **¡Ven conmigo!** Level 1. If you can't find the words you need here, try the Spanish-English and English-Spanish vocabulary sections beginning on page R43.

Colores *(Colors)*

amarillo/a	*yellow*
anaranjado/a	*orange*
azul	*blue*
blanco/a	*white*
gris	*gray*
morado/a	*purple*
negro/a	*black*
pardo/a	*brown*
rojo/a	*red*
rosado/a	*pink*
verde	*green*

En la escuela *(At School)*

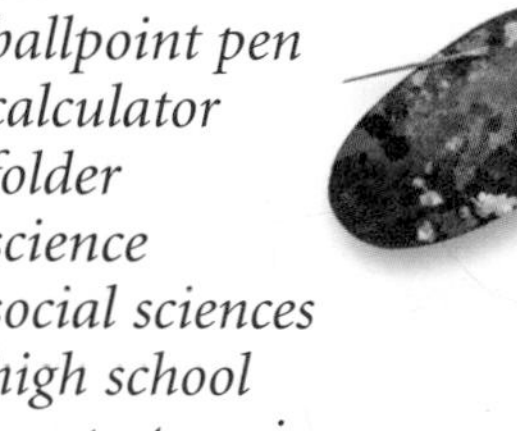

el almuerzo	*lunch*
el arte	*art*
el bolígrafo	*ballpoint pen*
la calculadora	*calculator*
la carpeta	*folder*
las ciencias	*science*
las ciencias sociales	*social sciences*
el colegio	*high school*
la computación	*computer science*

el cuaderno	*notebook*
el descanso	*recess, break*
un día libre	*a free day*
el diccionario	*dictionary*
el/la director,-a	*principal*
la educación física	*physical education*
el escritorio	*desk*
la escuela primaria	*primary school*
el español	*Spanish*
el francés	*French*
la geografía	*geography*
la goma de borrar	*eraser*
el inglés	*English*
la lámpara	*lamp*
el lápiz	*pencil*
la librería	*bookstore*
el libro	*book*
las matemáticas	*mathematics*
la materia	*subject*
la mochila	*book bag, backpack*
el papel	*paper*
la preparatoria	*high school*
la regla	*ruler*
el semestre	*semester*
la tarea	*homework*

Números *(Numbers)*

cero	*zero*
uno	*one*
dos	*two*
tres	*three*
cuatro	*four*
cinco	*five*
seis	*six*
siete	*seven*
ocho	*eight*
nueve	*nine*
diez	*ten*
once	*eleven*
doce	*twelve*
trece	*thirteen*
catorce	*fourteen*
quince	*fifteen*
dieciséis	*sixteen*
diecisiete	*seventeen*
dieciocho	*eighteen*

5

12

diecinueve	*nineteen*
veinte	*twenty*
veintiuno	*twenty-one*
veintidós	*twenty-two*
...	
treinta	*thirty*
treinta y uno	*thirty-one*
treinta y dos	*thirty-two*
...	
cuarenta	*forty*
cincuenta	*fifty*
sesenta	*sixty*
setenta	*seventy*
ochenta	*eighty*
noventa	*ninety*
cien	*one hundred*
ciento uno	*one hundred and one*
ciento dos	*one hundred and two*
...	
doscientos	*two hundred*
trescientos	*three hundred*
cuatrocientos	*four hundred*
quinientos	*five hundred*
seiscientos	*six hundred*
setecientos	*seven hundred*
ochocientos	*eight hundred*
novecientos	*nine hundred*
mil	*one thousand*

19

70

El calendario *(Calendar)*

los días de la semana	*days of the week*
el lunes	*Monday*
el martes	*Tuesday*
el miércoles	*Wednesday*
el jueves	*Thursday*
el viernes	*Friday*
el sábado	*Saturday*
el domingo	*Sunday*
los meses	*months*
enero	*January*
febrero	*February*
marzo	*March*
abril	*April*
mayo	*May*
junio	*June*
julio	*July*
agosto	*August*
septiembre	*September*
octubre	*October*
noviembre	*November*
diciembre	*December*

las estaciones	*seasons*
el invierno	*winter*
el otoño	*fall*
la primavera	*spring*
el verano	*summer*

Horas *(Telling Time)*

Es la una.	*It's one o'clock.*
¿Qué hora es?	*What time is it?*
Son las dos.	*It's two o'clock.*
¿Ya son las...?	*Is it already . . . ?*
...y cuarto	*quarter past (the hour)*
...y media	*half past (the hour)*
...menos cuarto	*quarter to (the hour)*

Familia *(Family)*

la abuela	*grandmother*
el abuelo	*grandfather*
los abuelos	*grandparents*
el gato	*cat*
la hermana	*sister*
el hermano	*brother*
los hermanos	*brothers and sisters*

la hija	*daughter*
el hijo	*son*
los hijos	*children*
la madrastra	*stepmother*
la madre	*mother*
la media hermana	*half-sister*
el medio hermano	*half-brother*
el padrastro	*stepfather*
el padre	*father*
los padres	*parents*
el perro	*dog*
la prima, el primo	*cousin*
la tía, el tío	*aunt, uncle*

Descripciones *(Descriptions)*

cariñoso/a	*affectionate*
de color café	*brown*
¿De qué color es/son...?	*What color is/are . . . ?*
delgado/a	*thin*
listo/a	*smart*
mayor	*older*
menor	*younger*
los ojos	*eyes*
pelirrojo/a	*redheaded*
moreno/a	*dark-haired, dark-skinned*
rubio/a	*blond*
el pelo	*hair*
un poco gordo/a	*a little overweight*
Se ve joven.	*He/She looks young.*
Tiene canas.	*He/She has gray hair.*
viejo/a	*old*
feo/a	*ugly*
grande	*big*
guapo/a	*good-looking*
inteligente	*intelligent*
interesante	*interesting*
malo/a	*bad*
pequeño/a	*small*
simpático/a	*nice*
antipático/a	*disagreeable*

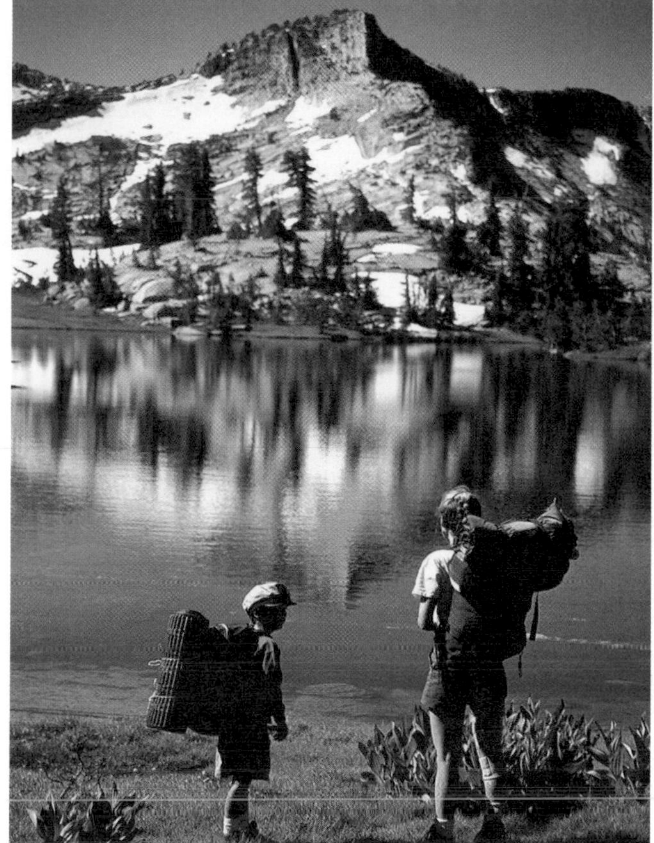

Deportes y pasatiempos *(Sports and Pastimes)*

acampar	*to camp*
asistir a una clase de ejercicios aeróbicos	*to attend an aerobics class*
bajar el río en canoa	*to go canoeing*
el baloncesto	*basketball*
el béisbol	*baseball*
bucear	*to scuba dive*
correr	*to run*
escalar montañas	*to go mountain climbing*
escuchar música	*to listen to music*
esquiar	*to ski*
explorar	*to explore*
el fútbol	*soccer*
el fútbol norteamericano	*football*
hablar por teléfono	*to talk on the phone*
hacer ejercicio	*to exercise*
mirar la televisión	*watch television*
nadar	*to swim*
patinar	*to skate*
pescar	*to fish*
pintar	*to paint*
saltar en paracaídas	*to go skydiving*
el tenis	*tennis*

el videojuego	*videogame*
el voleibol	*volleyball*

Ropa *(Clothing)*

los bluejeans	*bluejeans*
la blusa	*blouse*
las botas	*boots*
la bufanda	*scarf*
los calcetines	*socks*
la camisa	*shirt*
la camiseta	*T-shirt*
el cinturón	*belt*
las chancletas	*sandals, slippers*
la chaqueta	*jacket*
la corbata	*necktie*
la falda	*skirt*
los pantalones	*pants*
los pantalones cortos	*shorts*
las sandalias	*sandals*
el suéter	*sweater*
el traje	*suit*
el traje de baño	*bathing suit*
el vestido	*dress*
las zapatillas de tenis	*tennis shoes (Spain)*
el zapato	*shoe*

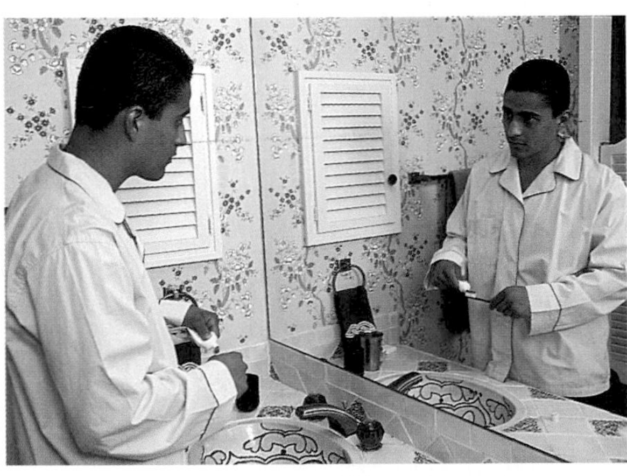

Rutina diaria *(Daily Routine)*

afeitarse	*to shave*
ducharse	*to take a shower*
lavarse	*to wash oneself*
lavarse los dientes	*to brush your teeth*
maquillarse	*to put on makeup*
peinarse	*to comb your hair*

En la ciudad *(Places Around Town)*

la biblioteca	*library*
el centro	*downtown*
el centro comercial	*shopping mall*
el cine	*movie theater*
el correo	*post office*
el museo	*museum*
el parque de atracciones	*amusement park*
el teatro	*theater*
el zoológico	*zoo*

Comida *(Food)*

el agua mineral	*mineral water*
el aguacate	*avocado*
el almuerzo	*lunch*

el atún	*tuna*
el batido	*milkshake*
la bebida	*beverage*
el bistec	*steak*
el café con leche	*coffee with milk*
los camarones	*shrimp*

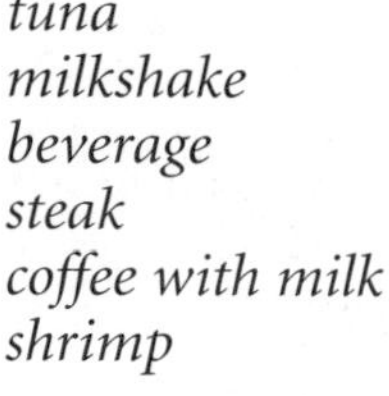

la carne de res	*beef*
la cebolla	*onion*
el cereal	*cereal*
el chocolate	*chocolate*
la comida mexicana/ italiana/china	*Mexican/Italian/Chinese food*
la crema de maní	*peanut butter*
los dulces	*candy*
la ensalada	*salad*
el flan	*custard*
los frijoles	*beans*
la fruta	*fruit*

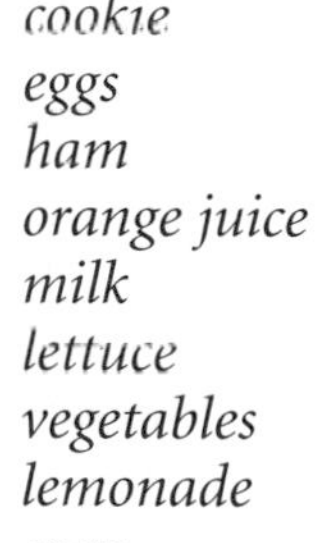

la galleta	*cookie*
los huevos	*eggs*
el jamón	*ham*
el jugo de naranja	*orange juice*
la leche	*milk*
la lechuga	*lettuce*
las legumbres	*vegetables*
la limonada	*lemonade*
el maíz	*corn*

el mango	*mango*
la manzana	*apple*
el pan dulce	*sweet rolls*
el pan tostado	*toast*
la papa	*potato*
las papas fritas	*French fries*
la papaya	*papaya*
las papitas	*potato chips*
el pastel	*cake*
el perro caliente	*hot dog*
el pescado	*fish*

la piña	*pineapple*
la pizza	*pizza*
el plátano	*banana*
el pollo	*chicken*
el queso	*cheese*
el refresco	*soft drink*
el sándwich	*sandwich*
la sopa	*soup*

el tocino	*bacon*
el tomate	*tomato*
la toronja	*grapefruit*
las uvas	*grapes*
las verduras	*vegetables*
la zanahoria	*carrot*

Additional Vocabulary

This list includes additional vocabulary that you may want to use to personalize activities. If you can't find the words you need here, try the Spanish-English and English-Spanish vocabulary sections beginning on page R43.

Tecnología *(Technology)*

los altavoces o las bocinas	*speakers*
la búsqueda; buscar	*search; to search*
la carpeta	*folder*
el ciberespacio	*cyberspace*
los cibernautas	*Internet users*
comenzar la sesión	*to log on*
la contraseña, el código	*password*
el control remoto	*remote control*
la copia de respaldo	*backup*
el disco duro	*hard drive*
el DVD	*digital video disc*
en línea	*online*
grabar	*to save*
la impresora	*printer*
imprimir	*to print*
el marcapáginas, el separador	*bookmark*
el micrófono	*microphone*
los multimedios	*multimedia*
la página Web inicial	*homepage*
el procesador	*microprocessor*
el programa	*program*
la tarjeta	*chip*
la tecla de aceptación	*return key*
la tecla de borrar, la tecla correctora	*delete key*
el teléfono celular	*cellular telephone*
terminar la sesión	*to log off*
la unidad de CD-ROM	*CD-ROM drive*
el Web, la Telaraña Mundial	*World Wide Web*

Las condiciones del tiempo *(Weather Conditions)*

el aguacero	*strong rain*
el aguanieve	*sleet*
la avalancha	*avalanche*
el chubasco	*very strong rain*
el frente frío	*cold front*
la granizada	*hailstorm*
el granizo	*hail*
la llovizna	*drizzle*
lloviznar	*to drizzle*
la ola de calor	*warm front*
el relámpago	*lightning*
el termómetro	*thermometer*
el torbellino	*whirlwind*
la tormenta	*storm*
la tormenta de nieve	*snow storm*
el tornado	*tornado*
la tromba marina	*waterspout*
el trueno	*thunder*

Familia (Family)

los antepasados	*ancestors*
la bisabuela	*great-grandmother*
el bisabuelo	*great-grandfather*
la cuñada	*sister-in-law*
el cuñado	*brother-in-law*
la nuera	*daughter-in-law*
los parientes	*relatives*
la sobrina	*niece*
el sobrino	*nephew*
la suegra	*mother-in-law*
el suegro	*father-in-law*
el yerno	*son-in-law*

Comida (Food)

el aceite	*oil*
la aceituna	*olive*
el ajo	*garlic*
el arroz	*rice*
la barbacoa	*grilled meat*
las calabacitas	*squash*
el caldo	*bouillon, clear broth*
el cerdo	*pork*
la cereza	*cherry*
congelar	*to freeze*
la conserva	*preserves*
el durazno	*peach (Americas)*
los fideos	*noodles*
freír	*to fry*
las fresas	*strawberries*
guisar	*to stew*
el helado	*ice cream*
hervir	*to boil*
el hongo	*mushroom*
la jalea	*jelly*
la mayonesa	*mayonnaise*
el melón	*cantaloupe*
la mostaza	*mustard*
el pepino	*cucumber*
la pera	*pear*
la pimienta	*pepper*
el pimiento	*pepper (vegetable)*
la sal	*salt*
la salsa	*sauce*
el té frío	*iced tea*
el vinagre	*vinegar*

Cuerpo humano (Parts of the Body)

el abdomen	*abdomen*
la barbilla	*chin*
el cachete	*cheek*
la ceja	*eyebrow*
las costillas	*ribs*
las coyunturas	*joints*
el cuero cabelludo	*scalp*
la frente	*forehead*
la mandíbula	*jaw*
la muñeca	*wrist*
la nuca	*back of the neck*
el párpado	*eyelid*
el pecho	*chest*
las pestañas	*eyelashes*
la piel	*skin*
el puño	*fist*
las uñas	*nails*

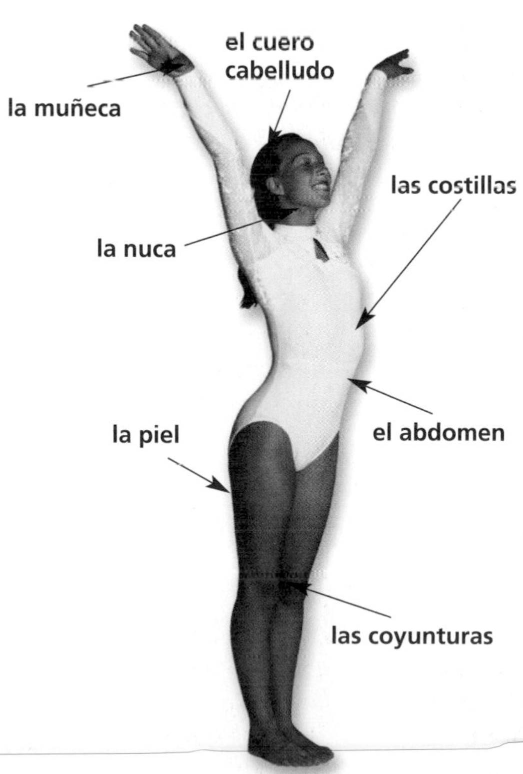

Expresiones de tiempo
(Time Expressions)

a las... en punto	*at. . . sharp*
ahora mismo	*right now*
ahorita	*now, very soon*
al rato	*in a little while*
un día sí y otro no	*every other day*
de/desde... hasta	*from. . . until*
en ocho días	*in a week*
en quince días	*in two weeks*
en seguida	*right away*
en un dos por tres	*in the wink of an eye*
luego	*then, later*
la quincena	*a two-week period*

Para describir a otras personas
(To Describe Other People)

Es una persona...	*He/She is a . . . person.*
agradable	*pleasant*
aplicada	*studious*
difícil	*difficult, complex*
erudita	*knowledgeable, well-educated*
independiente	*independent*
magnánima	*generous, has a big heart*
moderada	*well-balanced, even-keeled*
prudente	*cautious*
rebelde	*rebellious*
singular	*unique*
tacaña	*stingy*
Tiene...	*He/She has . . .*
mal genio.	*a bad disposition.*
buen genio.	*a good disposition.*
gracia.	*grace.*
buen corazón.	*a good heart.*

Colores *(Colors)*

beige	*beige*
claro/a	*light*
colorado/a	*red*
dorado/a	*golden*
metálico/a	*metallic*
oscuro/a	*dark*
plateado/a	*silver*
turquesa	*turquoise*

Nacionalidades y orígenes
(Nationalities and Origins)

africano/a	*African*
alemán, alemana	*German*
australiano/a	*Australian*
brasileño/a	*Brazilian*
canadiense	*Canadian*
chino/a	*Chinese*
coreano/a	*Korean*
danés, danesa	*Danish*
europeo/a	*European*
griego/a	*Greek*
holandés, holandesa	*Dutch*
indio/a	*Indian*
israelita (m/f)	*Israeli*
italiano/a	*Italian*
japonés, japonesa	*Japanese*
ruso/a	*Russian*
sudafricano/a	*South African*
sueco/a	*Swedish*
suizo/a	*Swiss*
tailandés, tailandesa	*Thai*
turco/a	*Turkish*
vietnamita (m/f)	*Vietnamese*

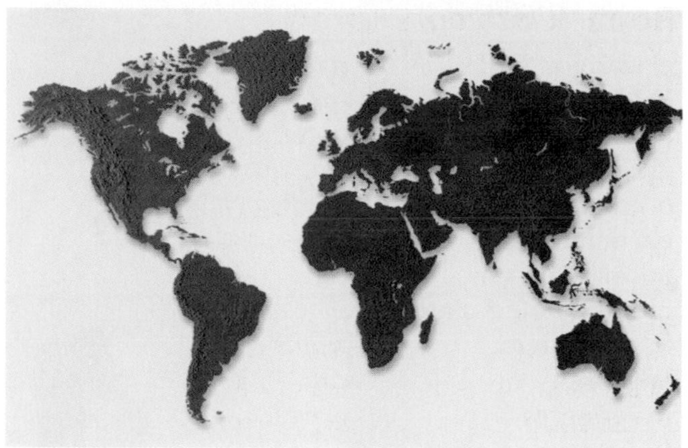

Geografía *(Geography)*

África	*Africa*
América Central	*Central America*
América del Norte	*North America*
América del Sur	*South America*
Antártida	*Antarctica*
Asia	*Asia*
Australia	*Australia*
Europa	*Europe*
el meridiano	*meridian*
el polo norte	*North Pole*
el polo sur	*South Pole*
la zona cronológica	*time zone*

Océanos y mares *(Oceans and Seas)*

el golfo de México	*Gulf of Mexico*
el mar Caribe	*Caribbean Sea*
el mar Caspio	*Caspian Sea*
el mar Mediterráneo	*Mediterranean Sea*
el océano Ártico	*Arctic Ocean*
el océano Atlántico	*Atlantic Ocean*
el océano Índico	*Indian Ocean*
el océano Pacífico	*Pacific Ocean*

Números *(Numbers)*

diez mil	*ten thousand*
cien mil	*one hundred thousand*
un millón	*one million*
diez millones	*ten million*
cien millones	*one hundred million*
mil millones	*one billion*
un billón	*one trillion*

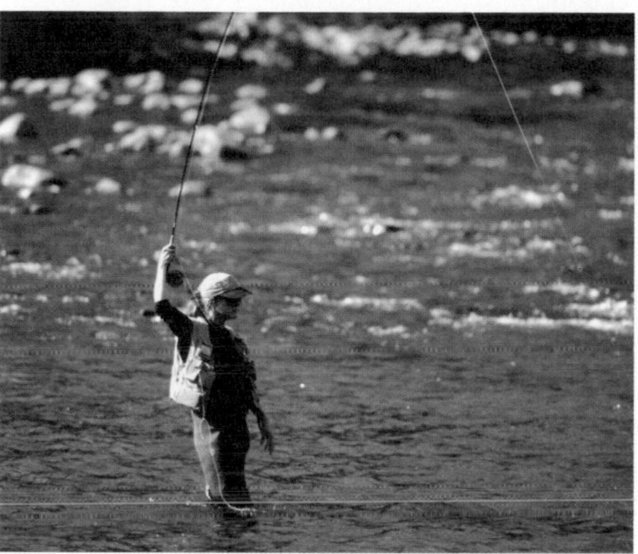

Deportes y pasatiempos *(Sports and Pastimes)*

la charrería	*Mexican rodeo*
la corrida de toros	*bullfight*
coser	*to sew*
ir de cacería	*to go hunting*
ir de pesca	*to go fishing*
los juegos de mesa	*boardgames*
jugar golf con discos	*to play disc golf*
montar a caballo	*to go horseback riding*
las paletas	*paddle ball*
surfear	*to surf*
tejer	*to knit*

Las fuerzas armadas *(Armed Forces)*

la batalla	*battle*
el capitán, la capitana	*captain*
el/la coronel, -a	*colonel*
el/la general, -a	*general*
la guerra	*war*
el/la oficial	*officer*
el/la recluta	*enlisted man/woman*
reclutar	*to recruit*
el soldado, la mujer soldado	*soldier*

Instrumentos musicales *(Musical Instruments)*

la armónica	*harmonica*
el arpa (f)	*harp*
la batería	*drum set*
el clarinete	*clarinet*
la flauta	*flute*
la flauta de pico	*recorder*
el oboe	*oboe*
el saxofón	*saxophone*
el sintetizador	*synthesizer*
el tambor	*drum*
el trombón	*trombone*
la trompeta	*trumpet*
la tuba	*tuba*
el violín	*violin*
el violonchelo	*cello*

Profesiones *(Professions)*

el/la abogado/a	*lawyer*
el/la agente de viajes	*travel agent*
el/la agricultor, -a	*farmer*
el/la arquitecto/a	*architect*
el/la chofer	*driver*
el/la cocinero/a	*cook*
la costurera	*seamstress*
el/la empleado/a	*clerk, employee*
el/la entrenador, -a	*trainer*
el/la escritor, -a	*writer*
el/la fotógrafo/a	*photographer*
el/la ingeniero/a	*engineer*
el/la intérprete	*interpreter*
el/la juez	*judge*
el/la maestro/a	*teacher*
el/la médico	*doctor*
el/la policía	*police officer*
el/la programador, -a	*programmer*
el/la redactor, -a	*editor*
el/la reportero/a	*reporter*
el/la sastre	*tailor*
el/la traductor, -a	*translator*
el/la vendedor, -a	*salesperson*

Ropa *(Clothing)*

el abrigo	*coat*
la bata	*robe*
los botones	*buttons*
el calzado	*footwear*
el camisón	*nightgown, nightshirt*
el chaleco	*vest*
la corbata	*tie*
el cordón de zapato	*shoelace*
la cremallera	*zipper*
la gorra	*cap*
los guantes	*gloves*
las pantimedias	*panty hose*
las pantuflas	*slippers*
el/la pijama	*pajamas*
la ropa interior	*underwear*
la sudadera	*sweatshirt*

De compras *(Shopping)*

a plazos, en mensualidades	*in installments*
ajustado/a	*tight*
al contado, en efectivo	*cash*
al por mayor	*wholesale*
al por menor	*retail*
calzar	*to wear (referring to shoe size)*
los cheques de viajero	*traveler's checks*
el descuento	*discount*
la factura	*bill*
la liquidación	*sale*
¿Me lo puedo probar?	*May I try it on?*
el modo de pagar	*form of payment*
no combina	*does not match*
pagar en efectivo	*to pay in cash*
la tarjeta de crédito	*credit card*
un timo	*a rip-off*

Asignaturas *(School Subjects)*

la administración de empresas	*business administration*
el cálculo	*calculus*
el civismo	*civics*
la economía doméstica	*home economics*
la filosofía	*philosophy*
la informática	*computer science*
la lógica	*logic*
la mecanografía	*typing*
la pedagogía	*education*
el periodismo	*journalism*
el procesamiento de textos	*word-processing*
la química	*chemistry*
la psicología	*psychology*
la tecnología	*technology*

Muebles *(Furniture)*

la alfombra	*rug*
la cómoda	*chest of drawers*
las cortinas	*curtains*
la despensa	*pantry*
el fregadero	*kitchen sink*
el lavaplatos	*dishwasher*
la máquina de lavar	*washing machine*
la mesa de noche	*nightstand*
el refrigerador	*refrigerator*
el sillón	*easy chair*
el sofá	*sofa*

Temas de interés *(Topics of Interest)*

las amistades	*friendships*
la carrera	*career, profession*
los chismes	*gossip*
la corrupción	*corruption*
el crimen	*crime*
la economía	*economy*
lo que pasa en el mundo	*what's going on in the world*
el noviazgo	*engagement*
la política	*politics*

Quehaceres *(Housework)*

encerar	*to wax*
desempolvar	*to dust*
doblar la ropa	*to fold the laundry*
pulir	*to polish*
recoger con el rastrillo	*to rake*
reparar	*to repair*
trapear	*to mop*

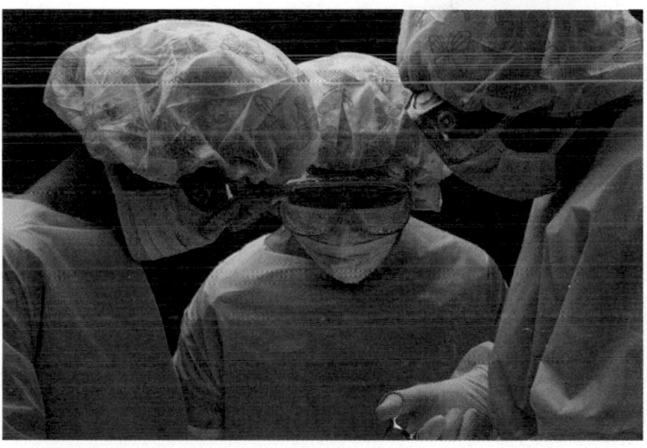

En la ciudad *(Places Around Town)*

el aeropuerto	*airport*
las afueras	*the outskirts*
el campo de golf	*golf course*
la comisaría de la policía	*police station*
la discoteca	*discotheque*
el hospital	*hospital*
la peluquería	*hairdresser's shop*

Animales *(Animals)*

el/la becerro/a	*calf*
el buey	*ox*
el burro	*donkey*
el caballo	*horse*
el conejo	*rabbit*

el elefante — *elephant*
la golondrina — *swallow*
la jirafa — *giraffe*
la lechuza — *barn owl*
el león, la leona — *lion, lioness*
la mascota — *pet*
el/la oso/a — *bear*
la oveja — *sheep*
el pájaro — *bird*
la paloma — *pigeon*
el pez — *fish*
el puma — *American panther*
la rana — *frog*
la rata — *rat*
el ratón — *mouse*
el toro — *bull*
la vaca — *cow*
la yegua — *mare*

Expresiones de cortesía *(Courtesy Expressions)*

(Nombre), a sus órdenes. — *I am (name).*
(Nombre), para servirle. — *I am (name).*
(Nombre), servidor, -a. — *I am (name).*
Con el permiso de Ud.... — *May I . . .*
Con permiso. — *Excuse me.*
De nada. — *You're welcome.*
Gracias por todo. — *Thanks for everything.*
Me gustaría... — *I would like to . . .*
¿Me podrías...? — *Could/Would you . . . ?*
Mil gracias. — *Thanks a lot.*
Muchísimas gracias. — *Thanks so much.*
No hay de qué. — *You're welcome. Don't mention it.*
Por favor,... — *Please, . . .*
¿Sería Ud. tan amable de...? — *Would you be so kind as to . . .?*
Si no es molestia,... — *If it isn't a bother, . . .*
Tenga Ud. la bondad de... — *If you would be so kind as to . . .*

De viaje *(Traveling)*

la aduana — *customs*
el/la agente de aduana — *customs agent*
la autopista — *highway*
el barco — *boat*
el bloqueador solar — *sunblock*
el centro de información turística — *tourist office*
el certificado de nacimiento — *birth certificate*
el certificado de vacunación — *immunization record*

el crucero — *cruise ship*
la frontera — *border*
la guardia fronteriza — *border guard*
el/la guía — *tourist guide*
la inmigración — *immigration*
las montañas — *mountains*
el parque nacional — *national park*
el pasaporte — *passport*
el seguro médico — *health insurance*
la visa — *visa*

Tiendas *(Stores)*

el almacén	*wholesale store*
la carnicería	*butcher's shop*
el centro comercial	*shopping mall*
la dulcería	*candy shop*
la farmacia	*pharmacy*

la ferretería	*hardware store*
la florería	*flower shop*
la frutería	*fruit and vegetable store*
la librería	*bookstore*
el mercado	*open-air market*
la sombrerería	*hat shop*
el supermercado	*supermarket*
la tienda de abarrotes	*grocery store*
la tienda de ropa	*clothing store*
la tortillería	*tortilla shop*
la zapatería	*shoe store*

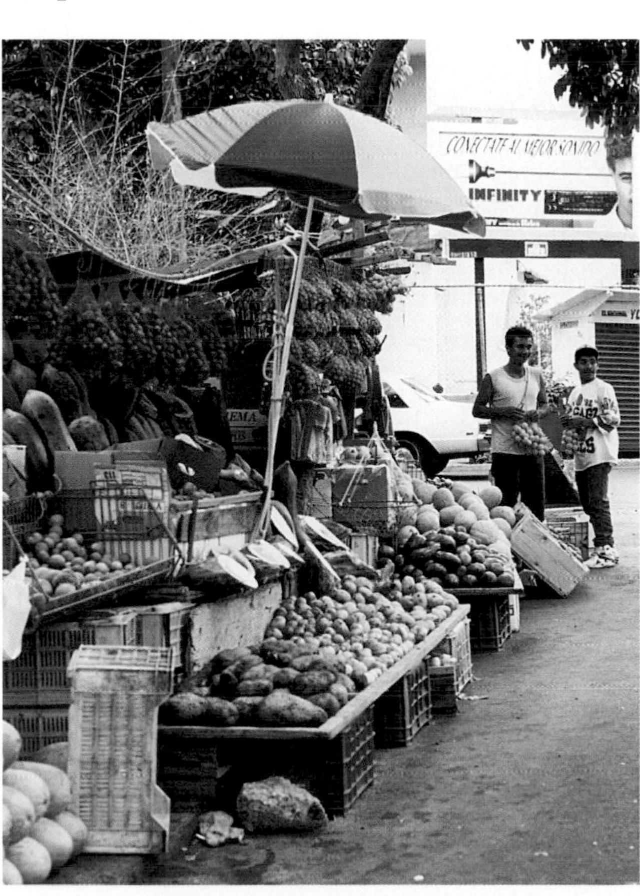

Pesas y medidas *(Weights and Measures)*

el centímetro	*centimeter*
el decímetro	*decimeter*
el galón	*gallon*
el gramo	*gram*
el kilo(gramo)	*kilogram*
el kilómetro	*kilometer*
la libra	*pound*
el litro	*liter*
el metro	*meter*
el milímetro	*millimeter*
la milla	*mile*
la onza	*ounce*
el pie	*foot*
la pulgada	*inch*

Unidades monetarias *(Monetary Units)*

Argentina	*el peso*
Bolivia	*el boliviano*
Chile	*el peso*

Colombia	*el peso*
Costa Rica	*el colón*
Cuba	*el peso*
Ecuador	*el dólar americano*
El Salvador	*el colón*
España	*el euro*
Europa	*el euro*
Guatemala	*el quetzal*
Honduras	*el lempira*
México	*el nuevo peso*

Nicaragua	*el córdoba*
Panamá	*el balboa*
Paraguay	*el guaraní*
Perú	*el sol, el inti*
Puerto Rico	*el dólar americano*
República Dominicana	*el peso*
Uruguay	*el peso*
Venezuela	*el bolívar*

Refranes *(Proverbs)*

Caras vemos, corazones no sabemos.	*You can't judge a book by its cover.*
Dime con quién andas y te diré quién eres.	*Birds of a feather flock together.*

Donde una puerta se cierra, otra se abre.	*Every cloud has a silver lining.*
El hábito no hace al monje.	*Clothes don't make the man.*
En boca cerrada no entran moscas.	*Silence is golden.*
Hijo no tenemos y nombre le ponemos.	*Don't count your chickens before they are hatched.*
Más vale pájaro en mano que cien volando.	*A bird in the hand is worth two in the bush.*
Más vale tarde que nunca.	*Better late than never.*
Más ven cuatro ojos que dos.	*Two heads are better than one.*

No todo lo que brilla es oro.	*All that glitters is not gold.*
Ojos que no ven, corazón que no siente.	*Out of sight, out of mind.*
Querer es poder.	*Where there's a will, there's a way.*
Quien primero viene, primero tiene.	*The early bird catches the worm.*

Grammar Summary

NOUNS AND ARTICLES

GENDER OF NOUNS

In Spanish, nouns (words that name a person, place, or thing) are grouped into two classes or genders: masculine and feminine. All nouns, both persons and objects, fall into one of these groups.

Most nouns that end in -**o** are masculine, and most nouns that end in -**a**, -**ción**, -**tad**, and -**dad** are feminine. Some nouns, such as **estudiante** and **cliente**, can be either masculine or feminine.

Masculine Nouns	Feminine Nouns
libro chico cuaderno bolígrafo vestido	casa universidad situación mesa libertad

FORMATION OF PLURAL NOUNS

	Add -**s** to nouns that end in a vowel.		With nouns that end in -**z**, the -**z** changes to a -**c**.		Add -**es** to nouns that end in a consonant.	
Singular *Plural*	libro casa	libro**s** casa**s**	vez lápiz	ve**ces** lápi**ces**	profesor papel	profesor**es** papel**es**

DEFINITE ARTICLES

There are words that signal the class of the noun. One of these is the *definite article*. In English there is one definite article: *the*. In Spanish, there are four: **el, la, los, las**.

SUMMARY OF DEFINITE ARTICLES

	Masculine	Feminine
Singular *Plural*	**el** gato **los** gatos	**la** gata **las** gatas

CONTRACTIONS

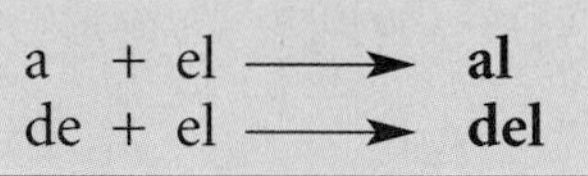

a + el	⟶	**al**
de + el	⟶	**del**

INDEFINITE ARTICLES

Another group of words used with nouns is the *indefinite article:* **un, una** (*a* or *an*), and **unos, unas** (*some*).

SUMMARY OF INDEFINITE ARTICLES

	Masculine	Feminine
Singular *Plural*	**un** gato **unos** gatos	**una** gata **unas** gatas

PRONOUNS

Subject Pronouns	Direct Object Pronouns	Indirect Object Pronouns	Objects of Prepositions
yo	**me**	**me**	**mí**
tú	**te**	**te**	**ti**
él, ella, usted	**lo, la**	**le**	**él, ella, usted**
nosotros, nosotras	**nos**	**nos**	**nosotros, nosotras**
vosotros, vosotras	**os**	**os**	**vosotros, vosotras**
ellos, ellas, ustedes	**los, las**	**les**	**ellos, ellas, ustedes**

ADJECTIVES

Adjectives are words that describe nouns. The adjective must agree in gender (masculine or feminine) and number (singular or plural) with the noun it modifies. Adjectives that end in **-e** or a consonant only agree in number. Adjectives are usually placed after the noun they modify.

ADJECTIVE AGREEMENT

Adjectives ending . . .		Masculine	Feminine
with an **-o/-a**	*Singular* *Plural*	el gato simpátic**o** los gatos simpátic**os**	la gata simpátic**a** las gatas simpátic**as**
with an **-e**	*Singular* *Plural*	el amigo inteligent**e** los amigos inteligent**es**	la amiga inteligent**e** las amigas inteligent**es**
with a consonant	*Singular* *Plural*	el pantalón azul los pantalones azul**es**	la blusa azul las blusas azul**es**

DEMONSTRATIVE ADJECTIVES

	Masculine	Feminine
Singular	**este** chico	**esta** chica
Plural	**estos** chicos	**estas** chicas

	Masculine	Feminine
Singular	**ese** chico	**esa** chica
Plural	**esos** chicos	**esas** chicas

	Masculine	Feminine
Singular	**aquel** chico	**aquella** chica
Plural	**aquellos** chicos	**aquellas** chicas

Demonstratives may also function as pronouns. In this case, the noun is dropped and the demonstrative has a written accent: **Éste es mejor.**

POSSESSIVE ADJECTIVES

Possessive adjectives tell you whose object or person is being referred to (*my* car, *his* book, *her* mother).

Singular	
Masculine	**Feminine**
mi libro	**mi** casa
tu libro	**tu** casa
su libro	**su** casa
nuestro libro	**nuestra** casa
vuestro libro	**vuestra** casa

Plural	
Masculine	**Feminine**
mis libros	**mis** casas
tus libros	**tus** casas
sus libros	**sus** casas
nuestros libros	**nuestras** casas
vuestros libros	**vuestras** casas

Note: Possession can also be expressed with the preposition **de: Es la casa *de* Fernando** instead of **Es su casa.**

STRESSED POSSESSIVE ADJECTIVES

Stressed possessive adjectives are used for emphasis and always follow the noun they modify: **Ellos son amigos *míos*.** Stressed possessive adjectives may be used as pronouns by simply dropping the noun: **Los zapatos tuyos son más caros que *los míos*.**

Singular	
Masculine	**Feminine**
mío	mía
tuyo	tuya
suyo	suya
nuestro	nuestra
vuestro	vuestra

Plural	
Masculine	**Feminine**
míos	mías
tuyos	tuyas
suyos	suyas
nuestros	nuestras
vuestros	vuestras

AFFIRMATIVE AND NEGATIVE EXPRESSIONS

Affirmative			**Negative**		
sí algo alguien	algún, alguno/a algunos, algunas siempre	también o...o ya	no nada nadie	ningún, ninguno/a, ningunos, ningunas nunca	tampoco ni...ni todavía no

INTERROGATIVE WORDS

¿Adónde?	¿Cuánto(a)?	¿Por qué?
¿Cómo?	¿Cuántos(as)?	¿Qué?
¿Cuál(es)?	¿De dónde?	¿Quién(es)?
¿Cuándo?	¿Dónde?	

COMPARATIVES

Comparatives are used to compare people or things. With comparisons of inequality, the same structure is used with adjectives, adverbs, or nouns. With comparisons of equality, **tan** is used with adjectives and adverbs, and **tanto/a/os/as** with nouns.

COMPARATIVE OF INEQUALITY

más / **menos** + adjective / adverb / noun + **que**	**más** / **menos** + **de** + number

COMPARATIVE OF EQUALITY

tan + adjective or adverb + **como**
tanto/a/os/as + noun + **como**

SUPERLATIVES

To single out something as *the most* or *the least,* use **el/la/los/las** + (noun) + **más/menos** + adjective (+ **de**): **Es la película más divertida del año.**

IRREGULAR FORMS OF COMPARATIVES AND SUPERLATIVES

Adjectives	Regular	Irregular
bueno/a		**mejor**
malo/a		**peor**
grande	**más** grande	**mayor**
viejo/a	**más** viejo/a	**mayor**
pequeño/a	**más** pequeño/a	**menor**
joven	**más** joven	**menor**

The suffix -**ísimo** added to the stem of the adjective is another form of the superlative in Spanish: **grande: grandísimo, guapa: guapísima.**

ADVERBS

Adverbs define the action of a verb. They can be formed by adding -**mente** to the singular form of adjectives. This is the equivalent of adding -*ly* to an adjective in English.

Adjectives ending with an **-o** change **o** to **a** and add **-mente: claro → claramente**	
Adjectives ending with an **-a,** an **-e,** or with a consonant, just add **-mente:**	**bella: bellamente** **reciente: recientemente** **feliz: felizmente**

PREPOSITIONS

These are common prepositions in Spanish:

a	*to*	**detrás**	*behind*
al lado	*next to*	**en**	*in, on*
arriba	*over, above*	**encima**	*over, on top of*
con	*with*	**hacia**	*toward*
de	*of, from*	**hasta**	*until*
debajo	*under*	**para**	*for**, *in order to*
delante	*before*	**por**	*for**, *by*
desde	*from*	**sin**	*without*

*Even though the English preposition *for* translates into Spanish as both **por** and **para**, they cannot be used interchangeably. **Para** is used to express purpose or to point toward a recipient or destination. **Por** is used in many expressions, among them to indicate motion through or by, mode of transportation, period of time, or "in exchange for."

A number of Spanish verbs require a preposition:

abusar de	*to abuse*	**dejar de**	*to stop*
acabar de	*to have just finished*	**depender de**	*to depend on*
acordarse de	*to remember*	**fijarse en**	*to notice*
aprender a	*to learn to*	**insistir en**	*to insist on*
asistir a	*to attend*	**pasar por**	*to go by*
ayudar a	*to help*	**pensar en**	*to think of*
casarse con	*to get married to*	**soñar con**	*to dream of*
comenzar a	*to begin to*		

ORDINAL NUMBERS

Ordinal numbers are used to express ordered sequences. They agree in number and gender with the noun they modify. The ordinal numbers **primero** and **tercero** drop the final **o** before a singular, masculine noun. Ordinal numbers are seldom used after 10. Cardinal numbers are used instead: **Alfonso XIII, Alfonso Trece**.

1st	primero/a
2nd	segundo/a
3rd	tercero/a
4th	cuarto/a
5th	quinto/a
6th	sexto/a
7th	séptimo/a
8th	octavo/a
9th	noveno/a
10th	décimo/a

COMMON EXPRESSIONS

EXPRESSIONS WITH *TENER*

tener... años	*to be . . . years old*	**tener mucha prisa**	*to be in a (big) hurry*
tener mucho calor	*to be very hot*	**tener que**	*to have to*
tener ganas de	*to feel like*	**tener (la) razón**	*to be right*
tener mucho frío	*to be very cold*	**tener mucha sed**	*to be very thirsty*
tener mucha hambre	*to be very hungry*	**tener mucho sueño**	*to be very sleepy*
tener mucho miedo	*to be very afraid*	**tener mucha suerte**	*to be very lucky*

EXPRESSIONS OF TIME

To ask how long someone has been doing something, use:
¿Cuánto tiempo hace que + present tense?

To say how long someone has been doing something, use:
Hace + quantity of time + **que** + present tense.
Hace **seis meses** que **vivo en Los Ángeles**.
You can also use:
present tense + **desde hace** + quantity of time
Vivo en Los Ángeles desde hace **seis meses**.

WEATHER EXPRESSIONS

hace muy buen tiempo	*the weather is very nice*
hace mucho calor	*it's very hot*
hace fresco	*it's cool*
hace mucho frío	*it's very cold*
hace muy mal tiempo	*the weather is very bad*
hace mucho sol	*it's very sunny*
hace mucho viento	*it's very windy*
But:	
está lloviendo mucho	*it's raining a lot*
hay mucha neblina	*it's very foggy*
está nevando	*it's snowing*
está nublado	*it's overcast*

VERBS

Verbs are the basic elements of a sentence. They tell us about the subject, the attitude of the speaker, the type of action, and when the action took place. Much of this information is found in the ending. For example, **llegarás** tells us that the subject is *you*, that the action is *arriving*, and that the speaker is reporting about an action that will take place in the future.

SUBJECTS, TENSES, AND MOODS

Spanish assigns an ending to each verb according to person, tense, and mood.
There are six PERSONS:

Singular	Plural
yo **tú** **usted, él, ella**	**nosotros/as** **vosotros/as** **ustedes, ellos, ellas**

There are three basic TENSES:

past present future

Moods express the attitude of a speaker toward an action. The speaker may report (indicative); request, express doubt, disbelief, or denial (subjunctive); or give an order (imperative). The three moods are called:

indicative subjunctive imperative

There are other forms of the verbs that do not reflect the subject or the attitude of the speaker. One of the forms is the infinitive. Dictionaries list verbs as infinitives, which end in -**ar**, -**er**, or -**ir**. The other two forms, present and past participles, often appear in dictionaries as well.

Infinitive		Present Participle		Past Participle	
hablar **comer** **vivir**	*to speak* *to eat* *to live*	**hablando** **comiendo** **viviendo**	*speaking* *eating* *living*	**hablado** **comido** **vivido**	*spoken* *eaten* *lived*

REGULAR VERBS

All verbs have a tense and mood, and agree with the person or thing which is the subject. We call this conjugation. To conjugate a regular verb, drop the ending (-**ar**, -**er**, -**ir**) and add the endings in the following charts.

INDICATIVE MOOD

Present

The present tense is used for action taking place now or in general.

-ar	-er	-ir
habl**o**	com**o**	viv**o**
habl**as**	com**es**	viv**es**
habl**a**	com**e**	viv**e**
habl**amos**	com**emos**	viv**imos**
habl**áis**	com**éis**	viv**ís**
habl**an**	com**en**	viv**en**

If you want to emphasize that the action is in progress, use the present progressive. To do this, use the auxiliary verb **estar** (**estoy, estás, está, estamos, estáis, están**) with the present participle of the main verb: **hablando, comiendo, viviendo**.

If the action has been completed, but still affects the present, use the present perfect. For this tense, use the auxiliary verb **haber** (**he, has, ha, hemos, habéis, han**) with the past participle of the main verb: **hablado, comido, vivido**.

Imperfect

The imperfect is used for ongoing or repeated actions in the past. It also describes the way things were, what used to happen or was going on, and the way people felt in general.

-ar	-er	-ir
habl**aba**	com**ía**	viv**ía**
habl**abas**	com**ías**	viv**ías**
habl**aba**	com**ía**	viv**ía**
habl**ábamos**	com**íamos**	viv**íamos**
habl**abais**	com**íais**	viv**íais**
habl**aban**	com**ían**	viv**ían**

Preterite

The preterite is used for actions that were completed in the past. It also describes how a person felt about a particular event.

-ar	-er	-ir
habl**é**	com**í**	viv**í**
habl**aste**	com**iste**	viv**iste**
habl**ó**	com**ió**	viv**ió**
habl**amos**	com**imos**	viv**imos**
habl**asteis**	com**isteis**	viv**isteis**
habl**aron**	com**ieron**	viv**ieron**

Future

The future is used to express what will happen. It is also used to express probability about things in the present. The future can also be expressed with **ir** + **a** + infinitive:

Voy a hablar con mi prima.

-ar	-er	-ir
hablar**é**	comer**é**	vivir**é**
hablar**ás**	comer**ás**	vivir**ás**
hablar**á**	comer**á**	vivir**á**
hablar**emos**	comer**emos**	vivir**emos**
hablar**éis**	comer**éis**	vivir**éis**
hablar**án**	comer**án**	vivir**án**

Some verbs have irregular stems in the future tense:

caber	**cabr-**	**-é, -ás, -á -emos, éis, -án**
haber	**habr-**	
poder	**podr-**	
querer	**querr-**	
saber	**sabr-**	
poner	**pondr-**	
salir	**saldr-**	
tener	**tendr-**	
valer	**valdr-**	
venir	**vendr-**	
decir	**dir-**	
hacer	**har-**	

Conditional

The conditional expresses what would happen under certain circumstances. It is also used to express probability about things in the past.

-ar	-er	-ir
hablar**ía**	comer**ía**	vivir**ía**
hablar**ías**	comer**ías**	vivir**ías**
hablar**ía**	comer**ía**	vivir**ía**
hablar**íamos**	comer**íamos**	vivir**íamos**
hablar**íais**	comer**íais**	vivir**íais**
hablar**ían**	comer**ían**	vivir**ían**

SUBJUNCTIVE MOOD

Present Subjunctive

The subjunctive is required in all dependent clauses where the verb of the main clause indicates request, intention, wish, or preference. Typical verbs of this type are: **querer, desear, prohibir, sugerir, preferir,** and **aconsejar**:

Mamá quiere que yo compre pan.

The subjunctive is also used with expressions of emotion, such as **¡ojalá!** (*hopefully*), **quizá(s)** (*perhaps*), and **tal vez** (*maybe*), as well as verb phrases such as **espero que** (*I hope that*), **siento que** (*I am sorry that*), **me sorprende que** (*it surprises me that*).

¡Ojalá que te vaya bien en todo!

You must use the subjunctive when the verb in the main clause expresses doubt, disbelief, uncertainty, or denial:

No estoy segura de que ellos regresen.

There are also some conjunctive phrases which require the subjunctive, such as: **a fin de que** (*in order that, so that*), **a menos que** (*unless*), **con tal (de) que** (*provided [that]*), **en caso (de) que** (*in case*), **para que** (*in order that, so that*), and **sin que** (*without*):

Siempre entra sin que yo lo vea.

The subjunctive is not used if there is no change of subject:

Espero aprobar el examen.

-ar	-er	-ir
habl**e**	com**a**	viv**a**
habl**es**	com**as**	viv**as**
habl**e**	com**a**	viv**a**
habl**emos**	com**amos**	viv**amos**
habl**éis**	com**áis**	viv**áis**
habl**en**	com**an**	viv**an**

Imperative Mood

The imperative is used to tell people to do things. Its forms are sometimes referred to as *commands*.

	-ar	-er	-ir
tú	habl**a** (no habl**es**)	com**e** (no com**as**)	viv**e** (no viv**as**)
Ud.	habl**e** (no habl**e**)	com**a** (no com**a**)	viv**a** (no viv**a**)
nosotros	habl**emos** (no habl**emos**)	com**amos** (no com**amos**)	viv**amos** (no viv**amos**)
vosotros	habl**ad** (no habl**éis**)	com**ed** (no com**áis**)	viv**id** (no viv**áis**)
Uds.	habl**en** (no habl**en**)	com**an** (no com**an**)	viv**an** (no viv**an**)

Several verbs have irregular **tú** imperative forms:

decir	**di**	**(no digas)**
hacer	**haz**	**(no hagas)**
ir	**ve**	**(no vayas)**
poner	**pon**	**(no pongas)**

salir	**sal**	**(no salgas)**
ser	**sé**	**(no seas)**
tener	**ten**	**(no tengas)**
venir	**ven**	**(no vengas)**

STEM-CHANGING VERBS

The -**ar** and -**er** stem-changing verbs:

Stem-changing verbs have a spelling change in the stem. Verbs ending in -**ar** and -**er** change from **e** → **ie** and **o** → **ue**. These changes occur in all persons except the **nosotros** and **vosotros** forms.

Infinitive	Present Indicative	Imperative	Present Subjunctive
querer (ie) *(to want)*	quiero quieres quiere queremos queréis quieren	quiere (no quieras) quiera (no quiera) queramos (no queramos) quered (no queráis) quieran (no quieran)	quiera quieras quiera queramos queráis quieran
pensar (ie) *(to think)*	pienso piensas piensa pensamos pensáis piensan	piensa (no pienses) piense (no piense) pensemos (no pensemos) pensad (no penséis) piensen (no piensen)	piense pienses piense pensemos penséis piensen
probar (ue) *(to try)*	pruebo pruebas prueba probamos probáis prueban	prueba (no pruebes) pruebe (no pruebe) probemos (no probemos) probad (no probéis) prueben (no prueben)	pruebe pruebes pruebe probemos probéis prueben
volver (ue) *(to return)*	vuelvo vuelves vuelve volvemos volvéis vuelven	vuelve (no vuelvas) vuelva (no vuelva) volvamos (no volvamos) volved (no volváis) vuelvan (no vuelvan)	vuelva vuelvas vuelva volvamos volváis vuelvan

Verbs that follow the **o** → **ue** pattern:

acordar(se)
acostarse
almorzar
costar
doler
encontrar
jugar
llover
poder
soñar

Verbs that follow the **e** → **ie** pattern:

atender
comenzar
despertarse
empezar
perder
recomendar
sentar(se)

The -**ir** stem-changing verbs:
Stem-changing verbs ending in -**ir** may change from **e** → **ie**, from **e** → **i**, or from **o** → **ue** or **u**.

-ir: e → **ie** or **i** and **o** → **ue** or **u**
This category includes the verbs **mentir, morir,** and **preferir**.

Infinitive	Indicative		Imperative	Subjunctive
	Present	Preterite		Present
sentir (ie) *(to feel)* -**NDO** FORM s**i**ntiendo	s**ie**nto s**ie**ntes s**ie**nte sentimos sentís s**ie**nten	sentí sentiste s**i**ntió sentimos sentisteis s**i**ntieron	s**ie**nte (no s**ie**ntas) s**ie**nta (no s**ie**nta) s**i**ntamos (no s**i**ntamos) sentid (no s**i**ntáis) s**ie**ntan (no s**ie**ntan)	s**ie**nta s**ie**ntas s**ie**nta s**i**ntamos s**i**ntáis s**ie**ntan
dormir (ue) *(to sleep)* -**NDO** FORM d**u**rmiendo	d**ue**rmo d**ue**rmes d**ue**rme dormimos dormís d**ue**rmen	dormí dormiste d**u**rmió dormimos dormisteis d**u**rmieron	d**ue**rme (no d**ue**rmas) d**ue**rma (no d**ue**rma) d**u**rmamos (no d**u**rmamos) dormid (no d**u**rmáis) d**ue**rman (no d**ue**rman)	d**ue**rma d**ue**rmas d**ue**rma d**u**rmamos d**u**rmáis d**ue**rman

-ir: e → **i**
The verbs in this second category are irregular in the same tenses as those of the first type. The only difference is that they only have one change: **e** → **i** in all irregular persons. This category includes the verbs **reír**, **repetir**, **seguir**, **servir**, and **vestir**.

Infinitive	Indicative		Imperative	Subjunctive
	Present	Preterite		Present
pedir (i) *(to ask for, request)* -**NDO** FORM p**i**diendo	p**i**do p**i**des p**i**de pedimos pedís p**i**den	pedí pediste p**i**dió pedimos pedisteis p**i**dieron	p**i**de (no p**i**das) p**i**da (no p**i**da) p**i**damos (no p**i**damos) pedid (no p**i**dáis) p**i**dan (no p**i**dan)	p**i**da p**i**das p**i**da p**i**damos p**i**dáis p**i**dan

VERBS WITH SPELLING CHANGES

Some verbs have a change in the spelling of the stem in some tenses, in order to maintain the sound of the final consonant. The most common ones are those with the consonants **g** and **c**. Remember that **g** and **c** in front of **e** or **i** have a soft sound, and in front of **a**, **o**, or **u** have a hard sound. In order to maintain the soft sound in front of **a**, **o**, or **u**, the letters **g** and **c** change to **j** and **z**, respectively. In order to maintain the hard sound of **g** or **c** in front of **e** and **i**, **u** is added to the **g** (**gu**) and the **c** changes to **qu**. The following verbs appear in the textbook.

1. Verbs ending in -**gar** change from **g** to **gu** before **e** in the first person of the preterite and in all persons of the present subjunctive.

entregar *to hand in*
Preterite: entre**gu**é, entregaste, entregó, etc.
Pres. Subj.: entre**gu**e, entre**gu**es, entre**gu**e, entre**gu**emos, entre**gu**éis, entre**gu**en.

Verbs that follow the same pattern: **llegar, jugar.**

2. Verbs ending in -**ger** or -**gir** change from **g** to **j** before **o** and **a** in the first person of the present indicative and in all the persons of the present subjunctive.

   proteger *to protect*
   Pres. Ind.: prote**j**o, proteges, protege, etc.
   Pres. Subj.: prote**j**a, prote**j**as, prote**j**a, prote**j**amos, prote**j**áis, prote**j**an

3. Verbs ending in -**guir** change from **gu** to **g** before **o** and **a** in the first person of the present indicative and in all persons of the present subjunctive.

   seguir *to follow*
   Pres. Ind.: si**g**o, sigues, sigue, etc.
   Pres. Subj.: si**g**a, si**g**as, si**g**a, si**g**amos, si**g**áis, si**g**an

4. Verbs ending in -**car** change from **c** to **qu** before **e** in the first person of the preterite and in all persons of the present subjunctive.

   explicar *to explain*
   Preterite: expli**qu**é, explicaste, explicó, etc.
   Pres. Subj.: expli**qu**e, expli**qu**es, expli**qu**e, expli**qu**emos, expli**qu**éis, expli**qu**en

   Verbs that follow the same pattern: **buscar, practicar, sacar.**

5. Verbs that end in -**cer** or -**cir** and are preceded by a vowel change from **c** to **zc** before **o** and **a** in the first person of the present indicative and in all persons of the present subjunctive.

   conocer *to know, be acquainted with*
   Pres. Ind.: cono**zc**o, conoces, conoce, etc.
   Pres. Subj.: cono**zc**a, cono**zc**as, cono**zc**a, cono**zc**amos, cono**zc**áis, cono**zc**an

   Verbs that follow the same pattern: **parecer, conducir.**

6. Verbs ending in -**zar** change from **z** to **c** before **e** in the first person of the preterite and in all persons of the present subjunctive.

   comenzar *to start*
   Preterite: comen**c**é, comenzaste, comenzó, etc.
   Pres. Subj.: comien**c**e, comien**c**es, comien**c**e, comen**c**emos, comen**c**éis, comien**c**en

   Verbs that follow the same pattern: **almorzar, empezar.**

7. Verbs ending in -**aer** or -**eer** change from the unstressed **i** to **y** between vowels in the third person singular and plural of the preterite, in all persons of the imperfect subjunctive, and in the -**ndo** form.

   creer *to believe*
   Preterite: creí, creíste, cre**y**ó, creímos, creísteis, cre**y**eron
   -**ndo** Form: cre**y**endo
   Past Part.: creído

   Other verbs that follow the same pattern are **caer** and **leer.**

8. Verbs ending in -**uir** change from the unstressed **i** to **y** between vowels (except -**guir** and -**quir**, which have the silent **u**) in the following tenses and persons.

   construir *to build*
   Pres. Part.: constru**y**endo
   Pres. Ind.: constru**y**o, constru**y**es, constru**y**e, construimos, construís, constru**y**en
   Preterite: construí, construiste, constru**y**ó, construimos, construisteis, constru**y**eron
   Imperative: constru**y**e (no constru**y**as), constru**y**a, constru**y**amos, construid (no constru**y**áis), constru**y**an
   Pres. Subj.: constru**y**a, constru**y**as, constru**y**a, constru**y**amos, constru**y**áis, constru**y**an

IRREGULAR VERBS

Only those tenses with irregular forms included in this book are shown here.

abrir *to open*
Past. Part.: abierto

dar *to give*
Pres. Ind.: doy, das, da, damos, dais, dan
Preterite: di, diste, dio, dimos, disteis, dieron
Imperative: da (no des), dé, demos, dad (no deis), den
Pres. Subj.: dé, des, dé, demos, deis, den

decir *to say, tell*
Pres. Ind.: digo, dices, dice, decimos, decís, dicen
Preterite: dije, dijiste, dijo, dijimos, dijisteis, dijeron
Future: diré, dirás, dirá, diremos, diréis, dirán
Conditional: diría, dirías, diría, diríamos, diríais, dirían
Imperative: di (no digas), diga, digamos, decid (no digáis), digan
Pres. Subj.: diga, digas, diga, digamos, digáis, digan
-ndo Form: diciendo
Past Part.: dicho

escribir *to write*
Past Part.: escrito

estar *to be*
Pres. Ind.: estoy, estás, está, estamos, estáis, están
Preterite: estuve, estuviste, estuvo, estuvimos, estuvisteis, estuvieron
Imperative: está (no estés), esté, estemos, estad (no estéis), estén
Pres. Subj.: esté, estés, esté, estemos, estéis, estén

haber *to have*
Pres. Ind.: he, has, ha, hemos, habéis, han
Preterite: hube, hubiste, hubo, hubimos, hubisteis, hubieron
Future: habré, habrás, habrá, habremos, habréis, habrán
Conditional: habría, habrías, habría, habríamos, habríais, habrían
Pres. Subj.: haya, hayas, haya, hayamos, hayáis, hayan

hacer *to do, make*
Pres. Ind.: hago, haces, hace, hacemos, hacéis, hacen
Preterite: hice, hiciste, hizo, hicimos, hicisteis, hicieron
Future: haré, harás, hará, haremos, haréis, harán
Conditional: haría, harías, haría, haríamos, haríais, harían
Imperative: haz (no hagas), haga, hagamos, haced (no hagáis), hagan
Pres. Subj.: haga, hagas, haga, hagamos, hagáis, hagan
Past Part.: hecho

ir *to go*
Pres. Ind.: voy, vas, va, vamos, vais, van
Imp. Ind.: iba, ibas, iba, íbamos, ibais, iban
Preterite: fui, fuiste, fue, fuimos, fuisteis, fueron
Imperative: ve (no vayas), vaya, vamos, id (no vayáis), vayan
Pres. Subj.: vaya, vayas, vaya, vayamos, vayáis, vayan
-ndo Form: yendo

mantener(se) *to maintain, to keep*
(See **tener** on page R40 for pattern to follow.)

poder *to be able to, can*
Pres. Ind.: puedo, puedes, puede, podemos, podéis, pueden
Preterite: pude, pudiste, pudo, pudimos, pudisteis, pudieron
Future: podré, podrás, podrá, podremos, podréis, podrán
Conditional: podría, podrías, podría, podríamos, podríais, podrían

poner *to place, put*
Pres. Ind.: pongo, pones, pone, ponemos, ponéis, ponen
Preterite: puse, pusiste, puso, pusimos, pusisteis, pusieron
Future: pondré, pondrás, pondrá, pondremos, pondréis, pondrán
Conditional: pondría, pondrías, pondría, pondríamos, pondríais, pondrían
Imperative: pon (no pongas), ponga, pongamos, poned (no pongáis), pongan
Pres. Subj.: ponga, pongas, ponga, pongamos, pongáis, pongan
Past Part.: puesto

romper(se) *to break*
Past Part.: roto

saber *to know*
Pres. Ind.: sé, sabes, sabe, sabemos, sabéis, saben
Preterite: supe, supiste, supo, supimos, supisteis, supieron
Future: sabré, sabrás, sabrá, sabremos, sabréis, sabrán
Conditional: sabría, sabrías, sabría, sabríamos, sabríais, sabrían
Imperative: sabe (no sepas), sepa, sepamos, sabed (no sepáis), sepan
Pres. Subj.: sepa, sepas, sepa, sepamos, sepáis, sepan

salir *to leave, go out*
Pres. Ind.: salgo, sales, sale, salimos, salís, salen
Future: saldré, saldrás, saldrá, saldremos, saldréis, saldrán
Conditional: saldría, saldrías, saldría, saldríamos, saldríais, saldrían
Imperative: sal (no salgas), salga, salgamos, salid (no salgáis), salgan
Pres. Subj.: salga, salgas, salga, salgamos, salgáis, salgan

ser *to be*
Pres. Ind.: soy, eres, es, somos, sois, son
Imp. Ind.: era, eras, era, éramos, erais, eran
Preterite: fui, fuiste, fue, fuimos, fuisteis, fueron
Imperative: sé (no seas), sea, seamos, sed (no seáis), sean
Pres. Subj.: sea, seas, sea, seamos, seáis, sean

tener *to have*
Pres. Ind.: tengo, tienes, tiene, tenemos, tenéis, tienen
Preterite: tuve, tuviste, tuvo, tuvimos, tuvisteis, tuvieron
Future: tendré, tendrás, tendrá, tendremos, tendréis, tendrán
Conditional: tendría, tendrías, tendría, tendríamos, tendríais, tendrían
Imperative: ten (no tengas), tenga, tengamos, tened (no tengáis), tengan
Pres. Subj.: tenga, tengas, tenga, tengamos, tengáis, tengan

traer *to bring*
Pres. Ind.: traigo, traes, trae, traemos, traéis, traen
Preterite: traje, trajiste, trajo, trajimos, trajisteis, trajeron
Imperative: trae (no traigas), traiga, traigamos, traed (no traigáis), traigan
Pres. Subj.: traiga, traigas, traiga, traigamos, traigáis, traigan
-ndo Form: trayendo
Past Part.: traído

valer *to be worth*
Pres. Ind.: valgo, vales, vale, valemos, valéis, valen
Future: valdré, valdrás, valdrá, valdremos, valdréis, valdrán
Conditional: valdría, valdrías, valdría, valdríamos, valdríais, valdrían
Pres. Subj.: valga, valgas, valga, valgamos, valgáis, valgan

venir *to come*
Pres. Ind.: vengo, vienes, viene, venimos, venís, vienen
Preterite: vine, viniste, vino, vinimos, vinisteis, vinieron
Future: vendré, vendrás, vendrá, vendremos, vendréis, vendrán
Conditional: vendría, vendrías, vendría, vendríamos, vendríais, vendrían
Imperative: ven (no vengas), venga, vengamos, venid (no vengáis), vengan
Pres. Subj.: venga, vengas, venga, vengamos, vengáis, vengan
-**ndo** Form: viniendo

ver *to see*
Pres. Ind.: veo, ves, ve, vemos, veis, ven
Imp. Ind.: veía, veías, veía, veíamos, veíais, veían
Preterite: vi, viste, vio, vimos, visteis, vieron
Imperative: ve (no veas), vea, veamos, ved (no veáis), vean
Pres. Subj.: vea, veas, vea, veamos, veáis, vean
Past Part.: visto

GUSTAR AND VERBS LIKE IT

Gustar and verbs such as **encantar, fascinar,** and **chocar** are used to talk about things you like, love, or dislike. The endings for these verbs agree with what is liked or disliked. The indirect object pronouns always precede the verb forms.

If one thing is liked:	If more than one thing is liked:
me te le nos os les } **gusta**	**me te le nos os les** } **gustan**

THE VERBS *SABER* AND *CONOCER*

For the English verb *to know*, there are two verbs in Spanish, **saber** and **conocer**.

Saber means *to know* something or *to know how to* do something. **¿Sabes que mañana no hay clase?** *Do you know that there is no school tomorrow?* **¿Sabes chino?** *Do you know Chinese?* **¿Sabes patinar?** *Do you know how to skate?*
Conocer means *to be acquainted with* somebody or something: **¿Conoces a Alicia?** *Do you know Alicia?* **¿Conoces Madrid?** *Do you know Madrid?* **Conocer** is followed by the personal **a** when it takes a person as an object.

THE VERBS *SER* AND *ESTAR*

Both **ser** and **estar** mean *to be*, but they differ in their uses.

Use **ser:**

1. with nouns to identify and define the subject
   La mejor estudiante de la clase es Katia.
2. with **de** to indicate place of origin, ownership, or material
   Carmen es de Venezuela.
   Este libro es de mi abuela.
   La blusa es de algodón.
3. to describe identifying characteristics, such as physical and personality traits, nationality, religion, and profession
   Mi tío es profesor. Es simpático e inteligente.
4. to express the time, date, season and where an event is taking place
   Hoy es sábado y la fiesta es a las ocho.
5. with the past participle to form the passive voice
   El libro fue escrito por Octavio Paz.

Use **estar:**

1. to indicate location or position of the subject
   Lima está en Perú.
2. to describe a condition that is subject to change
   Maricarmen está enfadada.
3. with the present participle (-**ndo** form) to describe an action in progress
   Mario está escribiendo un poema.
4. to convey the idea of *to look, to feel, to seem, to taste*
   Tu hermano está muy guapo hoy.
   La sopa está sabrosa.
5. with the past participle to refer to a condition which is the result of a previous action
   La cama está tendida. La tendió Carlos.

Spanish-English Vocabulary

Spanish-English Vocabulary

This vocabulary includes almost all words in the textbook, both active (for production) and passive (for recognition only). Active words and phrases are practiced in the chapter and are listed on the **Vocabulario** page at the end of each chapter. You are expected to know and be able to use active vocabulary. An entry in **boldface** type indicates that the word or phrase is active.

All other words are for recognition only. These are found in **De antemano**, in the **Pasos**, in realia (authentic Spanish-language documents), in **Panorama cultural, Encuentro cultural, Vamos a leer,** and in the **Location Openers** (travelogue sections). The meaning of these words and phrases can usually be understood from the context or may be looked up in this vocabulary. Many words have more than one definition; the definitions given here correspond to the way the words are used in the book.

Nouns are listed with definite article and plural form, when applicable. The numbers after each entry refer to Level 1 or Level 2 and the chapter where the word or phrase first appears or where it becomes an active vocabulary word.

Although the **Real Academia** has deleted the letters **ch** and **ll** from the alphabet, many dictionaries still have separate entries for these letters. This end-of-book vocabulary follows the new rules, with **ch** and **ll** in the same sequence as in English.

Stem changes are indicated in parentheses after the verb: **poder (ue)**

a *to, at, in order to*, I
a ciertas horas *at certain (specific) times*, 8
a continuación *next*, II6
a ellas *to them*, I
a ellos *to them*, I
a fines de *at the end of*
a la costa *to the coast*, II12
a la derecha *to the right*, II9
a la izquierda *to the left*, II9
a mano *handmade*, 9
a mediados de *in the middle of*, 7
A mí me gusta + infinitive *I* (emphatic) *like to . . .*, I
a partir de *starting from*
¿A qué hora...? *At what time . . .?*, I
¿A quién le gusta...? *Who likes . . .?*, I
¿A quién le toca? *Whose turn is it?*, II3
A ti, ¿qué te gusta hacer? *What do you* (emphatic) *like to do?*, I
A todos nos toca *It's up to all of us*, II11
a ustedes *to you*, I
a veces *sometimes*, I
abajo *down, downward*, 8
abarcar *to include, to encompass*
las abdominales *sit-ups*; **hacer abdominales** *to do sit-ups*, II5
el abogado, la abogada *lawyer*, 3
abordar *to board* (an airplane), 2
el abrazo *hug*, II12
el abrigo *coat*, 2
abril (m.) *April*, I
abrir *to open*; **abrir los regalos** *to open gifts*, I
la abuela *grandmother*, I
el abuelo *grandfather*, I
los abuelos *grandparents*, I
aburrido/a *boring*, I; **estar aburrido/a** *to be bored*, II2
aburridísimo/a (with **ser**) *extremely boring*, II8; **tan aburrido/a como un pato** *a terrible bore*, II7
el abusón, la abusona *abusive person*, 12
acabar (de) *to have just finished* (doing something), 8
acabar(se) *to be used up*, 10
acampar *to camp*, I
el aceite *oil*, 5
la aceituna *olive*
la acera *sidewalk*, 7
acerca de *about*, 11
el acero *steel*, 8
la acomodación *accommodation*, 2
acompañar (a) *to go with*, II8
aconsejar *to advise*, 10
acordarse (ue) de *to remember*, II5
acostarse (ue) *to go to bed*, II3
la actividad *activity*, 1
la actuación *performance*, 1
actualmente *at this time*, 3
el acuario *aquarium*, I
acuático/a *aquatic*, 3
el acuerdo *agreement*; **De acuerdo.** *Agreed.*, I; *All right.*, II4
acusar *to accuse*, 11
adelante *forward*, 4
el adelgazamiento *thinning*, 11
además *besides*, I
Adiós. *Goodbye.*, I
adivinar *to guess*, 2
el adjetivo *adjective*, 1
¿adónde? *to where?*, I; *where to?*, II1
¿Adónde fuiste? *Where did you go?*, I
¿Adónde vas? *Where are you going?*, I
adormecer *to make sleepy*, 8
adquirir (ie) *to acquire*, 7
el adverbio *adverb*, 3
afeitarse *to shave*, I
el afiche *poster*, 11
africano/a *African*
afroamericano *African-American*
afuera *outside*, 8
agarrar *to catch, to grab*, 6
la agilidad *agility*
agosto (m.) *August*, I
agotado/a *exhausted*, 10
agradecer *to be thankful, to give thanks*, 12
el agravamiento *deterioration*, 11
agrícola (m/f) *agricultural*
agrio/a *sour*, 6
el agua (f.) *water*, I
el agua (f.) **corriente** *running water*, II7

el agua (f.) **mineral** *mineral water*, I
el aguacate *avocado*, 9
el aguacero *downpour*, II10
aguantar *to sustain*, 8
el águila (f.) *eagle* (pl. **las águilas**), II11
ahí *there*, 12
ahora *now*, I
ahorrar *to save*, 9
el aire *air*; **el aire acondicionado** *air conditioning*, II7; **el aire puro** *fresh air*, II7; **el mercado al aire libre** *open-air market*, II9
ajustar *to adjust*, 8
al (a + el) *to the*, I
¡Al contrario! *On the contrary!*, II11
al este *to the east*, II9
al extranjero *to another country, abroad*, 2
Al final... *Finally . . .*, II10
al fondo *in the back*, 9
al lado de *next to*, I; *alongside*, II9
al menos *at least*, 1
al norte *to the north*, II9
al oeste *to the west*, II9
al sur *to the south*, II9
al ... siguiente *next (day, year . . .)*, II12
el albergue juvenil *youth hostel*, II12
alcanzar *to reach*, 11
la aldea *village*, 12
alegre *happy*
la alegría *joy, happiness*
Alemania (f.) *Germany*, I
algo *something*, I; **¿Desean algo más?** *Would you like something else?*, I; **hacer algo** *to do something*, II11; **preocupado/a por algo** *worried about something*, I
el algodón *cotton*; **de algodón** *(made of) cotton*, I
alguno/a (masc. sing. algún) *some, any*; **algún día** *someday*, II12; algún lado *some place*, 12
la alimentación *nourishment*, 5
el alimento *food*
allá *there*, I
el almacén *department store*, I
la almendra *almond*
almidonado/a *starched*, 8
almorzar (ue) *to eat lunch*, I
el almuerzo *lunch*, I
Aló. *Hello.*, I
el alojamiento *lodging*, 2
alrededor de *around*, 4
alto/a *tall*, I
alumbrar *to illuminate*, 7
el aluminio *aluminum*, II11
amable *nice*, 12
amarillo/a *yellow*, I
amarrar *to tie down, to fasten*, 8
ambiental *environmental*, 11
el ambiente *surroundings, environment*; **el medio ambiente** *environment*, II11
la amiga *friend* (female), I; **Ésta es mi amiga.** *This is my* (female) *friend.*, I
el amigo *friend* (male), I; **Éste es mi amigo.** *This is my* (male) *friend.*, I; **hacerse amigo/a de alguien** *to make friends with someone*, II12; **nuevos amigos** *new friends*, I; **pasar el rato con amigos** *to spend time with friends*, I; **reunirse con amigos** *to get together with friends*, II3
la amistad *friendship*, 2
amogollado/a *sticky*, 8
anaranjado/a *orange*, I
ancho/a *loose* (clothes), II9
andar *to walk*, 11
el andén *platform*, II6
andino/a *Andean*
la anécdota *anecdote, story*, 9
el ángel *angel*; **tan bueno/a como un ángel** *as good as a saint*, II7
el animal *animal*, 11
el aniversario *anniversary*; **una fiesta de aniversario** *anniversary party*, I
anoche *last night*, I
anteanoche *the night before last*, I
anteayer *day before yesterday*, I
los anteojos *eyeglasses*, 1
los antepasados *ancestors*, 10
anterior *before*; **el día anterior** *the day before*, II12
antes de *before*, I
anticipado/a *early*, 1
antiguo/a *ancient, old*, 7
antipático/a *disagreeable*, I
los antojitos *snacks*, 5
la antropología *anthropology*, I
el anuncio *advertisement*, 2
añadir *to add*, 5; **No añadas sal.** *Don't add salt.*, II5
el año *year*, I; **¿Cuántos años tiene?** *How old is (she/he)?*, I; **¿Cuántos años tienes?** *How old are you?*, I; **Tengo ... años.** *I'm . . . years old.*, I; **Tiene ... años.** *She/He is . . . years old.*, I
el Año Nuevo *New Year's Day*, I
el año pasado *last year*, I
apagar *to turn off*, II11
el aparato *apparatus*, 5
aparecer *to appear*
la aparición *appearance* (act of appearing), 11
la apariencia *appearance* (features), 4
apartar *to set aside, to lay away*, 9
aparte *separate*; **Es aparte.** *It's separate.*, I
apasionado/a *passionate, emotional*, 1
apellidarse... *to have the surname . . .*, 9
el apellido *last name*, 9
apenas *barely*, 11
aplicado/a *studious*, II4
aplicarse *to apply oneself*, 4
el apodo *nickname*, 7
aprender *to learn*, 11
aprender de memoria *to memorize*, II4
el aprendizaje *learning, training*, 2
apretado/a *tight*, 8
apretar (ie) *to tighten, to squeeze*, 10
aprobar (ue) *to pass* (an exam), II4
apropiadamente *appropriately*, 10
apropiado/a *appropriate*, 4
aprovechar *to take advantage*, 9
apuntar *to make a note of, to write down*, II4; **tomar apuntes** *to take notes*, II4
aquí *here*, I
árabe (m/f) *Arab*
la arboladura *branching*, 11
archibueno/a *extremely good*, 8
el archivo *archive*, 7
el área (f.) *area*
la arena *sand*, 11
el arete *earring*, I
argentino/a *Argentine*, II1
el armario *closet*, I
aromático/a *aromatic*; las hierbas aromáticas *herbs*, 10
arqueológico/a *archeological*
la arquitectura *architecture*
arrastrar *to drag*, 10
arreglar *to repair*, 3
arriba *up, upward*, 8
el arroz *rice*, I
el arte *art* (pl. **las artes**), I; la obra de arte *work of art*, 11
las artes marciales *martial arts*, II5
la artesanía *craft, artisanry*
el artículo definido *definite article*, 6
artístico/a *artistic*, II1
la asamblea *assembly*, 7
asegurar *to make sure*, 5
así *thus, so*, 4
Así es la cosa. *That's it.*, II11
Así (fue) que... *So that's how . . .*, II10
el asiento *seat*, 8
la asignatura *school subject*, 4
asistir a *to attend*, I
asociado/a *associated*
asomarse *to look out* (the window, etc.), 10
el aspecto (físico) *(physical) appearance*, 1
la aspiradora *vacuum cleaner*; **pasar la aspiradora** *to vacuum*, I
aspirante *aspiring*
el asunto *issue*, 10
asustarse *to be frightened*, II7
atacar *to attack*, 10
la atención *attention*; **prestar atención** *to pay attention*, II4
atender *to assist*; **¿Me puede atender?** *Can you help me?*, II9
atlético/a *athletic*, 1
el atletismo *track and field*, II5
la atracción *attraction*; **el parque de atracciones** *amusement park*, I
atraer *to attract*, 6
atrás *behind*, 11
atrasado/a *late*; **Está atrasado/a.** *He/She is late.*, I; **Estoy**

atrasado/a. *I'm late.*, I
el atún *tuna*, I
aumentar de peso *to put on weight*, II5
aún *still*, 7
aunque *although*, 4
la aurora *dawn*, 11
el autobús *bus*; **bajarse del autobús** *to get off the bus*, II6; **la parada del autobús** *bus stop*, II6; **subirse al autobús** *to get on the bus*, II6; **tomar el autobús** *to take the bus*, I
el avance *progress*, 11
avanzar *to advance*, 7
la avaricia *avarice, greed*, 11
el ave (f.) *bird* (pl. **las aves**), II11
la avena *oat*
la aventura *adventure*, 9
aventurero/a *adventurous*, II7
averiguar *to find out*, II6
el avión *airplane*; billete de avión *airplane ticket*, 2
¡Ay, qué pesado! *Oh, what a pain!*, II3
ayer *yesterday*, I
ayudar en casa *to help at home*, I; **Ayúdame, por favor.** *Please help me.*, II2; **¿Me ayudas a...?** *Can you help me . . .?*, I; **¿Puedes ayudarme a...?** *Can you help me . . .?*, II2; **¿Puedo ayudar?** *Can I help?*, II2; **¿Quieres ayudarme?** *Do you want to help me?*, II2; **¿Te ayudo a...?** *Can I help you . . . ?*, II2
la azafata *flight attendant*, 8
el azúcar *sugar*, I
azul *blue*, I

el bachillerato *high school diploma*, 12
la bahía *bay, harbor*
bailar *to dance*, I
el baile *dance*, I
bajar de peso *to lose weight*, II5
bajar el río en canoa *to go canoeing*, I
bajar por *to go down* (a street or road), II9
bajarse del autobús *to get off the bus*, II6
bajo/a *short*, I
balanceado/a *balanced*, II5
el balero *cup and ball toy*, 7
la ballena *whale*, II11
el balneario *resort*, 12
el baloncesto *basketball*, I
el banco *bank*, 2; **pasar por el banco** *to go by the bank*, II8
la banda *band*, II3
la bandeja *tray*, 8
la bandera *flag*, 11
la bandurria *stringed instrument similar to mandolin*, 8
el bañador *swimsuit*, 2
bañarse *to take a bath*, II3
el baño *bath*; **cuarto de baño** *bathroom*, II3; **el traje de baño** *bathing suit*, I
barato/a *cheap*, I; **en barata** *on sale*, II9; **¡Qué barato/a!** *How cheap!*, I
barbado/a *bearded*, 10
el barbón *unshaven man*, 12
el barco *ship*, 7
la barra *bar*, 5
barrer *to sweep*, II3
barroco/a *baroque (characteristic of an artistic, literary, and architectural style prevalent in the 17th century)*
la base *base*; *basis*; con base en *based on*, 1
bastante *quite, pretty, enough*, I; **Estoy (bastante) bien, gracias.** *I'm (pretty) well, thanks.*, I
la basura *garbage, trash*, II11; **sacar la basura** *to take out the trash*, I
el batido *milk shake*, I
el bautizo *baptism*
beber *to drink*, I
la bebida *beverage*, I
el béisbol *baseball*, I
el/la beisbolista *baseball player*
la belleza *beauty*, 9
bello/a *beautiful*, 8
besar *to kiss*, 11
la biblioteca *library*, I
la bicicleta *bicycle*; **montar en bicicleta** *to ride a bike*, I
bien *good, well*; **Está bien.** *All right.*, I; **Estoy (bastante) bien, gracias.** *I'm (pretty) well, thanks.*, I; **más o menos bien** *so-so*, II8; **Me parece bien.** *It seems fine with me.*, I
el bienestar *well-being*, II5
el billete de avión *airplane ticket*, 2
el bistec *steak*, I
blanco/a *white*, I
el bloqueador *sunscreen*, I
los bluejeans *bluejeans*, I
la blusa *blouse*, I
la boca *mouth*, I
los bocadillos *snacks*, 5
la boda *wedding*, I
el boleto *ticket*, I
el bolígrafo *ballpoint pen*, I
la bolita *small ball*, 7
boliviano/a *Bolivian*, II1
la Bolsa de Valores *stock market*
la bomba *pump*, 7
bondadoso/a *kind*, II7
el bonete *party hat*, 7
bonito/a *pretty*, I
bordado/a *embroidered*, 9
boricua (m/f) *Puerto Rican*, 8
borrar *to erase*; **la goma de borrar** *eraser*, I
el bosque *forest*, I
botánico/a *botanical*; **el jardín botánico** *botanical garden*, II6
botar *to throw out*, 11
las botas *boots*, I
la botella *bottle*, 9
el brazo *arm*, I; con los brazos en jarras *with hands on hips*, 12
brindar *to offer*, 6
la brisa *breeze*, 11
bucear *to scuba dive*, I
el buceo *diving*, 5
bueno/a *good*, I; **buena gente** *really nice (person)*, II1; **Buena idea.** *Good idea.*, I; **Buenas noches.** *Good night.*, I; **Buenas tardes.** *Good afternoon.*, I; **Buenos días.** *Good morning.*, I; de buena onda *great*, 12; **tan bueno/a como un ángel** *as good as a saint*, II7
Bueno... *Well . . .*, I; **Bueno, no me extraña.** *Well, I'm not surprised.*, II10; **Bueno, tengo clase.** *Well, I have class (now).*, I
la bufanda *scarf*, I
la burbuja *bubble*, 5
buscar *to look for*, I

el caballo *horse*; **montar a caballo** *to ride a horse*, I
la cabeza *head*, I
el cabezón *big head*, 10
cada *each*, 1
Cada vez hay más... y menos... *There are more and more . . . and less and less . . .*, II11
caer(le) fatal *to dislike strongly*, 12
caer(le) gordo *to dislike*, 12
caerle bien (mal) *to like (dislike) someone*, II7; **Me cae bien/mal...** *I really like/ don't like . . .*, II12
caerse *to fall down*, II10
el café *coffee*; **de color café** *brown*, I
el café con leche *coffee with milk*, I
la cafetería *cafeteria*, I
la caja *cash register*, II9
el cajero, la cajera *cashier*, II9
el cajón *drawer*, 9
los calcetines *socks*, I
la calculadora *calculator*, I
la calefacción *heat*, II7
el calentamiento *warm-up*, 5
cálido/a warm
caliente *hot*, I; **el perro caliente** *hot dog*, I
la calle *street*; **la lámpara de la calle** *streetlight*, II7

el callejón *alley*, 11
el calor *heat*; **Hace calor.** *It's hot.*, I
calvo/a *bald*, II1
la cama *bed*, I; **hacer la cama** *to make the bed*, I; **tender (ie) la cama** *to make the bed*, II3
la cámara *camera*, I
el camarada, la camarada *comrade, colleague*, 11
la camarera *waitress*, I
el camarero *waiter*, I
los camarones *shrimp*, I
cambiar *to change*, II11
el cambio *change*, 1
caminar *to walk*; **caminar con el perro** *to walk the dog*, I
la caminata *stroll, walk*; **dar una caminata** *to go hiking*, I
la camisa *shirt*, I
la camiseta *T-shirt*, I
el campanario *bell tower*
el campeón, la campeona *champion*, 4
el campeonato *championship*, 10
el camping *camping*; **la tienda de camping** *camping tent*, I
el campo *country*, I
el canal *channel*, 3
canalizar *to pipe, to channel* 11
el canapé *party food*, 7
las canas *gray hair*; **Tiene canas.** *He/She has gray hair.*, I
la cancha de (fútbol) *(soccer) field*, I
la cancha de tenis *tennis court*, I
la canilla *faucet*, 11
la canoa *canoe*; **bajar el río en canoa** *to go canoeing*, I
canoso/a *white-haired*, II1
cansado/a *tired*, I
cansarse *to get tired*, II5
el cantante, la cantante *singer*, 1
cantar *to sing*, I
la cantidad *quantity*, 6
el cáñamo *twine, hemp*
las cañerías *pipes*, 11
la capa *covering, layer*, 11
la capa de ozono *ozone layer*, II11
la capacidad *capacity*, 5
el capitolio *capitol building*
el capítulo *chapter*, 1
la cara *face*
el carácter *character*
cargar *to carry*, 9
caribeño/a *Caribbean*
el cariño *affection*, II12; **con cariño** *affectionately*, II12
cariñoso/a *affectionate*, I
la carne *meat*, I
la carne de res *beef*, I
caro/a *expensive*, I; **¡Qué caro/a!** *How expensive!*, I
la carpeta *folder*, I
el carro *car*; **lavar el carro** *to wash the car*, I; **los carros chocones** *bumper cars*, II8; **poner gasolina al carro** *to put gas in the car*, II8
la carroza *(parade) float*, II8
la carta *letter*, I; **jugar (ue) a las cartas** *to play cards*, II3
cartear *to write letters*, 1
el cartel *poster*, I
la cartera *wallet*, I
la casa *house, home*, I; **en casa** *at home*, II12
casarse *to get married*, II10
la cáscara *rind*, 5
el casco *helmet*; *central district of a city*, 8
casero/a *homemade*, 1
casi *almost*; **casi siempre** *almost always*, I
el castillo *castle*, 8
la categoría *category*, 4
catorce *fourteen*, I
la cebada *barley*
la cebolla *onion*, I
ceder *to yield*, 10
la celebración *celebration*
la cena *dinner*, I; **preparar la cena** *to prepare dinner*, I
cenar *to eat dinner*, I; *to have dinner/supper*, II6
el censo *census*
el centenario *100th anniversary*
el centro *downtown*, I; **el centro comercial** *shopping mall*, I; el centro de copiado *copy center*, 3; **En el centro, hay...** *Down-town, there is/are ...*, II2
cepillarse *to brush, (one's hair, teeth, etc.)*, II3
el cepillo *brush*, II3
el cepillo de dientes *toothbrush*, II3
cerca de *near*, I; **estar cerca de** *to be close to*, II2
cercano/a *nearby*
cerciorarse de *to ascertain*, 9
el cerdo *pork*, 8
el cereal *cereal*, I
cero *zero*, I
el cerro *hill*, 10
el césped *grass*; **cortar el césped** *to cut the grass*, I
el champú *shampoo*, II3
las chancletas *sandals, slippers*, I
Chao. *'Bye.*, I
la chaqueta *jacket*, I
charlar *to chat*
el cheque *check*, 9
la chequera *checkbook*, 9
la chica *girl*, I
el chicle *gum*, 11
el chico *boy*, I
chileno/a *Chilean*, II1
la China *China*, I; **la comida china** *Chinese food*, I
el chiquillo, la chiquilla *small child*, 3
el chisme *gossip*, II10
chismoso/a *gossipy* (adj.), II10
el chismoso, la chismosa *gossip* (person), II10
chocar(le) *to dislike strongly*, II1
el chocolate *chocolate*, I
la chompa *sweater* (Andean region), 9
la chorcha *group, party*; en chorcha *in a group*, 5
el chorizo *sausage*, 1
los churros *deep-fried pastry*, 5
el ciclismo *cycling*, II5
el ciclo *cycle*, 8
el cielo *sky, heaven*, 8
cien, ciento *one hundred*, I; **por ciento** *percent*, II9
la ciencia ficción *science fiction*, II10
las ciencias *science*, I
las ciencias sociales *social studies*, I
cierto *true*; a ciertas horas *at certain (specific) times*, 8; **Hasta cierto punto...** *Up to a certain point...*, II11; **No es cierto.** *It isn't true.*, I
cinco *five*, I
cincuenta *fifty*, I
el cine *movie theater*, I; **la estrella de cine** *movie star*, II8
la cintura *waist*, 7
el cinturón *belt*, I
el circo *circus*, I
la cita *appointment*, II4; **una cita** *a date, an appointment*, I
cítrico/a *citric*
la ciudad *city*, I; **¿Cómo es tu ciudad?** *What is your city like?*, II2
el civismo *civics*, 4
claro *of course*, II6; **¡Claro que sí!** *Of course!*, I
claro/a *clear, bright*, 8
la clase *class, classroom*, I; **Bueno, tengo clase.** *Well, I have class (now).*, I; **una clase de ejercicios aeróbicos** *aerobics class*, I; **¿Qué haces después de clases?** *What do you do after school?*, I
clásico/a *classical*, I
el cliente, la cliente *customer*, II9
el clima *climate*, II12
el coche *car*, 8
la cocina *kitchen*; **limpiar la cocina** *to clean the kitchen*, I
cocinar *to cook*, 5
el cocodrilo *crocodile*, II8
el coctel *cocktail*, 5
el codo *elbow*, II5
la cola *tail*; *line*; **hacer cola** *to stand in line*, II4
coleccionar *to collect*, II3
el colectivo *minivan*, 6
el colegio *high school*, I
colgar (ue) *to hang*; **colgar (ue) las decoraciones** *to hang decorations*, I
la colina *hill*, 12
el collar *necklace*, I
colombiano/a *Colombian*, II1
el color *color*; **de color café** *brown*, I; **¿De qué color es/son...?** *What color is/are...?*, I
colorado/a *red*, 10
los colores sutiles *subtle colors*, 9
los colores vivos *vivid colors*, 9
colorido/a *colorful*, 8
la comadre *godmother*, 12
la combi *minivan*, 6
combinar *to combine*, 9

el **combustible** *fuel,* II11
el **comedor** *dining room,* II3
comentar *to comment,* 4
el comentario *comment,* 4
comenzar (ie) *to start, to begin,* II3
comer *to eat,* I
comercial *business* (adj.), 2
los comestibles *food products, groceries;* **la tienda de comestibles** *grocery store,* I
cometer errores *to make mistakes,* II4
cómico/a *funny,* I
la comida *food, meal, lunch* (Mex.); **la comida mexicana/ italiana/ china** *Mexican/ Italian/Chinese food,* I; **pedir la comida** *to order food,* II6; **traer la comida** *to bring the meal,* II6
la comida en lata *canned food,* 9
el comienzo *beginning*
como *like, as;* **tan ... como...** *as . . . as,* I
¿Cómo? *How?, What?;* **¿Cómo era...?** *What was . . . like?,* 7; **¿Cómo es...?** *What's . . . like?,* I; **¿Cómo es tu ciudad?** *What is your city like?,* II2; **¿Cómo estás?** *How are you?* (to ask a friend), I; **¿Cómo estuvo?** *How was it?,* II8; **¿Cómo me veo?** *How do I look?,* II9; **¿Cómo se va a...?** *How do you get to . . .?,* II9; **¿Cómo son...?** *What are . . . like?,* I; **¿Cómo te fue?** *How did it go?,* II8; **¿Cómo te llamas?** *What's your name?,* I; **¿Cómo te queda?** *How does it fit you?,* II9; **¿Cómo te sientes?** *How are you feeling?,* II2
¡Cómo no! *Of course!,* I
la comodidad *comfort,* 7
cómodo/a *comfortable,* I
el compadre *godfather,* 12
el compañero, la compañera *friend, pal,* I
comparar *to compare,* 3
compartir *to share,* II7
la competencia *competition,* II5
competir (i) *to compete,* 7
completar *to complete,* 1
completo/a *complete,* 4
el compositor, la compositora *composer,* 7
comprar *to buy,* I
la comprensión *comprehension,* 2
comprimir *to compress,* 11
comprobar (ue) *to confirm,* 6
la computación *computer science,* I
la computadora *computer;* **usar la computadora** *to use the computer,* II3
la comunidad *community*
con *with,* I; con base en *based on,* 1; **con cariño** *affectionately,* II12; **con frecuencia** *often,* I; con los brazos en jarras *with hands on hips,* 12; **conmigo** *with me,* I; **¡Con mucho gusto!** *Sure!,* I; **con permiso** *excuse me,* II9; **contigo** *with you,* I; **¿Con qué frecuencia?** *How often?,* I
con base en *based on,* 1
el concierto *concert,* I
el cóndor *condor,* II11
el conductor, la conductora *driver,* II6
la confianza *confidence,* 1
confundir *to confuse,* 9
el cono *cone,* 12
conocer *to be familiar or acquainted with,* I; *to be familiar with (something),* II4
conocer a *to get to know (someone),* I; *to know (a person),* II4
conocido/a *known*
el conocimiento *knowledge,* 2
la consecuencia *consequence,* 10
conseguir (i) *to get,* 3
el consejo *advice,* 4
consentido/a *spoiled,* II7
conservador, -a *conservative,* 1
conservar *to conserve,* II11
considerar *to consider,* 1
consistir en *to consist of,* 5
construir *to build,* II7
consultar *to consult,* 1
el consumidor, la consumidora *consumer,* 11
consumir *to consume,* 5
la contaminación *pollution,* II7
contar (ue) *to tell, to count;* **contar (ue) chistes** *to tell jokes,* II7; **¡Cuéntamelo!** *Tell me about it!,* II10; **Se cuenta que...** *The story goes that . . .,* II10
contar (ue) con *to count on,* 1
contento/a *happy,* II2
contestar *to answer,* 1
la continuación *continuation;* **a continuación** *next,* II6
contra *against,* 7
contrario/a *contrary;* **¡Al contrario!** *On the contrary!,* II11
el convento *convent, monastery*
la conversación *conversation,* 1
conversador, -a *talkative,* II7
convertirse (en) *to change into,* 9
convivir (con) *to live (with),* 2
copiado, centro de *copy center,* 3
la copiadora *copier,* 3
copiar *to copy,* II4
el coquí *a tiny frog native to Puerto Rico,* 8
el corazón *heart*
la corbata *tie,* I
el cordero *lamb,* 8
la corneta *a type of pastry in the shape of a horn,* 7
la corola *corolla,* 11
correcto/a *correct,* 1
corregir (i) *to correct,* 2
el correo *post office,* I; **pasar por el correo** *to go by the post office,* II8; **el correo electrónico** *electronic mail,* II4
correr *to run,* I; **la pista de correr** *running track,* I
corresponder a *to belong to,* 7; que correspondan *that correspond* (subjunctive mood), 4
la corrida de toros *bullfight*
cortar el césped *to cut the grass,* I
la cortesía *courtesy,* 9
corto/a *short* (to describe length); **pantalones cortos** *shorts,* I
la cosa *thing,* I; **Así es la cosa.** *That's it.,* II11
la costa *coast*
costar (ue) *to cost*
costarricense (m/f) *Costa Rican,* II1
costero/a *coastal*
la costumbre *custom,* 1
cotidiano/a *daily,* 3
crear *to create,* 6
creativo/a *creative,* 4
crecer *to grow,* 4
creer *to believe, to think,* I; **¿Crees que... ?** *Do you think that . . .?,* I; **Creo que no.** *I don't think so.,* I; **Creo que sí.** *I think so.,* I; **No lo creo.** *I don't believe it.,* II11; **¡No lo puedo creer!** *I can't believe it!,* II10; **¿Tú crees?** *You think so?,* II10; **Yo creo que...** *I think that . . .,* II4
la crema de maní *peanut butter,* I
la cría *breeding, raising*
la crisis *crisis,* II11
criticar *to criticize,* 12
el cruce *intersection,* II9
cruzar (en...) *to cross (at . . .),* II9
el cuaderno *notebook,* I
la cuadra *city block,* I
cuadrado/a *square,* 4
el cuadro *square,* 1; *chart,* 4; **de cuadros** *plaid,* I
cuajar *to clot, to set,* 5
¿Cuál? *Which?,* I
¿Cuál es la fecha? *What is today's date?,* I
la cualidad *trait, quality,* 1
cualquier, -a *any,* 2
cuando *when,* I; **sólo cuando** *only when,* I
¿Cuándo? *When?,* I
cuando encuentre un empleo *when (I) get a job,* II12
cuando era joven *when I was young,* II7
cuando era niño/a *when I was a child,* II7
cuando llegue... *when . . . arrives,* II12
cuando tenga más dinero *when (I) have more money,* II12
cuando tenía trece años *when I was thirteen years old,* II7
cuando terminen las clases *when classes finish,* II12
cuando vuelva a... *when (I) get*

back to . . ., II12
cuantioso/a *considerable*, 6
¿cuánto/a? *how much?*, I; **¿cuántos/as?** *how many?*, I; **¿Cuántas personas hay en tu familia?** *How many people are in your family?*, I
¿Cuánto cuesta(n)...? *How much does/do . . . cost?*, I
¿Cuánto es? *How much is it?*, I
¿Cuánto tiempo hace que...? *How long have/has . . .?*, II3
¿Cuánto vale? *How much is it?*, II9
¿Cuántos años tiene? *How old is (she/he)?*, I
¿Cuántos años tienes? *How old are you?*, I
cuarenta *forty*, I
el cuarto *room*, I
el cuarto de baño *bathroom*, II3
cuarto *quarter, fourth*; **menos cuarto** *quarter to (the hour)*, I; **y cuarto** *quarter past (the hour)*, I
cuatro *four*, I
cuatrocientos/as *four hundred*, I
cubano/a *Cuban*, II1
cubrir *to cover*, 11
la cuchara *spoon*, I
el cuchillo *knife*, I
el cuello *neck*, I
la **cuenta** *bill*, I; **No, gracias, sólo la cuenta.** *No thanks, just the check.*, II6
¡Cuéntamelo! *Tell me about it!*, II10; **Se cuenta que ...** *The story goes that . . .*, II10
el cuento *story*, 10; **el cuento de hadas** *fairy tale*, II10
la cuerda *rope, cord*; **saltar a la cuerda** *to jump rope*, II5
el cuero *leather*; **de cuero** *(made of) leather*, I
el cuerpo *body*, I
el cuervo *crow*, 10
cuesta *costs*, I
cuesta un montón *it costs a lot*, 9; cuesta una fortuna *it costs a fortune*, 9
el cuidado *care*; **Ten cuidado.** *Be careful.*, II5
cuidar *to take care of*; **cuidar al gato** *to take care of the cat*, I; **cuidar a tu hermano/a** *to take care of your brother/sister*, I
la culebra *snake*, 8
culpable *guilty*, 11
el cultivo *cultivation*
la cultura *culture*, 1
cultural *cultural*, 1
la cumbre *summit, mountain top*, 10
el cumpleaños *birthday*; **una fiesta de cumpleaños** *birthday party*, I
la cúpula *dome, cupola*, 9

D

dañar *to damage*, 11
el daño *damage*; **hacerse daño** *to hurt (oneself)*, II5
dar *to give*, I; **¡Date prisa!** *Hurry up!*, I; **Se lo doy por...** *I'll give it to you for . . .*, II9
dar de comer *to feed*, II3
dar la vuelta *to go around; to turn around*, 5; *to turn over*
dar permiso *to give permission*, II5
dar un paseo *to take a walk*, 1
dar un saludo a *to give one's regards to*, II12
dar una caminata *to go hiking*, I
dar una fiesta *to give a party*, 10
dar origen *to give rise*, 10
darse cuenta de *to realize*, 11
de *of, from, made of, in*, I; **del** (de + el) *of the, from the*, I
De acuerdo. *Agreed.*, I; *All right.*, II4
de algodón *(made of) cotton*, I
de buen humor *in a good mood*, II2
de buena onda *great*, 12
de chiquito/a *as a small child*, II7
de color café *brown*, I
de cuadros *plaid*, I
de cuero *(made of) leather*, I
¿De dónde eres? *Where are you from?*, I
¿De dónde es? *Where is she/he from?*, I
de la mañana *in the morning* (A.M.), I
de la noche *in the evening* (P.M.), I
de la tarde *in the afternoon* (P.M.), I
de lana *(made of) wool*, I
de lunares *polka dotted*, 9
de mal humor *in a bad mood*, II2
de maravilla *great*, II8
de mi parte *from me, on my behalf*, II12
de niño/a *as a child*, II7
¿De parte de quién? *Who's calling?*, I
de paseo *out for a walk, going for a stroll*
de película *extraordinary* (colloquial), II8
de pequeño/a *as a child*, II7
¿De qué color es/son? *What color is it/are they?*, I
de rayas *striped*, I
de repente *all of a sudden*, II10
de seda *(made of) silk*, I
de todos modos *anyway*, II10
¿De veras? *Really?*, II10
débil *weak*, 10
de verdad *to tell you the truth/ truthfully*, II9
debajo de *under, beneath*, I
el deber *chore*, 4
deber *should, ought to*, I; **Deberías...** *You should . . .*, II4; **Debes** *you should/ought to . . .*, II4; **¿Qué debo hacer?** *What should I do?*, I; **Todos deberíamos...** *We should all . . .*, II11
decir *to say*; **dice que** *he/she says that*, I; **Diga.** *Hello.* (to answer the phone), I; **dijo que** *he/she said that*, II8; **Dime.** *Tell me*, II10; **me dijeron que** *they told me that*, II8; **¿Me puede decir...?** *Can you tell me . . .?*, I; **¡No me digas!** *You don't say!*, II10; **¿Qué dijo?** *What did he/she say?*, II8; **¿Qué te dijeron?** *What did they tell you?*, II8
decidir *to decide*, 3
las decoraciones *decorations*; **colgar (ue) las decoraciones** *to hang decorations*, I
decorar *to decorate*, I
dedicar *to dedicate*, II5
el dedo *finger, toe*, I
dejar *to leave (behind)*, II4; **¿En cuánto lo deja?** *How much will you let it go for?*, II9; **¿Puedo dejar un recado?** *May I leave a message?*, I
dejar de *to stop*, II11; **Deja de fumar.** *Stop smoking.*, II5
dejar la propina *to leave a tip*, II6
del (de + el) *of the, from the*, I
delante de *in front of*, II9
deleitar *to delight*, 6
el delfín *dolphin* (pl. **los delfines**), II11
delgado/a *thin*, I
delicioso/a *delicious*, I
demás *other* (adj.), 3
demasiado/a *too much*, I
den *give* (command), 4; dense *give one another* (command), 4
dentro de... *within (a day, month, . . .)*, II12
el dependiente, la dependiente *store clerk*, II9
los deportes *sports*, I
el deportista, la deportista *sportsman, sportswoman*, 3
deportivo/a *sport* (adj.), 6
el depósito *deposit*, 9
deprimido/a *depressed, sad*, II2
derecha *right*; **a la derecha** *to the right*, II9
derecho/a *straight*, II9
los derechos *rights*, 7
derretido/a *melted*, 6
desafortunadamente *unfortunately*, 3
desalmado/a *heartless*, 12
desaparecer *to disappear*, 9
desarrollar *to develop*, 9
el desastre *disaster*, 12
desayunar *to eat breakfast*, I
el desayuno *breakfast*, I
descansar en el parque *to rest in the park*, I
el descanso *recess, break*, I

la desconfianza *distrust*, 9
descosido/a *unstitched*, 10
describir *to describe*, 1; describan *describe* (command), 1
la descripción *description*, 1
el descubrimiento *discovery*, 10
descubrir *to discover*, 2
el descuento *discount*, II9
el descuido *carelessness*, 11
desde *from*, 2
desear *to desire*; **¿Desean algo más?** *Would you like anything else?*, I; **¿Qué desea(n) de...?** *What would you like for . . .?*, II6
desesperarse *to despair*, II11
desfilar *to march, to parade*, II8
el desfile *parade*, II8
desgraciadamente *unfortunately*, 3
deshacer *to undo, to unmake*, 3
el desierto *desert*, 2
el despacho *office*, 3
la despedida *farewell*, 12
despedirse (i) (de) *to say goodbye (to)*, II10
despejado/a *clear*, II10
desperdiciar *to waste*, II11
el desperdicio *waste*, II11
el despertador *alarm clock*, II3
despertarse (ie) *to wake up*, II3
desplazarse *to move*
despues *after*, I; *afterwards*, II6; **después de** *after*, I; **¿Qué haces después de clases?** *What do you do after school?*, I; **...días después** *(two, three . . .) days later*, II12
el destino *destination*, 8
la destrucción *destruction*, II11
la desventaja *disadvantage*, 9
el detalle *detail*, 2
detenerse (ie) *to stop*, 6
detrás de *behind*, II9
di *say, tell* (command), 3
el día *day*, I; **algún día** *someday*, II12; **...días después** *(two, three . . .) days later*, II12; **el día anterior** *the day before*, II12; **el Día de Acción de Gracias** *Thanksgiving Day*, I; **el Día de la Independencia** *Independence Day*, I; **el Día de las Madres** *Mother's Day*, I; **el Día de los Enamorados** *Valentine's Day*, I; **el Día del Padre** *Father's Day*, I; **Buenos días.** *Good morning*, I; **un día libre** *free day*, I; **todos los días** *every day*, I; **los días festivos** *holidays*, I; **tal vez otro día** *perhaps another day*, I
el diario *daily newpaper*, 6
dibujar *to draw*, I
el dibujo *drawing*, 1
el diccionario *dictionary*, I
Dice que... *She/He says that . . .*, I
diciembre (m.) *December*, I
diciendo *saying*, 11
diecinueve *nineteen*, I
dieciocho *eighteen*, I
dieciséis *sixteen*, I
diecisiete *seventeen*, I
el diente *tooth*; **el cepillo de dientes** *toothbrush*, II3; **lavarse los dientes** *to brush one's teeth*, I; **la pasta de dientes** *toothpaste*, II3
la dieta *diet*, II5
diez *ten*, I
diferente *different*, 4
difícil *difficult*, I
Diga. *Hello.* (telephone greeting), I
digan *say* (command), 1
dijo que *he/she said that*, II8
dile *tell him/her* (command), 3
Dime. *Tell me.*, II10
el dinero *money*, I; **cuando tenga más dinero** *when (I) have more money*, II12
el dios *god*, 10
la diosa *goddess*, 10
el diplomático, la diplomática *diplomat*, 3
el diputado, la diputada *congressional representative*, 7
dirigido/a *directed*, 4
dirigir *to direct*
la disciplina *discipline*
el disco compacto *compact disc*, I
disculpar *to excuse, to forgive*; **disculpe** *excuse me*, II6
discutir *to discuss*, 11
diseñar *to design*, II8
el disfraz *costume*, II8
disfrutar *to enjoy*, II8
el disparo *gunshot*, 10
distinguir *to distinguish*, 8
distinto/a *different*, 2
distraído/a *absent-minded*, II4
diurno/a *daytime*, 4
la diversidad *diversity*
la diversión *entertainment, amusement*
diverso/a *diverse*, 2
divertido/a *fun, amusing*, I
divertirse (ie) to have fun, II5
doblar *to turn*, II9
doblarse *to bend, to fold*, 5
doce *twelve*, I
la docena *dozen*, 12
el documental *documentary (film)*, 3
el dólar *dollar*, I
doler (ue) *to hurt, to ache*, I
doméstico/a *domestic, household* (adj.); **los quehaceres domésticos** *household chores*, I
el domicilio *residence*, 9
el domingo *Sunday*, I
dominicano/a *Dominican* (from the Dominican Republic), II1
donde *where*, I; **¿Adónde?** *Where (to)?*, I; **¿De dónde eres?** *Where are you from?*, I; **¿De dónde es?** *Where is she/he from?*, I; **¿Dónde?** *Where?*, I; **¿Dónde queda?** *Where is (it)?*, II9
dorado/a *golden*
dormir (ue) *to sleep*; **dormir (ue) tan bien como un lirón** *to sleep like a baby*, II7
dormirse (ue) *to fall asleep*, II10
dos *two*, I
dos por uno *two for one*, II9
doscientos/as *two hundred*, I
el dramaturgo, la dramaturga *playwright*
ducharse *to take a shower*, I
la duda *doubt*; **Sin duda (alguna).** *Without a doubt.*, II11
el dueño, la dueña *owner*, 9
dulce *sweet*, I; **los dulces** *candy*, I; **el pan dulce** *sweet rolls*, I
la dulcería *candy store*, I
la duración *duration*, 2
durante *during*, I
durar *to last*, 2
duro/a *hard*, 8

e *and* (before words beginning with **i** or **hi**)
el e-mail *e-mail*, II4
echar (a alguien) de menos *to miss (someone)*, II12
ecuatoriano/a *Ecuadorean*, II1
ecuestre *equestrian*
la edad *age*, 1
las edificaciones *buildings*, 8
el edificio *building*, II2
el editorial *editorial*, 11
la educación *education*, I; **la educación física** *physical education*, I
educar *to educate, to raise*, 4
el efecto invernadero *greenhouse effect*, 11
los efectos *effects*, II11
los efectos especiales *special effects*, II8
Egipto (m.) *Egypt*, I
egoísta (m/f) *selfish*, II7
el ejercicio *exercise*, I
ejercitar *to exercise*, 5
el *the* (article), I; **Es el ... de ...** *It's the (date) of (month).*, I; **El ... de este mes ...** *On the (date) of this month . . .*, I; **el/la ... que viene** *next (year, week . . .)*, II12
él *he* (pronoun), I; **Él es...** *He is . . .*, I
la electricidad *electricity*, II7
electrónico/a *electronic*
elegante *elegant*, II1
elegir (i) *to choose, to elect*, 7
ella *she*, I; **Ella es...** *She is . . .*, I
ellas *they*, I; **a ellas** *to them*, I
ellos *they*, I; **a ellos** *to them*, I; **Ellos/Ellas son...** *They are . . .*, I
la embajada *embassy*, 1
el embajador, la embajadora *ambassador*, 1

el embarque *takeoff*; la tarjeta de embarque *boarding pass*, 2
embarrado/a *slicked down*, 8
emigrar *to emigrate*
emocionado/a *excited*, II2
empacar *to package*; **los productos empacados** *packaged goods*, II11
la empanada *fruit or meat turnover*, 5
empaquetado/a *packaged*, 4
empedrado/a *cobblestoned*
el emperador, la emperadora *emperor, empress*, 12
empezar (ie) *to begin*, I; *to start*, II3
el empleado, la empleada *employee*, 5
el empleo *job*; **cuando encuentre un empleo** *when (I) get a job*, II12; **encontrar (ue) un empleo** *to find a job*, II12
emplumado/a *feathered*, 10
en *in, on*, I
en algún lado *someplace*, 12
en aquel entonces *back then*, II7
en aquella época *in those days*, II7
en aquellos tiempos *in those times*, II7
en barata *on sale*, II9
en chorcha *in a group*, 5
en concreto *specifically*, 2
¿En cuánto lo deja? *How much will you let it go for?*, II9
En el centro, hay... *Downtown, there is/are . . .*, II2
En fin... *In short . . .*, II10
en mis tiempos *in my time*, II7
en peligro de desaparecer *in danger of disappearing*, 11
en peligro de extinción *in danger of extinction*, 11
en punto *on the dot*, I
¿En qué le puedo servir? *How can I help you?*, II9
En seguida... *Right away . . .*, II10
en todas partes del mundo *all around the world*, 3
En tu opinión... *In your opinion . . .*, II4
en vez de *instead of*, 12
en vivo *live*, 6
enamorarse (de) *to fall in love (with)*, II10
el enano, la enana *dwarf*, II10
encajar *to box*, 11
encantar(le) *to like very much*, II1; **Encantado/a.** *Delighted to meet you.*, I; **Me encantaría** *I'd love to*, II4
encender *to light*, 12
la enchilada *tortilla stuffed with meat or cheese* (Mex.), 6
encima de *on top of*, I
encontrar (ue) un empleo *to find a job*, II12; **cuando encuentre un empleo** *when (I) get a job*, II12
encontrar (ue)... genial *to think (something) was great*, II7
encontrarse (ue) *to be located*, II9
encontrarse (ue) (con) *to meet up (with)*, II9
el encuentro *encounter*, 7
la encuesta *survey*, 12
la energía *energy*, II11
enero (m.) *January*, I
enfadado/a *angry*, II2
enfermarse *to become ill*, II5
enfermo/a *sick*, I
enfrentar *to face*, II11
enfrente de *across from*, 6
engancharse *to get tangled, to get hooked*, 10
engañar *to deceive, to cheat*, 9
el enlace *tie*
enojado/a *angry*, I
enorme *enormous*, 2
la ensalada *salad*, I
enseñar *to teach*, 6
entender (ie) *to understand*, 1
enterarse *to find out*; **¿Te enteraste de...?** *Did you find out about . . . ?*, II10
entero/a *whole, entire*, II12
Entonces... *So, then . . .*, II10; **en aquel entonces** *back then*, II7
la entrada *ticket*, 1
entre *among, between*, 2
la entrega *delivery*, 9
entregar la tarea *to hand in homework*, II4
el entrenamiento *training*, 5
entrenarse *to train*, II5
la entrevista *interview*, 3
entrevistar *to interview*
el entronque *juncture*, 6
entubar *to put into pipes*, 11
entusiasta (m/f) *enthusiastic*, II4
envolver (ue) *to wrap*, 11
la época *period of time*, 2; **en aquella época** *in those days*, II7
equilibrado/a *balanced*, 5
el equipaje *luggage*, 2
el equipo *equipment*, 4; *team*, 3
equivocarse *to be wrong*; **¡Te equivocas!** *You're wrong!*, II11
Érase una vez... *Once upon a time . . .*, II10
eres *you* (informal) *are*, I
el error (m.) *mistake*; **cometer errores** *to make mistakes*, II4
es *he/she/it is*, I; **Es aparte.** *It's separate.*, I; **Es de...** *He/She/It is from . . .*, I; **Es el ... de ...** *It's the (date) of (month).*, I; **Es la una.** *It's one o'clock.*, I; **¡Es un robo!** *It's a rip-off!*, I
es importante *it's important*, II4
es necesario *it's necessary*, II11
es preciso *it's necessary*, II5
es que *it's just that*, II5
esa, ese *that* (adj.), I
esas, esos *those* (adj.), I
la escalada *(rock) climbing*, 5
escalar *to climb*; **escalar montañas** *to go mountain climbing*, I
las escaleras *stairs*, 4
el escaparate *show window*, II9
escaso/a *scarce*, 11
la esclavitud *slavery*
escoger *to choose*, 4
escolar *scholastic, pertaining to a student or school*, 1
esconderse *to hide (oneself)*
la escondida *hide-and-seek*, 7
escribamos *let's write*, 1
escribió *he/she wrote*, 2
escribir *to write*, I
el escritorio *desk*, I
escuchar *to listen*, I; **escuchar música** *to listen to music*, I
escuchemos *let's listen*, 1
la escuela *school*, 1
la escultura *sculpture*, 1
el esfuerzo *effort*, 11
el eslabón *link* (pl. los eslabones), 6
eso *that*; **¡Eso es!** *That's it!*, II11; **por eso** *that's why, for that reason*, I; **¿Y eso, qué?** *So what?*, II10
el espacio *blank space*, 1
la espalda *back*, I
el espaldar *back (of a chair)*, 8
el español *Spanish (language)*, I
español, -a *Spanish (nationality)*, II1
especial *special*; **los efectos especiales** *special effects*, II8
la especialidad de la casa *specialty of the house*, II6
especialmente *especially*, I
las especies *species*; **proteger las especies** *to protect species*, II11
el espejo *mirror*, II3
la espeleología *spelunking*, 5
esperar *to wait for, to hope for*, 1; **Esperaba...** *I hoped to . . .*, II8
espeso/a *thick*, 7
el espíritu *spirit*
la esposa *wife*, I
el esposo *husband*, I
el esqueleto *skeleton*, 11
esquiar *to ski*, I
la esquina *corner*, II9
los esquís *skis*, I
esta, este *this* (adj.), I
esta mañana *this morning*, II2
está de moda *it's stylish*, II9
ésta *this* (pron.); **Ésta es...** *This is . . .* (to introduce a female), II1; **Ésta es mi amiga.** *This is my friend.* (to introduce a female), I
estable *stable*, 1
establecido/a *established*, 4
la estación de tren *train station*, II6
el estacionamiento *parking (space)*, II6
las estaciones *seasons* (of the year), I
el estadio *stadium*, I
el estado *state*
estadounidense (m/f) *from the United States*, II1
la estampilla *stamp*, II3
estar *to be*, I; **¿Cómo estás?** *How*

are you? (to ask a friend), I; **Está atrasado/a.** *He/She is late.*, I; **Está bien.** *All right., O.K.*, I; **Está lloviendo.** *It's raining.*, I; **Está nevando.** *It's snowing.*, I; **Está nublado.** *It's cloudy.*, I; **¿Está incluida?** *Is it (the tip) included?*, I; **Estoy atrasado/a.** *I'm late.*, I; **Estoy (bastante) bien, gracias.** *I'm (pretty) well, thanks.*, I; **Estoy de acuerdo.** *I agree.*, II11; **Estoy harto/a de...** *I'm sick and tired of...*, II3; **La línea está ocupada.** *The line is busy.*, I; **No estoy de acuerdo.** *I disagree.*, II11; **¿Qué estás haciendo?** *What are you doing?*, I; **¿Qué tal estuvo?** *How was it?*, II8

estar a gusto *to be comfortable*, 12

estar aburrido/a *to be bored*, II2

estar cerca de *to be close to, near*, II2

estar en plena forma *to be in good shape*, II5

estar lejos de *to be far from*, II2

estar listo/a *to be ready*, I

estar loco/a por *to be crazy about*, II3

estar mal *to feel poorly*, I

estar resfriado/a *to have a cold*, I

estas *these* (adj.), I

éstas *these* (pron.), I

estatal *of or relating to the state*

la estatua *statue*, 7

la estatura *height*, II1

este *this* (adj.), I; **El ... de este mes hay...** *On the (date) of this month, there is/are...*, I

éste *this* (pron.); **Éste es mi amigo.** *This is my friend.* (to introduce a male), I; **Éste es...** *This is...* (to introduce a male), II1

el este *east*; **al este** *to the east*, II9

el estilo *style*; **el estilo de vida** *lifestyle*, II11

estirarse *to stretch*, I

el estómago *stomach*, I

estos *these* (adj.), I

éstos *these* (pron.)

Estoy atrasado/a. *I'm late.*, I

Estoy de acuerdo. *I agree.*, II11

Estoy harto/a de... *I'm sick and tired of...*, II3

el estrago *ruin*, 11

estrecho/a *narrow, close*; **estrecho/a** *tight-fitting*, II9

la estrella *star*, II10

la estrella de cine *movie star*, II8

el estreno *premiere*, II8

el estrés *stress*, II5

estricto/a *strict*, I

el estudiante, la estudiante *student*, 4

estudiantil (m/f) *student* (adj.), 4

estudiar *to study*, I

la estufa *stove*, II7

Estupendo/a. *Great., Marvelous.*, I

la etapa *stage*, 5

la etiqueta *price tag*, II9

étnico/a *ethnic*

el evento *event*, I

evitar *to avoid*, II5

exagerar *to exaggerate*, 10

el examen *exam* (pl. **los exámenes**), I

Excelente. *Great., Excellent.*, I

excepto *except*, 5

excursión *field trip*, 6

exigente *demanding*, II4

el éxito *success*

la explicación *explanation*, 11

explicar *to explain*, 1

explorar *to explore*, I

la expresión *expresion*, 1

extinguir *to extinguish*, 11

extranjero/a *foreign*; al/del extranjero *to/from another country, abroad*, 2

extrañarse *to miss, to be amazed*, 4; **Bueno, no me extraña.** *Well, I'm not surprised.*, II10

extraño/a *strange*, 11

la fábrica *factory*, II7

fácil *easy*, I

la falda *skirt*, I

fallar *to fail*, 1

falso/a *false*, 1

faltar *to be missing*, 7

la familia *family*, I; **¿Cuántas personas hay en tu familia?** *How many people are in your family?*, I

famoso/a *famous*, 1

la fantasía *fantasy*, 10

la farmacia *pharmacy*; **pasar por la farmacia** *to go by the pharmacy*, II8

los fármacos *medicines*

fascinar(le) *to love*, II1

fastidiar *to annoy*, II7

favorito/a *favorite*, I

febrero (m.) *February*, I

la fecha *date*, I; **¿Cuál es la fecha?** *What is today's date?*, I; **¿Qué fecha es hoy?** *What's today's date?*, I

la fecha tope *deadline*, 2

la felicidad *happiness*, 1

feliz *happy*, II2; **tan feliz como una lombriz** *as happy as a lark*, II7

feo/a *ugly*, I

ferozmente *ferociously*, 10

festejarse *to be celebrated*

el festival *festival*, II8

la fibra *fiber*, 5

la ficción *fiction*; **la ciencia ficción** *science fiction*, II10

la fiebre *fever*; **tener fiebre** *to have a fever*, I

la fiesta *party*, I; **una fiesta de aniversario** *anniversary party*, I; **una fiesta de cumpleaños** *birthday party*, I; **una fiesta de graduación** *graduation party*, I; **una fiesta de sorpresa** *surprise party*, I

fijarse *to notice, to observe*, 9; **¡Fíjate!** *Imagine!*, II10

fijo/a *fixed*; **precios fijos** *fixed prices*, II9

el filete *fillet*, 6

el fin *end*, I; **el fin de semana** *weekend*, I; a fines de *at the end of*; **en fin...** *in short...*, II10; **por fin** *at last*, I

final *final*; **Al final...** *Finally...*, II10

la firma *signature*, 9

la física *physics*, 4

flaco/a *thin*, 12

el flan *custard*, I

la flauta *flute*, 3

flojo/a *lazy*, II4

la florería *flower shop*, I

las flores *flowers*, I

flotante *floating*

flotar *to float*, 8

la fogata *bonfire*, 12

la forma *form, shape*; **estar en plena forma** *to be in good shape*, II5; la forma superlativa *the superlative form* (of an adjective), 8; **Ponte en forma.** *Get into shape.*, II5

formal *formal*, 1

formar *to form*, 3

la fórmula *formula*, 7

el fortalecimiento *strength development*, 5

la fortaleza *fortification*

forzar (ue) *to force*, 5

la foto *photo*, 1

la fotografía *photograph*, 3

el francés *French*, I

Francia (f.) *France*, I

franciscano/a *Franciscan (of the religious order established by St. Francis of Assisi)*

franco/a *sincere, frank*, 1

la frase *phrase*, 6

la frecuencia *frequency*; **con frecuencia** *often*, I; **¿Con qué frecuencia?** *How often?*, I

fregar *to wash* (dishes), 3

la fresa *strawberry*, I

fresco/a *cool*; **Hace fresco.** *It's cool.*, I

fresco/a *fresh*, 9

los frijoles *beans*, I

el frío *cold*; **Hace frío.** *It's cold.*, I

frío/a *cold*, I

frito/a *fried*, 6

la frontera *border, frontier*, 1

fronterizo/a *border* (adj.)

la fruta *fruit*, I

Fue cuando... *It was when...*, II10

Spanish-English Vocabulary

el fuego de campamento *campfire*, 2
la fuente *fountain, source*, 5
fuera *out* (adv.), 8
la fuerte *fort*, 7
fuerte *strong, heavy*, I; **tan fuerte como un toro** *as strong as an ox*, II7
la fuerza *force*, 11
la Fuerza Aérea *Air Force*, 3
fumar *to smoke*; **Deja de fumar.** *Stop smoking.*, II5
funcionar *to work, to function*; **el sistema no funciona** *the system isn't working (doesn't work)*, III1
la fundación *founding, foundation*, 8
fundar *to found*, 11
el fútbol *soccer*, I; **la cancha de (fútbol)** *(soccer) field*, I; **el fútbol norteamericano** *football*, I

G

la galaxia *galaxy*, II10
gallego/a *Galician*, 1
la galleta *cookie*, I
la gallina *hen*, 10
ganadero/a *livestock* (adj.)
el ganado *livestock*
ganar *to win, to earn*, I
la ganga *bargain*, II9; **¡Qué ganga!** *What a bargain!*, I
garantizar *to guarantee*, 11
la garganta *throat*, I
las garnachas *snack food*, 5
las gaseosas *soft drinks*, 7
la gasolina *gasoline*; **poner gasolina al carro** *to put gas in the car*, II8; **llevar el carro a la gasolinera** *to take the car to the gas station*, II8
gastar *to spend, to waste*, II3
el gato *cat*, I; **cuidar al gato** *to take care of the cat*, I
el gazpacho *cold soup served in Spain*
el gemelo, la gemela *twin*, 4
generalmente *generally*, 3
generoso/a *generous*, II4
la gente *people*, 4; **buena gente** *really nice (person)*, II12
el gentío *crowd, people*, 8
la geografía *geography*, I
gigantesco/a *gigantic*, II7
el gimnasio *gym*, I
girar *to turn*, 7
girar trompos *to spin tops*, 7
el gitano, la gitana *Gypsy*
el globo *balloon*; **inflar los globos** *to blow up balloons*, I
gobernar (ie) *to govern*, 6
el golpe *hit, blow*, 10
la goma de borrar *eraser*, I
gordo/a *fat, overweight*; **un poco gordo/a** *a little overweight*, I
la gota *drop*, 11
Gracias. *Thanks.*, I; **Estoy (bastante) bien, gracias.** *I'm (pretty) well, thanks.*, I; **gracias por** *thank you for*, II12; **No, gracias, sólo la cuenta.** *No thanks, just the check.*, II6
gracioso/a *funny, witty*, 12
la graduación *graduation*; **una fiesta de graduación** *graduation party*, I
el gran tipo *great guy*, 12
grande *big*, I
la granja *farm*, 10
el grano *grain*, 10
la grasa *fat*, II5
gratis (m/f) *free*, II9
grave *serious*, II11
la gripe *flu*; **tener gripe** *to have the flu*, I
gris *gray*, I
gritar *to shout, to scream*, 10
el grupo *group*, 4
los guantes *gloves*, 2
guapo/a *good-looking*, I; **Te ves guapísima.** *You look very pretty.*, II9
guardar *to put away*, 3
guatemalteco/a *Guatemalan*, II1
el guerrero, la guerrera *warrior*, 10
el guía, la guía *guide*, II6
la guirnalda *garland*, 7
el guisante *pea*, 5
la guitarra *guitar*, I
gustar(le) *to like someone/something*; **A mí me gusta +** infinitive *I* (emphatic) *like to . . .*, I; **¿A quién le gusta...?** *Who likes to. . .?*, I; **A ti, ¿qué te gusta hacer?** *What do you* (emphatic) *like to do?*, I; **le gusta/n** *she/he likes*, I; **les gusta** *they/you* (plural) *like*, I; **Me gusta...** *I like . . .*, I; **Me gusta más...** *I like … more.*, I; **me gustan** *I like*, I; **Me gustaría...** *I would like . . .*, I; **Me gustaría, pero tengo que...** *I'd like to but I have to . . .*, II2; **No me gusta...** *I don't like . . .*, I; **Nos gusta(n)...** *We like . . .*, I; **¿Qué te gusta?** *What do you* (informal) *like?*, I; **Sí, me gusta.** *Yes, I like it.*, I; **te gustan...** *you* (informal) *like . . .*, I; **¿Te gusta(n)...?** *Do you* (informal) *like . . .?*, II1; **¿Te gustaría...?** *Would you* (informal) *like . . .?*, I
el gusto *pleasure, taste*; **¡Con mucho gusto!** *Sure!*, I; estar a gusto *to be comfortable*, 12; **Mucho gusto.** *Nice to meet you.*, I

las habas *beans*, 8
haber visto *to have seen*, 8
la habichuela *(string) bean*, 7
el habitante, la habitante *inhabitant*, 1
el hábito *habit*, II5
hablar *to speak, to talk*; **hablar por teléfono** *to talk on the phone*, I; **Oye, ¿has oído hablar de...?** *Listen, have you heard about . . . ?*, II10
hablemos *let's talk*, 1
hacer *to do, to make*, I; **hace... que...** *to have been (doing something) for (amount of time)*, II3; **Hace mucho tiempo...** *A long time ago . . .*, II10; **haz** *do, make* (command), I; **¿Me haces el favor de...?** *Can you do me the favor of . . .?*, I; **¿Qué debo hacer?** *What should I do?*, I; **¿Qué estás haciendo?** *What are you doing?*, I; **¿Qué hacen ustedes los fines de semana?** *What do you do on weekends?*, I; **¿Qué hiciste?** *What did you do?*, I; **¿Qué hizo?** *What did he/she/you do?*, I; **Yo ya lo hice mil veces.** *I've already done it a thousand times.*, II3
hacer *to be* (with weather expressions); **Hace buen tiempo.** *The weather is nice.*, I; **Hace calor.** *It's hot.*, I; **Hace fresco.** *It's cool.*, I; **Hace mal tiempo.** *The weather is bad.*, I; **Hace (mucho) frío.** *It's (very) cold.*, I; **Hace (mucho) viento.** *It's (very) windy.*, I; **Hace sol.** *It's sunny.*, I; **¿Qué tiempo hace?** *What's the weather like?*, I
hacer abdominales *to do sit-ups*, II5
hacer algo *to do something*, II11
hacer cola *to stand in line*, II4
hacer ejercicio *to exercise*, I
hacer falta *there is a need for*, 9
hacer juego con *to match*, II9
hacer la cama *to make the bed*, I
hacer la maleta *to pack the suitcase*, I
hacer las paces *to make up* (after a quarrel), II10
hacer lo que quieran *to do whatever you* (pl.)/*they want*, (subjunctive mood), 1
hacer monopatín *to skateboard*, II3
hacer planes *to make plans*, II4
hacer preguntas *to ask questions*, II4
hacer régimen *to be on a diet*, II5
hacer travesuras *to play tricks*, II7
hacer turismo *to go sightseeing*, I
hacer un mandado *to run an errand*, II8

hacer un viaje *to take a trip*, I
hacer yoga *to do yoga*, I
hacerse amigo/a de alguien *to make friends with someone*, II12
hacerse daño *to hurt (oneself)*, II5
hacia *towards*, 10
hacían *you* (pl.)*/they were doing*, 8
la Hacienda *Treasury (Department)*, 7
el hada (f.) **madrina** *fairy godmother*, II10; **cuento de hadas** *fairy tale*, II10
hagan *create, make* (command), 4
la hamburguesa *hamburger*, I
la harina *flour*, 10
hasta *until*, II9; **Hasta cierto punto...** *Up to a certain point . . .*, II11; **Hasta luego.** *See you later.*, I; **Hasta mañana.** *See you tomorrow.*, I
hay *there is, there are*, I; **¿Cuántas personas hay en tu familia?** *How many people are in your family?*, I
Hay que... *One must . . .*, II4; **hay que** *you have to*, II9
haz *do, make* (command), 1
el hecho *fact*, 4
el helado *ice cream*, I; **tomar un helado** *to eat ice cream*, I
el hemisferio *hemisphere*, 1
el heno *hay*
la herencia *heritage*
herir (ie) *to wound*, 10
la hermana *sister*, I; **la media hermana** *half-sister*, I
la hermanastra *stepsister*, I
el hermanastro *stepbrother*, I
el hermano *brother*, I; **el medio hermano** *half-brother*, I
los hermanos *brothers, brothers and sisters*, I
hermoso/a *beautiful*, 2
hervido/a *boiled*, 8
hicieron *you* (pl.)*/they did*, 2
hicieron una excursión *you* (pl.)*/they went on a field trip*, 6
las hierbas aromáticas *herbs*, 10
la hija *daughter*, I
el hijo *son*, I
los hijos *children*, I
el hilo *thread*, 11
la historia *story*, 10
el hogar *home*, 2
la hoja *sheet*, 6; *leaf of a plant*, 11
¡Hola! *Hello!*, I
el hombre *man*, I; **¡N'hombre!** *No way!*, II10
el hombro *shoulder*, II5
hondureño/a *Honduran*, II1
honesto/a *honest*, II4
la hora *hour, time*; a ciertas horas *at certain (specific) times*, 8; **¿A qué hora...?** *At what time . . . ?*, I; **¿Qué hora es?** *What time is it?*, I
el horario *schedule*, 4
la hormiga *ant*, 10
Horrible. *Horrible.*, I
hoy *today*, I; **¿Qué fecha es hoy?** *What's today's date?*, I
Hoy es el... de... *Today is the (date) of (month).*, I; hoy en día *nowadays*, 4
el hueso *bone*, 10
los huevos *eggs*, I
el huipil *shift* (article of clothing), 9
húmedo/a *humid*, II10
las humitas *cornbread*, 9
el humo *smoke*, 10
el humor *humor, mood*; **de buen humor** *in a good mood*, II2; **de mal humor** *in a bad mood*, II2

I

Iba a... pero no pude. *I was going to . . . but I wasn't able.*, II5
ida y vuelta *round trip*, II6
la idea *idea*; **Buena idea.** *Good idea.*, I; **No tengo ni idea.** *I've no idea.*, II6
identificar *to identify*, 4
el idioma *language*, 2
la iglesia *church*, II6
igual *equal, the same*, 8
Igualmente. *Same here.*, I
la imagen *image* (pl. las imágenes), 3
imaginar(se) *to imagine*, 1
imaginario/a *imaginary*, 1
impaciente *impatient*, II7
el imperfecto *the imperfect (tense)*, 7
el imperio *empire*
el impermeable *raincoat*, 2
importante *important*; **es importante** *it's important*, II4
imprescindible *absolutely necessary*, 1
impresionante *impressive*
impresionar *to impress*; **Quedé muy impresionado/a con...** *I thought . . . was great.*, II12
imprimir *to print*, 3
los impuestos *taxes*, 10
incansable *untiring*, 11
incluir *to include*; **¿Está incluida?** *Is it (the tip) included?*, I
incluyó *he/she/it included*, 2
incómodo/a *uncomfortable*, 7
increíble *incredible*, 9
la independencia *independence*
independizarse *to become independent*, 7
indicar *to state, to point out, to indicate*, 1
el índice *index*, 11
el indígena, la indígena *indigenous person*
el infinitivo *the infinitive (form)*, 8
inflar *to inflate, to blow up*; **inflar los globos** *to blow up balloons*, I
la influencia *influence*
la información *information*, 1
la informática *computer science*, 3
el ingeniero, la ingeniera *engineer*, 3
ingerir (ie) *to ingest*, 5
Inglaterra (f.) *England*, I
el inglés *English*, I
iniciar *to initiate*, 2
inmediatamente *immediately*, II12
inolvidable *unforgettable*, 10
inquirir *to inquire into*, 9
inscribirse *to enroll*, II5
la inscripción *enrollment*, 2
los insectos *insects*, II11
la instrucción *instruction*; **seguir (i) las instrucciones** *to follow directions*, II4
el instrumento *(musical) instrument*; **tocar un instrumento** *to play a musical instrument*, I
la inteligencia *intelligence*, 11
inteligente *intelligent*, I
la intensidad *intensity*, 2
intercambiar *to exchange*, 1
intercambiar papeles *to switch roles*, 1; intercambien papeles *switch roles* (command), 1
interesante *interesting*, I
interesar(le) *to be interested in*, II3
Internet *Internet*, 4
íntimo/a *intimate*, 7
invertir (ie) *to invest*, 4
investigar *to investigate*, 7
el invierno *winter*, I
la invitación *invitation*; **mandar las invitaciones** *to send the invitations*, I
ir *to go*, I; **¿Adónde vas?** *Where are you going?*, I; **¿Cómo se va a...?** *How do you get to . . . ?*, II9; **¡Qué va!** *No way!*, II10; **¿Vamos bien para...?** *Are we going the right way to . . . ?*, II9; **Van mal.** *You* (pl.) *are going the wrong way.*, II9; **ve** *go* (command), I
ir + a + infinitive *to be going to (do something)*, I
ir al centro comercial *to go to the mall*, I
ir de compras *to go shopping*, 1
ir de vela *to go sailing*, I
irse *to go away*, II10; **vete** *go away* (command), I
la isla *island*, I
Italia (f.) *Italy*, I
italiano/a *Italian*, I; **la comida italiana** *Italian food*, I
la izquierda *left*; **a la izquierda** *to the left*, II9

J

el jabón *soap*, II3
jalar *to pull, to tug*, 8
el jamón *ham*, I

el jardín *garden*, I; **trabajar en el jardín** *to work in the garden*, I
el jardín botánico *botanical garden*, II6
la jarra *jar, pitcher*; con los brazos en jarras *with hands on hips*, 12
la jaula *cage*, 10
el jazz *jazz*, I
el jersey *sweater* (Spain), 2
la jícama *sweet-tasting root*, 5
joven *young*, I; **Se ve joven.** *She/he looks young.*, I
los jóvenes *youths*, 2
la joyería *jewelry store*, I
el juego *game, set*; **el juego de mesa** *(board) game*, I; **el videojuego** *videogame*, I; **hacer juego con** *to match*, II9
el jueves *Thursday*, I
jugar (ue) a *to play*, I; **jugar (ue) a las cartas** *to play cards*, II3
el jugo *juice*, I; **el jugo de naranja** *orange juice*, I
la juguetería *toy store*, I
los juguetes *toys*, I
julio (m.) *July*, I
junio (m.) *June*, I
junto a *next to*, II9
juntos/as *together*, I
justo/a *fair*, II4; **No es justo.** *It's not fair.*, II3
juvenil *youth* (adj.), 11; **el albergue juvenil** *youth hostel*, II12
la juventud *youth*, 4

L

la *the*, I; *it, her, you* (formal) I; *it*, II3
La tenemos en... *We have it in* (color, size, etc.) . . ., II9
los labios *lips*, 10
el lado *side*; **al lado de** *next to*, I; *alongside*, II9; algún lado *some place*, 12
el ladrón, la ladrona *thief*, II10
el lago *lake*, I
la laguna *lagoon*, 6
la lámpara *lamp*, I
la lámpara de la calle *streetlight*, II7
la lana *wool*; **de lana** *(made of) wool*, I
la lancha *boat*, II6
lanzar *to launch*, 5; *to throw*, 10
el lápiz *pencil* (pl. **los lápices**), I
largo/a *long*, II9
las *the*, I; *them*, II3
la lastimadura *injury*, 5
lastimarse *to injure (oneself)*, II5
las latas *cans*, II11; la comida en lata *canned food*, 9
el latinoamericano, la latinoamericana *person from Latin America*, 1
el latón *brass*, 9
lavar *to wash*; **lavar el carro** *to wash the car*, I; **lavar la ropa** *to wash clothes*, I; **lavarse los dientes** *to brush your teeth*, I
el lazo *tie, bond*, 6
le *to/for her, him, you* (sing.), I
Le toca a... *It's . . . turn*; *It's up to . . .*, II3
la lealtad *loyalty*, 1
leamos *let's read*, 1
la leche *milk*; **el café con leche** *coffee with milk*, I; **un vaso de leche** *a glass of milk*, I
el lechón al horno *roasted pork*, 9
la lechuga *lettuce*, I
la lectura *reading*, 12
leer *to read*, I
las legumbres *vegetables*, I
Leí que... *I read that . . .*, II10
lejano/a *far away*, 10
lejos *far*; **lejos de** *far from*, I
la lengua *tongue, language*, 2
los lentes de sol *sunglasses*, I
la leña *firewood*, II7
les *to/for them, you* (pl.), I; **Les gusta...** *They/You* (pl.) *like . . .*, I
el letrero *sign*, II6
levantar pesas *to lift weights*, I
levantarse *to get up*, II3
leve *light* (adj.), 5
la libertad *freedom*, 1
el libertador, la libertadora *liberator*, 7
libertar *to liberate*, 7
libre *free*; **un día libre** *free day*, I; **(en) el tiempo libre** *(during) free time*, I; **el mercado al aire libre** *open-air market*, II9
la librería *bookstore*, I
el libro *book*, I
el librote *huge book*, 12
el licenciado, la licenciada *university graduate*, 3
el licuado *milk shake, usually with fresh fruit*, 5
ligero/a *light*, I
limeño/a *of the city of Lima*, 3
la limonada *lemonade*, I
el limpiabotas, la limpiabotas *shoe shiner*, 1
limpiar *to clean*, II1; **limpiar la cocina** *to clean the kitchen*, I
limpio/a *clean*, I; **mantener limpio/a** *to keep clean*, II11
lindar *to border*, 11
lindo/a *pretty*, 4; **lindísimo/a** *really beautiful*, II12
la línea *line*; **La línea está ocupada.** *The line is busy.*, I
lingüístico/a *linguistic*
el lirón *dormouse*; **dormir tan bien como un lirón** *to sleep like a baby*, II7
la lista *list*, 1
listo/a (with **ser**) *clever, smart*, I; **listo/a** (with **estar**) *ready*, I
la literatura *literature*, 3
llamar *to call, to phone*; **Llamo más tarde.** *I'll call later.*, I
llamar a la puerta *to knock at the door*, 10
llamar a los invitados *to call the guests*, I
llamarse *to be named*, II1; **¿Cómo te llamas?** *What's your name?*, I; **Me llamo...** *My name is . . .*, I; **Se llama...** *Her/His name is . . .*, I
los llanos *plains*, 12
el llavero *keychain*, 4
llegar a tiempo *to get (somewhere) on time*, II4; **cuando llegue...** *when . . . arrives*, II12
llenar *to fill*, 5
llevar *to carry, to wear, to lead*, I; **Me llevo muy bien con...** *I get along very well with . . .*, II12; llevar a cabo *to carry out*, 11; **llevar el carro a la gasolinera** *to take the car to the gas station*, II8; **llevar el carro al taller** *to take the car to the shop*, II8; **llevar una vida sana** *to lead a healthy life*, I
llevarse bien *to get along*, II12
llover (ue) *to rain*, I; **Está lloviendo.** *It's raining.*, I; **Llueve.** *It's raining.*, I; **llueve** *it rains*, II2
la lluvia *rain*, 10
lo *it, him, you* (formal), I; *it*, II3
¡Lo de siempre! *The usual!*, I
Lo dudo. *I doubt it.*, II10
Lo malo es que... *The bad thing is that . . .*, II11
lo que *what*, 6
lo siento *I'm sorry*, II6
Lo siento. No puedo. *I'm sorry. I can't.*, I
Lo siento, pero en este momento... *I'm sorry, but right now . . .*, I
lo suficiente *enough*, II5
la localidad *locale, location*, 1
localizarse *to be located*
loco/a *crazy*; **estar loco/a por** *to be crazy about*, II3
el locro *meat and vegetable stew*
la lógica *logic*, 4
lógico/a *logical*, 12
la lombriz *earthworm*; **tan feliz como una lombriz** *as happy as a lark*, II7
el loro *parrot*, II8
los *the* (pl.), I
los/las *them*, II3
la lucha *battle*, 7
el luchador, la luchadora *fighter*, 10
luchar *to struggle, to wrestle*, 7
luego *then, later*, I; **Hasta luego.** *See you later.*, I
el lugar *place*, I; **ningún lugar** *nowhere, not anywhere*, I; tener lugar *to take place*, 2
el lujo *luxury*, 4
el lunes *Monday*, I
la luz *light*, II11

la madera *wood*
la madrastra *stepmother,* I
la madre *mother,* I
la madrina *godmother;* **el hada** (f.) **madrina** *fairy godmother,* II10
magnífico/a *great,* I
el maíz *corn,* I
mal *bad,* I; **estar mal** *to feel poorly,* I; **Hace mal tiempo.** *The weather is bad.,* I; **Van mal.** *You are going the wrong way.,* II9
maleducado/a *rude, ill-mannered,* 12
la maleta *suitcase;* **hacer la maleta** *to pack the suitcase,* I
el maletero, la maletera *baggage carrier,* II6
malo/a *bad,* I; **Lo malo es que...** *The bad thing is that . . .,* II11
la mamá *mom,* I
la mancha *stain,* 10
manchar *to stain,* 8
el mandado *errand;* **hacer un mandado** *to run an errand,* II8
mandar *to send,* 1; **mandar las invitaciones** *to send invitations,* I
el mandato *command,* 5
el mandón, la mandona *bossy person,* 10
la manera *way, manner,* 2
el mango *mango* (fruit), I
la mano *hand,* I; a mano *handmade,* 9
la manta *blanket,* 9
la manteca *lard,* 10
mantener (ie) limpio/a *to keep clean,* II11
mantenerse (ie) en forma *to stay in shape,* II5
la manzana *apple,* I; *city block,* 9
la mañana *morning;* **de la mañana** *in the morning* (A.M.), I; **esta mañana** *this morning,* II2; **por la mañana** *in the morning,* I
mañana *tomorrow,* I; **Hasta mañana.** *See you tomorrow.,* I
el mapa *map,* 1
la maqueta *model, dummy,* 1
maquillarse *to put on makeup,* I
la maquinaria *machinery*
el mar *sea,* II11
la maravilla *wonder, marvel;* **de maravilla** *great,* II8
la marca *mark,* 2
el marinero, la marinera *sailor,* 3
los mariscos *shellfish,* 1
el martes *Tuesday,* I
marzo (m.) *March,* I
más *more,* I; **Cada vez hay más... y menos...** *There are more and more . . . and less and less . . .,* II11; **Más o menos.** *So-so.,* I; **más o menos bien** *so-so,* II8; **más... que** *more . . . than,* I; **Me gusta más...** *I prefer . . .,* I
la máscara *mask,* II8
masticar *to chew,* 10
el mástil *mast, post,* 11
las matemáticas *mathematics,* I
la materia *school subject,* I
matinal (m/f) *morning* (adj.), 10
máximo/a *at most,* 3
mayo (m.) *May,* I
mayor (m/f) *older,* I; **mayor que** *older than,* II4
la mayoría *majority*
me *(to, for) me,* I
¿Me ayudas a...? *Can you help me . . .?,* I
Me cae bien/mal... *I really like/don't like . . .,* II12
me dijeron que *they told me that,* II8
Me encantaría *I'd love to,* II4
Me gusta más... *I like . . . more.,* I
Me gusta(n)... *I like . . .,* I
Me gustaría, pero tengo que... *I'd like to but I have to . . .,* II2
Me gustaría... *I would like . . .,* I
¿Me haces el favor de...? *Can you do me the favor of . . .?,* I
¿Me la puedo probar? *Can I try it on?,* II9
Me llamo... *My name is . . .,* I
Me llevo muy bien con... *I get along very well with . . .,* II12
Me parece bien. *It seems fine to me.,* I
Me parece que no tienes razón. *I think you're wrong.,* II11
Me parece... *It seems . . . to me,* II4
¿Me pasas...? *Can you pass me . . .?,* I
¿Me podría decir...? *Can you tell me . . .?,* II6
¿Me puede atender? *Can you help me?,* II9
¿Me puede decir...? *Can you tell me . . .?,* I
¿Me puede rebajar el precio? *Can you lower the price for me?,* II9
¿Me puede traer...? *Can you bring me . . .?,* I
Me siento... *I feel . . .,* II2
Me toca a mí. *It's my turn. It's up to me.,* II3
¿Me traes...? *Can you* (informal) *bring me . . .?,* I
la mecánica *mechanics;* **trabajar en mecánica** *to fix cars,* II3
mediados: a mediados de *in the middle of,* 7
mediano/a *medium,* II1
el medicamento *medicine,* 11
el médico, la médica *doctor*
la medida *measure,* 7
medio/a *half;* **media hermana** *half-sister,* I; **medio hermano** *half-brother,* I; **y media** *half past (the hour),* I
el medio ambiente *environment,* II11
meditar *to muse,* 8
Mejor... *Better . . .,* II4
mejor que *better than,* II4
mejorar *to improve,* II11
melindrosamente *affectedly, pompously,* 8
la memoria *memory;* **aprender de memoria** *to memorize,* II4
mencionar *to mention,* 2
menor *younger,* I; **menor que** *younger than,* II4
menos *less,* I; **Cada vez hay más... y menos...** *There are more and more . . . and less and less . . .,* II11; **echar (a alguien) de menos** *to miss (someone),* II12; **Más o menos.** *So-so.,* I; **más o menos bien** *so-so,* II8; **menos cuarto** *quarter to (the hour),* I; **menos... que** *less . . . than,* I
el menú *menu,* I
el mercado al aire libre *open-air market,* II9
la mercancía *merchandise*
merendar (ie) *to snack,* II4
el mes *month,* I; **El ... de este mes...** *On the (date) of this month . . .,* I
la mesa *table,* I; **el juego de mesa** *(board) game,* I; **poner la mesa** *to set the table,* I; **quitar la mesa** *to clear the table,* II3
el mesero, la mesera *food server,* II6
la meta *goal,* 11
meter *to put in,* 11
el metiche, la metiche *busybody,* II10
el metro *subway,* 4; **tomar el metro** *to take the subway,* II4
mexicano/a *Mexican,* II1; **la comida mexicana** *Mexican food,* I
méxicoamericano/a *Mexican-American*
la mezcla *mixture,* 6
mi/mis *my,* I; **Mi ciudad es...** *My city is . . .,* II2; **mi última oferta** *my last offer,* II9
mí *me* (emphatic); **A mí me gusta** + infinitive *I* (emphatic) *like to . . .,* I
mide *he/she is . . . tall,* II1
mido *I'm . . . tall,* II1
el miedo *fear,* 10; tener miedo *to be afraid,* 10
el miembro *member,* 1
mientras *while,* 5
el miércoles *Wednesday,* I
mil *one thousand,* I; **Yo ya lo hice mil veces.** *I've already done it a thousand times.,* II3
la milla *mile,* I
mirar *to watch, to look at;* **Mira...** *Look . . .,* II11
mirar la televisión *to watch TV,* I
mirar las vitrinas *to window-shop,* II4
mirarse *to look at oneself,* II3
mis *my,* I

la misa *Mass*, 7
la misión *mission*
mismo/a *same*, 7
el misterio *mystery*, 1
la mitad *half*
la mochila *book bag, backpack*, I
el modelo *model, example*, 4
la moda *fashion*; **está de moda** *it's stylish*, II9
el modo *way*; **De todos modos...** *Anyway . . .*, II10
el mole *a Mexican sauce*, 6
molestar *to bother*, II7
un momento *one moment*, I; **Lo siento, pero en este momento...** *I'm sorry, but right now . . .*, I; **Un momentito.** *Just a second.*, I
el monarca, la monarca *monarch*, 11
la moneda *coin*, II3
el monje *monk*
el mono *monkey*, II8
el monopatín *skateboard*; **hacer monopatín** *to skateboard*, II3
la montaña rusa *roller coaster*, II8
las montañas *mountains*, II2; **escalar montañas** *to go mountain climbing*, I
el montañismo *mountain climbing*, II5
montar *to ride*; **montar a caballo** *to ride a horse*, I; **montar en bicicleta** *to ride a bike*, I; **montar en tabla de vela** *to go windsurfing*, II12
montón: un montón *a whole lot*, 10
el monumento *monument*, 2
morado/a *purple*, I
moreno/a *dark-haired, dark-skinned*, I
morisco/a *having the characteristics of Moorish art or architecture*
morirse (ue) *to die*, 10
el moro, la mora *Moor*
mostrar *to show*
moverse (ue) *to move*, II5
mucho *a lot*, I; **¡Con mucho gusto!** *Sure!*, I; **mucho/a** *a lot (of), a lot*, I; **Mucho gusto.** *Nice to meet you.*, I; **muchos/as** *many, a lot of*, I; **muchas veces** *often*, I
mudarse *to move*, 12
muerto/a *dead*, 5
el mulo *mule*, 8
el mundo *world*, 3; todo el mundo *everyone, everybody*, 3
la muñeca *wrist*, II5
el muñeco *doll*, 12
el muralismo *muralism*
el murciélago *bat*, II11
el muro *wall*
el museo *museum*, I
la música *music*, I; **escuchar música** *to listen to music*, I; **la música clásica/pop/rock** *classical/pop/rock music*, I; **la música de...** *music by . . .*, I
musical *musical*
el muslo *thigh*, II5
musulmán, musulmana *Muslim*
muy *very*; **(muy) mal** *(very) bad*, I

nacer *to be born*, 3
el nacimiento *birth*, 1
nacional *national*, 11
la nacionalidad *nationality*, 1
nada *nothing*, I; **nada más** *that's all*, I; **para nada** *at all*, I
nadar *to swim*, I
nadie *nobody*, I
la naranja *orange*, 11; **el jugo de naranja** *orange juice*, I
la nariz *nose*, I
la natación *swimming*, I
natural *natural*; **los recursos naturales** *natural resources*, II11
la naturaleza *nature*, II11
la nave espacial *space ship*, II10
navegar *to sail*; **navegar por la Red** *to surf the net*, II4
la Navidad *Christmas*, I
necesario/a *necessary*; **Es necesario...** *It's necessary . . .*, II11
necesitar *to need*, I
negar (ie) *to deny*, 1
las negrillas *boldface*, 12
negro/a *black*, I
nervioso/a *nervous*, I
la nevada *snowfall*, 10
nevar (ie) *to snow*; **Está nevando.** *It's snowing.*, I; **nieva** *it snows*, II2; **Nieva.** *It's snowing.*, I
ni *nor*; ni siquiera *not even*, 8; **No tengo ni idea.** *I've no idea.*, II6
nicaragüense (m/f) *Nicaraguan*, II1
la niebla *fog*, II10
ningún *not any*, 4; **ningún lugar** *nowhere, not anywhere*, I
ninguno/a *none*, III11
la niñez *childhood*, 7
el niño, la niña *child*, 9; **de niño/a** *as a child*, II7
el nivel *level*, 5
no *no*, I
¿no? *isn't it?, right?*, I
No añadas sal. *Don't add salt.*, II5
No es así. *That's not so.*, II11
No es cierto. *It isn't true.*, I
No es justo. *It's not fair.*, II3
No estoy de acuerdo. *I disagree.*, II11
No estoy seguro/a. *I'm not sure.*, II6
No fumes más. *Don't smoke anymore.*, II5
No, gracias, sólo la cuenta. *No thanks, just the check.*, II6
No lo creo. *I don't believe it.*, II11
¡No lo puedo creer! *I can't believe it!*, II10
¡No me digas! *You don't say!*, II10
No me gusta... *I don't like . . .*, I
No me parece. *It doesn't seem right to me.*, II11
No nos quedan. *We don't have any more.*, II9
No puede ser. *It can't be.*, II10
No puedo. *I can't.*, I
no repitas *don't repeat* (command), 1
No sé. *I don't know.*, I
No se puede perder (ie). *You can't miss it.*, II9
No seas... *Don't be . . .*, II5
No te preocupes. *Don't worry.*, I
No tengo ni idea. *I've no idea.*, II6
noble *noble*; **tan noble como un perro** *as noble as a lion*, II7
la noche *night*; **Buenas noches.** *Good night.*, I; **de la noche** *in the evening* (P.M.), I; **por la noche** *at night, in the evening*, I
la Nochebuena *Christmas Eve*, I
la Nochevieja *New Year's Eve*, I
el nombre *name*, 2; *noun*, 7
¡N'hombre! *No way!*, II10
normalmente *normally*, II3
el norte *north*; **al norte** *to the north*, II9
nos *to/for us*, I
Nos gusta... *We like . . .*, I
Nos gusta + infinitive *We like to . . .*, I
Nos gustan... *We like . . .*, I
¿Nos puede traer...? *Can you bring us . . .?*, I
nosotros/as *we*, I; **nosotros/as** *us* (after preposition), I
la nota *note, grade*; **sacar buenas notas** *to get good grades*, II4
las noticias *news*, II10
novecientos/as *nine hundred*, I
la novela *novel*, I
noventa *ninety*, I
noviembre (m.) *November*, I
la nube *cloud*, 8
nublado/a *cloudy*, I; **Está nublado.** *It's cloudy.*, I
la nuca *nape of the neck*, 8
nuestro/a *our*, I
nueve *nine*, I
nuevo/a *new*, I; **nuevos amigos** *new friends*, I
la nuez *nut*
el número *number*, I; *size (shoe)*, II9
nunca *never, not ever*, I
nutritivo/a *healthy, nutritious*, 5
el ñame *yam*

o *or*; **Más o menos.** *So-so.*, I
el objeto *object*, 9
la obra de arte *work of art*, 11
la obra literaria *literary work*, 4
la obra maestra *masterpiece*, 8
el océano *ocean*, II2
ochenta *eighty*, I
ocho *eight*, I
ochocientos/as *eight hundred*, I
octubre (m.) *October*, I
ocupado/a *busy*, I; **La línea está ocupada.** *The line is busy.*, I
ocurrir *to occur*, 9
la oda *ode*, 11
odiar *to hate*, II7
el oeste *west*; **al oeste** *to the west*, II9
la oferta *sale*, II9; **mi última oferta** *my last offer*, II9
ofrecer *to offer*, 2; **¿Se le(s) ofrece algo más?** *Would you care for anything else?*, II6
el ogro *ogre*, 10
el oído *(inner) ear*, I
oiga, oigan *hey*, 4
los ojos *eyes*, I; **Tiene (los) ojos verdes/azules.** *He/she has green/blue eyes.*, I
olvidadizo/a *forgetful*, 9
olvidar *to forget*, II4
olvidarse (de) *to forget (about), to forget (to)*, II5
once *eleven*, I
la onda *wave*; de buena onda *great*, 12
la opinión *opinion*; **En tu opinión...** *in your opinion . . .*, II4
opuesto/a *opposite*, 4
la oración *sentence*, 1
la orden *command, order*, 3
ordenar *to tidy up*, II3
la oreja *(outer) ear*, I
organizar *to organize*, I
el orgullo *pride*, 6
orgulloso/a *proud*, 10
el oro *gold*, 6
oscurecer *to get dark*, 8
la oscuridad *darkness*, 11
oscuro/a *dark*, 5
el oso de peluche *stuffed bear*, 3
el otoño *fall*, I; *autumn*, II2
otro/a *other, another*, I; **tal vez otro día** *perhaps another day*, I
el OVNI (Objeto Volante No Identificado) *UFO*, II10
Oye, ¿has oído hablar de...? *Listen, have you heard about . . .?*, II10
el ozono *ozone*; **la capa de ozono** *ozone layer*, II11

P

el padrastro *stepfather*, I
el padre *father*, I
los padres *parents*, I
padrísimo/a *cool* (slang), 3
pagar *to pay*, 6
la página *page*, 1; **la página Web** *Web page*, II4
el país *country*, 2
el paisaje *scenery, landscape*, 9
la palabra *word*, 6
el paladar *palate*, 6
el pan *bread*; **el pan dulce** *sweet roll*, I; **el pan tostado** *toast*, I
la panadería *bakery*, I
panameño/a *Panamanian*, II1
el pancho *hot dog* (Argentina), 7
los pantalones *pants*, I; **los pantalones cortos** *shorts*, I
la pantorrilla *calf* (of the leg), II5
el paño *cloth*, 8
la papa *potato*; **las papas fritas** *french fries*, I
el papá *dad*, I
el papagayo *parrot*, 11
la papaya *papaya* (fruit), I
el papel *paper*, I; *role*, 7
el papel maché *papier mâché*, 12
las papitas *potato chips*, I
el par de *pair of*, II9
para *for, to*, I; **para** + infinitive *in order to*, I; **para empezar** *to begin with*, II6; **para fines de...** *by the end of . . .*, II12; **para mí** *for me*, II4; **Para mí...** *I'll have . . .* (ordering food), II6; **para nada** *at all*, I; **¿Para quién...?** *For whom . . .?*, I; **¿Vamos bien para...?** *Are we going the right way to . . .?*, II9
la parada del autobús *bus stop*, II6
paraguayo/a *Paraguayan*, II1
el paraíso *paradise*, I
pardo/a *brown*, I
parecer *to seem, to appear*; **Me parece bien.** *It seems fine to me.*, I; **Me parece...** *It seems . . . to me*, II4; **No me parece.** *It doesn't seem right to me.*, II11; **¿Qué te parece... ?** *What do you think about . . .?*, II4; **¿Qué te parece si...?** *How do you feel about . . .?*, I; **¿Te parece que...?** *Do you think that . . .?*, II4
parecer pesado/a *to seem boring*, II7
parecido/a *similar*, 3
los paréntesis *parentheses*, 1
los parientes *relatives*, II12
el parking *parking (lot)* (Spain), 6
los párpados *eyelids*, 11
el parque *park*, I; **descansar en el parque** *to rest in the park*, I; **el parque de atracciones** *amusement park*, I
el parqueadero *parking (lot)* (Colombia), 6
el parqueo *parking (lot)* (Costa Rica), 6
el párrafo *paragraph*, 11
la parte *part, place*; **de mi parte** *from me, on my behalf*, II12; **¿De parte de quién?** *Who's calling?*, I
la partícula *particle*, 11
particular *particular*, 4
la partida *departure*; el punto de partida *point of departure*, 5
el partido de... *game of . . .* (sport), I
partir *to depart, to leave*, 10; a partir de *starting from*
el pasado *past*, 6
pasado/a *past, last* (with time); **el año pasado** *last year*, I; **el sábado pasado** *last Saturday*, I; **la semana pasada** *last week*, I; **el verano pasado** *last summer*, I
el pasaje *passage*, 1
el pasajero, la pasajera *passenger*, II6
pasar *to pass, to spend time*; *to happen*, 6; **¿Me pasas...?** *Can you pass me . . .?*, ; **pasar la aspiradora** *to vacuum*, I; **pasarlo bien** *to have a good time*, I; **¿Qué le pasa a...?** *What's wrong with . . .?*, I; **¿Qué tal lo pasaste?** *Did you have a good time?*, II8
pasar el rato con amigos *to spend time with friends*, I
pasar por el banco *to go by the bank*, II8
pasar por el correo *to go by the post office*, II8
pasar por la farmacia *to go by the pharmacy*, II8
pasar por *to drop by and pick someone up*, II4
el pasatiempo *pastime, hobby*, II3
las Pascuas *Easter*, I
el paseo *(social) walk, stroll*, I
el pasillo *aisle*, 8
paso a paso *little by little*, 10
la pasta de dientes *toothpaste*, II3
el pastel *cake*, I
la pastelería *sweet shop*, I
patinar sobre ruedas *to roller skate*, I
el pato *duck*; **tan aburrido/a como un pato** *a terrible bore*, II7
patrio/a *of, from, or representing one's native land*
la paz *peace*; **hacer las paces** *to make up* (after a quarrel), II10
el pecho *chest*, 5

pedir (i) *to order, to ask for*, I; **pedir (i) la comida** *to order food*, II6; **¿Ya sabe(n) qué va(n) a pedir?** *Do you know what you're going to order?*, II6
pegar *to press*, 5; *to stick*, 8
el peinado *hairstyle*, 8
peinarse *to comb your hair*, I
el peine *comb*, II3
pelar *to peel*, 5
pelear *to fight*, II7
la película *movie, film*, I; **de película** *extraordinary* (colloquial), II8
el peligro *danger*; en peligro de desaparecer *in danger of disappearing*, 11; en peligro de extinción *in danger of extinction*, 11
peligroso/a *dangerous*, II7
pelirrojo/a *redheaded*, I
el pelo *hair*, I; **Tiene el pelo...** *He/She has . . . hair.*; **la secadora de pelo** *hair dryer*, II3
la pelota *ball*, 7
el peluche *felt*; el oso de peluche *stuffed bear*, 3
Pensaba... *I planned to . . .*, II8
pensar (ie) *to think*; **pensar + infinitive** *to plan, to intend*, I
la peña *group, club*, 1
peor que *worse than*, II4
el pepino *cucumber*, 5
pequeño/a *small*, I; **de pequeño/a** *as a child*, II7
la pera *pear*, 5
perder (ie) *to lose, to miss* (a class, an exam, etc.), II4
perderse (ie) *to get lost*, II10; **No se puede perder.** *You can't miss it.*, II9
Perdón. *Excuse me.*, I; **Perdóname.** *Excuse me.*, I
Perfecto. *Perfect.*, I
el perfume *perfume*, 3
el periódico *newspaper*, I
el periodista, la periodista *journalist*
el período *period*
permanecer *to stay*, 2
el permiso *permission*; **con permiso** *excuse me*, II9; **dar permiso** *to give permission*, II5
pero *but*, I; **Me gustaría, pero tengo que...** *I'd like to but I have to . . .*, II2
el perro *dog*; **caminar con el perro** *to walk the dog*, I; **el perro caliente** *hot dog*, I; **tan noble como un perro** *as noble as a lion*, II7
el perrote *a big dog*, 10
la persona *person*; **¿Cuántas personas hay en tu familia?** *How many people are in your family?*, I
el personaje *figure, person*
la personalidad *personality*, 1
peruano/a *Peruvian*, II1
pesado/a *heavy, boring*; **¡Ay, qué pesado/a!** *Oh, what a pain!*, II3; **parecer pesado/a** *to seem boring*, II7
las pesas *weights*; **levantar pesas** *to lift weights*, II5
la pesca *fishing*, 11
el pescado *fish*, I
pescar *to fish*, I
pese a *in spite of*, 11
el peso *weight*, 4; **aumentar de peso** *to put on weight*, II5; **bajar de peso** *to lose weight*, II5
el petróleo *petroleum*, II11
petrolero/a *petroleum* (adj.)
el pez *fish* (pl. **los peces**), II11
el piano *piano*, I
picante *spicy*, I
el pico *beak*, 10
pidan *ask for* (command), 4
pídele que responda *ask him/her to answer/reply* (subjunctive mood), 3
el pie *foot*, I
la piedra *stone*, 10
Pienso... *I plan to . . .*, II4
la pierna *leg*, I
la pieza *piece*, 9
la pila *a heap*, 10
pintar *to paint*, I
el pintor, la pintora *painter*
pintoresco/a *picturesque*
la pintura *painting*, 1
la piña *pineapple*, I
la pirámide *pyramid*
la piscina *swimming pool*, I
el piso *floor*, II3
la pista *track*; **la pista de correr** *running track*, I
el pito *whistle*, 7
la pizza *pizza*, I
la pizzería *pizzeria*, I
el plan *plan*; **hacer planes** *to make plans*, II4; **Ya tengo planes.** *I already have plans.*, I
la plancha *iron* (for clothes), 3
planchar *to iron*, I
el planeta *planet*, II10
el plano *map*, 1
la planta *plant*, I
el plástico *plastic*, II11
el plátano *banana*, I
platicar *to chat*, II4
el plato *plate*, I; *dish*, 1
el plato hondo *bowl*, I
la playa *beach*, I; **por la playa** *along the beach*, I
la playera *T-shirt*, 3
la plaza *plaza, (town) square*, 1
la población *population*
el poblado *village*, 6
el poblador, la pobladora *villager*, 10
la pobreza *poverty*, 11
poco/a *a little*; **un poco gordo/a** *a little overweight*, I
pocos/as *few*, II2
poder (ue) *to be able, can*, I; **Iba a... pero no pude.** *I was going to . . . but I wasn't able.*, II5; **¿Me puede decir...?** *Can you tell me . . .?*, I; **¿Me puede traer...?** *Can you bring me . . . ?*, I; **¿Me podría decir...?** *Can you tell me . . .?*, II6; **¡No lo puedo creer!** *I can't believe it!*, II10; **No puede ser.** *It can't be.*, II10; **No puedo.** *I can't.*, I; **¿Nos puede traer...?** *Can you bring us . . . ?*, I; **¿Puedo ayudar?** *Can I help?*, II2; **¿Puedo dejar un recado?** *May I leave a message?*, I; **¿Qué le puedo traer?** *What can I bring you?*, I; **Quería pero no pude.** *I wanted to but couldn't.*, II8
el poeta, la poeta *poet*
el poliladro *cops and robbers* (Argentina), 7
el político *politician*
el pollo *chicken*, I
el polvo *dust*; **sacudir el polvo** *to dust*, II3
la pomada *ointment*, 8
las pompas *posterior*, 5
poner *to put, to place*, I; **pon** *put, place*, I; **poner gasolina al carro** *to put gas in the car*, II8; **poner la mesa** *to set the table*, I
ponerse la ropa *to put on clothes*, II3
Ponte en forma. *Get into shape.*, II5
por *at, by, for, in*, I; *for (a period of time)*, II5
por ciento *percent*, II9
por consiguiente *consequently*, II11
por eso *that's why, for that reason*, I, II10
por favor *please*, I; **Por favor, me trae...** *Please bring me . . .*, II6
por fin *at last*, I
por la mañana *in the morning*, I
por la noche *at night, in the evening*, I
por la playa *along the beach*, I
por la tarde *in the afternoon*, I
por lo general *generally*, II3
Por lo general tomo... *I generally eat/drink . . .*, I
por lo tanto *therefore*, II11
por medio de *by, through*, 3
¿Por qué? *Why?*, I
¿Por qué no...? *Why don't . . . ?*, I; *Why don't you . . . ?*, II2
por supuesto *of course*, II6
por tu cuenta *on your own*, 5
por último *finally*, II6
la porción *serving, portion*, 5
porque *because*, I
posible *posible*, 2
la postal *postcard*, 2
posteriormente *afterward*, 10
el postre *dessert*, I; **servir (ie) el postre** *to serve dessert*, II6
el pozo *well*, II7
practicar *to practice*, I

practicar deportes *to play sports*, I
el **precio** *price*, I; **los precios fijos** *fixed prices*, II9; **¿Me puede rebajar el precio?** *Can you lower the price for me?*, II9; **¿Qué precio tiene?** *What is the price?*, II9; **Son del mismo precio.** *They're the same price.*, I
precioso/a *beautiful*, 1
preciso/a *necessary, precise*; **es preciso** *it's necessary*, II5
predilecto/a *favorite*, 9
el predominio *predominance*, 10
preescolar (m/f) *preschool*, 3
preferir (ie) *to prefer*, I; **¿Qué prefieres?** *What do you prefer?*, I
la pregunta *question*; **hacer preguntas** *to ask questions*, II4
preguntar *to ask*, 3
el premio *prize*, 6
preocupado/a *worried*, II2; **preocupado/a por algo** *worried about something*, I
preocuparse *to worry*, II4; **No te preocupes.** *Don't worry.*, I
preparado/a *prepared*, 2
preparar *to prepare*, I
prepararse *to prepare oneself*, 2
los preparativos *preparations, plans*, 4
la preparatoria *preparatory school*, 3
la preposición *preposition*, 8
presentar *to introduce (someone to someone else)*, 1; preséntense *introduce yourselves* (command), 1
el presente *the present (tense)*, 6
el préstamo *loan*, 5
prestar atención *to pay attention*, II4
el pretérito *the preterite (tense)*, 2
la prima *female cousin*, I
la primaria *elementary school*, 3
la primavera *spring*, I
el primero *the first* (of the month), I
primero/a *first*, I
el primo *male cousin*, I
los primos *cousins*, I
la princesa *princess*, II10
principal *main*
principalmente *mainly*, 11
el príncipe *prince*, II10
el principio *beginning*, 7
la prisa *haste, hurry*; **¡Date prisa!** *Hurry up!*, I; **tener prisa** *to be in a hurry*, I; **Tengo prisa.** *I'm in a hurry.*, I
el probador *dressing room*, II9
probarse (ue) *to try on*, II9
el problema *problem*, I
proceder *to proceed*, 11
procesar *to process*, 3
los productos empacados *packaged goods*, II11
el profesor, la profesora *teacher*, I
profundamente *deeply*, II5
el programa *program*; el programa de intercambio *exchange program*, 3; el programa de televisión *television program*, 1
prometer *to promise*, 10
el pronombre *pronoun*, 1; el pronombre de objeto directo *direct object pronoun*, 3; el pronombre de objeto indirecto *indirect object pronoun*, 1
pronto *soon*, II12
la propina *the tip*, I; **dejar la propina** *to leave a tip*, II6
proteger las especies *to protect species*, II11
proveer *to provide*, 4
el proyecto *project*, 4
la psicología *psychology*, 4
el pueblo *village*, 8
¿Puedes ayudarme a...? *Can you help me . . . ?*, II2
¿Puedo ayudar? *Can I help?*, II2
¿Puedo dejar un recado? *May I leave a message?*, I
el puente *bridge*, II6
la puerta *door*, I
el puerto *port*
puertorriqueño/a *Puerto Rican*, II1
el punto *point*; **en punto** *on the dot*, I; **Hasta cierto punto...** *Up to a certain point . . .*, II11; punto de partida *point of departure*, 5; punto de vista *point of view*, 11

que *that, which, who*, I; **Dice que...** *She/he says that . . .*, I; **¿Qué?** *What?*, I; **¿A qué hora...?** *At what time . . . ?*, I; **¿Y eso, qué?** *So what?*, II10
¡Qué barato/a! *How cheap!*, I
¡Qué caro/a! *How expensive!*, I
¡Qué casualidad! *What a coincidence!*, 4
¿Qué debo hacer? *What should I do?*, I
¿Qué desea(n) de...? *What would you like for . . . ?*, II6
¿Qué dijo? *What did he/she say?*, II8
¿Qué estás haciendo? *What are you doing?*, I
¿Qué fecha es hoy? *What's today's date?*, I
¡Qué ganga! *What a bargain!*, I
¿Qué hacen ustedes los fines de semana? *What do you do on weekends?*, I
¿Qué haces después de clases? *What do you do after school?*, I
¿Qué hay en...? *What's in . . . ?*, I
¿Qué hay para tomar? *What is there to drink?*, I
¿Qué hiciste? *What did you do?*, I
¿Qué hizo? *What did he/she/you do?*, I
¿Qué hora es? *What time is it?*, I
¡Qué lástima! *What a shame!*, I
¿Qué le pasa a...? *What's wrong with . . . ?*, I
¿Qué le puedo traer? *What can I bring you?*, I
¿Qué le(s) traigo de...? *What shall I bring you for . . . ?*, II6
¿Qué me recomienda? *What do you recommend?*, II6
¡Qué pena! *What a pity!*, 9
¿Qué precio tiene? *What is the price?*, II9
¿Qué prefieres? *What do you prefer?*, I
¿Qué quieres que haga? *What do you want me to do?*, II2
¿Qué tal? *How's it going?*, I
¿Qué tal estuvo/estuvieron? *How was it?/What were they like?*, II8
¿Qué tal lo pasaste? *Did you have a good time?*, II8
¿Qué tal si...? *What if . . . ?*, I; *How about if . . . ?*, II2
¿Qué te dijeron? *What did they tell you?*, II8
¿Qué te gusta? *What do you like?*, I
¿Qué te parece... ? *What do you think about . . . ?*, II4
¿Qué te parece si...? *How do you feel about . . . ?*, I
¿Qué tiempo hace? *What's the weather like?*, I
¿Qué tomas para...? *What do you eat for . . . ?*, I
¿Qué tienes? *What's the matter?*, I
¡Qué va! *No way!*, II10
quedar *to be (situated)*, I; **quedar en** *to arrange to (do something)*, II4
quedarse *to stay, to remain*, I; **¿Cómo te queda?** *How does it fit you?*, II9; **¿Dónde queda?** *Where is it?*, II9; **No nos quedan.** *We don't have any more.*, II9; **Quedé muy impresionado/a con...** *I thought . . . was great.*, II12; **Te queda muy bien.** *It fits you very well.*, I
los **quehaceres** *chores*, II3; **los quehaceres domésticos** *household chores*, I
quejarse (de) *to complain*, II5
quemar *to burn*, 5
querer (ie) *to want*, I; **Quería pero no pude.** *I wanted to but couldn't.*, II8; **¿Qué quieres que haga?** *What do you want me to do?*, II2; **quieres** *you want*, I; **¿Quieres...?** *Do you* (informal) *want to . . . ?*, I; **¿Quieres ayudarme?** *Do you* (informal) *want to help me?*, II2; **quiero** *I want*, I; **quisiera** *I would like (to)*, I
querido/a *dear*, II12
el **queso** *cheese*, I

el queso de cabrales *strong-flavored, soft goat cheese*, 1
¿Quién? *Who?*, I; **¿A quién le toca?** *Whose turn is it?*, II3; **¿De parte de quién?** *Who's calling?*, I; **¿quiénes?** *who?* (pl.), I; **¿Para quién?** *For whom?*, I
la química *chemistry*, 4
los químicos *chemicals*, II11
quince *fifteen*, I
quinientos/as *five hundred*, I
la quinta *country home*, 4
quisiera *I would like (to)*, I
quitar la mesa *to clear the table*, II3
quitarse *to take off* (clothes), 10
quizás *perhaps*, 8

R

racionado/a *rationed*, 11
la radio *radio*, I
la rama *branch*, 10
rápidamente *quickly*, II3
rapidísimo/a *very fast*
raro/a *strange*, 1
el rascacielos *skyscraper*, II2
el rasgo *trait, characteristic*
rasurarse *to shave*, 3
el rato libre *free time*, II3
la raya *stripe*; **de rayas** *striped*, I
el rayo *bolt of lightning*, II10
la razón *reason*; **Me parece que no tienes razón.** *I think you're wrong.*, II11
la reacción *reaction*, 12
reaccionar *to react*, 10
realizar *to make real, to carry out*, 11
rebajar *to reduce*; **¿Me puede rebajar el precio?** *Can you lower the price for me?*, II9
el rebozo *shawl*, 9
el recado *message*; **¿Puedo dejar un recado?** *May I leave a message?*, I
recibir *to receive*, I; **recibir regalos** *to receive gifts*, I
el recibo *receipt*, 9
el reciclaje *recycling*, II11
reciclar *to recycle*, II11
recién *just recently*, 10
reciente *recent*, 12
recobrar *to recover*, 5
recoger *to pick up*, 3
recomendar (ie) *to recommend*; **¿Qué me recomienda?** *What do you recommend?*, II6
Recomiendo... *I recommend . . .*, II6
reconocer *to recognize*, 6
recordar (ue) *to remember*, 7
recorrer *to tour*, 6
el recorrido *journey*, II6
el recreo *recreation*
recto *straight, straight ahead*, 9
el recuerdo *reminder*
los recursos naturales *natural resources*, II11
referirse (ie) a *to refer to*, 1
refinado/a *refined*, 6
reflejar *to reflect*, 6
el refrán *saying*
el refresco *soft drink*; **tomar un refresco** *to drink a soft drink*, I
regalar *to give* (as a gift), I; **Se lo regalo por...** *I'll give it to you for . . .*, II9
el regalo *gift*, I; **abrir los regalos** *to open gifts*, I; **recibir regalos** *to receive gifts*, I
regar (ie) *to water*, II3
regatear *to bargain*, II9
el régimen *diet, regimen*; **hacer régimen** *to be on a diet*, II5
la regla *ruler*, I
regresar *to return, to go back, to come back*, I
Regular. *Okay.*, I
la reina *queen*, 8
relacionado/a con *related to*, 6
relacionar *to relate*, 11
el relajamiento *relaxation*, 5
relajante *relaxing*, 5
relajarse *to relax*, II5
el relato *story, narrative*, 10
el reloj *clock, watch*, I
reluciente *brilliant, gleaming*, 8
remalo/a *wicked* (colloquial), 12
remar *to row*, II5
el remo *rowing*, II5
repasar *to review*, II4
repetir *to repeat*, 1
el reportaje *report*, 7
reprobar (ue) *to fail* (a course), 4
requerir (ie) *to require*, 4
requetebién *very good* (colloquial), 8
la reserva *reservation*, 1
el resfriado *cold*; **estar resfriado/a** *to have a cold*, I
resfriado/a *sick with a cold*, I
resolver (ue) *to solve*, II11
el respeto *respect*, 11
la respiración *breathing, respiration*, 5
respirar *to breathe*, II5
responder *to answer, to reply, to respond*, 3
la responsabilidad *responsibility*, 3
responsable *responsible*, II4
la respuesta *answer*, 1
la restauración *restoration*, 8
el restaurante *restaurant*, I
resultar *to result*, 1
el resumen *summary*, 11
resumir *to summarize*, 7
retar *to challenge*, 10
el reto *challenge*, 11
la reunión *meeting*, 1
reunirse con amigos *to get together with friends*, II3
la revista *magazine*, I
el rey *king*, 10
rico/a *rich, delicious*, I
el rincón *corner*, 1
el río *river*, II6; **bajar el río en canoa** *to go canoeing*, I
la riqueza *richness*, 6
la risa *laughter*, 11
el ritmo *rhythm*, 6
rizado/a *curly*, II1
robar *to steal*, 10
el robo *robbery*, 10; **¡Es un robo!** *It's a rip-off!*, I
rocoso/a *rocky*, 11
rodeado/a de *surrounded by*, II12
la rodilla *knee*, II5
rogar (ue) *to beg*, 2
rojo/a *red*, I
romper con *to break up with*, II10
romperse *to break*, II10
la ronda *round*, 7
la ropa *clothes, clothing*, I; **lavar la ropa** *to wash the clothes*, I; **ponerse la ropa** *to put on clothes*, II3
el rotulador *marker, pen*, 2
rubio/a *blond*, I
la rueda *wheel*; **patinar sobre ruedas** *to roller skate*, I
la rueda de Chicago *Ferris wheel*, II8
el ruido *noise*, II7
ruidoso/a *noisy*, II7
las ruinas *ruins*
rumbo a *on the way to*, 12
ruso/a *Russian*; **la montaña rusa** *roller coaster*, II8
la rutina diaria *daily routine*, 3

el sábado *Saturday*, I; **el sábado pasado** *last Saturday*, I
saber *to know* (information); **No sé.** *I don't know.*, I; **¿Sabe Ud...?** *Do you* (formal) *know. . . ?*, II6; **¿Sabes... ?** *Do you* (informal) *know. . . ?*, II6; **¿Ya sabe(n) qué va(n) a pedir?** *Do you know what you're going to order?*, II6
el sabor *flavor*, 6
sabroso/a *tasty*, 6
sacar *to take out*, I
sacar buenas notas *to get good grades*, II4
sacar fotos *to take photographs*, 1
sacar la basura *to take out the trash*, I
sacudir *to shake*, 11
sacudir el polvo *to dust*, II3
la sala *living room*, I; *hall*, 1
salado/a *salty*, I
salir *to go out, to leave*, I; **Todo salió**

bien. *Everything turned out well.*, II10; **salir bien** *to do well*, II4; *to turn out well*, 10
saltar *to jump*; **saltar a la cuerda** *to jump rope*, II5; saltar al rango *to play leapfrog*, 7 **saltar en paracaídas** *to go skydiving*, I
la salteña *spicy meat turnover* (Bolivia), 9
la salud *health*, II5
saludable *healthy*, 5
saludar *to greet*, 8
el saludo *greeting*, II12; **dar un saludo a** *to give one's regards to*, II12
salvadoreño/a *Salvadoran*, II1
el sancocho *soup made with meat, plantains, and yucca* (Andean region), 9
las sandalias *sandals*, I
el sándwich *sandwich*, I
sano/a *healthy*, I; **llevar una vida sana** *to lead a healthy life*, I
Se cuenta que... *The story goes that . . .*, II10
¿Se le(s) ofrece algo más? *Would you care for anything else?*, II6
Se llama... *Her/His name is . . .*, I
Se lo doy por... *I'll give it to you for . . .*, II9
Se lo regalo por... *I'll let you have it for . . .*, II9
se ponchó la llanta *the tire went flat*, 10
¿Se te ha olvidado? *Have you forgotten?*, 1
Se ve joven. *She/he looks young.*, I
la secadora de pelo *hair dryer*, II3
secarse *to dry oneself*, II3
secarse el pelo *to dry one's hair*, II3
seco/a *dry*, II12
la secundaria *high school*, 4
la seda *silk*; **de seda** *(made of) silk*, I
la sede *seat* (of government)
seguir (i) *to continue*, II9; **seguir (i) las instrucciones** *to follow directions*, II4; **¿Sigues trabajando?** *Are you still working?*, II12
según *according to*, 2
segundo/a *second*, 1
la seguridad *safety*, 8
seguro/a *safe, secure*
seis *six*, I
seiscientos/as *six hundred*, I
seleccionar *to select*, 2
la selva *jungle*, I
la selva tropical *rain forest*, II11
el semáforo *traffic light*, II6
la semana *week*, I; **el fin de semana** *weekend*, I; **la semana pasada** *last week*, I
sembrar (ie) *to plant, to sow*, 11
el semestre *semester*, I
la semilla *seed*, 11
sencillo/a *simple*, II7
el senderismo *hiking*, II5
sensible *sensitive*, 12
sentir (ie) *to regret*; **lo siento** *I'm sorry*, II6; **Lo siento. No puedo.** *I'm sorry. I can't.*, I; **Lo siento, pero en este momento...** *I'm sorry, but right now . . .*, I
sentirse (ie) *to feel*, I; **¿Cómo te sientes?** *How are you feeling?*, II2; **Me siento...** *I feel . . .*, II2
la señal *sign*, 10
señalar *to signal, to indicate*, 8
señor *sir, Mr.*, I
señora *ma'am, Mrs.*, I
señorita *miss*, I
septiembre (m.) *September*, I
ser *to be*, I; **¿Cómo es...?** *What's . . . like?*, I; **¿Cómo son...?** *What are . . . like?*, I; **¿De dónde eres?** *Where are you from?*, I; **¿De dónde es?** *Where is she/he from?*, I; **Es aparte.** *It's separate.*, I; **Es de...** *He/she is from . . .*, I; **Es la una.** *It's one o'clock.* I; **¡Es un robo!** *It's a rip-off!*, I; **No es así.** *That's not so.*, II11; **No es cierto.** *It isn't true.*, I; **No seas...** *Don't be . . .*, II5; **somos** *we are*, I; **Somos cinco.** *There are five of us.*, I; **Son del mismo precio.** *They're the same price.*, I; **Son las...** *It's . . . o'clock.*, I; **Soy...** *I am . . .*, I; **Soy de...** *I'm from . . .*, I
serio/a *serious*, 1
la serigrafía *silkscreening, serigraphy*, 1
la serpiente *snake*, II8
la servilleta *napkin*, I
servir (i) *to serve*, II6; **¿En qué le puedo servir?** *How can I help you?*, II9; **servir el postre** *to serve dessert*, II6
sesenta *sixty*, I
setecientos/as *seven hundred*, I
setenta *seventy*, I
si *if*, II11
sí *yes*, I; **¡Claro que sí!** *Of course!*, I; **Sí, tienes razón.** *Yes, you're right.*, II11
la sidra *cider*, 1
siempre *always*, I; **casi siempre** *almost always*, I; **¡Lo de siempre!** *The usual!*, I; **Siempre me toca a mí.** *I always have to do it.*, II3
la sierra *mountain range*
siete *seven*, I
sigan *follow* (command), 4
el siglo *century*
significar *to mean*, 1
¿Sigues trabajando? *Are you still working?*, II12
siguiente *following*; **al... siguiente** *next (day, year . . .)*, II12
el silicio *silicon*, 11
la silla *chair*, I
el siluro *catfish*, 6
el símbolo *symbol*
simpático/a *nice*, I
sin *without*, 1
Sin duda (alguna). *Without a doubt.*, II11
sin embargo *nevertheless*, 4
sino *but rather*, 7
el sistema *system*, II11; **El sistema no funciona.** *The system isn't working (doesn't work).*, II11
el sitio *place, site*, 4
la situación *situation*, II11
situado/a *located*, 11
el smog *smog*, II11
sobre *on, about*, 3
sobrevivir *to survive*, 7
sofisticado/a *sophisticated*, 1
el sol *sun*, I; **Hace sol.** *It's sunny.*, I; **los lentes de sol** *sunglasses*, I; **tomar el sol** *to sunbathe*, I
soleado/a *sunny*, II10
la soledad *loneliness*, 1
solitario/a *lonely*, II7
sólo *only*; **sólo cuando** *only when*, I
la sombra *shadow*, 11
el sombrero *hat*
el son *sound*, 6
soñar (ue) con *to dream about*, II7
la sopa *soup*, I
sorprender *to surprise*, 4
la sorpresa *surprise*; **la fiesta de sorpresa** *surprise party*, I
sospechoso/a *suspicious*, 10
sostener (ie) *to sustain*, 10
su(s) *his, her, their, your*, I
la subida *hill*, 6
subir por *to go up* (a street or road), II9
subirse al autobús *to get on the bus*, II6
subrayado/a *underlined*, 8
el suburbio *suburb*
sucio/a *dirty*, I
sudar *to sweat*, II5
la suela *sole* (of shoe), 11
el suelo *floor, ground*, 10
la suerte *luck*, 9
el suéter *sweater*, I
suficiente *enough*, II5; **lo suficiente** *enough*, II5
la sugerencia *suggestion*, 11
sugerir (ie) *to suggest*, 12
sujetar *to fasten*, 10
sumamente *totally*, 3
superlativo/a *superlative* (form of an adjective), 8
el supermercado *supermarket*, I
suponer *to suppose*, 10
el sur *south*; **al sur** *to the south*, II9
suspender *to fail* (a test, a class), II4; *to suspend*, 8
sutil *subtle*; los colores sutiles *subtle colors*, 9

la tabla *board*; **montar en tabla de vela** *to go windsurfing*, II12
el tablao *stage or platform on which flamenco dances are performed*
la tableta *tablet*, 11
tal *such*; **¿Qué tal?** *How's it going?*, I; **¿Qué tal estuvo?** *How was it?*, II8; **¿Qué tal si... ?** *How about if . . . ?*, I; **tal vez otro día** *perhaps another day*, I
el taco alto *high heel*, 8
talar *to cut down*, 11
la talla *size*, II9; **Uso talla...** *I wear (size). . .*, II9
el taller *shop*; **llevar el carro al taller** *to take the car to the shop*, II8
el tamaño *size*, 6
tambalear *to stagger*, 11
también *too, also*; **Yo también.** *Me too.*, I
tampoco *neither*, II11
tan ... como *as . . . as*, I; **tan aburrido/a como un pato** *a terrible bore*, II7; **tan bueno/a como un ángel** *as good as a saint*, II7; **tan feliz como una lombriz** *as happy as a lark*, II7; **tan fuerte como un toro** *as strong as an ox*, II7; **tan noble como un perro** *as noble as a lion*, II7
tanto/a *so much, as much*, 4; **por lo tanto** *therefore*, II11
la taquilla *ticket booth*, II6
la tarde *afternoon*, I; **Buenas tardes.** *Good afternoon.*, I; **de la tarde** *in the afternoon* (P.M.), I; **por la tarde** *in the afternoon*, I
tarde *late*, I; **Es tarde.** *It's late.*, I; **Llamo más tarde.** *I'll call later.*, I
la tarea *homework*, I; **entregar la tarea** *to hand in homework*, II4
la tarjeta *card, greeting card*, I; la tarjeta de embarque *boarding pass*, 2; **las tarjetas postales** *postcards*, I
el tazón *bowl*, I
te *(to, for) you*, I; **No te preocupes.** *Don't worry.*, I
¿Te ayudo a...? *Can I help you . . . ?*, II2
¿Te enteraste de...? *Did you find out about . . . ?*, II10
¡Te equivocas! *You're wrong!*, II11
¿Te gusta(n)...? *Do you like . . . ?*, II1
te gustan *you like*, I
¿Te gustaría...? *Would you like . . . ?*, I
Te invito. *It's my treat.*, I
Te queda muy bien. *It fits you very well.*, I
¿Te parece que...? *Do you think that . . . ?*, II4
¿Te sientes mal? *Do you feel bad?*, I
Te toca a ti. *It's your turn.; It's up to you.*, II3
Te ves guapísima. *You look very pretty.*, II9
el té frío *iced tea*, I
el teatro *theater*, I
la tecnología *technology*, 4
tejano/a *(Hispanic) Texan*, 6
el tejido *fabric*
la tela *cloth*, 8
la telaraña *spider web*, 10
la Telaraña Mundial *World Wide Web*, II4
la tele *TV*, 3
el teléfono *telephone*, I; **hablar por teléfono** *to talk on the phone*, I
la televisión *television*, I; **mirar la televisión** *to watch TV*, I
el televisor *TV set*, I
el tema *theme, subject*, 11; 85
temprano/a *early* (adv.), 3
Ten cuidado. *Be careful.*, II5
tender (ie) la cama *to make the bed*, II3
el tenedor *fork*, I
tener (ie) *to have*, I; **Bueno, tengo clase.** *Well, I have class.*, I; **cuando tenía trece años** *when I was thirteen years old*, II7; **¿Cuántos años tiene?** *How old is (she/he)?*, I; **¿Cuántos años tienes?** *How old are you?*, I; **No tengo ni idea.** *I've no idea.*, II6; **¿Qué tienes?** *What's the matter*, I; **Sí, tienes razón.** *Yes, you're right.*, II11; **Tengo ... años.** *I'm . . . years old.*, I; **Tenía que...** *I had to . . .*, II8; **Tiene ... años.** *She/He is . . . years old.*, I; **Tiene canas.** *He/she has gray hair.*, I; **Tiene (los) ojos verdes/azules.** *He/she has green/blue eyes.*, I; **Ya tengo planes.** *I already have plans.*, I
tener calambre *to have a cramp*, II5
tener en común *to have in common*, 4
tener en cuenta *to keep in mind*, 5
tener fiebre *to have a fever*, I
tener ganas de + infinitive *to feel like (doing something)*, I
tener gripe *to have the flu*, I
tener (mucha) hambre *to be (really) hungry*, I
tener lugar *to take place*, 2
tener miedo *to be afraid*, 10
tener prisa *to be in a hurry*, I
tener que + infinitive *to have to (do something)*, I
tener (mucha) sed *to be (really) thirsty*, I
tener sueño *to be sleepy*, I
tener tos *to have a cough*, I
el tenis *tennis*, I; **la cancha de tenis** *tennis court*, I; **las zapatillas de tenis** *tennis shoes* (Spain), I
un tercio *third*
terco/a *stubborn*, 12
termal *thermal*
la terminación *ending, inflection*, 8
terminar *to finish*; **cuando termine las clases** *when (I) finish classes*, II12
el tesoro *treasure*, 10
el/la testigo *witness*, 10
los textiles *textiles*
ti *to, for you* (informal); **¿A ti qué te gusta hacer?** *What do you* (emphatic) *like to do?*, I
la tía *aunt*, I
tibio/a *lukewarm*, 6
el tiempo *weather, time*, I; **¿Cuánto tiempo hace que...?** *How long have/has . . . ?*, II3; **en aquellos tiempos** *in those times*, II7; **(en) el tiempo libre** *(during) free time*, I; **en mis tiempos** *in my time*, II7; **Hace buen tiempo.** *The weather is nice.*, I; **Hace mal tiempo.** *The weather is bad.*, I; **Hace mucho tiempo...** *A long time ago . . .*, II10; **llegar a tiempo** *to get (somewhere) on time*, II4; **¿Qué tiempo hace?** *What's the weather like?*, I
la tienda *store*, I; **la tienda de comestibles** *grocery store*, I
la tienda de camping *camping tent*, I
Tiene ... años. *He/She is . . . years old.*, II1
la tierra *Earth*, II11
tieso/a *stiff*, 8
el tigre *tiger*, II8
tímido/a *timid*, II1
el tío *uncle*, I
el tipazo *great guy*, 12
típicamente *typically*, I
típico/a *typical*, II3
el tipo *type, kind*, 11
tirar *to throw out*, II11; *to pull*, 7
las tiras cómicas *comics*, I
la toalla *towel*, I
el tobillo *ankle*, II5
tocar *to touch, to play (an instrument)*, I; **¿A quién le toca?** *Whose turn is it?*, II3; **A todos nos toca.** *It's up to all of us.*, II11; **Me toca a mí.** *It's my turn.; It's up to me.*, II3; **Siempre me toca a mí.** *I always have to do it.*, II3; **Te toca a ti.** *It's your turn.; It's up to you.*, II3;
tocar un instrumento *to play an instrument*, II1
el tocino *bacon*, I
todavía *still, yet*, I
todavía no *not yet*, II2
todo/a *all, every*, I; **todos los días** *every day*, I
todo el mundo *everyone*, 3
Todo salió bien. *Everything turned out well.*, II10
todos *everyone*, 2; **Todos deberíamos...** *We should all . . .*, II11

todos los días *every day*, I
tomar *to drink, to take*, I
tomar apuntes *to take notes*, II4
tomar el autobús *to take the bus*, I
tomar el metro *to take the subway*, II4
tomar el sol *to sunbathe*, I
tomar un refresco *to drink a soft drink*, I
el tomate *tomato*, I
torcerse (ue) *to sprain*, II5
la tormenta *storm*, II10
tormentoso/a *stormy*, 10
el torneo *tournament*, 8
el toro *bull*; **tan fuerte como un toro** *as strong as an ox*, II7
la toronja *grapefruit*, I
torpe *clumsy*, II4
la torre *tower*, II6
la tortuga *turtle*, II8
la tos *cough*; **tener tos** *to have a cough*, I
la totora *cattail, bulrush*
trabajar *to work*, I; **trabajar en el jardín** *to work in the garden*, I; **trabajar en mecánica** *to fix cars*, II3; **¿Sigues trabajando?** *Are you still working?*, II12
el trabajo *work, job*, I
traer *to bring*, I; **¿Me puede traer...?** *Can you bring me . . . ?*, I; **¿Me traes...?** *Can you* (informal) *bring me . . . ?*, I; **¿Nos puede traer...?** *Can you bring us . . . ?*, I; **Por favor, me trae...** *Please bring me . . .*, II6; **¿Qué le puedo traer?** *What can I bring you?*, I; **¿Qué le(s) traigo de...?** *What shall I bring you for . . . ?*, II6; **traer la comida** *to bring the meal*, II6
el traje *suit*, I; **el traje de baño** *bathing suit*, I
tranquilo/a *calm*, II2
el tránsito *traffic*, II7
transmitir *to transmit, to broadcast*, 6
el transporte *transportation*, 4
trapear *to mop*, 3
trasladarse *to move*
tratar *to try*, 10
tratarse de *to have to do with*, 5
la travesía *crossing*, 5
la travesura *trick*; **hacer travesuras** *to play tricks*, II7
travieso/a *mischievous*, I
trece *thirteen*, I
treinta *thirty*, I
tremendo/a *extreme, tremendous*, 3
el tren *train*; **la estación de tren** *train station*, II6
trepar a los árboles *to climb trees*, II7
tres *three*, I
trescientos/as *three hundred*, I
el trigo *wheat*
triste *sad*, I
el triunfo *triumph*, 1
tropical *tropical*; **la selva tropical** *rain forest*, II11
el trueno *thunder*, II10
tú *you* (informal), I
tu(s) *your* (informal), I
¿Tú crees? *You think so?*, II10
el turismo *sightseeing, tourism*; **hacer turismo** *to go sightseeing*, I
el turista, la turista *tourist*, II6
turnarse *to take turns*, 8
el turno *turn*, 10

U

u *or* (before words beginning with **o** or **ho**)
ubicar *to locate*, 6
Ud. abbreviation of **usted**
Uds. abbreviation of **ustedes**
último/a *last*; **por último** *finally*, II6
un *a, an*, I; **Un momentito.** *Just a second.*, I; **un momento** *one moment*, I; **un poco gordo/a** *a little overweight*, I
una *a, an*, I
la una *one*, I; **Es la una.** *It's one o'clock.*, I
unido/a *close-knit*, I
unir *to bring together*, 6
uno *one*, I
unos/as *some, a few*, I
la urbe *large city*, 11
urgente *urgent*; **es urgente...** *it's urgent . . .*, II11
uruguayo/a *Uruguayan*, II1
usar *to use*, 1; *to wear (a size)*, II9; **usar la computadora** *to use the computer*, II3; no uses *don't use* (command), 4
Uso talla... *I wear* (size) . . ., II9
usted *you* (formal), I
ustedes *you* (plural), I; **a ustedes** *to you* (plural), I
las uvas *grapes*, I

las vacaciones *vacation*, I
valer *to be worth*; **¿Cuánto vale?** *How much is it?*, II9
valer la pena *to be worth the trouble*, 11
el valle *valley*, II10
¿Vamos bien para...? *Are we going the right way to . . . ?*, II9
Van mal. *You are going the wrong way.*, II9
los vaqueros *jeans* (Spain), 2
variado/a *diverse, varied*, 5
variar *to vary*, 2
varios/as *several*
el vaso de leche *glass of milk*, I
ve *go*, I
veinte *twenty*, I
la vela *sail*; **ir de vela** *to go sailing*, I; **montar en tabla de vela** *to go windsurfing*, II12
la velocidad *velocity*
veloz *rapid, quick*, 5
ven *come* (command), I
vencido/a *expired*, 9
el vendedor, la vendedora *sales attendant*
venezolano/a *Venezuelan*, II1
venir (ie) *to come*, I; **ven** *come* (command), I; que viene *the next*, 12
la venta *sale*, 1
la ventaja *advantage*, 9
la ventana *window*, I
la ventanilla *(ticket) window*, 9
ver *to see*, I; **¿Cómo me veo?** *How do I look?*, II9
el verano *summer*, I; **el verano pasado** *last summer*, I
el verbo *verb*, 1
la verdad *truth*; **de verdad** *to tell you the truth/truthfully*, II9; **¿verdad?** *don't you?, right?*, I **¿De veras?** *Really?*, II10
verdadero/a *true*, 7
verde *green*, I
las verduras *vegetables*, 5
la vereda *trail*, 8
la vergüenza *shame, embarrassment*, 12
verificar *to verify*, 2
vespertino/a *evening* (adj.), 4
el vestido *dress*, I
vestirse (i) *to get dressed*, II3
vete *go away* (command), I
la vez *time, occasion*; **a veces** *sometimes*, I; **Cada vez hay más... y menos...** *There are more and more . . . and less and less . . .*, II11; **Érase una vez...** *Once upon a time . . .*, II10; **muchas veces** *often*, I; **tal vez otro día** *perhaps another day*, I; **Yo ya lo hice mil veces.** *I've already done it a thousand times.*, II3
la vía *rail*, II6
viajar *to travel*, 1
el viaje *trip*; **hacer un viaje** *to take a trip*, I
la vida *life*, I; **el estilo de vida** *lifestyle*, II11; **llevar una vida sana** *to lead a healthy life*, I
el video *video*, 3
la videocasetera *VCR*, 7
el videojuego *videogame*, I

el vidrio *glass*, II11
viejo/a *old*, I
el viento *wind*; **Hace (mucho) viento.** *It's (very) windy.*, I
el viernes *Friday*, I
el violín *violin*, 3
la virgen *virgin*, 8
la visita *visit, visitor*, 12
el visitante, la visitante *visitor*
visitar *to visit*, I
la vista *view*
vitivinícola *wine cultivation*
la vitrina *display window*; **mirar las vitrinas** *to window-shop*, II4
vivir *to live*, I
vivo: en vivo *live* (adj.), 6; los colores vivos *vivid colors*, 9
el vocabulario *vocabulary*, 1
vociferar *to shout*, 12
volar *to fly*, 8
el voleibol *volleyball*, I
el volumen *volume*, 5
volver (ue) *to return*, 4; **cuando vuelva a...** *when (I) get back to . . .*, II12
volverse (ue) *to become*, 10; volverse loco/a *to go crazy*, 2
vos *you* (informal, Argentina), 7
vosotros/as *you* (pl., informal, Spain), I
la voz *voice*; en voz alta *out loud*, 8
el vuelo *flight*, 2
la vuelta *return*; **ida y vuelta** *round trip*, II6
vuestro/a *your* (pl., informal, Spain), I

el Web *World Wide Web*, II4

y *and*, I; **y cuarto** *quarter past (the hour)*, I; **y media** *half past (the hour)*, I; **¿Y tú?** *And you (informal)?*, I
¿Y eso, qué? *So what?*, II10
ya *already*, I; **Ya lo sé.** *I already know.*, II5; **¿Ya sabe(n) qué va(n) a pedir?** *Do you know what you're going to order?*, II6; ya sea *whether it be*, 6; **Ya tengo planes.** *I already have plans.*, I
yo *I*, I; **Yo también.** *Me too.*, I; **Yo creo que...** *I think that. . .*, II4; **Yo ya lo hice mil veces.** *I've already done it a thousand times.*, II3
el yogur *yogurt*, 5

la zanahoria *carrot*, I
la zapatería *shoe store*, I
las zapatillas de tenis *tennis shoes* (Spain), I
los zapatos *shoes*, I
el zoológico *zoo*, I
el zumbido *buzz, hum*, 8

English-Spanish Vocabulary

English-Spanish Vocabulary

English-Spanish Vocabulary

This vocabulary includes all of the words presented in the **Vocabulario** sections of the chapters. These words are considered active—you are expected to know them and be able to use them. Expressions are listed under the first word and in some cases under a keyword in the phrase.

Spanish nouns are listed with the definite article and plural forms, when applicable. If a Spanish verb is stem-changing, the change is indicated in the parentheses after the verb: **dormir (ue)**. The number after each Spanish word or phrase refers to the chapter in which it becomes active vocabulary. Entries followed by the Roman numeral I indicate that the word became active in Level 1; entries followed by the Roman numeral II indicate the word was introduced in Level 2.

To be sure you are using Spanish words and phrases in their correct context, refer to the chapter and book in which they appear. You may also want to look up Spanish phrases in the Summary of Functions, pp. R3–R9.

a/an *un, una*, I
a little overweight *un poco gordo/a*, I
a lot *mucho*, I; *mucho/a/os/as*, I
absent-minded *distraído/a*, II4
to **ache** *doler (ue)*, I
adventurous *aventurero/a*, II7
aerobics *los ejercicios aeróbicos*, I
affection *el cariño*, II12
affectionate *cariñoso/a*, I
affectionately *con cariño*, II12
after *después*, I; *después de*, I
afternoon *la tarde*, I; **in the afternoon** *de la tarde*, I; *por la tarde*, I
afterwards *después*, II6
to **agree** *estar de acuerdo*, II11
Agreed. *De acuerdo.*, I
air conditioning *el aire acondicionado*, II7
alarm clock *el despertador*, II3
all *todo/a; todos/as*, I
All of a sudden ... *De repente. . .*, II10
All right. *Está bien.*, I; *De acuerdo.*, II4
almost *casi*, I; **almost always** *casi siempre*, I
along *por*; **along the beach** *por la playa*, I
alongside *al lado de*, II9
already *ya*, I
also *también*, I
aluminum *el aluminio*, II11
always *siempre*, I
American football *el fútbol norteamericano*, I
amusement park *el parque de atracciones*, I
amusing *divertido/a*, I
and *y*, I; **And you?** *¿Y tú?*, I
angry *enojado/a*, I; *enfadado/a*, II2
ankle *el tobillo*, II5
anniversary party *la fiesta de aniversario*, I
to **annoy** *fastidiar*, II7
another *otro/a; otros/as*, I
anthropology *la antropología*, I
anyway *de todos modos*, II10
apple *la manzana*, I
appointment *la cita*, II4
April *abril*, I
aquarium *el acuario*, I
Are we going the right way to . . . ? *¿Vamos bien para...?*, II9
Are you still working? *¿Sigues trabajando?*, II12
Argentine *argentino/a*, II1
arm *el brazo*, I
to **arrange to (do something)** *quedar en*, II4
to **arrive** *llegar*, II4
art *el arte*, I; *las artes* (pl.), I
artistic *artístico/a*, II1
as *tan*, II7; **as . . . as . . .** *tan ... como ...*, I; **as a child** *de pequeño; de niño/a*, II7; **as a small child** *de chiquito*, II7; **as good as a saint** *tan bueno/a como un ángel*, II7; **as happy as a lark** *tan feliz como una lombriz*, II7; **as noble as a lion** *tan noble como un perro*, II7; **as strong as an ox** *tan fuerte como un toro*, II7
to **ask for** *pedir (i)*, I
to **ask questions** *hacer preguntas*, II4
at *a, por*, I; **at all** *para nada*, I; **at home** *en casa*, II12; **at last** *por fin*, I; **at night** *por la noche, en la noche*, I; **At what time?** *¿A qué hora?*, I
to **attend** *asistir a*, I
August *agosto*, I
aunt *la tía*, I
autumn *el otoño*, II2
to **avoid** *evitar*, II5

back *la espalda*, I
back then *en aquel entonces*, II7
backpack *la mochila*, I
bacon *el tocino*, I
bad *malo/a*, I; *mal*, I; **The bad thing is that . . .** *Lo malo es que...*, II11
baggage carrier *el maletero, la maletera*, II6
bakery *la panadería*, I
balanced *balanceado/a*, II5
bald *calvo/a*, II1
balloons *los globos*, I
ballpoint pen *el bolígrafo*, I
banana *el plátano*, I
band *la banda*, II3
bank *el banco*, II8
bargain *la ganga*, II9
to **bargain** *regatear*, II9
baseball *el béisbol*, I
basketball *el baloncesto*, I
bat *el murciélago*, II11
bathing suit *el traje de baño*, I
bathroom *el cuarto de baño*, II3
to **be** *ser, estar*, I; **Be careful.** *Ten cuidado.*, II5; **to be able** *poder (ue)*, I; **to be close to** *estar cerca de*, II2; **to be crazy about** *estar*

loco/a por, II3; **to be familiar with (something)** *conocer*, II4; **to be far from** *estar lejos de*, II2; **to be fed up** *estar harto/a*, II3; **to be furious** *estar furioso*, II10; **to be going to do something** *ir a* + infinitive, I; **to be in a hurry** *tener prisa*, I; **to be interested in** *interesar(le)*, II3; **to be in good shape** *estar en plena forma*, II5; **to be located** *encontrarse (ue)*, II9; **to be near** *estar cerca de*, II2; **to be on a diet** *hacer régimen*, II5; **to be ready** *estar listo/a*, I; **to be situated** *quedar*, I; **to be sleepy** *tener sueño*, I; **to be worth** *valer*, I

beach *la playa*, I
beans *los frijoles*, I
because *porque*, I
to become ill *enfermarse*, II5
bed *la cama*, I
beef *la carne de res*, I
before *antes de*, I
to begin *comenzar (ie)*, II3; *empezar (ie)*, I; **to begin with** *para empezar*, II6
behind *detrás de*, II9
to believe *creer*, I
belt *el cinturón*, I
beneath *debajo de*, I
besides *además*, I
Better ... *Mejor. . .*, II4
better than *mejor que*, II4
beverage *la bebida*, I
bicycle *la bicicleta*, I
big *grande*, I
bill *la cuenta*, I
bird *el ave*, *las aves* (pl.), II11
birthday party *la fiesta de cumpleaños*, I
black *negro/a*, I
block (city) *la cuadra*, I
blond *rubio/a*, I
blouse *la blusa*, I
to blow up balloons *inflar los globos*, I
blue *azul*, I
bluejeans *los bluejeans*, I
board game *el juego de mesa*, I
boat *la lancha*, II6
body *el cuerpo*, I
Bolivian *boliviano/a*, II1
book *el libro*, I
book bag *la mochila*, I
to bookmark *apuntar*, II4
bookstore *la librería*, I
boots *las botas*, I
bore: a terrible bore *tan aburrido/a como un pato*, II7
bored *aburrido/a*, II2; **to be bored** *estar aburrido*, II2
boring *aburrido/a*, I
botanical garden *el jardín botánico*, II6
to bother *molestar*, II7
bowl *el plato hondo*, I; *tazón*, I
boy *el chico*, I
bread *el pan*, I
break *el descanso*, I
to break *romperse*, II10;
to break up with *romper con*, II10
breakfast *el desayuno*, I
to breathe *respirar*, II5
bridge *el puente*, II6
to bring *traer*, I; **to bring the meal** *traer la comida*, II6
brother *el hermano*, I; **brothers and sisters** *los hermanos*, I
brown *de color café*, I; *pardo*, I
brush *el cepillo*, II3
to brush (one's hair, teeth, etc.) *cepillarse*, II3
to brush your teeth *lavarse los dientes*, I
to build *construir*, II7
building *el edificio*, II2
bumper cars *los carros chocones*, II8
bus *el autobús*, I
bus stop *la parada del autobús*, II6
busy *ocupado/a*, I; **The line is busy.** *La línea está ocupada.*, I
busybody *el/la metiche*, II10
but *pero*, I
to buy *comprar*, I
by *por*, I; **by the end of** *para fines de*, II12
'Bye *Chao*, I

cafeteria *la cafetería*, I
cake *el pastel*, I
calculator *la calculadora*, I
calf (of the leg) *la pantorrilla*, II5
to call *llamar*, I; **to call the guests** *llamar a los invitados*, I
calm *tranquilo/a*, II2
camera *la cámara*, I
to camp *acampar*, I
camping tent *la tienda de camping*, I
can *poder (ue)*, I; **Can I help?** *¿Puedo ayudar?*, II2; **Can I help you . . . ?** *¿Te ayudo a...?*, II2; **Can I try it on?** *¿Me la puedo probar?*, II9; **Can you bring me . . . ?** *¿Me puedes traer...?*, I; *¿Me traes...?*, I; **Can you bring us . . . ?** *¿Nos puede traer...?*, I; **Can you do me the favor of . . . ?** *¿Me haces el favor de...?*, I; **Can you help me . . . ?** *¿Me ayudas a...?*, I; *¿Puedes ayudarme a...?*, II2; **Can you help me?** *¿Me puede atender?*, II9; **Can you lower the price for me?** *¿Me puede rebajar el precio?*, II9; **Can you pass me . . . ?** *¿Me pasas...?*, I; **Can you tell me . . . ?** *¿Me puede decir...?*, I; *¿Me podría decir...?*, II6; **I can't.** *No puedo.*, I; **What can I bring you?** *¿Qué le puedo traer?*, I
candy *los dulces*, I; **candy store** *la dulcería*, I
canoe *la canoa*, I
cans *las latas*, II11
car *el carro*, I
card *la tarjeta*, I
carrot *la zanahoria*, I
to carry *llevar*, I
cash register *la caja*, II9
cashier *el/la cajero/a*, II9
cat *el gato*, I
cereal *el cereal*, I
chair *la silla*, I
to change *cambiar*, II11
to chat *platicar*, II4
cheap *barato/a*, I
cheese *el queso*, I
chemicals *los químicos*, II11
chicken *el pollo*, I
children *los hijos*, I
Chilean *chileno/a*, II1
China *(la) China*, I
Chinese food *la comida china*, I
chocolate *el chocolate*, I
chores *los quehaceres*, II3
Christmas *la Navidad*, I; **Christmas Eve** *la Nochebuena*, I
church *la iglesia*, II6
circus *el circo*, I
city *la ciudad*, I
city block *la cuadra*, II9
class *la clase*, I
classical music *la música clásica*, I
classmate *el/la compañero/a*, I
to clean *limpiar*, II1; **to clean the kitchen** *limpiar la cocina*, I
clean *limpio/a*, I
clear *despejado/a*, II10
to clear the table *quitar la mesa*, II3
clever *listo/a*, I
climate *el clima*, II12
to climb *escalar*, I; **to climb trees** *trepar a los árboles*, II7
clock *el reloj*, I
close to *cerca de*, II2
close-knit *unido/a*, I
closet *el armario*, I
clothing *la ropa*, I
cloudy *nublado/a*, I; **It's cloudy.** *Está nublado.*, I
clumsy *torpe*, II4
coffee with milk *café con leche*, I
coin *la moneda*, II3
cold *frío*, I; **It's cold.** *Hace frío.*, I; **to have a cold** *estar resfriado/a*, I
to collect *coleccionar*, II3
Colombian *colombiano/a*, II1
color *el color*, I
comb *el peine*, II3
to comb your hair *peinarse*, I
to come *venir (ie)*, I; **come** *ven*, I; **Come along!** *¡Ven conmigo!*, I
to come back *regresar*, I
comfortable *cómodo/a*, I
comical *cómico/a*, I

comics *las tiras cómicas,* I
compact disc *el disco compacto,* I
competition *la competencia,* II5
to complain *quejarse (de),* II5
computer *la computadora,* II3
computer science *la computación,* I
concert *el concierto,* I
condor *el cóndor,* II11
congested *resfriado/a,* I; **to be congested** *estar resfriado/a,* I
consequently *por consiguiente,* II11
to conserve *conservar,* II11
to continue *seguir (i),* II9
cookie *la galleta,* I
to copy *copiar,* II4
corn *el maíz,* I
corner *la esquina,* II9
Costa Rican *costarricense,* II1
costume *el disfraz,* II8
cotton (made of) *de algodón,* I
cough *la tos,* I
country *el campo,* I
cousin *el/la primo/a,* I
creative *creativo/a,* II4
crisis *la crisis,* II11
crocodile *el cocodrilo,* II8
to cross (at . . .) *cruzar (en...),* II9
Cuban *cubano/a,* II1
curly *rizado/a,* II1
custard *el flan,* I
customer *el/la cliente,* II9
to cut the grass *cortar el césped,* I
cycling *el ciclismo,* II5

dad *el papá,* I
dance *el baile,* I
to dance *bailar,* I
danger *el peligro,* II11
dangerous *peligroso/a,* II7
dark-haired, dark-skinned *moreno/a,* I
date *la fecha,* I; *la cita,* I
daughter *la hija,* I
day *el día,* I; **a free day** *un día libre,* I; **the day before** *el día anterior,* II12; **day before yesterday** *anteayer,* I; **every day** *todos los días,* I; **(two, three . . .) days later** *... días después,* II12
dear *querido/a,* II12
December *diciembre* (m.), I
to decorate *decorar,* II8
decorations *las decoraciones,* I
to dedicate *dedicar,* II5
deeply *profundamente,* II5
delicious *delicioso/a,* I; *rico/a,* I
Delighted. *Encantado/a.,* I
demanding *exigente,* II4
department store *el almacén,* I
depressed *deprimido/a,* II2
to design *diseñar,* II8
desk *el escritorio,* I
to despair *desesperarse,* II11
dessert *el postre,* I
destruction *la destrucción,* II11
dictionary *el diccionario,* I
Did you find out about . . . ? *¿Te enteraste de...?,* II10
Did you have a good time? *¿Qué tal lo pasaste?,* II8
diet *la dieta,* II5
difficult *difícil,* I
dining room *el comedor,* II3
dinner *la cena,* I
dirty *sucio/a,* I
disagreeable *antipático/a,* I
discount *el descuento,* II9
to dislike strongly *chocar(le),* II1
to do *hacer,* I; **to do something** *hacer algo,* II11; **do** *haz* (command), I; **Do you feel bad?** *¿Te sientes mal?,* I; **Do you know** (formal) **. . .?** *¿Sabe Ud...?,* II6; **Do you know** (informal) **. . . ?** *¿Sabes...?,* II6; **Do you know what you're going to order?** *¿Ya sabe(n) qué va(n) a pedir?,* II6; **Do you** (informal) **like . . .?** *¿Te gusta(n)...?,* II1; **Do you think that . . . ?** *¿Crees que. . . ?,* II4; *¿Te parece que...?,* II4; **Do you want to . . . ?** *¿Quieres. . . ?,* I; **Do you want to help me?** *¿Quieres ayudarme?,* II2; **Don't add salt.** *No añadas sal.,* II5; **Don't be . . .** *No seas...,* II5; **Don't smoke anymore.** *No fumes más.,* II5; **Don't worry.** *No te preocupes.,* I; **don't you?** *¿verdad?,* I; **to do sit-ups** *hacer abdominales,* II5; **to do well** *salir bien,* II4; **to do yoga** *hacer yoga,* I
dog *el perro,* I
dollar *el dólar,* I
dolphin *el delfín, los delfines* (pl.), II11
Dominican (from the Dominican Republic) *dominicano/a,* II1
door *la puerta,* I
downpour *el aguacero,* II10
downtown *el centro,* I; **Downtown, there is/are. . .** *En el centro, hay. . .,* II2
to draw *dibujar,* I
to dream about *soñar (ue) con,* II7
dress *el vestido,* I
dressing room *el probador,* II9
to drink *tomar, beber,* I; **to drink a soft drink** *tomar un refresco,* I
driver *el conductor, la conductora,* II6
to drop by and pick someone up *pasar por,* II4
dry *seco/a,* II12
to dry one's hair *secarse el pelo,* II3
to dry oneself *secarse,* II3
during *durante,* I; **(during) free time** *(en) el tiempo libre,* I
to dust *sacudir el polvo,* II3
dwarf *el/la enano/a,* II10

eagle *el águila* (pl. *las águilas*), II11
ear, inner *el oído,* I; **outer ear** *la oreja,* I
to earn *ganar,* I
earring *el arete,* I
earth *la tierra,* II11
east *el este,* II9
Easter *las Pascuas,* I
easy *fácil,* I
to eat *comer,* I; **to eat breakfast** *desayunar,* I; **to eat dinner** *cenar,* I; **to eat ice cream** *tomar helado,* I; **to eat lunch** *almorzar (ue),* I
Ecuadorean *ecuatoriano/a,* II1
education *la educación,* I
effects *los efectos,* II11
eggs *los huevos,* I
Egypt *Egipto* (m.), I
eight *ocho,* I
eight hundred *ochocientos/as,* I
eighteen *dieciocho,* I
eighty *ochenta,* I
elbow *el codo,* II5
electricity *la electricidad,* II7
electronic mail (e-mail) *el correo electrónico, el e-mail,* II4
elegant *elegante,* II3
eleven *once,* I
end *el fin,* I
energy *la energía,* II11
England *Inglaterra* (f.), I
English *inglés,* I
to enjoy *disfrutar,* II8
enough *lo suficiente,* II5
to enroll *inscribirse,* II5
enthusiastic *entusiasta,* II4
entire *entero/a,* II12
environment *el medio ambiente,* II11
eraser *la goma de borrar,* I
errand *el mandado,* II8
especially *especialmente,* I
evening *la noche,* I; **in the evening** *de la noche, por la noche,* I
event *el evento,* I
every *todo/a; todos/as,* I; **every day** *todos los días,* I
Everything turned out well. *Todo salió bien.,* II10
exam *el examen,* I
excellent *excelente,* I
excited *emocionado/a,* II2
Excuse me. *Perdón.,* I; *Perdóname.,* I; *Disculpe.,* II6; *Con permiso.,* II9

exercise *el ejercicio*, I
to exercise *hacer ejercicio*, I
expensive *caro/a*, I
to explore *explorar*, I
extraordinary *de película*, II8
extremely boring *aburridísimo/a*, II8
eyes *los ojos*, I

to face *enfrentar*, II11
factory *la fábrica*, II7
to fail (a test, a class) *suspender*, II4
fair *justo/a*, II4
fairy godmother *el hada* (f.) *madrina*, II10
fairy tale *el cuento de hadas*, II10
fall (season) *el otoño*, I
to fall asleep *dormirse (ue)*, II10
to fall down *caerse*, II10
to fall in love (with) *enamorarse (de)*, II10
family *la familia*, I
far *lejos*, II2; **far away** *lejos*, II2; **far from** *lejos de*, I
fat *la grasa*, II5
father *el padre*, I; **Father's Day** *el Día del Padre*, I
favorite *favorito/a*, I
February *febrero* (m.), I
to feel *sentirse (ie)*, I; **to feel like (doing something)** *tener ganas de* + infinitive, I; **to feel poorly** *estar mal*, I
Ferris wheel *la rueda de Chicago*, II8
festival *el festival*, II8
fever, to have a *tener fiebre*, I
few *poco/a/os/as* (adj.), II2; **a few** *unos, unas*, I
fifteen *quince*, I
fifty *cincuenta*, I
fight *pelear*, II7
film *la película*, I
finally *por último*, II6; **Finally . . .** *Al final...*, II10
to find a job *encontrar (ue) un empleo*, II12; **to find out** *averiguar*, II6
finger *el dedo*, I
firewood *la leña*, II7
first *primero/a*, I; **the first (of the month)** *el primero*, I
fish *el pescado*, I; *el pez, los peces* (pl.), II11
to fish *pescar*, I
to fit *quedar*, I; **It fits you very well.** *Te queda muy bien.*, I
five *cinco*, I
five hundred *quinientos/as*, I
to fix cars *trabajar en mecánica*, II3
fixed prices *los precios fijos*, II9
float (parade) *la carroza*, II8
floor *el piso*, II3
flower shop *la florería*, I
flowers *las flores*, I
flu *la gripe*, I
fog *la niebla*, II10
folder *la carpeta*, I
to follow directions *seguir (i) las instrucciones*, II4
food *la comida*, I; **Chinese food** *la comida china*, I; **Italian food** *la comida italiana*, I; **Mexican food** *la comida mexicana*, I
food server *el/la mesero/a*, II6
foot *el pie*, I
football *el fútbol norteamericano*, I
for *para, por*, I; **for (a period of time)** *por*, II5; **for me** *para mí*, II4; **(for) me** *me*, I; **(for) her, him, you** (sing.) *le*, I; **for that reason** *por eso*, I; **For whom?** *¿Para quién?*, I
forest *el bosque*, I
to forget *olvidar*, II4; **to forget (about), to forget (to)** *olvidarse (de)*, II5
fork *el tenedor*, I
formal *formal*, I
forty *cuarenta*, I
four *cuatro*, I
four hundred *cuatrocientos/as*, I
fourteen *catorce*, I
France *Francia* (f.), I
free *gratis* (m/f), II9; **free day** *un día libre*, I; **free time** *el rato libre*, II3; **(during) free time** *(en) el tiempo libre*, I
French *el francés*, I
french fries *las papas fritas*, I
fresh air *el aire puro*, II7
Friday *el viernes*, I
friend *el amigo* (male), *la amiga* (female), I; *el compañero* (male), *la compañera* (female), I
from *de*, I
from me *de mi parte*, II12
from the *del, de la*, I
from the United States *estadounidense* (m/f), II1
fruit *la fruta*, I
fuel *el combustible*, II11
fun *divertido/a*, I
funny *cómico/a*, I

galaxy *la galaxia*, II10
game *el juego*, I; **game of . . . (sport)** *el partido de...*, I
garbage *la basura*, II1
garden *el jardín*, I
gas station *la gasolinera*, II8
generally *por lo general*, II3
generous *generoso/a*, II4
geography *la geografía*, I
Germany *Alemania* (f.), I
to get (somewhere) on time *llegar a tiempo*, II4
to get dressed *vestirse (i)*, II3
to get good grades *sacar buenas notas*, II4
Get into shape. *Ponte en forma.*, II5
to get lost *perderse (ie)*, II10
to get married *casarse*, II10
to get off the bus *bajarse del autobús*, II6
to get on the bus *subirse al autobús*, II6
to get scared *asustarse*, II7
to get tired *cansarse*, II5
to get to know someone *conocer*, I
to get together with friends *reunirse con amigos*, II3
to get up *levantarse*, II3
gift *el regalo*, I; **to open gifts** *abrir los regalos*, I; **to receive gifts** *recibir regalos*, I
gigantic *gigantesco/a*, II7
girl *la chica*, I
to give *dar*, I; **to give (as a gift)** *regalar*, I; **to give one's regards to** *dar un saludo a*, II12; **to give permission** *dar permiso*, II5
glass *el vidrio*, II11
glass of milk *el vaso de leche*, I
to go *ir*, I; **go** *ve* (command), I; **go away** *vete* (command), I; **to go away** *irse*, II10; **to go canoeing** *bajar el río en canoa*, I; **to go hiking** *dar una caminata*, I; **to go back** *regresar*, I; **to go by the bank** *pasar por el banco*, II8; **to go by the pharmacy** *pasar por la farmacia*, II8; **to go by the post office** *pasar por el correo*, II8; **to go down (a street or road)** *bajar por*, II9; **to go mountain climbing** *escalar montañas*, I; **to go out** *salir*, I; **to go sailing** *ir de vela*, I; **to go sightseeing** *hacer turismo*, I; **to go skydiving** *saltar en paracaídas*, I; **to go to bed** *acostarse (ue)*, II3; **to go to the mall** *ir al centro comercial*, I; **to go up (a street or road)** *subir por*, II9; **to go windsurfing** *montar en tabla de vela*, II12; **to go with** *acompañar*, II8
good *bueno/a*, I
Good afternoon. *Buenas tardes.*, I
Good evening. *Buenas noches.*, I
Good idea. *Buena idea.*, I
Good morning. *Buenos días.*, I
Good night. *Buenas noches.*, I
good-looking *guapo/a*, I

Goodbye. *Adiós.*, I
goods *los productos*, II11
gossip *el chisme*, II10
gossip (person) *el/la chismoso/a*, II10
gossipy *chismoso/a*, II10
grades *las notas*, II4
graduation party *la fiesta de graduación*, I
grandfather *el abuelo*, I
grandmother *la abuela*, I
grandparents *los abuelos*, I
grapefruit *la toronja*, I
grapes *las uvas*, I
grass *el césped*, I
gray *gris*, I; **gray hair** *las canas*, I
great *de maravilla*, II8; *estupendo/a*, I; *excelente*, I; *magnífico*, I
green *verde*, I
greeting *el saludo*, II12
greeting card *la tarjeta*, I
grocery store *la tienda de comestibles*, I
Guatemalan *guatemalteco/a*, II1
guests *los invitados*, I
guide *el/la guía*, II6
guitar *la guitarra*, I
gym *el gimnasio*, I

habit *el hábito*, II5
hair *el pelo*, I; **He/She has gray hair.** *Tiene canas.*, I
hair dryer *la secadora de pelo*, II3
half-brother *el medio hermano*, I
half past (the hour) *y media*, I
half-sister *la media hermana*, I
ham *el jamón*, I
hamburger *la hamburguesa*, I
hand *la mano*, I
to hand in homework *entregar la tarea*, II4
to hang decorations *colgar(ue) las decoraciones*, I
happy *contento/a, feliz*, II2
to hate *odiar*, II7
to have *tener (ie)*, I; **to have a cough** *tener tos*, I; **to have a cramp** *tener calambre*, II5; **to have a fever** *tener fiebre*, I; **to have been (doing something) for (amount of time)** *hace...que...*, II3; **to have a good time** *pasarlo bien*, I; **to have breakfast** *desayunar*, I; **to have dinner/supper** *cenar*, II6; **to have fun** *divertirse (ie)*, II5; **to have the flu** *tener gripe*, I; **to have to (do something)** *tener que* + infinitive, I; **to have to go** *tener que irse*, I
he *él*, I
He/She has gray hair. *Tiene canas.*, I
He/She has green/blue eyes. *Tiene (los) ojos verdes/azules.*, I
he is *él es*, I
He/She/It is from ... *Es de. . .*, I
He/She is late. *Está atrasado/a.*, I
he/she is ... tall *mide . . .*, II1
He/She is ... years old. *Tiene. . . años.*, II1
He/She looks young. *Se ve muy joven.*, I
he/she said that *dijo que*, II8
He/She says that . . . *Dice que...*, I
he/she wants *quiere*, I
head *la cabeza*, I
health *la salud*, II5
healthy *sano/a*, I
heat *el calor*, I; *la calefacción*, II7
heavy *fuerte*, I
height *la estatura*, II1
Hello. *Aló.*, I, *Diga.*, I, *¡Hola!*, I
to help at home *ayudar en casa*, I
her *su(s)*, I
Her name is . . . *Se llama...*, I
here *aquí*, I
high school *el colegio*, I
hiking *el senderismo*, II5
his *su(s)*, I
His name is . . . *Se llama...*, I
hobby *el pasatiempo*, II3
holidays *los días festivos*, I
home *la casa*, I
homework *la tarea*, I
Honduran *hondureño/a*, II1
honest *honesto/a*, II4
horrible *horrible*, I
hot *caliente*, I; **to be hot** *hacer calor*, I
hot dog *el perro caliente*, I
hour *la hora*, I
house *la casa*, I
household chores *los quehaceres domésticos*, I
How? *¿Cómo?*, I; **How about if . . . ?** *¿Qué tal si... ?*, II2; **How are you?** *¿Cómo estás?*, I; **How are you feeling?** *¿Cómo te sientes?*, II2; **How can I help you?** *¿En qué le puedo servir?*, II9; **How did it go?** *¿Cómo te fue?*, II8; **How do I look?** *¿Cómo me veo?*, II9; **How do you get to . . . ?** *¿Cómo se va a...?*, II9; **How do you feel about . . . ?** *¿Qué te parece si...?*, I; **How does it fit you?** *¿Cómo te queda?*, II9; **How long have/has . . . ?** *¿Cuánto tiempo hace que... ?*, II3; **How many people are in your family?** *¿Cuántas personas hay en tu familia?*, I; **How old are you?** *¿Cuántos años tienes?*, I; **How old is (he/she)?** *¿Cuántos años tiene?*, I; **How was it?** *¿Cómo estuvo?*, *¿Qué tal estuvo?*, II8; **How's it going?** *¿Qué tal?*, I
How cheap! *¡Qué barato/a!*, I
How expensive! *¡Qué caro/a!*, I
How many? *¿Cuántos?*, *¿Cuántas?*, I
How much? *¿Cuánto/a?*, I; **How much does/do. . . cost?** *¿Cuánto cuesta(n)...?*, I; **How much is it?** *¿Cuánto es?*, I; *¿Cuánto vale?*, II9; **How much will you let it go for?** *¿En cuánto lo deja?*, II9
How often? *¿Con qué frecuencia?*, I
hug *el abrazo*, II12
humid *húmedo/a*, II10
hundred *cien, ciento*, I
hungry, to be (very) *tener (mucha) hambre*, I
Hurry up! *¡Date prisa!*, I; **I'm in a hurry.** *Tengo prisa.*, I
to hurt *doler (ue)*, I; **to hurt (oneself)** *hacerse daño*, II5
husband *el esposo*, I

I *yo*, I
I agree. *Estoy de acuerdo.*, II11
I already have plans. *Ya tengo planes.*, I
I already know. *Ya lo sé.*, II5
I always have to do it. *Siempre me toca a mí.*, II3
I am . . . *Soy...*, I
I can't. *No puedo.*, I
I can't believe it! *¡No lo puedo creer!*, II10
I disagree. *No estoy de acuerdo.*, II11
I don't believe it. *No lo creo.*, II11
I don't know. *No sé.*, I
I don't like. . . *No me gusta(n)...*, I
I don't think so. *Creo que no.*, I
I doubt it. *Lo dudo.*, II10
I feel . . . *Me siento...*, II2
I generally eat/drink . . . *Por lo general tomo...*, I
I get along very well with . . . *Me llevo muy bien con...*, II12
I had to . . . *Tenía que...*, II8
I have to go. *Tengo que irme.*, I
I hoped to . . . *Esperaba...*, II8
I like . . . *Me gusta(n)...*, I
I like . . . more *Me gusta más...*, I
I (emphatic) **like to . . .** *A mí me gusta* + infinitive, I
I plan to . . . *Pienso...*, II4
I planned to . . . *Pensaba...*, II8
I read that . . . *Leí que...*, II10
I really (don't) like . . . *Me cae bien (mal)...*, II12
I recommend . . . *Recomiendo...*, II6
I think so. *Creo que sí.*, I
I think that ... *Me parece que. . .*, II4; *Yo creo que. . .*, II4

I think you're wrong. *Me parece que no tienes razón.*, II11
I thought . . . was great. *Quedé muy impresionado/a con...*, II12
I want *quiero*, I
I wanted to but couldn't. *Quería pero no pude.*, II8
I was going to . . . but I wasn't able. *Iba a... pero no pude.*, II5
I wear (size) . . . *Uso talla...*, II9
I would like . . . *Me gustaría...*, I
I would like (to) *quisiera*, I
I'd like to but I have to . . . *Me gustaría, pero tengo que...*, II2
I'd love to *Me encantaría*, II4
I'll call later. *Llamo más tarde.*, I
I'll give it to you for . . . *Se lo doy por...*, II9
I'll have . . . (ordering food) *Para mí...*, II6
I'll let you have it for . . . *Se lo regalo por...*, II9
I'm . . . tall *Mido...*, II1
I'm . . . years old. *Tengo... años.*, I
I'm from . . . *Soy de...*, I
I'm in a hurry. *Tengo prisa.*, I
I'm late. *Estoy atrasado/a.*, I
I'm not sure. *No estoy seguro/a.*, II6
I'm (pretty) well, thanks. *Estoy (bastante) bien, gracias.*, I
I'm sick and tired of . . . *Estoy harto/a de...*, II3
I'm sorry *lo siento*, II6
I'm sorry. I can't. *Lo siento. No puedo.*, I
I'm sorry, but right now . . . *Lo siento, pero en este momento...*, I
I've already done it a thousand times. *Yo ya lo hice mil veces.*, II3
I've no idea. *No tengo ni idea.*, II6
ice cream *el helado*, I
iced tea *el té frío*, I
idea *la idea*, I
if *si*, I; **if you want** *si quieres*, II4
ill *enfermo/a*, II2
Imagine! *¡Fíjate!*, II10
immediately *inmediatamente*, II12
impatient *impaciente*, II7
to **improve** *mejorar*, II11
in *en, por*, I; **in a bad mood** *de mal humor*, II2; **in a good mood** *de buen humor*, II2; **in front of** *delante de*, II9; **in my time** *en mis tiempos*, II7; **in order to** *para* + infinitive, I; **In short . . .** *En fin...*, II10; **in the afternoon (P.M.)** *de la tarde, por la tarde*, I; **in the evening (P.M.)** *de la noche, por la noche*, I; **in the morning (A.M.)** *de la mañana, por la mañana*, I; **in those days** *en aquella época*, II7; **in those times** *en aquellos tiempos*, II7; **In your opinion . . .** *En tu opinión...*, II4
included *incluido/a*, I
Independence Day *el Día de la Independencia*, I
to **inflate** *inflar*, I
to **injure (oneself)** *lastimarse*, II5
insects *los insectos*, II11
intelligent *inteligente*, I
to **intend** *pensar* + infinitive, I
interesting *interesante*, I
Internet *Internet*, II4
intersection *el cruce*, II9
invitation *la invitación*, I
to **invite** *invitar*, I
to **iron** *planchar*, I
Is it (the tip) included? *¿Está incluida?*, I
Isn't it? *¿No?*, I
it *lo, la*, II3
Italian *italiano/a*, I; **Italian food** *la comida italiana*, I
Italy *Italia* (f.), I
It can't be. *No puede ser.*, II10
It doesn't seem right to me. *No me parece.*, II11
It fits you very well. *Te queda muy bien.*, I
It isn't true. *No es cierto.*, I
it rains *llueve*, II2
It seems . . . to me *Me parece...*, II4
It seems fine to me. *Me parece bien.*, I
it snows *nieva*, II2
It was when . . . *Fue cuando...*, II10
It's . . . turn. *Le toca a...*, II3
It's a rip-off! *¡Es un robo!*, I
It's cloudy. *Está nublado.*, I
It's cold. *Hace frío.*, I
It's cool. *Hace fresco.*, I
It's hot. *Hace calor.*, I
It's important . . . *Es importante...*, II4
It's just that . . . *Es que ...*, II5
It's late. *Es tarde.*, I
It's my treat. *Te invito.*, I
It's my turn *Me toca a mí.*, II3
It's necessary . . . *Es necesario...*, II11; *Es preciso...*, II5
It's not fair. *No es justo.*, II3
It's one o'clock. *Es la una.*, I
It's raining. *Está lloviendo.*, I; *Llueve.*, I
It's separate. *Es aparte.*, I
It's snowing. *Está nevando.*, I; *Nieva.*, I
It's stylish. *Está de moda.*, II9
It's sunny. *Hace sol.*, I
It's the (date) of the (month). *Es el ... de ...*, I
It's up to . . . *Le toca a ...*, II3
It's up to all of us. *A todos nos toca.*, II11
It's up to me. *Me toca a mí*, II3
It's up to you. *Te toca a ti.*, II3
It's urgent . . . *Es urgente...*, II11
It's (very) windy. *Hace (mucho) viento.*, I
It's your turn. *Te toca a ti.*, II3

jacket *la chaqueta*, I
January *enero* (m.), I
jazz *el jazz*, I
jewelry store *la joyería*, I
job *el trabajo*, I
joke *el chiste*, II7
journey *el recorrido*, II6
juice *el jugo*, I
July *julio* (m.), I
to **jump rope** *saltar a la cuerda*, II5
June *junio* (m.), I
jungle *la selva*, I
Just a second. *Un momentito.*, I

to **keep clean** *mantener (ie) limpio/a*, II11
kind *bondadoso/a*, II7
kitchen *la cocina*, I
knee *la rodilla*, II5
knife *el cuchillo*, I
to **know (information)** *saber*, II6; **to know (a person)** *conocer a*, II4

lake *el lago*, I
lamp *la lámpara*, I
last night *anoche*, I; **last Saturday** *el sábado pasado*, I; **last summer** *el verano pasado*, I; **last week** *la semana pasada*, I; **last year** *el año pasado*, I
late *atrasado/a*, I, *tarde*, I; **It's late.** *Es tarde.*, I; **to be late** *estar atrasado/a*, I
later *más tarde*, I; *luego*, II6
lazy *flojo/a*, II4
to **lead a healthy life** *llevar una vida sana*, I
leather (made of) *de cuero*, I
to **leave** *salir*, I; **to leave a message** *dejar un recado*, I; **to leave (behind)** *dejar*, II4; **to leave the tip** *dejar la propina*, II6
left *la izquierda*, II9; **to the left** *a la izquierda*, II9
leg *la pierna*, I
lemonade *la limonada*, I
less *menos*, I; **less . . . than** *menos... que*, I

letter *la carta*, I
lettuce *la lechuga*, I
library *la biblioteca*, I
life *la vida*, I
lifestyle *el estilo de vida*, II11
to lift weights *levantar pesas*, I
light *la luz*, II11
light *ligero/a* (adj.), I
lightning *el rayo*, II10
to like *gustar*, II2; *gustarle a*, I; **to like (dislike) someone** *caerle bien (mal)*, II7; **to like very much** *encantar(le)*, II1; **to really like** *encantar*, I
line *la línea*, I; **The line is busy.** *La línea está ocupada.*, I
to listen to *escuchar*, I; **Listen, have you heard about . . . ?** *Oye, ¿has oído hablar de...?*, II10; **to listen to music** *escuchar música*, I
to live *vivir*, I
living room *la sala*, I
lonely *solitario/a*, II7
long *largo/a*, II9; **a long time ago** *hace mucho tiempo*, II10
Look . . . *Mira...*, II11
to look at oneself *mirarse*, II3
to look for *buscar*, I
to look young *verse joven*, I
loose (clothes) *ancho/a*, II9
to lose *perder (ie)*, II4
to lose weight *bajar de peso*, II5
lot: a lot *mucho/a/os/as*, I
to love *encantarle a*, I; *fascinar(le)*, II1
lunch *el almuerzo*, I

ma'am *señora*, I
made of *de*, I
magazine *la revista*, I
to make *hacer*, I; **make** *haz* (command), I
to make a note of *apuntar*, II4
to make friends with someone *hacerse amigo/a de alguien*, II12
to make mistakes *cometer errores*, II4
to make plans *hacer planes*, II4
to make the bed *hacer la cama*, I; *tender (ie) la cama*, II3
to make up (after a quarrel) *hacer las paces*, II10
mall *el centro comercial*, I
mango *el mango*, I
many *muchos/as*, I
to march *desfilar*, II8
March *marzo* (m.), I
market *el mercado*, II9
martial arts *las artes marciales*, II5
marvelous *estupendo/a*, I
mask *la máscara*, II8
to match *hacer juego con*, II9
mathematics *las matemáticas*, I
May *mayo* (m.), I
May I leave a message? *¿Puedo dejar un recado?*, I
maybe *tal vez*, I
Me too. *Yo también.*, I
meal *la comida*, I
meat *la carne*, I
medium *mediano/a*, II1
to meet up (with) *encontrarse (ue) (con)*, II9
to memorize *aprender de memoria*, II4
memory *la memoria*, II4
menu *el menú*, I
message *el recado*, I; **May I leave a message?** *¿Puedo dejar un recado?*, I
Mexican *mexicano/a*, II1
Mexican food *la comida mexicana*, I
mile *la milla*, I
milk *la leche*, I
milk shake *el batido*, I
mineral water *el agua* (f.) *mineral*, I
mirror *el espejo*, II3
mischievous *travieso/a*, I
miss *señorita*, I
to miss (a class, an exam, etc.) *perder (ie)*, II4
to miss (someone) *echar (a alguien) de menos*, II12
moment *el momento*, I; **one moment** *un momento*, I
Monday *el lunes*, I
money *el dinero*, I
monkey *el mono*, II8
month *el mes*, I
more *más*, I; **more . . . than** *más ... que*, I
morning *la mañana*, I; **in the morning** *de la mañana, por la mañana*, I
mother/mom *la madre/mamá*, I
Mother's Day *el Día de las Madres*, I
mountain *la montaña*, II2; **to go mountain climbing** *escalar montañas*, I
mountain climbing *el montañismo*, II5
mouth *la boca*, I
to move *moverse (ue)*, II5
movie *la película*, I
movie star *la estrella de cine*, II8
movie theater *el cine*, I
Mr. *señor*, I
Mrs. *señora*, I
museum *el museo*, I
music *la música*, I; **classical music** *la música clásica*, I; **music by . . .** *la música de...*, I; **pop music** *la música pop*, I; **rock music** *la música rock*, I
must *deber*, II4
my *mi*, I; *mis*, I
my last offer *mi última oferta*, II9

named, to be *llamarse*, I; **My name is . . .** *Me llamo...*, I
napkin *la servilleta*, I
natural resources *los recursos naturales*, II11
nature *la naturaleza*, II11
near *cerca de*, I
neck *el cuello*, I
necklace *el collar*, I
to need *necesitar*, I
neither *tampoco*, II11
never, not ever *nunca*, I
new *nuevo/a*, I; **new friends** *los nuevos amigos*, I; **New Year's Day** *el Año Nuevo*, I; **New Year's Eve** *la Nochevieja*, I
news *las noticias*, II10
newspaper *el periódico*, I
next *a continuación*, II6; **next (day, year . . .)** *al... siguiente*, II12; *el (la)... que viene*, II12; **next to** *al lado de*, I; *junto a*, II9
Nicaraguan *nicaragüense*, II1
nice *simpático/a*, I
Nice to meet you. *Mucho gusto.*, I
night *la noche*, I; **Good night.** *Buenas noches.*, I; **last night** *anoche*, I; **the night before last** *anteanoche*, I
nine *nueve*, I
nine hundred *novecientos/as*, I
nineteen *diecinueve*, I
ninety *noventa*, I
no *no*, I
no one *nadie*, I
No thanks, just the check. *No, gracias, sólo la cuenta.*, II6
No way! *¡N'hombre!, ¡Qué va!*, II10
nobody *nadie*, I
noise *el ruido*, II7
noisy *ruidoso/a*, II7
none *ninguno/a*, II11
nor *ni*, I
normally *normalmente*, II3
north *el norte*, II9; **to the north** *al norte*, II9
nose *la nariz*, I
not anywhere *ningún lugar*, I
not yet *todavía no*, II2
notebook *el cuaderno*, I
nothing *nada*, I
novel *la novela*, I
November *noviembre* (m.), I
now *ahora*, I
nowhere *ningún lugar*, I
number *el número*, I

ocean *el océano,* II2
October *octubre* (m.), I
of *de,* I
of course *claro, por supuesto,* II6
Of course! *¡Cómo no!,* I; *¡Claro que sí!,* II11
of the *del* (de + el), I
often *muchas veces, con frecuencia,* I
Oh what a pain!, *¡Ay, qué pesado!,* II3
okay *regular,* I
old *viejo/a,* I
older *mayor,* I; **older than** *mayor que,* II4
on *en,* I; **on my behalf** *de mi parte,* II12; **on sale** *en barata,* II9; **On the contrary!** *¡Al contrario!,* II11; **on the (date) of this month . . .** *El. . .de este mes...,* I; **on the dot** *en punto,* I; **on top of** *encima de,* I
Once upon a time . . . *Érase una vez...,* II10
one *uno/a,* I
one moment *un momento,* I
One must . . . *Hay que...,* II4
onion *la cebolla,* I
only *sólo,* I; **only when** *sólo cuando,* I
to open gifts *abrir los regalos,* I
open-air market *el mercado al aire libre,* II9
orange (adj.) *anaranjado/a,* I
orange juice *el jugo de naranja,* I
to order *pedir (i),* I; **to order food** *pedir (i) la comida,* II6
to organize *organizar,* I
other *otro/a; otros/as,* I
ought to *deber,* I
our *nuestro/a,* I
overweight *gordo/a;* **a little overweight** *un poco gordo/a,* I
ozone layer *la capa de ozono,* II11

to pack a suitcase *hacer la maleta,* I
packaged goods *los productos empacados,* II11
pain: Oh what a pain! *¡Ay, qué pesado!,* II3
to paint *pintar,* I
pair of *el par de,* II9
pal *el/la compañero/a,* I
Panamanian *panameño/a,* II1
pants *los pantalones,* I
papaya *la papaya,* I
paper *el papel,* I
parade *el desfile,* II8
to parade *desfilar,* II8
paradise *el paraíso,* I
Paraguayan *paraguayo/a,* II1
parents *los padres,* I
park *el parque,* I; **amusement park** *el parque de atracciones,* I
parking (space) *el estacionamiento,* II6
parrot *el loro,* II8
party *la fiesta,* I
to pass *pasar,* I; **to pass (an exam)** *aprobar (ue),* II4
passenger *el pasajero, la pasajera,* II6
pastime *el pasatiempo,* II3
to pay attention *prestar atención,* II4
peanut butter *la crema de maní,* I
pencil *el lápiz,* I
percent *por ciento,* II9
perfect *perfecto/a,* I
perhaps another day *tal vez otro día,* I
Peruvian *peruano/a,* II1
petroleum *el petróleo,* II11
pharmacy *la farmacia,* II8
physical education *la educación física,* I
piano *el piano,* I
pineapple *la piña,* I
pizza *la pizza,* I
pizzeria *la pizzería,* I
place *el lugar,* I
to place *poner,* I; **place** *pon* (command), I
plaid *de cuadros,* I
plan *el plan,* I; **I already have plans.** *Ya tengo planes.,* I
to plan *pensar* + infinitive, I
planet *el planeta,* II10
plant *la planta,* I
plastic *el plástico,* II11
plate *el plato,* I
platform (in train station) *el andén* (pl. *los andenes*), II6
to play *jugar (ue) a,* I; **to play a musical instrument** *tocar un instrumento,* I; **to play cards** *jugar (ue) a las cartas,* II3; **to play sports** *practicar deportes,* I; **to play tricks** *hacer travesuras,* II7
please *por favor,* I
Please bring me . . . *Por favor, me trae. . .,* II6
Please help me., *Ayúdame, por favor.,* II2
pollution *la contaminación,* II7
pop music *la música pop,* I
post office *el correo,* I
postcards *las tarjetas postales,* I
poster *el cartel,* I
potato *la papa,* I
potato chips *las papitas,* I
to practice *practicar,* I
to prefer *preferir (ie),* I
premiere *el estreno,* II8
to prepare *preparar,* I; **to prepare dinner** *preparar la cena,* I
pretty *bonito/a,* I
price *el precio,* I
price tag *la etiqueta,* II9
prince *el príncipe,* II10
princess *la princesa,* II10
problem *el problema,* I
to protect species *proteger las especies,* II11
Puerto Rican *puertorriqueño/a,* II1
purple *morado/a,* I
to put *poner,* I; **put** *pon* (command), I; **to put gas in the car** *poner gasolina al carro,* II8; **to put on clothes** *ponerse la ropa,* II3; **to put on make-up** *maquillarse,* I; **to put on weight** *aumentar de peso,* II5

quarter past (the hour) *y cuarto,* I
quarter to (the hour) *menos cuarto,* I
quickly *rápidamente,* II3
quite *bastante,* I

radio *la radio,* I
rail *la vía,* II6
to rain *llover,* II2
rain forest *la selva tropical,* II11
to read *leer,* I
ready *listo/a,* I
Really? *¿De veras?,* II10
really beautiful *lindísimo/a,* II12; **really nice (person)** *buena gente,* II1
to really like *encantar(le),* I
to receive *recibir,* I; **to receive gifts** *recibir regalos,* I
recess *el descanso,* I
to recommend *recomendar (ie),* II6
to recycle *reciclar,* II11
recycling *el reciclaje,* II11
red *rojo/a,* I
redheaded *pelirrojo/a,* I
relatives *los parientes,* II12
to relax *relajarse,* II5
to remain *quedarse,* I
to remember *acordarse (ue) de,* II5
resources *los recursos,* II11
responsible *responsable,* II4

to rest in the park *descansar en el parque*, I
restaurant *el restaurante*, I
to return *regresar*, I
to review *repasar*, II4
rice *el arroz*, I
rich *rico/a*, I
to ride a bike *montar en bicicleta*, I; **to ride a horse** *montar a caballo*, I
right *la derecha*, II9; **to the right** *a la derecha*, II9
right? *¿verdad?, ¿no?*, I
Right away... *En seguida...*, II10
rip-off *el robo*, I
river *el río*, II6
rock music *la música rock*, I
roller coaster *la montaña rusa*, II8
to roller skate *patinar sobre ruedas*, I
room *el cuarto*, I
round trip *ida y vuelta*, II6
to row *remar*, II5
rowing *el remo*, II5
ruler *la regla*, I
to run *correr*, I; **to run an errand** *hacer un mandado*, II8
running track *la pista de correr*, I
running water *el agua* (f.) *corriente*, II7

sad *deprimido/a*, II2; *triste*, I
salad *la ensalada*, I
sale *la oferta*, II9
salt *la sal*, II5
salty *salado/a*, I
Salvadoran *salvadoreño/a*, II1
same *mismo/a*, I
Same here. *Igualmente.*, I
sandals *las sandalias*, I; *las chancletas*, I
sandwich *el sándwich*, I
Saturday *el sábado*, I
to say *decir*, I; **to say goodbye (to)** *despedirse (i)(de)*, II10; **He/She says...** *Dice que...*, I
scarf *la bufanda*, I
science *las ciencias*, I
science fiction *la ciencia ficción*, II10
to scuba dive *bucear*, I
sea *el mar*, II11
seasons (of the year) *las estaciones*, I
to see *ver*, II1
See you later. *Hasta luego.*, I
See you tomorrow. *Hasta mañana.*, I
to seem boring *parecer pesado/a*, II7
selfish *egoísta* (m/f), II7
semester *el semestre*, I
to send invitations *mandar las invitaciones*, I
separate *aparte*, I
September *septiembre* (m.), I
serious *grave*, II11
to serve *servir (i)*, II6; **to serve dessert** *servir (i) el postre*, II6
to set the table *poner la mesa*, I
seven *siete*, I
seven hundred *setecientos/as*, I
seventeen *diecisiete*, I
seventy *setenta*, I
shampoo *el champú*, II3
shape *la forma*, II5
to share *compartir*, II7
to shave *afeitarse*, I
she *ella*, I; **She is...** *Ella es...*, I
She/He looks young. *Se ve joven.*, I
shirt *la camisa*, I
shoe *el zapato*, I
shoe store *la zapatería*, I
shop (car) *el taller*, II8
shopping mall *el centro comercial*, I
short (to describe people) *bajo/a*, I
shorts *los pantalones cortos*, I
should *deber*, II4
shoulder *el hombro*, II5
show window *el escaparate*, II9
shrimp *los camarones*, I
sick *enfermo/a*, I
sign *el letrero*, II6
silk (made of) *de seda*, I
simple *sencillo/a*, II7
to sing *cantar*, I
sir *señor*, I
sister *la hermana*, I
situation *la situación*, II11
sit-ups *las abdominales*; **to do sit-ups** *hacer abdominales*, II5
six *seis*, I
six hundred *seiscientos/as*, I
sixteen *dieciséis*, I
sixty *sesenta*, I
size *la talla*, II9; **size (shoe)** *el número*, II9
to skate *patinar*, I
to skateboard *hacer monopatín*, II3
to ski *esquiar*, I
skirt *la falda*, I
skis *los esquís*, I
skyscraper *el rascacielos*, II2
to sleep like a baby *dormir tan bien como un lirón*, II7
sleepy, to be *tener sueño*, I
slippers *las chancletas*, I
small *pequeño/a*, I
smart *listo/a*, I
smog *el smog*, II11
to smoke *fumar*, II5
to snack *merendar (ie)*, II4
snake *la serpiente*, II8
to snow *nevar (ie)*, II2; **It's snowing.** *Nieva.*, I; *Está nevando.*, I
So that's how... *Así (fue) que...*, II10
So, then... *Entonces...*, II10
So what? *¿Y eso, qué?*, II10
soap *el jabón*, II3
soccer *el fútbol*, I
soccer field *la cancha de fútbol*, I
social studies *las ciencias sociales*, I
socks *los calcetines*, I
soft drink *el refresco*, I
to solve *resolver (ue)*, II11
some *unos, unas*, I
someday *algún día*, II12
something *algo*, I
sometimes *a veces*, I
son *el hijo*, I
so-so *más o menos*, I; *más o menos bien*, II8
soon *pronto*, II12
soup *la sopa*, I
south *el sur*, II9; **to the south** *al sur*, II9
space ship *la nave espacial*, II10
Spanish *el español*, I
Spanish (nationality) *español,-a* (adj.), II1
to speak *hablar*, I
special effects *los efectos especiales*, II8
specialty of the house *la especialidad de la casa*, II6
to spend *gastar*, II3; **to spend time with friends** *pasar el rato con amigos*, I
spicy *picante*, I
spoiled *consentido/a*, II7
spoon *la cuchara*, I
sports *los deportes*, I
to sprain *torcerse (ue)*, II5
spring (season) *la primavera*, I
stadium *el estadio*, I
stamp *la estampilla*, II3
to stand in line *hacer cola*, II4
star *la estrella*, II10
to start *comenzar (ie), empezar (ie)*, II3
station *la estación*, II6
to stay *quedarse*, I; **to stay in shape** *mantenerse (ie) en forma*, II5
steak *el bistec*, I
stepbrother *el hermanastro*, I
stepfather *el padrastro*, I
stepmother *la madrastra*, I
stepsister *la hermanastra*, I
still *todavía*, I
stomach *el estómago*, I
to stop *dejar de*, II11; **Stop smoking.** *Deja de fumar.*, II5
store *la tienda*, I
story: the story goes that *se cuenta que*, II10
store clerk *el/la dependiente*, II9
storm *la tormenta*, II10
stove *la estufa*, II7
straight *derecho* (adv.), II9
strawberry *la fresa*, I
streetlight *la lámpara de la calle*, II7
stress *el estrés*, II5
to stretch *estirarse*, I
strict *estricto/a*, I
striped *de rayas*, I

stroll *la caminata, el paseo,* I
strong *fuerte,* I
studious *aplicado/a,* II4
to study *estudiar,* I
style *la moda,* II9
subject *la materia,* I
subway *el metro,* II4
sugar *el azúcar,* I
suit *el traje,* I; **bathing suit** *el traje de baño,* I
suitcase *la maleta,* I; **to pack the suitcase** *hacer la maleta,* I
summer *el verano,* I
sun *el sol,* II2
to sunbathe *tomar el sol,* I
Sunday *el domingo,* I
sunglasses *los lentes de sol,* I
sunny *soleado/a,* II10
sunscreen *el bloqueador,* I
supermarket *el supermercado,* I
sure *seguro/a,* II6
Sure! *¡Con mucho gusto!,* I
to surf the Web *navegar por la Red,* II4
surprise party *la fiesta de sorpresa,* I
surrounded by *rodeado/a de,* II12
to sweat *sudar,* II5
sweater *el suéter,* I
to sweep *barrer,* II3
sweet *dulce,* I
sweet rolls *el pan dulce,* I
sweet shop *la pastelería,* I
to swim *nadar,* I
swimming *la natación,* I
swimming pool *la piscina,* I
system *el sistema,* II11

T-shirt *la camiseta,* I
table *la mesa,* I
tag (price tag) *la etiqueta,* II9
to take *tomar,* I; *llevar,* II8; **to take a bath** *bañarse,* II3; **to take a shower** *ducharse,* I; **to take a trip** *hacer un viaje,* I; **to take care of** *cuidar,* I; **to take care of the cat** *cuidar al gato,* I; **to take care of your brother/sister** *cuidar a tu hermano/a,* I; **to take notes** *tomar apuntes,* II4; **to take out the garbage** *sacar la basura,* I; **to take the bus** *tomar el autobús,* I; **to take the car to the gas station** *llevar el carro a la gasolinera,* II8; **to take the car to the shop** *llevar el carro al taller,* II8; **to take the subway** *tomar el metro,* II4
to talk on the phone *hablar por teléfono,* I
talkative *conversador, -a,* II7
tall *alto/a,* I
tea *el té,* I; **iced tea** *el té frío,* I
teacher *el profesor, la profesora,* I
teeth *los dientes,* I; **to brush your teeth** *lavarse los dientes,* I
telephone *el teléfono,* I
television *la televisión,* I; **television set** *el televisor,* I
to tell *decir,* II8; **Tell me.** *Dime.,* II10; **Tell me about it!** *¡Cuéntamelo!,* II10; **to tell jokes** *contar (ue) chistes,* II7; **to tell you the truth** *de verdad,* II9
ten *diez,* I
tennis *el tenis,* I
tennis court *la cancha de tenis,* I
tennis shoes (Spain) *las zapatillas de tenis,* I
thank you for *gracias por,* II12
Thanks. *Gracias.,* I
Thanksgiving *el Día de Acción de Gracias,* I
that (adj.) *esa, ese,* I
that *que,* I
That's all. *Nada más.,* I
That's it! *¡Eso es!,* II11
That's it. *Así es la cosa.,* II11
That's not so. *No es así.,* II11
That's why . . . *Por eso...,* II10
the *el, la, los, las,* I
The bad thing is that . . . *Lo malo es que. . .,* II11
The story goes that . . . *Se cuenta que...,* II10
The system isn't working (doesn't work). *El sistema no funciona.,* II11
The usual! *¡Lo de siempre!,* I
theater *el teatro,* I
their *su(s),* I
them *los/las,* II3
then *luego,* I
there *allá,* I
there are, there is *hay,* I
There are five of us. *Somos cinco.,* I
There are more and more . . . and less and less . . . *Cada vez hay más... y menos...,* II11
therefore *por lo tanto,* II11
these *estas* (adj.), *estos* (adj.), *éstas* (pron.), *éstos* (pron.), I
they *ellas, ellos,* I; **They are . . .** *Ellos/Ellas son. . .,* I; **They're the same price.** *Son del mismo precio.,* I; **They/You like . . .** *Les gusta...,* I; **they told me that** *me dijeron que,* II8
thief *el/la ladrón/ladrona,* II10
thigh *el muslo,* II5
thin *delgado/a,* I
thing *la cosa,* I
to think *pensar (ie),* I; *creer,* II4; **to think (something) was great** *encontrar (ue) genial,* II7
thirsty, to be (really) *tener (mucha) sed,* I
thirteen *trece,* I
thirty *treinta,* I
this *esta, este,* I; *ésta,* II1; *éste,* I
This is (my friend) . . . (to introduce a female) *Ésta es (mi amiga)...,* II1
This is (my friend) . . . (to introduce a male) *Éste es (mi amigo)...,* II1
this morning *esta mañana,* II2
those (adj.) *esas, esos,* I
thousand *mil,* I
three *tres,* I
three hundred *trescientos/as,* I
throat *la garganta,* I
to throw out *tirar,* II11
thunder *el trueno,* II10
Thursday *el jueves,* I
ticket *el boleto,* I
ticket booth *la taquilla,* II6
to tidy up *ordenar,* II3
tie (clothing) *la corbata,* I
tiger *el tigre,* II8
tight (clothes) *estrecho/a,* II9
time *la hora,* I; *el tiempo,* I
timid *tímido/a,* II1
tip *la propina,* I
tired *cansado/a,* II2
to *a, al (a + el), a la, para,* I; **to the coast** *a la costa,* II12; **to the east** *al este,* II9; **to the left** *a la izquierda,* II9; **to the north** *al norte,* II9; **to the right** *a la derecha,* II9; **to the south** *al sur,* II9; **to the west** *al oeste,* II9; **to them** *a ellos, a ellas,* I; **to you** (formal) *a ustedes,* I; **to/for her, him, you** *le,* I; **to/for me** *me,* I; **to/for them, you** (pl.) *les,* I; **to/for us** *nos,* I; **to/for you** *te,* I
toast *el pan tostado,* I
today *hoy,* I
Today is the (date) of (month). *Hoy es el... de...,* I
toe *el dedo,* I
together *juntos/as,* I
tomato *el tomate,* I
tomorrow *mañana,* I
too *también,* I
too much *demasiado/a,* I
toothbrush *el cepillo de dientes,* II3
toothpaste *la pasta de dientes,* II3
tourist *el/la turista,* II6
towel *la toalla,* I
tower *la torre,* II6
toy store *la juguetería,* I
toys *los juguetes,* I
track and field *el atletismo,* II5
traffic *el tránsito,* II7
traffic light *el semáforo,* II6
to train *entrenarse,* II5
train station *la estación de tren,* II6
trash *la basura,* II11
trick *la travesura,* II7
truth *la verdad,* II9
truthfully *de verdad,* II9
to try on *probarse (ue),* II9
Tuesday *el martes,* I
tuna *el atún,* I
to turn (the corner) *doblar,* II9

to turn off *apagar*, II11
to turn out well *salir bien*, II10
turtle *la tortuga*, II8
TV *el televisor*, I
twelve *doce*, I
twenty *veinte*, I
two *dos*, I; **two for one** *dos por uno*, II9
two hundred *doscientos/as*, I
typical *típico/a*, II3
typically *típicamente*, I

UFO *el OVNI*, II10
ugly *feo/a*, I
uncle *el tío*, I
under *debajo de*, I
until *hasta*, II9
Up to a certain point . . . *Hasta cierto punto...*, II11
urgent *urgente*, II11
Uruguayan *uruguayo/a*, II1
us *nosotros/as*, I; *nos*, I
to use the computer *usar la computadora*, II3
usual: The usual! *¡Lo de siempre!*, I

vacation *las vacaciones*, I
to vacuum *pasar la aspiradora*, I
Valentine's Day *el Día de los Enamorados*, I
valley *el valle*, II10
vegetables *las legumbres*, I
Venezuelan *venezolano/a*, II1
very *muy*, I; *mucho*, II2; **very bad** *muy mal*, I
videogame *el videojuego*, I
to visit *visitar*, I
volleyball *el voleibol*, I

waiter *el camarero*, I
waitress *la camarera*, I
to wake up *despertarse (ie)*, II3
walk *la caminata, el paseo*, I
to walk *caminar*, I; **to walk the dog** *caminar con el perro*, I
wallet *la cartera*, I
to want *querer (ie)*, I
to wash oneself *lavarse*, I; **to wash the car** *lavar el carro*, I; **to wash clothes** *lavar la ropa*, I
to waste gastar, II3; *desperdiciar*, II11
waste *el desperdicio*, II11
watch *el reloj*, I
to watch *mirar*, I; **to watch TV** *mirar la televisión*, I
water *el agua*, I; **mineral water** *el agua mineral*, I
to water *regar (ie)*, II3
we *nosotros/as*, I
We don't have any more. *No nos quedan.*, II9
We have it in (color, size, etc.) . . . *La tenemos en...*, II9
We like . . . *Nos gusta(n)...*, I
We should all . . . *Todos deberíamos...*, II11
to wear *llevar*, I; **to wear (a size)** *usar*, II9
weather *el tiempo*, I; **The weather is bad.** *Hace mal tiempo.*, I; **The weather is nice.** *Hace buen tiempo.*, I
Web page *la página Web*, II4
wedding *la boda*, I
Wednesday *el miércoles*, I
week *la semana*, I
weekend *el fin de semana*, I
weights *las pesas*, I
well *el pozo*, II7
Well . . . *Bueno...*, I; **Well, I have class now.** *Bueno, tengo clase.*, I; **Well, I'm not surprised.** *Bueno, no me extraña.*, II10
well-being *el bienestar*, II5
west *el oeste*, II9; **to the west** *al oeste*, II9
whale *la ballena*, II11
What? *¿Cuál?*, I; *¿Qué?*, I; **What a bargain!** *¡Qué ganga!*, I; **What a shame!** *¡Qué lástima!*, I; **What are . . . like?** *¿Cómo son...?*, I; **What are you doing?** *¿Qué estás haciendo?*, I; **What can I bring you?** *¿Qué le puedo traer?*, I; **What classes do you have?** *¿Qué clases tienes?*, I; **What color is it/are they?** *¿De qué color es/son?*, I; **What did he/she say?** *¿Qué dijo?*, II8; **What did he/she/you do?** *¿Qué hizo?*, I; **What did they tell you?** *¿Qué te dijeron?*, II8; **What did you do?** *¿Qué hiciste?*, I; **What do you do on weekends?** *¿Qué hacen ustedes los fines de semana?*, I; **What do you do after school?** *¿Qué haces después de clases?*, I; **What do you eat for . . .?** *¿Qué tomas para . . .?*, I; **What do you like?** *¿Qué te gusta?*, I; **What do you like to do?** *¿Qué te gusta hacer?*, I; **What do you** (emphatic) **like to do?** *A ti, ¿qué te gusta hacer?*, I; **What do you prefer?** *¿Qué prefieres?*, I; **What do you recommend?** *¿Qué me recomienda?*, II6; **What do you think about . . .?** *¿Qué te parece . . .?*, II4; **What do you want me to do?** *¿Qué quieres que haga?*, II2; **What if . . .?** *¿Qué tal si...?*, I; **What is the price?** *¿Qué precio tiene?*, II9; **What is today's date?** *¿Cuál es la fecha?*, *¿Qué fecha es hoy?*, I; **What is your city like?** *¿Cómo es tu ciudad?*, II2; **What shall I bring you . . .?** *¿Qué le(s) traigo de...?*, II6; **What should I do?** *¿Qué debo hacer?*, I; **What time is it?** *¿Qué hora es?*, I; **What was . . . like?** *¿Cómo era...?*, II7; **What would you like for . . .?** *¿Qué desea(n) de . . . ?*, II6; **What's . . . like?** *¿Cómo es . . .?*, I; **What's in . . .?** *¿Qué hay en . . .?*, I; **What's the matter?** *¿Qué tienes?*, I; **What's the weather like?** *¿Qué tiempo hace?*, I; **What's there to drink?** *¿Qué hay para tomar?*, I; **What's wrong with . . . ?** *¿Qué le pasa a...?*, I; **What's your name?** *¿Cómo te llamas?*, I
when *cuando*, I; **When?** *¿Cuándo?*, II1; **when (I) get a job** *cuando encuentre un empleo*, II12; **when (I) get back to . . .** *cuando vuelva a...*, II12; **when (I) have more money** *cuando tenga más dinero*, II12; **when . . . arrives** *cuando llegue...*, II12; **when classes finish** *cuando terminen las clases*, II12; **when I was a child** *cuando era niño/a*, II7; **when I was thirteen years old** *cuando tenía trece años*, II7; **when I was young** *cuando era joven*, II7
where *donde*, I; **Where?** *¿Dónde?*, I; *¿Adónde?*, I; **Where are you from?** *¿De dónde eres?*, I; **Where are you going?** *¿Adónde vas?*, I; **Where did you go?** *¿Adónde fuiste?*, I; **Where is it?** *¿Dónde queda?*, II9; **Where is she/he from?** *¿De dónde es?*, I; **Where (to)?** *¿Adónde?*, I
which *que*, I; **Which?** *¿Cuál?*, I; **Which is your favorite class?** *¿Cuál es tu clase favorita?*, I
white *blanco/a*, I
white-haired *canoso/a*, II1
who *que*, I; **Who?** *¿Quién?* (sing.), I; *¿Quiénes?* (pl.), I; **Who likes . . .?** *¿A quién le gusta . . .?*, I; **Who's calling?** *¿De parte de quién?*, I
whole *entero/a*, II12
Whose turn is it? *¿A quién le toca?*, II3
Why? *¿Por qué?*, I; **Why don't . . . ?** *¿Por qué no . . .*, I; **Why don't you. . . ?** *¿Por qué no... ?*, II2
wife *la esposa*, I
to win *ganar*, I

window *la ventana*, I
to window-shop *mirar las vitrinas*, II4
windsurfing *la tabla de vela*, II12
winter *el invierno*, I
to wish *querer (ie)*, I
with *con*, I; **with me** *conmigo*, I; **with you** *contigo*, I
within (a day, month, . . .) *dentro de...*, II12
Without a doubt. *Sin duda (alguna).*, II11
wool (made of) *de lana*, I
work *el trabajo*, I
to work *trabajar*, I; **The system isn't working.** *El sistema no funciona.*, II11
World Wide Web *el Web, la Telaraña Mundial*, II4
worried *preocupado/a*, II2; **to be worried (about something)** *estar preocupado/a (por algo)*, I
to worry *preocuparse*, II4; **Don't worry.** *No te preocupes.*, I
worse than *peor que*, II4
Would you care for anything else? *¿Se le(s) ofrece algo más?*, II6
Would you like . . . ? *¿Te gustaría...?*, I
Would you like anything else? *¿Desean algo más?*, I
wrist *la muñeca*, II5
to write *escribir*, I; **to write down** *apuntar*, II4

year *el año*, I; **last year** *el año pasado*, I
yellow *amarillo/a*, I
yes *sí*, I; **Yes, I like it.** *Sí, me gusta.*, I; **Yes, you're right.** *Sí, tienes razón.*, II11
yesterday *ayer*, I
yet *todavía*, I
yoga *la yoga*, I
you *tú, vosotros/as* (informal), *usted, ustedes*, I; **you** (informal) **are** *eres*, I; **You are going the wrong way.** *Van mal.*, II9; **You can't miss it.** *No se puede perder.*, II9; **You don't say!** *¡No me digas!*, II10; **you have to** *hay que*, II9; **you like** *te gusta(n)*, I; **You look very handsome/pretty.** *Te ves guapísimo/a.*, II9; **You ought to . . .** *Debes. . .*, II4; **You should . . .** *Deberías. . .*, II4; **you** (informal) **want** *quieres*, I; **You think so?** *¿Tú crees?*, II10; **You're wrong!** *¡Te equivocas!*, II11
young *joven, jóvenes* (pl.), I
younger *menor*, I; **younger than** *menor que*, II4
your *tu, tus, su, sus, vuestro/a(s)*, I
youth hostel *el albergue juvenil*, II12

zero *cero*, I
zoo *el zoológico*, I

Grammar Index

This grammar index includes topics introduced in **¡Ven conmigo!** Levels 1 and 2. The Roman numeral I preceding the page numbers indicates Level 1; the Roman numeral II indicates Level 2. Page numbers in boldface type refer to **Gramática** and **Nota gramatical** presentations. Other page numbers refer to grammar structures presented in the **Así se dice, Nota cultural, Vocabulario, ¿Te acuerdas?** and **A lo nuestro** sections. Page numbers beginning with R refer to the Grammar Summary in this reference section (pages R25–R42).

Q

R

S

T

U

V

Credits

Acknowledgments

For permission to reprint copyrighted material, grateful acknowledgment is made to the following sources:

Agencia Literaria Carmen Balcells on behalf of Fundación Pablo Neruda: From "Oda al aire" from *Odas Elementales* by Pablo Neruda. Copyright © 1954 by Pablo Neruda and Fundación Pablo Neruda.

Alianza Editorial: From "Un week-end en Valle" from *Compro, luego existo* by Guadalupe Loaeza. Copyright © 1992 by Guadalupe Loaeza. Copyright © 1992 by Editorial Patria, under the imprint of Alianza Editorial.

Randa Bishop: From "Puerto Rico y sus bellezas naturales" by Randa Bishop from *GeoMundo*, año XXI, no. 1, January 1997. Copyright © 1996 by Randa Bishop.

BuenaSalud, Inc.: From ¿Estás aburrido de tu rutina? by Kathy López from *BuenaVida* (formerly *BuenaSalud*), vol. VII, no. 11, December 15, 1993. Copyright © 1993 by BuenaSalud, Inc.

El Centro de la Moda: Adaptation of advertisement for "El Centro de la Moda" from *El Tiempo*, año 83, no. 28.931, December 18, 1993.

Children's Book Press: From *The Legend of Food Mountain/La Montaña del Alimento*, adapted by Harriet Rohmer. Copyright © 1982 by Children's Book Press.

CLS: Adaptation of pamphlet, "CLS, Culture & Language Services: Programas lingüísticos para niños, jovenes y adultos."

CODECE: From "¡A Reforestar! Amigos de Santa Ana" and from "Si estás pensando. . ." from *Cedral*, año 1, no.4, September/October 1992. Copyright © 1992 by CODECE.

Diario El País, Sociedad Anónima: Adaptation of "El Tiempo" from *El País*, año XIX, no. 6.133, page 38, February 15, 1994. Copyright © 1994 by Diario El País.

El Diario S.A., La Paz, Bolivia: Weather map from "El Tiempo" section of *El Diario*, año LXXXIX, no. 32.326, April 19, 1992. Copyright © 1992 by El Diario.

Editorial Atlántida, S.A.: Text and illustrations from "La Familia: Cosas de ayer, cosas de hoy," illustrated by Miguel Ángel Milanese, from "Sabe todo" supplement from *Billiken*, no. 3771, April 20, 1992. Copyright © 1992 by Editorial Atlántida, S.A. Text and illustration from "Los servicios públicos" by Pancho Dondo, illustrated by Miguel Ángel Milanese, from "Sabe todo" supplement from *Billiken*, no. 3780, June 22, 1992. Copyright © 1992 by Editorial Atlántida, S.A.

Editorial Eres, S.A. de C.V.: Excerpts from "Básicos para estar en forma" and from "La imagen Eres" section from *Eres*, año VI, no. 126, September 16, 1993. Copyright © 1993 by Editorial Eres, S.A. de C.V. Excerpt from "¡a reciclar la basura!" from *Eres*, año VI, no. 129, November 1, 1993. Copyright © 1993 by Editorial Eres, S.A. de C.V.

Editorial Sigmar, S.A.C.I.: Adaptation of "Pacha y sus hijos" from *Leyendas Americanas*. Copyright © by Editorial Sigmar, S.A.C.I.

Editorial Televisa: Adapted from "6 Buenos hábitos" (retitled "5 Buenos hábitos") from *Tú internacional*, año 11, no. 10, October 1990. Copyright © 1990 by Editorial Televisa. From "Contaminación y salud" by Marco A. Hernández from *GeoMundo*, año XVII, no. 7, July 1993. Copyright © 1993 by Editorial Televisa. Adaptation of "test: Los colores hablan" from *Tú internacional*, año 15, no. 1, January 1994. Copyright © 1994 by Editorial Televisa. From "Juan Pablo Manzanero" from *Tú internacional*, año 17, no. 4, April 1996. Copyright © 1996 by Editorial Televisa.

Embassy of Bolivia, Washington, D.C.: Art from the Coat of Arms of Bolivia.

Esquema Publicidad: Advertisements for "Zar," "Dynastía," and "Everfit" from "Guía de Compras Navideñas" supplement from *El Colombiano*, año 82, no. 27.359, November 20, 1993.

Family Circle, S.A.: Graph, "Lo que hacemos nosotras," from "Reparto de tareas domésticas" from *Mi familia y yo*, no. 41, July–August 1993. Copyright © 1993 by Family Circle, S.A.

G+J España, S.A.: From "Oso pardo: El ocaso de un gigante" by José Luis Rodríguez from *Geo*, no. 72, January 1993. Copyright © 1993 by G+J España, S.A.

Instituto Juventud: Adaptation of advertisement for Instituto Juventud.

Instituto Municipal de Deportes, Ayuntamiento de Madrid: Ticket stub for public swimming pool, "Piscina adulto 1."

Jürg Marquard: Adaptation of excerpts from "mercadillo" from *Chica hoy*, no. 51. Copyright © by Jürg Marquard.

Miguel Méndez M.: "Historia de un campesino y su hijo" from *Cuentos y Ensayos para Reír y Aprender* by Miguel Méndez M. Copyright © 1988 by Miguel Méndez M.

Metrópoli Unidad Editorial, S.A.: From "Música," "Arte," "Comer," and "Teatro" sections from *Metrópoli*, no. 362, May 2, 1997. Copyright © 1997 by Metrópoli Unidad Editorial, S.A.

Museo Nacional del Prado: Ticket stub "Entrada 400 pesetas" from Museo Nacional del Prado.

Office of the Governor of Puerto Rico: National crest of Puerto Rico.

Patronato Provincial de Turismo de Sevilla: Map, "Sevilla y Provincia: Plano Turístico y Monumental" from *Sevilla y Provincia.*

La Perla del Sur: From "Ponce es Ponce" from *La Perla del Sur,* December 1995. Online World Wide Web. 28 August 1997. Available http://ponce.inter.edu/bienve/foto/cponce.html.

Proyecto Coedición Latinoamericana de Libros para niños (CERLALC)-UNESCO: From "Antonio y el ladrón" by Saul Schkolnik from *Cuentos de enredos y travesuras.* Copyright © 1986 by CERLALC. Published by Editorial Piedra Santa, Guatemala City, Guatemala, Editorial Peisa, Lima Perú and Editorial Andrés Bello, Santiago, Chile.

San Antonio Convention Center and Visitors Bureau: "El Mercado," "San Antonio Missions National Historical Park," "San Antonio River," and "La Villita," translated into Spanish by Holt, Rinehart and Winston from *San Antonio Visitor Map,* 1992. "Instituto de culturas Texanas," and "San Antonio...El arte de vacacionar..." header from cover, from *San Antonio... El arte de vacacionar...*by the Oficina de Convenciones y Visitantes de San Antonio.

Sanaz: Ticket stub for "Teatro Colón: Stalingrado 1943."

Scholastic, Inc.: Adapted text and illustration, photograph, and header from "Un mexicano en Pennsylvania" from *Listo,* vol. 3, no. 2, November 1993. Copyright © 1993 by Scholastic, Inc.

Servicio Municipal de Deportes, Ayuntamiento de La Coruña: Text and photograph from "Ven a conocernos y disfruta de la naturaleza con nosotros" from brochure, *II Campaña Municipal Iniciación al Montañismo* 92–93.

Sistema de Transporte Colectivo Metro: Ticket from *Metro: Líneas y Estaciones* by Sistema de Transporte Colectivo Metro.

Texas Department of Transportation: Excerpt and header from "¡Amigos!," excerpt and header from "Deportes: San Antonio," header from "Los Museos," excerpt and header from "Los Parques," excerpt and header from "Parques de atracciones," excerpt and header from "Parques Zoológicos," and excerpt and header from "Restaurantes" from *¡Bienvenidos a Texas!* by the Departamento de Transportes de Texas.

Vía Metropolitan Transit, San Antonio, TX: San Antonio bus route map, "Downtown," from brochure, *48: South Park Mall, Park and Ride Express.*

Vintage Books, a division of Random House, Inc.: Front book cover and excerpt from *Cuando Era Puertorriqueña* by Esmeralda Santiago. Copyright © 1993 by Esmeralda Santiago.

World Wide Fund for Nature: From "La selva tropical. ¿Por qué preocuparse?" and adaptation of chart from pamphlet *campaña sobre el bosque tropical.*

Zoológico Nacional Simón Bolívar: Logo from pamphlet *Zoológico Nacional Simón Bolívar.*

Credits

Photo Credits

ABBREVIATIONS USED: (t) top, (b) bottom, (c) center, (l) left, (r) right, (bkgd) background.

All photographs belong to Holt, Rinehart and Winston by Martha Granger/Edge Video Productions except:

vii (b), Richard Hutchings/Photo Edit; viii (bc), (c)Robert Frerck/Odyssey/Chicago; xii (tl), Comstock; xiv (tl), Michelle Bridwell/Frontera Fotos; xxi (br), Michelle Bridwell/Frontera Fotos; xv (br), Scott Van Osdol/HRW; xvii (br), Wayne Sproul/International Stock Photography; xviii (tl), Mary Altier; ix (t), (c)Robert Frerck/Odyssey/Chicago; x (bc), (c)Robert Frerck/Odyssey/Chicago; ix (tc), (c)Robert Frerck/Odyssey/Chicago; xi (tc), (c)Robert Frerck/Odyssey/Chicago; xii (bc), Joe Viesti/Viesti Collection, Inc.; xiv (bc), Suzanne Murphy Larronde/D. Donne Bryant Photography; xv (tc), Martha Cooper/Viesti Collection, Inc.; xvi (bc), (c)Robert Frerck/Odyssey/Chicago; xviii (bc), Stephen Frisch/Stock, Boston; xix (tc), Mark Gibson Photography; xxx (border) Robert Frerck/Woodfin Camp & Associates; xxx–1 (all) Dallas and John Heaton/Westlight; 2 (tr), SuperStock; 2 (b), Cynthia Matthews/The Stock Market; 3 (tr), Contifoto-Madrid; 3 (tl), John L. Stage/The Image Bank; 3 (bl), D. Murray/HRW; 3 (br), F. Roiter/The Image Bank; 4–5 (all) (c)Robert Frerck/Odyssey/Chicago; 9 (tl), Michelle Bridwell/Frontera Fotos; 9 (cr), Mary Kate Denny/Photo Edit; 9 (cr), Michael Newman/Photo Edit; 9 (br), Bob Daemmrich; 10 (tr), Sam Dudgeon/HRW; 10 (tl), Barry Levy/Index Stock Imagery, Inc.; 10 (tc), Michelle Bridwell/Frontera Fotos; 10 (tr), Michelle Bridwell/Frontera Fotos; 10 (cl), Michelle Bridwell/Frontera Fotos; 10 (c), Sam Dudgeon/HRW; 10 (cr), Michelle Bridwell/Frontera Fotos; 12 (cr), Plinio Lepri/Wide World Photos, Inc.; 12 (tr), Steve Allen/Gamma Liaison; 12 (tl), Archive Photos; 12 (c), Wide World Photos; 12 (r), Wide World Photos; 12 (bl), Reuters NewMedia Inc./CORBIS; 15 (tr), Spencer Grant/PhotoEdit; 15 (tl), Michelle Bridwell/Frontera Fotos; 23 (cl), Stephanie Maize/HRW; 23 (tl), Michelle Bridwell/Frontera Fotos; 23 (tr), Michelle Bridwell/Frontera Fotos; 23 (cr), Michelle Bridwell/Frontera Fotos; 26 (bl), Michelle Bridwell/Frontera Fotos; 30 (tl), Tony Freeman/PhotoEdit; 30 (tc), Eloit Crowley/Index Stock Imagery; 30 (tr), David R. Frazier Photolibrary; 30 (cl), Michelle Bridwell/Frontera Fotos; 30 (c), Michelle Bridwell/Frontera Fotos; 30 (cr), Michelle Bridwell/Frontera Fotos; 34–35 (all) (c)Robert Frerck/Odyssey/Chicago; 35 (border) Robert Frerck/Woodfin Camp & Associates; 38 (br), Sam Dudgeon/HRW; 45 (tl), Thomas Zimmerman/FPG International; 45 (tc), Scott Markwitz/FPG International; 45 (bl), David R. Frazier Photolibrary; 49 (bl), R. Campillo/The Stock Market; 49 (br), SuperStock; 50 (tl), Randy O'Rourke/The Stock Market; 50 (cl), Leon Duque/Duque Múnera y Cia; 50 (cr), Peter Timmermans/AllStock; 52 (c), Digital imagery(r) copyright 2003 PhotoDisc, Inc.; 52 (br), Digital imagery(r) copyright 2003 PhotoDisc, Inc.; 53 (bc), Digital imagery(r) copyright 2003 PhotoDisc, Inc.; 58 (bl), Robert Frerck/Woodfin Camp & Associates, Inc.; 58 (c), Josef Beck/FPG International; 60 (cl), Ken Lax; 60 (cr), Bob Daemmrich Photography; 60 (tr), Sam Dudgeon/HRW; 62 (border) Robert Frerck/Odyssey/Chicago; 62–63 (all) Art Resource, NY; 64 (bl), Tom Owen Edmunds/Image Bank; 64 (tr), Randy Faris/Westlight; 64 (br), G. Gscheidle/The Image Bank; 65 (cl), Miwako Ikeda/International Stock Photography; 65 (cr), SuperStock; 65 (br), Harvery LLoyd/Peter Arnold; 66–67 (all) (c)Robert Frerck/Odyssey/Chicago; 71 (tl), Michelle Bridwell/Frontera Fotos; 71 (tc), Michelle Bridwell/Frontera Fotos; 71 (tr), Michelle Bridwell/Frontera Fotos; 71 (cl), Michelle Bridwell/Frontera Fotos; 71 (c), Michelle Bridwell/Frontera Fotos; 71 (cr), Michelle Bridwell/Frontera Fotos; 74 (cl), Bonnie Kamin/PhotoEdit; 74 (l), David Pollack/The Stock Market; 74 (cr), Leon Duque/Duque Munera y Cia; 74 (r), Leon Duque/Duque Munera y Cia; 80 (tc), Leon Duque/Duque Munera y Cia; 80 (tr), Sam Dudgeon/HRW; 80 (cl), Tom McCarthy/Photo Edit; 80 (c), Leon Duque/Duque Munera y Cia; 80 (cr), Sam Dudgeon/HRW; 80 (tl), Leon Duque/Duque Múnera y Cia; 81 (tl), Michelle Bridwell/Frontera Fotos; 81 (tr), Michelle Bridwell/Frontera Fotos; 81 (cl), Kent Vinyard/Index Stock Imagery, Inc.; 81 (bl), Michelle Bridwell/Frontera Fotos; 81 (br), Sam Dudgeon/HRW; 81 (cr), William Sallaz/Duomo Photography; 83 (c), Spike Nannarello/Shooting Star International; 83 (tr), Bernard Gotfryd/Woodfin Camp & Associates, Inc.; 83 (cr), William Sallaz/Duomo Photography; 83 (bl), William Sallaz/Duomo Photography; 83 (cl), Reuters NewMedia Inc./CORBIS; 83 (bc), AP/Wide World Photos; 83 (br), Associated Press AP; 84 (bl), Sam Dudgeon/HRW; 86 (c), Michelle Bridwell/Frontera Fotos; 88 (c), David Phillips/Words & Images; 89 (c), Barry Levy/Index Stock Imagery, Inc.; 89 (cl), Leon Duque/Duque Munera y Cia; 89 (cr), Michelle Bridwell/Frontera Fotos; 92 (all) Sam Dudgeon/HRW; 94–95 (all) (c)Robert Frerck/Odyssey/Chicago; 95 (border) Robert Frerck/Odyssey/Chicago; 100 (br), Leon Duque/Duque Munera y Cia; 107 (tr), John Langford/HRW; 108 (tr), Michelle Bridwell/Frontera Fotos; 111 (l), Sam Dudgeon/HRW; 111 (cl), Sam Dudgeon/HRW; 111 (cr), David R. Frazier Photolibrary; 111 (r), Leon Duque/Duque Múnera y Cia; 112 (cr), Billiken 1997, June 27, 1997, p. 28. Reprinted by permission of Editorial Atlántida S.A.; 113 (c), Héctor García/Imagenlatina; 114 (cr), Leon Duque/Duque Munera y Cia; 115 (tl), Elena Rooraid/Photo Edit; 118 (tr), Sam Dudgeon/HRW; 120 (tr), Comstock; 122 (tr), Wide World Photos; 124–125 (all) Laurence Parent; 126 (tr), Courtesy of Texas Highways Magazine; 126 (cr), Nik Wheeler/Westlight; 126 (cl), Courtesy of Texas Highways Magazine; 126 (b), Richard Stockton; 127 (tr), Courtesy of Texas Highways Magazine; 127 (tl), (c) Kolvoord/TexaStock; 127 (bl), Edward Bower/The Image Bank; 127 (cl), Courtesy of Texas Highways Magazine; 128–129 (all) Joe Viesti/Viesti Collection, Inc.; 134 (bl), Michelle Bridwell/Frontera Fotos; 134 (cl), A.B. Chiquito; 134 (cr), Robert Brenner/Photo Edit; 134 (br), Sam Dudgeon/HRW; 137 (bl), Image Copyright (c) 2003 PhotoDisc, Inc./HRW; 137 (tl), Michelle Bridwell/Frontera Fotos; 137 (bc), Paul A. Souders/CORBIS; 137 (br), AFP/CORBIS; 138 (tr), Michelle Bridwell/Frontera Fotos; 139 (tr), Billiken 1992, March 16, 1992, credits page. Reprinted by permission of Editorial Atlántida S.A.; 145 (all) Michelle Bridwell/Frontera Fotos; 148 (br), Comstock; 149 (tl), Michael Newman/PhotoEdit; 151 (br), Michael Newman/PhotoEdit; 153 (bl), Jose Carrillo/PhotoEdit; 153 (bc), Michael Newman/PhotoEdit; 153 (br), Michael Newman/PhotoEdit; 154 (bc), Ken Lax; 155 (bl), Michael Newman/Photo Edit; 156 (tl), Sam Dudgeon/HRW; 156 (tc), Sam Dudgeon/HRW; 156 (tr), Sam Dudgeon/HRW; 156 (bl), Sam Dudgeon/HRW; 156 (bc), Michael Newman/Photo Edit; 156 (br), Michael Newman/Photo Edit; 164 (all) Michelle Bridwell/Frontera Fotos; 168 (tl), Courtesy of Texas Highways Magazine; 168 (c), Robert Wolf; 168 (tr), Robert Wolf; 168 (bl), Robert Wolf; 168 (bc), Khue Bui/Frontera Fotos; 168 (br), Robert Wolf; 171 (cl), Sam Dudgeon/HRW; 171 (c), Sam Dudgeon/HRW; 171 (r), Sam Dudgeon/HRW; 172 (tl), Sam Dudgeon/HRW; 172 (tc), Sam Dudgeon/HRW; 175 (tl), Sam Dudgeon/HRW; 175 (tr), Sam Dudgeon/HRW; 175 (bl), Sam Dudgeon/HRW; 175 (tr),

Sam Dudgeon/HRW; 176 (c), Courtesy of Texas Highways Magazine; 177 (tl), Courtesy of Texas Highways Magazine; 177 (bl), Courtesy of Texas Highways Magazine; 179 (bl), Courtesy of Texas Highways Magazine; 179 (br), Khue Bui/Frontera Fotos; 182 (bl), Lisa Davis; 184 (tl), Michelle Bridwell/Frontera Fotos; 184 (tr), Bullaty Lomeo/The Image Bank; 184 (bl), A.B. Chiquito; 184 (br), Michelle Bridwell/Frontera Fotos; 186 (border) Suzanne Murphy-Larronde; 186–187 (all) Bill Ross/Westlight; 188 (bl), Richard Hutchings/Photo Researchers, Inc.; 188 (tr), Tom Bean/The Stock Market; 189 (tl), Macduff Everton; 189 (cl), Ron Watts/Westlight; 190–191 (all) Suzanne Murphy Larronde/D. Donne Bryant Photography; 197 (all) Michelle Bridwell/Frontera Fotos; 200 (bl), SuperStock; 200 (tr), SuperStock; 201 (tl), Macduff Everton; 202 (cl), John Cleare/Earth Scenes; 202 (ccr) Billy E. Barnes; 202 (ccr) Michelle Bridwell/Frontera Fotos; 202 (cr), Michelle Bridwell/Frontera Fotos; 202 (bl), Michelle Bridwell/Frontera Fotos; 202 (bc), Michelle Bridwell/Frontera Fotos; 202 (br), Myrleen Ferguson Cate/Photo Edit; 203 (tr), Lucio Chiquito; 203 (br), Marta Kimball; 204 (bl), Tony Arruza/Rosskman/Courtesy of Puerto Rico Office of Information Archives Dept.; 204 (br), Tony Arruza; 207 (cl), SuperStock; 207 (tl), Bachmann/Index Stock Imagery, Inc.; 207 (tc), Billy E. Barnes; 207 (tr), Comstock; 207 (c), Robert Brenner/Photo Edit; 207 (cr), Billy E. Barnes; 207 (br), Julien Balm/Bruce Coleman, Inc.; 212 (bl), Michelle Bridwell/Frontera Fotos; 212 (bc), Michelle Bridwell/Frontera Fotos; 212 (br), Michelle Bridwell/Frontera Fotos; 215 (cr), Marta Kimball; 217 (tc), Mark Lewis/Tony Stone Images; 217 (tr), Rob Gage/FPG International; 218 (tr), Marta Kimball; 220–221 (all) Martha Cooper/Viesti Collection, Inc.; 221 (border) Suzanne Murphy-Larronde; 226 (el cocodrilo) Frans Lanting/Minden Pictures; 226 (el loro) Comstock; 226 (el tigre) Comstock; 226 (el mono) Tom McHugh/Photo Researchers, Inc.; 226 (la serpiente) John Pontier/Animals, Animals; 226 (la tortuga) Frans Lanting/Minden Pictures; 226 (La montaña rusa) Jose Carrillo/Photo Edit; 226 (la rueda de Chicago) Michael Newman/Photo Edit; 226 (los carros chocones) Michael Newman/Photo Edit; 226 (el estreno) Barry King/Liaison Agency; 226 (la estrella) FPG International; 226 (los efectos especiales) Doug Campbell/International Stock; 230 (tl), Michelle Bridwell/Frontera Fotos; 230 (tc), Michelle Bridwell/Frontera Fotos; 230 (tr), Michelle Bridwell/Frontera Fotos; 230 (bl), Michelle Bridwell/Frontera Fotos; 230 (bc), Michelle Bridwell/Frontera Fotos; 230 (br), Michelle Bridwell/Frontera Fotos; 234 (cl), Hector Mendez Caratini; 234 (br), Barbara Cerva/D. Donne Bryant Photography; 238 (bl), Archive Photos; 239 (tr), Corbis; 239 (br), Peter Van Steen/HRW Photo; 240 (l), Buddy Mays/TravelStock; 240 (c), Frans Lanting/Minden Pictures; 240 (cr), Tom McHugh/Photo Researchers, Inc.; 240 (r), John Pontier/Animals Animals/Earth Scenes; 242 (cl), Michelle Bridwell/Frontera Fotos; 242 (cr), Sam Dudgeon/HRW; 245 (tr), Suzanne Murphy-Larronde/D. Donne Bryant Photography; 246 (r), Tony Arruza; 246 (l), Sam Dudgeon/HRW; 246 (cl), Sam Dudgeon/HRW; 246 (cr), Tony Arruza/Rosskman/Courtesy of Puerto Rico Office of Information Archives Dept.; 248–249 (all) Mary Altier; 251 (cr), Ulrike Welsch; 251 (tl), Stephen Trimble; 252–253 (all) (c)Robert Frerck/Odyssey/Chicago; 260 (br), John Langford/HRW; 262 (tl), Michelle Bridwell/Frontera Fotos; 262 (tr), Michelle Bridwell/Frontera Fotos; 265 (cr), A.B. Chiquito; 270 (cl), A.B. Chiquito; 270 (c), A.B. Chiquito; 270 (bl), A.B. Chiquito; 270 (bc), Sam Dudgeon/HRW; 270 (br), A.B. Chiquito; 271 (bl), Bob Schalkwijk/Art Resource; 271 (br), Rick Reinhard; 280 (l), Michelle Bridwell/Frontera Fotos; 280 (cl), Michelle Bridwell/Frontera Fotos; 280 (cr), Michelle Bridwell/Frontera Fotos; 280 (r), Michelle Bridwell/Frontera Fotos; 289 (tl), Keith Kent/Peter Arnold, Inc.; 289 (c), King/H. Armstrong Roberts; 289 (br), Reed Kaestner/Zephyr Pictures; 297 (tl), Keith Kent/Peter Arnold, Inc.; 297 (tc), Eric Curry/Westlight; 297 (tr), SuperStock; 298 (all) Michelle Bridwell/Frontera Fotos; 304 (l), Keith Kent/Peter Arnold, Inc.; 304 (cr), King/H. Armstrong Roberts; 304 (r), Reed Kaestner/Zephyr Pictures; 310 (tl), Weatherstock/International Stock; 310 (tr), Michelle Bridwell/Frontera Fotos; 310 (bl), Michelle Bridwell/Frontera Fotos; 310 (br), Lisa Davis; 312 (border) Robert Frerck/Odyssey/Chicago; 312–313 (all) James Blank; 314 (tr), Guy Motil/Westlight; 314 (cr), Andrea Pistolesi/Image Bank; 314 (bl), SuperStock; 314 (c), Craig Aurness/Westlight; 315 (bl), Melanie Carr/Zephyr Pictures; 315 (tr), James Blank; 315 (tl), Nik Wheeler/Westlight; 315 (cl), Craig Aurness/Westlight; 315 (br), Westlight; 316–317 (all) Stephen Frisch/Stock, Boston; 321 (tl), Hal Garb/Zephyr Pictures; 321 (tc), Jacques Jangoux/Tony Stone Images; 321 (tr), Chris Sharp/D. Donne Bryant Photography; 321 (cl), Hal Garb/Zephyr Pictures; 321 (c), D. Donne Bryant/D. Donne Bryant Photography; 321 (cr), Doug Bryant/D. Donne Bryant Photography; 322 (br), Michelle Bridwell/HRW; 322 (tr), J.P. Courau/D. Donne Bryant Photography; 324 (tr), Chip & Rosa María de la Cueva Peterson; 326 (tl), John Warden/Tony Stone Images; 326 (bl), Gerard Lacz/Animals, Animals; 326 (cr), J.L. Morris/Zephyr Pictures; 327 (tl), Bob Talbot/Tony Stone Images; 327 (c), Fred Whitehead/Animals, Animals; 327 (bl), T & P Leeson/Zephyr Pictures; 328 (tr), David Woodfall/Tony Stone Images; 329 (bl), John Langford/HRW; 329 (bc), Michelle Bridwell/Frontera Fotos; 329 (br), John Langford/HRW; 330 (tl), Lisa Davis; 331 (tr), Zephyr Pictures; 335 (tr), Melanie Carr/Zephyr Pictures; 336–337 (bkgd) Sam Dudgeon/HRW; 339 (bc), Chip & Rosa María de la Cueva Peterson; 340 (c), Daniel J. Schaefer; 341 (cr), Michelle Bridwell/HRW; 342 (cr), Jeremy Walker/Tony Stone Images; 342 (r), Jacques Jangouz/Tony Stone Images; 342 (l), John Cancalosi/Stock Boston; 342 (c), Wolfgang Kaehler Photography; 342 (cl), Chip & Rosa María de la Cueva Peterson; 343 (tc), Digital imagery(r) copyright 2003 PhotoDisc, Inc.; 343 (tr), Digital imagery(r) copyright 2003 PhotoDisc, Inc.; 346–347 (all) Mark Gibson Photography; 347 (border) Robert Frerck/Odyssey/Chicagon/a; 354 (tl), Zephyr Pictures; 354 (tc), R. Krubner/H. Armstrong Roberts; 354 (cl), Melanie Carr/Zephyr Carr; 354 (cr), Melanie Carr/Zephyr Pictures; 357 (tr), Rick Rickman/Duomo Photography; 358 (l), Geopress/H. Armstrong Roberts; 358 (cr), SuperStock; 358 (r), SuperStock; 359 (br), D. Donne Bryant/DDB Stock; 367 (bl), Michelle Bridwell/Frontera Fotos; 367 (bc), Daniel J. Schaefer; 368 (tr), Tom Carroll/International Stock; 370 (bl), Michelle Bridwell/Frontera Fotos; 370 (bc), Michelle Bridwell/Frontera Fotos; 370 (br), Michelle Bridwell/Frontera Fotos; R11 (cl), EyeWire, Inc.; R11(c), Digital imagery(r) copyright 2003 PhotoDisc, Inc.; R11 (bl), Digital imagery(r) copyright 2003 PhotoDisc, Inc.; R12 (tl), Corbis Images; R14 (cl), Michelle Bridwell/Frontera Fotos

Illustration and Cartography Credits

Abbreviated as follows: (t) top; (b) bottom; (l) left; (r) right; (c) center.

All art, unless otherwise noted, by Holt, Rinehart & Winston.

FRONT MATTER: Page xxiii, MapQuest.com; xxiv, MapQuest.com; xxv, MapQuest.com; xxvi, MapQuest.com; xxvii, MapQuest.com; xxviii–xxix, MapQuest.com.

CHAPTER ONE: Page xxx, MapQuest.com; 12, Precision Graphics; 15, Edson Campos; 16 (t), Peter Fasolino; 16 (b), Eva Vagretti Cockrille; 19, MapQuest.com.

CHAPTER TWO: Page 36, Precision Graphics; 44 (b), Precision Graphics; 46, Peter Fasolino; 47, MapQuest.com; 51, Precision Graphics; 58, Bob McMahon.

CHAPTER THREE: Page 62, MapQuest.com; 70, Ignacio Gomez; 72 (b), Reggie Holladay; 73, Keith Bendis; 75, MapQuest.com; 76, Antonio Castro; 79, Eva Vagretti Cockrille; 90, Fian Arroyo/Dick Washington; 92, Edson Campos.

CHAPTER FOUR: Page 101, Edson Campos; 102, Bob McMahon; 105, Reggie Holladay; 109, MapQuest.com; 110, José Briseño; 121, Elizabeth Brandt; 122, Bob McMahon.

CHAPTER FIVE: Page 124, MapQuest.com; 132, Susan Parnell; 133, Edson Campos; 119, Edson Campos; 140, Precision Graphics; 143, Reggie Holladay; 144, Fian Arroyo/Dick Washington; 145, Edson Campos; 146, Edson Campos; 147, MapQuest.com; 156, Rubén Ramos.

CHAPTER SIX: Page 163, Eva Vagretti Cockrille; 166, Anthony Accardo; 167 Franklin Ayers; 169, Mauro Mistiano; 170, Fian Arroyo/Dick Washington; 171, MapQuest.com; 173, Meryl Henderson; 174, Fian Arroyo/Dick Washington.

CHAPTER SEVEN: Page 186, MapQuest.com; 195, Bob McMahon, 198, Eva Vagretti Cockrille; 199, Edson Campos; 206, Meryl Henderson; 208, Meryl Henderson; 209, MapQuest.com; 216, Leslie Kell; 218, Meryl Henderson.

CHAPTER EIGHT: Page 228, Catherine Huerta; 228, Michael Morrow; 229, Anthony Accardo; 231, Edson Campos; 233, MapQuest.com; 235, Edson Campos; 236, Fian Arroyo/Dick Washington; 237, Meryl Henderson; 244, Michael Morrow.

CHAPTER NINE: Page 248, MapQuest.com; 257, Pronto Design; 258, Elizabeth Brandt; 259, Eva Vagretti Cockrille; 261, Edson Campos; 263, Edson Campos; 266, Bob McMahon; 267, MapQuest.com.

CHAPTER TEN: Page 284–286, Edson Campos; 288, Pronto Design; 290, Catherine Huerta; 291, Meryl Henderson; 293, MapQuest.com; 295, Mauro Mistiano; 296, Mauro Mistiano; 297 (c), Fian Arroyo/Dick Washington; 300, Edson Campos; 302–303, Catherine Huerta; 308, Edson Campos; 309, Mauro Mistiano.

CHAPTER ELEVEN: Page 312, MapQuest.com; 320, Fian Arroyo/Dick Washington; 323, Bob McMahon; 325, MapQuest.com; 328, Mauro Mistiano; 334 (t), Fian Arroyo/Dick Washington; 333, Edson Campos; 334 (t), Fian Arroyo/Dick Washington; 334 (b), Meryl Henderson; 299, Yves Larvor; 344, Mauro Mistiano.

CHAPTER TWELVE: Page 352, Meryl Henderson; 355, MapQuest.com; 357, Edson Campos; 359, Meryl Henderson; 360, Bob McMahon; 361, Edson Campos; 362–363, Catherine Huerta.